本书获得广州大学学术专著出版资助

文化艺术理论与
广东三祖庙研究

文一峰 著

中国社会科学出版社

图书在版编目（CIP）数据

文化艺术理论与广东三祖庙研究／文一峰著．—北京：中国社会科学出版社，2014.7

ISBN 978-7-5161-4753-5

Ⅰ.①文…　Ⅱ.①文…　Ⅲ.①艺术—理论—研究　Ⅳ.①D457.3

中国版本图书馆 CIP 数据核字（2014）第 200828 号

出 版 人　赵剑英
责任编辑　冯春风
责任校对　胡新芳
责任印制　王炳图

出　　版　中国社会科学出版社
社　　址　北京鼓楼西大街甲 158 号（邮编 100720）
网　　址　http：//www.csspw.cn
　　　　　中文域名：中国社科网　010－64070619
发 行 部　010－84083685
门 市 部　010－84029450
经　　销　新华书店及其他书店

印　　刷　北京君升印刷有限公司
装　　订　廊坊市广阳区广增装订厂
版　　次　2014 年 7 月第 1 版
印　　次　2014 年 7 月第 1 次印刷

开　　本　710×1000　1/16
印　　张　30
插　　页　2
字　　数　495 千字
定　　价　88.00 元

凡购买中国社会科学出版社图书，如有质量问题请与本社联系调换
电话：010－64009791

目　　录

上篇　文化艺术理论与建筑的哲理、原型研究

下篇　广东三祖庙的历史、民间宗教文化及建筑艺术研究

上　篇

文化艺术理论与建筑的哲理、原型研究

序　言

本课题是一项综合研究，涉及历史学、社会学、文化学、哲学、艺术学、宗教学和建筑学等多学科领域。上述每一项研究领域都有着非常复杂的研究内容，因此，试图面面俱到地综合上述研究领域几乎是不可能的。本书的研究价值在于寻求一些关键的突破口，发前人之未发的一些新的综合、新的视角和新的见解。

本书基于长年积累的相关研究成果，重点在于突破文化学、美学的一些关键理论问题，如文化的结构，艺术的理念、分类与历史等宏观问题，在上述问题的研究中，又引入了相关自然哲学的深刻讨论，在自然哲学、文化哲学、艺术哲学相统一的完整框架中深入地阐释了一系列最基本的概念、理论，并构成体系。如果说一个概念的阐发，就像一束光，能照亮我们前所未见之物，那么一个成体系的概念结构，则能给予我们对事物的立体透视，这是本书的主要理论研究目的之一。

文化、艺术无疑是人文领域最频繁的用语之一，也是当代社会十分关心的话题。然而，当代和过去一样对于文化和艺术众说纷纭，因此，本书的首要任务就是厘清文化和艺术的概念以及相关的文化和艺术理论。批判、借鉴、整合过去的理论遗产，弥合各种概念理论的逻辑裂隙，是本书试图首要完成的一项任务。

在理论联系具体问题的研究方面（本书以广东三祖庙为研究对象），以往国内建筑历史研究偏重于建筑历史资料的整理和建筑事实的研究，回答的是“WHAT”的问题；本书的研究侧重于理论阐释，首先要回答为何在历史上存在如此这般类型的建筑，其次要回答某种类型的建筑设计为何要采取如此这般的建筑空间形态和相关联的建筑符号，因此，着重回答的是建筑历史中“WHY”的问题，并把上述回答结合到宏观的文化艺术理论之中。

在理论联系实践方面，笔者深感于当代很多建筑设计往往是“为构思而构思”，构思缺乏依据和深度。一方面，对建筑空间、建筑符号的创作有表面化、形式化的倾向，反映出一定的媚俗性；而另一方面，对建筑形象、建筑符号的注重采取简单拒绝的态度。这些问题都亟待在理论层面上解决形式与意义的深层关联问题，这也是本书研究对当代建筑理论和实践的重要意义所在，即为构建基于文化艺术理论的建筑设计方法论奠定基础。

以上是本书的研究重点和研究价值所在，因所涉及问题的基础性和根本性，必然会引起各种不同学术观点的争鸣和讨论，诚望专家学者们批评指正！

第一章　文化理论

文化被认为是一个社会的灵魂，其核心是价值取向。文化是人类看待、改造世界的方式，也为改变和提高自身提供动力。文化在今天已然成为人文学科最关键的词汇，要厘清“文化”一词在现代社会重要意义的来龙去脉，必须从西方近现代人文学科的发展轨迹中开始追寻。

第一节　西方文化概念与文化理论沿革

现代学术意义上的“文化”（culture）一词，主要是从西方的“人类学”开始作为重点研究的对象提出来的。因为人类学，人类才在成为一个被思考的整体的同时成为个案调查研究的总体。[①] 而人类学的传统研究对象是所谓的“非西方文化”（non－Western cultures）。爱德华·伯内特·泰勒（Edward Burnett Tylor，1832—1917）被公认为英国人类学的创始人，泰勒在现代学术意义上文化研究的贡献集中在他对文化的定义上：“文化或者文明，就其广泛的民族学意义而言，是指这样一个复合整体，它包含了知识、信仰、艺术、道德、法律、习俗以及作为一个社会成员的人所习得的其他一切能力和习惯”（Tylor《原始文化》，1958）。此定义被认为是能够为大多数人类学家所接受和引用的定义。

在西方取得近代世界的经济中心地位和文化霸权之后，西方人开始思考一系列文化问题，为什么有的社会进步而有的社会落后？这种带着特有价值观的人类学研究集中体现在奠基性的进化论和传播论当中。进化论所

① ［美］罗伯特·F. 墨菲：《文化与社会人类学引论》，王卓君译，商务印书馆2009年版，总序第1页。

采用的方法是人类史，是一种大规模的文化断代的历时性排列组合；而传播论则采用地理空间的概念，对人类文化的类型进行排比、列序。人类学这门学科的起源与进化论有密切的关系，一般认为正是进化论把人类学推上了舞台。在这个学派看来，人类心智在本质上是相同的，因而人类创造出来的文化也是相同的，现今人类各民族的社会文化差异反映的基本上是人类社会文化进步阶段的差异。① 人类学的进化论包括人类生物进化论和人类文化进化论，前者以达尔文、赫胥黎为代表；后者以斯宾塞、泰勒、摩尔根为代表，他们直接影响了文化人类学的发展。② 英国实证主义哲学家斯宾塞的社会理论有两大原则：（1）社会超有机体；（2）社会进化论。英国人类学家泰勒在《人类古代研究》（1865）和《原始文化》（1871）等书中认为人类文化是自然史的一部分，并认为文化发展既有进化也有退化两种方式。美国人类学家摩尔根则在《古代社会》（1877）一书中系统地阐述了人类社会文化进行的具体步骤，并分为蒙昧时代、野蛮时代和文明时代三个阶段。

传播论是在与进化论的批评性的对话中形成的，主要起源于以德国拉采尔为代表的民族学。传播论人类学者认为，进化论只注意到人类文化在时间上的演变过程，忽视了文化在地理空间上的分布，而在现实上的文化进化主要表现在文化不断地在地理范畴内的变更，研究人类文化必须以研究文化的地理传播为使命。传播学派试图把人类文化史归结为文化移动、接触、冲突和借用等相互作用历史。它的基本观点是：人类的独立创造发明能力是有限的；人类文化有其共同性，并不是因为进化论者所讲的“全人类心智的一致性”所致，而是文化传播所致。

20 世纪以后西方社会内部出现了分化冲突，爆发了两次世界大战，迫使西方文化人类学思想界重新思考人类社会和文化的问题，并对进化论和传播论所说的“西方是文明的最高阶段”的命题产生怀疑。文化人类学者不再热衷于全人类的历史观察以及对人类文化做线形的演进排列与文化的地理传播，而是转向从社会和文化内部构造理论。形成了一些比较有

① ［英］A. R. 拉德克利夫 - 布朗：《原始社会的结构与功能》，潘蛟、王贤海、刘文远、知寒译，中央民族大学出版社 1999 年版，译者序第 4 页。

② 王铭铭：《西方人类学十讲》，广西师范大学出版社 2005 年版，第 6 页。

影响的学派和相关研究主题思想：

（一）法国以涂尔干（Emile Durkheim）为代表的社会学派

此学派对社会事实加以解释的主要原则可概括为以下几点：（1）在解释社会现象时，必须分别寻找造成这些社会现象的原因及这种现象所执行的功能；（2）社会事实的决定因素必须从先于这些社会事实而存在的社会事实中去寻找，而不能从个人的意识中去寻找；（3）应该在社会事实与某些社会结构的关系中去寻求其功能；（4）具有任何重要性的所有社会过程，其第一起源应在社会群体的内部结构中寻求。社会学派强调“集体观念”对个人的影响，个人不是直接从经验中获得感觉与知识，而是被迫接受集体的共同信仰和感觉。集体观念对于个体有着超强的智力控制和情感控制。集体观念总是与宗教广泛地互相结合，对于社会规范的认可来自超自然。

（二）美国以人类学家波亚士（Franz Boas）为代表的历史具体主义与心理学派

此派认为人类学研究有如下几个任务①：（1）集中探讨有限的地理、历史地域，研究其历史过程的深度及地理分布的广度；（2）运用客观方法尤其是统计方法，探讨文化特质和文化丛的传布，并用心理学方法研究文化特质的联系、互渗及同化；（3）运用“类型”的概念来描述区域文化；（4）分解文化丛的历史及心理成分；（5）避免古典进化论和传播论的错误。针对地理决定论和经济决定论，历史学派提出“文化独立论”。此派认为文化现象极其复杂，每一种文化的形成都有生物的、地理的、历史的和经济的等原因。各种因素对文化的特性的形成都有决定性的影响，但却不是唯一的决定因素。与进化论和传播论区分不同文化的高低不同，历史学派提出“文化相对论”，认为各个民族文化的价值是平等的。根据文化独立论和文化相对论，历史学派发展出文化区域研究理论。人类学研究单位应是一个部落的文化。这个文化由许多“文化特质”（traits）组成，相互关联形成文化丛（cultural complex），并构成文化类型（types）。对于波亚士而言，文化是由通过技术、社会组织或语言等不同的途径加以

① 参见波亚士论文，载 George Stocking ed., *The Shaping of American Anthropology*, 1883－1911: *A Franz Boas Reader*, New York, 1974。

表达的、习得性的和共享的知识和行为组成。

波亚士认为文化模式不是如泰勒所说“在几乎同样的轨道中运行”的人类早期发展阶段的反映，波亚士反对这种比较方法和进化论图式。这就造就了一个分析视角的盲点。如果文化本质上是被发明、传播和人口迁徙的特殊历史情境所偶然积聚在一起的不同特质和价值，文化又怎么能融为一体呢？那么文化模式又反映了什么？波亚士写道：“文化发生的因果条件在于个体与社会的互动。”文化只能用特殊文化模式来加以解释。文化解释了文化，这种立场被称作“文化决定论”或“文化相对主义”，认为我们只有在其特殊的文化情境中才能理解一个特定社会的实践。这表明文化不能用文化以外的生理、个体心理或者其他因素来解释①。历史具体主义提醒人们，人类学作为一门已发展起来的科学，其主要动机就是抢救文化多样性。民族志学者能够捕捉住变迁中的文化的真实，因此它们就可以成为人类学维度的文化比较计划的原始记录。而文化的普遍法则会从这项计划中浮现出来，这些法则是从对小规模传统社会的具体研究中推论出来的。②

（三）波裔英籍人类学家马林诺夫斯基功能主义

文化制度和特质在马林诺夫斯基之前的人类学中往往被视为历史的残迹，马林诺夫斯基提出“需要”和“功能”的观念，就是针对这种忽视文化制度的现实基础的倾向的。在马林诺夫斯基看来，人类任何社会文化现象都是为满足某种现实需要而存在的。人首先是动物，因而人的第一需要是满足自身的生物需要。由于谋求生存的需要，人类才创造了第二性的环境，即文化。他说：“文化，即工具的整体及社会群体、人类思想、信仰及风俗的规章，构成了人赖以更好地对付在其需要过程中适应环境时所面临的具体问题的伟大器具。”③

与马林诺夫斯基一样，英国人类学家拉德克利夫·布朗（A. R. Brown）派的结构—功能主义也十分重视文化的现实作用。布朗的理论并不复杂，在他看来，社会生活方式是人们的社会行为和活动方式，

① ［美］杰里·D. 穆尔：《人类学家的文化见解》，欧阳敏、邹乔、王晶晶译，商务印书馆2009年版，第74页。

② 同上书，第75页。

③ 王铭铭：《西方人类学十讲》，广西师范大学出版社2005年版，第19页。

所谓社会行为和活动是指人与人之间的相互作用，这种作用构成了一种极其复杂的社会网络关系，而这种社会网络关系的排列秩序也就是社会结构。社会生活方式的延续依赖于社会结构的延续。社会结构的存在和延续过程实际上是由人类各种行动和互动所构成的社会过程。为了维持社会结构的存在和延续，就需要有明确的制度和习惯礼仪来对人与人的互动加以调节和控制。社会制度源出于某种类型或某种层次上的社会关系和社会互动，各种社会制度的根本功能在于维持社会结构的存在和延续。功能反映了社会结构和社会过程之间的相互联系。① 布朗区分社会组织与社会形式这两种概念。所谓“社会组织”，在布朗看来，指的是社会赖以联系个人的网络，如家庭制度。所谓“社会形式”，指的是文化制度、观念、仪式、价值。社会形式起着维持社会组织的延续的作用，社会结构决定文化形式。②

20 世纪 40 年代中期至 50 年代后期，英国功能主义仍然在社会人类学界占主导地位，但马林诺夫斯基和布朗的理论得到部分修正，修正主要针对以下几个问题展开：（1）人的理性问题；（2）社会和文化的整体问题；（3）社会变迁问题；（4）理想模式与现实问题。为了批评进化论的西方民族中心主义的意识形态，功能学派人类学者主张把非西方民族当成具有理性思维方式的文化加以研究，认为原始民族有他们自己的一套应对自然和社会问题的方法。由此而产生了许多问题，如果人类都是以理性为特点的话，那么如何解释仪式行为的形式主义特征以及象征的非科学性？是否犯了把西方理念强加于非西方文化之上的错误？对于这些问题，新一代人类学家如白特生（Gregory Bateson）进行了独特的思考，如果文化全然是人的理性的产物，为什么有的人类行为（如仪式）显然地全然与人的基本需要无关？虽然白特生并没有得出令人满意的结论性的东西，但他把思维方式描述成与文化对自然和社会环境的适应密切联系的事象，还是有一定启发意义的。

---

① ［英］A. R. 拉德克利夫 - 布朗：《原始社会的结构与功能》，潘蛟、王贤海、刘文远、知寒译，中央民族大学出版社 1999 年版，译者序第 9 页。

② 参见《吴文藻人类学社会学论文集》中的《功能派社会人类学的由来与现状》、《英国功能派人类学今昔》两文，民族出版社 1990 年版。

（四）以法国列维－斯特劳斯为代表的结构主义人类学

20世纪50—60年代，结构主义的理论与方法在人类学和社会学界产生巨大影响。结构主义可以溯源到语言学家乔姆斯基，他认为：各民族语言有不同的语法规则，即不同的表层结构；但所有各民族都有共同的深层结构，各民族语言才得以互相翻译转换。他还认为：不同民族语言的翻译过程，就是把一种民族语言的表层结构转换成共同的深层结构，然后再从共同的深层结构转换成另一种民族语言的表层结构的过程。为什么人类的语言具有共同的深层结构呢？乔姆斯基认为：这是因为在人类的心灵中先验地具有一种创造和理解语言的深层结构的机制或能力，正是这种先验的机制或能力在无意识中支配着人的语言行为，因而人们才能不自觉地按照语言的深层结构，生成各种句子，互相交流思想。

结构主义人类学家列维－斯特劳斯认为乔姆斯基在语言学中所做出的先验论的哲学观点具有普遍的意义。列维－斯特劳斯的人类学指导思想是：一切社会活动和社会生活中都深藏一种内在的、支配表面现象的结构，而社会科学和人文科学的任务就是寻找出这种内在的结构。列维－斯特劳斯把社会结构分成有意识模式、无意识模式、机械式模式和统计学模式四种。有意识模式指当地人根据自己对当地社会的认识向人类学家提供的情况，后称“家乡式”；无意识模式指人类学家不能直接观察到的、当地人没有意识到的真正结构；机械式模式指某一社会法则所规定的人们的行为；统计模式指对那些违反社会法规的行为的统计。[①] 结构主义历史学家福柯认为，人类社会的文化及其历史，不论其现象如何凌乱复杂，它们都受内在的深层结构所制约；他有时称这种结构为“知识型”，他认为：“我们的思想，我们的生存方式，直至我们的日常行为的细节，无不是同一个组织结构的重要组成部分，它们就像科学和技术一样，也都依存于‘人心’的抽象的范畴。”[②] 在文化的本体论上，结构人类学家列维－斯特劳斯[③]（1958，1973）认为文化的提出是作为和自然相对立的概念，其核心观点是人类的行为由文化的深层结构所决定。结构主义理论提出

---

① 王铭铭：《西方人类学十讲》，广西师范大学出版社2005年版，第31页。

② 参见夏基松《现代西方哲学教程》，上海人民出版社1995年版，第604页。

③ ［法］克洛德·列维－斯特劳斯：《结构人类学》，张祖建译，中国人民大学出版社2006年版。

的“深层结构”概念有重大的理论意义，但这种客观主义的研究范式忽视对于人的能动性和人的主体地位的理论探讨，未能建立结构的本体理论。

（五）进化论、适应论和唯物主义理论

泰勒关于文化的定义强调的是其智力的及观念的层面，认为文化是共享的、习得的、类型化的“知识”。但有许多学者强调文化的技术基础层面，人类是从自然基质中进化出来的，在进化过程中，生命遵循的唯一自然目的，就是用合适的原生质填充环境中每一个可用的生态位（niche）。每种生物都必须吸收和合适地利用能量，此类文化理论以美国莱斯利·怀特（Leslie White）的新进化论为典型代表，其显著特点在于其理论基于热力学第二定理的能量耗散学说提出进化论模型。对怀特来说，文化是人类适应物理和社会环境的手段。1951 年怀特发表《文化的进化》一书认为，在一个封闭的系统中，无机物的发展过程是从有组织到无组织、从热能集中到热能分散、从复杂到简单；而有机物的发展则是朝向相反的方向，即从无组织到有组织，从热能分散到集中、从简单到复杂。怀特认为文化是一种超有机物，它的发展也可以通过测量能量来计算，文化的进步意味着每人每年利用能量总额的增长后利用能量技术的提高。[①]

这种适应论基调在朱利安·斯图尔德（Julian Steward）以及马尔文·哈里斯（Marvin Harris）的著作中也能找到。对斯图尔德来说，文化是随着对环境的适应而进化的，相似的文化模式反映了对类似环境状况的相似适应，而并不是像摩尔根和泰勒所认为的那样——所有的文化都经历了相同的几个进化阶段。斯图尔德提出了一种多线的而非单线的进化观。哈里斯把自己的观点叫作文化唯物主义，用人类生活的三套体系来解释文化模式——基础结构（infrastructure）、结构（structure）和超级结构（superstructure）——其中最重要的是基础结构。“基础结构”与生活对生产和再生产的控制相关，涵盖了诸如技术、人口、谋生手段和环境这些方面——它是人类与自然之间的文化接触面。文化唯物主义既能解释具体的文化实践又能解释宽泛的进化趋势，它提供的解释根植于物质因素而非意

① 王铭铭：《西方人类学十讲》，广西师范大学出版社 2005 年版，第 26 页。

识形态构建物。①

（六）象征符号和意义

20世纪60年代以来，人类学有一种普遍背离唯物主义理论的倾向，表现出各种唯心主义特征，文化的象征本质开始主导文化的定义。以象征角度看待文化不可避免地引致了对意义的关注：如果文化是象征性的，那么，它就应该是用来创造和揭示意义的，因为这就是象征符号的目的。如果意义是文化的终极产物，那么理解文化就要求理解它的创造者和使用者赋予它的意义。那么人类学探索的中心就要转移到文化持有者的主位观点上来。

这种转移导致了一种微妙的理论模型的分化。因为象征符号蕴含了多层意义，对爱德华·萨丕尔而言（他强调卷入同一文化互动中的不同的个体象征意义），解释文化行为就变成了这样一项阐释工作，人类学家要理清从文化内部持有者角度得出的那团意义的乱麻。维克多·特纳同样强调了文化的象征本质，不过却把对它的解释置于社会生活的动态过程，象征的使用与意义的创造都处于公共的、社会性的互动之中。特纳认为，象征是意义浓缩物，它们的意义是多样的，并且这些意义因同一社会中的不同成员而异，理解文化生活要求提炼出各种象征、确认它们的意义，并且展现出这些象征是怎样在具体的、动态的文化情境中协同作用的。克利福德·格尔茨也赞同这种对文化的象征假设。对格尔茨来说，文化涉及赋予了各社会以独特风格的那些世界观、价值和伦理精神——用本尼迪克特的词汇来说，就是特殊的“核心价值”。由于象征的使用和意义的创造过程的复杂性，解释需要将某一事件置于某一具体文化行动者的动机、价值和意图当中去。于是，人类学家的角色不是在一种统摄性的、普遍的框架内去解释某一文化事件，而是将其置于特定的意义编码中。②

随着人类学理论的变迁，对人类学观察者角色的关注日益增加。如果文化是意义的创造而人类学解释是对它们的阐释，那么人类学家是怎样影响意义的呢？这些异经验怎样能够得以如实转译，对转述的真实性又该如

① ［美］杰里·D. 穆尔：《人类学家的文化见解》，欧阳敏、邹乔、王晶晶译，商务印书馆2009年版，第195—196页。

② 同上书，第248—250页。

何验证呢？对文化的象征本质和文化解释作为阐释的日益强调引致了对这些问题的关注，成为人类学理论界当前的争论焦点之一。

对文化符号的研究并不仅仅局限在人类学领域，而是在更广的人文学科范围被深入地研究讨论，并且一致认为符号的创造和应用是人类文化的显著特征。荣格“文化—集体无意识”分析心理学理论是一种从心理学视角研究文化的有广泛影响的理论，对于研究东、西方文化之间内向性与外向性文化偏向特质的分异具有重要的参考价值。荣格作为弗洛伊德“潜意识”理论的继承者，与弗洛伊德关注个人无意识不同，荣格转向了“集体无意识”的研究，并提出与集体无意识相应的“原型”概念，从针对个人的精神—心理学研究转向了集体原型的文化研究。文化哲学家卡西尔认为，文化不仅仅是应付自然与社会问题的工具，而且是主体精神的自由表达。他在《人文科学的逻辑》中指出：文化即是个人作为创造性主体的自由的显现。卡西尔把文化看作是对生命的充实，是生命的具体展开，是自由的，逐步推动自我解放的活动。这些就构成了他文化哲学的基础。在卡西尔看来，人是创造符号的动物，人的所有活动中都浸润着符合特征，而这正是人之为人的标志。卡西尔对人的这一界定，实质上是使对人的认识，由生物学上升为文化哲学。人之所以为人，就在于人能从事实的世界进到一个理想的精神世界；能创造出人类特有的精神符号天地——理想、伦理、历史、宗教、艺术、语言、神话，质言之——文化。人作为人的一切理想与价值只有在文化中才可能实现。苏珊·朗格是卡西尔之后符号学的重要研究者，着重探讨了情感表现与符号之间的关系，使对人的认识上升到美学层面。① 文化符号学理论克服了客观主义的研究范式忽视人的主体地位的缺憾，但对于能动者的行为发生的情景框架和制度制约——社会深层结构对主体的使动和制约意义缺乏整合性的理论探讨。

（七）20 世纪 70 年代以来，人类学研究范式走向多元化

20 世纪 70 年代以来，人类学领域中浮现出了大的理论分裂。马尔库思（G. Marcus）和费彻尔（M. Fischer）有关心理动力学民族志的研究试图重新回到弗洛伊德精神分析学中寻找合理的内核与文化描写策略，对于

① ［美］苏珊·朗格：《情感与形式》，刘大基、傅志强、周发祥译，中国社会科学出版社 1986 年版。

作为文化批评的人类学进行了梳理与思考。① 象征人类学（格尔兹、维克多·特纳与玛丽·道格拉斯等）可视为“后结构人类学”之一，在进行象征分析时，结构主义采用客位研究法探讨“无意识模式”，而“后结构”的象征人类学者强调采用主位方法，从被研究者的角度解释，是一种对“有意识模式”的研究。② 布迪厄 1977 年发表《实践理论纲要》③ 对人类学界深有影响，作者在对涂尔干的社会结构理论以及法国结构人类学批评的基础上，进一步研究了系统与个人之间关系的领域。布迪厄主张，实践的社会空间在牢牢混合了规则、个体行动和策略三方面，他提出了一种社会发生理论和理解社会空间的方法论。

1982 年利奇社会人类学④研究揭示了人类的社会交换观念由两大部分组成，其一是强调符号和隐喻（意象）世界的结构性两元之间沟通和互补性，其二是强调族群与社会层次之间价值—资源交换的多种类型。1984 年著名英国社会学家吉登斯提出社会学结构化理论要点⑤（《社会的构成》），阐释了宏观的“结构、系统与社会再生产”和微观的“日常惯例、时空路径”等一系列相结合的富有洞察力的结构社会学概念，但吉登斯本人强调社会科学与自然科学的根本区分，拒斥社会科学的完整解析理论，因而其社会学理论还缺乏完整有力的逻辑建构。

从以上列举的和文化相关的一些理论概念，我们基本上可以认为文化首先是作为一个社会的综合体；或如爱德华·泰勒爵士所说，文化是作为一个社会的成员所获得的知识、信仰、艺术、法律、道德、习俗及其能力与习惯的综合体。其次，文化的提出是作为和自然相对立的概念。结构主义创始人列维-斯特劳斯把自然看成是一切人所共有的，而且是他们的遗传的天生的一部分。自然就是一切人所表现出的不依赖于社会和文化的影响的东西。另一方面，文化就与自然相反，它是那一切不是共同具有的东西，是那一切学习来的东西。换句话说，文化是偶然的东西和任意的东

① George E. Marcus, Michael M. J. Fischer, *Anthopology as Cultural Critique*, The University of Chicago Press, 1986.

② Geerts, Clifford, *The Interpretation of Cultures*, New York: Basic Books, 1973.

③ Bourdieo, Pierre, *Outline of Theory of Pratice*, Cambridge University Press, 1977.

④ Leach, Edmund, *Social Anthropolgy*, London and New York: Fontana, 1982.

⑤ Anthony Giddens, *the Constitution of Society*, Cambridge: Polity Press, 1984.

西；自然是必然的东西和绝对的东西。因此，吃东西，连带一切巴甫洛夫反应是自然的，一切人都吃东西，是本能使人吃东西，但是，用饭的方式，消费食物的方式则在一切社会中都是不同的。

总之，上述研究提供了大量具有启发性和独特洞察力的理论成果，但也表现出，西方对于文化的研究也越来越分化。复杂分化的人类学理论仍可以归纳为在两种似乎具有同样确定性又截然相反的理论之间摇摆。其中一极认为，具有自我意识的个体们运用自由意志建构了社会空间，而对他们行为的解释就在于他们自身给出的对现实的解释。另一极则倾向于社会空间是由独立于个体选择及意识之外的普遍原则来规范的。对第一种立场而言，衡量精准的人类学阐述的尺度就是它对“本地”经验的忠实程度以及它向外人转译出这种经验的能力。另一种立场则只在以本民族志阐明了模式化的规则或者用那些当地信息提供者也许意识到也许没意识到的潜在规范或变量来解释社会行为时，才认为这种民族志分析是有价值的。这种两分对立以多种形式出现过。例如，克罗伯认为文化超有机体相对于个体选择来说居于统摄地位。而萨丕尔则确信文化是有自我意识的个体的累积性表达。哈里斯区分了文化持有者的主位阐述和外部观测者的客位科学假说，并且显然更青睐于后者。列维-斯特劳斯主张文化类型反映了人类心智内在的深层结构，而格尔茨则坚持任何这样的还原方式都歪曲了文化的真正本质。“人文主义”人类学家嘲讽他们的科学主义同事是还原论者(reductionist)。“科学主义”的人类学家则批评他们的“人文主义”同事不够严谨。[①]

争论揭示出文化一词的多义性、复杂性，使其几成“迷结”(syndrome)。解答司芬克斯之谜、祛除司芬克斯之魅的关键在于认识“人”自己。所有问题都集中到一个焦点——即亟须一种基于哲学层面的理论进行逻辑整合。

第二节　我国文化研究综述

(1) 我国“文化”一词最初意涵出现在《周易》贲卦：“观乎人文，

① ［美］杰里·D. 穆尔：《人类学家的文化见解》，欧阳敏、邹乔、王晶晶译，商务印书馆2009年版，第342页。

以化成天下。”最早在刘向《说苑·指武》之中完整地出现“文化”一词：“凡武之兴，为不服也，文化不改，然后加诛。”“文化”的意思是文治教化，与“武功”相对应。束皙《补亡诗》：“文化内辑，武功外悠。”“文”与“武”相对，指礼仪道德修养，“文化”即文治教化之义。在中国传统的夷夏观念背景下，“文化”意指一个群体在文治教化上的发展程度。[①] 在西方，文化对应的 culture 一词，其词源原系拉丁语，由 colo、colere（栽培、种植）、cultus（耕种的、耕耘的）构成；到公元前 45 年左右，古罗马的一些哲学家开始使用 cultura animi 的构词方法表达抽象意义，即耕种智慧[②]。根据威廉斯的研究，在整个西方，至 18 世纪末 19 世纪初期，该词的意涵逐渐从农业方面转而指称人类发展的历程。[③] 对比看来，中西方“文化”一词的词源意义有所不同，但也基本能够相通。

当今学界关于文化的观点取决于文化的多样性、文化的本质特征以及文化的独特性。西方普遍有一种观点：“只有当（众多）文化被发现之后，对自己文化的发现才能成为可能。[④]”这种观点倒转来看，也同样成立。在非西方世界，近现代文化意识是在西方近现代以来咄咄逼人的强势文化入侵，造成自身文化的保持、认同与发展的危机感而觉醒。

中国的现代学术意义上的“文化”一词，与很多其他现代词汇类似，是从日本传来。“文化”一词是先由日本借用古汉语译自欧洲的 culture，再经由日本传入中国。在新文化运动中“文化”成为关键词。新文化人是在中西比较的框架下，带着进化论的色彩来讨论“中国文化”，得出的结论是：中国文化相比于西方文化是野蛮的、落后的，必须进行改造。在中西比较的视野下，中国学人不得不承认西方代表着一种新兴文化，它是先进的、科学的，中国文化未来的发展方向必然是要朝向西方的。[⑤] 学人们希望中国能够尽快地实现新旧更迭。部分学人在追查中国之所以落后的

① 宋红娟：《“文化”概念的发生学研究——对非物质文化遗产保护工作中难题的再探讨》，《云南师范大学学报（哲学社会科学版）》2012 年第 1 期，第 89—96 页。

② 参见蔡俊生、陈荷清、韩林德《文化论》，人民出版社 2002 年版。

③ 雷蒙·威廉斯：《关键词：文化与社会的词汇》，刘建基译，生活·读书·新知三联书店 2005 年版。

④ Л. Г. ИОНИН. Социология культуры，Москва，1995.

⑤ 宋红娟：《“文化”概念的发生学研究——对非物质文化遗产保护工作中难题的再探讨》，《云南师范大学学报（哲学社会科学版）》2012 年第 1 期，第 89—96 页。

原因时，认为“民”是重要的原因之一；梁启超在《新民说》中认为一个国家国民的文明程度直接决定着该国的命运，如果不提高国民的文化程度，即使有贤君相，一国也无法进步。如何塑造新民？还是要回到文化上来：“非欲吾民尽弃其旧以从新人也。新之义有二：一曰，淬厉其所本有而新之；二曰，采补其所本无而新之。二者缺一，时乃无功。”也就是说，要想新“民”，一方面要保有中国固有的文化，同时也要能吸收国外的精华。可见，梁启超坚持认为中国还是应该有自己的文化，“凡一国之能立于世界，必有其国民独具之特质，上自道德法律，下至风俗习惯、文学美术，皆由一种独立之精神，祖父传之，子孙继之，然后群乃结，国乃成，斯实民族主义之根柢源泉也”。

近代学人在与西方的对比之下开始了现代意义的文化自觉，各种思想潮起潮涌，主旨都是为改造落后的中国文化开出药方，并且与各种政治改良和政治革命的实践活动紧密地结合在了一起。其过程的复杂性和激烈性不亚于激流旋涡和暴风骤雨，延续了半个世纪之后。

近现代学人虽然比照西方文化认为中国文化是落后的，但在对传统中国社会的反思中，主流学界的思想是所谓精英“有文化”和民众“无文化”或华夏“有文化”而蛮夷“无文化”的区分的框架下来确立的。在中国近现代学术用语中，“文化”偏向于被看作是在社会现实和历史演变中可以获得或失去的高级品质资源，对于文化作为一个社会不可或缺的内在禀赋的观念并不凸显。

（2）文化研究介入中国当代学术界是从20世纪八九十年代开始。集中表现在对于文化哲学的研究肇始。中国社会文化的全面转型可以作为文化哲学出场的社会基础和时代背景。在这个大背景和前提下，沿循五四以来对文化问题的讨论路径和资源框架，文化哲学基本理论和基本范式、西方理性危机的文化批判、中国传统文化的现代转型等问题，开始或再次成为中国学界文化哲学研究的主要内容和相关课题。事实上，无论从现代西方哲学还是当代中国哲学，抑或马克思主义哲学的当代发展来看，文化哲学的确获得了学界普遍性青睐和接受性认同。都自觉不自觉地把文化作为其学术考究背景或者思想绵延主轴。文化哲学正在“走向21世纪的世界哲学主潮”（许苏民，《江汉论坛》1989年第6期）并成为“马克思主义哲学的新生长点”（许苏民，《光明日报》1989 年 3 月 6 日）。[①]

就文化哲学的研究成果而言，自 20 世纪 80 年代以来，浙江人民出版社先后出版了《世界文化丛书》、商务印书馆出版了《汉译名著》系列丛书，三联书店出版了《文化：中国与世界》系列丛书；90 年代特别是进入 21 世纪，商务印书馆先后推出了《文化和传播译丛》、南京大学出版社相继出版了《当代学术棱镜译丛·全球文化系列》、中国社会科学出版社也翻译了《知识分子图书馆》系列丛书。这些涵括文化研究和文化哲学研究的重要译作及其介绍评述，不但让国内学界明晰了世界文化哲学研究的大致情势，最重要的是奠定了国内文化哲学研究的一些最基本资料。中国人自己书写的文化哲学专著也大量涌现，譬如：许苏民从马克思主义哲学角度梳理文化研究成果的《文化哲学》（上海人民出版社 1990 年版），李鹏程运用现象学方法进行系统细致的文化哲学研究的《当代文化哲学沉思》（人民出版社 1994 年版），衣俊卿经由日常生活批判而作的《文化哲学》（云南人民出版社 2001 年版），何萍通过对文化哲学史的诠释以及用文化哲学解读马克思主义哲学的《马克思主义哲学与文化哲学》（武汉大学出版社 2002 年版）与作为系统研究文化哲学认识论（广义认识论）的《文化哲学：认识与评价》（武汉大学出版社 2010 年版）等。至于散见于各大理论刊物的文化哲学论文，更是不计其数。[②]

何谓文化哲学？这是每一个从事文化哲学研究的人必须首先澄明的前提性问题。虽然还不能用普遍认可的话语界定其概念，但在现实的问题面前，学人也都认识到文化哲学研究的重要性和急迫性。譬如：信仰迷失、价值堕落从而精神极度空虚的现实情态，使得人类在精神层面的自我救赎就越发显得关键和紧迫。往昔的“风范大国”、“民族脊梁”终极信仰早已被“无品质的成功”、“无思想的文化”信念所肢解；金钱、地位、权势、娱乐满足人们肆无忌惮的欲望时，“现代文明人”的生命挽歌也被悄悄奏响。“一切坚固的东西都烟消云散了”，“天人”不再“合一”、“神

① 刘曙光、李武装：《文化哲学及其研究棱镜》，《探索》2012 年第 1 期，第 110—115 页。

② 同上。

人”不再“合一”，人真的成了两腿无毛的动物了（刘曙光、李武装，2012）。[①] 从这些问题可以看出，文化哲学之所以重要，因为它要回答一个根本问题：人何以为人？

根据汉语大词典的定义，文化是人类在社会发展过程中所创造的可代代相传的物质财富和精神财富的总和。除了强调可代代相传外，此定义跟马克思所主张的人类社会是经济基础与上层建筑所组成的统一整体之内涵基本一致。有的学者提出文化是由共识符号系统荷载的社会信息及其生成和发展[②]。有的学者倾向于使用马林诺夫斯基的划分法，将文化分为三个层次：器物层次；组织层次；精神层次[③]（林毅夫，2009）。这与文化是人类创造的物质文明、制度文明与精神文明的总和的观念基本相通。在国内外学界，文化的定义也从来没有统一过。从现状来看，国内对文化理论的研究还处在消化吸收西方理论和探索性地建构有自己特色理论的阶段，各方面的研究积累了相当的成果。总的来说，无论国内外的文化研究，都亟须一种基于哲学基础的、逻辑建构完整的文化理论。

（3）对非西方世界而言，文化研究的急迫性，更是在今天如火如荼的全球化进程中彰显。全球化很大程度上意味着西方化，对此我们表现出迟疑的态度和焦虑的情绪。全球化这一术语标明一种世界过程和在一种全新的历史境况中，我们日益深切地意识到，民族、国家、文化空间以及部分地球之间的差异已不再是最初的意识形态的、政治的或经济学的差异。今天的本质差异乃是在文化本性以及在出身、宗教、世界图像、历史和语言之间的区别中所拥有的自身的根源。全球化并不能简单地被认为在自身的全球校准中，通过经济、交通、科学和技术，导致一个统一的世界共同体，从而这一事件倾向于拉平不同文化的差异。尽管表面上这一全球化文明过程以及生活现实造成差不多同一的生活方式，但是，在内在生活现实层面上，这一全球化文明过程和生活现实却导致价值体系、信仰形式和意义规定等的相互冲撞、相互渗透、相互对立。

① 刘曙光、李武装：《文化哲学及其研究棱镜》，《探索》2012 年第 1 期，第 110—115 页。

② 参见蔡俊生、陈荷清、韩林德《文化论》，人民出版社 2002 年版。

③ 林毅夫：《经济发展与中国文化的复兴》，《北京大学学报（哲学社会科学版）》2009 年第 3 期，第 5—10 页。

这一涉及人的内在的、生存向度的差异注定包含身份丧失的补偿。这一点表现在：为什么人们通常不是把与众多陌生文化的相遇当作一种充实来体验，而主要是当作一种威胁来体验。此外，恰恰在高度机械化的文化空间里，宗教的、规范的原教旨主义的势头日趋增强，这一事实也证明，通过科学、技术、消费、传媒等手段向前推进了的全球化过程对人的存在、信念、规范取向和信仰态度等诸方面影响甚微、无济于事。[①]要厘清这类问题，涉及需提出一种文化哲学来对文化模式问题进行根本的批判和反思。

无论是出于对各民族竞争需要、流行于现在的“文化软实力”思考，还是更基本的文化哲学的学理层面，都需对“文化”概念本身进行清理。泰勒的定义始终被当成当今主流文化观的源头：文化或文明，就其广泛的民族学意义来说，是包括全部的知识、信仰、艺术、道德、法律、风俗以及作为社会成员的人所掌握和接受的任何其他的才能和习惯的复合体。可见，就这个文化定义而言，文化本身既可以是文明的同义语，同时也是由多种成分组成的、作为人类社会生活整体而存在的复合体，因为它几乎涵盖了人类社会生活的各个方面，因而具有“大而全”的基本特征。这些社会生活的各个方面也都是平行排列的，几乎看不到它们相互之间有什么不可或缺的本质性关联，因而体现了“机械拼凑”的特征。而这样一来，当今研究者在涉及这种所谓文化的不同方面的时候出现因为各执一端而众说纷纭的局面，显然也就不足为怪了。[②]

从事哲学与文化研究的霍桂桓通过概览当今中外学术界的文化研究现状在给出一个文化的定义：“所谓文化，就是作为社会个体而存在的现实主体，在其具体进行的认识活动和社会实践活动的基础上，在其基本物质性生存需要得到相对满足的情况下，为了追求和享受更加高级、更加完满的自由，而以其作为饱含情感的感性符号而存在的‘文’来‘化’‘物’的过程和结果。[③]”这个定义看似有些拗口，至少充分强调了以下几点：

---

① ［德］安德烈亚斯·切萨纳（Andreas Cesana）：《哲学思维的跨文化转变——卡尔·雅斯贝尔斯与跨文化哲学的挑战》，《求是学刊》2011年第3期，第5—12页。

② 霍桂桓：《文化软实力的哲学反思》，《学术研究》2011年第3期，第13—18页。

③ 霍桂桓：《文化哲学论要》，北京出版社2006年版，第110—111页。

第一，强调文化活动的生成性；第二，强调文化活动本身是人运用作为饱含情感的符号的“文”来“化”“对象”的过程和结果，确定能够发挥文化软实力作用的“文化”只能是“饱含情感的感性符号”；第三，强调人们之所以进行文化活动，是为了追求和享受更加高级和完满的精神自由；第四，强调作为饱含情感的符号而实际存在的文化现象，本身具有极其广泛的存在状态和多种多样的表现形式，因而可以也确实在现实生活之中的各个方面、各种层次上都发挥作用。霍桂桓认为，这种文化定义严格而明确地界定了人们从事文化活动的现实条件、基本内容、本质特征和根本目的，因而对于现实的文化活动和文化现象来说有可能是既具有现实针对性，又具有理论解释力的。①

什么是文化？江畅认为，文化就其实质而言就是价值观在社会实践中的对象化、现实化。文化的灵魂、精髓是它的价值观，其深层结构是它的价值体系，而价值体系是价值观具体化。文化可以划分为心态文化（包括观念文化）、制度文化、行为文化、物态文化四大类型。价值文化属于观念文化，但又体现为制度文化、行为文化，甚至体现为物态文化。价值文化就是价值观，也可以说是观念的价值体系。核心价值观或观念意义的核心价值体系处于核心的地位，它是价值文化乃至文化的灵魂和本质内涵，因而也是一种价值文化与另一种价值文化、一种文化与另一种文化区别开来的根本规定性和主要标志。江畅进一步认为，我国现当代主流价值文化是中国特色社会主义价值文化，其核心是社会主义核心价值体系。但同时，一种主流价值文化也就意味着一个社会必须是价值多样化，否则，无所谓主流价值文化；在多种价值文化中，主流价值文化又必须真正能起主导作用。② 剩下的问题是，何为价值？或者说价值的根基在哪里？这样才能顺利回答主流价值的理性问题。

从更宏观的角度看来，任何文化研究都离不开文化哲学的基础性研究，文化哲学对文化模式的研究形成了对人之生存历史性的总体把握。一方面，当代中国文化哲学提出的原始的文化模式、传统的农业文明的

① 霍桂桓：《文化软实力的哲学反思》，《学术研究》2011 年第 3 期，第 13—18 页。

② 江畅：《我国主流价值文化构建的三个问题》，2012 年 6 月 21 日（www. npopss - cn. gov. cn. ）。

文化模式、现代工业文明的文化模式的划分方式，特别是对传统的农业文明的文化模式向现代工业文明的文化模式演进的历程的分析，阐明了人类文化模式演进的历史进程，其根本就是人之生存方式变迁的历史。这样，就在历时态上揭示了人通过自身的实践活动不断地自我创造、自我生成的过程，也就是人类文化演进的过程。另一方面，文化哲学通过对不同时代、不同地域的文化的比较研究，在充分地展示了人类生存方式的多种可能性的同时，通过对全球化时代现代西方文明与非西方的本土文明冲突的分析，阐明了广大发展中国家走向现代社会过程中所面临的多种可能的现代性选择。以此为基础，当代中国文化哲学坚守一种文化批判的立场，通过对现代西方文化危机的批判性分析，为广大的发展中国家在全球化进程中的文化转型提供理论支撑。可以说，正是在文化模式研究和文化批判之中，现代文化哲学构建了当代人类文化发展的总体图景，从而使文化哲学研究的总体性和当代性有机地统一起来。[①] 文化研究的重要性在于人作为人的一切理想与价值只有在文化中才可能实现。

（4）作为一种国家战略和政策，胡大平认为，文化大发展大繁荣表明了更为深刻的社会转型：在初步奠定物质基础值后，我国将更加自觉地以建立全面发展的社会为目标，通过共同体建设开辟出一条可持续的繁荣道路。文化表达的是人类共同体的追求，描述的是人类生活的性质。从内容上看，它以主体性为中轴的精神，表达的是身份认同、民族团结和忠诚的根基，凝结起来便是共享的价值；从形式上看，它是具体的生活方式。因此，文化不是一个可以独立出来的社会组成部分，而是使社会成为整体的纽带。在城市这一社会维度上，文化把家庭、社区、街道整合成人类生活的“活的有机体”；而家庭、社区、街道以及整个城市是文化得以表现的手段，亦是其创造和产生作用的媒介。[②]

近年来，我国建筑与城市规划学界对于学科内的文化再思考空前活

① 郭艳君：《意识形态研究的文化哲学视角》，《学术研究》2011 年第 2 期，第 23—27 页。

② 胡大平：《文化，让城市更美好》，2012 年 8 月 22 日（www. npopss - cn. gov. cn. ）。

跃。快速城市化浪潮下的文化复兴已成为建筑与城市规划学界的共识与愿景，经济城市要慢慢地走向文化城市。过去城市规划学科谈文化，认识偏重于城市历史文化遗址的保护。这两年，认识有所提升，就是每年我们都创造新的城市文化。“文化关注”是对新的城市建筑的一种思考维度。城市的物质形态一定程度上反映着城市性格。这些问题都可以拿到文化视野下面来探讨。[①]

2007年城市文化北京宣言，讨论了全球化时代的城市文化转变、历史文化保护、当代城市文化建设等议题；同年，邹德慈、张锦秋主持召开“快速城市化浪潮下的文化复兴”[②]研讨会，掀起了城市规划相关领域文化再思考的热潮。2010年刘和林对城市文化和文化城市相关议题进行了梳理，提出文化城市理论框架。[③] 2011年“总体规划向何处去”的研讨会，提出规划师要以理想主义的态度，关注总体规划中的理念、目标、战略等“形而上”的问题；[④]赵燕菁提出要回答“总体规划向何处去?”我们迫切需要一本“理论罗盘”[⑤]。这些研究和讨论都表明：城市问题的复杂性要求在综合性的文化层面全面理解。上述研究都力图以新的方向给予建筑与规划学科领域以重新定位，有的力求以建设性的纲领综合新的理论挑战。转型期建筑与城市规划学科的价值观与研究范式骤然成为焦点。当前文化城市的建设实践处于快速发展阶段，但相关理论处于匮乏状态，主要的问题是：理论框架缺乏逻辑一致性；基本概念范畴简单罗列，缺乏严密的逻辑建构因而内涵模糊。

---

① 邹德慈、张锦秋：《快速城市化浪潮下的文化复兴》，《城市规划》2007年第31卷第12期，第41—46页。

② 同上。

③ 刘和林：《城市文化空间解读与利用——构建文化城市的新路径》，东南大学出版社2010年版。

④ 李晓江主持：《总体规划向何处去》，《城市规划》2011年第35卷第12期，第28—34页。

⑤ 赵燕菁：《城市增长模式与经济学理论》，《城市规划学刊》2011年第6期，第12—19页。

第三节　文化的逻辑结构

一　到底什么才是“自己文化的发现”

最近 B. M. 梅茹耶夫（B. M. Межуев）的这样一段论述具有代表性：

众所周知，人们曾经长期处于被魔鬼、精灵和神灵等彼岸力量所统治的意识形态下。我们将此称作神话和宗教意识。这种被我们今天视为文化形态的神话与宗教，对于那些对其深信不疑的人来说却不是文化（指人为的），而是来自上面的神圣而不可触及的领域的启示，而现实世界是无法对其进行解释的。在神话与宗教里一切都是由上面的意志所造就的，而人则注定是他们听话的执行者。任何对神灵意志的违背都会招致无法逃避的报复。在这种情况下人的自由独立便会使一切化为乌有，而这个空白的领域便是我们后来所指的文化的领域。①

在 B. M. 梅茹耶夫看来，文化的发现应该被理解为一个完完全全由人自己所创造的存在的领域（或是形式）的发现，这种存在既不是以神的法则为前提，也不是以自然的必然性为前提，而是以从前二者独立出来为前提。文化是按照人的自由法则（当然，如果这种自由是有法则的）而存在的，区别于另一种（自然或是超然的）法则。因此，文化的理解离不开人的主体性。然而，是什么样的具体特征使人能够成为一个主体呢？近代哲学对这个问题只有一种回答：因为人有理性。人是理性的存在，也因此而区别于动物。有了理性才没有让人成为上帝和自然手中的傀儡，而是成为一种独立的存在。理性不仅开创了文化，而且正是文化的最高表现。文化——就是经过理性所加工，并按照理性规律而存在的一切事物。在文化与理性之间画上等号，这意味着是理性（而不是上帝或是自然）为自由建立法规。康德认为，有勇气使用自己的理性，用理性来衡量一切，才是一个有文化教养的人所具备的重要品性，文化不是来源于自然，不是因自然的规定性而存在，而是因为人的自由。作为自由的存在，人会去完成他们自己为自己定下的目标。在目标明确的行为过程中，人便建立

① ［俄］B. M. 梅茹耶夫：《文化哲学何以可能》，《求是学刊》2011 年第 6 期，第 5—13 页。

了文化。

但西方现代哲学中众多关于理性的讨论充满了危机。概括地说，这个危机的本质就是被理解为人的理性自由的文化却完全不符合人在生活中的实际存在，也就是远离生活。按照 B. M. 梅茹耶夫的话来说，自由与理性无法同存：自由是个人的，理性是普遍的——任何将两者进行调和的企图都会引发自由的减损和消失的危险。“启蒙理性”（古典哲学的万能理性）不仅成为了认识文化多样性的不易克服的障碍（后古典主义哲学试图通过多种科学研究方法突破这个难点），同时也是人在现实生活中，在自己的实在中自我认识的障碍。在人的“生活世界”，即科学与理论意识以前的世界里，只需要去寻找存在的谜底，与数字、逻辑概念和范畴的合理化世界，即理性的世界都没有任何共同点。在科技合理化与普遍核算和计算生活的数字化的社会里，理性不再是人的自由的同义词，而是新的驾驭人的力量——比前者更加强大。[①]

当理性变成形式合理性，并不再保障自由的时候，自由何以可能？这就促使文化哲学去寻找和构思新的不同于古典范例的文化模式，去重新理解理性的本质，并把理性解释为“交往理性”（哈贝马斯）之后，即要在哲学解释学内寻找关于人的主体性的新观点（伽达默尔）。而在存在主义那里人不再是理性的，他是在畏惧与沉沦之间摇摆，而注定要经历完结的存在，是这种经历滋养了艺术文化。理性与自由的悖论有时候会形成一种印象，那就是自由不再是西方哲学家所关心的问题了——他们更关心的是权利的不同表现形式的问题。权利不会消失，那么让权利在世界生存下去的最好方式就是让权利成为更加可以预知和可控制的，更加合理的，而且看重的即使不是人的自由，也应该是人的基本权益。对于今天而言，文化意义首先是每个人在自己的世界里所拥有的权利，这是一个不会否定别人，但也不会完全被别人吞噬的个人世界。文化也是“众多世界的世界”。而且如果文化被认为要继续存在下去——当然，不是以大众强制消费的产业形式，而是以人自由创造自己及自己的关系的形式存在下去，文化哲学将保留其作为文化自觉和自我实现的重要工具的意义。至于文化是

① ［俄］B. M. 梅茹耶夫：《文化哲学何以可能》，《求是学刊》2011 年第 6 期，第 5—13 页。

靠自由来支撑，而它要解决的问题是今天自由又能靠什么来支撑呢？①

理性与自由之间的悖论，对于东方的思想家或者在东方的思想中，从来都没有存在过如此的困扰；因为，理性在东方从来也没有占据过如此中心的地位，也没有如此这般的本体意义，东方的最高真理是“彼岸在我心”之“明心见性”式的纯粹主体性。无疑，自由基于主体性。如果说自由基于理性，这个西方所言说的理性有何意涵？主要有两层基本含义：一是先验理性，就是指天赋观念、绝对命令一类近似神学天启的论说；二是主体间的客观性，特别是指在“生活世界”的实践中主体间的“交往理性”所累积建构的心智图式，这种观点把理性从天国拉回到了人的文化世界，从而保障了理性是人基于自由的建构这样一种根本的主体性。此论仍然回避了“人何以为人”以及“交往”何以可能或者说客观意义从何而来等恼人的形而上问题。人创造了上帝，上帝又创造了人，这始终是任何一种哲学反思无法摆脱的一个神话。因此，理念作为先验理性，仍然必须置于现代思想之中心的话，应当不是窒息或者说减损人的主体自由，恰恰相反，它是人之为人的主体性的展开维度。理念是这样一种东西，它在规定出意义之疆域的同时也为在其中的活动留出了自由的地盘。理念在根本上不是限制行动，而是在荒蛮之地画出指示地图以供选择路径。但无论如何，画出地图和对地图的客观解读能力仍然需诉诸“人创造了上帝，上帝又创造了人”这样一个不解之神话。这样看来，天启的理性和人的“交往理性”并无矛盾，这和上帝创造万物与达尔文的进化论并无矛盾一样，前者是本体论的，后者是发生学的，因为何以生物会具有适应能力这不是一个科学问题而仍然是一个哲学问题。

跨越主体间性，言说之普遍性的可能性的那个哲学理念，即一切言说背后之可理解性的“元语言”，正是我们称之为“逻辑学”的核心课题。罗素曾经说，在科学中，我们只能回答“WHAT”、“HOW”，而不能回答“WHY”。如果始终停留在“经验”的视角，我们就只能描述经验（严格意义上来说，经验描述也不能缺少概念层面的先验综合），我们不能也无须回答“WHY”的问题。通常所谓的理性科学，即在结构范式中对经验

① ［俄］B. M. 梅茹耶夫：《文化哲学何以可能》，《求是学刊》2011 年第 6 期，第 5—13 页。

整理的系统知识，往往是建立在一些没有经过批判的几个孤立的概念之上。经验只能作为意识的经验，任何自然科学、历史科学，若要具备可靠的基础，都必须经过意识领域的洗礼，即通过本质还原和先验还原，使它们最终建立在先验观念和先验主体性之上。观念是主体而不是对象，观念不会自动地在经验中呈现给人，观念正是形成“经验之为如此的经验”之条件。按照黑格尔的思路，我们只有在一个概念和观念的逻辑体系中，才能为每一个基本概念和观念设定一个清晰的逻辑位格。在此意义上，“WHY”属于先验的逻辑学的范畴，我们只有在观念的逻辑体系中才能回答“WHY”的问题。诚如雅斯贝斯所言：一切东西与之有关的那个一者，而它本身却永远都不是确定的，永远都不是直截了当地被占据的。经过现代哲学的洗礼，我们虽然不会以黑格尔的方式在辩证逻辑的道路上盲目自信地阔步前进，但这个一者作为理念的极限，也永远是思想追寻的终极意义所在和理想目标。

前文提到的各种文化概念与理论的不足之处，就是没有提出文化概念的逻辑根据，以及与文化相关的概念与理论的逻辑结构。新康德主义认为哲学应当找出人类文化的逻辑根据，文化归根结底在科学中表现出来，由此，马堡学派试图建立纯粹认识的逻辑。如果能达成此种先验逻辑学，其必基于由一绝对观念演绎的诸基本范畴，诸基本范畴作为一个逻辑整体，成为推演其他一切概念范畴的深层结构。如柏拉图所说，正是理念的内在结构决定着我们的一切行为和知识。德国古典哲学巨匠康德的先验论又进一步发扬了这种思想。

现代西方哲学又发展出新的观点，对这些观点做出定论，还为时尚早。譬如：结构主义常常自称为“没有先验主体的康德主义”，胡塞尔现象学研究的纲领是以搁置先验的东西的方法来研究先验的东西，显得有些似是而非。显然，胡塞尔最终的研究目标是试图得到某种清晰的东西。胡塞尔在《逻辑研究》中这样说道：“逻辑合适的语言之理想是这样一种语言的理想，它能为所有可能的材料和所有可能的范畴形式创造出单义的表述。”① 这段话说出了逻辑研究的一个理想。对于文化的逻辑研究也应如

① ［德］胡塞尔：《逻辑研究》第二卷第二部分，倪梁康译，上海译文出版社 1999 年版，第 195 页。

此，我们必须提出一个奠基性的概念系统，为所有相关的“文化”表述提供一个统一的基础。

二 四个基本范畴

对这样能够是我们的思想、行为、生存方式的基础的深层结构的探索，也正是一般的文化与艺术理论所需。笔者在《艺术理念与建筑美》一书中提出“物质、生存意志、自由意志、精神”[①] 这四个基本范畴，供论者探讨。

绝对或绝对精神是黑格尔提出的一个哲学概念。古代与此相应的称谓有很多，如太一、神、上帝、真主、真如、大自在、太极等，他们的差别在于有的具有人格特色，而另一些则没有，在此并不准备讨论这个问题。绝对是如何演化世界的呢？佛教讲世界源于“无明”，此说具有双重深奥的哲学含义：第一，主、客体之间的对立统一。绝对意欲显示自己而遮蔽自己，一分为二成相互对立的主体与客体。主体设定了客体（广义的物质），客体设定了主体。绝对为无明所遮蔽而产生有限的主体（限有），绝对通过无明而示显自己为有限的主体。第二，客体各要素之间的对立统一。物质（狭义的）是作为光的否定而产生的，物质与光的各种关系而产生万物。从“世界源于无明”的命题开始，继续探讨“物质、生存意志、自由意志、精神”四个基本范畴。

（一）物质

绝对意欲显示自己而遮蔽自己，产生作为主体的限有和他的对立面客体。主体之作为主体是意识（先验自我），客体之作为客体是物质（先验对象）。物质源于无明，所谓物质其实就是无意识（先验自我的对立面）。客体以主体为条件，是主体设定了他的对立面客体，意识设定了他的对立面无意识。无意识以意识为条件，没有意识也就无所谓无意识。

绝对遮蔽自己为限有。限有即是先验自我，可以理解成莱布尼茨的单子，比喻成因陀网中的一颗明珠。所有的单子都在绝对中，都和所有其他单子联系着，在先验的本质中都潜在地是绝对。单子是绝对遮蔽而成的限有，所谓遮蔽即是先验规定，取得了先验本质。被规定了的单子，意即有

---

① 文一峰：《艺术理念与建筑美》导论，人民日报出版社 2006 年版。

了他的对立面客体——物质、自然界，或者说僵死的意识。物质就是先验遮蔽的意识，先验地附着在意识中，是有限主体的先验组成部分，在主体自为的现实中不能被自我意识随意更改的僵死意识。也正是因为有这种作为对象的僵死意识，意识本身才成为可能。物质之为物质逻辑地等价于无意识。

（二）生存意志

限有（单子）因无明遮蔽而生。观念性的生先验地设定了它的对立面观念性的死。生与死是主体与客体对立统一矛盾的必然结果。生与死在先验逻辑中是观念化了的有与无。因无明，死被限有规定为纯粹的黑暗——无。绝对因遮蔽而示显的先验意志中就包含了生，示显的先验意志也包含了持存，实际上就是说，绝对之示显的先验意志就内含了生存意志。生存意志就是先验示显的原始意志，生是它的肯定，死是它的否定。因此，死作为生存意志的否定是痛苦的先验根据。一切痛苦都先验地关联着死。佛教说，只要我们消除欲求（生存意志），也就消除了痛苦的根源，即是此意。因为主体的生依赖于他的对立面客体，所以生存意志也即是与他的客体相互作用的意志；客体对他的肯定，即所谓快感，对他的否定，即所谓痛感。作为主体（限有）的生存意志有他的对立面客体，生存意志与他的客体相互作用被必然地设定着。作为主体性的生存意志已不是纯粹的无意识，而他又不能反省自己，也不是自我意识。生存意志之为生存意志即为潜意识。

作为潜意识的生存意志还不能在意识中表象生与死。对生存意志的了知来自对生存意志的反省，来自对生存意志的自由，也就是来自他的作为主体中的对立面，限有不完全被生存意志所占据，这就是自由意志的起点。自由意志反思到生存意志，生存意志从潜意识上升到意识中。生存意志自在地设定了生死，先验的生死观念自在地设定了时间。但先验的时间只是由于自由意志才取得了它的现实性，限有开始了有时间性的自我意识。自我意识的逻辑同义语即为有主动表象的能力。因此，有自我意识的主体——人能把先验的生死观念表象在意识中，人能预见到自己未来的自然死亡，而动物就永不能预见自己未来的自然死亡。自我意识已先验地含有自由的概念，没有自由就没有自我意识。

自由意志对生存意志的反思，反射着自己的自由。先验之示显意志从自在的观念发展为时间中自为的现实性而取得自我意识，先验自我完成了他的纯粹逻辑阶段，而进入了逻辑与自然并行的现实阶段。现实性的自我意识本身设定了其他主体的现实性。因其他主体的存在先验地包含在绝对因遮蔽而示显的意志中，示显自在地就是为他存在。以自我意识的表象为中介，其他主体的存在从观念而转化为自为的现实性。自我意识承认其他主体的现实性设定了主体间性。主体间性即设定了客观性，设定了客观性也就设定了主观性。这两者是相互依赖的对立统一。先验的范畴、观念就是客观的、必然的，而现实的感性（因无明）总是主观的、偶然的。范畴之为范畴，就是能把主观的偶然的感性联系到绝对中去的主体间性。就像观念和现实一样，客观和主观是逻辑上的关联体。没有客观就没有主观，没有主观就没有客观。

生存意志终要被反思的自由意志所对象化（因为一切观念的东西总要转化为现实的东西）[①]，从主体转化为客体而被主体规定为自然。这样，在自我意识中的自然观念就包含了两个范畴——物质和生存意志，此二者被自我意识表象为无机界、植物界、动物界以及人的植物、动物本性——吸收营养和感性反应的本性。

（三）自由意志

自由意志对生存意志的扬弃的过程即是主体取得现实性转化为自我意识的过程，自由意志作为主体的现实性的条件，是绝对因遮蔽而示显的意志的必然环节。因此，每个幼儿第一次产生“我”这个观念，是一件惊天动地的大事情，它宣告了一个自在而又自为了的主体的诞生。主体性的自我意识是所谓自由意志对生存意志的扬弃，即是还保留了生存意志在主体中。实质上，在自我意识产生之初，生存意志在主体中还占据主导地位。生存意志作为一个绝对因遮蔽而示显的环节，是自由意志的先在条件和扬弃转化的对象。这个过程是主体从潜意识发展到意识终结于绝对意识的一个环节。

生存意志自在地包含着先验时间，自由意志开始了时间的现实性。时间设定了它的对立面“同时”，“同时”设定了空间。自由意志的现实性即自我意识——能主动表象对象的表象者。物质在时间、空间中首先被自

---

① 反过来说，因为一切现实的东西也要转化为观念的东西，使现实重新回到主体当中。

我意识表象为感性的对象，也就是说物质被理解成感性质料的来源，而自由意志被理解成形式范畴。自我意识也能把生存意志作为对象来表象，在意识中理解为主体的动机和给予物质感性以意义的东西。但在自我意识之初，还不能把生存意志与自由的主体区分开来，而毋宁说，此一自我意识，正是统一着感性质料与主体的形式范畴的有计划的生存意志。我们所说的生活经验，就是以物质为客体，以生存意志和自由意志的联合为主体的自我意识。因此，没有自由意志的动物也无所谓经验，动物始终只是潜意识，潜意识的逻辑同义语就是本能——盲目的生存意志。我们的梦境也不能称为完全的经验，因为在梦境中自由意志的形式、范畴的东西还没有加入，只有在清醒的反思中，梦境才成为经验的一部分。精神病不能称之为正常的经验，因为它的自由意志的形式、范畴遭到了扰乱，缺乏形式整理的感性质料和欲求动机杂乱地表象在精神病人的意识中。

自由意志是自在自为的观念（范畴）的运动。我们知道 A，也就知道什么是非 A；肯定即是否定，否定也是肯定。自我意识有时、空观念本身就设定了时、空观念的否定，这就是想象力。自由意志给予自我意识以范畴，形式范畴时、空、想象力整合着感性质料就是知性。知性即为对多样抽象为一的概念能力。康德在《纯粹理性批判》中没有把时、空和想象力先验地联结起来，他以经验心理学的方式称知性为先天综合判断。所谓知，就是时间、空间形式与想象力的完形能力统一着感性质料。我们通常所说的经验意识就是知，知的结果便是获得概念——对多样形成统一的有意义的自我意识。

对于感性来说，一个对象无所谓真假，而只有对于知性来说，才有真实与幻觉的分别。因为知，就是在自我意识中有明确的形式的东西——自由意志的范畴、观念。我们对一个对象判定真假，不是去判定感性的真假：我无法断定我看到的红色是和你看到的红色一样，也不知道我所说的红色是不是正好是你体验到的绿，而是对把感性组织成一个有意义的意识的形式的判断，也就是说，是对概念进行判断。所以，我们能理解到，随着主观形式的改变，我们的真假观念也会改变：科学家认为鬼是假的，是一个视觉幻影，因为他是根据他已形成的知识的这样一种形式；而巫觋认为鬼是真的，也是根据他们的职业知识，即一种他们认识世界的形式。

从生存意志中完全剥离出来的自由意志，就是自我意识的理性。理性开始关注纯粹形式的东西，追寻超越主观性的客观逻辑的东西。理性首先是对知性主观相对性的扬弃，开始寻求客观的、实体性的东西，也即逻辑性的东西。比如说把形式的东西和质料的东西彻底分离，一方面是数的研究（它的基础是先验的时间）；一方面是几何的研究（它的基础是先验的空间）；最后是数与几何的结合（先验的时间与空间相互可以转化）。数学作为纯形式，它是能脱离感性而为意识在自身中所理解，在自身中所发展，是消除了客体的意识自身的同一性。

在知性的时间、空间观念之上，因果性是理性的核心范畴。康德认为，因果性是形成经验的先天范畴，而不是如休谟所说是从经验中归纳出来的东西。正如康德所论证的，因果性不仅仅是习惯的联想，它是经验之能成为经验的先在条件，是我们形成现象世界的一个先在观念，是一个概念与概念相互联结起来的法则。因果性正如康德所指出，是先验逻辑中理性的一个范畴。因果性的先验根据在于：客体如果不对主体呈现为多，本身就不能得到示显；而这个示显为多的客体，如果不是在主体中能得到潜在的（因无明还不能说是现实的）统一，也就不能形成对主体有意义的经验。

康德说："知性可视为由规律以保持现象统一之能力，理性可视为在原理下保持知性规律之统一之能力。故理性绝不直接应用于经验或任何对象，而仅应用于知性，盖欲借概念与'知性之杂多知识'以先天的统一，此种统一可名之为理性之统一。与知性所能成就之统一，种类绝不相同也。"（《纯粹理性批判》）如何来理解这个论断，我们可以这样来理解：比如说我们说某某事情不可能，既然说它不可能，也就是说对于要说的事我们是明白它的意思的，否则无法判断其可能与不可能，单个事是一个知性的综合，而说某某事情（作为事与事的序列）不可能，是说事与事之间无法找到因果联系，即理性的综合没有建立，也就是说，理性和知性的统一在两个不同的层次上面，其判断是可以相对脱离的。理性作用于知性依赖想象力，想象力既是知性的最后一个范畴，又是知性与理性的中介桥梁，理性的因果范畴必须是借助于想象力而和时空观念相联系，这是理性研究的关键之点。想象力不但是知性想象（联结知性与理性），而且还存在理性想象，联结着理性与悟性，康德之理性二律悖反[①]的发现，即有赖于此种理性想象力。

理性的因果范畴依据其内在的矛盾依次有以下逐渐递进的诸形式——机械作用、化学作用、有机运动，最后终结于精神。[②] 悟性是对理性的反思，悟性扬弃理性的二律悖反而转化为对自我的直接知识。悟是理性的知性，或知性的理性，是二者的高级的同一。所谓精神觉悟，就是在主体的意识中，对于两个根本矛盾的解决：一方面，是主体对内在的生、死观念矛盾的体悟，逻辑上讲，“无”中不能生“有”，有也不可能变成“无”；另一方面是对外在宇宙的时间、空间的无限与有限的二律背反（宇宙的时间、空间既不可能是无限的，也不可能是有限的）的发觉，也正是这个矛盾的发觉，否定了时间、空间的现实性，发觉了它们的观念性，打开了一个精神的世界。时间、空间是现象的开始，时间、空间的矛盾又成为了现象的终结。

（四）精神

自由意志作为自我意识是自在自为的运动。对感性是真的东西，对知性不一定是真。对知性是真的东西，对理性不一定是真；对理性是真的东西，在悟性中呈现出二律悖反。真理是自身发展的自我意识的一个过程，扬弃了感性和知性，理性上升为悟，自我意识即成为精神，明了对象即是他自身，对象就是他的各个观念环节中的表象，是自己分裂自己又回到自己运动中各个范畴的产物，对象的各个规定的全体使对象自在地成为精神的东西。悟者了知，天地与我并生，而万物与我为一。[③] “事物就是我，在这个无限判断里对象被扬弃了”（黑格尔《精神现象学》）。经由精神反观他的诸阶段：是生存意志肯定着物质的对象性，是自由意志反思着生存意志的现实性，是精神自己规定着自由意志的真理性。通过这样反思的三个阶段，精神自明所有这些都只是他自己的观念——从无意识到潜意识、自我意识终结于绝对意识的一个过程。这个观念世界里一方面演绎了客观世界，一方面也就是主观的世界；一方面是意志的本体世界——先验主

① 参见［德］康德《纯粹理性批判》，蓝公武译，商务印书馆 1960 年版。

② 详细论述参见文一峰《艺术理念与建筑美》导论，人民日报出版社 2006 年版。

③ 张耿光译注：《庄子全译》“齐物论”，贵州人民出版社 1994 年版，第 33 页。

体，一方面是表象的现实世界——对象化了的客体。这两个世界的中介即为“道成肉身”的躯体。这个两面神把所有的对象性的存在都扬弃为表象性的存在，又把所有表象性的存在都扬弃为绝对意识。

三　文化的逻辑结构与动力学

一般来说，知性的真理在于概念，而概念的真理在于辩证的逻辑结构。“物质”从最一般的意义上来说，被规定为主体实践与认识的对象——客体，作为主体的否定也就同时被规定为“无意识”。“生存意志”就是这种主、客体对立统一的原始自在的关系，或者如黑格尔所说“感性”、“直接确知”，实质上也就是指动物性的本能。生存意志是非反思的，它是主体对于客体的实践关系与认识关系的直接同一。感性无知性形式则盲，知性形式无感性则空，这是康德的著名论说。“自由意志”作为形式的本质，就是把生存意志的感性内容能在主体中展开的维度，这些形式包括知性形式——时间、空间、想象力以及因果关系等理性诸范畴，它们是可以自由表象的，因而也是可以反思的，这一反思表象的统一就是自为的主体——“我”。通过回忆我们了知，婴儿会哭会笑，可并不知道在哭在笑，因为婴儿还只有感性确知，但却还没有发展出表象与反思的能力。具有感性反应能力的动物，因为只有生存意志而没有自由意志，也就没有表象反思的能力，因而也没有自我意识；也就是说，和婴儿一样并不知道自己的存在。上述例子的哲学意义在于，生存意志与自由意志两者的主体性的意义是完全不一样的，生存意志还只是“潜意识”，而自由意志是具有自主表象能力的“自我意识”。自由意志的现实性设定着自我意识，概念的逻辑真理在于辩证法，现实的自我意识也就一方面设定了客体的现实性，另一方面也设定了其他主体的现实性。雅斯贝斯有一段著名的言说：上帝存在于有限的主体（人）所不能达到的两个统摄之中，其一是对主体与客体分隔的统摄，其二是对客体各要素分隔的统摄。如果再加上主体与主体之间分隔的统摄，那么“神”（精神）作为“绝对意识”的概念，也就这样被有自由意志、自我意识的主体——人设立起来。

（一）基于基本范畴的几个模型

本体论四个基本范畴中的“生存意志、自由意志”借鉴了弗洛伊德精神分析学“潜意识、意识”等的概念，但摈弃其描述性的经验研究用语，进行哲学本体论的还原改造，以生存意志作为潜意识的根源，以自由意志作为意识的根源。

1. 基本范畴的逻辑结构图式

（亚里士多德：四重因）

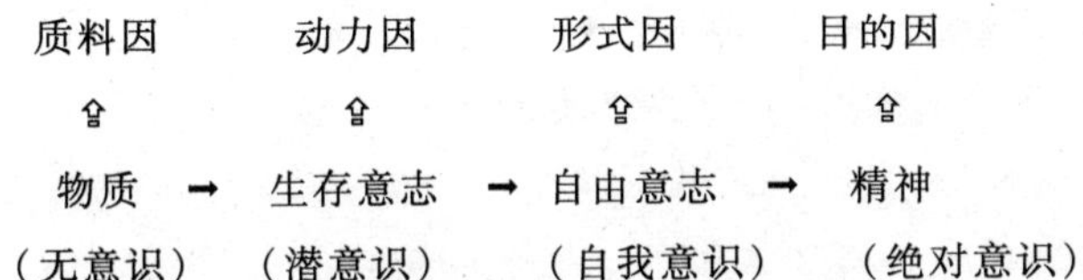

2. 由基本范畴推导的学科体系及反映出人类文化的丰富内涵

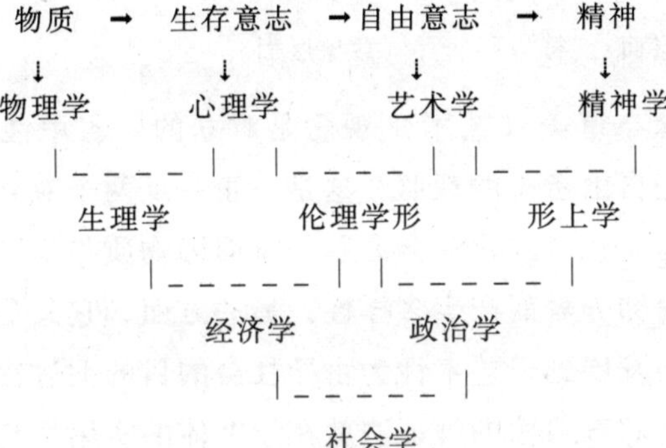

阐释：对应于四个基本范畴——“物质、生存意志、自由意志、精神”，我们能逻辑地理解有四门基本学科——物理学、心理学、艺术学（美学）和精神学。在物理学和心理学之间有生理学，在心理学和美学之间有伦理学，在美学和精神学之间有形而上学。生理学和伦理学的统一是经济学，伦理学和形而上学的统一是政治学。经济学和政治学的统一是社会学。

将上述学科体系图旋转 60 度成下图，以利于清晰地看出学科体系所反映出的人类文化的结构：

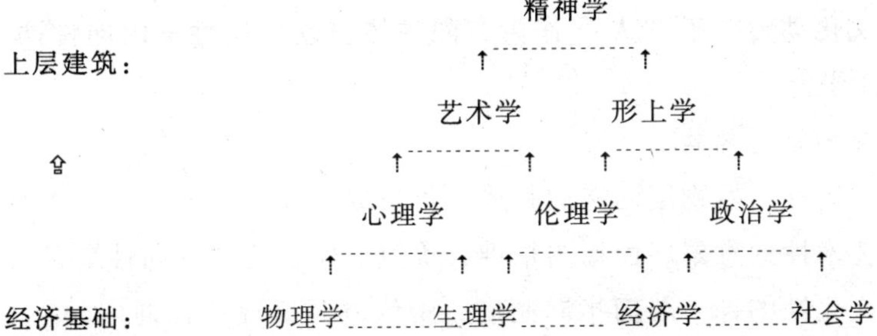

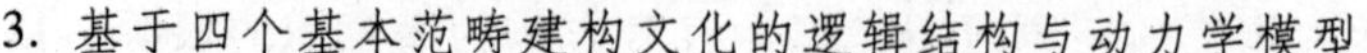
3. 基于四个基本范畴建构文化的逻辑结构与动力学模型

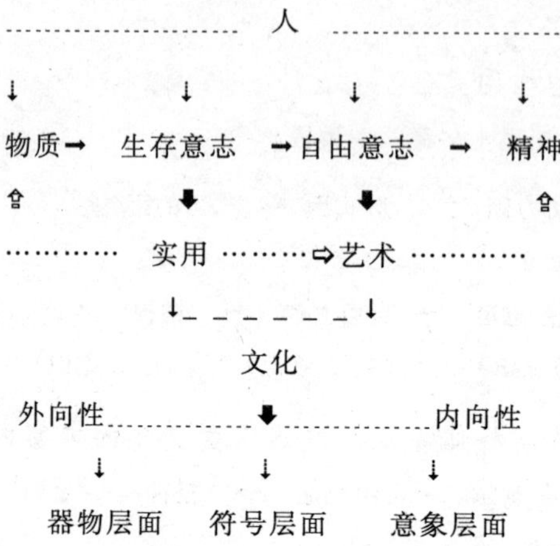

阐释：实用观念与审美（艺术）观念是对立的。实用性是生存意志的观照，而审美性是自由意志的观照，这是一正一反两个对立的命题。这两个命题的合命题是文化。文化的合命题一方面因物质与精神的中介——随自然条件和宗教信仰分异而产生多样性；另一方面，它又是一个动态的以实用性为主导社会发展到以艺术性为主导社会的目的性过程。实用与艺术是普遍的观念，它们普遍性的辩证法就在于客体的实用性与审美性是可以直接针对每个主体；而文化特殊性的辩证法就在于，它是一个主体间性（社会性）的集合称谓。文化作为实用与艺术的合命题，一方面关系到人类作为群体生存的现实存在，另一方面关系到人类作为超验主体的自由表达，这两方面的整合，使文化有器物、符号和意象三个层面。或一般地说，文化有物质、制度和精神三重文明的功效。

（二）基于文化模型的基本命题

1. 动力的哲学分析

（1）物质动力在于物质场域时空关系势能梯度的质量互变性；

（2）文化动力在于“人”作为有限主体呈现外向性—内向性两方面匮乏的势能张力。

2. 文化的动力结构

（1）实用性的器物层面指向物质，价值取向呈现“外向性”的性质；

（2）艺术性的意象层面指向精神，价值取向呈现“内向性”的性质；

（3）文化性的符号层面指向制度，价值取向呈现“沟通内外”、“协调整合”的性质。

3. 文化动力的两个方向

(1) 以制度为中介、以精神的理念为指导工具、以生存意志的实用为价值导向——生产器物；

(2) 以符号为中介、以物质的实体为表达工具、以自由意志的审美为价值导向——生产意象。

人类的社会交换观念由两大部分组成：其一是强调族群与社会层次之间价值—资源交换的多种类型。其二是强调符号和隐喻（意象）世界的结构性两元之间沟通和互补性①。

4. 人在文化中需求的三个层次

将马斯洛的描述性的需求层次理论进行逻辑改造：人存在的三个层面：(1) 自然人；(2) 社会人；(3) 精神人。因此，人有：

(1) 物质肯定的自然生理需求——器物生产；

(2) 他人肯定的社会文化需求——符号交换；

(3) 自我肯定的精神审美需求——意象创造。

5. 作为文化结构反映的伦理学为建筑文化提供分析工具

实用性纯粹是人类生存意志的观照，从建筑方面来说，是指人类适应自然地理气候条件而做出的建筑形式结构的创造与建筑材料的选择。审美性纯粹是自由意志的观照，深入人类的精神领域，在原始的建筑活动中可能并不是显著自觉的行为，但作为一种先验的潜意识力量，在建筑的形式中反映出自然宇宙和精神领域的普遍法则，是建筑超文化的普遍艺术价值的根源。文化作为一个集合性的概念，其核心内容是社会伦理关系及其价值体系。建筑或更广义地说聚落城市作为艺术来说，是和表现文化密切相关的观念艺术，其形态和社会伦理关系紧密相连。

城市是人类文化发展的产物，是人类文明的集中地。但何为城市？人类聚落何时发展为城市？即城市起源问题仍然需要一个理论的回答。从词源学上，希腊语“polis”既指城市也指政治；《周礼·考工记》中“匠人营国”的“国”既指筑造的城市，也指建立政治秩序的国家。黑格尔在《法哲学原理》中把人与人的伦理堪称是一个精神性的、活生生的、有机

---

① Leach, Edmund, *Culture and Communication*, Cambridge University Press, 1976.

的生长发展过程，并把它的矛盾发展过程分为三个阶段：第一，直接的或自然的伦理精神——家庭；第二，市民社会——表示直接或原始的伦理精神的解体和分化，市民社会是作为独立的单个成员的联合，这种联合是通过成员分工后相互合作的需要，通过保障人身和财产安全的外部法律制度而建立起来的。依靠法律来维持市民个人特殊利益和公共福利与秩序，这种“市民社会”只能算是“外部国家”。第三，伦理精神通过分化、中介而完成的统一就是国家。国家是具体自由的现实性，是伦理精神充分实现、完成并回复到它自身的辩证统一。城市文明的逻辑起点是伴随着国家的产生而产生的。城市与原始村落质的区别在于：城市包含着原始村落氏族血缘自然伦理之外的新的伦理关系——市民社会的分化差别与国家的整合统一。

黑格尔对于伦理学的哲学论述，表达了人与人之间社会关系的内在理念，提出了一个全人类一致的理想模式。理想模式作为背景，它是人类不同文化活动的架构框架；作为深层结构它是人类各种行为（表层结构）的统一句法。理想模式的意义在于它是一个参照系，借此我们能够反思多样化的现实模式，从而找出各种文明方式的文化特质。

此模型给予我们两个层面（或者两个能级）的统一性：

（1）基于家庭血缘情感联系的自组织统一性；

（2）基于国家法律制度约束的他组织统一性。

借鉴“协同学”（synergetics）的相关表述方式，由此而引出以下的基本命题：

（1）他组织统一性，或用协同学的术语——他组织序参数需要不断供给能量，否则趋于熵增的无序态。

（2）能量供给的两个向度：一是基于人的现实存在，由市民社会劳动分工协作的物质盈余供给；二是基于人的超验存在，由主体内生理念的精神供给。

（3）从“家庭”序参数的组织能级跃迁到“国家”序参数的组织能级，基于主体的“认同”或“强制”，可分为“内部国家”和“外部国家”。

（4）基于两种不同能级的序参数倾向性，可对不同社会的“文化特质”进行基本分类。

（5）两种序参数能级之间的跃迁和回落过程表现为社会状况复杂的涨落过程，两种序参数的混化可表达为一定的社会熵值，在熵值的某高位临界点上即处于战争态。

文化反映了特定人群集合的存在的特质和状态，此节的论述基于基本范畴给出了人类文化及其特质和存在状态的根据等相关基本命题。在文化理论的语境中，城乡空间可还原为人的现实存在和人的超验存在之间的张力表达。

苏珊·朗格认为，一个新的概念犹如一束光，照亮了我们前所未知之物，[①]那么，一个成系统的概念结构，则能综合不同的视角给予我们对事物的立体透视，这也是笔者上文的论述意图。

① Langer Susanne K. , *Philosophy in a new key: a study in a symbolism of reason, rite and art*, New York: New American Library, 1951.

第二章　艺术理论与作为建筑美学基础的自然哲学

从上文的文化结构模型可以看出，审美是文化的主要方面之一，审美的主旨不再停留于关注人的生存和社会的维系，而是要在此基础上表达出对人类作为自由主体的升华。对审美和艺术的研究，首要的任务是要阐明"美"的概念。在美的概念下，包含各种性质不相同的事物，有自然美的日月星辰、花草树木；有艺术美的音乐、绘画、文学；有人类对自身观照的人体美，甚至所谓的思想道德行为美。"美"在日常用语中是个多义词，对于美，每个人都可以发表自己的意见。因此困难不在于"什么是美的"，即对个别事物做审美判断或经验描述，而是在于"美是什么"，即在各种事物中找出"美"的普遍本质，即对"美"做出最本质的概念限定。

普遍认为，对"美"的研究不在自然科学的范围之内。自然科学，按照胡塞尔的观点：

> 是这样一门科学，它设想一个在空间上三维伸展、在时间上一维延续的世界在对我们的官能起作用，在这个设想的基础上，它试图解释那些正常地和纯粹地（不受特殊心理状况和过程影响地）被感觉到的物理现象的前后秩序。它没有去说明这个世界的绝对状况，而是满足于将那些引发感觉并且在其作用中相互影响的力量归诸于这个世界，并且确定这个力量在并存和相继方面的规律。①

---

① ［德］胡塞尔：《逻辑研究》第二卷第二部分，倪梁康译，上海译文出版社 1999 年版，第 233 页。

对胡塞尔来说，自然科学可以被定义为关于物理现象的科学。物理现象不再被定义为那种由物体通过官能对我们心灵的作用产生出来的现象，因为“物体”在现象学的考察中仍然只是一个形而上学的假设，物体在现象学的意义上只是意向的产物。搁置一切“假设”之后，唯一具有决定性的东西是现象。在胡塞尔那里，和物理现象相对的是心理现象。一般地说（尽管胡塞尔并不赞同），物理现象对应于外感知，心理现象对应于内感知。自然科学所处理的物理现象，它与那些被想象的现象无关，而仅仅与那些在感觉中出现的现象有关。感觉和想象皆是现象，对于意识来说，被给予之物是一个本质上相同的东西，无论被表象的对象是实在存在的，还是被臆想出来的，甚至可能是悖谬的。[①] 那么何为感觉？何为想象？胡塞尔以意向体验的种属不同做出区分，关键在于如何完整地理解行为的对象关系。所谓的内在内容（想象）毋宁说是一些意向的（被意指的）内容而已，那么另一方面，那些属于意向体验实项组成的真正内容（感觉）就不是意向的：它们建基于行为之上，作为必然的基点而使意向得以可能，但它们自身并没有被意指，它们不是那些在行为中被表象的对象。我们看到的不是颜色的感觉，而是有色彩的事物，我们听到的不是声音的感觉，而是一位歌手的歌唱。[②] 胡塞尔将素朴直观的行为称作感性行为，将被奠基的、可直接或间接地回溯到感性之上的行为称作范畴行为。[③] 如果我们认为对审美体验不仅是一种主观感性，而是如康德所说，而是有权力对所有主体提出客观性的要求，那么，审美体验就一定与范畴（形式）直观有关。

显然，审美不仅仅是对物理现象的素朴感觉，我们暂且可把审美笼统地归之于心理现象，在最基本的层面也应属于某种感知。胡塞尔这样说道：“一个实在的生物，如果它自身仅仅具有像感觉体验这样一种内容，同时它无法对这些内容进行对象性的解释，或者通过它们而使对象被表象出来——并且更无法在进一步的行为中占对象发生关系，无法判断对象，无法为对象感到高兴或沮丧，无法爱对象和恨对象，无法欲求和讨厌对

---

① ［德］胡塞尔：《逻辑研究》第二卷第一部分，倪梁康译，上海译文出版社 1999 年版，第 414 页。

② 同上。

③ 同上书，第 187 页。

象——那么就没有人会愿意将这样一个生物称作是一个心理的生物。"[①] 感知是一个主体的意向过程，是对现象的立义。胡塞尔对感知有这样的详细论述：

> 每一个感知的特征都在于这样一种意向，即：它的对象当作一种在生动的自身性中的东西来把握。与这种意向相符合的是在突出的完善性中的感知，当对象的确是在感知自身之中并且是在最严格的意义上"生动"地、毫无保留地被把握为它本身时，也就是说，当对象被实项地包含在感知本身之中时，这种感知就是相应性感知。因此，显而易见，甚至可以从感知的纯粹本质中明见地得出，相应性感知只能是"内"感知，它只能朝向与它一同被给予的、与它一同属于一个意识的体验。[②]

审美体验包含在感知中，但按照最一般的词义，显然并不是所有的感知都被指称为审美。胡塞尔的现象学研究搁置任何形而上学的东西，所有的概念、理论都必须还原为对现象的纯粹描述；这样一来，作为"现象"最终根据的"意向"在胡塞尔那里没有得到进一步的解释。意向又源于何？它又有何种本质？与意向密切相关的"行为"是否能得到一种统一的解释？这些根本问题在胡塞尔那里也同样被搁置了起来。胡塞尔现象学的逻辑研究，也拒绝任何心理学的东西，按照胡塞尔的说法，他的现象学逻辑研究严格限定在"形式"，而对心理内容，也就是说对各个主体偏好、不同心理状态和各个主体对环境条件的偶然不同反应不做探讨，而是对所有这些行为、事件能够发生的一般条件做出现象学的澄清或纯粹描述。其实，从胡塞尔对意向的种种论述看来，他无疑借鉴了叔本华的"意志"概念，只不过在掩饰了的"意志"本体论上，披上了一件现象学的外衣。既然胡塞尔本人也承认甚至强调先天的东西，而胡塞尔的逻辑研究针对的就是先天有效的形式，而不是后天形成的偶然经验，那么所谓的现象学还原，如果追

---

① ［德］胡塞尔：《逻辑研究》第二卷第一部分，倪梁康译，上海译文出版社 1999 年版，第 407 页。

② 同上书，第 389 页。

求最终的解释性，是不可能离开形而上学的概念的。要阐明“美”这种本来就抽象的概念更是如此。

第一节　艺术理念、分类及历史原理

康德为我们做了“个人嗜好”与“审美判断”（或者说审美意向）的区别，他说：“当人称这对象为美时，他又相信他自己会获得普遍赞同并且对每个人提出同意的要求；与此相反，每个人的感觉却只靠这位欣赏者和他的快感来决定了。”① 打一个通俗的比方，一个四川人不会因为上海人不吃辣，而认为他们口味有问题。上海人也不必与四川人争论“辣与甜”的是非，而甘愿承认各自有权保持自己的“嗜好”，而审美判断，比如说欣赏一件艺术品，却要求他人赞同，对于他人的不同意见，有权斥之为鉴赏力不够，并且相信，经过学习与艺术修养的提高是能达到共同一致的意见的。也就是说，我们之所以要为鉴赏发生争论，而不是像前面的“嗜好”那样各任其好，仿佛“美”是一种客观的性质。即“美”不同于每个人的感官“嗜好”，它要求的是一种普遍有效性。“嗜好”是生存意志的感性（包括各种动物不同的感性反应），是完全主观性的东西。审美虽然也要求落实到主观上面，但审美是自由意志的观照；自由意志依赖于有普遍意义的观念形式，即依赖于一定的范畴直观。观念形式之作为观念形式就是主体间的客观意识。

如果审美在现象学的意义上被称为审美意向，要对此种意向做出根本解释，就必须召回某种形而上学的概念。上文对于意志——生存意志和自由意志的不同本质属性的基本划分，为审美意向和审美判断提供了先验基础。虽然如此，对于审美研究，仍然可借鉴胡塞尔的一些现象学方法，我们暂且可以搁置一切个人具体的审美体验，而在一般的审美体验可能性的形式条件的意义上来宏观地论述审美理念、分类和历史过程。

一　自由意志的意识形式的辩证发展为艺术发展史理论提供逻辑基础

黑格尔继承了康德美学观点——审美具有客观性又需要联系到主观性上

① ［德］康德：《判断力批判》上卷，宗白华译，商务印书馆 1995 年版，第 53 页。

面的思想，提出“美是理念的感性显现”① 这个命题。与此相应，黑格尔把艺术发展分为三个时期：象征时期、古典时期和浪漫时期。相对应这三个时期，艺术被分为象征艺术的建筑，古典艺术的雕塑和浪漫艺术的绘画、音乐和诗艺。黑格尔着重讨论了诗艺。对黑格尔的艺术分类做全面的批判，并非本书目的，这里要说明的是，不论黑格尔对艺术三时期的划分看起来在逻辑上如何正确，却简单地不符合艺术的历史发展事实，如他所说的浪漫艺术时期即基督教艺术时期，恰恰是建筑艺术发展的高峰时期，而纯粹的绘画、音乐及文学还远没有成熟的时期。“尽管他追溯了从史诗到抒情诗，再到综合性的悲剧，以及从象征主义到古典主义，再到浪漫主义这种由三个阶段构成的复杂体系，但他的《讲演录》仍然主要是一部诗学的美学，并没有达到他理论提出的要求，同历史成功地结合起来。黑格尔的弟子企图将他的理论体系应用到文学史中，但多数只是勉强地将现实的复杂性纳入黑格尔的公式之中，其结果，不过是成功地使他的方法蒙受耻辱而已。”② 我们经常遇见的另一种通常的分类结果是所谓的时间艺术、空间艺术和综合艺术。这种分类表面上界线清晰，实质是没有内在逻辑历史内容的表面现象的分类。本书提出艺术审美是自由意志自身观照的精神愉悦这一命题。自由意志的意识形式的辩证发展为艺术发展史理论提供逻辑基础，本书的艺术分类严格要求逻辑与历史的统一。依据自由意志的意识形式由知性形式向理性形式发展的一般历史规律，艺术可以划分为主观艺术、观念艺术和客观艺术三大类，而艺术发展的历史也依次经历了这样三个发展阶段。

二　主观艺术发展的历史逻辑及其理念

主观艺术是由知性诸形式——时间、空间、想象力所形成的艺术。康德在《纯粹理性批判》中提出知性形式“时间、空间、想象力”的概念，但没有在先验的基础上把它们逻辑地联系起来。辩证逻辑的基本原则是：我们知道“A”，也就知道什么是非“A”。知性三形式的逻辑顺序是：生存意志的生死观念自在地包含着先验的时间观念，自由意志开始了时间的现实性。时间

① ［德］黑格尔：《美学》第一卷，朱光潜译，商务印书馆 1995 年版，第 142 页。

② ［英］R. 韦勒克：《批评的诸种概念》，丁泓、余徵译，四川文艺出版社 1988 年版，第 47—48 页。

设定了它的对立面，同时即设定了空间。时间、空间是感性的第一对形式范畴，此两者辩证地相互规定，是逻辑上的关联体。康德称时间、空间是先验的感性形式，即是说时间、空间是形成感性的先验的形式条件。感性无知性形式则盲，知性形式无感性则空。形式作为自由意志的本质，就是把生存意志的感性内容能在主体中展开的维度。自由意志有时、空观念本身就设定了时、空观念的否定，这就是想象力。我们说，艺术审美是自由意志的自身观照，因此自由意志诸形式的先验逻辑的次序，也必然成为依于诸形式而发生的艺术各形态的进化顺序。知性是直接和主体的生存意志相关联的，虽然艺术审美并非直接以主体的生存意志观照于对象，但知性于生存意志的本然联系而产生的各种情绪，使得由依于知性诸形式而形成的主观艺术具有直接抒情的性质。由此而形成的三种艺术类型——音乐（时间）、绘画（空间）、抒情诗（想象力）是最基本的艺术形态，是所有其他艺术形态的基础。主观艺术诸形态的共同点就是对主体的直接性和抒情性，它们为所有的艺术形态提供了艺术作品成之为优美的三个要素：节奏（时间）、韵律（时间与空间）与意境（想象力）。这三种艺术的起源伴随了人类早期文明的起源和发展，在人类历史上也是依次最早相继出现的艺术。

（一）音乐

时间是自我与自身的关系，或如康德所说“是对自我的情感”（《纯粹理性批判》）。法国现象学美学家米·杜夫海纳说“它是走出自我又返回自我的一种纯粹运动，通过这个运动形成一种内在性：一种活动产生了这种活动不与瞬时思想中的自我，即非为自身存在而存在的自我，完全符合一致。它构成一个‘我’，即一种内部距离，在这个距离中，自我不同于自身，以便把自身作为自身确定下来”①。时间性是诸多境界在自我中之统一，也就是永远返回自我。没有这种返回，那就只有瞬时的分裂。时间并非钟表的刻度，而是人的深度的一个方向，它是人之生命的内在性和康德所谓的生命的内部目的性，是充满内部运动活力的精神。时间作为主体的感性表达形式的就是内在的音乐，是一首生命之歌。

（二）绘画

如果说时间是内部意义的形式，因而是主体性的根本；那么，空间是外

① ［法］米·杜夫海纳：《审美经验现象学》，韩树站译，文化出版社 1996 年版，第 278 页。

在性的根本。海德格尔有句名言，只要“此在”时间化，就有一个世界。也许把“时间化”改为“空间化”这句话就表达了更多的真理。海德格尔语言中的“此在”应是这样一种内在之光，当这种光反照于客体时照亮了一个世界。此在，开辟了一个空间，主体与客体因而获得了一种外在距离。在梅洛·庞蒂看来，空间之所以先于任何构成活动，它之所以是已经构成的，那是因为它表明“和比思维更古老的世界的一种沟通”，表明我们肉体的存在这个事实，即我们在世界上的成形。因为有了空间，躯体通过自身向诸物开放并流溢到诸物之中，从而与诸物体持一种基本关系。所以我们可以说，主体就在没有达到体现之前，它在与客体的对立中，在转向一种主体所不是的东西中，在准备接受这种东西中构成自身。空间（同时）作为时间（绵延）的否定，是主体的内在性展开为外在性。这种展开的返回，在展开和返回的交互中，空间（对象）融化为自我的情感方式，本身就成了一幅画。

（三）抒情诗

在主体的逻辑展开中，时间性和空间性是存在于主体中的相续关系，这就确立了在现象中时间与空间在客体上的关联性。我们正是用时间来定义空间，用空间来定义时间。而对这个确立的时空统一体的否定，即是想象力。想象只有已经能够进行综合因而已是精神时，才成为有意义的情感想象，这正如目光也只有在进行统一时才是目光。时间、空间、想象力作为主体的形式，它们总是展现于主体的多样性又回到主体的统一性的东西。想象在确立的经验时空中随意浏览又并不沉沦于具体的经验中，在这种有生命力的活跃想象中，我们自由地呈现自己为对象，又把这种对象自如地转变成自己的主观精神，想象力也就转变成为了诗。诗作为想象力的悟性观照，在时间和空间双重形式上结合了音乐与画面，但想象力又是时间空间的否定，因此诗的构思和它的内容，可以把纯然外在的自然对象排除在外，至少是相对于绘画的程度上。诗所特有的对象或题材不应是太阳、森林、山水风景或是人的外表形态，而是凭借想象力表达精神方向的兴趣。抒情诗纵然也诉诸感性的东西，也进行了生动的描绘；但抒情诗在这方面只是想象的，而不是客观现实的，甚至是不由客观现实引起的，其目的也只是为主体内在的精神活动而提供感性观照的质料。[①] 由于抒情诗

① ［德］黑格尔：《美学》第三卷下册，朱光潜译，商务印书馆 1997 年版，第 19 页。

的主观抒情性，它也不同于观念艺术的史诗，抒情诗把它所掌握的一切都纳入一个单纯自主的整体里。抒情诗里凡是普遍性的东西并不表达为抽象的普遍性，也不是用理论证明和通过知性来领会各要素之间的联系，而是一种有生气的、现出形象的、由灵魂灌注的统一体；对于文化是一种构成性的，而不是已成为观念事实的东西。

三 观念艺术发展的历史逻辑及其理念

顾名思义，观念艺术就是由表现观念所形成的艺术。诚然，主观艺术与客观艺术也是由观念所形成的艺术；但主观艺术中的观念——时间、空间、想象力是以纯形式出现在艺术作品中的，它们为艺术作品提供必要的形成美的规则，是在感性质料——音调音色、线条色彩中表现出节奏、韵律和意境的知性平衡的无限的东西，是不涉及对个别具体事物的概念式的判断。按照康德的说法，美是不按照概念而是按照一个规则进行判断的机能，指的就是知解力所观照的对象纯形式美方面，而不是对象属于哪个概念。这种概念式的判断是普通知性的判断，而不是审美的知解力的判断。如果审美对象必须借助于概念，按康德的理论，就是一种附属美，也就是一般所谓的合目的性的美。比如一所房子，设计合理居住舒适，如果直接针对自己，这样就契合于自我的一个明确目的，这是一个实用判断。如果这所房子是其他人所有而和自己的居住并无关系，但我们还是因房子的设计合理和预想中的舒适居住生活，而对房子发生的一种审美情感，就是合目的性的美，即是康德所说的无目的性的合目的性。因对象实现了它的概念而引起的美，即是观念艺术美的本质。因此，此类艺术在对对象的美的判断中，夹杂了对对象善的判断；也就是说，此种艺术类型的“美”的价值夹杂着强烈的文化的“善”的属性，它们就是史诗、建筑与雕塑，宗教思想的表现是观念艺术的核心价值。

（一）史诗

在产生过史诗的民族，可以说，史诗是两大潮流的汇合，一大潮流是民族文化的潮流，这就是神话、道德箴言和宗教经典；另一大潮流是主观艺术的潮流，即音乐、绘画与抒情诗。史诗作为一种原始文化的整体，就是一个民族的“传奇故事”、“书”或“圣经”。每一个具有宗教倾向的民族都有这样的原始书，来表现全民族的原始精神。在这个意义上，史诗这种纪念碑就成了一个民族特有的意识基础。史诗既然首先以诗的形式表现一个民族的朴素意识，它在本质上就应属于这样一个中间时代——观念艺术时代的开端，一方面一个民族已从混沌状态中苏醒过来，主体精神已有能力去创造自己的世界；另一方面，凡是到后来（成熟的观念艺术时期）成为国家的宗教教条和社会伦理道德，在此时却还只是些很灵活流动的思想信仰。民族信仰和个人信仰正在整合，民族精神的意志和个人（诗人）的情感还未分裂。

（二）建筑

建筑被称为石头的史诗。史诗中神话传说性质的英雄人物所体现的朦胧民族道德观念，在建筑艺术中通过一个成体系的超验世界的设想——而固定为更清晰的物质的、永恒的象征性语言。建筑艺术的主人翁是神灵，建筑也正因为成为了神灵与人类文化活动的中介，而在中世纪成为了支配一切其他艺术形态以及其他一切文化形态的大艺术。神庙、教堂、宫殿和圣地正是用大写的象形文字固定下来的民族伦理道德观念和国家法律体系。

（三）雕塑

雕塑开始只是建筑艺术的一部分，随着神灵理念的逐渐清晰，雕塑艺术最后成为独立的作品。谢林说："名副其实的雕塑艺术作品，仍是宇宙的形象，它将其空间包容于自身，没有外在于自身的空间。……雕塑艺术的理想是无限者凭借有限的感性形式得以完满呈现，绝对壮伟者，自在无限者，为有限者所包容，而且一目了然。"① 雕塑艺术最适合的题材是英雄、圣徒的形象和神祇。因为这些形象所代表的不仅仅是个别的人物，而是民族的精神以及宇宙的普遍力量。如黑格尔指出，雕塑使精神直接安居在感性形象及其外在材料里，并且这两方面显得契合无间。

另外，建筑艺术作为主观艺术向客观艺术转换的居中环节，一方面强调知性形式——时间、空间的重要性，另一方面，开始表现理性因果关系的物质性的初级范畴——机械作用即重量与支撑之间的斗争——化学作用即古老遗址的熵的美学，以及园艺的有机生命形式。雕塑则利用物质性来直接表现因果关系的高级形态——生命运动与精神。

① ［德］谢林：《艺术哲学》，魏庆征译，中国社会科学出版社 1997 年版，第 287、288 页。

四　客观艺术发展的历史逻辑及其理念

客观艺术是由自由意志的理性诸范畴所形成的艺术形态。理性和知性的统一是建立在两个不同的层次上面。想象力既是知性的最后一个形式范畴，又是理性连接知性的桥梁。理性，并不直接而是通过想象力作用到知性现象上面，所以前理性的原始思维经常建立一些事物间想象的联系，而非客观的联系。客观艺术作为建立在知性之上的理性观照的艺术，所要表现的是脱离主体情感的直接抒发，而对于客观世界的一种反思性的情感观照。此类艺术包括戏剧、小说、超现实文学。运用因果诸范畴本身的象征、对应或错位来传达客体所普遍具有的情感意义，主观的抒情由主观诸艺术形式的直接性转为间接性，所描绘的是比主体抒情更加广阔的社会生活，在人类历史上是出现在相当晚的时期上。

客观艺术，即我们一般所说的叙事文学，表面上甚至比观念艺术更离不开概念，因为其创作的媒介就是文字概念；但是，客观艺术是把概念作为表现手段，而非表现的目的。客观艺术应脱离对对象直接的善恶判断，而是专注于对对象（人物）的实体性的刻画描写；否则，就成了说教式的散文，或者沦为不成熟的客观文学艺术，而重新回到史诗的意味当中。诚然，在客观艺术中作者总会不经意地流露出某种道德伦理倾向，但这已无关对作品的审美。而对于观念艺术的史诗来说则不一样，作品必然是对民族英雄的正面赞赏，而且民族精神观念必然在作品中占据非常重要的地位而直接成为审美的对象，成为了表现某种民族自豪感的东西，通过广泛流传，而成为构成民族文化实体性的东西，是努力和正要形成某种社会文化观念的东西。就这个意义上，观念艺术具有文化和艺术的双重性。而客观艺术却站在了相反的位置上，它的主旨不是要形成或维护某种文化，而是在某种民族文化中对人物命运的反思。所以客观艺术，往往带有某种现实批判性，相对于观念艺术对民族精神的关注，客观艺术则强调了对主体命运的关注，甚至因人物主体的悲惨命运而对文化提出某种质疑。对这两类艺术的扼要分析，我们就可以得出了艺术发展的必然逻辑顺序，观念艺术在前，客观艺术在后。在观念艺术时代，人是匍匐在神灵面前，而在客观艺术时代，艺术家却要站在神灵的高度来鸟瞰世态万象。而且也正由于艺术家唤醒和丰富了人的内在性，人之为人得到了充分的实现。

（一）戏剧

戏剧是第一种客观艺术，在艺术的发展史上，要晚于音乐、舞蹈、绘画、诗歌、建筑、雕塑——要晚于主观抒情艺术和观念艺术。也正因为晚于前述艺术，戏剧自诞生之日起便吸收了先于它产生的其他艺术的因素，成为表现手段最为丰富的综合艺术。戏剧通过这种综合的有机结合，其目的是调动其他艺术手段为戏剧表演服务。黑格尔认为："在戏剧中，具体的心情总是发展成为动机或推动力，通过意志达到动作，达到内心理想的实现，这样，主体的心情就使自己成为外在的，就把自己对象化了。"①戏剧的本质特征是通过动作，包括语言、行为、心理活动来表现分裂了的精神实体即意志的运动——人物性格和他们的故事、冲突以及结局。这截然区别于观念艺术之表现主题在于统一着的精神。

戏剧作为第一种客观艺术，直接脱胎于观念艺术，那么它就自然还带有观念艺术的烙印。虽然民族精神的实体性的东西已不是戏剧所要表现的主题，但戏剧往往还要假借民族文化中的东西和民族的历史人物，其表演方式在主观抒情艺术的基础上，还须有史诗的叙述方式，建筑式的表演舞台与布景，雕塑般的人物造型。可以说戏剧表现的主题是雕塑表现出的民族精神的典型形象向小说所描写的广大分裂着的精神实体的过渡，其表现的特征也是介于雕塑的伫立不动和小说的无限细腻繁杂的运动之间。其表现媒介虽脱离于物质实体，这一点不同于同样是表现精神——因果范畴的最高形式——的雕塑，但戏剧还依赖于一定的感性形象，这可以说是（最起码从表面上看）和小说最大的不同。小说完全摆脱了感性形象，而是通过抽象的符号完全自由地进入精神领域的表现。

（二）小说

戏剧的实质是"激变"：我们可以称戏剧是一种激变的艺术，就像小说是一种渐变的艺术一样。阿契尔说出了戏剧和小说之间在表现风格上的最大区别。经过戏剧的过渡，客观艺术就进展到了它最纯粹的形态——小说。我们运用"纯粹"这一术语，是因为小说最全面实现了客观艺术的理念。小说扬弃了戏剧所有的对于外在感性的依赖，而完全诉诸通过语言

① ［德］黑格尔：《美学》第三卷下册，朱光潜译，商务印书馆 1997 年版，第 244—245 页。

文字概念所产生的移情作用。这就要求高度成熟的反省着的理性——对理性诸范畴直觉地把握；尤其是人的心理精神运动形式，艺术家必须是直觉心理方面的大师，对于人性和个别精神主体的塑造有超乎寻常的洞察力。小说作为实现了的客观艺术，其题材包括理性因果诸范畴所能涉及的所有领域。换言之，其所能表现的内容亦不仅是一般的带有必然性的观念的东西，而是包括一切偶然的客观现实的事物，包括变化无穷的形状和关系，人的日常动作和努力，自然需要和舒适与满足或悲惨生活的痛苦，家庭生活以及公民的社会活动。总之，客观世界里的无穷的错综复杂的变化都可以用作内容。换句话说，只要现实生活中有的，小说就可以表现。所谓小说，也可以称之为现实主义文学，其表现手段依赖于极端成熟的散文。

（三）超现实文学

现实主义文学表明了人的理性的极度发达，伟大的现实主义文学家都是能够在理性因果诸范畴之间自由驰骋的大师。然而，在现实主义文学中，自我被分裂放逐到客观世界中去了，在他自身的对象化中被异化为外在的现实，与自我的先验理念形成张力和矛盾，也正因为这种张力和矛盾形成了现实主义的审美价值。但对于外在现实的批判本身只不过是自我的一个幻象。谢林曾在他的早期论文《哲学里关于“我”的概念》中把纯粹的现实主义定义为“非我存在的假定”。也就是印度古老观念的“摩耶之幕”。艺术发展作为自由意志内在观念的辩证发展，艺术作为自我实现的自由意志，其在逻辑上的必然性，作为一个艺术环节——超现实主义就要扬弃现实主义的片面性，回到有现代神话特点的主客一体的世界中。它所要表现的主题不再停留在所谓的“现实世界”，而是要同时表现那看不见的存在于主体中的超验世界。梦与现实相混淆，过去、现在和未来都交织错综在当下的自我意识中。同时，超现实文学，包括其他超现实主义艺术，蕴含了主观艺术、观念艺术和客观艺术的大的综合。

五　世界的艺术历史

依据自由意志诸形式的逻辑演进，以及艺术从个体的抒情、群体的文化建构到对文化的反思，我们得到了一般的世界艺术历史发展线索：从主观艺术开始，然后是观念艺术，最后是客观艺术。由此而依次出现的艺术形态是：①音乐；②绘画（平面造型艺术）；③抒情诗；④史诗；⑤建筑；⑥雕塑；⑦戏剧；⑧小说；⑨超现实文学。而新一轮艺术的发展又将从主观艺术的音乐、绘画、诗歌开始。这里列出的艺术形态的历史时期的排列，是指某一种艺术形态出现和达到鼎盛的时间顺序。某一种艺术形态在产生和达到鼎盛之后，一方面扬弃自己而形成后一种新的艺术形态，另一方面又保留自己继续在后面的艺术形态的鼎盛时期存留，并有可能在新一轮的艺术发展中得到复兴。

以主观艺术为例：主观艺术在人类文明的进展中，经历了大约三个重要时期。我们所以用“大约”一词，是因为这三个时期是理论上的，而各民族文化的差异将导致各自的偏差。这三个时期就是：原始时期、观念时期、纯粹艺术时期。原始音乐、绘画与诗歌是和原始宗教紧密相连的，原始音乐舞蹈可以成为巫术的组成部分，原始绘画和图腾信仰经常是密不可分的统一体，原始诗歌很大一部分来自咒语。原始人类在知性的成长中（在艺术方面表现为知性诸艺术形态的发展），完成了原始文化的构成。

如果说原始音乐、绘画对于文化来说是构成性的，而在观念艺术时代，音乐、绘画则对于文化是维护性的。观念艺术时代占主导地位的是史诗、建筑、雕塑，建筑又在其中占据了核心地位。在观念艺术时代，音乐、绘画和诗歌变成了教堂中的宗教乐、圣像画和颂神诗。雨果在《巴黎圣母院》一书中精辟地描述了这种情形。音乐、绘画和抒情诗的真正黄金时代，是它们的纯粹艺术时代，我国可以从唐宋算起，魏晋南北朝是其萌芽；西方则从 18 世纪到 19 世纪的德国古典音乐开始，随后的印象派、后期印象派和各种表现主义画家开始了纯粹艺术性的绘画，现代绘画有向绘画的本质和原始回归的意味——放弃中世纪教堂观念故事画的主题性，也摈弃文艺复兴以来绘画强调准确三维透视幻象，而回到平面性、象征性和抒情性。现代绘画和现代音乐、诗歌一道，在西方 19 世纪至 20 世纪达到了空前的创造性繁荣。

在西方文明中，基督教战胜罗马的世俗文化，从早期的希伯来文明到基督教的中世纪，一直到文艺复兴以后的近现代文明，保持了人类历史文化进程最好的连续性与丰满性，其艺术发展过程也相应地依次出现了所有的艺术形态环节，这是人类艺术发展史上最完美的一条线索。希腊文明是西方不同于希伯来的另一大文明源头，其艺术的发展有着超常的特性；在其很早时代里，就从早期主观艺术迅速发展成熟了观念艺术，最后终结于戏剧，后传递到罗马被基督教文明所战胜和取代。印度文明和伊斯兰文明基本上终结于观念艺术，即主要以建筑艺术而告终。中国文明的情形的独特性在于，没有产生原生的宗教文化；因此作为与宗教文化密切相关的观念艺术，相对较不发达，中国没有史诗、建筑艺术未有占支配地位的时期，雕塑也是待到佛教的传入和发展而繁盛了一段时期。中国艺术的发展历程基本上是：经历了早期文明的主观艺术发展阶段后，到两汉的儒教文化的大力发展，此时艺术基本上是停滞的，再经历了魏晋南北朝活跃的过渡期，最后迎来了艺术全面繁荣的时代——先经历了唐、宋、元的主观艺术的发展繁荣，然后经历了元、明、清客观艺术的发展繁荣。其中，缺失了一般艺术发展的逻辑规律的观念艺术的时期。人类艺术的历史发展过程如表 2—1、表 2—2 所示：

表 2—1　　西方艺术发展线索

埃及、两河流域的早期文明　希腊、罗马观念艺术、戏剧
主观艺术、原始宗教观念艺术　史诗、建筑、雕塑　公元1600年
公元前6000年　公元前1200年　公元　5世纪　建筑、雕塑
希伯来史诗　基督教观念艺术

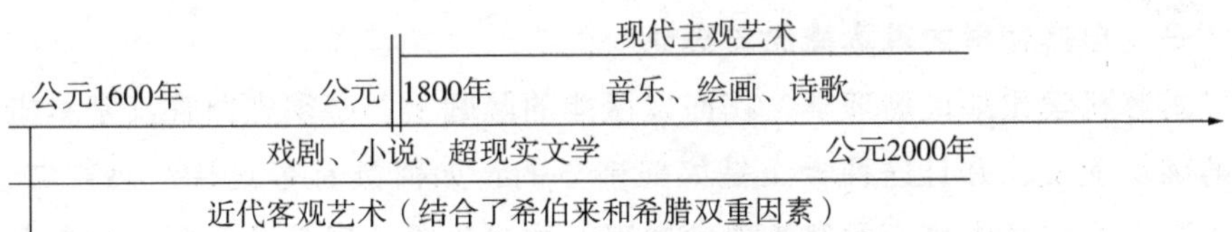

表 2—2　　中国艺术发展线索

佛教传入，佛教观念艺术
早期主观艺术萌芽　早期诗歌、礼器、较弱的观念艺术　过渡时期　音乐、书法
（夏、商、西周）公元前750年（春秋、战国、秦、汉）公元250年（魏晋南北朝）

主观艺术繁荣期　书法、绘画、诗歌　客观艺术繁荣期　戏曲、小说
公元600元（隋、唐、宋、元）公元1300年（元、明、清、现代）公元2000年

第二节 自然哲学与建筑美学探源

建筑艺术超文化的本质是什么？换句话说，什么是我们在各种不同文化中称之为“美”、“典范”的共同品质的东西？这必须在建筑艺术的哲理中得到回答。这里引用一段叔本华的论说来展开讨论：“建筑艺术在审美方面唯一的题材就是重力和固体性之间的斗争，以各种方式使这一斗争完善地、明晰地显露出来就是建筑艺术的课题。”叔本华还进一步论述：“对于一座建筑物如果要获得理解和美感的享受，就不可避免地要在重量、固体性、内聚力对于材料有一直观认识，如果透露消息说这建筑材料是浮石，那就会立刻减少我们对于这建筑物的欣赏。”① 虽然叔本华的这段话并不能说已涵盖建筑美的所有本质，但也至少把我们引入了一个关键点。这段话中没有提到任何文化风格方面的内容以及相关的象征、手法等问题，而是谈到建筑美在于表现出自然力量的客观关系，而这种客观关系又联系到具有作为世界支柱地位的和具有主体性意义的——“意志”的概念上。也就是说，建筑艺术作为用物质性的手段来表达主体性的理念，建筑的美就必然和自然哲学有着内在的不可分割的联系。

一 自然哲学的基本概念与理论

具体科学比如说物理学，在何以可能的问题上，必须先回答其基本概念的确切含义，并且这种含义是如何确立的？如何具有客观性？换言之，是否存在这些基本概念的纯粹先验知识？这也正是逻辑学的任务，也是逻辑学存在的合法性的前提。自然哲学，或言之，关于自然基本概念的逻辑学，它应当使对于自然经验本身以及它的逻辑结构和规律，它的普遍原则和条件以及自然经验本身的矛盾性为我们所理解与洞见。

（一）自然

自然的本质是什么？对于主体精神的理念而言，外在性构成了自然的

① ［德］叔本华：《作为意志和表象的世界》，石冲白译，商务印书馆 1982 年版，第 298—299 页。

规定。[①] 康德认为，时间是主体内在的形式，我们可进一步理解“时间”为有自由意志的主体第一个展开自己的维度。时间是主体内在性的根本，空间则是主体异化之后外在性的根本，空间是主体外在的形式。自然作为精神理念自身的否定——主体的对象，其自在存在和为意识的存在是它双重的本质规定。[②] 其自在存在，被康德设想为意识不能达到的自在之物，是引起主体感性活动的原因，康德把自然的自在存在和它的为意识的存在割裂开来的认识，被诸多哲学家所批评。这里暂撇开康德的“自在之物”，经验只能是意识的经验，如康德认为，我们只能认识自然经过主体感性形式整理过的表象，主体的感性形式首先就是时间与空间。外在性是自然的规定，空间作为外在性的形式，自然的为意识存在直接表象为在空间中的物质。

（二）时间与空间

时间作为主体内在性的最初维度，不难理解它是一维的，但何以空间是三维的，黑格尔认为这不是几何学本身能够推演出来的，但在哲学中谁也没有想到指明其必然性。黑格尔直接从空间出发讨论空间三个维度的必然性，以他特有的概念否定之否定的三元逻辑：首先是空间自身的否定，这就是点；点扬弃自身就构成线；然而，他在的真理是否定的否定，所以线过渡到面。无论黑格尔从空间开始，否定到面，再到线到点；还是从点开始，扬弃到线，再到面到体，黑格尔本人都已经假定了空间三维性，不免有循环论证之嫌。空间观念只有结合时间观念的考察，才能认识到其三维的本质。首先时间是人类特有的范畴，时间不能用来描述绝对的实体，宇宙作为绝对整体不能在时间中描述，康德论证宇宙在时间上存在起点与否的二律悖反恰当地说明了此类问题，时间只是主体的形式。海德格尔把时间与存在等量齐观，几使时间成了无规定性的东西。时间的根本起源在于主体（人）作为限有的生死观念，生与灭是主体乃至由主体异化而成的客体最一般的存在样态。有、无、变是时间的真理，也成为概念辩证法的最一般的逻辑演进方式。从生到灭既是变的过程，也是一段绵延，变以

① ［德］黑格尔：《自然哲学》，梁志学、薛华、钱广华、沈真译，商务印书馆 1997 年版，第 19 页。

② 参见陶秀璈《黑格尔认识论研究》，中国人民大学出版社 1999 年版，第 43—44 页。

不变为基础，变的扬弃即持存。

时间作为主体单纯的统一性是抽象的“我”的维度，依照辩证法，我们知道A，也就知道什么是非A，肯定即是否定，否定也是肯定。此抽象绵延中的“我”在绵延本身中设定绵延的否定，即“此在”的同时，作为绵延的扬弃，转化绵延中的维度成为并存，并存设定了统一中的差别，差别中的统一。因此，空间外在性真理就在于：首先是客体与主体的差别，其次是客体自身在并置中复多性的差别。一维的线（时间）是主体内在统一性（包含“有”与“无”两个环节）的展开；而只有二维的东西——面，才能在并置中体现出统一中的差别，差别中的统一，才是空间外在性的最初真理。所以真正意义上的几何空间，必然是从二维的面开始的。雅斯贝斯说，上帝存在于有限的主体（人）所不能达到的两个统摄之中，其一是对主体与客体分隔的统摄，其二是对客体各要素分隔的统摄。这两种分隔也正是空间根本上的外在性意义所在，客体各要素分隔首先展开在二维的面中，客体本身与主体的分隔，也就形成一般意义上空间的第三维——深度。深度一词之所以具有各种特殊引申意义，比如说某某问题有深度，某某人有深度，某某学问有深度，是因为深度较之空间的其他两维更难以体察，其跨越的是主、客体之间的分隔，在此意义上它和高度不同，高度正好体现的是与此相反的显耀。点是空间外在性的否定，因此“点”作为“线”所出发的起点，是最初没有外在性的单纯主体；而“点”又作为“线”绵延性的否定，是主体同时性的“此在”，主体由此而实现并使此“存在之点”扬弃，回归到点的否定所设立的空间性。

（三）数

数是什么？这些看似简单的问题，实际上却是一个复杂的数理哲学课题。罗素在《数理哲学导论》中认为，数是类的类，[①] 2就是“二”的类，3就是“三”的类，这不过是直接假定我们已经理解了2和3的意义的循环定义。2的类和3的类只是2和3的概念的应用，罗素并不能由此而得出数的原始定义。罗素最后的结论是“数是一个逻辑的虚构”。皮亚诺算术中的三个基本概念是：“0、数、后继”。后继（successor）指的是自然次序中一数的次一数，也就是说，0的后继是1，1的后继是2，如此

① 参见［英］罗素《数理哲学导论》，晏成书译，商务印书馆2005年版，第22—23页。

类推。[1] 但“0”是什么，“1”是什么还是没有得到严格的解释。而康德早就精辟地论述过，数的本体是先验的时间。“0”被设定为一个时间中“空无”的起点，从“0”到“1”，是从“无”到“有”，是时间中单纯的单位。而“0”和“1”的对立，已经是“2”，以此类推，“0”、“1”、“2”已经是“3”，不断重复此过程，即是时间的展开，也表明由“0”、“1”构成的二进制是自然数的本质。原始人扳着指头数数，这个看似幼稚的行动，却包含着“数”的真理：第一，“数数”包含了一个时间过程；第二，在“数数”过程中，各个手指抽象成为无差别的单位——“1”，这正是罗素所说意义上“两个苹果、三个橘子”的“类的类”的抽象。“1”作为单纯的单位是理想的东西，在实际中，我们并不能确立基本的时间空间单位，如彭加勒所说，我们并不能确认，用以度量某物的尺子，在度量另一物体时长度没有改变（如热胀冷缩或其他各种相互作用）。从唯名论的角度上，罗素把“数”看作是一个逻辑的虚构就有其必然性。

世界何以有两个或两个以上的事物，而不仅仅只是一个？或者说何以我们要数数？从绝对的观念来看，世界为一；但从有限主体来看，世界是“有”与“无”的对立统一，主体与客体的对立统一，因此世界成为了二，有二就有此二者的关系，由此有三。《老子》说“道生一，一生二，二生三，三生万物”，可以做这样的解读：“道”作为无规定者是“0”；道生一，“1”在这里表示最初的一个具体规定；有规定就有此规定的对立，一生二；有二就有此二者之间的关系，二于是生三；如此循环往复，以至无穷。“数”的原始观念源于“有”与“无”概念的单纯差别，是“质”的规定性在时间和空间中转化为“量”的规定性。

从“0”到“1”，是从“无”到“有”，是一个无限的差别，因此“0”和“1”的对立就内涵了“1”和无穷大的对立。0作为极限值的极限小差别，是序列数经过无穷大的步骤所趋近的极限目标，某种意义上是无穷大的反题，只不过呈现出的是一种扭折的形式，它既与无穷大有巨大的差别，又和无穷大有着近缘关系；德国数学家莫比乌斯提出的莫比乌斯环与古印度用两蛇自反相咬首尾相连的形式来隐喻宇宙的神话意象有异曲

---

① ［英］罗素：《数理哲学导论》，晏成书译，商务印书馆2005年版，第10页。

同工之妙，它们的形象都类似于一个扭折的“0”，也即一个倒“8”字——“∞”(无穷大的符号)。“∞”可视为拓扑学式宇宙论中的莫比乌斯环，是宇宙本身“有界无限”的一个象征。数的三个逻辑环节是“0”、“1”、和“∞”。“0”和“1”的关系是构成一切自然数及有理数的基础，“1”和“∞”的关系并由此而返回到“0”是构成一切无理数、无限数列及其极限的基础。就像时间真理是绵延与同时辩证的双重规定，数列中的数既体现出可以无限分割的连续性，同时某数又是分隔的无维度的点，就像无理数是有理数之间的间隙，数与数之间和时刻与时刻之间一样有着永远无法填补的间隙。

（四）直线与圆

单纯的一条直线，它体现了时间的单纯统一性，还不能形成有内容的几何空间；而这个无限延伸的线就和无限延展的时间一样本身是一个矛盾的东西，在知性中终究不能把握的虚无的东西，这样就回到既肯定它的单纯统一性又否定它的无限延伸，这就是一个圆形。圆形象征的抽象时间观念是轮回。圆形是在有限当中结合了无限，因此它和有限的直线段形成一个矛盾，化方为圆就是一个永远无法完成的过程，所以 π 必然具有无理数的性质。但是 $\pi=3.1415926535897932 3846\cdots\cdots$ 的混乱数字堆只是一个表面现象，而 $\pi=2\{(2/1)(2/3)(4/3)(4/5)(6/5)(6/7)(8/7)(8/9)\cdots\cdots\}$，或者 $\pi=4(1-1/3+1/5-1/7+1/9-1/11+\cdots\cdots)$，[①] 这样的数列形式才真正表达了化方为圆的无限过程。同时，直线概念在反思中又必须结合于一个半径为无限大的圆才能确立其不能回环的真正本质，而圆的概念又反过来依于中心点的统一与直线段的同一性，从而直线概念与圆的概念就处于辩证地相互矛盾的规定当中，终究还是一个两蛇自反相咬的莫比乌斯环神话。

圆形是最单纯的平面空间图形，是时间与空间最直接的结合。圆形在古代就被认为是一种完满的形式，曾受到了柏拉图等哲学家的高度赞美。圆形包括很多出人意料的性质，例如有这样一个几何问题：设有三角形的底边与顶角，而要作出这个三角形来，这个问题是不确定的，它可能在无

① ［英］罗杰·彭罗斯：《皇帝新脑》，许明贤、吴忠超译，湖南科学技术出版社 1996 年版，第 93 页。

限多的方式上得到解答，但是圆是把它们都包括在一个方式里作为一切满足这个条件的三角形的几何轨迹。又如两线相交使得一条线的两段所成的方形等于其他一线两段所成的方形。这个问题的解答看来是充满着困难的，但是一个圆的周线通过其两端而在圆内相交的一切直线都是直接按这个比例划分的。[①] 这样的一些答案，绝非在它所按照构成的规则里能想到的。像这样的简单的几何图形，却包含着复杂内容的答案，它申诉了这样一个真理，简单性里面恰恰蕴含着复杂性。

(五) 自然的形式

有了直线与圆形两种单纯观念的最初对立，就能构造出万事万物的形式。整合直线与圆形，这样就能构成丰富的二次曲线——椭圆、抛物线、双曲线，多次整合直线与圆形，能得到卵蛋形甚至更复杂的形式。这些曲线体现了规则中的变化，以及规则中变化的变化。随着一个规则或一个变量叠加到另一个规则上，我们逐渐描述越来越复杂的现象。比如一个圆盘的周边，是一个单纯的形体，而它倾斜的日光投影为一个椭圆，比起圆来多了一个变量而比圆要复杂一些，如果用倾斜的灯光把圆盘投影到弯曲的纸面上，它可能成为一个卵蛋形而比椭圆更复杂一些，上述形式均可以用一个线形函数或方程组来表示。但更复杂的形式就要用非线性的关系来表示。即有两个以上的初始条件，遵循两个以上（不是由叠加所产生）的规则，这样将把形式逐步复杂以至混沌。如螺旋线、烟圈、云彩的运动，它们非线性的程度依次增高，即形式规则的复杂程度依次增大而趋于混沌。非线性的复杂体现的是在绝对时间、空间观念中，时间、空间用于描述个体化的相互外在的物质之间相互作用及其运动的有限力学的困难。

(六) 自然的数理

对于主体来说，时间是内在的形式，空间是外在的形式；而对于自然世界中的客体来说，恰恰相反，空间是其肯定的形式，时间是它的否定形式。自然界中最初具体的东西，即绝对时空观念抽象同一性的否定，就是物质。因此物质作为概念的统一首先被规定为在其肯定形式——空间中表现为向中心点的内聚。时间、空间作为主体的形式是自由的理念，而物质

---

① [德] 康德：《判断力批判》下卷，韦卓民译，商务印书馆1995年版，第7—8页。

作为自由主体的否定，即被规定为时间空间中的惰性。物质首先从与时间空间的关系中，即运动中得到它的数量规定——质量。质量是物质与运动的统一，由物质和时空的关系所决定，即质量的真理在其外在的时空里。这样反过来说，如果从物质的质量出发，物质的质量又同时决定外在的时空，这种决定就规定了物质的“场”的概念。“场”作为物质的外在时空关系首先是量的规定，“场量”按照物质的否定形式“时间”——在单一方向（绵延的维度）做纯粹的递减，但“场”作为物质概念在时空关系中的必然规定又有其内在的统一性，并在物质的肯定形式“空间”中恢复这种统一性，即在并置中保持场在其时间空间关系上数量的统一。比如，圆球面统一性的真理在于中心点，把有形体物质的质量抽象在重心上，则物质的场就在物质重心点所规定的所有外在球面中保持其统一的量，牛顿万有引力定理说引力的大小与距离的平方成反比，体现的就是此理；而比如一直线物质所形成的场，其量必在此线所规定的所有圆柱面上保持统一，也就是说，与距离成反比，也同样是此原理的体现。那么我们就不必为物质的超距作用所烦恼，因为这正是场的概念。在并置的空间中场强数量的差别则形成“力”，此空间的紧张关系向时间关系的转化规定了“力”的数量与方向。

（七）作用力与反作用力

物质作为自由主体的对立面，其质量表现为在自由的时间空间关系中的惰性，惰性结合着运动与静止两个方面。物质作为统一着的主体的对象，其规定又是主体异化之后的片面性，其本身还不能有概念上的完整性，就此意义上，物质就是相互作用，其任何规定都不能有单独的实体性。我们片面地把物质惰性的两个规定隔离开来。

首先，假定某物体质量的静止，那么其自身就辩证地把运动通过场投射到外在的时空里，通过外在的另一质量在其场中的运动来确立自身，并且把使他物运动的能力与自己本身静止的能力统一起来，也就是把爱因斯坦用理想实验的方法得到的引力质量与惯性质量相等，由概念本身确立起来。其次，假定某物体质量的运动，某物的运动是在有特性的时间空间中运动，即在场中运动；由于物质概念本身设定的物质不能自主的性质，其在场中的运动是被场的时间空间关系所规定的，由场量差所形成的“力”就成为这种规定本身；因而与运动物体本身的质量无关，而只与场的质量重心有关，自由落体运动和场中的一切其他自由运动一样，就被视为内在于物质概念本身的运动，因而也是不需要外力的运动，力被设立为时间空间本身的性质。这样一来，运动物体质量的静止能力（即惯性）没有得到体现，因此需要得到第三者的确立，即另一个不相干的物体的碰撞——一个外在的作用力。并且，通过此作用力改变自身计定时空关系的困难程度把自己的静止性（惯性）确立起来，同时也在这种时空关系的变化中确立了这一外在作用力的数量。从根本上说，不同场的存在是外在作用力的必然原因，而不同的“场”是由物质概念本身设立起来的，因为物质被设定与主体不可分割的统一性相对立，是必须在时间空间中分割为不同的质，不同质的物质设立不同的场和力。因此，统一场论的困难，是物质概念本身的矛盾，即作为主体的对象，如何把物质在理念上须为一，而现象上须为多统一起来。

由场量差所形成的力，是质量本身内在的力，质量、场与被作用的质量构成质量概念完整的三个环节。而作用力首先被假定为不相干两个物体的机械作用，这样就构成一个传递运动的因果关系，此机械因果关系在两物体不相干上有其内在的矛盾。牛顿说作用力等于反作用力，只说出真理的一半。之所以理性因果观念要求此命题超出个别知性经验现象的一般有效性，是因为作用力的成立乃依赖于有它的对立面反作用力，因此作用力等于反作用力是理性的必然命题。但是，如果作用力和反作用力大小相等只是方向相反，作用力就推动不了任何物体，因为作用力使物体向它作用的方向运动，而反作用力和作用力相等只是方向相反，那它也可以使相互作用的物体向相反的方向运动，两个方向的物体运动就会成为等效的，既然作用力指示了物体运动的方向，那么它就应该大于反作用力，也就是说，方向和数量作为力的本质规定，作用力和反作用力作为两个实质性的名称来使用，就必须不但方向相反而且大小不等。这一矛盾揭示出机械决定论没有真理。机械作用的双重规定即作用力等于反作用力和作用力不等于反作用力之间的张力，是主体概念本身存在的维度——也和时间空间一样是主体的形式。两个分割物体的上述机械作用的矛盾，暴露出机械力学观念的局限，也必然使物体外在的作用转化物体内在的变化，也即不同场之间的相互作用。此机械作用的扬弃就是物体内在变化的化学作用，化学作用使得各物体以及各种场之间的中和必然导致热力学第二定律——熵增。由此看来，一切机械作用都本质上是非线性的，线性只是理性片面思考的简单抽象。

（八）物质与光

佛教说世界源于“无明”，此说与太极图模式具有极其相似的哲学含义：首先，绝对（太极）意欲显示自己而遮蔽自己，产生有限的主体，一分为二成相互对立的主体与客体；其次，物质（狭义的）是作为光的否定而产生的，物质与光的各种关系而产生万物，因此形成客体各要素之间的对立。物质作为自由意志的否定，其数量（物质的惯性）是由外在的时空关系所规定的；而物质的内在实体性，是由对于光的否定而确立起来的。整合这两个命题，光本身也就成为了物质的时空关系。光作为物质的极端，光的存在是绝对的速度，也就成为物质世界的时空边界。质量（物质的数量）与光速成对立关系，在这个意义上，质量就是光速的否定，而光也是绝对的轻的东西。①

一方面，物质因对光的否定而获得己内存在；另一方面，物质又因光而又成为为他存在，因而开始显现自己。如果说物质的复多关系的相互碰撞使物质获得相互否定的显现，那么光则使得物质得到了肯定的显现，光作为物质的为他存在把我们引导到物质的普遍联系中；物质的复多关系能在理论上得到理解，就是因为一切事物都存在于光里。②

光使一切具有现实性。超越光的世界是理念的世界，是想象力驰骋的世界，而光下的世界是现实世界。在此意义上说，不是不可能超越光速，而是一旦超越光速，我们就意味着进入了一个在无限维度自由驰骋的精神王国。亚里士多德把世界分为月下世界和月上世界，但“光”才真正是能够分开两个世界的界面。

（九）自然元素

我们现在得到自然的两个最初的对立规定——物质与光。物质与光的关系构造了万物。各种特殊自然物体把物质量——普遍的重力作为各个反思规定的总体，从而获得各种具体的规定，获得了形式。具体物质——物

① 参见［德］黑格尔《自然哲学》，梁志学、薛华、钱广华、沈真译，商务印书馆1997年版，第117、123页。

② 同上书，第117—118页。

体在其自身中具有自为存在，在其自身中得到规定。物体以其自己的方式摆脱重力，在其自身规定自己时显现自身，并且通过其内在的形式，面对着重力，由自身规定自己的空间。[①] 此形式就是具体物质的内在之光。形式的本质是在自由意志中的，光作为精神世界与物质世界的界面，同时也是两者之间联系的纽带。物质获得形式的过程，也就是把各种具体物质的理念由光展现出来的过程，也同时是从自然中发展出自由意志的过程。

物质与光作为自然的最初对立，是具体物质的普遍性环节，而物理（自然）元素则构成了个体性物体的特殊性环节。《旧约·创世记》说："起初，神的灵运行在水面上。"《易经》说"天一生水"。以水作为世界本原的水宇宙观还广泛存在于世界各种古文明中。从现代的经验科学来看，水似乎并非自然界最初产生的东西，但水作为自然的目的性元素，在逻辑上先于其他元素。水作为万物之母，产生于抽象的物质与光之后；在目的理念上，先于万物。水作为万物的本原，因此它的规定性恰恰在于其没有个别的特殊性，是没有自身具体规定的彻底平衡，水在其自身没有内聚性，没有气味，没有滋味，没有形态；但同时水作为中性的东西，又是各种具体规定的出发点，是对形式的构造能力。比如水是比重的尺度，是一切运动形式的源泉，也是一切生命的源泉，"水为万物之准"即是此义。自然界最重要的产物（人体）其比重就和水相等。水的特定存在就在于水是彻底地为它存在，因此水——"万物之母"，一直就被确定为是第一种自然元素。

水火不相容，火在古人那里就被认为是和水相对立的东西。水作为万物之母是对于具体物质的生成作用；"火"作为水的对立，首先是它对于具体物质的毁灭性。物体复多性之间的机械作用所产生的矛盾，其结果就是具体特性消耗的中和，是火的永不止息的过程，也就是物质化的时间。由此，火从根本上就内在于物质与光的对立中，就像水内在于物质与光的统一中一样。火的毁灭作用，对于物体相互外在机械关系的消解，使之成为无定型之物，这就同时为具体形式的进入开辟了道路，而具体形式对多样的统一即是生命。火既是毁灭之神，同时也辩证地又是生命之神。生命

① 参见［德］黑格尔《自然哲学》，梁志学、薛华、钱广华、沈真译，商务印书馆1997年版，第113页。

既需要物质与光的统一，依赖于水；同时也需要物质与光的对立，依赖于火所产生的张力。水无定形，但作为具体形式的生成元素，有其相对固定的空间位置；而火作为具体形式的毁灭元素，既无定形又无空间位置的规定。火的实质是渗透于各种元素活动的过程，正是火使得各种元素之间产生相互转换，而同时火又是各种元素活动形成的结果。火作为物体相互外在机械作用的矛盾的结果，使得一切气象和地质运动从本质上说都是非线性的。

作为元素，“风”与“地”是具体性的实现，因此二者以水（生成元素）为中性彼此辩证地规定着。风作为水之上的世界，与光有着亲缘关系。风对于光是透明的，而光作为光本身既无光明也无温度，风与光作为差别与同一的两个环节由此互相印现。“风光”一词把风与光连称不无道理。光是抽象的时空度量，是自由的普遍的东西，而风结合光、水的均匀和具体物质的混杂性，成为在时空中具有弹性的、灵动的东西。风是外在时空自由的具体环节，也即具体的“外在之光”。风作为具体性的最初环节，潜在地包含着自为存在和点状性的规定。“风”是分解的、有张力的“土”。就混杂性而言，“风”与“地”本质就在于是复多的东西，是“火”永不止息的活动场所，是气象与地质永不止息的过程。

与“风”相对，“地”是内在形式的具体环节，是具体的“内在之光”，是复多性的完成。“地”与物质具有亲缘关系，是不透明的东西。“地”和物质亲缘在于，地是具体化了的物质，地的多样性在于物体的形式中有它独立于普遍重力之外的内聚性，从而构成分散了的具体物质的统一。第一，“地”的一个极端是金刚石。金刚石作为原始晶体的理念是坚固的内聚性，顽强的排他性，抗拒一切变化。各种晶体都不同程度地具有金刚石的特性——机械均匀的统一性和化学中性的统一性，因此也构成了晶体的透明性。第二，“地”的中间环节是岩石，作为光的消极存在是不均匀的和不透明的。岩石既具有整体性也具有复多性，岩石的这两重性使它既成为地球结构的母体，又成为地貌多样性的原始骨架。第三，“土”是“地”的第三个环节，土分解了岩石的整体性，作为充分完成了的具体性呈现相互分割的颗粒状。土作为地的表层，直接与风和水相互接触与作用，“土”具体的多样性的整体由此是具有活力的东西。有机体正是把“地、水、风、火”四种基本元素联系起来而成为有生命的东西。

有机体就是作为非生命存在的、机械的和物理的自然界的总体。① 元素活动的整体是活的地球的地质气象，而把各种元素的活动统一到具体形态里，这就是有机生命。形态必须有灵魂，有形式与其自身的统一，也必须有概念规定，作为为他存在。在这种设定活动中，作为这种差别的绝对统一，形式同时也是自由的。② 有机生命形成了一个完整的统一的概念，是在自身就映现了宇宙的小宇宙。最初把这一理念在个别的具体形态中表现出来的是植物有机体。作为植物有机体典型的“木”在中国被称为五行之一，五行中的“木”因属于东方又和青龙联系在一起，显然“木”和“龙”都是自然伟大力量的象征之一。实际上，“木”作为“地、水、风、火”自然元素的联系，具有勘天舆地的能力，在古代各种文明的神话中，其象征性都有特殊重要的地位，是世界性的文化符号和崇拜对象（见图2—1、图2—2）。

图2—1　三星堆遗址“扶木”
（引《神话　祭祀与长江文明》）

图2—2　苗族祭祀柱“乾坤树”
（引《神话　祭祀与长江文明》）

① ［德］黑格尔：《自然哲学》，梁志学、薛华、钱广华、沈真译，商务印书馆1997年版，第375页。

② 同上书，第215页。

第三节 自然哲学、原型与相关建筑思想

哲学研究的是概念的构造，即从研究我们所言说的话语的意义开始。哲学问题由于它们涉及概念的内涵和其他内在关系，由于它们是解释事实而不是报道事实，其作用在于加深对已知事实的理解而不在于增加我们的自然知识，所以哲学问题与科学问题有着根本区别。实际上，作为哲学研究目的的概念发展与我们观察事物的能力有直接关系，因为恰恰是这些成体系的概念致使某些现象举足轻重而另一些无关紧要。①

自然哲学研究的宗旨并非科学事实之陈述，而是逻辑地说明这种陈述本身——自然基本概念本身的意义。概念的本身意义，不可能来自纯粹经验的观察；而必然要结合于主体自身。一般意义上具体科学的自然或者物质概念，即脱离主体的自然概念，其意义永远无法真正溯源而得以确立。上文的要旨不是说明如何具体地操作物质，而是在主、客统一的关系意义上理解物质。

物质本身是主体的一个矛盾，是意识的不透明区域；也正是因为存在这样一个不透明的区域，作为有限主体的意识存在本身才有可能。康德说，感性无知性形式则盲，知性形式无感性则空。逻辑学（如果可能的话）须演绎的是知性形式，是推演获取事件的理性结构。逻辑学的理想是得到概念之间有机整体的联系，就像有机体的部分失去与整体的联系就失去了意义一样，自然的诸种概念，无论是“时间、空间”还是“质量”等，均无脱离整体尤其是脱离主体的独立实体性。概念的辩证本性必然具有循环定义的本质，它们只不过是主体展开的形式，其真理在概念自身的辩证关系中，而无须诉诸感性。但此循环定义之逻辑概念的空洞形式绝无实体而只是感性的拓展形式，对其效果的检验因此决离不开胡塞尔式的现象学还原但仍然是谜一般的原始经验现象。永不应设想能先验地逻辑地推演出一切具体的感性，因为被逻辑地认为是感性来源的物质（康德所论意义上的自在之物）永远是主体的极限与存在前提。

---

① ［美］苏珊·朗格：《情感与形式》，刘大基、傅志强、周发祥译，中国社会科学出版社1986年版，第15页。

前文在讨论光与物质，特别是自然元素的时候，不自觉地已经引入了感性，而不是纯粹逻辑形式的辩证推演。不过论述仍然停留在感性的超验领域，并没有把感性作为主体生存意志的实践对象加以考察，这一界限就把自然哲学从文化哲学的领域划开。由于自然元素（包括光与物质在内）结合了超验的理性和超验的感性，就具有文化原型意义。原型（archetype）是荣格深层心理学核心概念。原型是集体意象，在情感上它是集体情结。正如个人情结只不过产生个人癖好，而原型产生神话、宗教和哲学，影响并赋予全民族和历史时代以特性。[①] 原型被荣格看作是领悟（apprehension）的典型模式。[②] 原型的象征是其在特定心理意象中的表现形式。原型的结构是心理组织的复杂网络，包括动力、象征和意义内容，其中心和统摄者则是原型本身。

有研究荣格的学者认为，理念也是一种原型。按照荣格的本意，原型比理念在心理层次上更原始。在本体论上，我们可先验地设想理念是原型的基础；但在发生学上，理念是在原型的基础上发展出来的，具有清晰的意识的特征而不是潜意识的特征。如何把荣格的原型概念纳入到“物质、生存意志、自由意志、精神”四个基本范畴的体系中来？答案是：原型是沟通基本范畴的超验主体间性。在这一观念的洞照下，原型因其总体性而显露出源泉所具有的情感和意象的光辉。宗教和神话意象比哲学的理念更具有大得多的心理能量的原因，就在于前者是对诸基本范畴层面的沟通统合，而后者只是在自由意志（理性）层面的单纯抽象。自然元素（包括光与物质在内）是现象学意义上直接给予的对客体世界的自然分类，对它们进行现象学还原的结论是，它们本身是原型——即超验主体间性的产物，在人类文化系统中是最根本的意象源泉，也是最基本的象征符号。

一　自然哲学的阐释，逻辑与现象学的结合，归结于原型

《易经》说：太极生两仪。两仪即阴和阳。本书给予太极阴阳两仪观念以更抽象的阐释。佛陀说世界源于“无明”，此说与太极图模式在抽象层面上具有极其相似的哲学含义：绝对（太极）意欲显示自己而遮蔽自

① ［瑞］荣格：《人及其象征》，史济才等译，河北人民出版社 1989 年版，第 59 页。

② 冯川：《神话人格——荣格》，长江文艺出版社 1996 年版，第 84 页。

己，产生有限的主体，一分为二成相互对立的主体与客体；也就是说，自然和精神是同源而二体。

黑格尔的绝对精神也契合这一基本观点，所以他给自然哲学提出的根本课题就是“扬弃自然和精神的分离，使精神能认识自己在自然内的本质”。[①] 黑格尔的逻辑学是要从绝对精神出发来达成对自然现象本身的理解。但黑格尔的逻辑学应用（如自然哲学）产生很多与经验明显不符合推论；因而，无论是黑格尔的逻辑学，还是其他某某逻辑学，何以能用先验的方式保证经验的客观性成为了问题。结论是，先验逻辑只是经验展开的形式框架，并不直接保证具体的感性经验，感性经验包含着无意识的生存意志或者如道家所说“元神”所赋予的内容。这一超验的本体使我们联想到了荣格的“原型”概念。与黑格尔的逻辑学思路逆向而推，我们能否在概念的逻辑中阐释出现象学式的生命意义，也就是说，康德所论意义上的空洞的先验形式是否实际上本身就具有“原型”的生命意义，因而具有一种本体性的意志等待着我们把它阐释出来呢？这一哲学工作是把抽象的几何学或者物理学基本概念拉回到主体性的现象学阐释之中，真正给予这些概念以主体性的根基。

当爱因斯坦说到承认存在一个外部自然物质世界是物理学的前提之时，实际上也说出了物理学基本概念的真实意涵其实是一个巨大的悬疑，它们到底只是奎因（Willard Van Orman Quine）所说实用主义哲学意义上的方便有用的概念工具，还是某种本体论的陈述？本体论本身又到底指什么？本书也试图在这些问题上给出新的见解。

西方现代哲学，特别是胡塞尔提出现象学，对于“直觉”的意义根源，对于“理性”的构建性因而是第二性性质的深入探讨，引发了广泛关注。胡塞尔认为，必须把一切构建性的东西搁置起来，进行现象学还原，并提出主体的“意向”（intention）是意义的源头。但胡塞尔自己也承认，意向只是一个规范性的概念，并不具有理论上的意义。胡塞尔以来的现象学注重现象的本体地位。现象学研究把所有结构形式的东西——西方“逻各斯中心主义”所产生的东西都用括弧括起来搁置，进行现象学还原。但当代哲学研究的结论揭示出，并不存在所谓没有结构形式的纯粹

① 黑格尔：《自然哲学》，译者序言，梁志学、薛华译，商务印书馆1980年版，第5页。

感性经验（或现象），结构形式无论如何都是康德所论的经验的先在条件；因此，胡塞尔式的现象学还原不可能彻底进行。当代哲学思考同时也表明，这个作为经验条件的结构形式并不直接呈现为对象，它是隐藏着的；我们在经验的时候，并不能清楚地意识到这个躲在背后的结构形式。逻辑学是对这个结构形式的反思性建构，虽然黑格尔的逻辑学遵循的就是这一思路；而黑格尔的逻辑学应用（如自然哲学）为何产生很多与经验明显不符合推论；因而，我们不得不对逻辑学本身进行反思。由于现实主体本身的先验遮蔽性和符号系统的后天性，要从主观出发而达到客观，这本身也必然是局限性的和尝试性的。

因此，如果我们想对这种多少有点模糊的客观性问题寻找到一个恰当的表述，荣格集体无意识原型理论为我们提供了相关借鉴。原型作为荣格文化理论的核心概念，与传统西方把“理性”放在了哲学研究的中心有所不同，荣格是把象思维放在了更加本体的地位，在这一点上或多或少与胡塞尔现象学有些类似，但与胡塞尔最终目标是要得到终究没有疑义的清晰的东西所不同，荣格允许一种一定程度上复杂难释、模糊多义的东西的存在。荣格说，原型本身不可见，它必须通过人与人和人与诸物的“神秘互渗”而隐约地呈现出来，象征符号源自原型，同时它又激发原型产生巨大的情感能量。

二　时间、空间基本观念的逻辑与现象学分析

无论是中国传统哲学，还是这种哲学观在建筑学中的应用——风水，都极端重视象的意义。要对象的意义做一个理论性的阐释，就离不开对构成象的基本抽象原则——直线与圆做出阐释。

直线与圆是最基本的几何概念，也是最基本的时空观念的表象。前文已经论述，直线概念与圆的概念处于辩证地相互矛盾的规定当中，是一个两蛇自反相咬的莫比乌斯环神话。所以，我们不应把直线与圆理解为实际事物，而应理解为主体展开事物的形式维度。

如康德所说，所有的事物，或者在现象学意义上的所有现象都必须表象在时间—空间的形式框架之中。我们对于物质运动形式的抽象不外乎直线与圆两种最基本的形态以及两种形态的叠加，我们也恰好是把不能最终归结为上述情形的运动形式称为非线性。严格来说，所有的运动形式都是

非线性的，对这一问题，前文已经做了相应的阐释。这里要进一步讨论的是直线与圆作为原型观念的存在——生命意义，这在古代中国文化中体现在了典型的“天圆地方”的宇宙观之中。

对天圆地方的阐释有多个层次，最浅显的层次是所谓天是圆的、地是方的。邱博舜认为，“天圆地方”一词与古代盖天说模型最为相关，在天文学上盖天说至迟在汉代已不若浑天说令人折服，而“天圆地方”一词却并未因此而终止其影响力。中国古代诸多器物及建筑以“天圆地方”为形塑的基础原则。“天圆地方”虽然似乎来自直观的经验知识，但应当有某种先验的心灵机制作为认识基础。这个机制使得“天圆地方”的观念不因经验知识的修正而被否定，且因时空而俱化，在不同场合呈现不同面相。邱博舜从规矩、方圆之道、文化器物三方面阐释了“天圆地方”的内涵。从对中国人规矩的发明与运用和天地之道的探讨的研究，邱博舜总结认为：“天圆地方”这个古代中国人的宇宙观“基调”的背后基础是一种先验的循环性与固定性的相互为用的心灵机制（mental mechanism）。也就是说圆代表了循环性，而方代表了固定性。这一原则成为了中国文化器物的造型基础。《易·系辞上》云：“制其器者尚其象”，认为按照“法天象地”的原则制造器物，就能得到天、地、人三才的和谐共鸣，可以牵引召唤天地的神秘力量。

方形由直线构成。“地方”作为固定性的原则，无疑可看作坐标思想的先驱。十字形在古代文明中广泛指代太阳神，并与东南西北四个方位联系在了一起。但在这个系统中，直线与方形并不能看成等同的，实际上在其中恰好反映出直线与方形的辩证关系，方形坐标的定位能力依于直线的单纯运动的量度。直线在最本源的意义上是时间观念单一维度的表象，当直线表象为固定空间中的单纯穿越，其本身形成了参照坐标的意义。当我们把一个事物看作是在运动时，必须在逻辑学上从两方面来阐释其含义：其一是把运动事物当作客体，其运动的原因被归结为时空框架本身内在的差异性——或者说是时空域的场量梯度所造成；另一是把运动事物当作主体，主体之所以要运动，也是因为时空框架本身存在着内部差异，主体不满足于现状，而指向一个与现在又所差别的状态。（因此，无论从这两方面来说，牛顿所谓在虚空中做匀速直线运动实际上是一种没有意义的运动）。乍一看，从主、客两方面来表述并无区别，但是，当我们把运动事物与时空框架联系起来思考，情形就完全不一样。

运动事物作为客体来看待，也就是说客体本身就处于一种关系中，不能有自主的规定性，因此，运动本身是存在着的辩证矛盾的体现，而运动本身又是趋于消弭这种矛盾趋于大同（热力学第二定律即基于此原理）。而如果把运动者作为主体来看待，那么主体的运动是指向一个目的——要从其所运动的时空框架之中凸显出来。主体之所以是主体，是因为它有自己独立于外界并取得规定的中心；因此，作为主体逻辑同义语的生命，其运动开始于一个围绕中心的环形运动，当这个环形运动本身成为复杂环节的循环整体，生命也就出现了，生命即是围绕着其存在本身作为意义中心的循环运动。而作为有目的性的高级生命——人，又在这种循环性中更加主动性地融合了直线性的发展，而这种直线性的发展又构成一个更大的循环从而完成生命的进化本身。因而，在最根本上，直线与圆不是一个单纯的几何学概念，它们本身就具有原型的生命意义。

三　中国古人的自然哲学观与建筑风水

中国古代风水用现代术语来讲，不外乎是研究元素、形式与能量的关系及对人居住环境的影响。风水的理念是天、地、人“三才”统一的“天人合一”观，有别于西方传统“人在事物外”的研究态势，而主“人与天地参”。我们可以从古代文献中窥测到古人的风水理念。《周礼·地官司徒》云：“惟王建国，辨方正位，体国经野……以土圭之法，测土深，正日景，以求地中。”为什么要这么做了，是因为这是“天地之所合也，四时之所交也，风雨之所会也，阴阳之所和也，然则百物阜安，乃建王国焉”。（《周礼·地官司徒》）《黄帝宅经》开篇就云：“夫宅者，乃是阴阳之枢纽，人伦之轨模。”《入药镜》：“上药三品，神与气精。”

明显可以看出的是，与西方近代科学机械论宇宙观不同，这是一种有机的宇宙观。

作为风水基础的道家学说讲究形意相连，内外相通。道教一幅“内经图”很能说明这一理念（见图2—3）。道家认为，人若想长寿健康，就必须获得道家的内功；而要获得道家内功，必先对人体自身有所认识，即对人的经络、血脉有所理解，目的是利于控制人体内气的循环路线。为此，道家把人体经脉绘制成一幅山水画式的“人体内景图”，有于观想。

如果人能达到此种内、外景的共鸣，即能长生。逍遥游是道家的关键词，即指外在的山水美景的游历，也指内在的一种超验自由状态的观想。美景不是外在的，而是生命本体意义的一部分。宋画《四景山水图》具体地展现了这一理念和居住理想（见图 2—4），山水画陶冶了中国人的精神生活，这种寓寄在山水画中的理想境界表现出了某种风水所要追求的目的，这就是内在生命和外在生命渗透和谐。

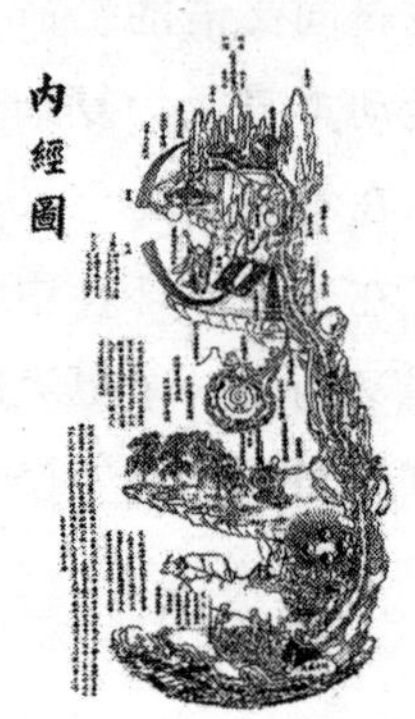

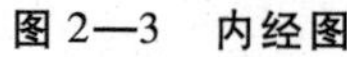
图 2—3　内经图

图 2—4　四景山水图

人类对超验世界的思考源于对身体本位的比附和求证于直接经验的体悟。这些深沉的思考和证悟对于今天仍然具有重大的启示意义，就像我们不断地回到轴心时代寻找我们的精神之根和重新发展的精神动力，根本点就在于不能遗失了我们主体性。

作为人类本真存在方式的居住，在古代中国其理论基于“太极阴阳”和“天人合一”的学说。古印度也有“梵我合一”宗教义理。在一则古印度神话中这样说道：某神话人物从黑天的嘴里向外张望，看到了漫天的星云；而当他回视黑天的身体之内时，令他惊讶的是，他看到的还是同样的漫天的星云。这则神话充满了传奇色彩和高深哲理的隐喻，也激发了我们对自然、人和神之间关系的重新思考。这一宇宙之神的内在和外在辩证统一的观点，重新回复了我们的信念：存在于我们心灵深处的对自然环境和居住意义的深刻理解能力。

现代科学把自然哲学中的元素思想视为幼稚，因为和化学元素相比，它们不是单纯的；对于这种观点，黑格尔给予了有力的批评。自然元素是自然的分类，有着宇宙论的本体意义，而化学元素大都恰好是剥离自然过程人为制造的产物，因此大多数化学元素的独立存在都是不稳定的，并且对于生命来说是危险的。由于它们绝大多数都不是被直接给予的现象，因而在人类文化的表意系统中意义模糊，缺乏与人类精神世界的直接情感联系。而自然元素在自然过程中的聚集形成了生命本身，在人类文化系统中既是最基本的意义又是最基本的符号，构成了人类形上思维的出发点。由于自然元素在具体与抽象之间的平衡作用，也即它们既体现出一定的具体性，又保留了作为生命基础力量的抽象整体性。从元素出发，探讨元素、形式与能量的深刻关系，构成了风水的基本命题，在今天仍然具有重要的启发价值。风水所根植的“天人合一”、内外渗透的生命哲学也是对于今天具有很大局限性的实验科学的一个有力修正。因为这种内外感通的生命观点给予我们的不是某种手段，而是直接的目的——构建起一种场所精神使自然与人深度共鸣。

第四节　宇宙结构的建筑模型：作为建筑符号与意象的光、物质及自然元素

建筑使得存在于天地之间的自然事物变成了文化符号。路易·康认为某种存在和表达的愿望，早于人类文明存在于天地之间；如他经常所说“砖，你喜欢什么？”他认为一件杰出的建筑创作“一定从无可量度开始，当其在设计着时经由可量度的手段，最终达到无可量度”。[①] 正因为他的言论常常如诗一般晦涩、艰深、令人费解，然而也确如诗句一般，充满着隐喻的力量；因此，虽然他的作品中大多与宗教不相关，却常常具有圣地般的心理力度。路易·康完成这一切并不是袭用历史性符号、标志等来向人“叙述”或“打招呼”[②]；而是利用物质和形式的本体意义来达到建筑存在的精神品质。循此，路易·康发现了由“陶然”而达“静谧”，由“静谧”而达“光明”的事物“起源”与“发生”的过程。

这种建筑品质也同样存在于其他现代建筑大师身上，普利茨克奖获得者日本建筑师安藤忠雄（Tadao Ando）是其中的代表之一。安藤忠雄的作

① 李大夏：《路易·康》，中国建筑工业出版社 1993 年版，第 13—15 页。

② 同上书，第 12 页。

品被评论为："他的作品是一种对于抽象形态、物质空间和光线超乎寻常的，广泛而渊博的深思熟虑"①，"其建筑具有一种能引起人们共鸣的纯粹性和复杂的象征性……表现出令人难忘的永恒性和普遍性"②。这种品质是和安藤强调建筑与自然的对话联系在一起的。在安藤看来，像光、风、水体这样的自然要素只有当它们从外部自然界中被汲取出来，并引入建筑内部时，才具有意义。建筑创作的目的并不只是与自然交谈，而是试图改造经由建筑而表达出来的自然意义，这个过程就是一个用建筑来使自然抽象化的过程③；并且创造出安藤所提出的"情感本位空间"（emotional fundamental space）。

上述思想都可以溯源到叔本华的意志论哲学。叔本华认为，万物都有一种本体意志，世界就是这种意志的表象。也正是在意志这一本体的基础上，人与万物沟通，主体与客体联系在了一起，所以意志必然具有原型之本体的哲学意义。荣格认为原型本身不可见（正如意志不可见一样），原型是通过意象而象征性地表现出来。折射原型的意象是本体意志（而不是个人的实践意志）在意志各个层面的自由往返流动的诗学意象，用中国古典美学的一个术语来概括就是所谓的"性灵"。原型本身只是一个集体潜意识的心理学概念，当我们用"建筑原型"这一术语来指称一种与美学相关的建筑品质时，是指建筑因为有了与"建筑原型"的这种内在联系，由于主体自由意志投射出的建筑形式与原型总体性的相应性而具有的诗意，这种在建筑艺术中的诗意完成了自然或物质元素所具有的原始意象的移情作用。

一　古代西方有关建筑艺术中的物质元素思想

西方有一种根深蒂固的建筑学观点：最早的宫殿是作为"宇宙结构"的表象而建立的，建筑是宇宙的第一个模型。相反的说法至少也同样正确，即宇宙被视为尘世建造物的放大的模型。④

西方早期思想家对"宇宙结构"的讨论集中在物质元素和数上面。

---

① 王建国、张彤：《安藤忠雄》，中国建筑工业出版社 1999 年版，第 4 页。

② The Hyatt Fountation. 1995 Pritzker Architecture Prize Laureate Media Kit，1995. 9.

③ 王建国、张彤：《安藤忠雄》，中国建筑工业出版社 1999 年版，第 28 页。

④ Richard Padovan，*Proportion*：*Science*，*Philosophy*，*Architecture*，Spon Press，1999.

泰勒斯和其他文明地区许多思想家类似，提出水作为宇宙基本元素不同。对赫拉克利特而言，他有不同的看法：世界是永恒变动，是对立面的持续斗争。事物不可能被分离开并加以界定。它们一直在转化、生成和灭亡。他选取火作为基本元素："这个宇宙对万物而言是一样的，非某个神和人所创；它过去、现在和未来永远是一团活火，在一定的分寸上燃烧，在一定分寸上熄灭……一切事物都交换成火，火也交换成万物……"[①]

毕达哥拉斯以一种更抽象的方式讨论宇宙结构。他声称，自然的本质在于数中。毕达哥拉斯学派认为"是在数中，而不是在火、土或水中看到与存在的及出现事物的许多相似之处……因而，他们将数之原理视为万物的原理，并且将宇宙视为一种和谐状态和一个数"[②]。毕达哥拉斯学派数学是本体论的，这一学派不承认人的思维（数学是其例证）和宇宙的真正本质之间存在鸿沟，因为大脑具有洞察表象背后的实在并且理解这种实在的能力。换言之，它拥有一种对自然本身完全的移情作用。[③]

为了让宇宙看起来是可理解的，人们必须建构宇宙，这正好比他们必须建造自己的房子一样。[④] 对建构而言，量度与材料都有基本的重要性。古希腊思想家恩培多克勒已经提出过四种元素：土、水、气以及火。柏拉图以一种源自毕达哥拉斯的数学论证演绎出，必然只存在四种元素。首先是火（为了使世界可见）与土（为了使世界可触），"不过要把两种事物令人满意地结合起来，不能没有第三种事物：因为必须得有某种媒介性的结合物将它们结合在一起。……因此，上帝在火与土之间加入了水与气，尽量使它们彼此具有相同的比例，所以，气与水的比例有如火与气的比例，水与土的比例有如气与水的比例"[⑤]。柏拉图还进一步将四种元素对应于几种正立体形，因为有五种规则的立体形，而只有四种元素来填充它们，因此第五种元素"以太"被提了出来。但是，如果以严格的数学方式来考察，柏拉图忽视了一个困局：所有五种规则立方体中，只有一种即正方体能够完满地充塞空间；其他的，当被紧紧挤压在一起时，它们之间

---

① Heraclitus, Fragments, pp. 134 - 135.

② Aristotle, "*Metaphysics. trans. J. Warrington*", *Everyman's Library*, 1956, p. 64.

③ Richard Padovan, *Proportion*: *Science*, *Philosophy*, *Architecture*, Spon Press, 1999.

④ Ibid..

⑤ Plato, Timnaeus, In op. cit.

留下许多微小的空隙。这与柏拉图对宇宙描述的暗示相矛盾：宇宙无处不在，充斥着整个空间，没有什么是多余的。这一悖论表明，柏拉图对自然元素与数学几何之间关系的处理是诗意的和隐喻的，是在抽象当中结合了一种神秘的移情。

建筑艺术作为模仿上帝的创造行为，是物质化的方式，将可感觉的世界重新塑造成可理解的世界的心智活动。上帝无论在柏拉图那里还是在亚里士多德那里，都被描述成艺术家。亚里士多德认为，世界以及它包含的每一个事物都包含着两个因素：一是质料；另一是原因或者说形式。后者与前者的关系犹如一件艺术品与它的原料的关系。[①] 古希腊这种思想以一种集大成的方式反映在了帕提农神庙上面，正是数的比例和对物质与光线基本对立关系的表现造就了帕提农神庙永恒的美（见图2—5）。对于数学比例与材料性能之间关系的推敲，日本的伊势神宫也给出了东方建筑在这方面的卓越思考，它体现出了一种素酷而又永恒的美学品质（见图2—6）。

图2—5 帕提农神庙

图2—6 伊势神宫

二 黑格尔自然哲学主客一体的性质

古希腊思想家讨论了数与物质元素，但并没有把这些分散的东西在一个更基本的层面统一起来。这个更基本的东西就是光与物质抽象的对立统一关系，正是这种多少带有神秘性质的东西可被称为“以太”。

相比较古希腊思想，黑格尔自然哲学以更全面、更逻辑的方式展开了

① Aristotle, "On the Soul", In *The Works of Aristotle*, Encyclopaedia Brtannica, Vol. I, 1952, p. 662.

对宇宙物质结构的讨论。黑格尔认为，自为存在的东西是它的中心的力量，或者说，是它的自我封闭性。[①] 黑格尔对物质与光的对立统一也有深刻认识，他说："最初的、得到质的规定的物质是作为纯粹的自相同一性，作为自我反映的统一性的物质；因此，这种物质仅仅是最初的本身还抽象的显现。物质在自然界里特定存在着时，是对总体的其他规定独立的自相关联。物质这种现实存在着的、普遍的自我，就是光……光是这种纯粹的、特定存在的、充实空间的力量……物质作为光进入为他存在，因而开始显现自己。"[②] 并且在黑格尔那里，"光的抽象显现同时也是空间方面的……是空间的无限创造"[③]。光与空间方面联系了起来，在这一点上，黑格尔是爱因斯坦相对论的名副其实的先驱。

黑格尔在自然哲学中对光与物质的关系做了详细的阐释。他说，只有界限才包含着否定的环节，因而包含着规定的环节；只有在界限内才有实在性。……所以为了达到现实存在，就不仅必须有一种抽象的东西，而且也必须有别的东西。光只有与暗对比，把自身作为光区分出来以后，才能把自身显现为光。[④] 作为物质，光是无限的己外存在。[⑤] 光的自我本性是在物质的个体化中才表现出来的，因为这种最初抽象的同一性在这里只有作为特殊性的复归于扬弃，才是个别性的否定的统一性。光，作为普遍的物理同一性，起初是一种与物质有差别的东西，因而在这里也就是一种外在于和不同于已在别的概念环节中得到质的规定的那种物质的东西，而这样一种物质就被规定为光的否定物。[⑥]

物理元素是一种实在的、尚未被消散为抽象化学东西的物质。从现代化学的观点来看，恩培多克勒以来普遍流行的四元素观念，被认为是幼稚的，因为四种元素也是复合的。黑格尔否定了这种观点：化学力求得到单纯的东西时，个体性就消失不见了。在物质宇宙躯体构成的本体论意义

---

① ［德］黑格尔：《自然哲学》，梁志学、薛华、钱广华、沈真译，商务印书馆 1997 年版，第 116 页。

② 同上书，第 117 页。

③ 同上书，第 119 页。

④ 同上书，第 121 页。

⑤ 同上书，第 123 页。

⑥ 同上书，第 128 页。

上，物理元素比化学元素具有更根本的意义。化学元素作为人为提纯的产物，是一定程度上对自然过程的扰动，因此它们的性质和效果往往对自然的个体性具有否定性的消解作用。化学元素在现象学的意义上不是经常被给予的直接经验对象，正因为如此，在主客体统一的移情上，化学元素意义模糊，除贵金属外（由于它们与光有某种深刻的联系和它们永恒的持久性），在建筑艺术的符号性表意中远远不如物理（自然）元素的重要性。因为，哲学的内在东西是概念规定的固有必然性，而这种必然性又必须显示为某种自然的现实存在。在东方人关于精神事物与自然事物的实质同一性的观点里，意识的纯粹自我性，自身同一的思维，作为真和善的抽象，与光是一个东西。因此，基于光、物质的重量和自然元素对于宇宙结构的基本构成作用，它们在建筑的符号表意和审美意象中有更具重要性。

三　古代中国的元素思想与建筑艺术

在古代中国最确实地提出元素思想见于《书·洪范》的“洪范九畴”：“初一曰五行，次二曰敬用五事，次三曰农用八政，次四曰协用五纪，次五曰建用皇极，次六曰乂用三德，次七曰明用稽疑，次八曰念用庶征，次九曰向用五福，威用六极。”“洪范九畴”是夏传之治国大法，五行位列其首；甚至有观点认为，九畴皆摄于五行。《洪范》：“五行：一曰水，二曰火，三曰木，四曰金，五曰土。水曰润下，火曰炎上，木曰曲直，金曰从革，土爰稼穑。润下作咸，炎上作苦，曲直作酸，从革作辛，稼穑作甘。”《尚书大传》对五行作了这样的解释：“水火者，百姓之所饮食也；金木者，百姓之所兴作也；土者，万物之所资生也，是为人用。”

儒家把五行与五常“仁、义、礼、智、信”对应起来。章炳麟《子思孟轲五行说》：“木神则仁，金神则义，火神则礼，水神则智，土神则信。”之所以存在这种感应或者说移情关系，儒家经典《中庸》说：“唯天下至诚，为能尽其性；能尽其性，则能尽人之性；能尽人之性，则能尽物之性；能尽物之性，则可以赞天地之化育；可以赞天地之化育，则可以与天地参矣。”这种对天地物质的参化，在儒家始终是与道德的教化联系在一起，这就是比德思想，孔子曰：“智者乐水，仁者乐山。”

《易传》：“弥纶天地之道”。意思是通过把宇宙划分为八个对立统一的范畴，自然、社会和人类历史的一切原理都得到了说明。按照《易经》

做卦的思想，是十分重视对现象的研究的；但这种对现象的研究也十分不同于当代西方现象学的所谓现象学还原搁置一切构成性的东西（主要是指形式结构），而是强调对各个现象范畴加以总体结构的综合概括。《国语·郑语》记载了史伯的一段言论："声一无听，物一无文，味一无果，物一不讲。"中国古代的阴阳五行说认为整个宇宙是由阴阳的对立统一所组成的一个和谐整体，而艺术之"和"不过是宇宙和谐的表现而已。中国古代美学认为"和"之美不但在于自然形式的恰到好处的统一，而且还在于这种统一显示了某种重大的伦理道德的含意。因此中国艺术在形式美的创造上不但是以自然为依据的，而且使之成为某种情感的体现和象征。尽管同"五味"、"五色"、"五声"的感受相联系的美的观念很早就已产生，中国古代文献中也常用"美"字去指明味、声、色所给予人的审美的愉快，但被中国古代美学所肯定的真正意义上的美却不是单纯给人以味、声、色的官能享受的美，而是同善的要求相一致，具有社会伦理道德意义的美。[①] 物质的审美作用是通过"兴"来引发的。所谓"兴"，孔安国注为"引譬连类"，朱熹注为"感发志意"。"引譬连类"指的是通过一个别的、形象的比喻而显示、达到一般；"感发志意"是通过艺术形象的"引譬连类"作用去陶冶、发展和完成人性。

对天地物质的审美而言，道家显得比儒家的比德思想更超越。道家的审美是与对道的体认分不开的。在道家看来，"道"既是一元也是一种宇宙结构。对于审美和对道的体认，庄子强调"以神遇而不以目视，官知止而神欲行"。《庄子》一书本身也被誉为充分体现了"风"的美学。而风，就我们的观点看来，作为具体的显现之光，是自由的、映现的和灵动的。

作为宇宙结构的基本构成元素，水和火在建筑和仪式中始终扮演着十分重要的角色。风、水、土等自然元素在风水术中对于城镇、村落和宅基地的选址具有根本的表征作用。自然元素在中国古代建筑中有重要的象征意涵和审美意义。

明堂是中国古代最重要的礼制建筑，代表着国家的意识形态，自然也反映了国家民族的哲学思想，必然呈现为模拟宇宙结构的形态。汉儒蔡邕《明堂月令论》提到的"天子太庙、青阳、总章、元堂、大教之宫、清庙、

① 李泽厚、刘纲纪：《中国美学史》，安徽文艺出版社1999年版，第100页。

太室、太学、辟雍、门闱之学、东序”等名目，都是明堂的别称或代名词。汉长安城南郊礼制建筑群中的明堂（辟雍）遗址，其平面图显示出了天圆地方宇宙模型的构图思想。明堂和辟雍是同一个建筑的两个名称，明堂强调其主体建筑部分，辟雍侧重说明建筑群外围的环水沟“如璧之园，雍之以水”，水在这里有象征宇宙最基本构成元素的意义（见图1—6）。实际上，道教的三元指的就是“天、地、水”。在世界上绝大多数古代自然哲学思想中，水都被认为是最基本的自然元素，被称为万物之母。

东汉洛阳灵台（明堂）复原平面图则显示出一种更详细宇宙结构模型图，它是按照“五行”思想以及又五行所演化、对应的现象和方位象征图示来建造的，自然元素（五行）在这里以一种命名的方式来对一种抽象的宇宙思想进行图解式的表达（见图2—7）。东汉洛阳灵台（明堂）虽未对自然元素进行直接的建筑艺术表达，却也潜在地指出了基本自然元素的象征和移情作用对纪念性建筑的艺术性更具重要作用。

四　光、物质、自然元素与建筑艺术

对比“地、水、风、火”四大思想，“金、木、水、火、土”五行思想在建筑建造和符号象征方面有更清晰、更具体的实际意义。在中国古代宏观的宇宙论中，五行对应着天上的五星，所谓金曰太白，木曰岁星，水曰辰星，火曰荧惑，土曰镇星。也就是说，五行在天成象，在地成形，精系于天，形著于地，盈天地间万物万事，莫不本此。《地理人子须知》论五星之形：“夫五星形体，古人以木之条达而取象于直，火之炎焰而取象于锐，土之厚重而取象于方，金之周坚而取象于圆，水之流动而取象于曲。”[①] 复述了五行在中国古代文化中“意”与“象”的经典对应关系。虽然万物纷纭，乾坤广大，但各从其类，莫不由乎五行。综合前人的论述，《地理人子须知》对于五行成象彰显于地理山形的基本意义给出了正反两面的释义：

金，西方之星也，于时为秋。然金明而贵，铿鏘有声，且为世珍重，百炼不变，辉煌贯日，锋利坚刚。犹世之贵人，刚直忠正，不屈

① 徐善述、徐善继：《地理人子须知》，华龄出版社2012年版，第97页。

不挠。故其星之清者为官星，官贵之象也。其主为文章清秀，功名显达，刚正忠贞节烈之应。若其浊而不秀，如天文金星有变异，则主兵革。金倍明，芒角赤，主用兵。故其星之浊者为武星，威武之象也。其所主为元戎杀伐，威名煊赫之应。然金气萧而凋万类，故秋杀敛藏。如古者，兵刑之用必以秋，以金主杀伐。故其星之凶者为厉星，惨暴之象也，其所主为军贼、大盗、诛夷、残酷、绝灭之应。

木，东方之星也，于时为春。春主发生。方春之时，万卉秀发，奇葩艳萼，献异争奇，此木之文也。故其星之清者为文星，文华之象也。其主为文章清秀，科名显达之应。然木之体，长茂条畅，鸣风撼雨，淅沥有声，伐之则丁丁，仆之轰轰，故又主声誉远著，名姓播扬。至于为器用车座，文理可观，凭借适意。以为大厦，则栋梁椽角，莫不具备，故其星之浊者为才星，才用之象也。其主为荣贵勋业，多才多艺之应。然其凶者，或为枯槁摧折，或秀而不实，朽坏倒扑，又能坏物。以为枷纽桎梏之属，乃为刑具。故其星之凶者为刑星，刑伤之象也。其所主为刑伤克害、夭折残疾、官讼牢狱、孤寡困顿之应。

水乃北方之星也，于时为冬。其精光之悬象于天者，常随乎太阳而行。故其应于人事之吉，亦为近帝之贵。以其行于地者言之，则风行而纹生，且清澈可鉴，变动不拘，可方可圆。推而行之，可以运舟，可以灌溉，光莹照耀，精粗不遗。故其星之清者为秀星，性行明洁，度量汪洋之应。然水本内明而外暗，体柔性顺，故其星之浊者为柔星，卑弱之象也。其所主为昏愚、卑陋、柔弱、委靡、谄谀、阿邪之应。然水暴涨而滔天漫野，荡析民居，无有救遏。而沟渠之间，秽污混浊，此皆不美。故其星之凶者曰荡星，流荡之象也。其所主为凶狠残暴、流荡忘返、酒色倾家、淫滥不洁、离乡客死之应。

土为镇星，含弘镇静，德居中央，功为地载，位为帝星。故其星之清者为尊星，其所主为王侯极品之贵，镇静以安社稷，普惠以泽民生之应。然五星之中，土为重浊，故重星之行度最迟，大率二十年一周天。而土之性情最缓，发达钝慢，最能耐久。其生物甚繁，故其星之浊者为富星，其所主为多赀财，田产丰饶之应。然土无处无之，其凶亦不为大祸，故重浊之土为滞星，拥塞之象也。其所主为滞钝、顽昏、疾病缠绵之应。

（火星）清者为显星，主文章发达，大贵、煊赫、势焰。浊者曰燥星，主刚烈燥暴、作威福、奸险、夭折，祸福相半，有吉有凶，易兴易败之应。然火之为物，其起甚微，其发甚盛，其灭甚速。与物无情，金入则熔，木入则焚，土入则焦，水入则涸。故其星之凶者为杀星，绝物之象也。其所主为杀伐、残酷、大盗、诛夷绝灭之应。①

从引文中可以看出“象”思维在中国文化中的重要性和其包含的宇宙论特征，这也对我们重新审视西方现象学哲学的基本观点有启发意义。自然元素是直接被给予的对自然的分类，在人类文化的表意系统中无疑具有最基本意义，也是最基本的象征符号，在集体无意识的历史积淀中成为了原型。下文是对五行在建筑中的象征意涵和美学意象进行总结和案例分析。

（一）金

金属严格意义上是化学元素，并不具有自然元素在现象学意义上的直接给予的性质。但金属（特别是贵金属）有一种不同于一般化学物质的特性，就是作为个别事物的稳定性、均匀性因而与光有特殊关系。所以贵金属经常应用在纪念性建筑中的一些关键地方，以表达诸如“光明、辉煌、尊贵和永恒”之类的重要观念。如在故宫太和殿内，贵金属的建筑装饰表达了皇权至上的思想，表现了建筑空间的庄严、辉煌和“正大光明”的神圣意象（见图2—7）。在阿尔罕布拉宫狮子院中，贵金属的应用取得了异乎寻常的建筑艺术效果，在这里正是贵金属的纯净性，表现出了建筑空间“深沉”、“静思”、“悠远”的意象氛围（见图2—8）。

图2—7 故宫太和殿

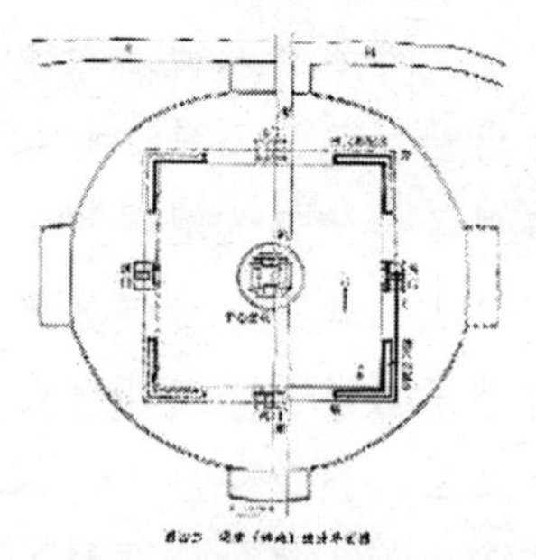

图2—8 汉长安辟雍（明堂）

① 徐善述、徐善继：《地理人子须知》，华龄出版社2012年版，第99—100页。

（二）木

木虽然不在“四大”之列，但木恰恰是四大“地、水、风、火”的聚集，具有堪天舆地的作用。在世界范围的古代文明中，都存在一种乾坤树的神话意象（见图2—9）。作为自然生命力量的统摄和沟通天地的使者，在古代中国木与龙联系在了一起都是人们崇拜的对象。木作为天地之间的支柱的意象，在世界范围内都具有最基本建筑学意义（图2—10、2—11）。

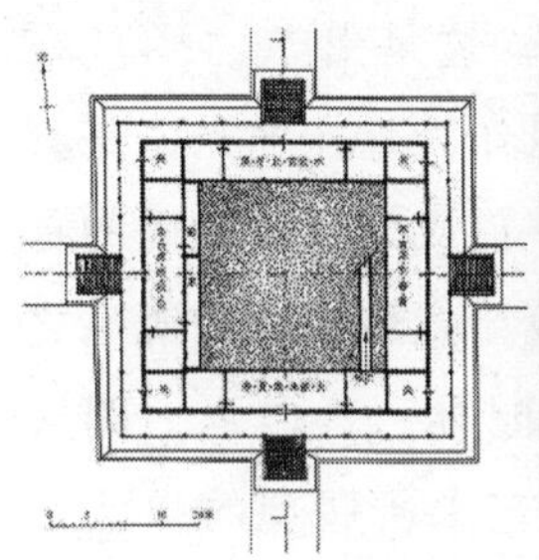

图2—9　东汉洛阳灵台（明堂）

图2—10　阿尔罕布拉宫

图2—11　中国苏州园林

（三）水

水在绝大多数古代世界的自然哲学思想中是作为第一种自然元素。《圣经》说：“太初，神的灵运行在水面上。”《易经》说：“天一生水”。水作为光与物质的统一是它的强大构型能力。水无论在纪念性建筑的设计构成中还是在仪式的表达中都具有重要的意义。安藤设计的水的教堂，结合着一种禅的意境，把水的这种形而上的品质淋漓尽致地表达出来了（见图2—12）。

（四）火

火作为水的对立元素，内在于光与物质的对立。火和水都是在具体性里面还保留着抽象性，虽然并不直接具有作为建筑构成材料的作用，但作为生命活力的直接象征，在纪念性的符号性陈设和仪式表达中具有不可或缺的作用。

（五）土

土作为充分实现的具体性，展现了万物皆归于土的包容特性。《周易·说卦》：“坤，地也，故称乎母。”《说文》：“祇，土祇，提出万物者也。”土（大地）总是与“厚德载物”的意象联系在一起，“大地母亲”是人类一种基本情感的表达。土本身是承载建筑的基址，土以及土的延伸产品是最广泛使用的建筑材料。土与家园的自然语义联系，是与人类有天然的亲和性的自然元素。因此，在建筑中“土”为所有自然元素的意义表达设立了最广泛的背景。

将“四大”放置在“五行”中进行比较，“水、火、土”是共同的元素；“五行”除了“水与火”的基本对立外，又以“土”为中项加入了“金和木”的对立，而把“风”排除在外。显然，这是出于“风”在古代并不具有可操作的具体材料的意义。实际上，风作为外在之光，是其他自然元素的征候。在中国古代地理术中，风和水一道成为环境品质的首要表征。风所代表的季相变化，它的灵动性，是建筑诗意最重要的源泉之一。实际上，直接把自然各种元素集中起来的东方园林，是作为人间天堂的这样一个意象。如“风光”一词所暗示，园林艺术所展现的自然元素综合性的美，是依于风作为一个天然的光之使者的作用的（见图 2—11）。

作为一个典型的现代建筑实例，安藤忠雄在水的教堂中充分展现了把握自然元素建筑意涵的卓越能力。这座教堂虽是一座基督教堂，却无与伦比地结合了日本的本土文化，特别是表达了日本美学中“好、侘、寂”的禅学意境，其意义已经超出了建筑学范围，由于这种“通古达今”品质，它成为日本当代文化甚至是整个日本文化的一个象征（见图 2—12）。

图 2—12　水的教堂（安藤忠雄设计）

第五节　熵的美学：一种建筑原型意象

遗址之美动人心魄，伟大建筑遗址美在何处？要回答这一问题，就离不开对“熵”的美学探讨。熵作为热力学第二定律所引申的关键概念，是对宇宙之火古老思考的现代回应。火改变着物质。赫拉克利特说，宇宙过去、现在和未来永远是一团活火，在一定的分寸上燃烧，在一定分寸上熄灭……一切事物都交换成火，火也交换成万物……[①]琐罗亚斯德教更直接以火为宗教崇拜的对象。古老的炼金术一直把化学和“火”连在一起。在 18 世纪，火渐渐成为了试验科学的一部分，它引起了一个概念上的变化，即强迫科学去重新考虑过去以机械论世界观的名义被排斥在外的东西，比如不可逆性和复杂性等课题。[②] 熵——一种对“火”的现代诠释，作为宇宙的一种基本状态，以一种自然神学性质的深刻品质，必然成为一种审美意象的原型。

（1）如赫拉克利特所说，宇宙是一团活火，永远在变化。“火”无疑是宇宙的一种基本物理元素和基本过程。黑格尔认为，在火的过程里相互冲突的物体外在地结合在一起。火是材料自为存在和否定的本源，在火的过程中，材料与作为自身规定性的差别东西进行调解。在黑格尔的自然哲学里，变化和运动构成物质的本质，是空间和时间的统一。在黑格尔看来，变化不是物质的谓语，而物质才是谓语——把变化呈现出来。变化是真正的世界灵魂的概念。虽然人们已习惯把变化看作谓语或者状态，但变化和运动其实是自我，是作为主体的主语。

火的本质是变化的创造者，又是变化的结果；熵刻画了一种物质时间。牛顿系统中的时间是“可逆的”。然而，随着热力学第二定律的发现，时间一下子变成一个众所注目的问题，因为按照第二定律，宇宙中的能量不可避免地要有所损失。而这意味着存在一个时间之“矢”，整个宇宙都是有年龄的，指向一个不可逆的、逐渐均匀的未来。从人的观点来

---

① Heraclitus, Fragments, pp. 134 – 135.

② 伊·普里戈金、伊·斯唐热：《从混沌到有序：人与自然的新对话》，曾庆宏、沈小峰译，上海译文出版社 1987 年版，第 145 页。

看，这是一个悲观的结果。但是，达尔文的进化论给我们描绘了另一幅图画，就进化而言，它是从简单到复杂，从生命的“低级”形式到生命的“高级”形式，从无区别的结构到互不相同的结构。宇宙随着年龄的增长而组织得越来越好。从这两方面看来，时间的科学观点可以概括为矛盾之中的矛盾。①

历史学家 C. C. Gillispie 在其 *The Edge of Objectivity* 一书中致力于恢复被科学所干涸的人性源泉：

> 从最高尚的方面说，它鼓舞了狄德罗的自然主义的道德化的科学。歌德的自然人格化，华兹华斯的诗篇，以及怀特海的哲学，……他们要在科学中为我们对于自然的定性的和审美的鉴赏寻找一个位置。它是这些人的科学，他们要构成开花的植物学和日落的气象学。

海德格尔无疑是这种自然观的衷心拥护者。他在《林中路》中这样描述，一件建筑作品并不描摹什么，比如一座希腊神庙。它单朴地置身于巨岩满布的岩谷中。这个建筑作品包含着神的形象，并在这种隐蔽状态中，通过敞开的圆柱式门厅让神的形象进入神圣的领域。贯通这座神庙，神在神庙中在场。神的这种现身在场是在自身中对一个神圣领域的扩展和勾勒。但神庙及其领域却并非飘浮于不确定性中。正是神庙作品才嵌合那些道路和关联的统一体，同时使这个统一体聚集于自身周围；在这些道路和关联中，诞生和死，灾祸和福祉，胜利和耻辱，忍耐和堕落——从人类存在那里获得了人类命运的形态。这些敞开的关联所作用的范围，正是这个历史性民族的世界。出自这个世界并在这个世界中，这个民族才回归到它自身，从而实现它的使命。

海德格尔的现象学探索的是自然的本体意义，它们是如何与人的在世存在发生关系，如何帮助人类在“大地之上、天空之下”的诗意栖居。他在《林中路》中阐释，建筑作品阒然无声地承受着席卷而来的猛烈风暴，因此证明了风暴本身的强力。神庙坚固地耸立使得不可见的大气空间

---

① 伊·普里戈金、伊·斯唐热：《从混沌到有序：人与自然的新对话》，曾庆宏、沈小峰译，上海译文出版社 1987 年版，第 17 页。

昭然可睹了。作品的坚固性遥遥面对海潮的波涛起伏，由于它的泰然宁静才显出了海潮的凶猛。希腊人很早就把这种露面、涌现本身和整体叫作自然。自然同时也照亮了人在其上和其中赖以筑居的东西。我们称之为大地。在这里，大地一词所说的，与关于一个行星的宇宙观念格格不入。大地是一切涌现者的返身隐匿之所，并且是作为这样一种把一切涌现者返身隐匿起来的涌现（见图 2—13）。海德格尔与自然科学研究中对待自然的工具性的态度大异其趣，他指出自然科学研究中按照人类设计好的模式和工具性的目的对自然进行考问，把自然从自然的过程中剥离出来，正是使自然丧失了本体、失去情感意义的根源；实际上也是今天所产生的生态环境问题的真正根源。

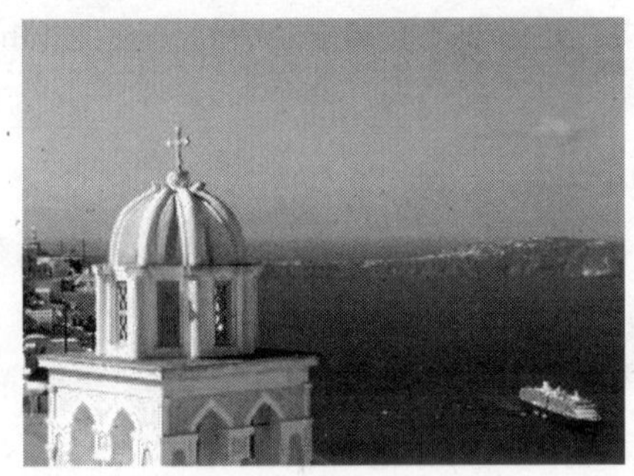

图 2—13

在这层意义上，我们应该回到黑格尔的自然哲学的基本目标论述，他认为，“自然是作为他在形式中的理念产生出来的”，“自然界是自我异化的精神”。在黑格尔的哲学体系里，如果说逻辑是精神的伊利亚特，它的目标是从它自身产生出自然界来，那么，自然则是精神的奥德赛，它的目标是自己毁灭自己，打破自己的直接感性东西的外壳，像芬尼克斯那样，焚毁自己，以便作为精神从这种得到更新的外在性中涌现出来。因此，黑格尔给他的自然哲学提出的根本课题就是“扬弃自然和精神的分离，使精神能认识自己在自然内的本质”。[①] 毋庸置疑，黑格尔在这里讲的是作为主体的精神如何认识隐藏在客体中的精神的问题。正是这种主体与客体的互相渗透，自然的诗学意义产生了。在对自然的精神本体的理解中，上

① 黑格尔：《自然哲学》，译者序言，商务印书馆 2006 年版，第 5 页。

帝通过人的意识觉醒出场了。在一种自然神学式的阐释中，物理元素由于是构成宇宙有机体自然形态的基本材料，必然具有原型地位而反映在人类文化的表意和审美情感之中。

由于“火”之“熵”，自然和人类劳动的合作创造了一种伟大的建筑美学奇观。这种建筑审美经验基于对宇宙整体性深刻感悟——连通到一种原型本体。建筑使自然涌现出其特质，记录了消逝的自然过程，并使自身获得丰厚的生命。如果说，无论是在“地、水、风、火”四大系统中，还是中国“金、木、水、火、土”的五行系统中，“火”都不可能作为纪念性建筑的直接建筑材料，那么，火是以“熵”的形式为纪念性建筑涂抹上了时间之矢的神圣色彩，而纪念性建筑的根本目的也就是人类以一种文化的方式对时间的保留或者说抵抗。正是由于熵，建筑便更加稳固地融入“大地之上、天空之下”的宇宙框架之中，由此获得其精神性的纪念性品质。

古老的纪念性建筑和伟大遗址承载了“熵”所带来的“醇和”、“丰富”、“饱满”和宇宙沧桑。帕提农神庙给予这一个明证，它首先呈现出物质与光线二元对立的基本宇宙关系，然后，火作为物质引力的竞争者登场了——它一方面以能量的方式作为建筑材料的物质构型者对抗着大地的引力，另一方面作为物质的时间之矢与天空交换着物质、能量和信息。由于“熵”的这种建筑现象学上的意义，围绕着一个自然哲学基本元素的原型意象，因此，“熵”的美学意蕴反复表现在从古至今的各种建筑之中。

（2）“熵”的美学意象不但出现在伟大纪念性建筑的遗址之中，如埃及吉萨金字塔、波斯波利士王宫、雅典卫城和婆罗浮屠等，也出现在广大普通的传统民居之中。笔者考察过的一个传统村落就是这样一个典型例子。中国历史文化名村流坑位于江西省抚州地区乐安县西南部。全村总面积3.61平方公里，耕地3572亩，山林53400亩，共有800多户，4000多人。水绕山拥中的流坑，纵横街巷，井然有序，宫观庙宇，沿山护村而建。这是由独特处所精神的典型中国传统村落，到处散发出“熵”的迷人气息（见图2—14），从护村而建的庙宇、义路与桥梁到村中的祠堂、巷道和民居历历在目。这种特质恰恰是仿古建筑、仿古一条街所真正缺乏的。

图 2—14

“熵”的美学不但反映在传统建筑之中，现代建筑大师路易－康曾提出过一座成熟的建筑，必须考虑时间的流逝对建筑材料的影响所增添或减损的美学效果。在 1999 年建成的同济大学中法学院建筑设计中，“熵”的艺术甚至被“刻意”创造。这所由同济大学和巴黎高科（法国 12 所精英高校联合体）共同创办。学院的创立宗旨是联合中法两国的著名大学，融合大学文化和企业文化，培养造就能适应世界改革和发展的，在国际人才市场上有竞争力的工程和管理方面的高层次人才，并成为促进中法教育、文化、经济交流的重要桥梁。这样一所现代化的学院，在其建筑设计中的关键局部采用铁作为建筑的外表皮材料，并直接暴露在自然环境的空气中形成氧化的铁锈效果，用一种现代手法表现熵的美学意象，创造出一种富有文化意蕴的历史感（见图 2—15）。类似的手法逐渐被运用到各种现代建筑上面，如深圳欢乐海岸一主体建筑（见图 2—16）。

图 2—15

图 2—16

佛山岭南天地位于佛山市禅城区祖庙东华里中心地段。祖庙与东华里片区位于佛山老成中部，属核心保护区，是佛山文物古迹最密集、规模最大、传统风貌保存最完整的历史文化街区。岭南天地运用现代手法，改造祖庙东华里片区具有典型岭南民居风格的珍贵历史建筑。岭南新天地是由政府主导，由佛山瑞安天地房地产发展有限公司开发，以创建一个融合“生活、工作、休闲”特色的文化社区为理念。整个项目在祖庙东华里片区旧城改造的基础上尽量保存佛山老成的风貌及岭南建筑特色，巧妙地加入了现代化的理念，让历史与现代元素和谐交融，创建一个崭新的，又能传承本土文化的房地产优秀项目。项目占地面积达 65 公顷（净用地面积 52 公顷），总建筑面积达 150 万平方米。

项目为了创造一种“文化、品位、历史”的氛围，采用了与上海新天地相似的手法。特别是除了保护加固有价值的保留建筑外，还在新加建的建筑中重新利用了旧房屋拆除中遗留下来的旧材料，取得了具有历史街区风情的特殊美学效果，让旧材料之“熵”本身散发出具有历史沧桑感的韵味（见图 2—17、2—18）。

图 2—17

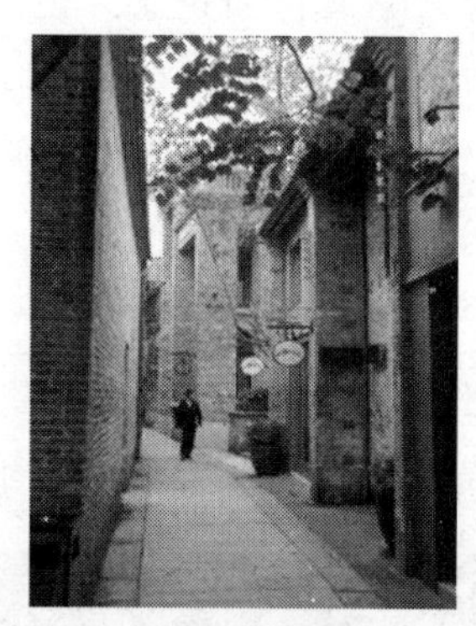

图 2—18

宁波博物馆是 2012 年普利策建筑奖 Pulitzer Prizes 得主王澍的代表作之一。“宁波博物馆的建筑本身就承载了丰富的宁波历代文化信息”。宁波博物馆继承了王澍几年前的作品“五散房”的一些手法。五散房分为工作室、画廊、管理用房等，五散房所采用的墙砖，有的完整有的残缺，有的厚有的薄，有的雕花有的无纹，有的平直有的带弧，都是从老房子中拆下来的回收利用砖。五散房被王澍称为是自己的“一次小实验”，实验虽小，却在业界激起了不小的波澜，因其完美地体现了可持续建筑的五项评选指标，获得了 Holcim 可持续建筑大奖赛亚太区奖项之一。业内赞叹："远离浮躁的商业设计，是返璞归真的追求，国际艺术的前瞻体现"，但同时也认为，它们"只能在园林景观小品中有土壤，在城市繁华的商业气息熏陶下没有多大机会生根"。

然而，五散房的"实验"为宁波博物馆积累了很多建筑类型和建造方法上的实际经验。

百万旧砖瓦打造博物馆独特"外套"，这件外套使"宁波博物馆的建筑本身就承载了丰富的宁波历代文化信息。宁波博物馆的外墙，如果是直壁，采用的是浙东地区的'瓦爿墙'，如果是斜壁，采用的则是特殊模板成型的清水混凝土墙"。宁波博物馆的瓦爿墙有其传统根基，历史上，以慈城地区为代表的瓦爿墙随处可见，是宁波地域乡土建造的特有形式。宁波博物馆的瓦爿墙材料包括青砖、龙骨砖、瓦、打碎的缸片等，大多是宁波旧城改造时积留下来的旧物。其中，青砖的数量最多，它们的"出生"年代也多为明清至民国时期不等，甚至有部分是汉晋时代的古砖。不少青砖上，还镌有"福寿"等铭文；龙骨砖是传统建筑中用来压脊的较大的砖，带拱，与青砖拼砌，形成错落。龙骨砖与零碎的瓦片和缸片一起，都成为了外墙的"装饰图案"。宁波博物馆所用的旧砖瓦在百万块以上。宁波博物馆在全国建筑界是第一个如此大规模运用废旧材料。

越来越多的博物馆界人士认为，现代博物馆不仅要具有功能性，而且要具有审美性，博物馆建筑本身也是特殊的"展品"。体现中国传统建筑特色，传承城市文脉正成为一批中国当代优秀建筑师所潜心追求的目标。宁波博物馆所采用的"新乡土主义"风格，除了建筑材料就地取材、运用砖瓦毛竹等本土元素外，还体现了环保、节能等理念，这也使宁波博物馆有别于其他博物馆，可以说是"熵"的美学现代运用的典范之一（见图 2—19）。

图 2—19

结　语

建筑学所考虑的材料问题是和结构、材料力学所考虑的这方面的问题有着根本的不同。后者主要考虑材料传递力学的几何特性，是工具性的；前者则是要在此基础上，进一步探求材料作为自然客体的主体性的现象学意义。纪念性建筑作为宇宙模型，一方面，要表达其物质构成作为宇宙结构的抽象关系；另一方面，作为元素的材料在主客一体的本体论的意义上，在纪念性建筑的仪式中和建筑的深层体验中要发挥其根本的移情作用，即自然元素在人类最初的隐喻表达中有超越文化差别的基本的原型意义。因此，光、物质和自然元素在建筑学的思考中是价值论的和本体论，是形式的最基本的意义源泉，也就是说，是人类文化最基本的表意符号的原型。

第三章　建筑哲理与原型意象

自然哲学理论是绿色建筑与生态家园的元理论。自然哲学的诸种概念，特别是时空观念与自然元素的观念，由于在本体论上与直接给予的现象相关，它们都与人类集体无意识的原型处于一种本质关系之中。建筑活动作为人类的本真存在方式之一，是与这些原型分不开的。本章在前文对于自然哲学、原型与建筑艺术的关系论述的基础上，进一步讨论几个基本的建筑原型，并在本体论的意义上讨论建筑可持续发展的问题。

《圣经》传达给我们一个基本意象：在伊甸园里我们无须建筑，建筑首先是由主、客体之间的矛盾产生的。但建筑人文理论家利克沃特提出在伊甸园里也需要房子这样一有争议却引人深思的话题。利克沃特试图让我们明白，亚当建房，就和为生灵起名一样，首先是一种圣俸转拨（模仿上帝的创造）行为①，亚当盖房“不是为了抵御天气，而是他能用自己身体的语言进行表达的一部书，是天堂规划的呈示，而他自己就是其中的核心”②。亚当建房是按照圣俸转拨的原型而建造。一切艺术都可溯源于这种对原型的原始模仿（柏拉图和亚里士多德都做了艺术模仿论的相关论述）。

从某种意义上来说，建筑的历史，可以看作是人类重返伊甸园的历史。建筑艺术从其雏形到发展成熟，遵循这样一个简洁的顺序——实用、文化、美观。所有的建筑最初只有一个目的，遮风避雨；然后是满足一定社会生活的宗教礼仪活动和表达一定的社会观念；最后，在完成了它们的

---

① ［美］卡斯腾·哈里斯：《建筑的伦理功能》，申嘉、陈朝晖译，华夏出版社 2001 年版，第 137 页。

② Rykwert, *On Adam's House in Paradise*: *The Idea of the Primitive Hut in Architectural History*, New York: Museum Art, 1972, p. 190.

一切实用要求，和一切礼仪纪念性的文化意义，自然就要把它们提高到美的高度，这就如哥特教堂之于罗马风教堂，伊·霞清真寺之于早期清真寺，泰姬·玛哈尔陵之于早期印度伊斯兰陵寝，故宫之于早期中国宫殿。

而所有这些经典建筑艺术都可以回溯到其起源的基本原型当中寻找其建造依据，建筑艺术作为宇宙结构的象征，是结合人的仪式性行动连接到原型以情感性的意象方式做出的文化表达。路径和门、殿、寝是其中最基本的原型，既是“庇护—视野”、“探索—发现”动静二元对立的生存之需，也是人在“天空之下、大地之上”对在世存在的时间与空间的沉思和筹划。

第一节　建筑中的时空观念与“路径”、“门、殿、寝”原型及宇宙循环意象

一　“之、乎、者、也”——建筑的“路径、门、殿、寝”原型

近年来建筑的意义问题成为建筑理论思考的热点，建筑符号学也是一个建筑界长盛不衰的话题。归根结底我们必须为建筑的形式、符号寻找一个意义的基点。本书结合语源学和现象学，通过考古学式地挖掘，生物学式地解剖，语言学、哲学式地弥补逻辑裂隙，在探析建筑原型的基础上对这些根本问题进行解答。“路径”和“门、朝（殿、堂）、寝（室）”是人类建筑文化最基本的共同原型，作为原型的总体性完整地表达了人的在世存在的向度。“之乎者也”是古汉语的深层结构，却不期然地应和了“路径、门、朝、寝”的原型结构，这种语言与建筑的同构现象，反映了人生在世的深层存在论。

（一）引言

“之乎者也”曾在鲁迅那里被用作讽刺之语，用来刻画他那个时代一些“食古不化”的朽腐文人。然而，这一讽刺之语却能给予我们极大的启示。引我们深思的是，何以鲁迅能以“之乎者也”来指代中国的古代语言甚至文化？鲁迅似乎是在不经意间，但又是如此敏锐地提炼出了中国语言的某种架构，甚至是文化的某种深层结构。语言的深层结构，在今天看来，折射出的是人类存在论的深层文化结构。对人类存在论的深层结构之解剖，可以从几个最基本的问题开始。

“人”何以谓之“人”，各类建筑何以谓之如其所是的建筑？甚至“天”何以谓之“天”，“地”何以谓之“地”？这些是看似简单而实又深奥的问题。对这些问题的初步解答，构成了语源学。若进一步追问，进一步解答，再追问，再解答……就进入了哲学的范畴。陈建初在《“释名”考论》中叹息：我们的老祖宗只问了第一步，而第二步、第三步、第四步始终没有问，所以我们中国只有古老的语源研究，而没有现代意义上的语言哲学。[①] 语言哲学的核心问题是研究我们一切言说之背后的深层结构或理念。

理念是元语言。海德格尔在《建筑·居住·思想》中对建筑的言说，无疑把建筑看作是一种与人的在世存在的本性相联系的深层语言，语言与建立家园是本质关联的。本书所探讨的内容，就是把建筑原型作为建筑的元语言进行阐释，反本溯源地揭示出建筑所承载的人的在世存在的本质和深层结构。

原型（archetype）这个名词在现代学术的意义上引自荣格，从希腊文的词源“archetpos”来讲，“arche”是“最初的”、“原始的”；“typos”意为类型。它一般是指一个原始意象在人类的文化中一再浮现，成为人们领悟的（apprehension）的典型模式。如荣格所说，原型是集体意象，在情感上它是集体情结，正如个人情结只不过产生个人癖好，而原型产生神话、宗教和哲学，影响并赋予全民族和历史时代以特性。[②] 原型是作为“超个体的主体性”，或者说是“亚当”原人——一种超验的文化基因，在集体潜意识层面发挥其形象塑造与意义传承的作用。挪威学者托马斯·西斯－埃文森的《建筑中的原型》就是一本以人的存在为尺度来诠释建筑元素意义的“词典”，其目的就在于揭示“一个共同的形式语言，我们可超越个人或文化界限而立即理解它”[③]。

“之乎者也”是中国古代语言一种显然而又具代表性的语言架构，不期然地映印在了“路径、门、朝、寝”的建筑原型之中。这种不期然性

① 陈建初：《“释名”考论》序，湖南师范大学出版社 2007 年版，第 1 页。

② C. G. Jung, “The Archetypes and the Collective Unconscious”, Coll. *Works*, Vol. 9, New York and London, 1959.

③ Thiis – Evensen Thomas, *Archetypes in Architecture*, Oslo: Scandinavian University Press, 1987, p. 17.

其实又隐含了必然性；因为，作为存在家园的语言的深层结构和作为存在者家园的建筑深层结构它们二者之间必然是相通的。

（二）建筑在大地之上、天空之下

海德格尔现象学哲学探索了自然的本体意义，它们是如何与人的在世存在发生关系，如何帮助人类在“大地之上、天空之下”的诗意栖居。他在《林中路》中阐释，建筑作品阒然无声地承受着席卷而来的猛烈风暴，因此证明了风暴本身的强力。神庙坚固的耸立使得不可见的大气空间昭然可睹。作品的坚固性遥遥面对海潮的波涛起伏，由于它的泰然宁静才显出了海潮的凶猛。希腊人很早就把这种露面、涌现本身和整体叫作自然。自然同时也照亮了人在其上和其中赖以筑居的东西——“大地”。海德格尔的“大地”一词所说的，与关于一个行星的科学宇宙观格格不入。在本真的意义上，大地是一切涌现者的返身隐匿之所，并且是作为这样一种把一切涌现者返身隐匿起来的涌现。[①] 大地是人类在世存在的保藏者和家园的守护者。

对大地的这种原型意象，在我国古代的典籍中有丰富的解说。《周易·说卦》：“坤，地也，故称乎母。”《说文》：“祇，土祇，提出万物者也。”《白虎通·天地》：“地者，元气之所生，万物之祖也。”《管子·水地》：“地者，万物之本原，诸生之根菀也。”《释名·释地》：“土，吐也，能吐生万物也。”土（大地）总是与“厚德载物”的意象联系在一起，“大地母亲”是人类一种最基本情感的表达。大地与家园有着自然的语义联系。大地的这种静止与安稳，承托了人类作为行者的一切行动。

《释名·释天》：“天，显也，在上高显也。”《释名》又云：乾，健也；坤，顺也。地与天的关系是“顺天而为”。在中国古代文化中，天地同为万物之祖；但与“地”更侧重于实际相比较，“天”更侧重于精神方面。《鹖冠子·泰鸿》：“天也者，神明之所根也。”《春秋繁露·郊祭》：“天者，百神之君也，王者之所最尊也。”天作为一切存在的发动者，因此而成为了祭祀的首要对象，超越性的意义之源。

建筑是行者在大地之上、天空之下的驻留。建筑并不描摹什么，海德格尔举了个例子，比如一座希腊神庙。它单朴地置身于巨岩满布的岩谷

① ［德］海德格尔：《林中路》，孙周兴译，上海译文出版社2004年版，第27—28页。

中。这个建筑作品包含着神的形象，神在神庙中在场，让天空的意义彰显在大地上。神的这种现身在场是在自身中对一个神圣领域的扩展和勾勒。正是神庙作品才嵌合那些道路和关联的统一体，同时使这个统一体聚集于自身周围；在这些道路和关联中，诞生和死亡，灾祸和福祉，胜利和耻辱，忍耐和堕落——从人类存在那里获得了人类命运的形态。①

（三）“路径”——行者的足迹

由于建筑本然地归属于人生在世的本真属性；建筑和语言的深层同构关系，建筑自然而然是语言的隐喻之源。

从现象学来说，人类伴随着自我意识的觉醒从动物界脱身而出，开始了自在而又自为的行动。时间是人之本我的直接的内在形式，海德格尔在存在与时间之间画等号。人类的生活之所以有自主的意义，是因为人类要在生命的流动中努力寻找秩序和内在的感悟，而这都依于时间意识。时间被康德称为自我的情感。时间即“道”。这时间之“道”，既显现为日月经天之“恒”②，也显露为在大地上的“路径”延伸。《释名·释道》：“道，蹈也；路，露也；言人所践踏而露见也。”“道”指代人在大地上的作为、经历和显露的足迹，把这种人生在世的经历本真地揭露出来也就是“道”，也就是“言说”。《说文解字义证》释道字：“所以行道也者，诗北风，携手同行。”“言说”本然地就是一种客观化的行为，把“道”视为携手同行的“言说”，就“道”出了语言作为存在家园的真谛。“道可道，非恒道。”这是古本《老子》的开篇之说（后世为避汉文帝刘恒之讳，把恒改为常）。道者，恒也；恒者，道也。“道”体现了日月经天的变化之“恒”，恒道的辩证意味在于：世界上唯一不变的事物就是变化本身，不易之易才是《易经》所揭示的时间真理。

“道”必然成为上古文化中的一个“非常”关键的关键词。“走什么样的路”也是世界性的具有宗教般终极意义的隐喻。“经”是“径”的抽象和延伸，“经过”某种“路径”成为人生旅程的原型意象。能被冠之于“经”的书籍是圣人所书的、能指导人生道路的书籍。由于“路径”、“经

① ［德］海德格尔：《林中路》，孙周兴译，上海译文出版社2004年版，第27页。

② 《易经·恒卦》彖曰：“恒，久也。……天地之道，恒久而不已也。……日月得天而能久照，四时变化而能久成，圣人久于其道而天下化成。观其所恒，而天地万物之情可见矣。”

历”指穿越某种有意义的空间而最终归于“时间”成为存在的本真维度，与“道”和“经”相关的词汇和话语，都具有极其重要的意涵。如“道德”、“道理”。《礼记·中庸》：“凡为天下国家有九经。”“惟天下至诚，为能经纶天下之大经。”《礼记·月令》：“毋失经纪。”《淮南子·原道训》：“经纪山川，蹈腾昆仑。”《周礼·天官·大宰》：“以经邦国。”《周礼·地官·逐师》：“经牧其田野。”《诗·大雅·灵台》：“始经灵台，经之营之。”

荣格提到，“道路”作为原型，首次出现于冰河时代的史前人类之中。在一种很大程度上无意识的仪式中，道路把这些古人引导到山洞里，他们在隐秘的、几乎不可能到达的幽深之处建造起“圣殿”。“艰难而危险的道路”组成了山间神殿中的仪式的本真部分。只有通过神圣的道路，才能到达这些洞穴。当意识获得更高的文化发展阶段时，道路原型就变成了自觉的仪式。这样的例子在在可举。例如从埃及神殿到爪哇的婆罗浮屠，参加仪式者必须沿着一条仪式规定的道路，从外围绕到中央的殿堂。基督的髑髅地是这一原型更高的发展形式：在这里，命运之路变成了救赎之路；而随着基督自觉宣告“我是道路”，这一原型便达到了崭新的、完全内在的和象征性的水平。荣格进一步论述了道路原型的象征在现代人的意识和定向中继续起着普遍的作用。当我们表达为“发展的内在之路”以及“方向”和“迷失方向”这样的伴生象征，它们就同哲学的、政治的、艺术的“倾向”处于联系之中。所有这些语言学上的提法，都以道路原型为基础，这一原型模式决定了人追求一个神圣目标的最初的无意识行为。①

由于道路原型，我们总是把人生比作一段旅途，而人类作为行者也总是在人生的路途之上。在语源学上，“道”（见图3—1）从“辵（辵）”，“辵（辵）”是“辶”偏旁的篆文。《说文》：“辵，乍行乍止，从彳从止。”意涵众人携手而行，行而有止。《说文》云：“止，下基也，象艸木出有址，故以止为足。”《说文》又云：“走，趋也，从夭、止；夭、止者，屈也。”至、止、走系同源词。止的象形文字是一脚印（足迹），而“足迹”这一充满隐喻的词汇也始终处于人类文化及其象征意义表达的中心。《说

① ［德］埃利希·诺伊曼：《大母神——原型分析》，李以洪译，东方出版社1998年版，第8页。

文》收录的以“止、走”为词源的字符就有百种之多，可见“行走”的经验在人类集体无意识的深层积淀之深厚。

图 3—1　篆文“道”字

《说文》：“之，出也。”篆文“之”写作㞢，象艸木从地出，后引申为前进、到达。《辞海》解释“之”：（1）前往；（2）至，直到；（3）此；（4）他，它；（5）做语助，犹“的”；（6）犹“于”；（7）犹“焉”；（8）犹“与”；（9）犹“是”。“之”是中国古文中出现频率最高的字符之一。梳理上述“之”的词义：首先，是作为动词的“前往”、“到达”之义；其次，作为联系助词，源于“行走”、“到达”意象而引申为联系 A 与 B 之义；再次，作为到达“目的地”意象的“此、是”之义。另外，“之”字生动的形象还被用作形容词，以象“路径”曲折之形，如风水中所谓的“之”字“水”。可以看出，所以与“之”相关的词义，都与“路径、延伸、到达”等道路原型意象相关。“之”在古文中跌宕起伏犹如音乐中的行板，应和的是内在的时间意识之流和外在空间的行进经验互相交织，积淀而成一种充满隐喻性的意象原型。

（四）“室”——大地上的驻足，创造一个世中之世

语源学告诉我们，“行走—驻足”的对应结构都是人类文化中广泛存在的原型。涂尔干在《宗教生活的基本形式》[①] 一书中曾经提到过达科他人中的一位智者，这位智者阐发这样一种古老的哲思：

> 当一切事物随时随地运动的时候，不时会停下来。当鸟飞翔的时候，会落下来，在一个地方筑巢，在另一个地方栖息。当一个人行走的时候，会在想停下来的时候歇脚。所以神也已经驻足。灿烂美丽的太阳，就是神的驻足之地。月亮、星辰和风，是神驻足之地。所有的树木和动物亦是神的驻足之地，印第安人想到了这些地方，并将祈求

① Durkheim, *Les Formes élémentaires de la vie religion*, 2e é dition, 1925, pp. 284 – 285.

神的人们送到了神的驻足之地，获得神的帮助和降福。[①]

这种思想也可以考之于中国古代典籍。《管子·心术》：“物固有形，形固有名。”《释名》自序曰：“名之于实，各有义类。”语源学告诉我们，命名是一种“精神的驻足”，有所命名，就必然有所发生。

《玉篇》：“住，立也。”《广韵》：“住，止也。”王先谦疏证补言：“住、驻、柱皆取止而不动之义。”《说文》：“室，实也，从宀从至，至所止也。”《说文解字义证》：“室、屋皆从至。”《说文》：“屋，居也，从尸，尸所主也。一曰尸象屋形，从至，至所至止。”《说文解字义证》：“广韵引风俗通，屋，止也，室屋皆从止者。”《说文》：“至，鸟飞从高下至地也；从一，一犹地也，不上去而至下来也。”凡“至”之属皆从“至”，如“到、臻”等。梳理这些语义，至与止属同源字，有所至必有所止，表达行者在大地上的驻足之意——即定居，“定”字的本义亦是人行止于屋下。“室、屋”是在“止、至”之所加盖上建筑的庇护。《说文》：“宀（冂），交覆深屋也，象形，凡宀之属皆从宀。”室、屋就是通过建筑创造一个世中之世。

（五）从“室”到“寝宫”——回归大地与转生

克拉克先生提出，永久性的感觉是文明的先决条件，定居成为人类原始生活向文明社会的起点的标志。“秩序感”与“永恒性”本身需辩证地建立在“无序”和“短暂”之上。定居是在荒蛮“无序”的自然环境建立人为的秩序，克服“短暂”的匮乏性建构起“永恒”的意义。室是人生在世的歇息驻足之处，而人生旅程终有终点。

半坡村原始村落图（见图3—2）给予我们一个人类学的启示和明证，特别引起注意的是图示中的公共墓地。由于动物能筑巢而从未有任何一种动物构筑过墓地，并且图示中的居民点、壕沟、窑址均可在日常的实践功用得到解释，“墓地”的形而上学意味就立即凸显出来。没有什么比“墓地”能更形象地表明人类生死观念的精神觉醒，并且表明了这一观念在人类文化的形而上层面的中心地位。在全世界的上古文化中，几乎都存在

① Dorsey, “A Study of Siouan Cults”, 11*th Annual Report* (1889—1890), Bureau of Ethnology, 1894, p. 435.

一个古坟文化时期。在后来人类文化发展的更高阶段，如埃及的金字塔、佛教的窣堵波（stupa）、基督教的教堂等都深刻关联着墓地的原型意象。在这些圣地，死亡又代表着形而上的复活与永生，而这一直是人类文化所要表现的最重大的主题。

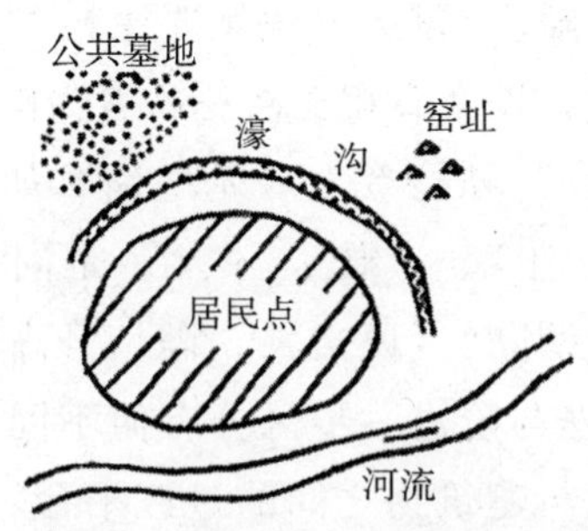

图 3—2　半坡原始村落示意图

（引董鉴泓主编《中国城市建设史》）

“长眠”隐喻“死亡”；因此，睡眠之室与长眠的“墓地”有着共同的原型意涵而一脉相传。“墓地”，人生的终点回归大地的“寝宫”，却成为了人类文化一切纪念性建筑的起点。在表达终点与起点，死亡与复活的重大主题中，“墓地”以其隐秘的方式彰显出其特有的精神性的原型品质，“寝宫”的建筑形式反复表现在各种纪念性建筑之中的。“寝宫”把人生在世带到了在世之外，“寝宫”与“大地母亲”的联系（人类经常采用这一隐喻）承载了这种循环转生的永恒神性。

《说文》：“寝，卧也。”郑注：寝，卧息也。《辞海》对“寝”的解释：（1）睡，卧；（2）停止，平息；（3）内堂，卧室；（4）皇家宗庙后殿藏先人衣冠处，又指帝王的坟墓。

古它、也同字，甲骨文、金文已出现它、也。[①]《说文》：“也（㔾），女阴也，象形。”《辞海》解释“也”：（1）犹“亦”，表示同样。（2）表语气，用在句末，A 表判断或肯定。B 表疑问或反诘。（3）作语助，表停顿，以起下文。“也”字和“地”字同源。考察所有上述相关的语义，无疑均与“大地母亲”、“停留”、“终结”、“安息之所”、“重生”这类原始意象相关。最后都在建筑这一人的本真存在中表达为“寝（室）”这一

---

①　高明编：《古文字类编》，中华书局 1980 年版，第 213 页。

原型。

（六）殿堂——精神的居所、意义之中心

《说文》："堂，殿也。"段玉裁注："释宫室曰，殿，有殿鄂也，殿鄂即《礼记》注之沂鄂。"又："堂之所以称殿者，正谓前有陛，四缘皆高起，沂鄂显然，故名之殿。"挚虞《决疑要注》："凡大殿乃有陛，堂则有阶无陛也。左墄右平者，以文砖相亚次；墄者为陛级也。九锡之礼，纳陛以登，谓受此陛以上殿。"陛指登上台基之路，如太和殿的御路（陛石）显然体现"陛"的这一遗义。"殿"、"堂"是同一事物的两种形态，有陛为殿，无陛为堂。何谓陛？《说文》："陛，升高阶也。"段注："自卑而可以登高者谓之陛。"陛与阶进一步区分有何不同？有学者称，阶级多的高堂建筑需要一个阶级与建筑物之间的过渡平台。多级有露台之基称陛，少级无露台之基称阶。[①] 宋代叶梦得《石林燕语》考证："其制设吻者为殿，无吻者不为殿矣。"早在《礼记·明堂位》中就有"山节藻棁"的记述。上述对殿与堂的解释虽有所出入，但无非是说殿是高等级的堂。早期的殿泛指高大瑰丽和呈现高贵、庄严与神圣的建筑物，秦汉后逐渐转为皇家宫殿与宗教建筑专用。

殿堂反映了"以高为贵者"的意象，崇"高"的观念很早就反映在古代文化中。《说文》云："臺，观四方而高者，从至从之，从高省，与室屋同意。"《说文解字义证》："释宫，阇谓之台（臺），孙炎云，阇，积土如水渚，所以望祥气也。……五经异义公羊说：天子有灵台，以观天文；有时台，以观四时施化；有囿台，以观鸟兽鱼鳖。"《墨子》："尧堂高三尺，士阶三等。"《礼记》云："天子之堂九尺，诸侯七尺，大夫五尺，士三尺。"《释名》："堂犹堂堂高显貌也。"《广雅·释宫》："堂堭，壂也。"《广雅疏证》："壂通作殿，……堭通作皇，……堂皇，合殿也。"堂的本意始于抬高建筑物基座的台基，后逐渐引申为整个高台之上的建筑，取其高大向阳之意。此皆渊源于崇拜高山和太阳的原始意象。《诗经·车舝》："高山仰止，景行行止。"这种带有神圣意味的崇上崇光观念，在上古就反映在了一种图画般的文字符号（大汶口文化陶器符号）上面："炅"和"炅山"（见图3—3）在不同的地点出现好几次。"炅"

① 陶洁：《堂而皇之——中国建筑·厅堂》，辽宁人民出版社2006年版，第5页。

字见于《说文》，义为日光。[①] 这种“崇高”和“光明正大”的隐喻意义也延伸到了后世，坐落在高大台阶之上的故宫正殿“太和殿”宝座上的正匾题写的就是“光明正大”四个字。

图 3—3　图画文字“炅山”

在脱离原始公社建立国家之后，上述观念集中在了“明堂”上面，“明堂”被称为礼制之本。对于明堂的意涵，张一兵在《明堂制度研究》一书中从词源学的角度分别对“明”和“堂”做了考察，“明”字最初是由“日”和“月”两字合成，“堂”从土，堂又有高的意思，是隆起的土台子祭坛的象形文字。明堂翻译成现代语意思是：祭祀天神（其代表为日、月二神）的土台。“明”又与“朝”在词源上有内在联系，朝既有早晨之义，也有朝拜日、月之神的含义，动词为“朝拜”，名词为“朝廷”，即朝拜的场所。[②] 后朝廷引申为国家行政中心所在。无论是明堂的前型“重屋”，还是“堂”后来的引申义，都有崇“高”的含义。

黑格尔说：“家神是内部和下级的神；民族精神（雅典娜）是认识自己和希求自己的神物。”[③] “社”是指一块有祭祀的土地，古老的“社”神崇拜是与大地崇拜和在大地中的坟丘（代表祖先）崇拜结合在一起的。而明堂作为初始国家建立之后的“社”，增加了新的维度。正如甲骨文、金文的“衆”（见图 3—4）字所喻示：衆是指太阳底下的一群人。明堂把人的视线更开阔地引向了天空。明堂的本质可以说是遗留了氏族部落祖先崇拜，又形成以天神崇拜为民族纽结的国家礼制中心建筑。明堂最重要的实质，是代表国家观念的形成有别于单纯氏族部落祖先崇拜的祖社。《白虎通·卷二辟雍》：“天子立明堂者，所以通神灵，感天地，正四时，出教化，宗有德，重有道，显有能，褒有行者也。”宋儒王与之《周礼订义》卷七十八：“盖明堂者，祀上帝之所，五方之帝宜各有室焉，与夏之世室，所谓五室异矣。”认为周明堂与夏世室有明显区别。后代学者之所

---

① 李学勤：《古文字学初阶》，中华书局 2006 年版，第 20 页。

② 张一兵：《明堂制度研究》，中华书局 2005 年版，第 49—57 页。

③ ［德］黑格尔：《法哲学原理》，范扬、张企泰译，商务印书馆 1996 年版，第 253 页。

以在明堂的含义上反复辨析，也正说明国家观念随着历史发展越来越表明其有不同于“祖社”的本质内容。明堂反映了我国上古文化对于定居的理解及相关观念的发展。《尔雅》：“宫谓之室，室为之宫。”在此，宫与室还只是指代房屋可以相互转用的通名。“宫”与“殿”的合称，就把宫殿与普通住房区别开来，强化了宫殿对天的象征意义和礼仪建筑的性质，这都与明堂的原型观念相联系。明堂也被称为礼仪之本，万象神宫。

图 3—4　甲骨文“衆”字

“定居”和“存在的立足点”系同义词，“定居”就存在的观点而言是建筑的目的。人要定居下来，他必须在环境中能辨认方向并与环境认同，这首先就与太阳发生了联系。太阳神崇拜是上古社会的普遍崇拜，在国家建立之后，太阳作为天神的代表，太阳崇拜被进一步强化，“乾”即太阳崇拜引申而来。人的定居必须能体验环境是充满意义的。定居不只是“庇护所”，就其真正的意义是指生活发生的空间即场所。这种意义首先源于大地和天空的馈赠，祖先对生命的给予。由于人有内在的维度“时间”和外在的维度“空间”，才理解了这种馈赠与给予，在祭祀仪式中表达这种理解和感恩。《礼记·礼运》：“是故夫礼，必本于大一，分而为天地，转而为阴阳，变而为四时，列而为鬼神。”《大戴礼记》：“礼象五行，其义四时也。”人正是在礼仪中把自身作为一种表意符号，投身到天、地、人合一的存在当中。

存在必有所发生。在欧洲语言中表达“发生”（to happen）的词汇中：英语是 take place，德语是 stattinden，意大利语是 avere luogo；三者具有类似的关系，都包含着“场所”（place，statt，luogo）。这表示所有的人类活动都必须找到一个适合的“场所”才能够“发生”。[①] 在文化意义上与“place”更相对应的中文词汇应该是“地方”。“地方”是指自然的环境留下了人类的印记。“天圆地方”是我们祖先对天地形式的一种整体

---

① ［挪］诺伯舒兹：《场所精神——迈向建筑现象学》，施植明译，华中科技大学出版社 2012 年版，第 208 页。

感悟。天然的形式都趋于圆形——从太阳、月亮、星辰到动物、植物的形状历历在目，而“地之方形”是一种文化的创造。这深契于柯布西耶富有深意的一句话语：“文化是心智的直角状态。”人的存在意味着“在大地之上、在天空之下”，人首先面对自然构成了对定居的基本理解，透过“物质、光线、自然元素”以及时间、空间的秩序而得以感悟生存的环境，并“组织”这些基本元素使之成为“真实生活”的一部分。

定居使人类懂得运用象征化的“符号”将自然元素的意义转化成人为场所的特性。以原型的观点看来，“场所”是“路径”的节点，按照诺伯舒兹建筑现象学的说法，它包括“路径、中心、领域”三个要素。无论我们说到“场所”还是某个“地方”，都暗指某地存在“成其为所是”的特性；因此，场所的“中心”就不仅指自然地理上的意义，而且指示了某“地方”之所是的精神意义。由此，人们在定居的意义之所是的“中心”建造起了“殿堂（temple）”。Temple 在语源上与“temp”相关，即与“时间”、“节律”相关。上古的 temple 是祭祀神灵也同时是观日测时之所，这与我国“庙”、“堂”的意义是相通的。“殿堂”——人在世存在的意义“中心”，被构筑为沟通天地之所，它聚合了存在的诸种要素。在文化发展的各个阶段，人类把各种统摄性的神灵放置到“殿堂”（temple）之中，通过神圣——凡俗的二元对立，把人生在世的超验意义投射到了彼岸的天空（见图 3—5）。明堂这一殿堂的原型，作为“礼乐之本；万象神宫”，其在定居中的基本意义体现在：潜在的对立与不和谐在原型所具有的隐喻般力量的整合下形成了相互作用的整体，在一个一统的架构中分配各种角色并建立秩序。

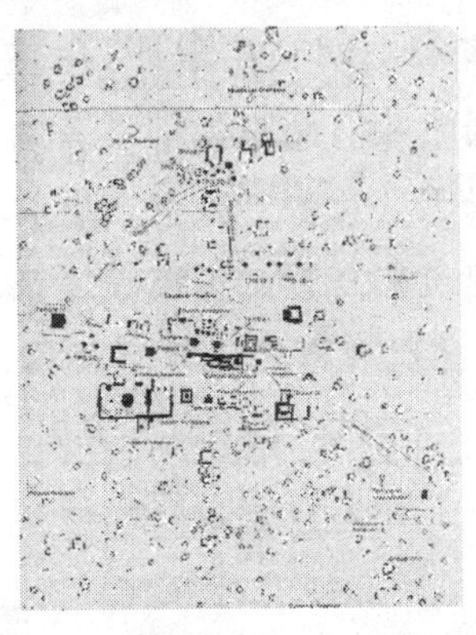

图 3—5　玛雅聚落，围绕神殿展开

金文已出现“者”字（见图3—6），呈聚集之象。与“者”相关的字如“都”，有都会之义；《广雅·释诂》：“都，聚也。”《水经注·水文注》：“水泽所聚谓之都，亦曰潴。”再如“诸”，“诸，非一也”（《玉篇》），“诸，众也”（高诱注《淮南子·脩务训》），“诸”之众义、总括义当为聚集之义引申。再比如“阇”，“阇谓之台”（《尔雅·释宫》），积土为之，所以观望，“阇”之语源义亦为聚集。又如“储”，“储，积也，贮也”（惠琳《一切经音义》卷十二“盈储”注引《考声》），“诸，储也”（《释名·释饮食》），储、诸声近义通。又比如“睹”，所谓“熟视无睹”，睹不同于视，睹是注视，含有目光聚集之义。这些与“者”相关的字都有“聚集、聚积、聚焦”之语源义。《辞海》解释“者”：（1）指事之词；（2）做语助，表提示；（3）做语助，表假设；（4）表肯定语气；（5）表祈使语气；（6）犹“这”。“者”是把存在者提示出来。这种指明、聚集、聚焦和命名的语言状态，正表达了主体处于一种明确、肯定和充实当中，而这也正是殿堂对于存在者的存在意义。

图3—6　周早期“者”金文

（七）前“朝（堂、殿）”后“寝（室）”——天、地的对应

《渊鉴类函》：“古者为堂，自半以前虚之，谓堂；半以后室之，谓室。堂者，当也，谓当正向阳之屋。”《说文》：“室，实也。”段玉裁注：“古者前堂后室。”所谓“堂”，是一个开放性空间，它与封闭的“室”相对照，是一个没有前檐墙的明亮的敞厅。① 室，实也：室是一个现实、朴实、实用的空间；而与之相对照，堂则具有象征意味和仪礼性质。这样一个前堂后室的空间格局因其反映了人世在世的本真存在而成为原型，反复出现在了后世纪念性建筑如宫殿、陵寝等建筑之中。

《左传·襄公四年》：“民有寝庙，兽有茂草；各有攸处，德用不扰。”《礼记·曲礼下》：“君子将营宫室，宗庙为先，厩库为次，居室为后。”《周礼·春宫·大宗伯》：“春见曰朝，夏见曰宗。”《礼记·中庸》：“宗

① 杨鸿勋：《建筑考古学论文集》，清华大学出版社2008年版，第145页。

庙之礼，所以祀其先也。”《孝经·丧亲》：“为之宗庙，以鬼享之。”唐玄宗注：“立庙祔祖之后，则以鬼礼享之。”邢昺疏：“立庙者，即《礼记·祭法》：‘天子至士，皆有宗庙’……旧解云：‘宗，尊也；庙，貌也。言祭宗庙，见先祖之尊貌也。’”这些古代典籍传达了一个重要信息，与陵墓建筑相关的灵魂不灭、祖先崇拜等有关生死的形而上的观念在古代文化体系中处于核心位置。

殷商卜辞屡屡见“宗”（如母辛宗）而未确认“庙”字。“宗庙”一词多见于先秦文献。早期“宗”与“庙”不连用，可知两者是有区别的。“庙”字的出现，乃是因为它有不同于“宗”的内容。按古制，庙是“尊先祖貌也”，即庙是奉祀祖先代表物的建筑物。这便提示我们，奉祀祖先遗体真身的建筑物另有名称——“宗”。①

东汉蔡邕《独断》云：“宗庙之制，古者以为人君之居，前有‘朝’，后有‘寝’，终则前制‘庙’以象朝，后制‘寝’以象寝。‘庙’以藏主，列昭穆；‘寝’有衣冠、几杖、象生之具，总谓之宫。”宗庙建筑之所以会模仿宫殿，杨宽在《中国古代陵寝制度史研究》解释：是因为古人相信死人有灵魂，要如同活人一样地处理政务和饮食起居，活着的时候有“朝”，死后也还要设“朝”——“庙（廟）”；活着的时候有“寝”，死后也还要设“寝”。② 战国中期以后君王的坟墓开始称“陵”。《史记·赵世家》记载赵肃十五年（前335）“起寿陵”，这是君王坟墓称“陵”的最早历史记录。《汉书·楚元王传附刘向传》：“及秦惠文、武、昭、严（庄）襄五王，皆大起丘垅。”《吕氏春秋·安死》：“世之为丘垅也，其高大若山。”当时已把高大的坟墓比作山陵，而最高统治者的去世也被称作“山陵崩”。

可见，宗庙制度和陵寝建筑的定型有一个过程。随着原始公社向初始国家的发展建立，体现原始祖先崇拜的坟丘逐渐向着更加具有象征意义、更加具有礼制规范的方向发展，这就是最后定型的所谓的“陵寝”制度。为何陵寝建筑的格局要模仿宫殿建筑的格局？进一步追问，为何宫殿建筑要采取“前朝后寝”的布局？除了表面性的使用方便之外，还隐藏了更

---

① 杨鸿勋：《建筑考古学论文集》，清华大学出版社2008年版，第139页。

② 杨宽：《中国古代陵寝制度史研究》，上海人民出版社2003年版，第17—18页。

深的象征含义，这就是“天—地”对位的二元结构及其对人生在世的原型意义。“朝”对应的就是“天”，“寝”对应的就是“地”。在“朝天”的宫殿建筑之中又隐含了“寝”的元素；而在“寝地”的陵墓建筑中也隐含了“朝”的元素。这样一个天地互渗的结构正好是一个阴阳互抱的太极图。人只有投身于天、地之间，用仪式来表达对天、地的感恩，用象征来昭示天地本身所建立的秩序，才能根基牢固地建立起人的社会与国家，才能寻找到意义之源和构筑文化之基。

（八）“门”原型——界限与超越

文化人类学的考察告诉我们，“永恒—死亡”、“神圣—凡俗”的二元对立是人类文化意义系统中最基本的对立，人类是通过建筑“殿堂”和“寝宫”，既最具仪式性、恒久性地划出二者之间的界限，而借此又象征性地、补偿性地消弭二者之间的对立，把此岸与彼岸贯通起来。“门”作为这二者之间的界限同时又是二者之间的贯通，就必然在纪念性和精神性建筑中具有原型的地位。《论语·雍也》：“谁能出不由户？”“门户”简单来说是建筑的一个豁口，甲骨文就有了这两个象形符号，双扇为门，单扇为户。但是，随着人类文化的发展，简单的“门户”具有了越来越复杂的含义。《说文》：“門，聞也。”《说文解字义证》：“广韵：門，問也，聞也。馥案，問当为開。……玉篇：門，人所出入也。……释名：門，捫也。”“門”与“間”也是同源词。正因为“门”所体现的“之间”，所以才要探问。正因为这个“之间”，才确认了现实的“时间、空间”；而“意义”就在这“之间”的时空互换中兴起。

在今天相对简单的“门”，在《说文》中却有60个之多的字符从“门”，可见“门”在古代文化中所处的重要位置。在世界上的其他文化区域也同样如此。《圣经·约翰福音》说：“我就是门，通过我进来的任何人将获得拯救，将进进出出，找到牧场。”把“门”提高到了一个神圣的高度，提示出要进入圣域获得拯救，就必须经过神圣之门。这一意象有着真实的模本：西奈山是摩西接受上帝十诫法版的地方，西奈山传统上认为就是在圣加德兰修道院高塔耸立的山峰上，即金贝尔·穆萨山。在此世界三大一神论宗教圣山的陡峭登山路上有所谓的“摩西的阶梯”，攀登尤为艰难。阶梯通往“忏悔之门”，在那里朝圣者们向一位修道院僧侣做忏悔，只有在被宽恕之后，信徒才能继续，到达“信念之门”除去鞋袜赤足于上帝面前，就似摩西当年一般，最后爬上山顶（见图3—7），进入天堂。[①]

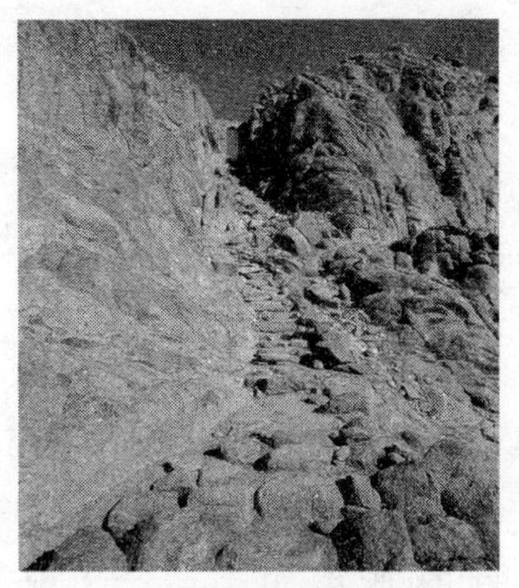

图3—7 西奈山忏悔之门

同样在佛教中，自我要获得拯救，也要找到适宜的“法门”。作为这样一些神圣观念的象征表达，门在宗教建筑中具有显著的重要性，门总是竖立于从凡尘到圣域的空间界面转换之处。《易经》：“阖户谓之坤，辟户谓之乾，一阖一辟谓之变，往来不穷谓之通。”在东方与西方，“门”都与最高的哲思联系在了一起。杜甫诗言：“窗含西岭千秋雪，门泊东吴万里船”，是这一哲学意象的艺术诠释。门是俯仰天地、往来宇宙之关键。即使在今天，“门户”一词仍然表现出其重要的引申意义。

在海德格尔看来，真正的事物是指那些能够具体化和揭示人们在世界中生活状况和意义的东西。[②] 它们是能够把意志、意向、原型、情感、体验、意义贯穿一体的东西。“门”是这样一种真正的事物，在形象中蕴含了强烈的观念成分，作为开端总是包含了陌生的和超常的遮蔽的丰富性。[③]

甲骨文、金文就有“乎”这个字，与“兮”近形近义，正好应和了“呼吸”这一现代用语。在古代，“乎”和“兮”都是拟声象形字，表与“呼吸”相联系的感叹。《辞海》解释“乎”：（1）表疑问或反诘的语气；（2）表感叹语气；（3）同“于”，如“出乎意外”；（4）通“呼”；（5）做助词，如：几乎；确乎；《论语·八佾》：“郁郁乎文哉！”通观上述词义，“乎”在文章中起情感性呼吁和结构性转换作用，这就对应了建筑中的原型“门”。“乎”反映出了人在门前“扪心自问”的情感状态，人们带有仪式性的穿越这界限之“门”而探询后面的“者、也”。

（九）“路径、门、朝、寝”原型——纪念性建筑的“之、乎、者、也”

什么是建筑或筑造呢？海德格尔首先从语源学上寻找建筑的含义。在

---

① ［英］刘和：《圣地》，陕西师范大学出版社2006年版，第36页。

② 刘先觉主编：《现代建筑理论》，中国建筑工业出版社1999年版，第111页。

③ ［德］M. 海德格尔：《诗·语言·思》，彭富春译，文化艺术出版社1991年版，第71页。

古高地德语中，表示“筑造”的词语是 buan，意味着栖居，有“持留、逗留”之意。表示“筑造”的古高地德语动词 buan，bhu，beo 又具有“存在”之义，也即现代德语的“是、存在”（bin）。进一步，表示“筑造”的古词 bauen 也有“爱护、保养”之义①，这也就意味着与拉丁语“文化”一词的词源（colere，cultura）在语义上相通，而文化（culture）的本意就是要在自然的基础上创造出适合于人的家园。如海德格尔所说，语言是“存在”的家园；而建筑则可称为“存在者”的家园。

海德格尔追问了存在和存在者的存在论差异，列举了西方语言一种共同的基本范式——这种范式是西方语言的构成基础：“……是（bin）……”所有的语言都是从这种结构发源和引申而来的。海德格尔认为这个语言结构的本源性，来自其本身就是存在论差异的发生过程——最原初的解释架构，一切话语都将建立在这个架构之上。第一个“……”通过命名引出存在者，“是”（bin）乃是对存在本身的描述，第二个“……”表示差异最终被回归到存在者给予解释。西方的种种形而上学就发生在第一个“……”和第二个“……”的各种话语关系当中。②

“……是（bin）……”的结构在古代汉语中呈现的是：“……者，……也”的结构。“……者”是一种聚焦，把存在者提示出来。现代汉语用“是”替换了“者，也”结构。古汉字“是”（昰）的本意是从日正，也就是说，是在太阳的照耀下把事物正当地揭示出来。《说文》：“正，是也。”《说文》又云：“𤴓，古文正，从二；二古上字。”《说文解字义证》：“是，直也；从日正。……直也者，正见也。……从日者，犹古文正从上。”“正”就是“是”，“是”就是“正”。我们把宫殿建筑的主殿叫作正殿（或者较普通建筑群的主体建筑叫作正厅），是因为这个主体建筑揭示了整个建筑体之所是。这个在太阳下被肯定性提示出来的建筑承担着意义的揭示，它就是正当向阳的“殿堂”。“殿堂”作为整个建筑意义的承载者，需要一个富有意味的仪式过程来充实：人的在世存在借助于“……者”的建筑，确认其所处的时空位置和作为存在者存在意义的

① 孙周兴：《作品·存在·空间——海德格尔与建筑现象学》，转引自彭怒、支文军、戴春主编《现象学与建筑的对话》，同济大学出版社 2009 年版，第 52 页。

② 李凯生：《放大——时间与空间存在角色的互换》，转引自彭怒、支文军、戴春主编《现象学与建筑的对话》，同济大学出版社 2009 年版，第 175 页。

起兴；并向上天昭示其信仰、祈求护佑从而保有家园。人的在世存在是一个过程，是短暂的、有终结的。存在“者”就是一个个事物兴起又终结：“……者，……也”，这个兴起“者”在照耀、聚焦、充实的过程中最后到达一个满意、落地和趋于静止但又余音绕梁的结束——“……也”。“……者，……也”的结构是“是”的分解。从“者”到“也”的过程可归纳为“是”的一系列同音字：首先是“示”，由上天启示；接着是“视”，由人所见和理解；然后是“事”，按照上天的启示和人的理解做事；最后是“实”，得到实际的东西，落地生根。室者，实也；室是建筑的终结空间。前朝后室作为原型反映的是存在论的存在结构“……是（be）……”，也即“……者，……也”的二元结构。

殿堂这个建筑的“……者”与寝室的建筑之“……也”构成了充实的建筑意义单元。在分析语言和建筑的存在论中，我们还可进一步挖掘出一个容易忽视的实项词与虚项词的对立。“……者，……也”是实词的判断结构。在“……者，……也”的二元对立之先，有一个实词项与虚词项的对立，即“者”和“乎”之间的对立。“乎”本身并无实意，“乎”是对“者”所引出的存在者之呼唤、感叹和回味。“乎”表达了人在天地之间对虚实相应、时空穿越、内外转换的存在感悟与言说。这种对存在的言说，在作为人的本真存在的建筑中实体化为“门”。门是建筑的起始，它是对建筑意义的提示、兴起、穿越与反身回味。“门、朝、寝”构成一个完整的结构——代表着事物的起始、过程与终结，正是这种作为事物存在论的完整性使这个结构成为诸种纪念性建筑的共同原型。

与现代建筑的自由平面比较，古代重要的纪念性建筑和有一定地位的住宅都表现出特定礼仪所要求的某种模式化的布局。显然，这并不是从某种日常生活的舒适性出发，而是体现了建筑背后的某种观念体系；或者说，体现了建筑原型。我们可以从后面所附的几幅图中，揭示出如故宫等典型纪念性建筑的布置格局的渊源与发展脉络及其背后的原型。第一幅图（见图3—8）是岐山早期宗庙平面布局示意图。图中各部位名称，是根据《尔雅》及经籍旧注而拟标的。第二幅（见图3—9）是建筑史专家为岐山西周宗庙所拟的外观复原图。第三幅（见图3—10）是山东沂南汉墓石刻所画的宫室，反映了汉代山东沂南一带的民宅外貌。第四幅（见图3—11）是《尔雅音图》所附《释宫》图。《尔雅音图》原题郭璞撰，其中附图盖宋元人所绘，反映唐宋时代的建筑布置。不难看出，这几幅图所反映的宫室建筑，它们的基本格局是一致的，这种基本格局贯穿了“门、殿（朝、堂）、寝（室）”这样一个基本序列的原型观念。这一基本原型不仅保存在了宫殿庙宇建筑中，也保留在了大量的民宅和祠堂等建筑之中。“门、殿（堂）、寝（室）”（象征着开始、过程与终结三个环节）这样的组合形制，在世界上任何重要的古代文明体系中都可见到，如在古埃及、西亚洲、希腊、中国等文化区域的纪念性建筑（见图3—12、3—13）甚至一般性的住屋之中。纪念性建筑“门、殿、寝”原型最典型的案例莫过于北京故宫：中轴线上“三朝五门、前朝后寝”的布局是这一原型的极致表达（见图3—14）。

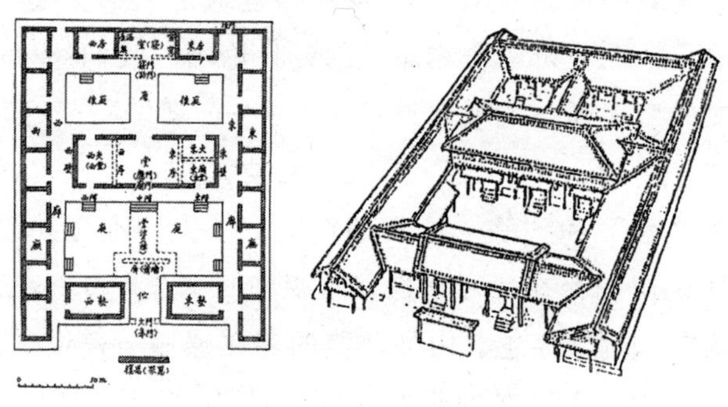

图3—8 岐山早期宗庙平面布局示意
（引徐莉莉、詹鄞鑫《尔雅：文词的渊海》）

图3—9 岐山西周宗庙外观复原图
（引徐莉莉、詹鄞鑫《尔雅：文词的渊海》）

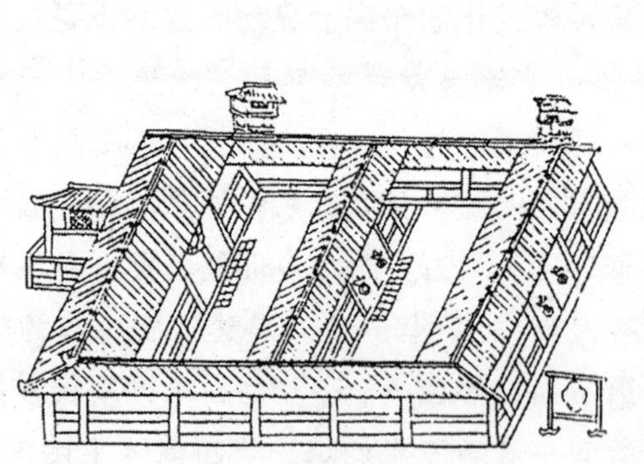

图3—10 山东沂南汉墓石刻所画的宫室

图3—11《尔雅音图》所附《释宫》图

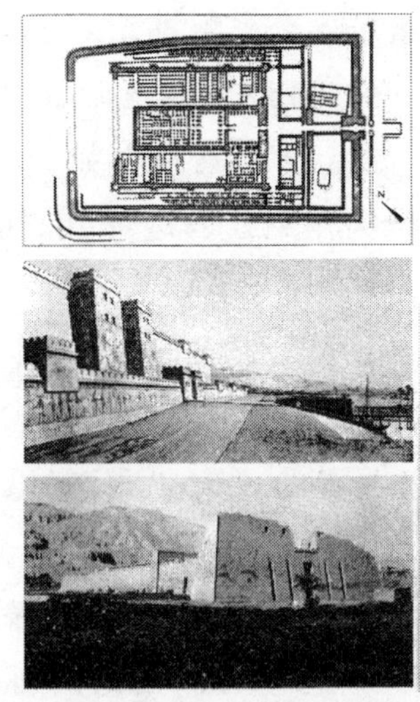

图 3—12 古埃及拉美西斯三世陵墓综合体巨大的门道与“门、殿、寝”的组合
（引[挪]诺伯格·舒尔茨《西方建筑的意义》）

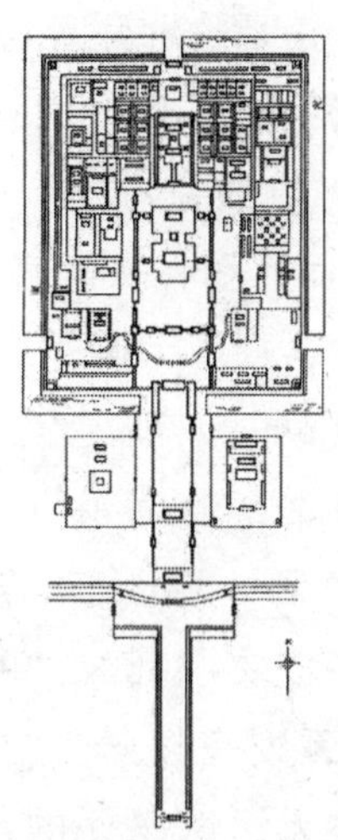

图 3—14 北京故宫
“三朝五门、前朝后寝”的礼仪空间

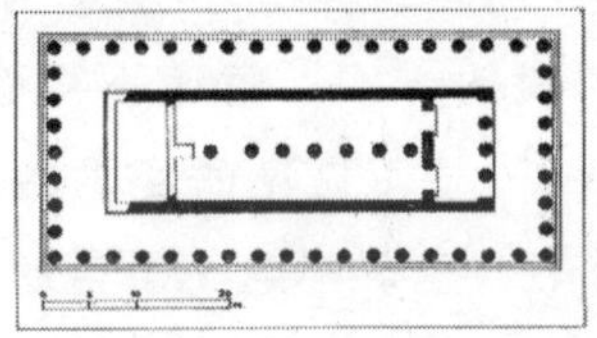

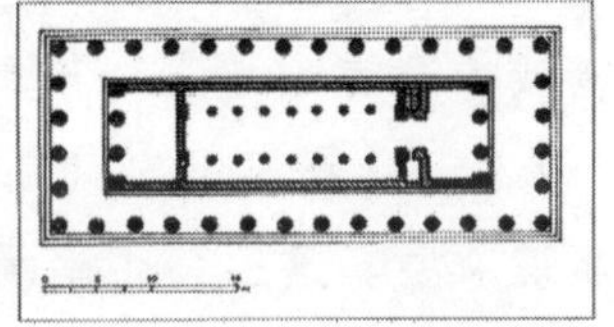

图 3—13 古希腊第一座赫拉神庙到第二座赫拉神庙平面
“门、殿、寝”空间组合的进一步完善
（引［挪］诺伯格·舒尔茨《西方建筑的意义》）

“门、朝、寝”的完整结构，它体现了人的在世存在驻足于天地之间及其意义的凝聚，以其原型的总体性而构成一个地方（place）的中心。“地方”（place）一词首先联系到的话语就是“我是某地方的人”和“我要到某地方去”。也就是说，那个地方有某种特性，是有所发生和有意义的地方，它是我的家乡或者是我向往的他方。我们以某某祖先的姓氏命名某地方，或以某某“京”、“府”、“县”，或以某某“庙”、“观”、“寺”命名某地方，是因为那里有特别的建筑、进行着特别的仪式、反映着那地方的“是其所是”。我们如此这般地命名这些地方，并且用路径把它们联系起来，由此我们确立了家乡与他方。家园是存在的立足点，行走是对他

方的探索。正是这种驻足与行走，保留和探索着人生在世的意义，这种经验构成了我们称之为“之”的语义。“之”把“路径”的现象学引申为一种语义学的抽象结构，正因为路径与行走经验对人而言如此之深，“之”因此而应和着在语言中起着基础性的结构作用，表达着由“前往、行走、到达、联系”等基本经验积淀而形成的原型意象群。

地方（place）既是人在天地之间驻足的节点，因而也是存在的节点，因为存在的这种驻足，才产生了存在者。正因为存在论的“是”所揭示的“示、视、事、实”，才产生了存在者的“时、式、始、氏、尸、世、势、史、死”，继而引发了存在者反思性的“识、思、释、诗”。这一系列高频率使用的同音字，揭示出了“是”的存在论潜流对中国人集体无意识深处的影响。一方面，对“是”的存在论语言学表达，中国人提炼出“之、乎、者、也”的言说结构，“之乎者也”的起承转合与抑扬顿挫表现了人生在世的节律和结构；另一方面，对存在者之“是”的建筑表达，与“之、乎、者、也”相对应，中国人提炼出了“路径”、“门”、“朝”、“寝”这样的建筑原型。“之、乎、者、也”在其他文明区域的语言中有无对应的表达方式，暂还不得而知；但是，“路径、门、朝、寝”却显示出其是一种显而易见的纪念性结构，是世界性的共同建筑原型。这也是否暗示出，建筑甚至比语言还更加原本地揭示了存在者的存在论。

（十）结语

建筑史的研究侧重回答是“WHAT”的问题，建筑理论研究侧重的是回答“WHY”。本书研究建筑原型，是要在建筑是什么的基础上回答建筑为什么——为何存在如此这般的建筑和采用了如此这般的形制。原型是一种深层结构，某些最深层的原型超越了文化的差异，成为全人类的文化基因；另一些原型可能是一个文明区域文化共同体的基质，而我们也只有在共有原型的基础上，才能更清楚地见出各种文明区域的文化差异及其文化特质。

在《建筑·居住·思想》一文中，海德格尔对建筑的思考并非把建筑只看作一种建造技术，而是把建筑追溯到万物所是而归属的领域。居住是什么？建筑如何属于居住？如海德格尔所说，居住是短暂者在大地上的一种方式。人诗意地栖居聚集了大地和天空、神圣者和短暂者四元。[①] 海德格尔探问的是一种建筑原型的深层意义。原型是大写之人的心路历程。原型是意义的凝聚，使事物聚集“成形”，它使某种“看不见”的东西呈现出来。建筑作为人的本真存在方式凝聚了意义，它是行者行走和驻足在天地之间时空转换的起兴。“门、殿、寝”代表着事物的“开始、过程和终结”，“路径”和“门、朝（殿）、寝（室）”作为原型的总体性完整地表达了人在世存在的向度，它们表达了行者探索在尘世的迷宫，寻找中心之所在的希冀，是一段从感应、领悟，到与天地万物合一的旅程。

古汉语“之、乎、者、也”的抑扬顿挫，言说了中国人在尘世迷宫的路途中的探寻与驻足，却无意识地应和了人类共同的、为自己搭建起的“路径、门、朝、寝”的原型结构，应和着天、地、人、神合一的节律。可以说，“之乎者也”是对“路径、门、朝、寝”原型所体现出的人世存在论的赋比兴。

二　物质的意义与宇宙循环

关于史前石阵，至今没有得到很好的解释。法国艺术史家艾黎·福尔说：“在布列塔尼，在英格兰，已经出现深暗色的石阵、石柱、石台坟和石圈。石块尚未吐露出秘密，但是，它们除了意味着神秘主义的爆发外，几乎没有其他意义。”[②] 热尔曼·巴赞在《艺术史》中也只谈到“竖石的巨型排列，不论是直线排列如在布列塔尼半岛卡纳，还是圆形排列如在英格兰阿弗伯里、阿伯洛和斯通亨奇（Stone - henge），都成了令人难忘的圣地，这些建筑一定需要浩大的人力，同时需要相当进步的社会秩序”[③]。不能从理论上深入的困难是缺乏分析工具，如果我们能清楚剖析人的精神结构，那么史前石阵的意义就会清晰地显现出来。一个自然物体，按照对于主体的意义，从实用到文化再到艺术的这样一个发展序列关系，首先是一个使用的工具，其次是一种表意的符号，最后成为审美的意象。史前

---

① 参见［德］M. 海德格尔《诗·语言·思》，彭富春译，文化艺术出版社 1991 年版，第 131—145 页。

② ［法］艾黎·福尔：《世界艺术史》，张泽乾、张延风译，长江文艺出版社 1995 年版，第 39 页。

③ ［法］热尔曼·巴赞：《艺术史》，刘明毅译，上海人民美术出版社 1989 年版，第 20 页。

（前 3100）石器时代维塞克斯的原始部落在不列颠岛建筑了一个圆形的巨石阵。通过巨石阵的石环和土环的结构关系，可以精确了解太阳和月亮的 12 个方位，并且形成了夏至观日出的轴线。巨石阵原本由一个带环沟的土坛发展而成的，土堤内侧有多处墓穴，并出土了大量兽骨残骸被推测是祭祀用的牺牲，没有多少疑问，这些墓穴是古代部落酋长的坟墓。[①] 显然，这里文化符号的意义大于实用工具的意义。祖先神与太阳神联系在一起共同得到祭祀，在这里还只是猜测或者还只是处在萌芽状态的话，那么祖先神与太阳神的紧密联系在更成熟的埃及文明中就进一步得到了确认。中国的三皇五帝既是天神也被认作民族的祖先。

巨石阵除了表示时间和空间的意义外，同时也表现了物质最基本的属性——重量，以及照射到巨石上的光线。巨石建筑真正目的显然不在于它们的实用性，这也是令很多现代人迷惑不解的原因。巨石在这里不是具体物体，也不是一般的器物了，而是作为对一种宇宙基本关系的表现，这一基本关系——重力关系是构成自然宇宙其他关系的出发点，正是在这个意义上，这种关系作为一种统摄的关系，获得了神圣性，受到远古人类的崇拜。非洲尼日利亚农村的居民至今还在崇拜巨石，利用巨石进行巫术活动。类似这种环状的巨石阵，在史前美洲、斯堪的纳维亚地区、德国，以及近年来在意大利等地都有发现。[②] 对于重量与光的表现是建筑艺术最基本的主题，反复出现在古代埃及、西亚洲、古希腊、古罗马的神庙建筑中，并影响到中世纪基督教建筑与伊斯兰建筑，其原型可以在新石器时代的巨石阵中找到（见图 3—15、3—16）。

在 19 世纪，人们在马耳他岛上的哈加琴姆、穆纳德里亚等地，发现了一些精心设计的巨石建筑遗迹，这些石制建筑包括庙宇和一些巨大的“石桌”，在神殿里还发现了一些小型母性神的雕像。穆纳德里亚的庙宇，俯瞰着地中海，半椭圆形的底层设计是马耳他巨石建筑的特征。从图（图 3—17）中看，它与莫比乌斯环或者说无穷大的符号极其相似，这只是一种巧合还是有更深的内在联系呢？笔者要赞成后者。马耳他在新石器时代末期成为一个特殊的宗教中心，在哈尔萨佛雷尼是地下坟墓里一个

① 参见《世界 100 文明奇迹》，吉林出版集团有限责任公司 2007 年版，第 26—27 页。

② 参见朱伯雄编著《世界美术名作鉴赏辞典》，浙江文艺出版社 1991 年版，第 7 页。

11.4 厘米的陶瓦母神塑像发现是与 7000 多人的遗骸在一起的。据说，她的睡眠孕育着转变与重生（见图 3—18）。[①] 如果说穆纳德里亚的庙宇半椭圆形的底层象征了孕育生命的子宫，是非常恰当的，它就是一个循环创生的无穷大（见图 3—17）。此类大母神的神话在中国以昆仑山的西王母为典型。神话中，西王母掌握不死之药，它是女性生育能力的象征。昆仑山象征着女性和母体，具有创生的能力。昆仑既是日落之山，又是月落之山，太阳和月亮在耗尽一天的生命之后，都要去西方寻找生命之源。日、月不断地回到母体中，并从母体中再生出来，是太阳和月亮得以日复一日运行的始因。[②] 而印度教的许多寺庙则更直观地表现了这一理念。寺庙的单室称作“生主堂”（womb—house），只有司祭的婆罗门才能直接接近它。人们感到，宇宙的“创造力”从它这里流出，经过寺庙的结构，进入位于其下面的人世间。

图 3—15　英格兰斯通亨奇史前巨石阵

图 3—16　希腊帕提农神庙

图 3—17　（引《世界 100 文明奇迹》）

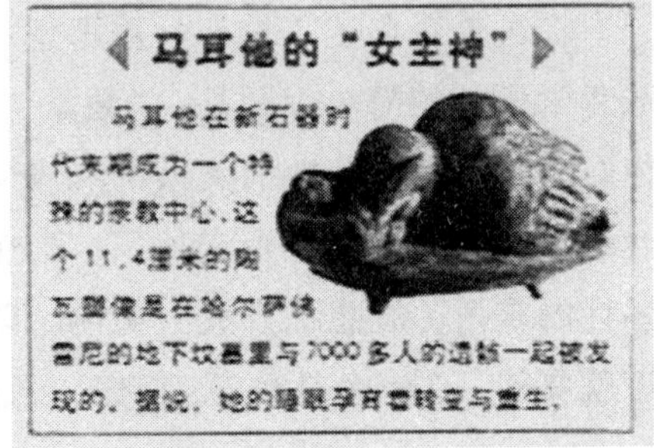

图 3—18　（引《世界 100 文明奇迹》）

① 参见《世界 100 文明奇迹》，吉林出版集团有限责任公司 2007 年版，第 28—29 页。

② 吕微：《昆仑语义释源》，载马昌仪编《中国神话学文论选萃》，中国广播电视出版社 1994 年版，第 498—508 页。

第二节　建筑艺术中的数理意象

之所以本书要在讨论了几个基本建筑原型之后再来讨论建筑艺术中的数理，是因为数是一种抽象物，它必须附着在建筑的基本原型上面才能产生建筑意义。对建筑艺术的数理（比例）推究晚于建筑原型的创制。

一　西方建筑艺术中的数理意象

建筑美与数的关系，可概括为如下的看法，形式和数中明显表现出了世界的和谐，数学之美这一概念体现了自然哲学的灵魂和所有诗意。[①] 早期数学与建筑学的本质如此相符合，其原因在于，起初，有关宇宙的观念是建立在建筑经验上的。建筑是宇宙的第一个模型，这一意象必然首先要运用在人生在世之意义中心的神殿上面。W. R. 莱塔比在其著作《建筑、神秘主义和神话》以及《建筑、自然与魔力》中推测，最早的宫殿和神庙是作为“宇宙结构”的表象而建立的；尘世的建筑物意味着：“为非人造的神殿（即宇宙神殿本身）建立一个地方性的摹本——某种依照比例决定的模型，当时的科学决定了它的形式；它是天堂、天文台以及天文历。”[②] 希腊古典建筑对比于史前石阵甚至古埃及建筑，最明显的区别或者说进步，就是它们所体现出来的精确的数学比例关系。

在古希腊毕达哥拉斯学派那里，“数”是世界的本原，毕达哥拉斯学派哲学原始的简单命题是：“数是一切事物的本质，整个有规定的宇宙的组织，就是数以及数的关系的和谐系统。”[③] 毕达哥拉斯学派把一般旧观念认为真实的一切都否定掉了，把感性的实体取消了，本质被描述成为非感性的东西，思想提升成为实体。既然是这样，按照思维的过程，必然接着就要问：“什么是数?”首先，数并不单纯是感性事物；其次，数也不

---

① D' A. W. Thompson, *On Growth and Form*, abridge edn, Cambridge University Press, 1961, pp. 326 – 327.

② W. R. Lethaby, *Architecture*, *Mysticism and Myth*, Architectural Press, 1974, p. 5.

③ 亚里士多德：《形而上学》第一卷第五章，转引自黑格尔《哲学史讲演录》第一卷，商务印书馆 1995 年版，第 218 页。

是理念；数恰恰存在于两者之间。亚里士多德在《形而上学》中引证柏拉图的说法："事物的数学性质存在于单纯的感性事物与理念之外，存在于两者之间。它与感性事物有别，因为它（数）是无限的（一种非感性的东西）和不动的（不变的）。它与理念有别，因为它包含着，因而彼此能够相似；每一个理念（普遍、类）对于自己都只是，——但数是可以重复的。因此数不是感性的，但也还不是思想。"①

在这里要讨论的不是毕达哥拉斯学派把"数"抽象成宇宙的本原有无最终的真理，而是要探讨人类以哲学方式认识宇宙实在的一般发展历程及其与建筑艺术发展的关联。毕达哥拉斯学派数的思想在有些地方与老子相似（毕达哥拉斯与老子历史时期上也相似），单纯的数正在向概念规定过渡与结合。毕达哥拉斯学派学说这样认为:②

（1）第一个单纯的概念是统一；不是算术的一，不是绝对隔绝的、排斥性的、消极的一；而是有连续性、积极性的一。一是整个的普遍本质，每一个事物都是一，事物由于分有了一而成为这个一。一个事物的最后本质，或对一个事物的"自为之有"的考察，就是一。

（2）其次是对立。一是同一，普遍性；第二个是二元，分别，特殊。由原始的单元产生一，由单元和不确定的二元产生二。二作为对立的进一步的规定，毕达哥拉斯学派内部彼此并不一致，它表示出范畴的一个不完满的开始。对立之被认作"绝对"的主要的一环，一般来说，在西方是起源于毕达哥拉斯学派。

（3）于是三元特别成了一个很重要的数。在三元这个数中，单元达到了实在与圆满。单元通过二元向前进展，更在统一中与这个不确定的多相结合，就成为三元。一切的一切都是由三元决定的，这就是说，它有绝对的形式。三被认为是第一个圆满者。亚里士多德说，有形体的东西离开了三度空间就没有了体积。在古人的祷告中，要呼唤神灵三次，神灵才会完全感动。我们称二为"变"而不为"全"；说到三我们才说全。三代表的是起点、过程与终结，三所规定的是全体。因此，基督教在这个三元中

① 黑格尔：《哲学史讲演录》第一卷，贺麟、王太庆译，商务印书馆 1995 年版，第 218—219 页。

② 同上书，第 223—236 页。

找到了神圣的三位一体。

（4）随着三而来的是四。四在毕达哥拉斯学派中有很高的位分，因为它是三，是更加发展方式下的三。自然的四种元素，空间的四个方位。二只消进展到使自身得到规定，使自己与自己相等（即自乘），把自己放到统一中，就是四。最后，毕达哥拉斯学派由四推进到十。十是四的另一种形式，十乃是实在的四。“四元叫作完满的数，由于其中包含着最初的四个数；1+2+3+4=10”。四元，据说本身之中是具有永恒自然的根源，因为它是宇宙、精神界与物体界的道（Logos）。

作为完满者到底是三元还是四元？一时不易分清楚。在《易经》的思想中，每一卦象都完成于上、中、下三爻；老子也说：“道生一，一生二，二生三，三生万物。”三成为能够派生万物的完满者。但如果把“道”本身加上去，也成为四元。太极生两仪，两仪生四象，在这里“四”也具有重要意义。接着是四象生八卦，然后是八八六十四卦，这是从基元往大数上演进的一种方法，相应地是得到越来越细致的规定。另一种方法是基于三，三三见九是最大阳数，具有特殊重要的意义。九九重阳八十一，以及三百六十周天之数，都是具有重要象征意义的数字。这些数都可以看作是完满数“四”尤其是“三”的派生数。在数中，一直到五，还能是一种思想，但是从六起，就纯然是任意的规定了。[①]

以上讨论的数，就其基元的意义上来说，不仅仅是单纯的数字，而是构成概念的基本环节。下面我们进一步用一些实际的案例来探讨建筑中的“数”。

案例研究：

（1）勒·柯布西耶在《走向新建筑》中写道：“建筑学是人类创造他自己的宇宙的第一个表征，是支配我们自己的自然和我们的宇宙的法则。”[②] 在古代世界中，建筑与数学以及宇宙观之间的关系，是普世可见的基本事实。在现代，可能没有任何建筑师像柯布西耶那样给予建筑学中的数学比例如此重要的角色。对他来说，数学规律不仅仅是对美的一种规

---

① 黑格尔：《哲学史讲演录》第一卷，贺麟、王太庆译，商务印书馆1995年版，第236页。

② Le Corbusier, *Towards a New Architecture*, Architectural Press, 1946, pp. 69–70.

定，甚至也不是人类用来理解他们世界的一种手段，而是宇宙自身的核心或主导性原理，自然的、艺术的统一与和谐之源。①

这种认识，回溯到古希腊时代，我们稍加想象，就必然会感到将引起更大共鸣。在西方，事实上，全部的数学（对随后的建筑比例的历史而言是必需的）都是希腊人努力的结果。② 希腊最著名的建筑是帕提农神庙，其正立面图案已成为联合国教科文组织的一个图徽。与帕提农神庙一起，此时期的建筑，其中一些被认为可归入迄今为止所设计的最具完美比例的建筑之中。同样是石砌的建筑物，我们一眼就可以看出帕提农神庙与史前石阵巨大的不同。即使像斯通亨奇这样的巨石建筑物，比之其他巨石建筑物，虽然在整体上呈现圆形，但也仅此而已。而帕提农神庙则从整体到每一局部，都浸透了数的关系。就像毕达哥拉斯分析音乐的音调之间数的关系得到的结论一样，建筑的美也同样体现在数的关系——比例当中。

比希腊更早的文明社会——埃及，我们看到，其最著名的金字塔，同样是石构建筑，比起史前巨石阵，已向精确的数学几何关系迈进了一大步。巨石的体量和形式的精确赋予金字塔一种单纯的伟力。③ 如果说建立起“永恒性”，诉求的是对于巨大石构建筑体量与重量的提取，成为一种符号体系最基本开始，其中垂直线与水平线统一起来，形成一个四面对称的直交空间，这种绝对的统摄四方的概念，使金字塔成为人类早期文明最具表现力的典范构筑物之列。而对于“秩序感”的追求，则需诉诸数学。那么，金字塔虽然本身是一个巨大的工程，其形体却还只是一个简单的数学。埃及的神庙则更进一步，通过建筑对于时间与空间的形塑，把各种宗教观念的表现与复杂的数学关系结合起来。神庙的主要空间依于时间进程的安排，以发展出基于三元概念——起点、中间与终结——的结构，这就是门厅、中殿与后殿。在卡纳克阿蒙神庙，我们可以看到在进深序列空间上，一种三分法的原则在不同层次重复得到贯彻，其复杂与丰富的空间效果，比之其后的希腊建筑有过之而无不及。在竖向立面构图上，一些建筑

① 理查德·帕多万：《比例——科学·哲学·建筑》，周玉鹏、刘耀辉译，中国建筑工业出版社 2005 年版，第 4 页。

② 同上书，第 79 页。

③ ［挪］诺伯格·舒尔茨：《西方建筑的意义》，李路珂、欧阳恬之译，中国建筑工业出版社 2005 年版，第 8 页。

也初步显露出了有基座、柱身与屋顶构成的三段式划分。

古希腊建筑的成就，对于西方建筑2500年的历程有着决定性的影响。乍一看，就单座神庙的而言，是一个清晰组织的整体，而神庙之间的配置方式似乎是不规则与偶然的，建筑外部空间的安排没有形成容易理解的关系。而且，希腊神庙纪念性的内部空间也不丰富，那么，古希腊建筑，对比于古埃及或者西亚洲，其显著的成就到底在哪里呢？毫无疑问，是在古希腊建筑所取得的数学成就上面。

古希腊建筑，它们那些看似偶然的配置，如果与其所服务的意图以及其所在的周围环境联系起来，就会产生意义重大的空间功能。在古埃及与其平坦广袤的地理区域相适应，建筑在所有层次上都服从于同样的规则；古希腊则有所不同，“异质性”是其自然空间的特色，“拓扑学”这个词汇在希腊圣地中有特殊重要的含义。这些圣地由空间的特性和“传统主题”所决定，而不允许出现任何象征更加抽象和普遍秩序的几何性建筑群体。根据不同的象征环境，不同的拓扑群体建造了起来。在大多数情况下，在形成一个界限分明的神庙区的地方，任何场所都可以被理解为一种“空间内的空间”。[①] 对比于古埃及外部地理环境单纯的广延，神庙相应的强调内部空间的丰富性，古希腊神庙内部空间相对简单，而积极地与环境联系起来，将神圣的主题表现在由地理环境与建筑共同构成的更大的空间中。同时，希腊人把埃及人静态的秩序与比例，发展为一种更复杂的在动态中不断推演与有机平衡的数学。

对于古典希腊建筑而言，比例是一个特殊重要的词汇，并且成为一种法式，它规定了建筑从整体到每一局部的数学规范。希腊数学的一个巨大成就是发现无理数的比例法，最著名的就是黄金分割比。黄金分割比一直被称为神授比例法，可以说它是除圆周率 π 以外最重要的无理数，其特殊意义的真实内涵在哪里呢？因为黄金分割比是自然数依次由两数相加（1，2，3，5，8，13，21…，）的序列（斐波纳契整数数列）的相邻两数所无限趋近的比例极限，也就是说，它是内在于自然数关系本身的无限比例，这种由整体到局部无限推演的关系，被认为是最完美和谐的，古希腊米洛的维纳斯雕像作为一

---

① ［挪］诺伯格·舒尔茨：《西方建筑的意义》，李路珂、欧阳恬之译，中国建筑工业出版社2005年版，第26页。

个人体比例的典范，被视为是这一神授比例法的完美演绎。希腊这种追求完美数学关系的精神自然也体现在神圣的神庙建筑上面。

希腊神庙首先强调的是它的外部形态，这样它们就作为总体拓扑环境的一个有机部分，提取、聚集、凝结隐藏在自然当中的精神属性，这是希腊神庙区塑造圣地所采取的高明的艺术手法。神庙内部只是简单地划分成三个区域，而带山花的立面，则严格按照基座、柱身与屋面的三段式，有的地方还直接用人像柱代替柱子，立面构图明确地是为了象征天、人、地三元的概念，神庙建筑成为宇宙的缩影。希腊人继承了毕达哥拉斯的数学信仰，他们的理性精神认为宇宙的数的关系是从整体一直贯穿到局部的，希腊神庙建筑也通体表现了这种数学关系。不像古埃及建筑是一种单纯静态的结晶状的形体比例，而是采用了如$\sqrt{5}$和黄金比这样的无理数比例，无限推演的数的比例在希腊人那里，就更深奥地与地理环境，进而与无限宇宙协调统一了起来。于是，在希腊的神庙，神灵这位非凡的几何学家出场了。

二　中国建筑艺术中的数理意象

《易·系辞上》曰："河出图，雒出书，圣人则之。"汉代注释家刘歆认为，伏羲氏继天而王，受《河图》，则而画之，八卦是也；禹治洪水，赐《雒书》，法而陈之，洪范是也。[①] 在此，"数"代表了宇宙的神秘力量，有建立文明、安邦治国的功效。九是三的自乘，在古代中国是一个极数，国分九州，自古已然；官分九品，见于《周官·大宗伯》："以九仪之命，正邦国之位。"皆可以溯源于洪范九畴的基本思想。《周礼·考工记》："匠人营国，方九里，旁三门。国中九经九纬，经涂九轨，左祖右社，面朝后市。"提出一个建设国都的理想模式，除了说到国都所必需的宗教、政治、经济职能外，特别强调了道路所体现的"数"的重要意义，三和九在这里再一次得到强调。

洪范九畴的第一条就提到"五行"，因为它是宇宙的构成原理，是其他范畴的基础。《洪范》："五行：一曰水，二曰火，三曰木，四曰金，五曰土。水曰润下，火曰炎上，木曰曲直，金曰从革，土爰稼穑。"《尚书大传》："水火者，百姓之所饮食也；金木者，百姓之所兴作也；土者，

① 参见《汉书·五行志》。

万物之所资生也，是为人用。”五行思想出于何时？《管子·五行篇》：“昔黄帝作五声，以政五钟。……五声既调，然后作立五行以正天时，五官以正人位。人与天调，然后天地之美生。”《史记·历书》：“黄帝考定星历，建立五行。”或谓起于伏羲，《白虎通义》：“伏羲因夫妇，正五行，始定人道。”这些记载不免有托古之嫌，阴阳五行的哲学思想在夏代已初现端倪应是事实。自汉代始，五行之说盛行。五行的基本理念是，它由“生、克”和“主、客”两对矛盾构成，五行中的每一基元，与另外四个基元处于“我生、生我；我克、克我”四种基本关系中。五元的划分成为古代中国一系列范畴的基本分类方式，那么“五”又有何特殊性呢？

黑格尔曾认为，作为基元，到5为止，都还可以看作是一种思想规定，更大的数，就可以认为是一种任意的东西了。第一，除1、2、3之外，5是第一个出现的较大的素数，实际上，只有素数才获得作为单纯数的本质规定。第二，5是2与3之和，是黄金分割比数列跳跃的第一环，同时，5的平方又是前两数3与4的平方之和，也是勾股定律最初最基本的形式，这就使“5”这个数富有了神秘色彩。第三，5的神秘性还不止于此，五角形的对角线的分割是按照黄金分割比来划分的，这恐怕是所有的人都预先没有想到的。黄金分割比 $\phi=(1+\sqrt{5})/2$，“5”与黄金分割有着通约关系。五边形是一个美丽的图案，花朵最普遍的花瓣数是五瓣。而且“5”的平方根在方和圆的关系中有着神秘的特性。另外，也是我们最熟悉的，如“心灵手巧”一语所示，作为与心灵相连的器官——手是五个手指，双手十指是我们十进制算术的来源，其中的深意绝不能用偶然来说明。“5”无疑是最重要最神秘的基数之一。

在任何文明中，神庙宫殿作为一整套文化符号体系的中心点，基本的宇宙哲学观念首先体现在它们的形制中，是最自然而然的事情。在古代中国，周朝的礼制有着典型的意义。研究周代礼制者，必先要知道周朝的宫室制度。明堂是宫室礼制建筑之首，《周礼·考工记·匠人营国》：“周人明堂，度九尺之筵。东西九筵，南北七筵，堂崇一筵。五室，凡室二筵。……内有九室，九嫔居之。外有九室，九卿朝焉。”明堂后成为国家精神信仰的中心，朝堂则成为行政中心。朝堂的形制可概括为“三朝五门”。三朝一为燕朝（内朝）；二为制朝，对内朝而言，则曰外朝，对外朝而言，则曰内朝。三为外朝。周代之宫有五门，在外者为皋门，依次往内是雉门、库门、应门和路门。燕朝在路门与内寝之间；治朝在路门与应门之间；外朝在库门与雉门之间。①

图 3—19　北京故宫（三朝五门）

从这些记载可以看出，“三”和“三”的自乘“九”以及“五”都是具有基元性质的重要数字。宫殿必分为前三殿和后三寝；大殿立面必分为基座、柱身和屋面三段式，基座必做成三段台阶；大殿平面柱网布置成面阔九间、进深五间。像这样的一些数的关系，是和哲学观念紧密联系在一起的（见图 3—19）。

三　建筑艺术中的重要数理原型

在这个小节案例研究的最后，我们来讨论一下，建筑数学中一个永恒的主题，这就是方和圆。内切于半圆的正方形将圆的直径分成三部分，它们与黄金分割有关，也即 $1:\phi:1$。$\sqrt{5}$与黄金分割比有转换通约关系，“5”把两个最重要的无理数 π 和黄金分割数联系在了一起，π、ϕ 和$\sqrt{5}$结成了神圣同盟。从实质上说，算术上不能确定的无理数$\sqrt{2}$、$\sqrt{3}$和$\sqrt{5}$以及黄金分割 ϕ 等，都是通过圆弧的几何作图方式来确定的，也就是说，它们从本质上都是直线与圆的关系的变化，是内在于数本身的有限和无限的相互关系。

在神圣建筑的形式中，方和圆的结合，化方为圆的无限过程，也经常隐喻人通过有限存在的修行而达无限存在的过程。印度曼荼罗（梵文 Mandala 的音译），原义是球体、圆轮等。其词根 manda 的意思是“座位”、“场地”，其最初意指供奉神灵的祭坛。《吠陀经》中叙述了曼荼罗产生的神话：在远古，存在着一种叫以太之物，无形而充满天地，无处不

① 柳诒徵编著：《中国文化史》，东方出版中心 1988 年版，第 155 页。

在。天神们把它压到地上，脸朝下趴着。大神梵天坐在它上面的中央，众神环绕着大梵天。它被压在地上的图式称为“原人实体”，大梵天居于中央，形成一种有序的世界，称为“梵天实体曼陀罗”（Vastu－pu－rusha-mandala）。梵天实体曼陀罗有方、圆多种形式。和中国“天圆地方”的观念相反，圆者象征世俗的世界和时间运动。方者则象征神灵的世界，是固定的，不能运动的，因而是一种完美的绝对的形式。无论方圆，都由大梵天居中，众神按等级次序围绕梵天（见图3—20）。[①]

图3—20 柬埔寨吴哥窟（曼荼罗）

佛教曼荼罗是密宗按一定宗教仪制建筑的修法坛场，在方形或圆形的祭坛上，安置诸佛、菩萨加以供奉。曼荼罗后来成为受印度宗教思想影响的亚洲宗教建筑最一般的原型，其主要形制是金刚宝座式（五宫）和九宫式，五宫可以看作是九宫的一种变体。后来出现一种典型的曼荼罗，在藏密曼荼罗的九宫格的外围成为圆形。著名心理学家荣格研究认为，藏密曼荼罗神秘的圆环，是一个重要、意义深远的符号。它是最古老的象征之一。这种符号可以追溯到旧石器时代。在任何地方、任何时代都能发现它的存在。这一符号围绕着中间的核心聚集在一起，其结构和设想既表现了外部世界，也表现了内在的精神。曼荼罗是具有明确意义的宗教性和哲学性的符号，是某种秩序的原型，是心理整合和完整性的原型。[②] 方和圆绝不是某时某地的特例，如前文所述，直线与圆形是我们所有时间、空间规定的出发点。直交系统与圆的组合的建筑形式，以及这两种方式的相互过渡和相应地产生某些重要的无理数的比例，都有着特殊重要的宇宙象征意义。除前文所讨论的例子之

① 吴庆洲：《建筑哲理、意匠与文化》，中国建筑工业出版社2005年版，第95—98页。

② ［美］拉·莫阿长宁：《荣格心理学与西藏佛教》，江亦丽、罗照辉译，商务印书馆1996年版。

外，再如中国最重要的礼制建筑天坛所体现的天圆地方，拜占庭建筑圣·索菲亚大教堂由方形平面向穹隆顶的过渡，圣城耶路撒冷伊斯兰圣岩寺下面是八角形上面覆盖穹隆顶以及印度泰姬·玛哈尔陵等，它们不仅是神圣的建筑，也从美学上列为典范建筑之列。

古希腊源自毕达哥拉斯的数学思想是要把“数”与宇宙的创造联系起来。对于巴门尼德或者柏拉图来说，世界是一个完美的球体。世界首先分成各种元素，各种元素则由五种规则的正多面体来表示，而球体将它们都包含在内。柏拉图为每一种元素指定了一种形式：最稳定的立方体归属于土；最轻的、形体最尖锐的四面体归属于火；其次轻的八面体归属于气；二十面体则归属于水。[①] 但是存在五种规则的多面体，而只有四种元素。这种矛盾甚至柏拉图的追随者不满意。“以太”就因此被提出来，其形体归属于有着五边形的正十二面体，正十二面体会得到两个无理数——$\sqrt{5}$和黄金分割 ϕ，它们在自然和艺术中具有重大意义。就像以太象征了无限，无理数的无穷数列同样象征了无限，这就使它们之间匹配了起来。在这里，古希腊的土、水、气、火和以太五种实体，十分类似于古印度的观念，佛教借用了这种观念，称之为“地、水、风、火”四大，后来相似于古希腊的以太加上了“空”，而并称为五大。古代中国相对应的观念是五行，如前文所介绍，其中的理念有一些不同。五行思想是以水和火的最初对立开始，然后以“土”为中项，形成一对对立，其一是“木”，另一是“金”，整个五行形成交织的相生相克的循环。

建筑艺术中数学式的规律，即存在于比例中的秩序一直与建筑外观的视觉美连接在一起。但是，艺术中的美并不能仅被看成是一种视觉现象，而应更进一步看成某种更深奥事物的外在符号，一种与普遍世界的和谐的一致。那么，这种更深奥的事物，在建筑艺术中就必然是要表达出宇宙物质的内在构成，并通过数学几何的比例与自然元素相联系，从而在建筑这一宇宙的缩影中见证无限宇宙的大美的意象。正如奥古斯丁在《上帝之城》中说：“因此，不要小瞧数论，因为很显然，《圣经》的许多段落对它予以高度的评价。为颂扬上帝而说的如下的话并非无的放矢：‘您在量

① 理查德·帕多万：《比例——科学·哲学·建筑》，周玉鹏、刘耀辉译，中国建筑工业出版社 2005 年版，第 112 页。

度、数目以及重量方面为万物做出了安排。'"[①] 按照奥托·冯·西姆森所说的，中世纪的建筑师认为，服从几何学，他就是在模仿造物主的工作，造物主依照几何法则创造了世界。[②] 哥特式大教堂是作为宇宙的数学结构的模型或影像而被设计的，被想象成一种神圣的创造活动（如同在柏拉图的《蒂迈欧篇》中一样）："通过量度、数字以及重量"，对混乱的物质进行和谐的安排。[③]

第三节 建筑中的乾坤树与神山原型及意象

建筑学界曾有这样一个问题，为何西方是石头的建筑，而中国则是木头的建筑？如果只是从西方出产石头，而中国出产木头这样的方式来寻找答案，是不会有什么结果的。西方石头建筑的历史，从大量遗留的史前石阵就已初现端倪。建筑就其艺术方面来讲，是对宇宙的一个象征。石头堆砌为一种结构，作为重量的表现，其意义十分明显，那就是对于构成宇宙最基本的关系的一个隐喻，是对于宇宙其他各种关系的统摄——因此它是神圣的。石阵在这里是一种符号象征，它所要使人意识到的不是它本身那样的一个具体的事物，而是它所要暗示的普遍性的意义。就其所表达的重要意义来说，石阵受到了神圣的崇拜。

木头从表面上看来和石头有巨大的差别，但是在这里，也就是说，在中国的古建筑艺术中，却与石头有着极其相似的意义。在远古中国，木是作为昆仑山上的"建木"的观念而表现到建筑艺术中去的，勘天舆地的"建木"，是各种自然元素联系的整体，是对于"地、水、风、火"的统摄，也就是说，"木"就像它在神话中的原始意义，是宇宙的一种象征。《山海经·海内经》："有木，青叶紫茎，玄华黄实，百仞无枝，有九欘，下有九枸，其实如麻，其叶如芒。大皞爰过，黄帝所为。"《海内南经》："有木，其状如牛，引之有皮，若缨、黄蛇。其叶如罗，其实如栾，其木若蓲，其名曰建木，在窫西弱水上。"《淮南子·地形训》："建木在都广，

① Augustine, *The City of God*, Penguin Books, 1972, p. 466.

② O. von Simson, *The Gothic Cathedral*, Harper & Row, 1964, p. 35.

③ Wisdom of Solomon, *quoted in O. von Simson*, The Gathedral, p. 22.

众帝所自上下，日中无景，盖天地中也。”《吕氏春秋·有始篇》：“白民之南，建木之下，日中无影，呼而无响，盖天地之中也。”

建木生长在天地之中的昆仑山巅顶，是神灵升降的天阶。尊树为神，是一个世界性的神话结构。北欧挪威神话中的乾坤树，支持宇宙的世界树，树干直穿宇宙中心，被称为“蒙迪”之轴，意思是世界之轴或者支点；同时，它还有“可怕的房子”或者“食人魔鬼的房子”的意思。联想到昆仑山上住着各种奇形怪状的神灵，它们之间确实有着很多相似的观念。在印度神话中，阿斯瓦特哈树担当了乾坤树的角色，所不同的是，它是颠倒过来的，根长在天上，而枝叶展开铺在大地上，从而表达这样一种思想：创造的力量由上而下。在伊斯兰传统里，幸福树同样把自己的根埋在了最遥远的天国，把它遮天的枝叶伸展在大地上。[①] 日本则在建筑中广泛采用都御柱，也和建木与乾坤树是同样的观念，其原型可以在中国古代早期的中心都柱这一形制中找到。

建木生长在昆仑山上，与世界上所有的“乾坤树”的神话意义同源，这就是把大地与天国联系起来。正如我们分析宇宙的空间关系时发现，空间的三个维度无论从逻辑上还是现象学上都具有完全不同的意义。深度，是主、客体之间的分离，其意义是进展和伴随着的期待与神秘感。水平线是一种基准，是场势能的同一层次，而垂直线就恰恰相反，是场势能的差别，是仰视与崇拜的起点。自然元素的区分主要指的就是这种垂直性所造成的本质区分。也就是在这个意义上，建木和高山对于这种垂直性的联系，而成为天地之间的神圣通道的象征语符。叔本华在《作为意志与表象的世界》中认为：“建筑艺术在审美方面唯一的题材就是重力和固体性之间的斗争，以各种方式使这一斗争完善地、明晰地显露出来就是建筑艺术的课题。”[②] 从词源学的考察中，远古时代的崇拜“上”的观念，再一次明晰地向我们展现出来。

许慎撰《说文解字》开编解说“一”：“惟初太始，道立于一，造分天地，化成万物。”“元”，始也，从一，从兀。“天”，颠也，至高无上，

---

① ［英］戴安娜·弗格森：《人类的传说》，喻满意、许哲娜、沈沛晶译，希望出版社2005年版，第27—28页。

② ［德］叔本华：《作为意志和表象的世界》，石冲白译，商务印书馆1982年版，第298页。

从一从大。“⊥”（上），高也。水平线上立一垂直线，形象地说明了最初的对立，所以上也写成“二”，代表最初对立分化后的“天”。《说文解字》说“示”，天垂象，见吉凶，所以示人也，从二，三垂日、月、星。凡“示”字旁的字符均与代表人神关系的祭祀活动有关。“示”和“帝”都从二，从“⊥”（上），古义帝应该是天神或其代表，“示”就是取得上天的信息。“上”的词源学意义表明，“上”是和天帝联系在一起的。

“山”是天地间最直观的“⊥”（上）的语符，高山的壮观成为宇宙的象征，成为古老的神话之源。《诗经·小雅·车辇》：“高山仰止，景行行止。”这一隐喻性的用语，是自上古以来对高山崇拜的一个总结性说法，高山和太阳的相提并论，高山——天帝的居所的神话意象十分显明。《韩诗外传》中的一段话回应了上古思想：“夫山者，万民之所瞻仰也。草木生焉，万物植焉，飞鸟集焉，走兽休焉，四方并取与焉。出风云以通夫天地之间，天地以成，国家以宁。”山满足了人们的各种需求；同时山又是可怕的、神秘的，而这正是形成祭祀崇拜心理的基本元素，山必然成为古人的神话之源。茅盾认为：“原始人设想神是聚族而居的，又设想神们的住处是在极高的山上；所以境内最高的山便成了神话中神们的住处。希腊人对于奥林匹斯山的观念就是由此发生的。中国神话与之相当的，就是昆仑。”① 印度神话中则有须弥山，是宇宙的中心，在它周围花环似的吊着诸天。希伯来的圣书《旧约》记载摩西在西奈山上接受上帝传授的十戒。神圣山峰相当普遍地存在于世界上各古老民族的神话中，与天堂、天宫紧密联系在一起。《山海经》：“海内昆仑之虚，在西北，帝之下都。……百神之所在。”《淮南子》说昆仑：“昆仑墟中有增城九重，上有木禾。珠树，玉树，琁树，不死树在其西；沙棠，琅玕在其东；绛树在其南；碧树，瑶树在其北。”《山海经》：“槐江之山，上多琅玕金玉，其阳多丹粟，阴多金银，实惟帝之平圃（即县圃），南望昆仑。”《楚辞》：“夕余至乎县圃。昆仑县圃，其居安然？”王逸注谓县圃神山，在昆仑之上。无论昆仑、县圃都和天帝神仙相关联。相比于巴比伦的空中花园，县圃是中国版的对应物，而且是真正意义上的空中花园。

神山作为神话意义的宇宙中心成为宗教祭祀建筑的原型，四面对称是

① 茅盾撰：《茅盾说神话》，上海古籍出版社1997年版，第49页。

人类早期宗教祭祀建筑的共同形制，这在埃及、亚述、印度、中国以及美洲古文化中都是如此。这种中心十字相交的平面图形，成为原始自然崇拜——其典型是太阳神崇拜的一个象征符号，[①] 表现了神灵统率四方的威力。中国古代“十天干”之首的“甲”字，其最早的基本形状做“十”，有时则外加方框呈“田”字状。在古埃及人的象形文字中，城镇一词就是圆中加上“十”字的符号。[②] “十”或“亚”字状四面对称的平面图形加上竖直方向的丘山形象是古代宗教祭祀建筑世界性的普遍形制。

中国的神话学史，是由西南的高山神话向东方滨海神话的演进，古代原始宗教思想从远古向秦汉时代的转移。[③] 东海的水神话依然保留了三神山“蓬莱、方丈、瀛洲”，不过神话中的主人翁由威力无比的天帝变成了逍遥自在的神仙。东海三神山也成为了后世人间天堂象征的园林艺术的意象原型——“一池三山”。矛盾研究神话认为“异方的幻想”存在于世界各民族的神话中，这类似福柯所说的“异托邦”的魅力。所以神话的山峰必高大，必遥远。王增永先生在《社丘为昆仑原型考》一文中认为：昆仑名称来源于混沌，“昆仑山本无确指，它是人们用想象创造出的一座神秘山，西北群峰只是它的一个大概方位。……昆仑山从社丘到社山，再从社山到神秘山，……社丘是昆仑的原型，昆仑是最高、最大、最神圣的山峰”。“后来的天堂、天宫，则是神秘山的进一步发展。”[④]

古典经济学认为劳动力与土地是两大不可归约的基本生产要素，大地与大地上的劳作是人类的实践领域，而天空则属于空灵美幻的神话。在提出原型概念的著名心理学家荣格那里，神话和劳作一样，都是人类生活不可或缺的要素。海德格尔论说居住的本质：“‘在大地之上’已经意味着‘在天空之下’。这两者都意味着‘保持在神圣者之前’，并包括了‘归属于人的相互存在’。通过原一、大地和天空，神圣者和短暂者四者统一于一。”[⑤] 王增永先生研究的“社丘是昆仑的原型”，得出的结论和荣格与海德

---

① 吴庆洲：《建筑哲理、意匠与文化》，中国建筑工业出版社 2005 年版，第 61 页。

② ［美］约瑟夫·里克沃特：《城之理念——有关罗马、意大利及古代世界的城市形态人类学》，刘东洋译，中国建筑工业出版社 2006 年版，第 201 页。

③ 王增永：《华夏文化源流考》，中国社会科学出版社 2005 年版，第 240 页。

④ 同上书，第 239 页。

⑤ ［德］M. 海德格尔：《诗·语言·思》，彭富春译，文化艺术出版社 1991 年版，第 135 页。

格尔的观点是一致的，这就是社会的聚居生活和神话意象的不可分割的联系。上面我们谈到，“山”是神话最原始的发源地，“山”的意象成为人类聚居的建筑活动的最基本的意象之一。

意象是一个艺术术语。意象作为诗意的要素，可以说是把被人普遍性认识到的那种内容意蕴，用形象化的方式表达出来，停留于内容与形式未经割裂的联系上面。王弼《周易略例·明象》：“夫象者，出意者也。言者，明象者也。尽意莫若象，尽象莫若言。言生于象，故可寻言以观象，象生于意，故可寻象以观意。意以象尽，象以言著。”王弼把象作为言与意的过渡环节。建筑艺术本质上作为一种象征性的观念艺术，其表现观念意义的媒介是内容与形式的未经割裂的“象”，而不是纯粹的语言符号。

袁忠在《中国古典建筑的意象化生存》一书中认为：意象思维既不是列维·布留尔所言的原始思维那样，仅仅用感情的直观去表象对象事物及其表层联系，又非西方哲学那样用纯粹抽象概念去揭示对象的本质，依据严格的逻辑规则去把握说明事物之间的联系，而是一方面通过形象性的概念与符号去理解对象世界的抽象意义，另一方面又通过带有直观性的类比推理形式去把握和认识对象世界的联系，使思维与情感，形象与抽象互渗互补。意象指向的是心灵世界，它不再是单纯的感官直观的心理图像，而是蕴含了语词概念与观念的成分。[①] 在艺术发展史上，以“象”表“意”的意象统一体，是发生在以语言符号的能指与其所指的意义相脱离的完全代码关系的叙事文学之前的最普遍的表现手法。

“高山仰止，景行行止”。对高山的崇拜，结合了对超出一般个人和普通日常生活的神灵及天界的崇拜；“高山的意象”成为崇高德性的象征，也成为古代中国一般的人与人之间结“社”观念的表达形式——社丘的昆仑山意象，甚至也成为“高台榭、美宫室”、“神仙好楼居”的人生超越思想的表达形式——高台园林建筑的基本观念。宗教包括两个方面，一个是思想意识，一个是祭祀崇拜；祭祀崇拜是一项集体行动，它显著地关联着公共事物和国家的建立。[②] 中国在国家建立之前的建筑文化是

① 袁忠：《中国古典建筑意象化生存》，湖北教育出版社 2005 年版，第 35—36 页。

② Arnold, *Culture and Anarchy and other writings*，中国政法大学出版社 2003 年版，第 157—158 页。

祖先崇拜的“祖、社、丘”三位一体的墓冢社丘。“祖”是崇拜的对象，“社”是崇拜的功用，“丘”是崇拜祭祀建筑的形式。“丘”（山）与“社”的结合也是世界范围内的建筑文化原型。

西方建筑艺术发源之一的埃及建筑艺术，最著名的是基寨金字塔群（见图3—21），埃及法老的陵墓，原始宗教社会的中心场所，最震撼人心的人工砌筑的山峰。希腊雅典卫城，人类第一个完全摆脱氏族部落的祖先崇拜，成立民主国家的国家祭祀中心，山峰上的建筑，众神的居所，奥林匹斯山的人间对应物。东罗马帝国拜占庭的圣·索菲亚大教堂和许多西方中世纪的教堂以及文艺复兴时期浮罗伦萨大穹隆等，在城市天际轮廓线和城市纪念性建筑和一般普通民居的格式塔图低关系中，明显显现出的城市山峰的意象。世界文化遗产地，法国西部大西洋沿岸的圣·米歇尔山修道院，面对英吉利海峡，小岛最初被称为“墓冢山”，公元8世纪初，圣·米歇尔神甫在小岛最高处修建一座奉献给天使的小教堂，从此岛上有了居民，更名为“圣·米歇尔山”。山、石、建筑浑然一体，气势宏伟，成为世界上最具神秘魅力的山峰城堡和朝拜圣地之一。

图3—21　埃及基寨金字塔群

法国艺术史家热尔曼·巴赞在其所著《艺术史》一书中说：“这种起码的建筑形式是原始人模仿天地的最难望的壮观之一——高山——的方法，高山对东方来说，是宇宙的一个象征。”① 亚洲建筑艺术形象广泛地表现出对高山的崇拜。中国和印度神话都给予高山以崇高的地位。须弥山是印度神话中的宇宙中心，也是佛塔神庙建筑艺术普遍表现的意象，成为受印度宗教思想影响的亚洲宗教建筑最一般的原型。如世界著名的文化史迹缅甸仰光大金塔，印尼的婆罗浮屠（梵文意为山丘上的佛塔）和普兰

① ［法］热尔曼·巴赞：《艺术史》，刘明毅译，上海人民美术出版社1991年版，第515页。

班南寺庙群（模仿神话中描述的众神居住的马哈穆尔山），柬埔寨吴哥窟（仿照因陀罗妙高山上的宫殿），等等，都是以“山”为建筑的意象原型。吴哥窟也是创建者奢耶跋摩二室的陵墓，① 宗教圣地结合了祖先神的墓冢崇拜。

布达拉宫，被誉为世界十大土石杰出建筑，中国西藏地区宗教政治中心，历世达赖喇嘛的冬宫。布达拉为梵语中观音地“普陀洛迦”的音译，意为“佛教圣地普陀山”。布达拉宫按照拉萨红山的自然地形由南麓梯次修到山顶，海拔 3763.5 米，主楼高 115.7 米，巍峨的建筑与山势融为一体，昆仑山上增城九重的神话意象，在这里变成了现实。

北京故宫太和殿，中国明、清两代封建王朝的政治礼教中心。太和殿坐落在三层高大的汉白玉台阶上，从三层台阶到屋顶逐步收缩，正面形象突出地呈现一种曲面升腾的趋势，屋面曲线的集束效果向上形成一个无形的聚点，太和殿向上升腾的曲面三角形直接象征的就是“高山仰止”的山岳。高台宫殿建筑无疑以先秦时期流行的“高台榭”为原型，表达的都是崇尚“高山”的意象。

图 3—22　马丘比丘遗址

马丘比丘遗址（见图 3—22），美洲印加文化的代表，国家祭祀行政中心。位于秘鲁安第斯山脉深出两峭壁间的一马鞍形悬崖上，海拔 2280 米。马丘比丘在印加语中意为“古老的山巅”。古城建于 15 世纪，遗址的残垣断壁，台阶层基，一层层，一片片，纵横成排，上下错落，一直延伸到高山之巅，气概雄伟，令人惊叹。拴日石位于马丘比丘的最高处，由山顶的岩石雕刻而成，高约 2 米。② 古印加人自称为太阳神的子孙，古印加人把

① 李军主编：《世界文化与自然遗产》亚洲卷，北方妇女儿童出版社 2002 年版。

② 参见李军主编《世界文化与自然遗产》美洲、非洲、大洋洲卷，北方妇女儿童出版社 2002 年版。

对山岳的崇拜和对太阳的崇拜最紧密地结合在一起。马丘比丘遗址形象结合了人类在大地上的劳作和天空中的神话，其震撼的诗意类于昆仑山上增城九重的意象。

美洲墨西哥特奥蒂瓦坎古城，阿兹特克人重要政治中心和宗教圣地，称之为“诸神之城”，“死亡大道”两侧分布着太阳金字塔、月亮金字塔和其他祭祀建筑，以山岳形的金字塔表达对天神的崇拜。金字塔不是埃及的专利，中美洲玛雅文化也广泛分布着山岳形的金字塔。希罗多德在《历史》一书中记载：巴比伦的伯鲁斯塔是一座下面七层，顶上一层庙宇的金字塔庙，下面七层不中空，上有从底层直通到顶的跑道，顶层的大庙里有一张铺得很好的大坐垫，前面摆着一张金桌，整个金字塔庙建筑在一块圣地的中央。①

埃及基寨金字塔、中国长城、印尼婆罗浮屠、柬埔寨吴哥窟并称为东方四大奇迹，皆与山岳有着紧密的联系，或直接取之于自然中的山岳形象，或模仿神话中天神居住的山峰，或蜿蜒于群山峻岭之间，成为人类最壮观的文化景观之一，这绝非偶然。山岳是大地向天空的升腾，“空中花园”、“空中城堡”或“西班牙城堡”，它们由人类的白日梦所创造，是人类纯粹的精神形式，因为神话本身乃是构成人类主体性的不可缺少的成分。“我们可以在全世界都是上帝所述故事的意象的意义上谈论神仙故事的城堡。”②

象征是宗教艺术的结构之一，最初产生于神话意识，它也和原始思维产生出的系统（如图腾、禁忌）一样，是一些秘密、隐蔽的符号。③ 寺庙佛像中的须弥座，它不仅仅是一种装饰形式，而是一种苏珊·朗格意义上的“有意味的形式”，也即一种用“象”表“意”的意象，它隐喻了精神界至高无上的佛陀坐在须弥山顶。作为自然天神的代表——太阳神崇拜是世界性的原始宗教文化现象，埃及金字塔和方尖碑、印加的金字塔庙、印第安的羽蛇金字塔都是太阳崇拜文化的产物。④ “山”作为天地之间的联系，使

① 参见［德］黑格尔：《美学》第三卷上册，朱光潜译，商务印书馆1979年版，第37页。

② ［美］温蒂·朵妮吉·奥弗莱厄蒂：《印度梦幻世界》，吴康译，陕西人民出版社1992年版，第351页。

③ ［俄］E. T. 雅科伏列夫：《艺术与世界宗教》，任光宣、李冬晗译，文化艺术出版社1989年版，第5页。

④ 吴庆洲：《建筑哲理、意匠与文化》，中国建筑工业出版社2005年版，第64页。

它成为神话中通天塔的最自然适当的语符，“神山”的意象是建筑艺术最基本的意象之一，“高山仰止”、“增城九重”是人类共同的文化原型。

在神话与建筑的二元对立关系中，作为人的参与，仪式使二者在象征体系中联结成牢固的社会结构。自然元素“水、火”在这一象征体系中扮演了重要的文化符号的角色，乾坤树和神山是这一体系最一般的整体意象。从这种文化的表意性进一步抽象出来，自然元素作为审美性的构成要素，就如“山”、“水”、“风光”这些词自身所含有的意义，它们就是自然风景本身。在建筑艺术中统括这些自然元素，使之成为宇宙的缩影，最典型的成就表现在了东方的园林艺术中。

建筑的符号表意性是与建筑的纪念性分不开的，而最典型的纪念性建筑就是宗教建筑。宗教建筑是为表达宗教观念和进行宗教仪式服务的。什么是宗教？吕大吉把宗教定义为“关于超人间、超自然力量的一种社会意识，以及因此而对之表示信仰和崇拜的行为，是综合这种意识和行为并使之规范化、体制化的社会文化体系”。[①] 卓新平提出：“宗教是人类历史发展过程中一种强调个人及群体之灵性存在、寻觅终极意义、体悟升华意境、以求真为善、虔诚笃信来超越自我、臻于神圣的文化现象。”[②] 宗教建筑是宗教文化不可或缺的一部分，作为宗教精神的物质载体，必然要体现原型作为超验主体间性和文化深层结构的表达诉求，表现出联系于整个宇宙精神的意象。

第四节　四象原型与建筑风水

中国人的天国，以北极星为中心，三垣、四象、二十八宿分次展开。这一格局，成为中国封建国家政体的模板，也成为中国宫廷建筑的原始模型。其中四象所具有的方位意义，特别与建筑风水有关系。汉代出现了完整成系统的四象瓦当（见图3—23）。汉明堂平面的四象布局反映了相关的神话意象与意识形态（见图3—24）。四象可以追溯到《易经》的“太极生两仪、两仪生四象”，逐渐又结合了原始图腾信仰与“青龙、白虎、

① 吕大吉：《宗教学通论新编》，中国社会科学出版社1998年版，第79页。

② 卓新平：《宗教理解》，社会科学文献出版社1999年版，第83页。

朱雀、玄武”相对应。四象及相关内容属于人类的意象创造，除了反复表现在中华文化之中外，世界上其他文化体系也有类型的观念；因此，可把它视为一种原型。原型（archetype）这个名词在现代学术的意义上引自荣格，从希腊文的词源“archetpos”来讲，“arche”本义是“最初的”、“原始的”；“typos”意为类型。它一般是指一个原始形象或意象在人类的文化中一再浮现，成为人们领悟的普遍模式。基于原型理论，对四象进行探源并揭示相关建筑风水文化，是本书讨论的主旨。

图 3—23　汉四象瓦当

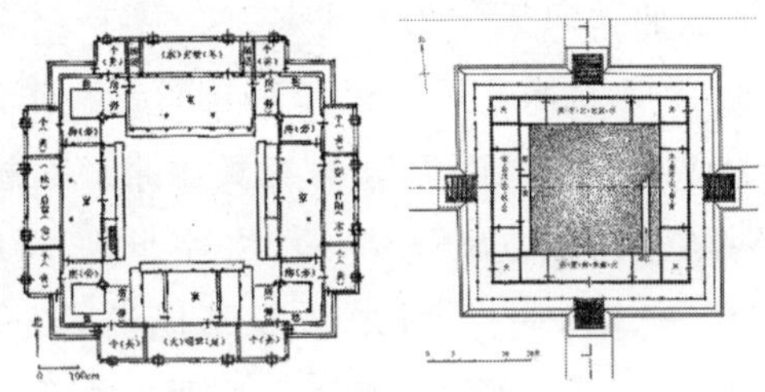

图 3—24　汉明堂四象布局

一　四象的原型探源

《易经》已清楚地提出了四象的观念，此后“四象”发展为环绕紫薇中宫，形成拱卫北极之势，历来被中国文化拿来做政治比附，也作为宫殿建筑的参照模型，是中国文化中的重要原型，浸润了中国式万物有灵论“天人合一、天人感应”的宗教情怀。在《易经》中由阴阳抽象组合形成的四象，逐渐结合了“龙、凤”等神兽意象而鲜活起来，并且最终赋予了宇宙论式的“东、南、西、北”时空坐标意涵。

“龙、凤”等四象神兽的形象起源有多种说法，如综合图腾说、生物组合说、神话意象说、生命符号说等。要总括这种外在的多样性，就离不开内在的原型探索。四象何以神异？《大戴礼记》说：“毛虫三百六十而麟为之长……，甲虫三百六十，而神龟为之长。”《孔丛子》：“飞者宗凤，走者宗麟。”《风俗通义》云：“虎者，阳物，百兽之长也。”而龙更不必说，所谓“百物而为之备（《左传》）”、“龙生百种（参见《淮南子·地形训》）”，鳞、介、毛、羽皆祖于龙。

四象——四种典型的自然意象，无疑具有原型的意义，与五行及方位的对应绝非偶然。据学者研究，五行思想与世界上广泛流行的“四大种子”说有契合。虽然还不能从文献上确证“五行”是否受到“四大”思想的影响？何时受到这种影响？但有一事是可以确定的，那就是这类思想无论是传播发生的还是独立创建的，关键是它们在世界上的古代文化中被广泛接受，原因在于：它们是在现象学的意义上直接被给予的对自然现象的分类，并且自然元素被作为一切物质器用之原，在自然崇拜的原始宗教中，都被神学化了，在集体无意识的层面形成最基本的原型，在文化的表意系统中既是最基本的符号，又是最基本的意义。这种能指与所指的统一体也是“象征”的本质。

“地、水、风、火”等自然元素作为直接被寄予的自然现象，在现象学意义上是“四象”的意义源泉。风被称为风正，风者，风之神也。词源学上，凤、风（fēng）二字同形同声，都是拟声词，像“风”之声“F——F——”。西方语言凤凰“phoenix”，词源“pho”，亦同于中国“风”——“F”之拟声。在西方神话中，凤凰涅槃，浴火重生，是一只火鸟，风火不分家。中国风之神的凤亦是朱雀，属南方之火，风助火势。神话人物哪吒踏的是风火轮，风火本一家。凤凰既是风神也是火神无疑义。作为陆地百兽之长的“虎”当然是地之神，属西方之金，坚固刚猛，在诸自然元素中这正好是地之特色。至于玄龟，《礼统》说其形象是“上圆法天，下方法地，背上有盘法丘山，黝文交错以成列宿”，具有“运应四时”，“不言而信”的神异。玄武（玄龟）者，北方之水神，与水之善于赋形、映照万物两位一体。至于龙，有学者研究，“龙”最震撼也是最坚实的起源之一是“雷电”，“雷电”天然与雨水联系在一起，闪电具有龙蛇之形，而“隆隆（lóng）”的声音“龙”（lóng）也被用之称呼这一恐怖、壮烈、崇高和神秘的神物。[①] 龙是雨水之神，但又属东方之“木”。而“木”本就是“地、水、风、火”的聚集，具有堪天舆地的能力。龙之所以具有超越其他灵兽的至尊地位，与这一意象有关，其他灵兽代表是某种自然力量的典型，而龙是所有自然力量的统摄。

二　在符号结构体系中的四象

龙、凤等灵兽虽然参照了一些现实动物的形象，但其主要内容是基于原

① 庞进：《中国龙文化》，重庆出版社 2007 年版，第 42 页。

型的意象丛，具有能指与所指相统一的象征符号功能。一般看来，黑格尔所做出的象征与纯粹符号之间的理论区分是有效力的。结构人类学家列维－斯特劳斯这样写道："先验地说，语言符号是任意的（在各种语言中，相同的事物所使用的语言材料却不一样），但若由果溯因地看却并非如此。……无人有丝毫把握地肯定，这些相对于被指称对象而言是任意的语音选择一旦完成，就不会以难以察觉的方式对它们在词义环境中的地位产生影响。"①

列维－斯特劳斯提到在语言符号与意义之间存在"联觉"现象。他认为，即使我们遵守黑格尔的原理，纯粹符号和象征不同，它与其所表达的意义之间是任意的联系。索绪尔也同样承认没有任何东西能够先验地决定某些音群必定表示某一对象。然而看来极有可能的是，它们一经被采用，便使与之结合的词义内容发生特殊的细微变化。由果溯因地考虑词汇，即等到它们建立起来之后再对之观察，词语便会失掉不少任意性，因为我们赋予它们的意义不再仅仅依赖于约定俗成，而是取决于每一种语言如何切分词语所属的意义世界，取决于是否存在着表达相近意义的词语。一个符号一旦被创造出来，它的用途便渐趋明晰，这一方面取决于大脑的生物结构，另一方面也是相对于所有其他符号，也就是相对于必然走向系统化的整个语言世界而言。② 这是列维－斯特劳斯的语言符号方面的结构主义的观点，它对于本书四象的研究有可供借鉴的引申意义。

用包括龙在内的四象灵兽来指代四个方位和五行联系在一起，世界其他文明区域也有相似的理念，但不尽相同。地、水、风、火是构成世界的四种元素，每一元素都有自己对应的东西（见表3—1）：③

表3—1　　**元素与对应的性质**

	印欧人	阿兹特克人	祖尼印第安人
风	男性；东方；春天	北方；冬天；黑色；野兔	北方；冬天；黄色；战争
火	男性；南方；夏天	南方；夏天；蓝色；燧石	南方；夏天；红色；耕地
水	女性；西方；秋天	西方；春天；红色；藤条	西方；春天；蓝色；和平
地	女性；北方；冬天	东方；秋天；白色；房屋	东方；秋天；白色；巫术

① 列维－斯特劳斯：《结构人类学》，中国人民大学出版社2007年版。

② 同上。

③ Diana Ferguson, *Hamlyn History Myths Retold*, London: Octopus Publishing Ltd., 1998.

四象与方位的联系看来有任意的符号性质。但是，从一种语言结构的角度，四象之间的表征关系就并不那么任意。把四象并列，就使它们形成一种表意上的相互关联，即一种象征性的表意结构。为使整个结构表意性最大化，这就要求结构在有限的构成要素里具有最大区别价值的典型形象。我们先来考察一下中国古代文献里的四象——青龙、白虎、朱雀和玄武，在这些神兽前加上原色修饰词，也进一步增加了它们的典型性。

龙、虎的东西对位图像已见于仰韶文化河南濮阳西水坡龙虎蚌塑（见图 3—25）。朱雀（凤凰）和玄武南北相对应；无疑，与朱雀“鸾凤来仪”的婀娜多姿相比，龟是迟钝、笨拙的，但又充满着原始的生命力。龟长时间不吃不喝也不死，龟的头像是人的男根，这就和根本的生命力联系在一起，同时也似蛇，实际上玄武就是龟蛇同体，其忍者神龟的神秘意象是其他任何形象所无法比拟的。

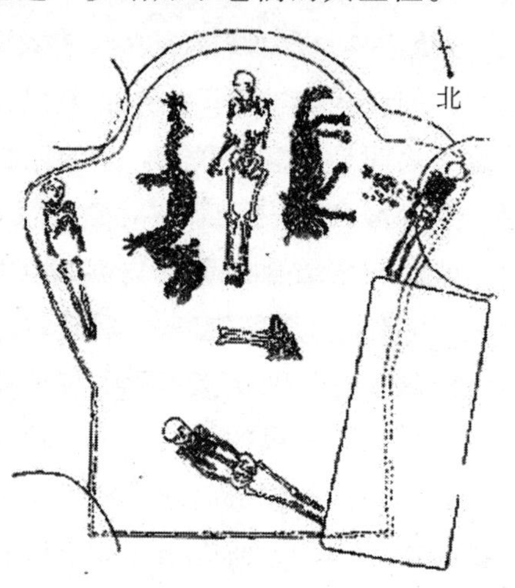

图 3—25 河南濮阳西水坡龙虎蚌塑

“麒麟在囿，鸾凤来仪”（《尚书·中候》），“凤凰来翔，麒麟吐哺”（《费纬》），这种对偶句就是上述结构化表意配位的结果。但是，麒麟虽是被创造出来的灵兽，却并不包括在定型后的四象之中。麒麟其名始见于《诗经·周南·麟趾》。发现麒麟的最早记录为春秋十四年（前 480），据《春秋左传·哀公十四年》：“春，西狩获麟。”《孟子·公孙丑》：“麒麟之于走兽，凤凰之于飞鸟，泰山之于丘垤，河海之于行潦，类也。圣人之于民，亦类也。”《孟子·公孙丑》中说得很清楚，麒麟是走兽的典型。汉代董仲舒把战国已形成的五行学说发展为包罗万象的体系，西汉后期，包括麒麟纹在内的五灵纹开始流行。《礼纬·稽命征》说：“古者以五灵配五方：龙，木也；凤，火也；麟，土也；白虎，金也；神龟，水也。”许慎《五经异义》云：“龙，东方也；虎，西方也；凤，南方也；龟，北方也；麟，中央也。”蔡邕《月令章句》云：“天官五兽之于五事也：左，苍龙大辰之貌；右，白虎大梁之文；前，朱雀鹑火之体；后，元武龟蛇之质；中有大角轩辕麒麟之位。”从汉代起，麒麟成为与青龙、白虎、玄武、朱雀四灵相列，成为五灵中代表中央土的神兽。

但总的来看，四象较之五象更为流传广泛，是何原因呢？这要从这个表意的结构体系中来思考，解答是：与青龙、玄武、朱雀比较起来，同为走兽的麒麟与白虎之间区别不够明显，或者说它的典型性还不够。在西汉戴圣所记《礼·礼运》“麟、凤、龟、龙，谓之四灵”一文中，“麟”也确实代替了“虎”的位置。另外麒麟与白虎也同为镇墓辟邪之兽而并置在一起，而且麒麟、天鹿、辟邪之间常常只能通过有无角或角的数量来区分；或说，护墓的狮形神兽，无角者称为狮子，双角者称为天禄，独角者称为辟邪。这些都说明它们之间容易混淆不易分别清楚。可想而知，由它们的形象而引发象征的意义也是相似的。这样说来，五象说中的麒麟与白虎相比于其他三种灵兽的差异而现出的过分相似，使它们在这一表意的结构配位之中处于不对称状态。

三　四象与中国风水文化

作为一整套观念的文化符号，这些图像有着消灾、辟邪、保佑、祈福等各种社会文化功能。“龙”作为原型，有自然力量之源、万兽之祖的含义。所谓“百物而为之备”、“龙生百种”、“龙有九似”（《尔雅翼》）、“龙生九子”（《升阉集》）都是这一原型的意象丛。在中国文化中“龙”有很多指代功能。皇帝自称为龙，风水中更是充满了“寻龙探脉”的内容。甚至中国文化本身就称为龙文化。

朱雀即凤凰。《广雅》：“鸾鸟，凤皇属也。”《说文》：“鸾，赤神灵之精也”，“凤，神鸟也。天老曰：凤之象也，鸿前麟后，蛇颈鱼尾，鹳嗓鸳腮，龙文虎背，燕颔鸡喙，五色备举，出于东方君子之国，翱翔四海之外，过昆仑，饮砥柱，濯羽弱水，暮宿风穴，见则天下大安宁。从鸟，凡声。凤飞，群鸟从以万数，故以为‘朋’字”。百鸟朝凤，凡禽鸟的神化最终都归于凤。凤被用于对皇后的代称以及各种祥瑞的象征表意，在中国文化中的重要性毋庸多言。

东汉应劭《风俗通义》云：“虎者，阳物，百兽之长也，能执搏挫锐，噬食鬼魅。”猫科动物作为捕食动物的典型，有其特有的灵敏、速疾和勇猛成为世界性的文化符号。墓葬建筑作为与生死观念的联系，在任何文化体系中均有重要意义。中国的镇墓辟邪瑞兽，基本上最后定型为威猛的猫科动物的形象——狮、虎、辟邪等，可见其形象的典型意义。

玄武，原初是龟蛇同体。象征宇宙秩序的河图就是由神龟背负出来、殷商之人用龟甲占卜吉凶。《诗经·大雅·文王有声》："考卜维王，宅是镐京，维龟正之。"对于京城的选址合不合适这样的重大事情，都要诉诸神龟之灵来决定。用龟甲占卜并非中国独有的文化现象，美索不达米亚也有过占卜用的带铭文的龟甲。神龟法天象地的神秘意象从远古时期起就具有重要的文化意义。

符号之间存在一种基于原型的结构关系。列维－斯特劳斯说，所有神话思想和全部仪典都是感性经验在一种语义系统中的重组。四象指代四方，按照中国的地理区位来看，道出了四个方位不同的精神意象。东方是太阳升起的方位，是带来生命活力的方位，是世界性的具有原始宗教重要性的方位，中国把它赋予了青龙与木，在上古文化中是最重要的方位。南方朱雀，是炎热与活力，南方整日都有阳光，它属于火；在国家建立之后的封建理性中，为表示向明而治，是国家礼仪性建筑所必须选择的朝向。西方白虎，属于金，日落的方位，严厉的自然环境，戈壁沙漠草木不生，是肃杀的方位，白虎也由此成为镇墓辟邪之兽。北方玄武，属于水，寒冷、沉静、冬眠，但极星在北方的天空，对于中国的武力征服常常源于北方，因此，北方似乎又隐含着神秘的力量，皇城宫殿以极星三垣为模仿的对象，玄武神由此有着特殊的意义。

相对于形势宗直接讲究基址的"龙、穴、沙、水"的地理格局而言，理气宗风水术更强调宇宙论式的宏观格局对基址的影响，讲究风水罗盘时空推演所表明的时运对宅主的影响，其理论基础是全息论的宏观与微观一体化的理念；所以，上述中国四象的大地理格局以及八卦方位的特性在具体而微的基址风水中都有其重要性。一般说来，无论理气宗的理论基础看似多么有力，但在具体的操作中却有机械性的嫌疑。当形势宗基本达成共识而能流传于大江南北之时，理气宗却因推演之法不同而难以统一日趋式微。四川阆中古城，历来被认为是研究中国风水格局的一个典型案例，其文物鼎盛也被认为是风水应验的结果。阆中古城四象环绕，体现出"龙盘虎踞"的中国式风水宝地的活力（见图3—26）。

四象是结合原始自然崇拜，渊源于自然元素本身的象征分类，又逐渐走向符号化、结构化的复杂事物。四象在中国文化系统中是最基本的原型（archetype）之一。原型是否通过生物性的基因发挥其遗传作用并不是其主旨所在，而是作为“超个体的主体性”，即一种超验的文化基因，在集体潜意识层面发挥其传承意义的作用。原型是领悟（apprehension）的典型模式。原型往往是以前概念的形式体现出无限的、神秘的原始宗教的情感、观念和理想，具有一种从未精确规定过的、从未透彻解释过的、更加广阔的“无意识”特征。原型图像超出概念所能指明的一般的、直接的含义时，它才更具有象征性的、神秘性的情感力量，具有消灾、辟邪、保佑、祈福等各种心理、文化功能，而四象正是这样的事物。

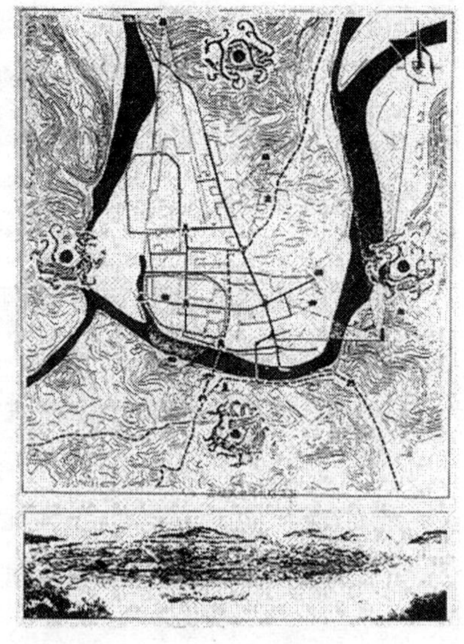

图 3—26　阆中古城四象风水格局

第五节　能量、建筑文化与可持续发展

一　能量概念与传统思想

新版的大学物理教科书以能量概念作为基石开始展开其理论，而不是像旧版本那样从“力”开始展开其内容。但是，鲜有人提出像这样的具有哲学意味的问题，能量的基础是什么？或者说到底什么是能量？也就是说，我们必须给予“能量”概念以哲学本体论的回答。我们一般是通过效能的现象来认识能量的，从现象学来看，我们主要是从对于抵抗的体认来推想一种外在的自然实体，并通过仪器仪表的相互作用来测度这种效果的数量关系和相互转换关系。所以这些有关能量的操作，在现代科学都基于一个信仰——能量守恒。能量守恒并不如人们所想象的那样是现代科学家的发现和一个理论创举，它基于一个古老的信仰即“无中不能生有”，所有的“产生、变化、效果”都不能没有原因和所有的作用都不能没有一个结果。能量作为效能的概念在热力学第二定律中遇到了一点障碍，但

最后都在所谓的“熵”中以“无用的能量”概念得到了满意的解释。就从这样一点来看，本书要讨论的能量概念是和主体的形而上学思维相关的。回溯更久远的历史来考察人类对能量的认识及与能量的关系，借此反思今天的生活方式，为建设人类的绿色家园提出新的洞见是本书的主要议题。

柏格森在《道德和宗教的两个起源》中有这样一段话：

> 创造能量的洪流会冲过物质，从中获得它所能获得的东西。在许多时刻，它都会停顿下来；在我们眼中，这些停顿会被转变成为众多有生命的物种，也就是有机体的形象，在有机体中，我们从根本上说带有分析和综合特点的感知，会将大量的元素区分开来，这些元素结合在一起，可以发挥大量的功能；不过，组织过程只是停顿本身，这种单纯的作用非常类似于一只脚所产生的压力，可以同时使成千上万颗沙粒变成一个图形。①

对人类学家来说，柏格森这一段话的意涵可以在一个信仰图腾的民族的形而上学中找到相似的表达。涂尔干在《宗教生活的基本形式》中曾经提到达科他人中的一位智者阐发的一种形而上的思想：

> 当一切事物随时随地运动的时候，不时会停下来。当鸟飞翔的时候，会落下来，在一个地方筑巢，在另一个地方栖息。当一个人行走的时候，会在想停下来的时候歇脚。所以，神也已经驻足。灿烂美丽的太阳，就是神的驻足之地。月亮、星辰和风，也是神的驻足之地。所有的树木和动物亦是神的驻足之地，印第安人想到了这些地方，并将祈求神的人们送到了神的驻足之地，获得神的帮助和降福。②

对于熟悉中国古代建筑文化的学者来说，也可以在“风水”中看到这种能量循环与驻足的思想。在中国先人眼中，大地、山区、城市、乡村

---

① Bergson, *Les Deux Sources de la morale et de la religion*, 1958, p. 221.

② Durkheim, *Les Formes élémentaries de la religieuse.* 2e édition, 1925, pp. 284 - 285.

都是有“气”、能呼吸的活体，都有自己的经络血脉。[①] 风水一般认为出自晋人郭璞传古本《葬经》谓：“气乘风则散，界水则止，古人聚之使不散，行之使有止，故谓风水，风水之法，得水为上，藏风次之。”古人对风水的阐述遗留了丰富的文献，明代徐善继、徐善述总结前人论述，在《地理人子须知》中写道：“地理家以风水二字喝其名者，即郭氏谓葬者乘生气也。而生气何以察之？曰，气之来，有水以导之；气之止，有水以界之，气之聚，无风以散之；故曰要得水，要藏风。”随着风水理论的发展对中国建筑城镇的选址布局产生重要的指导意义。《大学衍义补》云：“自古建都之地，上得天时，下得地势，中得人心，未有过此者也”。“法天象地”，追求天、地、人之间的和谐，将阴阳五行、天象四灵，《易经》卦象等用于建筑与城市的布局和命名，是中国古代一种独特的建筑文化。对于以“风水”为名的中国本土地理学，北京大学于希贤教授认为是中国人特有的关于天、地、人之间关系的思维模式。它有基于中国传统哲学观念的一整套的理论体系，侧重于城镇、乡村聚落、民居宅院的规划、选址布局等。正如当今医学可分为西医和中医两大系统，中国本土地理学就相当于医学中的中医系统。[②] 黄建军认为：中国的城市化、城市现代化正以日新月异的速度发展，但由于低层次地照搬西方的城市规划理论，中国本土的优秀城市文化正在丧失，城市千篇一律，缺乏个性。城市的个性就是城市所蕴含的文化，就是地方性和民族性。[③]

中国古代的风水理论，蕴含了朴素的自然哲学思想，但又具有自身的民族特性。要看清这种民族特性，就必须比较于其他古代自然哲学体系；要看清它的朴素性，就要把它放到现代学理上来思考；要看到它所具有的启示性，就要借此反思今天我们在某些建筑与城市规划思想和实践方面的缺失。

与中国阴阳五行八卦的自然哲学思想相对应，是世界上广泛流行的“地、水、风、火”四大的自然哲学思想。首先我们看到的一个基本区别

① 黄建军：《中国古都选址与规划布局的整体思想研究》，厦门大学出版社2005年版，第6页。

② 于希贤：《中国传统地理学刍议》，《北京大学学报（哲学社会科学版）》1999年第6期。

③ 黄建军：《中国古都选址与规划布局的整体思想研究》，厦门大学出版社2005年版，第11页。

是，在中国的系统中，“阴阳”，或者说，“乾坤”、“天地”构成了上下（竖向）的基本对立，然后是五行或者八卦各种元素的平面循环系统；而在“四”大思想中，主要体现的是“地、水、风、火”由地到天的竖向分层。因此，中国系统强调元素之间相生相克的循环关系，而“四大”系统强调的是范畴之间的区别。可以下一个初步的结论，这也恰好反映了类似于中医与西医之间的基本区别，即前者侧重于综合，而后者侧重于分析。在思想基础上面，虽然我们还不能从文献上了解“四大”的由来，但它是建立在直观的基础上是很容易理解的；对于中国系统，其思想基础文献记载得相当清楚，《周易略例·明象》：“夫象者，出意者也。言者，明象者也。尽意莫若象，尽象莫若言。言生于象，故可寻言以观象，象生于意，故可寻象以观意。意以象尽，象以言著。”说出了“知的直觉”与“智的直觉”相融通的思想方法。

至于风水理论的朴素性，我们可以轻易看到，虽然有各派学说调和与融通，五行与八卦之间的转换关系在逻辑上的链接上并不是那么干脆利落，这也体现出“象”思维的象征意象性要强于其逻辑演算性。实际上，这也只是相对于现代科学的演算性而言，《易经》历来被阐释为“象、数、理、意”的统一体系，也就是说意象的解读和数理的演算在《易经》中是相结合的。风水术就根据这两方面分成了两大流派：其一是基于意象解读的“形式宗”；另一是基于数理演算的“理气宗”。结果是，形式宗最后流行大江南北，理气宗日渐式微。无疑，五行与八卦在逻辑的转换上是有裂隙的，在机械演算的客观性方面是不严密的，但形象思维强调的是一种直觉的领悟，正如荣格所说，逻辑思维是可以用文字表达的，它叙述直接，犹如一场对话。而类比的或富有想象力的思维，则是敏感的、象征的和深沉的，它不是普通的对白，而是一种通古达今的本体反思，是一种心灵深处的波动。正是这一点，宗教大师，道德启示者和伟大艺术家以他们的灵性为人类文明提供了独特的成果。

二　本体论与主体性

反思至此，象思维和理性演算还牵涉到一个更根本的问题——一个认识论和本体论相关联的论题。在西方学术传统中一直在思考感性与理性之间分割的困局，以及知识的主观性与客观性的问题，现象学哲学更是把这一问题集中到了焦点。以我们所熟悉的物理学来论，“质量、能量、力”甚至“时间与空间”到底指什么？这些问题并不像我们原初想象那样简单。奎因（Willard Van Orman Quine）把这一问题总结为“现象主义”和“物理主义”的对立。奎因明确表示了他的现象主义倾向，他说：在各式各样的概念结构中“有一个概念结构，即现象主义的概念结构，要求认识论上的优先权”。因为现象主义是“适合于一件接一件地报道直接经验的诸概念的最经济的集合”，“属于这个结构的东西……是感觉或反省的个别的主观事件”。作为现象，它们是直接经验的对象，是直接被给予的存在，而不是被设定的、被引进的东西，因而在认识论上是在先的、更根本的。物理对象则不是在经验中被直接给予的东西，而是作为“方便的中介物”被“引进”的，是一种为了理论简化的需要而“不可简约的设定物”，无论宏观物理对象还是微观物理对象，都是如此。就认识论的立足点而言，物理对象与荷马史诗中的诸神一样，都是“神话”和“虚构”，不过“它作为把一个易处理的结构嵌入经验之流的手段，已证明是比其他神话更有效的”。如果如奎因所言，物理学概念的意义来源以及它的客观性就成为了严重问题。针对这一问题，卡尔纳普在《世界的逻辑构造》一书中企图把关于世界的一切陈述都还原为关于直接经验（“原初经验”或“经验流”）的陈述，从关于原初经验关系的基本概念去定义一切其他概念，从而把整个世界加以“理性的重构”。奎因对这种还原持有异议，他在《论何物存在》中说：“要把关于物理对象的每个语句不论通过多么迂回复杂的方式实际上翻译为现象主义语言，还是不可能的。”① 同时，奎因强调，物理主义的概念结构虽然也可以把现象主义的“真理”、把感觉材料“作为一个分散的部分包括进来”，但是感觉经验在那里是从属于、依附于物理对象的，因而失掉了认识论上基本的、在先的地位，这是不能接受的。所以奎因不得不从实用主义出发得出这样的结论：本体论问题“不是关于事实的问题，而是关于为科学选择一种方便的语言形式，一个方便的概念体系或结构的问题”。而当奎因按照现象主义的路径不断深入

① ［美］威拉德·奎因：《从逻辑的观点看》，江天骥、宋文淦、张家龙、陈启伟译，上海译文出版社1987年版，中译本序第9页。

之时却走进了另一个死胡同，他在1953年《论心理的东西》一文中断然宣称："纯粹的感觉材料这个概念是一个极其空洞的抽象"，再次确认"唯名论的纲领"是"极端困难的"。

感性和理性（结构形式）之优先性与基本性的问题贯穿了整个唯名论和实在论之间的争论。我们可以从康德的一段著名论述受到启发，他说：感性无知性形式则盲，知性形式无感性则空。也就是说，在康德看来，感性与知性形式是形成经验两大互不可归约的因素。笔者曾经论述，感性无所谓真假，即无所谓客观性，我们可以很容易地设想，蛆和我们对于粪便的感受是不一样的，就人类本身来说，色盲者和我们对颜色有不同的看法，说得更绝对一些，我永远无法证明我所说的红色是不是刚好是你体验到的绿色。因此，客观性的判断是需要借助于一个形式结构的。但这还没有真正切入话题，我想举这样一个例子来说明问题：通过回忆我们知道，婴儿会哭会笑，但却不知道在哭在笑，是何缘由？这是因为婴儿和动物一样有感性反应，却没有诸如"时间、空间"之类的知性形式把它展开和表象，因而也就不能把感性进行反思，这正是极端唯名论的困局。所以我们得出结论，结构形式不但是客观性的先决条件，也是人之为人及产生经验的先决条件。如康德所说，先验综合是经验之能成为经验的先决条件。现在剩下的问题是，我们何以能理解这些并非出自感性的结构形式？也就是如几何学的先天性之类的问题？

胡塞尔指出，几何学（我们把所有那些探讨在纯粹时空性中得到应用的数学存在形式的学科置于这一名称之下）上的存在并不是心理上的存在，它不是个人的东西在个人意识领域之中的存在；它是对"任何人"（对现实的或可能的几何学家，或对任何懂得几何学的人）都客观地存在。对于这里所涉及的"观念的"客观性，胡塞尔进一步表达："在同一性的意义上，几何学在欧几里德'原来的语言'中和所有的'译本'中都是相同的；不管它如何经常地从原本的口头言说及其书面记载出发，以感性的模式，在无数的口头言说或文字的以及其他的存储物种得以表达出来，它在某种语言中依然是同一的。感性的表达在世界中具有一种时空的个体化过程，这就像所有的物体事件或所有那些在物体中得到具体化的东西一样；但是，我们在这里称之为'理念的对象'的精神形态本身却并非如此。"[①]可是，语言的肉身化如何从纯粹内在的主观性出发产生出客观之物呢？因此，和所有思考这一问题的人一样，理念是作为超验的主体性而达到客观存在的，这种对理念意义的领会必须依赖于一个灵性世界的存在。按照这一思路，我们就能把个体经验的知解与对理念的理解区别开来，依个体的知解联系与主观感性经验是心理的而言，理念就是一种共在的结构形式为这种个别性的经验描述提供可以理解的架构。对胡塞尔而言，理念的超越性不只是针对个人，而且针对作为文化现象的人群，所以"虽然世界观也是一个'观念'，但却是一个处在有限之中的、在个别生活中以不断接近的方式而原则上可实现的目标的观念……世界观的'观念'对每一个时代来说都是不同的……相反，科学的'观念'则是超时间的，……科学是一个标识着绝对的、无时间的价值标题。……并且它显然也会立即对教化、智慧、世界观以及世界观哲学这些观念的质料内涵产生规定性的作用"。在胡塞尔看来，只有古希腊的传统观念最后导向了科学的无限性。胡塞尔在此离开了他的现象学还原的一贯做法。实际上，几何学及科学注定要在无限性上碰壁。我们不能忘记康德在《纯粹理性批判》中的著名论断，由于理性在用之于超验的实体（无限性）方面存在二律背反，所以其效用只能限于整理知性的日常经验；并且，理性在直接感性经验上没有根基，理性命题在论断超验实体中又只是一种二律背反的幻想，所以，理性只具有工具的意义。几何学也不能忘记其测量学的肉体出身，在根本上，其基础也是二律背反。以几何学的基本概念"直线"和"园"而言，是基于以下基本命题：单纯的一条直线，它体现了时间的单纯同一性；而这个无限延伸的线就和无限延展的时间一样本身是一个矛盾的东西，在知性中终究不能把握的虚无的东西，这样就回到通过一个中心点的统一，既肯定它的单纯同一性又否定它的无限延伸，这就是一个圆形。圆形是在有限当中结合了无限，因此它和有限的直线段形成一个矛盾，化方为圆就是一个永远无法完成的过程，π 的无理数的性质反映了直线与圆的根本矛盾。如前文所诉，直线概念与圆的概念终究不过是一个两

① ［法］雅克·德里达·胡塞尔：《几何学的起源》引论，方向红译，南京大学出版社2005年版，第129—130页。

蛇自反相咬的莫比乌斯环神话。①

理性的真理是离不开现实的目的性，实用主义哲学表达了这一观点的精髓。既然理性真理（理解）和知性真理（知解）都基于经验现实，它们的区别何在？它们的区别并不在于所谓原初经验和抽象形式之间的区别。如上文所论述，没有结构形式综合的所谓原初经验是不存在的。因此，笔者曾经参照叔本华的意志概念，把意志作为主体性的元动力，并且进一步区别了生存意志和自由意志两个基本范畴。把生存意志作为感性来源的形而上基础；而把自由意志作为形式来源的形而上基础——其本质是主体展开的维度及与之相联系的主体自由表象的能力。知解是指当下的被给予的经验，它是由生存意志产生的感性和自由意志的知性形式共同作用完成的；而理解的区别在于，它是脱离于当下经验的，在自由意志中对诸种表象的反思性联结，这种联结不应看成是由感性为基础机械性地被决定的，而是联系于主体的自由性——主体的维度。柏拉图说，理念只能被发现而不能被创造，这是对的；但这种几何学般的纯粹客观性以及可机械遵循的形式演算抹杀了真实内容。现象学还原应当得出这样的结论：作为内容的感性其超验性质并不亚于抽象的结构形式。实际上，感性的神秘性是在知解的日常经验（以生存意志为主旨的感知活动）中被抹杀的——感性成为了客体实在。而当主体摆脱这种日常知见，在自由意志中反思感性的神秘性质，把感性的外在性转化为与主体性相联系的超验事物，感性也就变成了一种玄象，在这种对于“实象”的体悟中主体停止了日常经验的感性反应性和理性理解的目的性，主体由此从知解、理解而进入悟解的灵性世界。这也成为从实用主义通达审美境界的一般途径，审美境界就是“悟”，就是纯粹的主体性。

三　能量、环境与可持续发展

经过这一番自然哲学最后到达美学的探讨，我们再回首来看能量与人类环境的问题，就会见到一幅新的景象。笔者这里要讨论的不是工具理性

---

① Yifeng Wen, *The Fundamental Conception and Theory of Natural Philosophy: A Mega - theory of Green Building and Eco - homeland*, Applied Mechanics and Materials Vols. 71 - 78 (2011), pp. 4701 - 4709.

的技术问题，而是更根本的价值问题。《易经》云："裁成天地之道，辅相天地之宜。"意思是说，自然界提供了人类生存所需要的一切，而人需要"裁成"、"辅佐"自然界完成其生命意义，这样也就达成了人的生命目的。

这是中国古人对这一议题具有形而上意味的表达。再来看现代人对这一问题的基本思考和相关结论。"可持续发展"在今天变成了一个万能的词汇。1990 年伦敦《共同的遗产》宣称："可持续发展"的概念为人类的一切活动提供参考，它强调全面提高生活质量，在不断地从自然界中获取资源的同时避免对自然环境的持久破坏。1987 年最早关于可持续发展的定义是这样写的："可持续发展，即发展既能满足当代人发展的需要，又不危及后代满足自身发展的需要。"① 这个定义非常模糊，"需要"是如何定义？有没有可用作标准的参考？什么是真正的"需要"，什么又是"过度需要"（superfluous）？它们又都是如何衡量的？②

经济学把人的需要分为对农产品和工业品的需要，从产业角度分第一产业、第二产业和第三产业，但这并没有从主体的本体论角度阐发出人类需要的本质。人类学家利奇总结说，人类的社会交换观念由两大部分组成：其一是强调族群与社会层次之间价值—资源交换的多种类型。其二是强调符号和隐喻（意象）世界的结构性两元之间沟通和互补性。③ 在这个结论中，就涉及了对人的本体论的思考。参照马斯洛的描述性的需求层次理论，进行本体论的逻辑改造：人存在的三个层面：（一）自然人；（二）社会人；（三）精神人。因此，人有：

（1）物质肯定的自然生理需求——器物生产；

（2）他人肯定的社会文化需求——符号交换；

（3）自我肯定的精神审美需求——意象创造。

以上的结论基于这样一个基本命题：如果说，物质动力在于物质场域时空关系势能梯度的质量互变性；那么，文化动力在于"人"作为

---

① 联合国世界环境与发展委员会：《我们共同的未来》，牛津大学出版社 1987 年版。

② ［西］Miguel Ruano：《生态城市——60 个优秀案例研究》，吕晓惠译，中国电力出版社 2007 年版，第 5 页。

③ Leach，Edmund，*Culture and Communication*，Cambridge University Press，1976.

有限主体呈现外向性—内向性两方面匮乏的势能张力。[①] 而现代社会的弊病就在于过度关注人的外向性需求，而忽视了人的内向性需求。人类的外部生产，从能量和环境的命题上来说，是对自然能量循环的扰动。如果把“垃圾”定义为孤立于自然能量循环的物质碎片，某种意义上，人类的产品都是环境的垃圾。如达科他人的智者所说，自然生命形态是“神的足迹”；那么“生态足迹”的概念形象地说明了人的活动所造就的这种负面影响。更严重的问题是，在为增长而增长的经济学思维模式下，我们人为地创造了很多“垃圾需求”：本来作为身体本身的需求是刚性而且是有限的，但通过不当的宣传鼓动造成了很多非理性的物质消费，很大程度上可归于文化价值观的偏差和人性的弱点如虚荣心的满足。而虚荣心在本体论的意义上正是主体内向性匮乏的表现。因此，过度需要即指产生了垃圾需要，因为它是一种内部匮乏而引起的外部替代物，在本质上来说，它产生的是心灵内部能量循环之外的垃圾碎片。至此，本书的主旨逐渐清晰，就是要在对于能量概念进行哲学反思的基础上，在文化价值观的视野下，从古代的建筑思想中，来寻求对于今天环境论题的启示。

“能量”概念较之于几何学诸种概念有更明显的肉体出身，对“能量”的理解离不开我们的身体对效果的体认，但这并不妨碍我们对“能量”进行形而上学的反思：能量的源泉在于光与物质的对立统一。能量归根结底可归为：“物质”与“光”统一的内能——水的构形能力；“物质”与“光”对立的外能——火的运动能力。正是这种光与物质之间对立统一的抽象关系可定义为“以太”，借此创造了各种形式和传递了各种效能。水和火是在具体性里面结合着抽象性（光与物质的对立统一）；风和地则是具体实现的光和物质：“风”是外在之光，正如“风光”一词所指风与光有亲缘关系，光作为纯粹的光既无光明也无温度，它须与“风”相互映现，“风”是具体化了的光，是万物的显现与征兆；“地”是内在之光，与物质有亲缘关系，是具体化了的物质，是万物充分成形的现实

① Yifeng Wen, “Research on Framework of Urban - Rural Spatial Structure and Morphology Based on Cultural Theory”, *Applied Mechanics and Materials*, Vols. 71 - 78 (2011), pp. 4689 - 4700.

性。有机物就是各种自然元素作用的总体，是“地、水、风、火”的聚集。①

中国古代地理术“风水”其实质就是要寻找“地、水、风、火”聚集的“生命”之地，即寻求自然元气的“结穴”之地，“神的驻足”之地。自然元素的“循环”与“结穴”是“风水”的两大核心观念。结穴是“浓缩”的循环，是循环的“结晶”，是生命力的凸显。风水中的人居环境观的原则可总结为：要尽量少地干扰自然的能量循环，而要尽量地利用自然元素聚集本身的能量。给予我们的启示是，按照这样的原则，人类的文明之花才会开放得健康鲜艳。

风水是和道家的自然观一脉相传的，在总的原则上和工业化生产和生活方式是有异趣的。在近代，有些“保守”的大臣对修筑铁路等洋务运动工程持反对意见，其理由就是破坏地脉风水。这种态度可以在庄子那里找到典型的思想源头。庄子是这样表态的：对于“技巧”不是我不能为，而是我不为也。实际上，这里说出了一个关键问题，对自然我们不能仅仅采取一种实用主义的工具论态度，通过一种灵性的转变，我们和自然的关系可以是一种精神性的审美关联。由于建筑与城市是全面地与人类文化和价值观相联系的，我们必须超越经济地理学工具论的单一维度。在这个意义上，以风水等理论为代表的中国古代建筑思想是一个有丰富层次的体系，即营建有器物层面、符号层面和意象层面。《旧唐书·天文志》云：“建邦设都，必稽玄象。”中国古代建筑的法天象地思想，可以从基于实用主义的巫术方面得到一定的解释，但这并不是最重要的方面，而是在于意象的生产在满足于人的内在需要方面的基本重要性，这也是在整个古代世界中神话所发挥的作用。如荣格对文化的研究所指出，神话是人类社会不可或缺的要素，它不是从物质需求中派生的，而是基本的，它是人之为人的一个维度。正是这种内在的满足，减少了外在的盲动。这是笔者从古人思想中，发掘出对人类可持续发展，从主体的本体论出发来思考问题所得到的基本启发。

---

① Yifeng Wen, “The Fundamental Conception and Theory of Natural Philosophy: A Mega - theory of Green Building and Eco - homeland”, *Applied Mechanics and Materials* , Vols. 71 - 78 (2011), pp 4701 - 4709.

四 结语

深感于我们发展到今天所面临的困境，不得不做出一个结论性的思考。人存在的维度的展开在于两方面：一是外部探索，另一是内部探索。对于今天的人类来说，物质生活的困境并不是主要问题，而是“过度的物质生活产生了问题”的问题。西方现代的技术文明，即强调一种产生即刻效果的工具理性，发展到今天的事实证明，长远性、宏观性、整体性往往成为其盲点。不管技术如何改进，从哲学角度看，终究是一种对自然的“扰动”，一种“造作”。利克沃特说：亚当建房，就和为生灵起名一样，首先是一种圣俸转拨（模仿上帝的创造）行为。[①] 这是对的，从神学的角度而言，亚当建房不是为了遮风避雨，而是人之为人不能无所事事。但循着这一思路继续前进，内在的充实才是其根本旨归，归根结底，人的幸福与否是一种心灵感受，一切实在终究是心灵的实在。

---

① Rykwert, *On Adam's House in Paradise: The Idea of the Primitive Hut in Architectural History*, New York: Museum Art, 1972, p. 190.

下　　篇

广东三祖庙的
历史、民间宗教文化
及建筑艺术研究

序　言

广东古建筑艺术的代表——广东三祖庙（德庆龙母祖庙、佛山祖庙、广州陈家祠）同处于广东广府民系文化的区域中。位处中国南方的广东，是一个相对独立的地理单元。横亘广东北部的南岭，不仅是一条自然地理的分界线，也由此产生一条文化类型的分界线。孕育、发生、成长于这条分界线以南的岭南文化，具有很多异于岭北的文化特征。曾昭璇先生就曾根据中国大的地理特征，概括中国大致可分为三大文化地区，即一为蒙古草原游牧文化地理区，二为华夏季风农业文化地理区，三为岭南热带海洋文化地理区，给予岭南文化以突出鲜明的地位。

司徒尚纪在《广东文化地理》一书前言中认为，以岭南文化为底本，与中原文化、楚文化、吴越文化、巴蜀文化，以及外来各种文化长期交流、整合而成的一种区域文化或者亚文化，[①] 相比于上述基本可合称为华夏文化的区域文化而言，更有其自成格局的独特性。处在岭南的广东，在唐至元间逐渐形成了广府、客家、福佬三大民系。“广府”既是历史地理范畴，也同是社会文化范畴。客家学研究的开拓者罗香林教授提出“民系”概念，之后“广府”一词也被用于称呼岭南地区使用粤方言的汉民系。文化是民系认同的标志，三种民系使用不同的方言，也形成了各自相对独立的文化类型。[②] 广府系主要分布于河谷平原、三角洲平原、山地丘陵以及河口近岸、海湾等多种地形，这也构成了广府文化复杂性的地理前提。广义的粤方言广府地区又可分为广府、高廉、罗广、四邑四个片区，其中人口最多的广府片区分布在今天的广州、佛山、肇庆、东莞、中山、

---

① 司徒尚纪：《广东文化地理》，广东人民出版社 1993 年版，前言第 1 页。

② 司徒尚纪：《岭南历史人文地理》，中山大学出版社 2001 年版，第 29 页。

珠海、深圳、清远、云浮、龙门等县市，还包括香港、澳门和韶关的局部，[①] 此即狭义的“广府”。广东三祖庙在地理上同处广府区域，甚至是地理上的粤中“广府”文化区，但实际上又处在有较大差异的不同地理区域，再考虑到岭南文化历史发展脉络本身的复杂性，因此很难用一种广府文化类型来概括广东三祖庙的文化现象。

人文地理学奠基人拉采尔（F. Ratzel）认为，自然对个人以及通过个人对整个民族的体质和精神的影响是起决定作用的。他在《人类地理学》一书中，特别强调地理环境决定人的生理、心理及人类的分布，社会现象及其发展过程。拉采尔的“地理决定论”忽视人的主体地位，有待商讨的地方，但首先从自然地理环境来谈文化，仍然是一个方便的逻辑起点。地域条件包括地理区位和地理环境，一般而言，乃是文化产生和发展的基础。

《礼记·王制》说：“广谷大川异制，民生其间异俗。”《汉书·地理志》曰：“凡民函有五常之性，而其刚柔缓急，声音不同，系水土之风气，故谓之风；好恶取舍，动静之常，随君上之情欲，故谓之俗。”司马迁在《史记》中将不同文化区的文化特征与地理环境的关系做过生动描述：关中丰镐一带民有“先王之风，好稼穑，殖五谷，地重，重为”；中山一带地薄人众，“丈夫相聚游戏，悲歌慷慨”，“女子则故鸣瑟，跕屣，游眉高贵”；邹鲁俗“好儒，备于礼”，“地少人众，俭啬，畏罪远邪”。

《史记》曰：“番禺负山险，阻南海，东西数千里，颇有中国人相辅，此亦一州之主也，可以立国。”[②] 广东地处中国南疆，北枕五岭，南濒南海，是一个相对独立的地理单元。北枕的五岭，在交通工具不发达的古代，是一道难以逾越的巨大屏障，造就广东相对于岭北较封闭的地理区位。唐代以前，中原人对岭南知之甚少，称之为“蛮荒”、“徼外”之地。而南面的大海，使广东形成一种既封闭但又开放的态势，广东恰好处在我国南海航运枢纽的位置上。生活在岭南的古越人很早就驰骋于这片广阔的海洋里。随着航海、造船技术的进步，岭南人不断凭借海洋，迈出国门，走向世界。

① 参见《广州市志》十七卷。

② 《史记》卷一一三《南越列传》，中华书局1982年版，第2967页。

斯大林认为："民族是人们在历史上形成的一个有共同语言、共同地域、共同经济生活以及表现在共同文化上的共同心理素质的稳定的共同体。"[①] 民系是指民族的分支。从构成民族的各种要素看来，民族和民系是和文化内在相关的，民族是指特定的人群实体，而文化就是指特定人群实体在与自然的相互作用中表现出来的特定品质。相对封闭的岭南地区，使之保持极多的土著文化，成为后来与不同外来文化交流、整合为不同的文化支系——民系文化的基础。南岭不是一条山脉而是一群山地，中间可供往来的通道颇多，又便利岭外居民南迁，带来中原文化、荆楚文化、巴蜀文化、吴越文化等地域文化，与岭南土著文化交流、整合，不仅发展为具有共同特征的岭南文化，而且由于交通线分布不同，岭外居民来源不一，以及土著文化差异等，对民系形成和岭南文化区域分异作用较大。[②] 人类的迁移不仅是单纯的空间位移，也不仅是一种简单的地域与环境的适应，而且是一种文化的转移，甚至有可能进一步发展为新的文化，形成新的语言风俗、家庭制度、经济方式、宗教信仰、文学艺术、历史传统等。

岭南民系文化的形成打上了所处自然地理环境的烙印。在平原沼泽或河流三角洲地区，逐渐创造出稻作文化，住干栏建筑，嗜食水产，以龙、蛇为图腾，以及流行以水为主题的风俗、神话传说等，广府系即属此民系文化；较后进入岭南地区的移民，深入交通闭塞的山区，山多田少，群体相对分散势力薄弱，与土著居民时有冲突，为适应这一环境，他们开垦山地梯田，以聚族而居的村落和大围屋为居住建筑形式，此即客家系及其文化特征；定居于沿海平原或三角洲的那部分居民，在人多地少、粮食不足的情况下，一方面在有限的土地上精耕细作，尽可能养活更多的人口，另一方面注重海洋开发，捕捞、养殖水产，发展海上运输和贸易，形成以亲海冒险为特色的海洋文化，粤东福佬系即为这种文化的载体之一。[③]

先秦时期，在岭南生活着统称为"百越"的土著居民，臣瓒注《汉书·地理志》曰："自交趾至会稽七八千里，百越杂处，各有种姓。"其中岭南主要有南越、西瓯、骆越、闽越系。这些土著人建立起部落形式的

① 《马克思主义与民族问题》，载《斯大林全集》上，人民出版社1979年版，第64页。

② 司徒尚纪：《岭南历史人文地理》，中山大学出版社2001年版，第3页。

③ 同上书，第4—5页。

土邦小国，如在今清远的阳禺国，博罗的符（傅）类国，两广交界的苍梧国和西瓯国，琼雷地区的儋耳国和雕题国等。大抵到唐宋时代，这些越人先后融合于汉族，成为不同民系的一部分。如在珠江三角洲、西江、北江和桂江流域的越人发展为广府系，在粤东内地和粤东北的越人被融合为客家系，在粤东沿海和琼雷沿海的越人演变为福佬系，未被汉化的那部分越人，则发展为壮、黎、瑶、畲等少数民族。

根据西江、北江和桂江流域考古和先秦文献记载，通常认为今广府系居地，先秦时期主要生活着南越、西瓯和骆越人。南越（粤）在西周已作为一个族体形成。据《越绝书》说，越人呼海为夷，“越”与“夷”同义。有论者认为“越”字指水亦指海，越人就是水上人家之义。[①] 近人刘师墙在《古代南方建国考》中认为：“故凡山林险阻之地，均谓之瓯。南方多林木，故古人均谓之瓯，因名其人为瓯人。”[②] 明朝欧大任《百越先贤传·自序》：“泽呼宋旧壤，湘漓而南，故西瓯也。”据此，西瓯人分布地望在桂江和浔江流域，即今两广交界地带。西瓯人以龙、蛇为图腾，是与水网环境分不开的。《逸周书·王会解》：“瓯人殚蛇。”不少论者认为瓯人即崇拜龙蛇之人。后世龙母庙遍布西江流域大小河川，这位龙母实为母系氏族首领的化身。[③]

秦三十三年（前214）统一岭南，主要在西江、东江、北江流域建立郡县，实行统一的国家封建统治；同时，这也是一次有组织的移民。除了军人，还有“捕亡人，赘婿，贾人”，以及秦始皇特许1.5万名未婚女子等，他们是广府系最早的一批外来移民。秦在岭南推行的一系列政治、经济制度也主要影响着建置郡县的地区，如南海郡属下的番禺、博罗、四会、龙川，桂林郡属下布山、中留，象郡属下临尖等。秦开灵渠以来，湘桂走廊长期为南北交通要道，中原移民大批于此落籍于西江流域。唐开大庾岭道后，五岭交通重心东移，大庾岭梅关下南雄珠玑巷，成为中原移民南下广东的重镇。宋代经珠玑巷南下迁民，多为有组织的群体迁移，并得到官府的支持帮助。这种方式利于人口集中和聚落建设，加强了居民的内

① 参见《徐松石民族研究著作五种》，广东人民出版社1995年版，第474页。

② 转引自黄玘璠、黄增庆《壮族通史》，广西民族出版社1988年版，第36页。

③ 司徒尚纪：《岭南历史人文地理》，中山大学出版社2001年版，第19页。

聚力和认同感，体现在建筑上，就是各种神庙祠堂盛行，故后世有“顺德祠堂南海庙”之谓。这些移民多有资财，加上广州、佛山等地区本身水路交通、政治经济方面的优势，促进了珠江三角洲城镇体系以及相应的市民社会商业文化的建立和繁荣，这也是广府文化的一个特点和优势所在。

唐宋大量移民入岭南，使中原汉语对粤方言产生更进一步的影响，粤方言在唐代就日趋成熟。但宋代在中央王朝强干弱枝政策影响下，粤方言朝着与中原汉语差别越来越大的方向发展，不但很少接受汉语，而且大量吸收当地少数民族语言以及各种外来语言词汇，使之更具有方言特色。粤语的成熟定型被有些论者认为是广府系定型成熟的最主要标志。[①] 宋代由于以一姓一族为单位从岭外迁入岭南，少数民族或汉化或他迁，形成汉移民地域集中分布的格局，从经济与政治关系发展而来的地缘关系代替了民族的血缘关系，最终导致民系的形成，在珠江三角洲和西江流域联成一片，此即为广府系。

“广府”一词，《隋书·地理志》谓南朝梁、陈时“并置都督府”；唐武德四年（621）在岭南置广州、桂州、容州、邕州、安南五个都督府，皆隶于广州总管府。但简称为“广府”则始见于《明史·地理志》：“广州府，元广州路，属广东道宣慰司，洪武元年（1368）为府。”“广府”一词逐渐代表一种民系文化。

明末清初掀起中国历史上最后一次移民高潮。广府系得益于珠江三角洲经济崛起和广州作为全国唯一的对外通商口岸，吸引更多外来人口与融合外来文化而日益发展壮大，成为岭南最大的民系族群。据有珠江三角洲和西江河会平原的广府地区，明清由于大量围垦江海滩涂而成为新的粮仓。自明中叶以来，三基农业在三角洲兴起，出现甘蔗、蚕桑、水果、鱼虾等专业性生产和地域分工，建立起发达的冶铁、制陶、纺织、陶瓷等手工业，促进形成了广州、佛山、陈村、石龙这样的城镇体系，使这一地区商业经济远超越于其他民系相对自给自足的家庭式小农经济之上。

在宋代以前，岭南的政区中心型城镇绝大多数在广府地区。先秦时期，岭南尚处于部落或部落联盟社会，迄今也无证据表明出现过城市，即

① 司徒尚纪：《岭南历史人文地理》，中山大学出版社2001年版，第29页。

使起源很古的广州当时也只是一个滨海渔村。虽然先秦广州有“五羊城”、“南武城”、“楚亭”等名称，但传说色彩甚重。建城确定年代为秦始皇三十三年（前214）统一岭南，番禺（广州）成为南海郡治所和番禺县治所。秦在岭南建立三郡八县。此后历代郡县数量有所增减，主要分布在西江、潭江流域和高雷地区，次则粤北，粤东则极为个别，形成粤中、粤西和粤东的强烈不平衡。

佛山的崛起是改变明清时期珠江三角洲乃至两广地区城镇体系格局的重要事件。佛山肇迹于晋，宋代发展为市镇。志曰：“乡之成聚，相传肇于汴宋。”[①] 元代陈大震《南海志》称为“佛山渡”。由于佛山扼西、北江之要冲，唐宋以前北江支流官窖涌是广州与中原地区联系的主要通道。宋代以后，官窖涌、石门水先后淤涸，佛山涌取而代之，成为“入府孔道”，佛山一跃居“扼省之吭”的咽喉地位。[②] 大致在明朝初期，佛山逐渐发展起来，附近乡村有不少冶铁工匠向佛山集中，建立起作为其经济支柱的冶铁业。明中叶，珠江三角洲商品经济有很大发展，澳门港崛起，使内外进出商业贸易兴旺发达，大量贸易货物须经过佛山流向西江、北江广大地区。到景泰年间（1450—1456）佛山“民庐栉比，屋瓦鳞次，凡三千余家”[③]。明末“生齿日繁，四方之舟车日以辐辏”。[④] 清初到鸦片战争前，佛山进入全面繁荣期，手工业硕果累累，冶铁工人两三万人，石湾成为综合性陶瓷基地，纺织业也极为兴盛，产品行销国内外市场。时人称“佛山一埠，为天下重镇，工艺之目，咸萃于此”[⑤]。康熙初年“四方商贾之至粤者，率以是为归。……桡楫交击，争沸喧腾，声越四五里，为郡会之所不及者”[⑥]。佛山商贸地位已超过广州。乾隆时期佛山“鳞次而居者三万余家，举镇数十万（人）”，[⑦] 跻身于“天下四大聚”。清代佛山设有

① 乾隆《佛山忠义乡志》卷三。

② 道光《广东通志》卷一二六。

③ 广东社会科学院等编：《明清佛山碑刻文献经济资料》，“佛山真武庙灵应祠记”，广东人民出版社1987年版，第3页。

④ 《重修灵应祠记》崇祯十四年（1641）。

⑤ 彭泽益编：《中国近代手工业史料》第一卷，生活·读书·新知三联书店1957年版，第590页。

⑥ 道光《佛山忠义乡志》卷十二。

⑦ 乾隆《佛山忠义乡志》卷一。

除东北以外的十八省会馆，还有外国商馆，佛山籍商人也遍布全国。佛山与广州一起组成了一个以两地为中心，连接珠江三角洲以及东南数省，沟通国内外的巨大经济网络。

文化景观（cultural landscape）是景观学也是文化地理学的一个概念，主要指由于人类活动有意识地改造自然环境所形成的地表文化形态的地理复合体。[①] 卡尔·索尔（C. O. Sauer）提出文化景观是“附加在自然景观上的人类活动形态”、“一个特定的人群，有它特有的文化，在它长期活动的地区内，一定会创造出一种适应环境的地表特征”，因此“文化是动因、自然条件是中介，文化景观是结果”。[②] 在这个意义上，广东三祖庙就不只是三座孤立的建筑物，而是代表了在特定地理区域内有某些相关性的几类文化景观。

广东三祖庙均处于广府系文化区域内，龙母祖庙处于西江流域德庆悦城的两河交会之地；佛山祖庙处于“天下四大聚”的佛山镇中心；陈家祠则位于广州城的西关。作为同一民系文化内的三个祖庙，它们自然有着相应的联系，但由于不同的地理区位、代表不同的时代背景和与其相应不同的祭祀圈层，三个祖庙又有各自显著不同的特征。

---

① 左大康主编：《现代地理学辞典》，商务印书馆1990年版，第729页。

② 谢觉民主编：《人文地理学的演变和发展趋势》，载《人文地理笔谈——自然·文化·人地关系》，科学出版社1999年版，第20页。

第一章　龙母祖庙

悦城龙母祖庙坐落于广东省德庆县悦城镇境内的西江河畔。西江发源于云南东部沾盖县的乌蒙山区，主流是南盘江和北盘江，从云贵高原直下两广。[①] 从广西梧州放舟沿西江而下，船行 79 公里便是德庆县城，再行 50 公里但见青山叠翠，三江汇流，船只穿梭，岸边房舍错落，这就是悦城镇，龙母传说就发生在这里。[②] 悦城镇，德庆县辖镇，在县城东南部。镇驻地唐天宝元年（742）为悦城县治。清代名水口圩，因处悦城河与西江汇合口而得名。宣统三年（1911）后称太平镇，后复称悦城圩。[③] 悦城河，原名程溪、程水，悦城即是悦程。悦城一名见于史籍，最早在东晋穆帝年间（362），当时在晋康郡设置 14 个县，其中便有悦城县。因和龙母传说的关系，县名不称程水县而改称悦城（程）县。当时龙母的故事已广为流传，龙母崇拜已在西江流域盛行。《诗》曰："彤管有炜，悦怿女美。"意思是：彩笔煌煌放光华，你的尽善尽美令人欢乐。朝廷设置新县，在"城"（程）字之前冠以"悦"字，取典"悦怿女美"以赞美龙母，又取"海内同悦"，"近者悦服而远者怀之"之意。[④]

从悦城河和西江相汇的水口离船登岸，拾级而上的高阜处，便见"有蔚然深秀，奕然辉煌者"，那便是四海朝宗的悦城龙母祖庙。中国有许多龙王庙，而唯独岭南西江一带，祭祀的是龙母娘娘。西江沿岸城市村

---

① 佛山地方志编纂委员会办公室编：《佛山史话》，中山大学出版社 1990 年版，第 15 页。

② 欧清煜：《龙母祖庙和龙母传说》，广东人民出版社 2005 年版，第 1 页。

③ 广东省地方志编纂委员会编：《广东省志·地名志》，广东人民出版社 1999 年版，第 431 页。

④ 参见欧清煜《龙母祖庙和龙母传说》，广东人民出版社 2005 年版，第 1—2 页。

镇，都兴建龙母庙。据统计，西江流域在民国时已有龙母庙数以千计。[①]这些龙母庙都以德庆悦城镇的龙母庙为祖，称为“龙母祖庙”，是所有龙母庙中最大最宏丽的一座。[②] 西江一带的人民，以龙母为其祖，称龙母为“阿嬷”。龙母祖庙平日香火不断。每年农历五月初八龙母诞，西江流域一带乃至港澳和邻近的南方各省地区，纷纷组团贺拜，一时间盛况空前，汇集的人数常达二三十万以上。[③]

1928 年，容肇祖先生在《民俗》周刊发表了《德庆龙母传说的演变》一文，可谓揭开了近现代以来龙母研究的序幕。龙母文化在岭南文化系统中有重要地位，龙母祖庙是龙母文化最集中的代表地。龙母文化涉及三个关键词，这就是“龙”、“母”和“祭祀”，下文试图从理论上对于它们的基本含义做一番阐释。

第一节　神话、祭祀与建筑

一　建筑艺术始于祭祀建筑

（一）释社

最初的建筑艺术可以溯源到人类定居的开始，也即“结社”。《说文解字》讲“社”，从示、土，指一块中央有祭祀的土地。人的定居意指在一定区域形成一定关系的一群人，祭祀活动是这一关系的表征。广泛考察古民居，孤屋外没有庙宇，只要是三五户以上的聚落，一般都有祭祀的公共庙宇，也就是说，必存在一种人与人之间的关系。那么，最初的人与人之间的关系是什么呢？是血缘关系。甲骨文“且”即“祖”，“且”字在战国演变为“祖”，指男性生殖之根及其崇拜意识，[④] 其抽象意义即作为氏族纽带的祖先崇拜意识。此时“社”即“祖”也。社在古时有各种名称，《墨子·明鬼篇》：燕之有祖，当齐之社稷，宋之有桑林，楚之有云梦也。郭沫若先生认为，祖、桑林、云梦、台、观等都是社的异称。他认

---

① 参见叶春生《龙母信仰与西江民间文化》（油印稿）。

② 吴庆洲：《建筑哲理、意匠与文化》，中国建筑工业出版社 2005 年版，第 292 页。

③ 参见梁伯超、廖燎《解放前的悦城龙母祖庙》，德庆县文化局油印资料。

④ 王振复：《中国美学史教程》，复旦大学出版社 2004 年版，第 25 页。

为“祖社同一物也”[1]。应是有道理的。

（二）释祭祀

祭祀对于现代中国人来说，已经是一个使用频率极低的词汇。然而，在不远的中国封建时代末期，祭祀都还依然是贯穿整个社会生活的大事。《左传》明确指出：“国之大事，在祀与戎。”祭祀是我们了解古代社会和文化不可或缺的关键词。祭祀必有祭祀的对象和祭祀的原因。没有神灵，没有对神灵的依赖、交感甚至是畏惧，就不会产生祭祀活动。

许慎撰《说文解字》开篇解说“一”：“惟初太始，道立于一，造分天地，化成万物。”“元”，始也，从一，从兀。“天”，颠也，至高无上，从一从大。“⊥”（上），高也。水平线上立一垂直线，形象地说明了最初的对立，所以上也写成“二”，代表最初对立分化后的“天”。《说文解字》说“示”，天垂象，见吉凶，所以示人也，从二，三垂日、月、星。凡“示”字旁的字符均与代表人神关系的祭祀活动有关。《说文解字》收录的“示”字旁的字符有65种之多，说明古人祭祀活动的复杂多样和重要程度。《说文解字》说“三”，天地人之道也。“王”，三画而连其中谓之王，三者，天地人也，参通之者，王也。“示”从二，《说文解字》中排序在“从三”的王之前，从词源学看来，在古人心目中，祭祀代表的“人神”关系是摆在人与人之间“君臣”关系之前的，前者是后者的基础。“示”和“帝”都从二，从“⊥”（上），古义帝应是天神或其代表，“示”就是取得上天的信息，这是祭祀礼仪的基本含义。

（三）释社、祖、丘

以上是从最初结社的观念意义上来考察，如果从体现这一观念的建筑形态来考察，它该是什么样子的呢？《说文解字》说：“⊥（上），高也。”从水平线立起一直线，克服重力。德国哲学家叔本华对建筑艺术有一段精彩的论述：“建筑艺术在审美方面唯一的题材实际上就是重力和固体性之间的斗争。”[2] 王增永先生提出社丘的观点：社的异称确实很多。如古时社坛形制如台，用土堆起，所以社又称冢或冢土。《诗·大雅·

---

① 详见《释祖妣》一文，存《甲骨文字研究》，大东书局1931年版。

② ［德］叔本华：《作为意志和表象的世界》，石冲白译，商务印书馆1982年版，第298页。

绵》：“乃立冢土，戎丑攸行。”传曰：“冢土，大社也。”《尚书·泰誓上》：“类于上帝，宜于冢土。”《司马法·仁本篇》：“山川冢社。”《尔雅》郭璞注：“冢土，大社。”丘与冢土都是社的称呼之一。《左传·宣公十一年》云：“晋人、宋人、卫人、曹人，同盟于清丘。”《左传·昭公十一年》云：“盟于清丘之社。”《庄子·应帝王篇》：“鼷鼠深穴乎神丘之下，以避熏凿之患。”王先谦集解：“神丘，社坛。”《楚辞·天问》：“何环穿自闾社丘陵，爰出字文。”《史记·封禅书》：“周显王四十二年，宋大丘社亡。”丘通于社。[①]

据胡厚宣先生说：“考甲骨文‘氏’……从土从人，人据土为氏也。”《左传·隐公八年》曰：“天子建德，因生以赐性，胙之土，而命之氏。”古《孝经纬》曰：“古之所谓氏者，氏即国也。此皆氏字古义。古之氏从土得名，无土则无氏。土者，即社也，即丘也。”[②] 凌纯声先生在《美国东南与中国华东的丘墩文化》一书中说：“丘之功用，为一社群的宗教、政治和丧葬的中心。大至一国，小至一村，莫不有丘，盖丘即社之所在。”综上所述，社、祖、丘三位一体。

二　国家的祭祀及其建筑文化

氏族、部类是人与人之间的天然联系组成的最初的社会关系，只是血缘关系的延伸。国家是超出这种最初关系的更高一级的社会形态。马克思认为劳动分工是国家产生的基础，在《德意志意识形态中》说道：“分工是从物质劳动和精神劳动分离才开始成为真实的分工。……物质劳动和精神劳动的最大一次分工，就是城市和乡村的分离。城乡之间的对立是随着野蛮向文明的过渡、部落向国家的过渡、地方局限性向民族的过渡而开始的……”[③] 黑格尔认为“国家是自觉的伦理的实体”，他把人与人之间的伦理看成是一个精神性的、活生生的、有机的生长发展过程，并把它的矛盾发展过程分为三个阶段：第一，直接的或自然的伦理精神——家庭。第

① 王增永：《华夏文化源流考》，中国社会科学出版社2005年版，第216页。

② 胡厚宣：《卜辞地名与古人丘居说》，载《甲骨学商史论丛初集》，商务印书馆1952年版。

③ 《马克思恩格斯全集》第3卷《德意志意识形态》一文，人民出版社1960年版，第35、57页。

二，市民社会——这是伦理精神丧失了直接或原始的统一，市民社会是作为独立的单个成员的联合，这种联合是通过成员分工后相互合作的需要，通过保障人身和财产安全的外部法律制度而建立起来的。依靠法律来维持市民个人特殊利益和公共福利与秩序，这种“市民社会”只能算是“外部国家”。第三，伦理精神通过分化、中介而完成的统一就是国家。国家是具体自由的现实性，是伦理精神充分实现、完成并回复到它自身的辩证统一。[①] 在个人—社会的二元对立中，国家是经过分化、充实后的，把外在性重新回到主体的内在性，比氏族、部落更高一级的统一。黑格尔说：“家神是内部和下级的神；民族精神（雅典娜）是认识自己和希求自己的神物。”[②]

（一）明堂——多功能的礼制建筑

雅典卫城是古希腊民主城邦国家观念的集中体现，明堂则是华夏文明统治阶层联合“国—家”两方面内容的国家观念的体现。为什么把体现这一最重要的国家观念的建筑物称为明堂，《玉海》卷九十五《郊祀·明堂》这样说：“孔子言宗祀，祀事以之明；孟子言行王政，政事以之明；《记》言朝诸侯，朝事以之明也。先王之祀，酒曰明水，食曰明粢，服曰明衣，皆神之也。在国之阳，天子居其中，行政教，神而明之，故曰明堂。”在关于明堂的众说纷纭中可谓具有代表性的说法。《周礼·考工记·匠人》：“夏后氏世室，殷人重屋，周人明堂。”汉儒蔡邕《明堂月令论》曰：“明堂者，天子太庙，所以崇礼其祖，以配上帝者也。”文中提到的“天子太庙、青阳、总章、元堂、大教之宫、清庙、太室、太学、辟雍、门闱之学、东序”等名目，都是明堂的别称或代名词。[③] 明堂的本质可以说是遗留了氏族部落祖先崇拜，又形成以天神崇拜为民族纽带的国家礼制中心建筑，即“社”的所在。明堂的种种别称，是其代表此时国家的各种文化功能。明堂最重要的实质，是代表国家观念的形成有别于单纯氏族部落祖先崇拜的祖社。《白虎通·卷二辟雍》：“天子立明堂者，所以通神灵，感天地，正四时，出教化，宗有德，重有道，显有能，褒有行

① ［德］黑格尔：《法哲学原理》，范扬、张企泰译，商务印书馆1996年版，第16—17页。

② 同上书，第253页。

③ 张一兵：《明堂制度研究》，中华书局2005年第8版，第30页。

者也。”宋儒王与之《周礼订义》卷七十八：“盖明堂者，祀上帝之所，五方之帝宜各有室焉，与夏之世室，所谓五室异矣。”认为周明堂与夏世室有明显区别。后代学者之所以在明堂的含义上反复辨析，而且越来越少提及祀祖，正说明国家观念的变迁。在这一点上，汉唐二朝的王莽、武则天则大做文章，两位皆位至至尊，又皆非皇室正统，都竭力继承明堂礼仪制度的传统，并积极发挥创造，使明堂制度的理论与实践在西汉末年和唐朝早中期两次达到了历史上的最高峰。[①] 明堂制度的兴盛与否，是和它所代表的国家观念息息相关的。

对于明堂的意涵，张一兵先生在《明堂制度研究》一书中从词源学的角度分别对“明”和“堂”做了考察，“明”字最初是由“日”和“月”两字合成，“堂”从土，堂又有高的意思，是隆起的土台子祭坛的象形文字。明堂翻译成现代语意思是：祭祀天神（其代表为日、月二神）的土台。“明”又与“朝”在词源上有内在联系，朝既有早晨之义，也有朝拜日、月之神的含义，动词为“朝拜”，名词为“朝廷”，即朝拜的场所。[②] 后朝廷引申为国家行政中心所在，说明在古代中国国家观念也是和祭祀超越家神的天神相联系的。无论是明堂的前型“重屋”，还是“堂”后来的引申义，都有崇“高”的含义。体现结社观念的中心建筑也从埋葬有祖先骨骼社丘（冢土）演进到了有多层阶土的祭祀神坛。社丘和神坛这两种建筑原型一直保留到了后代的皇家陵寝建筑和坛庙宫殿上面，直到封建末世的明、清两代。

（二）西方的相关神圣建筑

其实社丘和神坛也是世界范围内的两种最初的建筑原型，据热尔曼·巴赞著的《艺术史》记载，在公元前第三千年期和第二千年期，地下坟墓从地中海东部地区扩展到法国、西班牙、葡萄牙、大不列颠岛和北欧。随着人类文明历史的进程，地下坟墓渐渐隆起。在尼罗河流域，方尖碑竖立在王陵前，[③] 与中国古文字“⊥”（上）在形象和理念上都几乎完全一致。人、神统于一身的埃及法老陵墓金字塔是世界上最著名的冢丘形象，

① 张一兵：《明堂制度研究》，中华书局 2005 年第 8 版，第 12 页。

② 同上书，第 49—57 页。

③ ［法］热尔曼·巴赞：《艺术史》，上海人民美术出版社 1989 年版，第 20、29 页。

法老无疑和中国上古神话传说中的天神与祖先神合一的三皇五帝有相同的社会文化理念渊源。佛教建筑原型窣堵婆的本源就是埋葬佛骨舍利的冢丘。多阶层的祭祀神坛也流行于上古各种文化中，西方一个早期的典型例子就是关于巴比伦塔的传说，人们在幼发拉底河的广大平原上建造起一座庞大的建筑物。当时那地区各民族的集体在为这项工程而劳动，这样就把参加建设圣地的人们紧密地团结在一起，它的功用就像我们今天的伦理道德和用文字固定下来的国家法律体系。抛开历史传说，我们也能见到中央祭祀建筑较可靠较详细的记载和遗址。希罗多德在《历史》一书中告诉我们的伯鲁斯塔（伯鲁斯塔也在巴比伦，二者可能是一回事），是一座下面七层，顶上一层庙宇的金字塔庙，下面七层不中空，上有从底层直通到顶的跑道，顶层的大庙里有一张铺得很好的大坐垫，前面摆着一张金桌，整个金字塔庙建筑在一块圣地的中央。[①] 根据这个记叙，简直就是现存的玛雅金字塔庙的翻版。可见，早期人类文化确实存在着共同的原型。

三 祭祀建筑的高级形态——宗教建筑

有怎样的国家观念就有怎样的礼制建筑形制。黑格尔认为："艺术的最初最原始的需要就是人要把由精神产生出来的一个观念或思想体现于他的作品，正如人运用语言来传达自己的思想，使得旁人理解。"（《美学》第三卷）希腊是人类最早开始民主制的国家，结成希腊人社会的核心观念抛弃了家庭宗族制遗留物的君主世袭制，形成古希腊雅典社会的扭结是保护神雅典娜。希腊虽然保留了原始巫术和氏族祖先崇拜，希腊的宗教或者说神话最突出的特点还是其理性与诗性的结合。希腊人团结在超自然的力量之下，但却不置于盲目的力量之下，而是把超自然的力量转化为理性概念与形象。人的观念，无论是感官的或理智的，也无论是个人的或社会的，都能在希腊神话中找到对应的表现形象。盛行于原始时代的带有巫术观念的直观形象，让位于有组织的理性形象，因此希腊神庙严格地按照比例、尺度、结构和节奏等概念建造。希腊建筑的所谓柱式，即认为数的规律是主宰世界和构成美的奥秘的所必须遵循的建筑法式，也是体现重量与支撑斗争的崇高形式，希腊古典神庙的形象体现了天、地、人、神和谐一

① ［德］黑格尔：《美学》第三卷上册，朱光潜译，商务印书馆 1979 年版，第 37 页。

体的观念。埃及梁柱结构和希腊柱式都可以看作是冢丘和高坛建筑崇“⊥”（上）观念的进一步发展，但埃及神庙的柱子包括其他构件主要是模仿自然形象（自然崇拜），遗留有巫术效果的原始绘画装饰，而希腊神庙柱式主要是理性的数的关系，即使多立克和爱奥尼两柱式分别代表了男人体和女人体，也主要是采取一种抽象的象征手法。

世界上看似复杂多样的建筑现象，而往往可以找到共通的观念渊源。这些观念层层积压，就像古地质学和古生物学一样，越是底层的观念越古老，越容易成为后代各种建筑形态变化的共同原型与理念依据。埃及立方尖碑于王陵前，皈依佛教的阿育王立阿育王石柱于埋葬佛骨舍利的窣堵婆前，中国则立华表、望柱于帝王陵墓前，其形异，其理一也。具有实践理性性质的儒学礼制观念，体现在明、清宫殿建筑上面，与作为理性神教观念体现的雅典卫城建筑，除去因木构和石构材料的构造法不同而形成的一些差异，他们的主要建筑太和殿与帕提农神庙的显要的正立面，由台基、柱身和屋面形成的三段式，象征天、地、人三才，及严格遵循一定的比例尺度的秩序关系都是极其一致的，并且是由理性观念所要求的。基座、柱式、屋面三段式不但是古老的地、人、天三才观念的象征，也是重量与支撑斗争的、机械作用因果关系的美学理性表现的要求。法国理性主义建筑是这样的，《永乐大典》记载的《周辟雍图》也是这样的。[①] 这和王世仁先生复原的各代明堂图立面没有明显的柱式构图其意旨是不同的。

由柱支撑的梁柱结构体系是丘土、高坛建筑崇上观念的进一步发展，并且支撑出一片新天地，建筑从主要是外部形象转向了内部空间的塑造，由具体实物的祖先神崇拜、可见自然现象及其威力代表的天神崇拜逐渐转向了完全抽象的绝对神的崇拜。神庙内部空间为绝对神从抽象到在场提供了中介条件。罗马古典建筑最大的贡献是结合地中海区域的建筑遗产，完善和创造了拱券特别是穹隆技术，穹隆空间象征了天宇，成为多种宗教建筑的空间原型。穹隆顶的罗马万神庙也代表罗马帝国作为一个多民族共和国的意识形态。但万神也正好说明缺乏统一神，罗马世俗文化的发达造成罗马世俗建筑的发达，但罗马文化很快就被一神论的基督教文化所代替。

世界性的宗教，其所团结的灵魂超越了民族的界限，在其宗教意识

---

① 《永乐大典》卷六百六十二《周辟雍图》，中华书局 1986 年影印本。

中，个体考察的不再是其肉体所出及种种的世俗关系，而是其精神心识活动的根源。宗教意识对事物做绝对精神性的解释，现实尘世的存在被认为是一种错觉，唯一的实体寓于永恒之中。黑格尔论述绝对宗教认为，意识本身成为概念中的环节，概念则是神的过程。有限意识知神，是由于神在其中知自身；这样一来，神是精神，而且是其社团的精神，亦即其崇拜者的精神。①

（一）佛教建筑

埃及文化是原始宗教文化的典型代表，神灵是祖先神与自然神混杂的模糊观念，而真正对超验世界形成有系统的，带有明晰的哲理意识的神灵世界的观念，最早是在印度文明中发生。印度宗教观念最重要的变化，也是最根本性的变化，就是形成了梵我同一的观念。相对于经验自我的超验自我就是神灵，人与神的绝对界限消失了，整个宇宙成了一个大的轮回。人的高低等级也就由人与神的接近程度来划分。关于超验世界的知识掌握在婆罗门手中，婆罗门是梵天的口演化成的。对世俗世界的统治掌握在刹帝利手中，刹帝利是梵天的手。但是，先于佛教的婆罗门教在建筑艺术的发展中要晚于佛教艺术，关于这一点的解释可以这样说，婆罗门教还没有成为真正完善的宗教，因为它还缺乏一位至高无上的教主——宇宙真理的化身。而佛陀在佛教中被称为至尊、无上者。这样，佛陀在佛教的宗教团体中成为最高信仰的对象，佛陀圆寂之后，储藏佛陀舍利子的墓藏成为佛教徒中央祭祀的对象。这些墓藏被称为窣堵婆（stupa）——佛教团体结社精神的神圣标志。公元前3世纪，皈依佛教的阿育王在恒河流域立纪念性石柱（鹿野苑），并在与佛陀的生活有关的地方建宝塔，他的后继者追随他的范例。公元前2世纪至1世纪左右，在桑奇建大宝塔，从桑奇大塔我们可以看到窣堵婆的基本形制，冢丘的形象，四面对称，简洁的几何形体，具有强烈的宇宙意识和圣地感。拒吴庆洲先生考证：大窣堵婆的覆钵“安达”梵文原义为卵，隐喻印度神话中孕育宇宙的金卵。覆钵上方中央的方形围栏和伞盖乃从古代围栏和圣树演化而来，伞柱象征宇宙之轴。② 佛教的神秘的观念往往

① ［德］黑格尔：《宗教哲学》，魏庆征译，中国社会科学出版社1999年版，第594页。

② 吴庆洲：《建筑哲理、意匠与文化》，中国建筑工业出版社2005年版，第116页。

借助于传统的象征体系来表达，窣堵婆成为孕育宇宙的种子，而不是寓于一族崇拜的祖先冢丘，自然形象不再像埃及原始宗教那样具有巫术的魔力，而成为表达主体内在神秘宗教观念的象征系统。

（二）基督教建筑

基督教是晚于佛教的又一世界性宗教，有比较完善的内部空间的神庙建筑的最早成形是基督教的宗教建筑。早期基督教建筑也是来源于地下墓窟。基督教建筑在前哥特时期，一直是一个利用罗马的技术、世俗的房屋形制来寻找表达宗教理念的过程。君士坦丁大帝承认基督教在罗马帝国的合法地位后，基督教堂从地下墓窟站起来，这种地上教堂最古老的形式是会议厅式（Basilika，巴西利卡）。东方的基督教艺术在其初期也是追随长方形教堂的体系，如在希腊、巴勒斯坦以及叙利亚、小亚细亚和非洲突尼斯，上述诸种教堂和罗马教堂一样，均为木顶长方形建筑。拜占庭建筑的创造是中心布局的穹隆顶教堂。穹隆顶象征了天宇，统一了教堂内部空间，就像宗教观念中上帝在控制着尘世世界。

世界性宗教的神庙教堂建筑创造了本质是表现观念的建筑艺术的最成熟形制。希腊、罗马神庙其内部空间的闭塞及其偶像崇拜遗留，神庙及其列柱门廊作为神的住所，唯僧侣才能入内，神庙还主要是从外观构想；而基督教堂（ecclesia，意即聚会）则是全体信徒的集会场所，他们一视同仁地被招来共享神恩。早期罗马基督教堂，作为基督灵魂的象征，也是信徒结社的标志，完全转向了内部世界，教堂外表是毫无装饰的建筑，内部则相反，布满奢华的装饰，给信徒以一个超自然的地方之印象。① 与统一的东罗马拜占庭帝国相比，西方陷入了罗马陷落后的分裂状态，其文明依赖教会的统一。罗马风教堂，在一个长方形教堂的基础上，以其穹隆顶主宰着建筑物的整个结构，保证其各部分的统一。按照罗马风建造的一切教堂，平面都是十字形，这源于基督在十字架上受难：这个十字由正堂及唱诗堂这条隐喻十字架上的躯体的直线，以及在唱诗堂前与这条线相交的代表两臂的耳房构成。罗马风教堂有机地结合了基督教仪式所需的一切建筑形制：圣坛、唱诗堂、中殿、耳房、施洗堂，还有唤起教徒的钟塔，都结合到了一个大的统一的建筑里面，造就了一个与世隔绝的神的国度，一个

① ［法］热尔曼·巴赞：《艺术史》，上海人民美术出版社 1989 年版，第 141 页。

庇护所和期待中的天堂。但罗马风教堂的特点中不止一个与地下墓窟有密切的亲缘关系，低矮，阴暗，以拱为顶，地下布满墓室。教堂与墓冢的天然联系，说明生死观念是一切文化中人与祖先和人与神灵的观念关系的内核之一。钟塔仍然一以贯之地和埃及方尖碑、阿育王石柱、罗马纪功柱以及中国望柱华表的崇“⊥”（上）观念一致。罗马风教堂完成了一切基督教仪式所要求的建筑形制，而哥特建筑艺术则提炼了建筑结构体系和建筑形象，把这一基督教圣地提高到美的境界，内部空间创造出飞向天国的震撼感，在教徒中实现一个人间天堂的理想。

（三）伊斯兰建筑

伊斯兰教是继基督教之后又一世界性宗教。伊斯兰建筑艺术开始是被附加在地中海和亚洲的古老文化之上的。随着伊斯兰建筑艺术的发展逐渐制定出一些带有原型意味的象征概念：如（1）“札玛尔”——神的完美，是清真寺的穹隆顶。（2）“札拉尔”——神的雄伟崇高，这是清真寺塔。（3）“西法特”——神的名字，这是清真寺外部墙壁上的文字。[①] 清真寺的圣所，是礼拜堂，即是伊斯兰信徒向圣地麦加进行朝拜的殿堂，礼拜的对象是设在圣地的天房，为了表示圣地麦加的方向在礼拜堂内的墙面上设置称为“米哈布拉”的龛子。麦加圣石大清真寺，是世界各地穆斯林结社的神圣标志，穆斯林一生需到麦加圣地朝觐一次是穆斯林的五课之一。各地的清真寺也是各地区的穆斯林集会、礼拜的场所与精神联系的纽带。

（四）儒教建筑

儒学原只是中国古代一种文化思潮，自汉武帝“独尊儒术、罢黜百家”后，渐渐具有宗教的性质，被称为儒教。孔庙是祭祀儒学创始人孔子的庙宇，又称为文庙，是天下文教的中心本源。最初的孔庙是将孔子生前的住宅改为祠庙，后来随着儒学逐渐成为中国封建统治的思想正统，孔庙的规模和标准也逐步扩大和提高，到明清时期，曲阜孔庙已发展成为最高规格的九进院落的大型宫殿建筑群。除曲阜孔庙作为本源外，各朝代都城也建孔庙，位于都城内的太学和国子监，全国各地也由各级官府建立地

① ［俄］E. 雅科伏列夫：《艺术与世界宗教》，任光宣、李冬晗译，文化艺术出版社1991年版，第164页，转引自克里莫维奇《伊斯兰教》，莫斯科，1962年版。

方官学孔庙。孔庙成为超朝代超民族的封建统治正统思想的意识形态的表征，也即文教之社。从这点上讲，即使是异族，只要接受儒教思想，都能被认可为中国正统的封建统治者。

四　民间的祭祀和宗教建筑

人与人之间的伦理关系在家庭和国家两种形态之间，是广阔的市民社会。中国是儒、释、道三教合流的文化。如果说佛教是以内在精神价值为旨归，儒教是以国家意识形态为旨归，那么道教则偏向于与市民社会价值观念的混合。道家在老子、庄子那里还只是一种哲学，东汉张道陵把它发展为民间宗教，道教神谱和民间杂神处于混合状态，道士既可以是宗教神职也可以是一种世俗行业。市民社会的本质是劳动分工和区域化，各行各业都有自己的行业神，如建筑业的鲁班，医药业的华佗，武术业的关羽等。广东西江流域的悦城龙母祖庙，佛山的佛山祖庙可视为区域神。区域神存在广大地区，各城有各城的城隍庙，各村有各村的土地庙。像广州庙头村的南海神庙祭祀的既是道教区域神，也是航海业的行业保护神。佛山祖庙祭祀的既是道教北方主神真武大帝，又相当于佛山的土地神、城隍神。龙母祖庙即遗留了母系社会祖先神的崇拜，又是西江流域航运业的保护神。这些庙宇的庙会活动往往十分盛大，如龙母诞期间，西江流域一带乃至港澳和邻近的南方各省地区，纷纷组团贺拜，一时间盛况空前，汇集的人数常达二三十万以上。香港黄大仙庙，每逢农历节，善信云集，人头攒拥，笼罩在一片虔诚香火云雾中等。[①]民间信仰，是民间市民社会的结社行为，虽较为松散，但起到交流感情、愉悦身心的作用，虽然杂乱，但也充满活力，正是市民社会的本质特征。

我国很多古村落一方面保留了聚族而居的氏族宗法制的传统，另一方面又受到市民社会的影响。如笔者曾做过田野调查的江西乐安流坑村，现已成为第一批国家历史文化名村，其社会体系主要是宗族制，大宗祠是村里最重要的祭祀场所，各分支各家庭又分别有分祠和祖先神位。流坑村也祀奉儒、释、道各路神仙以及民间杂神。流坑村和许多其他传统村落一样

① 司徒尚纪：《广东文化地理》，广东人民出版社 1993 年版，第 315 页。

不仅仅是一个简单的聚合体，而是一个有着中心祭祀结社和诸神护佑的民间文化综合体。对比之下，我们现在开发的一些居住小区，家家户户铁门铁窗，有社区之形，无社区之实，在建设和谐社会为指导方针的今天，就其借鉴意义来说，流坑村和许多其他历史文化名村一样，其丰富的文化内涵值得我们去研究。

从文化的三重文明的功效来看，体现氏族部落、国家以及宗教结社观念的建筑，也有物质、制度和精神三重功效。建筑不仅是居住的器物，作为社会控制的一部分，这些建筑是礼仪活动的物质载体，又是礼仪观念的直接体现。作为一种文化现象，“礼是伴随着中国阶级、国家的形成而形成的，是为了协调权力和财富分配中的矛盾关系而出现的”，[①] 礼仪有其强制性的一面，礼制建筑显得威严，令人敬畏。而作为文化的精神方面的功效来看，人与社群结成关系，是自由的具体现实性的前提。自由意识理解了结社的理念，也就把靠强制执行秩序的“外部国家”变成了主体内在的本质需要的“内部国家”。当“社”的理念成为自由意识的对象，本身也就转变成了审美的对象。建筑作为本质上是表现观念的艺术，成就了人类历史上最震撼人心的艺术作品，这就是世界各地神庙、教堂、宫殿和圣地。

第二节　释“龙”

一　龙之源

“龙”图像在中国传承了几千年，“龙”是中国传统文化中最重要的图像符号之一，甚至成为了中华文化的标志。龙的原型、演化过程与象征符号等问题引起相关学者的广泛关注。从最新考古研究成果来看，龙图像出现在 8000 年前，[②] 其后是一个漫长的复合演化的过程。王大有认为：周代以后基本上是复合后的龙，找原型应往周以上追溯；在这里，龙的原

① 杨志刚：《中国礼仪制度研究》，华东师范大学出版社 2001 年版，第 4 页。

② 辽宁省西部新市查海遗址位于坡度平缓的台地上。以往的发掘调查发现台地上共有 8000 年前的住居 59 栋、陶器 300 多件。在一块 8000 年前的陶片上雕有涂着红色颜料的龙，这是一条赤龙的尾巴和卷成一团的龙头的一部分，其全身覆盖着鳞片。

型是指与文化艺术龙（复合后的龙）相区别的本体自然龙。[①] 对于闻一多论说“龙”只存在于图腾之中，而不存在于生物界之中，王大有先生进行了反驳。王大有先生提出了有力的观点：“有人认为 12 生肖中 11 个是自然实体，1 个是想象的。我认为都是自然实体。西水坡龙、后洼龙、仰韶龙、屈家岭龙，都接近动物实体。”[②] 从逻辑上而言，平行并列的十二生肖唯有“龙”不是自然实体，如没有适当的解释，确实引人疑虑。但是，据赵翼《陔馀丛考》卷三十四谓十二相属之说起于东汉，汉以前未有言之者。十二生肖这一类系统化、符号化的复杂事物不可能成于远古是可以推定的，因此，由是来作为佐证推测存在“龙”的自然实体原型也是有很大疑虑的。

“龙”是否存在自然实体呢？这个问题需换个提法才能清晰：“龙”这个词是否指代过实际动物？《左传·昭公二十九年》：“昔有飂叔安，有裔子曰董父，实甚好龙，能求其耆欲以饮食之，龙多归之。乃扰豢龙，以服事帝舜。帝赐之曰董，氏曰豢龙。”王大有认为：“豢龙氏时代，古人见到的龙是实实在在的自然界中的扬子鳄一类动物，商周金文和玉雕，青铜圆雕的龙都是它自然实体的写形。……唐宋以降，我们的观念中的龙已纯为文化艺术符号，与豢龙时代的‘龙’已面目全非了，只有龙头尚保有原龙形态。”[③]

显然，文化艺术龙有想象的成分，但多少以一种或多种实际动物为参考蓝图。上古对于动物的分类，不是也不可能是今天这样的精确的生物分类，龙如果确实指代过实际动物的话，泛指一类甚至几类在今天看来有较大差别的动物，都是有可能的。中国学者王东 2000 年出版《中国龙的新发现》，提出“六大区系、九种原龙”学说：中国龙的起源与中华文明的起源，大体上是同时发生、同步发展的，在这六大文化区中，前前后后出现了九种原龙：

北方红山文化：内蒙古马型原龙与辽河流域猪型原龙；

---

① 王大有：《龙凤文化源流》，中国时代经济出版社 2008 年版，第 505 页。

② 同上。

③ 同上。

西北仰韶文化、马家窑文化：鱼型原龙与鲵型原龙；

中原仰韶——龙山文化：仰韶文化中鲵型原龙与陶寺文化中的蛇型原龙；

山东大汶口文化——龙山文化：鹰型原龙与虎型原龙；

东南河姆渡文化——良渚文化：鹰型原龙与虎型原龙；

中南大溪文化——屈家岭文化：鹿型原龙与猪型原龙。

据王东研究，仅就20世纪考古发现而论，在中华文明起源期间，在六大文化区系中存在着十二种原龙形态，其中去掉三种重复的，仍有九种原龙之多。

这里的问题是：这些考古发现的“龙”图像，是上古就称为“龙”；还是，所谓的“原龙”只是后世学者追溯思考的用词。考古学家张关直先生说：“龙的形象如此易变而多样，金石学家对这个名称的使用也就带有很大的弹性；凡与真实动物对不上，又不能用其他神兽（如饕餮、肥遗和夔等）名称来称呼的动物，便是龙了。”① 这个观点被不少学者所接受，至少说明人们对商周时代及以前时期的龙形象的概念是模糊的。由此，要探索上古对“龙”称谓的所指，最好的方法莫过于回到“龙”字本身。“龙”字始见于中国目前所知最古老的文字商代甲骨文和金文中（见图1—1）。甲骨文和金文中的龙字属象形文字。一般而言，象形文字

图1—1 甲骨文与金文的“龙”字

① 张光直：《美术·神话与祭祀》，辽宁出版社1988年版。

晚于所指图像并且是对其简化摹写。杨静荣先生根据龙的象形文字的形象与商周器物纹样对照研究，给龙下了一个定义："龙是出现于中国文化中的一种长身、大口、大多数有角和足的具有莫测变化的世间所没有的神性动物。……在古代各个时期的人们所创造的各种动物之中，只有符合这一定义者才有资格被称为龙。"①

不言而喻，豢龙氏之龙与今天学者所要追溯的"原龙"意义有所不同。豢龙氏之龙到底指代何种实际动物这里暂不是主题。杨静荣先生的研究，给出了一个图像学意义上的十分有力的龙的定义，由此推断，今天有些学者所追溯的"原龙"与古人观念图像中的龙可能存在一些差错。但问题也就在于此，我们"将错就错"地探究，为何如此众多不尽相同的事物都被冠以"龙"的称谓？各种不尽相同"龙"总还是存在着一种潜在的共通性。而且，在这个意义上，不但有中国龙，世界其他文明区域也有龙，龙究竟代表了什么？龙的形象可能存在传播现象，但这里的重要问题是为何龙会被接受和它的持久性？为了对此问题有更充分的理解，这里再引入一些材料。

（一）安田喜宪《龙的文明史》

在日本学者安田喜宪主编《神话　祭祀与长江文明》一书，收集了近来中日两国学者对于龙文化的一些研究成果。安田喜宪认为：以蛇崇拜为原型而产生了对龙的崇拜，这种说法有它正确的一面，但实际上也存在龙与蛇不同起源的可能性。龙是人们想象出来的抽象、虚构的动物，而蛇却是实际存在的动物。将实际存在的生灵——蛇作为对象的世界观，与崇拜综合多种动物特征而创造出的虚构动物的世界观，这两者之间存在着根本差别，即在产生其世界观的社会组织及文明原理上存在着根本的差别。龙——父权制文明的象征。现今所探明的最早的龙产生于中国东北部和美索不达米亚地区。中国东北部最早的龙是以野猪、鹿及鱼为原型的猪龙。而美索不达米亚地区的龙是以羊、狮子及鸟、爬行动物为原型的。畜牧社会属父权制社会。蛇——母权制社会的象征。绳文文明、古欧洲文明、长江流域的稻作农耕社会属母权制性质，同大地母神崇拜、蛇崇拜有着密切

① 杨静荣：《龙之源》，中国书店 2008 年版，第 10 页。

的关系。[①]

（二）荒川紘《龙——大河文明孕育的怪兽》

同样在安田喜宪主编《神话　祭祀与长江文明》一书中，日本学者荒川紘认为：人类创造了各种各样的空想动物，其中龙是最特别、最重要的一个。它出现于上古，遍布于全球，至今仍有很大影响。龙的发祥地是底格里斯河、幼发拉底河流域和黄河流域。水与龙蛇紧密相连的宇宙观遍布亚欧大陆。在埃及有世界从“嫩”这一原始海洋诞生的神话。在这个原始海洋里，住着蛇神阿颇皮斯。水与蛇的创世记神话在美洲的玛雅和澳大利亚的土著的新大陆也是存在的。产生于美索不达米亚的龙首先为犹太教所接受，随即又影响到希腊，然后传遍了欧洲。在希腊，龙与大蛇结合起来，所以英语把龙称作“dragon”。“dragon”本是水怪。随着印度佛教传到中国的那枷（它被译成“龙”）与中国土生土长的龙认同合一，后来又传遍了东亚地区。[②]

（三）此书中中国学者相关龙的一些研究

李国栋认为，中国文化中的“南北对立结构”正反映了地区文化的冲突与融合。从整体上看，中国文化中存在着草原、辽河文化——黄河、中原文化——长江、山岳文化这一南下现象。形态上极具综合性的龙就是在这个由北向南的文化南下过程中产生的。……龙的基本原型绝不可能是具有南方文化特征的蛇与鳄，而是堪称北方文化精髓，而且极具移动性的马。[③]

在中国，龙的信仰不仅成为国家文化的一部分，同时也是民间信仰中根基深厚的重要部分。何强《湖南省隆回县小沙江瑶族挑花图案的介绍与分析》一文显示：小沙江瑶族挑花图案中最常见的题材主要分为蛇与龙、鸟与鹰、虎与狮三大类，其中又以蛇与龙为最主要。除了蛇与龙、鸟与鹰、虎与狮三大类之外，还有牛、羊、马、猪、狗、猴、麒麟、龟、

---

① 安田喜宪：《龙的文明史》，蔡敦达译，载［日］安田喜宪主编《神话　祭祀与长江文明》，文物出版社 2002 年版，第 1—29 页。

② ［日］荒川紘：《龙——大河文明孕育的怪兽》，李栋国译，蔡敦达校，载［日］安田喜宪主编《神话　祭祀与长江文明》，文物出版社 2002 年版，第 31—34 页。

③ 李国栋：《试论龙与鲤、马、牛、羊、鹿、犬的关系》，载［日］安田喜宪主编《神话　祭祀与长江文明》，文物出版社 2002 年版，第 64 页。

兔、鸡、鱼和各种树木、建筑、花草等题材。这些题材不是常见的图案。①

杨帆在《滇青铜文化的起源、年代及其崇拜》一文中说：对太阳和生殖的崇拜是人类最基本的崇拜，滇文化的太阳崇拜和生殖崇拜实例很多。在滇文化中，蛇与牛的造型及图案出现最多。蛇是富有勃起力的爬虫，在世界许多地方特别是埃及以蛇来象征男根勃起。《创世记》描写的蛇诱惑夏娃偷食禁果一事也耐人寻味。故而“蛇”形象的崇拜一定程度上隐含了对男根的崇拜。②

二　龙图像、原型与象征意义

（一）龙作为超兽的原型是自然力量在人的潜意识中意象化的表征

回到关键问题：为何如此众多不尽相同的图像、事物都被冠以“龙”的称谓？并且大多数都与“蛇”相关联，“原龙”之“龙”究竟代表了什么？对于这些问题，仅从传统文献研究的方法和仅从图像本身来做探究都不能理想地解开这一谜题。“原龙”之“龙”并不是实物，而是包含着人的创造，对其解读，就离不开对于创造主体的研究。因此，要全面地理解“龙”这样一个有着神话色彩的事物，就必须从主、客体两方面来着手，也就是说，要研究意义、原型、图像三者之间的关系。

（1）龙作为一种图像出现，不是从技术层面，而是从主观意图上就并不完全模仿某一种具体动物；作为图像它也不是完全抽象概念的符号，那么，龙首先是一种象征。关于象征，黑格尔有这样的论说：象征是介于模仿与单纯符号两个极端之间的，本质具有双关性和模棱两可。模仿，即描摹对象，其目的是使模仿与对象尽量相同。这样在模仿与对象之间一般不会产生歧义。单纯符号，意义和它的表现形式的联系完全是任意的，完全依仗约定俗成。象征介于模仿与单纯符号之间，它是形象与意义之间的部分联系。黑格尔指出：“现成的感性事物本身就已具有它们所要表达出来的那种意义，在这个意义上象征就不只是一种本身无足轻重的符号，而

① 何强：《湖南省隆回县小沙江瑶族挑花图案的介绍与分析》，载［日］安田喜宪主编《神话　祭祀与长江文明》，文物出版社2002年版，第113、127页。

② 杨帆：《滇青铜文化的起源、年代及其崇拜》，载［日］安田喜宪主编《神话　祭祀与长江文明》，文物出版社2002年版，第90—91页。

是一种从外表形状上就已可暗示要表达的那种思想内容的符号。”① 象征有两个基本因素，第一是意义，其次是作为表现手段的一种感性存在或一种图像。

（2）象征的感性图像从起源来说，源于某种程度的实物模仿，也就是说“龙”应该具有某些图像原型。之所以龙的形象选择这样或那样的动物为原型，这首先要从龙所需象征的基本含义着手。如前文所列举，仅在中国，有关龙的原型就有许多种类。龙和“dragon”互译，也绝非是在形态意义上的相同，而是指其所象征的某种潜在的相似意义。结论是，“龙”指代了“超兽”。而东西方的文化差别，使之对于这一自然力量象征的“超兽”的观念态度有着显著的不同。正如日本学者荒川紘所分析的结果，东方龙是正面的角色，而西方龙则是负面的角色。从这个基本视角出发，我们可以进一步研究东西方龙的图像学意义。

（3）考察一下西方一大文化源头的希腊神话，我们可以发现对待自然力量的东西方文化不同观念的有力例证。赫西俄德《神谱》是希腊版的《创世记》，《神谱》中的主要主题是宙斯领导的众神针对提坦族的一系列惊心动魄而最终取得胜利的战斗。② 这是西方文明源头的一个巨大的隐喻，以宙斯为代表的理性力量战胜了以克洛诺斯为代表的自然力量。第一代神乌兰诺斯代表了纯粹自然力，而狡猾又好吞食的第二代神克洛诺斯是兽性的化身，战胜他的是解放者的角色、人类与众神之王、克洛诺斯之子第三代主神宙斯。从更早的两河流域的神话来看，对于“龙”所代表的自然力量，体现出的也是“斩断”与“战胜”的文化性格。“龙”作为自然力量的象征，在希腊神话中被提坦族所替代，是要被征服和战胜的反面角色。因此，西方龙的形

图 1—2　勾曲萌生的草木

① 黑格尔：《美学》第 2 卷，朱光潜译，商务印书馆 1995 年版，第 11 页。

② 参见［古希腊］赫西俄德《神谱》，张竹明、蒋平译，商务印书馆 1996 年版。

象基本上是原始丑陋的（见图1—2）。

（4）关于中国的龙，闻一多先生说："龙究竟是个什么东西呢？我们的答案是：它是一种图腾，并且是只存在于图腾中而不存在于生物界中的一种虚拟的生物，因为它是由许多不同的图腾糅合成的一种综合体。"（闻一多《神话与诗·伏羲考》）闻一多先生的"只存在于图腾中而不存在于生物界中"有"此地无银三百两"之嫌；真正的实质，是要区别"龙"的指称在不同背景用法下的不同含义。图腾之"龙"不言而喻不是"豢龙氏"之"龙"；图腾之"龙"具有观念性，"豢龙氏"之"龙"是实物的名称，二者存在的是语言学上与图像学上的假借引申关系。李泽厚先生在《美学三书》中的研究认为，龙蛇是中国上古图腾崇拜。与龙蛇同时或稍后，凤鸟则成为中国东方集团的另一图腾符号。"蛇身人面"，"人面鸟身"在《山海经》中很常见。郭沫若指出：正如"龙"是蛇的夸张，增补和神化一样，"凤"也是这种鸟的神化形态。[①]龙是中国古代传说中的一种神异动物，龙为鳞虫之长。西汉戴圣所记《礼记·礼运》云："麟、凤、龟、龙，谓之四灵。"

龙作为一种有浓厚神话色彩的超兽有什么样的形象呢？据宋代罗愿《尔雅翼·释龙》云："龙，角似鹿，头似驼，眼似兔，项似蛇，腹似蜃，鳞似鲤，爪似鹰，掌似虎，耳似牛。"这显然是后世学者带有理想色彩的一种定型，但也暗示出龙之起源的多样性。不仅从考古资料，而且从理论上，龙的形象起源有多种说法，如综合图腾说，生物组合说、神话意象说、生命符号说等。

生物组合说以何新为代表，认为龙是由蛇、蜥蜴、鳄鱼等为原型组合成的形象（何新《神龙之谜》）。神话意象说认为："龙凤并不是某些生物的神灵化，而是自然现象被生命化、拟人化后产生的神话意象。"（何新：《诸神的起源》）与此相似的观点有虹原型说："龙的原型来自春天的自然景观——蛰雷闪电的勾曲之伏、蠢动的冬虫、勾曲萌生的草木、三月始现的雨后彩虹，等等。……其中虹是龙最直接的原型，因为虹有美丽、具体的可视形象。"（胡昌健：《论中国龙神的起源》）汉代画像石提供了龙形虹的形象，为两首垂地的龙形。

① 李泽厚：《美学三书》，安徽文艺出版社1999年版，第16页。

生命符号说与神话意象说有类似之处，它认为：“龙……是原始人按特定观念组装起来的，是一个组合体。……马的头、鹿的角、蛇的身、鸡的爪。蛇身体现了原始人的生命观念。原始人很少看到死的蛇，以为蛇年岁大了，蜕一层皮就年轻了。鸡爪也是一种生命的符号。……马齿也是这样：‘几岁牙口？’鹿角每年换一回，……鹿角掉了，象征死，萌发象征生命、再生。因此，龙在文化含义中，象征着古人对生命的循环、死而复生的愿望。”（蔡大成：《河殇》）以上这些论说，十分有价值，可供我们进一步挖掘思考，进行整合。

而杨静荣先生在图像学研究的基础上，更进一步地说明“龙”的意义：“尽管各种原龙纹都有着独立的发生、发展系统，它们的含义却有着惊人的一致性。……这些原龙纹并不是以审美为目的，也不是动物形象的简单再现，而无一不包孕着浓厚的宗教观念，无一不是应原始巫术的需要而产生的。沟通天地的媒介和传递人神之间信息的使者，是原龙纹所共有的，也是最主要的含义。”[①] 龙和原始宗教有密切联系，这是可以从考古和文献的研究中确定的。但龙是如何具有这样的能力？其他神异的动物也和原始宗教有密切关联，龙是如何与它们相区别并且具有特殊性呢？

（二）龙是神异的超兽

包括在“四灵”之内的“麟、凤、龟”以及“白虎”也同样是神异的超兽，为何龙独享其至尊地位？对于它们都是一种观念的象征来说，换一种更清晰的提法，就是“龙”的一系列形象以及最后的定型表征着何种特殊意义？笔者的答案是：其他神兽代表的是自然生命力量表现的某种典型，而“龙”是对于自然生命力观念的统摄。

1. 龙是自然生命力——生长的原型

如植物在自身内进行区别形成形态，中国大多数原龙就像植物最初由胚生长出对立的茎和叶一样，分为简单头部和身体两部分（见图1—3），并且呈植物般的弯曲缠绕之态（见图1—4、图1—5）。原龙正好体现了最原始的生命形态。蛇正好是这种原始的形态，并且具有这种原始的生命力。龙是被神话了的蛇这一说法有着自然哲学观念和人文材料两方面的依据。这也和五行思想中东方是生命力的发动的观念相联系，与东方相应的范畴

① 杨静荣：《龙之源》，中国书店2008年版，第40页。

是春天、青龙和木。不管有多少种原龙，但最后却定型在最具有原始生命力象征意义的蛇的形象，是古人对于自然哲学观念在潜意识中的朴素抽象。

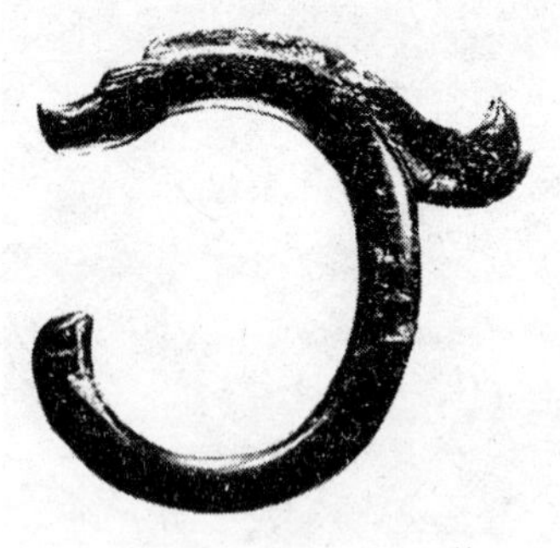

内蒙古翁牛特旗三星他拉村
出土的“玉龙”

图 1—3　5000 年前的龙图像

图 1—4　龙纹
（介于植物与动物形态之间）

2. 龙是自然生命力——运动的原型

就古人而言，对自然界的态度是普遍的移情，对自然的认识区别于抽象逻辑的理性概念，而是对于万物有灵论的图像化的象征符号。龙蛇之神与万物之母——“水”密切相关。龙蛇的图像与广泛的自然现象有着天然的象征性的联系，如风水中把连绵起伏的山脉叫“龙脉”，以及中国各种龙山、龙潭的称谓。无疑，“龙”最震撼也是最坚实的起源之一是“雷电”，“雷电”天然与雨水联系在一起，闪电具有龙蛇之形，而“隆隆（lóng）”的声音“龙”（lóng）也被用之称呼这一恐怖、壮烈、崇高和神秘的神物（见图 1—6）。[①]《易经》乾卦实际上就是龙卦，“九五，飞龙在天”。“天行健”、“龙马精神”、“龙行天下”都是“龙”的自然生命运动原型的意象集群（见图 1—6）。

3. 龙是各种自然生命力的统摄

龙以蛇的形象作为原型，有其世界性的共同的神话根源。如古埃及的神话认为：原始之海是一条乌罗伯洛斯蛇，它围绕着它所创生的大地，并在世界的尽头，把它所创生的万物收回到它的原始海洋之中。

① 庞进：《中国龙文化》，重庆出版社 2007 年版，第 42 页。

图 1—5 （唐）鎏金铜龙
介于植物与动物形态之间

图 1—6（宋）陈容　云龙图

我将毁灭我所创造的一切。大地将再次成为原始之海，就像在发端那样无边无际。我即万物……在我又重变为一条不为人知的蛇之后，万物继续存在。①

黑格尔这样感叹道："应该说，真正的源泉，那些产生恒河、罗纳河和莱茵河一类河流的泉源，有一种内在的生命、倾向和冲动，和女水神娜娅岱一样。"② 而中国的水神——龙除了像水一样的强大生命力之外，并不把自己局限在水里。中国龙上能升天，下能入水，就龙脉指代连绵的山脉来说，自然也是能入地的。与美索不达米亚和欧洲的龙不同，中国龙一般没有羽翼。中国龙之所以不需羽翼也能飞行，是因为它就是自然力量本身，贯穿整个自然生命过程的原真之气。

上文原型图像学分析与自然哲理相结合的研究方法所具有的启示性，在"木"与"龙"原始意象关联中仍然展现出特有的说服力。"木"作为植物有机体的一个典型形象，"木"是"地、水、风、火"诸自然元素

① 刻斯：《古埃及的神灵信仰》，第 307 页，转引自［德］埃利希·诺伊曼《大母神——原型分析》，李以洪译，东方出版社 1998 年版，第 221 页。

② ［德］黑格尔：《自然哲学》，梁志学、薛华、钱广华、沈真译，商务印书馆 1997 年版，第 408 页。

的统摄，具有勘天舆地的能力，世界各古文明广泛存在乾坤树的神话意象。木与龙在中国五行思想中同属于东方而联系在了一起。和乾坤树的神话意义相似，由于龙是各种自然生命力的统摄，必然具有沟通天地，天之使者的地位。“九五，飞龙在天”，九五之尊成为皇帝位至之尊的代名词，而皇帝也被称为“天（之）子”（见图1—8）。

图1—7　龙马精神（引王大有《龙凤文化源流》）

三　在符号结构体系中的龙

（1）一般看来，黑格尔做出象征与纯粹符号之间的理论区分是有效力的。但对于纯粹符号与所表达意义之间的任意连接，却并不是那么完全。结构人类学家列维－斯特劳斯这样写道：

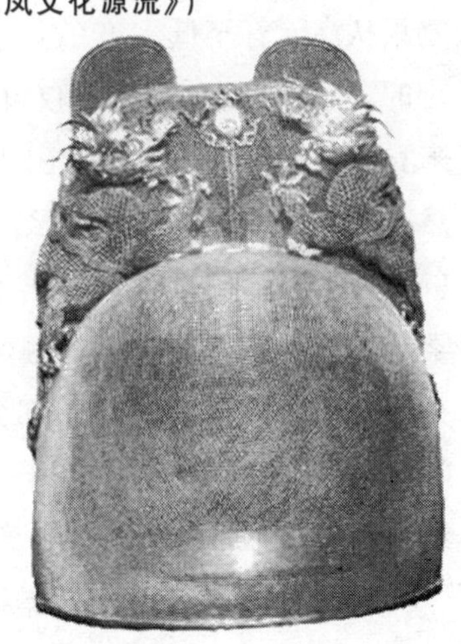

图1—8　明代帝王龙冠

先验地说，语言符号是任意的，但若由果溯因地看却并非如此。在某些以发酵牛奶为基础的加工当中，[没有任何先验的东西必然导致音响形式fromage（奶酪），抑或from——鉴于后缀-age同样用于另外一些词语]只需把语义内容完全不同的法语词froment（小麦）跟英语词cheese（奶酪）稍加比较就能说明问题：后者表示的事物虽然跟fromage相同，使用的语言材料却不一样。语言符号至此为止表现出任意性。

反之，无人有丝毫把握地肯定，这些相对于被指称对象（designatum）而言是任意的语音选择一旦完成，就不会以难以察觉的方式对它们在词义环境中的地位产生影响——尽管或许不影响词汇的基本意义。这种由果溯因的规定性发生在两个层次上：语音和词汇。①

列维-斯特劳斯提到在语言符号与意义之间存在“联觉”现象。在语音方面，联觉是经常被描述和研究的一种现象。事实上，所有的儿童和不少成年人——虽然成年人大多否认这一点——都自发地把音素或乐器的音色一类的音响同颜色和形状联系起来。在词汇层次上，这种联想也存在于高度结构化的领域，譬如日历中的时间段，等等。虽然每一个音位所联系的颜色可能并不总是相同的，但是看来人们通过不同名称，以类推的方式，在另一个层次上建立起一个跟特定语言的音位结构的性质相对应的关系体系。② 譬如，一个母语为匈牙利语的人会用以下方式看待各个元音：i：白色；e：黄色；a：褐色；o：深蓝色和黑色；u：血红色。这种渐次变化的色差跟从高元音至低元音的过渡平行，颜色的深浅与前后元音的对比也是平行的。③ 研究这些现象不仅可以“把语言学当中的一些从心理学和理论方面来看极为重要的方面揭示出来”④，而且将直接把我们引向语音系统的“自然基础”，即人类的大脑结构。在同一杂志的随后一期里，戴维·梅森（M. David Mason）重新提出了这个问题，他的分析的结论是：“……从拓扑学的角度来看，人类大脑中可能有一幅颜色的分布图，至少跟必定同样存在于人脑中的音频分布图部分地类似。如果像马丁·约斯（M. Joos）所说的那样，人脑中确实存在着一幅显示口腔形状的图形……那么后者看来必然跟音频图和颜色图在某种意义上形成颠倒……”⑤

因此，即使我们遵守黑格尔的原理，纯粹符号和象征不同，它与其所表达的意义之间是任意的联系。索绪尔也同样承认没有任何东西能够先验

① ［法］克洛德·列维-斯特劳斯：《结构人类学》，张祖建译，中国人民大学出版社2006年版，第97页。

② 同上。

③ Glads A. Richard, “Roman Jakobson and Elizabeth Werth, Language and Synesthsia”, *Word*, Vol. 5, No. 2, 1949, p. 266.

④ Ibid., p. 224.

⑤ D. I. Mason, “Synesthesia and Sound Spectra”, *Word*, Vol. 5, No. 1, 1952, p. 41.

地决定某些音群必定表示某一对象。然而看来极有可能的是，它们一经被采用，便使与之结合的词义内容发生特殊的细微变化。已经有人指出，在英国诗歌中，高频元音（从 i 到 e）大多表示暗淡朦胧的色彩，而低频元音（从 u 到 a）则适合于表达丰富或者深沉的色彩。[①] 著名法国象征主义诗人马拉美（Mallarme）曾经抱怨说，jour（光亮）和 nuit（黑暗）的语音价值跟它们的意义相悖。很显然，诗歌对于语音的极其敏感性，使得符号与意义之间绝非任意的关系；而有着象形色彩的中国文字，甚至同样的意义选择不同词语的字形对于整个诗篇的意境都有影响，更不用说不同词语的差别极大的语音效果了。

列维-斯特劳斯总结认为：由果溯因地考虑词汇，即等到它们建立起来之后再对之观察，词语便会失掉不少任意性，因为我们赋予它们的意义不再仅仅依赖于约定俗成，而是取决于每一种语言如何切分词语所属的意义世界，取决于是否存在着表达相近意义的词语。语音与意义的联系不仅仅是一场诗歌游戏。语言符号的任意性只是临时的。一个符号一旦被创造出来，它的用途便渐趋明晰，这一方面取决于大脑的生物结构，另一方面也是相对于所有其他符号，也就是相对于必然走向系统化的整个语言世界而言。[②] 这是列维-斯特劳斯的语言符号方面的结构主义的观点，它在社会生活的其他方面还有许多可供借鉴的引申意义。

（2）用包括龙在内的四象灵兽来指代四个方位和五行联系在一起，世界其他文明区域有相似的理念，但不尽相同。地、水、风、火是构成世界的四种元素，每一元素都有自己对应的东西，但这些东西因文化的不同而不同，下面是一些例子：

> “风”——印欧人：男性，东方，春天；阿兹特克人：北方，冬天，黑色，野兔；祖尼印第安人：北方，冬天，战争，黄色。
>
> “火”——印欧人：男性，南方，夏天；阿兹特克人：南方，夏天，蓝色，燧石；祖尼印第安人：南方，夏天，红色，耕地。

---

① D. I. Mason, “Synesthesia and Sound Spectra”, *Word*, Vol. 5, No. 1, 1952, p. 40.

② ［法］克洛德·列维-斯特劳斯：《结构人类学》，张祖建译，中国人民大学出版社 2006 年版，第 99 页。

"水"——印欧人：女性，西方，秋天；阿兹特克人：西方，春天，红色，藤条；祖尼印第安人：西方，春天，蓝色，和平。

"地"——印欧人：女性，东方，冬天；阿兹特克人：东方，秋天，白色，房屋；祖尼印第安人：东方，秋天，白色，巫术。[①]

四象与方位的联系看来是任意的符号。但是，从一种语言结构的角度，四象之间的表征关系就并不那么任意。把四象并列，就使它们形成一种表意上的相互关联，即一种象征性的表意结构。为使整个结构表意效率的最大化，这就要求结构在有限的构成要素里具有最大区别价值的典型形象。我们先来考察一下文献里的四象——青龙、白虎、朱雀和玄武，在这些神兽前加上原色（红、黄、兰、黑、白）修饰词，也进一步增加了它们的典型性。

龙，前文已经分析，它是鳞虫之长，其形态统括了自然的原始生命力。

朱雀即凤凰，《说文》："凤，神鸟也。天老曰：凤之象也，鸿前麟后，蛇颈鱼尾，鹳嗓鸳腮，龙文虎背，燕颔鸡喙，五色备举，出于东方君子之国，翱翔四海之外，过昆仑，饮砥柱，濯羽弱水，暮宿风穴，见则天下大安宁。从鸟，凡声。凤飞，群鸟从以万数，故以为'朋'字。"《广雅》："鸾鸟，凤皇属也。"《说文》："鸾，赤神灵之精也。"

东汉应劭《风俗通义》云："虎者，阳物，百兽之长也，能执搏挫锐，噬食鬼魅。"猫科动物作为捕食动物的典型，有其特有的灵敏、速疾和勇猛成为世界性的文化符号。墓葬建筑作为与生死观念的联系，在任何文化体系中均有重要意义。中国的镇墓辟邪瑞兽，基本上最后定型为威猛的猫科动物的形象——狮、虎、辟邪等，可见其形象的典型意义。

玄武，原初是龟蛇同体。关于蛇，前文已做分析，这里不再复述。关于龟对于中国上古文化的重大意义无须多说，从象征宇宙秩序的河图就是由神龟背负出来、殷商之人用龟甲占卜吉凶就可看出其重要性。《诗经·大雅·文王有声》："考卜维王，宅是镐京，维龟正之。"对于京城的选址合不合适这样的重大事情，诉诸神龟之灵来决定。为何龟在古人心目当中

① 参见［英］戴安娜·弗格森《人类的传说》，喻满意、许哲娜、沈沛晶译，希望出版社2005年版，第67页。

有着这般的神异呢？“龟”确实有着特殊的属性：龟的腹壳呈方形，龟背甲为穹隆状，契合于中国天圆地方的宇宙观。龟周天似的背甲上刻着时钟般的花纹。用龟甲占卜并非中国独有的文化现象，美索不达米亚也有过占卜用的有带铭文的龟甲。[①]龟长时间不吃不喝也不死，龟的头像是人的男根，这就和根本的生命力联系在一起，同时也似蛇，实际上玄武就是龟蛇同体。龟成为四象的形象之一还有一个最主要的原因，就是在四象的结构中它所具有的典型性。玄武是和朱雀（凤凰）相对应的，和朱雀“有凤来仪”的婀娜多姿不一样，龟是迟钝、笨拙的，但又充满着原始的生命力，其忍者神龟的神秘意象是其他任何形象所无法比拟的。

在这一结构化表意系统中，麒麟需要特别分析一下。麒麟是我国历史上传说的瑞兽。其名始见于《诗经·周南·麟趾》。发现麒麟的最早记录为春秋十四年（前480），据《春秋左传·哀公十四年》：“春，西狩获麟。”《孟子·公孙丑》：“麒麟之于走兽，凤凰之于飞鸟，泰山之于丘垤，河海之于行潦，类也。圣人之于民，亦类也。”汉许慎《说文》：“麟，大牡鹿也。”“麒，麒麟，仁兽也。麇身、牛尾、一角。”《孟子·公孙丑》中说得很清楚，麒麟是走兽的典型。汉代董仲舒把战国已形成的五行学说发展为包罗万象的体系，西汉后期，包括麒麟纹在内的五灵纹开始流行。《礼纬·稽命征》说：“古者以五灵配五方：龙，木也；凤，火也；麟，土也；白虎，金也；神龟，水也。”许慎《五经异义》云：“龙，东方也；虎，西方也；凤，南方也；龟，北方也；麟，中央也。”蔡邕《月令章句》云：“天官五兽之于五事也：左，苍龙大辰之貌；右，白虎大梁之文；前，朱雀鹑火之体；后，元武龟蛇之质；中有大角轩辕麒麟之位。”从汉代起，麒麟成为与青龙、白虎、玄武、朱雀四灵相列，成为五灵中代表中央土的神兽。

四象较之五象更为流传广泛，是何原因呢？这要从这个表意的结构体系中来思考，解答是：与青龙、玄武、朱雀比较起来，同为走兽的麒麟与白虎之间区别不够明显，或者说它的典型性还不够。在西汉戴圣所记《礼·礼运》：“麟、凤、龟、龙，谓之四灵？”一文中，“麟”也确实代

① 参见［美］约瑟夫·里克沃特《城之理念——有关罗马、意大利及古代世界的城市形态人类学》，刘东洋译，中国建筑工业出版社2006年版，第190页。

替了“虎”的位置。另外麒麟与白虎也同为镇墓辟邪之兽而并置在一起，而且麒麟、天鹿、辟邪之间常常只能通过有无角或角的数量来区分；或说，护墓的狮形神兽，无角者称为狮子，双角者称为天禄，独角者称为辟邪。[①] 这些都说明它们之间容易混淆不易分别清楚。可想而知，由它们的形象而引发象征的意义也是相似的。这样说来，五象说中的麒麟与白虎相比于其他三种灵兽的差异而现出的过分相似，使它们在这一表意的结构的配位之中处于不对称状态。

这样看来，作为一种结构，符号之间的关系并不那么任意。就此结构人类学家列维－斯特劳斯提供了一个很好的例子。

> 交通规则把不同的语义价值任意地赋予了红色和绿色的交通信号。相反的选择本来也是可能的。不过，红色和绿色所唤起的情绪和象征性联想却不会因此就简单地颠倒过来。就目前的系统而言，红色唤起危险、暴力和鲜血，绿色则与希望、宁静和自然过程的平静展开相联系，例如植物的生长。然而，假如红色是自由通行的符号，绿色是止步的符号，情况将会如何呢？红色无疑将被理解为表示人类的热情和可沟通性，而绿色则象征着冷漠和恶意。所以，红色将不仅仅是绿色的替代物而已，反之亦然。符号的选择可以是任意的，然而符号却带有一种自身价值、一个独立的内容，这种内容同表意功能结合，从而对这一价值做出调整。如果把红/绿两色的对立颠倒过来，其语义内容就会发生可以觉察的移位，因为红色之所以是红色，绿色之所以是绿色，不仅是因为各自都是带有固有价值的感官刺激物，而且因为它们形成了一套传统的象征方法的依托，这套方法自存在于历史的某一时刻起，就不可能任凭人们随意摆弄了。[②]

列维－斯特劳斯说，所有神话思想和全部仪典都是感性经验在一种语义系统中的重组。[③] 用绿色信号灯代替红色信号灯的意义也许是可能的，

① 朱伯雄主编：《世界美术史》，山东美术出版社 1990 年版。

② ［法］克洛德·列维－斯特劳斯：《结构人类学》，张祖建译，中国人民大学出版社 2006 年版，第 99—100 页。

③ 同上书，第 100 页。

尽管笔者并不这样认为。色彩只是一种较简单的感性形象，虽必然会引发产生一定的意义，就和朱雀、玄武、青龙、白虎前面所冠之的色彩修饰语一样，但它毕竟不能和直接的感性形象的表意功能相比。四象指代四方，就中国的地理区位来看，确实说出四个方位不同的精神意象。东方是太阳升起的方位，是带来生命活力的方位，是世界性的具有原始宗教意义的方位，中国把它赋予了青龙与木，在上古文化中是最重要的方位。南方朱雀，是炎热与活力，南方整日都有阳光，它属于火；在国家建立之后的理性封建时代，为表示向明而治，是国家礼仪性建筑所必须选择的朝向。西方白虎，属于金，日落的方位，严厉的自然环境，戈壁沙漠草木不生，是肃杀的方位，白虎也由此成为镇墓辟邪之兽。北方玄武，属于水，寒冷、沉静、冬眠，但极星在北方的天空，对于中国的武力征服常常源于北方，因此，北方似乎又隐含着神秘的力量，皇城宫殿常常以极星三垣为模仿的对象，玄武神由此有着特殊的意义。对于四象与四方的意象关联，会有不同的诠释，但笔者认为基本的含义应该是相似的。象征毕竟只是象征，而不是逻辑概念，其功能就在于从不同诠释中，来接近它隐藏在结构中的核心意义。

四象一旦作为一套象征性的语意符号，它们就能成就一系列的指代功能。其中之一，就是用来指代四方的星宿，同时在古人天、地、人相感应的观念中，这些星宿也同样赋予四象不同的属性。就世界万物最后都统属于天来说，四象的实际的感性来源可以在观念中被颠倒，是天上星宿所隐藏的四象本质影响到了下界万物，也就是说，和柏拉图的理念论相似，地上的四象只是天上四象观念的投影。四象与星宿崇拜的联系，是理论化的结果，并不能成为原生态四象崇拜的来由。无论如何，除非有一个底本用来发挥联想，从星宿是不能直接看到这些形象的。

（3）明李时珍《本草纲目》云：“龙有九似：头似驼，角似鹿，眼似兔，项似蛇，耳似牛，腹似蜃，鳞似鲤，爪似鹰，掌似虎，是也。其中脊有八十一鳞，具九九阳数。……口旁有须髯，颔下有明珠，喉下有逆鳞。”显然，龙的各种器官并不是以功能为基础，而是一系列的象征性的意象。特别强调“九”这个数字，说明古人对龙的不断创造中，不断地在完善“龙”的这一原型超兽的形象，并使它符合从古至今的范畴划分理想，这就是从“洪范九畴”就开始探索的一个概念分割的理想。

明代学者陆容、李东阳等均有“龙生九子”的论述，杨慎在《升庵集》列出龙生九子的名单：“赑屃形似龟，好负重，今石碑下龟趺是也。螭吻形似兽，性好望，今屋上兽头是也。蒲牢形似龙而小，性好吼叫，今钟上钮是也。狴犴形似虎，有威力，故立于狱门。饕餮好饮食，故立于鼎盖。蚣蝮性好水，故立于桥柱。睚眦性好杀，故立于刀环。金猊形似狮，性好烟，故立于香炉。椒图形似螺蚌，性好闭，故立于门铺首。”把如此多的想象动物都归于龙所生，似乎有些离奇，不过，这里的“生”是象征性的指代观念的派生；“九”再一次成为观念范畴划分的数量原型。龙生九子，龙是超兽的观念原型，九子分别分有龙的不同秉性。“龙生九子”的论述再一次说明了象征符号的体系化、结构化倾向。

（4）关于四象何以成为四方民族的图腾，据《左传·昭公十七年》记载，鲁昭公问少昊的后裔郯子，为何少昊以鸟为其官员命名？郯子回答：“我高祖少昊，挚之立也，凤鸟适至，故纪于鸟，为鸟师而鸟名。凤鸟氏，历正也；玄鸟氏，司分者也；伯赵氏，司至者也；青鸟氏，司启者也；丹鸟氏，司闭者也；祝鸠氏，司徒也；鸣鸠氏，司马也；鹏鸠氏，司空也；爽鸠氏，司寇也；鹘鸠氏，司事也。五鸠，鸠民者也。五雉，为五工正。……九邑，为九农正。”郯子共说了五鸟、五鸠、五雉、九邑共24种氏族，都以鸟为图腾。少昊族起源于山东郯城，殷人为少昊氏的后裔。[①] 这里鸟是起源于东方的少昊族的图腾。

但东夷族却以龙为图腾。《左传·昭公十七年》云：“太昊氏以龙纪，故为龙师而龙名。”太昊为东夷族的部落联盟首领，其下有青龙氏、赤龙氏、白龙氏、黑龙氏、黄龙氏等以龙为图腾的部落。东夷的“夷”为何义？《越绝书·吴内传》曰：“习之于夷。夷，海也。”也即夷就是沿海居住的人，由于大海在中国东部，故称东夷。[②]

而《白虎通义·五行篇》云：南方之神“祝融”，“其精为鸟，离为鸾”。鸟又为南方民族的图腾。就西戎族以白虎为图腾来说，虎也并不是西方特有的动物。东夷与越人的区别为：“自淮以北皆称夷。自江以南皆称越。”越人以蛇为图腾。据《史记·越世家》：“越王勾践，其

① 吴庆洲：《建筑哲理、意匠与文化》，中国建筑工业出版社2005年版，第215页。

② 同上书，第218页。

先禹之苗裔，而夏后帝少康之庶子也。”《列子·黄帝篇》云：“夏后氏蛇身人面”，说明夏后氏以蛇为图腾，越为人其后裔，亦以蛇为图腾。①在南方的越人的图腾不是鸟而是蛇。如何来厘清这里面的混淆呢？显然，图腾作为各族的标识符号，是和各族的神话传说联系在一起的，和其他民族的图腾没有形成一种必然相关的关系；但是，作为一种整体结构的四象就不是这样，它要求结构内部各要素具有辩证的区别性、对称性和典型性，正是这种有着逻辑意义的结构化，使得东、南、西、北不同方位不再处在不相关的混淆状态，而是完成一个结构性的文化整体，这就如宇宙正是由于各元素的对立和相互关联，才构成了一个完整体。文化也同样如此。

（5）作为一整套观念的文化符号，这些图像有着消灾、辟邪、护佑、祈福等各种社会文化功能。东汉应劭《风俗通义》云：“墓上树柏，路头石虎。周礼：方相氏葬日入圹驱罔象。罔象好食亡者肝脑，人家不能常令方相立于侧，而罔象畏虎与柏，故墓前立虎与柏。”又云：“虎者，阳物，百兽之长也，能执搏挫锐，噬食鬼魅。今人卒得恶遇，烧悟虎皮饮之，系其爪，亦能辟恶，此其验也。”这一类的解说，对于现代人的理性思维来说，无疑充满着迷信色彩。但感性活动有它自身的逻辑，不能由理性来分析，只能通过神话般的甚至带有巫术色彩的象征方式来表达。精神分析学研究的结果是，现代人并没有摆脱这种思维，作为一种心理原型，如荣格所说，神话是人作为主体的构成性的需要。在这个意义上，也许我们完全放弃神话般的象征性思维之时，也就是与我们的潜意识领域隔绝之时，也就是使我们产生精神破裂之时。康德说，感性无知性形式则盲，知性形式无感性则空。我们需要重视逻辑性的理性知识的研究，也需要深入挖掘感性中的潜意识内涵。

四　结语

感性形象无论对于人类还是动物来说，都有着意义，而且同一感性形象（就一般意义上来讲）对于各物种之间的意义差别非常大。这种意义不管我们怎样分析知性的形式（时间、空间）和理性的因果等范

---

① 吴庆洲：《建筑哲理、意匠与文化》，中国建筑工业出版社2005年版，第218页。

畴都找不到它们的根基，这样我们就诉诸一个非理性的范畴——生存意志。生存意志这个范畴之所以有效，是因为它指代的是主体与客体之间原始自在的关系，并基于一个核心——这就是生死观念。没有生死观念，我们的一切感性连带由之产生的一切情感就会立刻失去它们的意义根基。

（一）“龙”的真正的原型（archetype）不在现实之中，而是在心灵之中

“龙”的原型更应在荣格深层心理学上的意义来探求。原型是集体意象，在情感上它是集体情结，它是与生存意志紧密关联的；正如个人情结只不过产生个人癖好，而原型产生神话、宗教和哲学，影响并赋予全民族和历史时代以特性。[①] 原型是否通过生物性的基因发挥其遗传作用并不是其主旨所在，而是作为“超个体的主体性”——一种超验的文化基因，在集体潜意识层面发挥其传承意义的作用。因此，原型被荣格看作是领悟（apprehension）的典型模式。[②] 原型往往是以前概念的形式体现出无限的、神秘的原始宗教的情感、观念和理想。

在“龙”图像的发展中，我们应该来看它如何趋向于心灵中的“龙”原型。从这样的视角，我们才能更丰满地理解“龙”图像及其定型趋向的意义，理解“龙”对于自然现象的广泛解释力，“龙”的情感意义以及在整个文化系统中的作用。

如上文所述，“龙”作为原型，有自然力量之源、万兽之祖的含义。所谓“百物而为之备”[③]、“龙生百种”[④] 鳞、介、毛、羽皆祖于龙，以及“龙有九似”、“龙生九子”都是这一原型的意象丛。“龙生九子”，这是中国文化从“洪范九畴”就开始探索的一个概念分割的理想。龙是超兽的观念原型，九子分别分有龙的不同秉性，理论上它们都是统括在“龙”原型之下的意象集群。

“龙有九似”、“龙生九子”之说表明“龙”原型逐渐趋向于符号化、体系化、结构化。“龙”从非语言所能表达的集体无意识原型逐渐

---

① ［瑞］荣格：《人及其象征》，史济才等译，河北人民出版社 1989 年版，第 59 页。

② 冯川：《神话人格——荣格》，长江文艺出版社 1996 年版，第 84 页。

③ 《左传·宣公三年》。

④ 《淮南子·地形训》：“羽嘉生飞龙，飞龙生凤凰……”

演变为带有一定的语言符号色彩，这个过程从“龙”与其他灵兽关联为“四象”就已趋明显（见图1—9）。但是，原型一旦在意识层面清晰化，就反而会丧失原有潜意识层面意义的丰富性与力量。“龙有九似”、“龙生九子”被不少学者论为附会之说，就有这方面的道理。原型象征具有一种从未精确规定过的、从未透彻解释过的、更加广阔的“无意识”特征。[①] 原型图像超出概念所能指明的一般的、直接的含义时，它才更具有象征性的、神秘性的情感力量，具有消灾、辟邪、护佑、祈福等各种心理、文化功能。

（二）“龙”是世界性的文化主题

实际上，“龙”本身就足以代表人类整个潜意识世界。无论从现代的生物学的观点，还是从原始神话来说，我们人类都是“原兽”演化的结果。但是，对于“龙”这一自然原始生命力的原型祖先，不同文化却有不同甚至截然相反的情感态度。

（1）正如前文对于希腊创世神话的解说，这些都正好应和了荣格的观点：“英雄和龙之间的战斗是这种神话较为主动的形式，它更加清楚地表明自我战胜退化趋势的原型主题。”[②] 在西方，“龙”代表的是黑暗或人格否定性的方面留在无意识之中，是必须战而胜之的破坏性力量（见图1—10）。

（2）与这种情感态度相反，中国人把自己称为“龙的传人”。中国人的祖先神伏羲女娲被描绘成人首蛇身的龙蛇之神。屈原《离骚》：“驾八龙之婉婉兮，载云旗之委蛇。”表现出的是中国人对于龙的亲和力。它揭示出中国人一种基本情感态度：对于伟大的自然力量，不是要战胜它，而是要与之融为一体、和合相生（见图1—11）。因此龙的图像在今天的中国仍然有积极象征意义，它也不是任何刻意设计的标志所能替代的[③]。

---

① ［瑞］荣格：《人及其象征》，史济才等译，河北人民出版社1989年版，第2页。

② 同上书，第101页。

③ 庞进：《中国龙文化》，重庆出版社2007年版，第301—302页，转引自2006年12月4日《上海晨报》刊登的一则报道及引起的相关评论。

图 1—9 （汉）四象瓦当

图 1—10 西方龙图像

图 1—11 中国龙图像

第三节 西江的龙母

一 龙母的传说与大母神意象

（1）母性原则与父性原则在人类文化中是具有显著不同的含义的。如玛丽·道格拉斯（M. Douglas）指出，母亲与女儿之间存在着一种甚至更加紧密的关系：“他们认为一个女孩应该对母亲没有秘密，男人对她们之间的毫无保留大感惊讶。母亲和女儿会一起去河里洗澡，彼此赤裸相对，互相擦背；一个甚至会要求另一个替她剪头发、拔眉毛、涂油，或者为她灌肠。对于不同辈分的男人们来说，互相提供此类亲密服务是无法想象的。”这些态度无疑只是把那些通常存在于姐妹之间和妇女中间的现象推至极端：“妇女把大部分时间花在跟别的妇女在一起，并且跟她们的母亲、姐妹和女儿结成情感强烈的联系。”另外，这些女性之间的态度跟盛行在相互“争光”的父子之间，或同样被非常强烈的联系结合起来的兄弟之间的态度不完全是一回事，后者的基础在于彼此自律，不去从事任何“有可能损害相互感情”的竞争，兄长对于幼弟在任何场合下都有帮助和保护的义务，以及体现在赠送食物和手工制品上面的幼弟对兄长的尊敬。因此，男性之间的态度属于文化，女性之间的态度更多地属于自然——至少在男人眼中如此：“女性之间的关系里丝毫也没有这些讲究，以至于这种关系显示出一种发自本能的气质。男人们对此感到十分惊奇，他们把妇女跟动物相提并论，因为她们的行为完全没有那种男人之间甚至家庭内部的男人之间所特有的讲究礼数的特点。”①

日本学者安田喜宪在《龙的文明史》一文中认为：龙——父权制文明的象征；蛇——母权制社会的象征。从安田喜宪的分析来看，这种差异和中国文化的南北二元对立的文化结构联系了起来，龙崇拜象征的是中国北方畜牧文化的父权制社会。现今所探明的最早的龙产生于中国东北部和美索不达米亚地区。中国东北部最早的龙是以野猪、鹿及鱼为原型的猪龙。而美索不达米亚地区的龙是以羊、狮子及鸟、爬行动物为原型的。畜牧社会属父权制社会。而在南方的长江流域的稻作农耕文明中则存在着蛇崇拜，狩猎、渔捞民和稻作农耕民有着悠久的蛇崇拜传统。绳文文明、古欧洲文明属母权制性质，同大地母神崇拜、蛇崇拜有着密切的关系，它们是属于母权制性质的社会。南方的龙是随着城市文明的诞生、父权制社会体制的建立而出现的。

（2）南方的越人崇拜蛇，也有文献上的根据：据《史记·越世家》：“越王勾践，其先禹之苗裔，而夏后帝少康之庶子也。”《列子·黄帝篇》云：“夏后氏蛇身人面”，说明夏后氏以蛇为图腾，越人为其后裔，亦以蛇为图腾。如吴庆洲先生所说，在中国崇拜龙王的不少，但唯独岭南的西江崇拜龙母。扩大来看，此现象并不如此特殊。与广东疍邻同在沿海的福建，也可以说在地理区域上同属于岭南。福建人也是古越人的后裔。和国家正统的昊天上帝的信仰相异，福建信仰的是天后娘娘。这些现象不是偶然的，父性或男性原则是礼仪的、文化的、理性的，是和国家观念联系在一起的；而母性或女性原则是自然的、感性的和家庭性的。远离中原父性

① 转引自［法］克洛德·列维－斯特劳斯《结构人类学》，张祖建译，中国人民大学出版社2006年版，第579页。

原则的国家文化，常常处于化外之地的岭南地区是自然性的母性文化。从心理原型的理念来说，龙母和天后都是大母神，是岭南人民相互联系和心理依赖的情感纽带。

作为万民敬仰的大母神，龙母又结合了原始民族的图腾崇拜。西江沿岸，古代居住着越人。宋以后称为“疍家”。“疍”音为“但”，与川滇桂壮族称“河”的音同，即疍有近水之意。岭南的疍民，保留了古越族的文化特征，即食蚌、螺、蚬、牡蛎等介类动物，住干栏建筑，善于水战，善于伐木造船，行蛇图腾崇拜等。[①]《赤雅》上篇云：“人神宫，画蛇以祭，自云龙种，浮家泛宅，或住水浒，或住水澜。捕鱼而食，不事耕种，不与土人通婚。能辨水色，知龙所在，自云龙种，籍称龙户。”古代疍民乃古越人后裔，保持着蛇图腾崇拜，自称龙种。古代疍民分布于福建、两广和海南一带。而信奉龙母的疍民，从地理分布上则是珠江三角洲和西江流域一带，他们都讲广州话，即粤语。

龙母，本来只是存在神话传说中的有着社会生命力的集体意象，却对应着一位似有似无的现实的人，天后妈祖也同样如此，这有待于进行神话学的诠释。

南朝沈怀远《南越志》写道：

> （秦始皇听到南粤有龙母育龙子的事）曰“此龙子也，朕德之所致。”乃使以元珪之礼聘媪。媪恋土，不以为乐。至始兴江，去端溪千余里，龙辄引船还，不逾夕至本所。如此数四，使者惧而止，卒不能召媪。媪殒，瘗于江阴，龙子常为大波至墓侧，潆浪转沙以成坟，人谓之掘尾龙。今人谓船为龙掘尾，即此也。

9世纪初唐代李绅的诗句“音书断绝听蛮鹊，风水多虞祝媪龙”、许浑的诗句“火探深洞燕，香送远潭龙”。以上可见，龙母的传说早已在悦城和西江一带广为流传，甚有影响。最早的完整的故事文献见于唐代刘恂（唐昭宗806—820年广州司马）《岭表录异》：

---

① 吴建新：《广东疍民历史源流初析》，《岭南文史》1985年第1期，第60—67页。

温媪者，即康州悦城县孀妇也。绩布为业。尝于野岸拾菜，见沙草中有五卵，遂收归，置绩筐中。不数日，忽见五小蛇壳，一斑四青，遂送于江次，固无意望报也。媪常濯浣于江边。忽一日，鱼出水，跳跃戏于媪前，自尔为常。渐有知者，乡里咸谓之龙母，敬而事之。或询以灾福，亦言多征应。自是，媪亦渐丰足。朝廷知之，遣使征入京师。至全义岭，有疾，却返悦城而卒。乡里共葬之，江东岸忽一夕天地冥晦，风雨随作，及明已移，其冢并四面草木悉移于西岸矣。

自唐至清初的近千年间，龙母传说经历代润色加工，到了清朝，龙母的传说成了一个人物众多、情节离奇的传奇故事。龙母故事逐渐由简而繁，由平凡演变为神奇，走的是一般民间崇拜神祇的路子。龙母超越人间力量是人们按照心理需要的原型而逐渐赋予的。龙母故事以一个心理原型出发，不断扩张充实：龙母原创故事——龙子故事——与龙母有关的河流山水草木故事。[①] 据《孝通庙旧志》云：

龙母娘娘温氏，晋康郡程溪人也。其先广西藤县人。父天瑞，宦游南海，取（娶）程溪悦城梁氏，遂家焉。生三女，龙母其仲也。生于楚怀王辛未之五月八日。

《孝通庙旧志》谈到，龙母一日在江边浣洗，拾得卵大如斗，光芒射人，后来卵中出五条壁虎状动物，性善喜水。龙母豢养它们，能在江中捕鱼。一次，龙母因剖鱼，误砍了其中一条的尾，它们走了。几年后又回来，成为头角峥嵘、身披鳞甲的龙。秦始皇得报，于三十六年（前211）派使者带黄金白璧，请龙母去咸阳皇宫。使者强使龙母上船。白天船行至始安郡（今广西桂林市），晚上龙子作法，船又回到程溪（今悦城河）。如此数次，使者无法，只得罢休。后来龙母仙逝，葬于西江南岸青山。一晚，大风雷雨，怒浪奔涛，次日晨，坟墓已移至北岸。于是，百姓在墓旁立庙，祀奉龙母，祷其庇佑百姓，免于灾患，颇有灵验

① 欧清煜：《龙母祖庙和龙母传说》，广东人民出版社 2005 年版，第 10 页。

云云。

龙母的去世也显得与众不同——传说龙母去世之后，乡民把她葬于西江南岸的青旗山山麓。一天晚上，忽然乌云密布，雷声隆隆，电光闪闪，狂风大作，江水翻腾，白浪滔天。在烟雨朦胧中，人们依稀看到人影来往，又隐隐听到鼓乐和哭泣的声音。天明之后，只见江北的一片河湾地上已经隆起一座高墓，坟墓四周，林木葱茏，青旗山下的龙母墓却不见了。原来是五龙子�浪转沙成坟，把龙母墓连同周围的树木都迁到这里来了。后来人们把这块地方称作珠山，取神龙吐珠之意，又在龙母墓旁边建起龙母庙，四时拜祭。①

据《悦城龙母庙志》所载，龙母姓温，生于楚怀王辛未年（前290），卒于秦始皇三十七年（前210），享年80岁。在世时，她也许是粤西以至广西部分地区的部族首领，为老百姓办了很多好事，去世之后，老百姓很怀念她，便为她立庙，岁岁祭祀。老百姓一直把龙母称作“阿婆”、“阿嬷”，去龙母庙朝拜龙母称作“探阿嬷”。元人黎中孚的《题龙媪墓》诗便有“阿婆埋骨白沙堆，五颗骊珠去复回”之句，可见在老百姓的心目中，龙母是神也是人。就像我们把伏羲、黄帝既看作是神也是祖先一样，西江人民把龙母也看作是祖先，四时礼拜，形成一股强大的类于血缘关系的地缘凝聚力。直至今天，前来龙母祖庙瞻仰的游客络绎不绝，他们都自认是龙的传人，是到龙母庙来“探阿嬷”。明朝新会人黎贞有咏龙母庙诗：

松桧如烟夹道凉，辉辉楼阁倚穹苍。
江山今古景长在，南北去来人自忙。
一树秋声惊客梦，几腔鱼笛再斜阳。
幽怀到处堪消遣，笑指他乡是故乡。

“笑指他乡是故乡”是说，来到悦城龙母庙便像回到了家乡，这种寻根认同的感情，正是“母仪龙德”的精神意象所陶冶感化的结果。

信奉龙母的人普遍认为，德庆悦城龙母有明确的出生地和生卒年月，

① 欧清煜：《龙母祖庙和龙母传说》，广东人民出版社2005年版，第15页。

有亲生父母和养父母的姓氏，虽没有与她同时代的人写的史料作为证据，但口碑所传，庙志所记，确有龙母其人应该是可以肯定的。

有无龙母其人，这并不是一个现实的问题，而是一个集体无意识的心理原型问题。就像我们认为神话就是神话，而上古的人类却认作是确实的历史。从根本上来说，无论历史还是神话，都是人类意识当中观念投射的产物，其区别就在于从一种什么样的角度和文本来处理对象世界。列维－斯特劳斯说，故事当中有历史，然而却是一种基本上无法企及的历史，因为我们对产生它们的史前文明知之甚少。不过，缺少的真是历史吗？历史维度似乎更像一种否定性的样态，它产生于眼前的故事和一个未显露的民族志语境之间的空缺。因此，缺少的不是过去，而是语境。[①] 历史需要存在于语境当中，国家有国家撰写的历史，那是和国家的意识形态交织在一起的；而民间无文字记载的历史，则是集体潜意识的心理原型的历史，其象征性的述说文本诉诸民间传说。

关于龙母的传说，自唐至明清，有《岭表录异》《太平寰宇记》《南越志》《南汉春秋》《粤东笔记》《广东新语》《粤中见闻》《肇庆府志》等多种典籍记载，而《孝通庙旧志》则是集龙母传说记载之大成者。[②] 历代龙母均得封赐。汉高祖封之为程溪夫人，唐封之为永安夫人，宋神宗封之为永济夫人，明太祖封之为程溪龙母崇福圣妃，又封之为护国通天惠济显德龙母娘娘，有“膺封十数朝，享祀二千载”之誉。

（3）蒋明智在《悦城龙母传说探源》一文中认为：悦城龙母传说源远流长，影响深广，从历史记忆的视角考察，龙母传说与秦始皇发生联系并非故事情节的任意粘连，而是有着地域历史文化的积淀，它既保留了秦始皇时期帝国征服与土著抵抗的集体记忆，又形象、真实地反映了秦始皇统一岭南时期的政治、经济和文化等多方面的历史状况。今天看来，尽管龙母传说是秦代的产物尚缺乏正史上的依据，但考察龙母传

---

① ［法］克洛德·列维－斯特劳斯：《结构人类学》，张祖建译，中国人民大学出版社 2006 年版，第 609 页。吴庆洲：《建筑哲理、意匠与文化》，中国建筑工业出版社 2005 年版，第 298 页。［法］克洛德·列维－斯特劳斯：《结构人类学》，张祖建译，中国人民大学出版社 2006 年版，第 621 页。同上，第 600 页，转引。同上，第 604—605 页。

② 吴庆洲：《建筑哲理、意匠与文化》，中国建筑工业出版社 2005 年版，第 298 页。

说的具体内容，从历史记忆的角度却可以找到许多蛛丝马迹。龙母传说在历史文献中的最早记载是在西晋时期，约在秦始皇统一中国的五百年之后。作为民间传说，从产生、流传到被整理、记录，也必定有一个相当长的过程。①

从历史事件来说，它一方面曲折反映了秦始皇征服岭南时遇到土著力量顽强抵抗的事实；另一方面，又再现了秦始皇统一中国后，通过怀柔政策而逐步实现越汉融合的历史；从观念上看，它表现了秦始皇以龙为祥瑞的“水德”思想和迷信方士仙术的心理；从政治经济发展状况来看，它再现了秦时端溪、始安等地已被纳入秦始皇的行政版图，开凿的灵渠已将西江和湘江沟通起来，岭南造船业达到相当水平的史实。因而，自唐代碑刻至清代庙志，人们均把龙母视为秦时之神并非空穴来风，而是有集体记忆的根基。② 正如历史人类学者所指出：“历史这只‘无形之手’，实际上可能对林林总总的各种各样的传说进行了某种‘选择’，使传说中与实际历史过程相契合的内容在漫长的流播过程中得以保留下来，在其背后起作用的实际上是人们对社区历史的‘集体记忆’。”③

以往科学实证的历史研究通常把传说与历史二元对立起来，而后现代史学却对此进行了质疑。认为无论口头传说还是历史文献都是历史记忆的不同表述方式。④ 赵世瑜指出：“传说对历史学家来说就同样也是有意义的，它可以和历史放在同等的价值层次上，也即在历史记忆的意义上，传说与历史文献传达的历史在价值上是平等的。”⑤在悦城龙母传说中，无论是典籍记载，还是民间传说，没有不提到秦始皇征召龙母入京的情节，这是很值得注意的现象。⑥ 根据传说的有关理论，传说较之一般文学作品，与历史有更密切的联系，“这是由于传说往往直接讲述

① 蒋明智：《悦城龙母传说探源》，《世界宗教研究》2010 年第 5 期，第 157—164 页。

② 同上。

③ 陈春声、陈树良：《乡村故事与社区历史的建构：以东凤村陈氏为例兼论传统乡村社会的历史记忆》，《历史研究》2003 年第 3 期，第 126 页。

④ 蒋明智：《悦城龙母传说探源》，《世界宗教研究》2010 年第 5 期，第 157—164 页。

⑤ 赵世瑜：《传说·历史·历史记忆——从 20 世纪的新史学到后现代史学》，《中国社会科学》2003 年第 2 期，第 184 页。

⑥ 蒋明智：《悦城龙母传说探源》，《世界宗教研究》2010 年第 5 期，第 157—164 页。

一定的当前事物或历史事物有时并采取溯源和说明等狭义的历史表述形式。人民通过传说，述说历史发展中的现象、事件和人物，表达人民的观点和愿望。从这个意义上说，民间传说可以说是劳动人民‘口传的历史’”[①]。一些治史的专家也同时认为，“传说日久，附加的理想成分越多，可是它本身确是当日实在经过的事件，并不是某些人臆想的结果”[②]。借助这些理论，从历史记忆的视角，龙母传说蕴含着秦始皇时代的历史信息是能够确定的。但民间传说如何转化为民间信仰？换句话说，传说背后的理想化机制是什么？这不是历史事实本身能够回答的问题。

（4）民间故事和神话使用的也是一般的相同词汇和语言，但现代人谁也不会把它们与历史和小说混淆起来，这说明它们对语言和词汇的用法不同。作为语言的样态，神话和民间故事是对语言的“超结构”运用，因为它们可以说形成一套“元语言”，结构存在于它的所有层次上。此外，由于有了这种特质，它们才直接地被感知为民间故事或者神话，而不是历史叙事或小说叙事。诚然，作为一种话语，它们也运用语法规则和词汇中的词语。但是，在普通的维度之上却增加了另一个维度，这是因为其中的规则和词语都是为建立映像和行为服务的，后者既是相对于话语的所指的“正常的”能指，也是相对于一个位于另一层次的附加的能指系统的意义成分。[③]

普罗普说：“像任何有生命的事物一样，民间故事只衍生出跟自己类似的形式。”[④] 普罗普这样设想，神话为结构分析带来的特殊领域是做出一项最重要的基本假设。即故事严格说来只有一个，所有已知的故事视为唯一的一个类型的“一系列变体”，从而，也许有一天，在经过一番计算之后，可以把失传的和未知的故事都揭示出来，“正

---

① 钟敬文主编：《民间文学概论》，上海人民出版社 1980 年版，第 183 页。

② 徐旭生：《中国古史的传说时代》（增订本），文物出版社 1985 年版，第 26 页。

③ ［法］克洛德·列维－斯特劳斯：《结构人类学》，张祖建译，中国人民大学出版社 2006 年版，第 621 页。

④ 同上书，第 600 页。

如根据天文学规律可以推断看不见的星星”[①]。这些论述看起来有些夸张，但也暗示出故事的原型，就荣格所指示的意义上，不但具有集体无意识的性质，而且这种性质如果确实存在，必定是一种超验主体间性。

民间故事和神话有一个是形态学层次的类似之处——对于观念的象征功能的层次；而历史文本，就其目的是记录现实事物而言，是属于知性经验的层次，文本并不要求述说出各个经验现象之间的因果联系，即在一种普遍的观念中对它们进行解释。民间故事和神话要求这种解释，尽管从现实的角度来看，其解释的观念方式是虚构的，但它却有着心理原型的真实。心理原型作为集体潜意识的深层结构，有着其固有的程式，它是属于集体的，而非个人的。这就是世界上的故事大多似曾相识的原因，因为这些故事和神话是社会集合性的和功能性的，基本的功能方面并不属于个人的表现。在人类艺术发展史中，小说是相当晚出现的一种类型，是人类理性发展到一个相当成熟阶段的艺术形式。从某种意义上说，小说结合了民间故事的虚构性和历史文本的现实性，小说要求在各个日常经验现象之间建立起普遍的因果联系；不过，这种联系是上升到意识层面的清晰理性，而不是集体潜意识的心理原型。

那么，民间故事和神话又有什么区别呢？毫无疑问，差不多所有的社会都把它们看成两种不同文体。这个区分之所以长盛不衰，应当归结于一种双重的程度上的差异。首先，跟我们在神话里看到的那些对立相比，构成民间故事的基础的那些对立比较单薄，不像神话里那样属于宇宙观、形而上学或大自然，而更经常地带有本地性、社会性和教喻性。其次，恰恰由于民间故事是主题的一种弱化的移位，而主题的夸张实现才是神话的真谛所在，所以前者不像后者那样不得不严格服从逻辑统一性、宗教正统性和群体压力这三重关系。故事里的游戏成分更多一些，置换相对较为自由一些，而且逐渐取得了一种任意性。然而，假如说民间故事是利用弱化的对立展开的，那么识别此类对立会比较困难，而且，已经很微弱的对立彰

① ［法］克洛德·列维－斯特劳斯：《结构人类学》，张祖建译，中国人民大学出版社2006年版，第604—605页。

显出一种可能向文学创作过渡的摇摆性，困难因此更大。[①] 在这个意义上，民间故事是微缩了的神话，同样一些对立关系改换为小尺度。[②]

现在我们来分析一下龙母的神话，严格说来，它是一个民间故事。龙母是人还是神？围绕这个问题，站在不同的角度，观点迥异。[③]

历史学家说，中华民族大家庭中有一个叫越人的族系，原是由炎黄族系和太暤、少暤族系分支出来的一个人数众多的氏族团体，他们继承了炎黄的龙图腾崇拜的习俗。因此，越人是炎黄子孙，与中原人民同根同源。而龙母豢龙的传说，便是越人崇拜龙图腾的明证。龙母是百越氏族集团的一位杰出的女首领，而五龙子则是五个部落的代表。越人断发文身以像龙子的习俗，是图腾崇拜的一种形式，其目的，一是显身份以"示尊荣"，二是保平安"不见伤害"，这是人在世至关重要的两件大事。作为部族首领的龙母温氏治理有方，确立了本部族的尊荣地位，百姓安居乐业，因而受到百姓的崇拜。她去世之后，老百姓很怀念她，便为她立庙，岁岁祭祀。据《孝通庙志》记载：汉高祖十二年封龙母为程溪夫人加赐御葬。这个结论是根据下面的史实得出的：汉高祖十一年（前196）夏天，汉朝派遣陆贾出使南粤，劝说赵佗归汉。陆贾取道灵渠，经漓江，泛西江而下，途经德庆，曾登锦石山，最后到达番禺（今广州），最终说服赵佗归汉，汉朝廷封赵佗为南粤王。赵佗"乃大悦贾，留与饮数月"。那么，陆贾回到长安，恰好是高祖十二年了。赵佗治理南粤"甚有文理"，"粤人相攻击之俗益止，俱赖其力"。说明赵佗是很能团结当地人的。战乱之中，赵佗并未趁机称王，只自号"蛮夷大长"，其身体力行，推行民族和睦政策，可见一斑。赵佗被封为王，自然不会独享这份荣华，必然也为他的下属求封，为百姓所尊崇的龙母温氏当然在其求封之列。陆贾于汉高祖十二年（前195）回到京都之后，把此事奏明皇帝，于是便有"高祖十二年封程溪夫人赐御葬"这件事，这恰好也符合龙母温氏的身份地位。所以说，龙母受封应该是可信的事。

民族学家说，龙母是母系氏族社会的一种遗迹，先民只知有母，不知

---

① ［法］克洛德·列维－斯特劳斯：《结构人类学》，张祖建译，中国人民大学出版社2006年版，第606页。

② 同上书，第608页。

③ 欧清煜：《龙母祖庙和龙母传说》，广东人民出版社2005年版，第10—12页。

有父。龙母自己也不知父亲是谁，按“漂来说”，其养父是梁三，龙子卵生，自然也不知父亲是谁了。

宗教学家说，龙母是上帝委任治管三江五渎的神。《悦城龙母庙志》收录所谓“玉皇大天尊玄穹高上帝”、“万法教主玄天上帝”等颁行的“敕命”，在龙母原封号“敕封护国惠济通天显德龙母娘娘”再加“水府元君”衔，五位龙子亦各有加封。参与编撰《悦城龙母庙志》的黄应奎（黄培芳之孙）说，所谓“上帝敕文一道，诬妄无稽，不得已删之”。后人翻印庙志时，又加上此段。外国信奉基督教的游客则说，龙母是中国人的圣母。西江两岸信奉龙母的人说，龙母是“阿嬷”。从心理原型的角度来说，基督教圣母、佛教观音以及天后妈祖、龙母都是同一主题的不同变奏。湄洲岛妈祖庙新大殿楹联云：“灵运起湄洲可继娲皇者唯汝，行宫遍寰宇诚为祠庙焉在斯。”表达的就是此意。

龙母祖庙碑亭联云：

> 母德渊源荣漳紫诰
> 儿曹霖雨泽遍苍生

中国古代传说中的三皇五帝既是祖先也是神灵，就像三皇五帝一样，龙母首先是民间故事潜意识观念原型的产物，龙母具体指代哪一位古越族母系社会女首领并不那么重要。如恩格斯所说：“人间的力量采取了超人间力量的形式。在历史的初期，首先是自然的力量获得了这样的反映，而在进一步的发展中，在不同的民族那里又经历了极为不同和极为复杂的人格化。”（《反杜林论》）这段话很适合于龙母。“龙”前文已论述过，是自然伟大力量的化身，在西江流域，又和大母神崇拜结合起来，人格化为“龙母”。龙母的意义需从集体潜意识的心理原型的角度加以阐释，而无须过分纠缠于历史上是否实有其人；因为民间故事和历史本来就是两种不同的文本，在文化中它们的功能是不同的。

龙母的故事和其他民间的神灵故事类似，龙母作为主角不是孤立的。围绕着龙母有五龙子，这就和佛山祖庙的北帝神之下有八大将军一样，帮助主神管辖一方风物。但龙母故事有它特有的母性主题，龙子对于龙母既是臣属的关系，也是子母的关系。五龙子中以“掘尾龙”（断尾龙、秃尾龙）最会惹事也最有本事，其传说也最为生动最有深意，它典型地体现了民间故事中最一般的心理原型。龙母文化研究专家蒋明智教授在列举各家之说后概括道：[①]

龙母传说中龙子被断尾，是对既是生理性断乳，也是社会性断乳的成年礼的一种反映。正是断尾，迫使秃尾龙摆脱了依靠母乳哺育的幼稚状态，也使亲子关系发生关键性的变化。龙子从此以后毅然走出家门，到广阔的社会生活中去经历风风雨雨。正是龙母的“这一刀”，或者换句话说，秃尾龙终于不再留念母亲温馨的怀抱，而是投身社会生活澎湃的洪流之中。成年仪式带来的影响是深刻的，它不但在孩子的心理上烙下一个不易忘记的印记，而且也给父母对子女造成一个心理上的割舍。这种社会性的断乳和生理上的断乳一样，令人从身体到心理十分痛苦，但又是必需的。没有这一过程，儿童便难以摆脱在父母羽卵下对亲情的依恋心理，也无法为即将到来的独立的成人生活作准备。在秃尾龙的转变过程中，龙母的训诫起着相当大的作用。在龙母传说的一些异文中，秃尾龙在断尾之前是条孽龙，爱做些坏事；断尾以后，转好了，做了不少有益于百姓的事。这与龙母的训诫有很大的关系。在民间传说中，龙母对龙子既仁爱，又不失严厉；既晓明大义，又惩罚有方，从而使龙子长大后能造福于民，惠泽四方。这正是中国式家教代代相传的成功经验。

五龙子的故事从功能论的角度来看，体现的是龙母的“母仪龙德”。南朝沈怀远的《南越志》中只有一个龙子，唐代刘恂的《岭南表异》则成了五龙子，这是后来者结构化的产物。《史记》云：“自上皇以后有五龙氏。”五龙氏附会于五行说，《遁甲开山图》：“五龙，皇后君也，昆弟五人，皆人面而龙身。长曰佣龙，木仙也；次曰征龙，火仙也；次曰商龙，金仙也；次曰羽龙，水仙也；次曰宫龙，土仙也。”这一系列说法，显然是受到中原文化以及国家正统观念的影响。“秦龙母墓”题刻碑文：

---

① 转引自欧清煜《龙母祖庙和龙母传说》，广东人民出版社 2005 年版，第 21—22 页。

母温氏汉封程溪夫人唐封永安夫人又封永宁夫人宋封永济夫人加封普济崇福圣妃明封程溪龙母崇福圣妃又封护国通天惠济显德龙母娘娘秦龙母墓乾隆四十七年四月知德庆州事蒋如燕立。[①]

既然民间信仰得到了官方的承认与封表，那么，龙母以及由龙母而产生的象征群就必须进入国家的整体象征结构体系中。

二　大母神原型的意义

龙母的原型意义是大母神。当分析心理学谈到大母神原始意象或原型（the primordial image or archetype of the Great Mother），它所说的并非存在于空间和时间之中的任何具体形象，而是在人类心理中起作用的一种内在意象。在人类的神话和艺术作品中的各种大女神（the Great Goddess）形象里，可以发现这种心理现象的象征性表达。[②] 这一原型的影响贯穿着全部历史，它存在于原始人的仪式、神话和象征中。

为了解释分析心理学所说的“原型”（archetype）[③] 的意义，必须区分其情感——动力成分，其象征系统、物质成分及其结构。这一原型的动力和作用表现于心理内部的生动进程，这些进程既发生于潜意识之中，也发生于潜意识和意识之间。原型的象征是其在特定心理意象中的表现形式，这些特定心理意象为意识所觉察，而且对于每一种原型都是不同的。同一原型的不同方面也表现于不同的意象之中。原型的结构是心理组织的复杂网络，包括动力、象征和意义内容，其中心和统摄者则是原型本身。

原型实际上表现为，它无意识地却合乎规律地决定着人的行为，而且不依赖于个人的经验。“（原型）作为一种先天的制约因素，为生物学上赋予一切生命以特殊性的‘行为模式’提供了特殊的心理学例证。”[④] 潜

---

① “秦龙母墓”题刻碑文出自清乾隆四十七年（1782）重修龙母墓时所竖立的石碑原件。

② ［德］埃利希·诺伊曼：《大母神——原型分析》，李以洪译，东方出版社 1998 年版，第 3 页。

③ 乔兰德·雅各比：《情结、原型与象征》，转引自［德］埃利希·诺伊曼：《大母神——原型分析》，李以洪译，东方出版社 1998 年版。

④ 荣格：《三位一体》，第 149 页，转引自［德］埃利希·诺伊曼《大母神——原型分析》，李以洪译，东方出版社 1998 年版，第 4 页。

意识的这种动力成分，对于受其支配的个人具有强迫性，而且常常伴随着强烈的情感性成分。龙母作为一种大母神心理原型，对于信仰者来说，具有集体无意识的情感特征；同时，这一原型又在集体无意识与意识之间不断被建构、积淀和传承，从而内化为信仰者集体人格的重要组成部分。

荣格说："原始意象可以被恰当地描述为本能的自我认知，或本能的自我描写。"① 原型亦有其动力。原型在描绘层面上显现于意识，这一层面是象征的层面，在这里，无意识便表现出与其达到意识的能力同等程度的能动性。② 象征性的意象，作为原型的描述，必须与"原型本身"相区别。③ 荣格说"原型本身是一种'不可描述'的因素，一种在人类心智发展的特定时刻开始起作用、并把意识资料整理到确定的模式之中的'倾向'"。"（原型）先于意识而存在，并可以假定就总体而言，它们即是心理结构的主要因素。它们可以被喻为晶格在饱和溶液中无形的存在。"④ 换言之"原型本身"是优于意识的核心现象，其"永恒的存在"（eternal presence）⑤ 是不可见的。但是它不仅作为一个磁力场而起作用，通过本能所提供的行为模式指导个人的无意识行为，它也作为意识中的一种想象模式而运作，把心理资料整理为象征性的意象。⑥

原型不但是先民潜意识中支配性的动力，而且在现代人心理发展过程中，留有它的遗迹。犹如儿童最初的生命经验着母亲的绝对重要性，只是到了生命的后来阶段，父亲的意义才逐渐从混沌中浮现出来；文化的发展也是这样的，先经历了母权文明的发展，才继之以父权文明的繁荣。先民（犹如儿童）神话式地认识世界。就是说，他主要凭借他投射于世界而形成的原始意象来经验世界。例如儿童，在母亲那里首次经验了大母神原型，亦即一位全能而神圣、万事皆有赖于她的妇女的真实，而不是他自己的母亲的具体真实。他的母亲之所以变成这样一位特殊的、历史性的女

① Jung, C. G., *Instinctand the Unconscious*, New York and London, 1960.

② Jung, C. G., *Psychological Types*, London and Princeton, 1971.

③ Jung, C. G., *On the Nature of the Psyche*, New York and London, 1960.

④ 荣格：《三位一体》，第148、149页，转引自［德］埃利希·诺伊曼《大母神——原型分析》，李以洪译，东方出版社1998年版，第4页。

⑤ Jung, C. G. Psychology and Alchemy. New York and London, 1959.

⑥ ［德］埃利希·诺伊曼：《大母神——原型分析》，李以洪译，东方出版社1998年版，第6页。

人，乃是他的自我和意识得到更大程度的发展之后的事情。同样地，先民也并不像现代人这样经验自然现象，而是将自然经验为与命运攸关的、神圣的力量，并且希望通过巫术或宗教——伦理的方式与自然力量沟通。

人类生活的开端在很大程度上是由潜意识而非由意识所决定的，更多地受原始模型而非概念、本能而非自我的意志决断所支配；人更多的是团体的一部分而非个人。而且同样地，他的世界不是一个被意识所明察的世界，而是一个被潜意识所经验的世界。换言之，他并不是通过清晰意识的理性概念去把握世界，因为一个客观世界要以主观与客观的分离为前提，而是以神话的方式，以原始意象、以象征来经验世界。象征是潜意识的自发表现，象征功能在于帮助个体心理确定其自身在世界中的位置，各种象征融合为集体潜意识的神话母题，并形成一切民族的神话和传说的资料。

从世界范围来看，原型女神起初被当作动物（狮、熊、鸟、蛇），后来变为人形女神，龙母的意象无疑也是如此。女性原始秘仪联系在人的心理本能层面，女人也成了变形女神（Lady of Transformation）。事物与生命的变形都从属于她。斯潘塞在《古代墨西哥宗教》一书中说道：作为“许诺滔滔流水”的水女神，是她施行降雨巫术；作为地女神，是她负责土壤的肥沃；作为兽类女神，是她掌管动物的受胎；作为血女神，是她把血转变为乳汁和雨水。这段话用来描述西江的龙母，也是再恰当不过的了。

潜意识内容一旦被觉察，它便以意象的象征形式面对着意识。因为“只有具有意象性并因此而可描述，一种心理实在才可能成为意识内容，即能够被描述”。[①] 因此，即使是本能，作为心理的主导因素，其全部无意识内容对于心理完整至关重要，实际上也是与意象的表达联系在一起的。心理中的意象象征功能常常对意识产生一种驱策作用。[②] 龙母，对信仰者是一个重要的心理意象，以至不可能不产生一种效果。龙母原型的意象象征以其大母神的形象具有本能性的对于人的生存的原始重要性，由龙母而衍生的象征集合对于信仰者形成难忘的意义，并且充满活力以及提升生命感的神秘性。“神秘”一词适用于生命和驱力的作用，这种作用被原

① Jung, C. G., *Spirit and Life*, New York and London, 1960.

② ［德］埃利希·诺伊曼：《大母神——原型分析》，李以洪译，东方出版社1998年版，第5页。

始人经验为具有魔力的、不可抗拒的，因而属于一个不确知的、超人的神圣之所。这一整体的象征集合，从心理原型的世界而具体化为可见的物质形象，就成为万民朝宗的“龙母祖庙”。

作为原型女性的一种形态，大母神（Magna Mater）一词乃是心理学的抽象概念。但是，在“大母神”这个术语出现以前，它已受到数千年的崇拜和描绘。而且，即使在这个相对晚近的术语中，“母亲”（mother）和“伟大”（great）两词的结合显然也不是两个概念的结合，而是两个富于情感色彩的象征的结合。这一结合中的“母亲”不只涉及子女对父母的关系，而且关系到自我的一种综合心理状况。同样地，“伟大”一词表达了这一原型形象在与人类一切方面及创造性的一般比较中所具有的优越的象征性。龙母和世界上其他原始大母神一样，经历了一段原始时期无明确人格的匿名状态，在显示出能够得到理解的人形大母神形象之前，自发地出现了与自然力量象征的“龙”相关联的意象。龙母、龙子与大河、山脉，这些象征——特别是来自自然界各个领域的自然象征——在某种意义上，都是与大母神意象一起表现出来的。地方山川风物传说是民间故事的重要部分，它们作为各种属性，与五龙子一道，逐渐与龙母这一大母神的形象联系在一起，并形成围绕着这一原型形象的圈状象征群，而且在神话、建筑和仪式中表现出来。

龙母祖庙东裕联云：

> 孝庙著声灵，果是感人怀母德；
> 慈陵在心目，并非迷我信神权。

龙母，西江人民的大母神，伟大沉静的生命之源，被意象的海洋所围绕，端坐在龙母祖庙的深处，千百年来养育庇护着西江儿女，也培育滋润着西江人民的文化生命。

第四节　龙母祖庙

龙母祖庙是人们信仰祭祀龙母的场所，也是一座凝聚着西江人民艺术智慧的殿堂。我国著名古建筑学家龙庆忠先生考察了龙母祖庙之后，对其高超的建筑艺术赞不绝口，把龙母祖庙称作我国古代建筑的瑰宝，认为可与佛山祖庙和广州陈家祠媲美，同是南国古建筑中熠熠生辉的明珠。

龙母祖庙由于历代增修重建，至有今日的规模。庙志说："世之祠庙所立而崇奉者岂少哉？而母之庙貌巍然独长存于天壤"，充分反映了龙母祖庙在西江流域的崇高地位。德庆龙母祖庙究竟始建于什么年代，现已无法查考，但唐代以后，史书杂说，碑记庙志，均有记述。经历一千多年，可以列为全国最古老的庙宇之一，那是毋庸置疑的事实。下面是有碑记和庙志可作印证的重修时间：

唐朝赵令则重修；

唐朝太和六年（832）李景休重修；

宋朝元丰元年（1078）委官重修；

元朝至正年间（1341—1370）梁全增建；明朝永乐十一年（1413）黄广等重修；

明朝正统三年（1438）刘秉恒等增修；

明朝正统十三年（1448）王清增修；

明朝嘉靖二十四年（1545）方用修增修；

清朝顺治十八年（1661）饶崇秩等增修；

清朝康熙五年（1666）秦世科等重修；

康熙十年（1671），绅士于州城东仁寿里建龙母行宫一座；

康熙十三年（1674）七月平藩左镇左营副总文天寿捐俸建戏楼、照墙；

清朝乾隆二十一年（1756）梁帝拔重修；

清朝嘉庆十八年（1813）张纯贤重修；

清朝光绪三十一年（1905），顺德东裕堂集资进行大规模的重修。此次重修，规划宏伟，旨在使龙母祖庙"重为大壮之观"，使"朱丹焕彩，神楼枕鸡岭之灵；柱栋光辉，庙向挹旗峰之秀"。因而募集巨资，集中了两广能工巧匠和技艺大师，"公输削墨，离娄引绳"，"僧繇妙技"，"月斧神工"，呕心沥血，各施绝技，历时数年，方大功告成。于是新庙奕奕，巍峨辉煌，我们今日看到的龙母祖庙，其煌煌大观在焉。①

① 欧清煜：《龙母祖庙和龙母传说》，广东人民出版社 2005 年版，第 34—36 页。

现《龙母祖庙》碑文记载（见图 1—12）：

> 龙母祖庙又名孝通庙，始建年代无可考，现建筑成于清光绪三十三年（1907 年），总面积 1.3 万平方米。庙依山面江，由江边石级、石牌坊、广场、山门、香亭、大殿、寝宫、东裕堂、牌亭、龙母坟、西客厅、程溪书院等建筑组成。大殿梁架结构保留颇多宋制。八角盔顶式碑亭以门拱梁枋构成，构造精密巧妙，为广东省内鲜见。庙内各建筑物里外上下以龙母为题的各类装饰极为丰富，且雕制技艺高超，堪称是晚清广东民间传统建筑装饰工艺的集大成者。其排水设施的设计，以高石墙脚、高石柱础防水防洪方面相当出色。保护范围：龙母祖庙的主体和附属的龙母墓陵、龙母行宫东裕堂、客厅、程溪书院、公园（含前面空地和民房）、广场、牌坊和码头以及龙母祖庙背后外 30 米内的区域。

这段文字详细记载了现存龙母祖庙建筑群最主要的信息（见图 1—13）。

图 1—12　龙母祖庙碑文

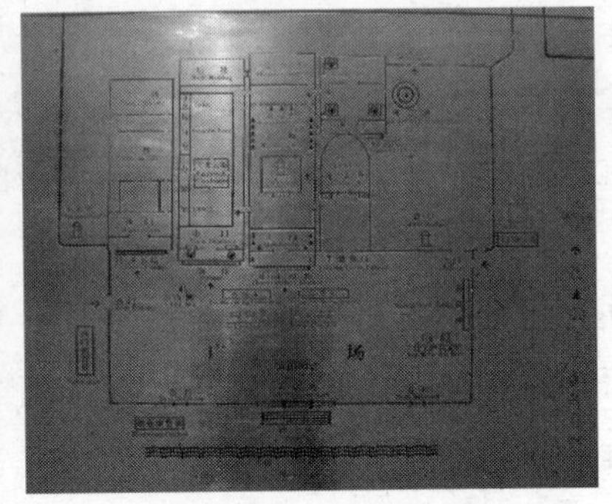
图 1—13　龙母祖庙建筑总体布置示意

一　龙母祖庙的选址

（1）崇祯《肇庆府志》记：“惟德庆州治西二百一十里，古名为端溪（汉）、晋康（晋）、南康（唐）、康州（唐宋）、亦曰永庆（宋），据岭西之上游，扼广右之门户，北连五岭、南控三江（牂牁、柳、漓）、美哉乎，山河之固，犹有大府之风焉，江南虽割，境内以宁若香，山后拥灵严东开，固名胜之区而神仙之宅也。"[①] 这是方志对龙母祖庙选址所在地的描述，扼控各江河的程溪水口被称为神仙之居所，强大的自然生命力孕育出龙母神。

悦城地自古属苍梧郡端溪县，后属肇庆府，"据三江口，居广东上游，当五州要路，阻山濒海，控江带山，延裹数千里"[②]，为"入广西要口"[③]，可谓交通要冲、商贾云集之地。崇祯《肇庆府志》载："其偏踞岭西，群水所经，溪垌多而沃壤少，然居南海上游，转轴两越，南陈南汉，托始于此自移节镇，文武揍集，居然都会矣。"[④] 但此处"每岁夏秋间，淫雨连日，则江水暴涨，漂屋庐……每四五月，西水发时，粤西大山深涧，冲下孔雀粪及毒蛇、毒虫等恶水……水如黄河之浊，饮之腹肿闷胀，所谓瘴毒也[⑤]"。概而论之，悦城一方面为交通要塞，是南下岭南各地的孔道，沟通两广的都会中心；另一方面，此地三江合流，地形险峻，每逢雨季，易造成灾害。庇佑风调雨顺的龙母极能满足当地的信仰需求，此外，艰难"道路"上的驻足之地正符合宗教神话意象，水口处龙母庙的建造为西江人民提供了便利的祈祷崇拜之所。

（2）最古老的观念认为一切有生命的东西都是从海洋出现的，这种生命的出现正是使其自身与海洋分离。龙母祖庙作为一种民俗文化生命的建筑载体，也就是在这个意义上从自然环境的"海洋"里把自己凸显出来，但也依于这个孕育了自己生命的自然环境的"海洋"。

最古老的民族都不同程度上依水而居，因为水是生命之源，也因之是文化之源。水对于西江先民来说，更是如此。距悦城 15 公里左右的三洲岩，是一个巨大的石灰岩溶洞，洞内可容千人。据初步考古发掘，出土脊椎动物化石近 30 种，其中有古象、猫科等大型动物化石，还有烧灰遗迹，说明古人以这里为居所。前临大江，背靠群山，对渔猎时代的先民来说，

① 崇祯：《肇庆府志》卷八《地理志》，日本藏中国罕见地方志丛刊续编影印崇祯六年（1633）刻本。

② 李贤：《明一统志》卷八一《肇庆府》，四库全书本。

③ 祝穆：《方舆胜览》卷三四《肇庆府》引《元和志》，中华书局 2003 年版，第 617 页。

④ 崇祯：《肇庆府志》卷八《地理志》，日本藏中国罕见地方志丛刊续编影印崇祯六年（1633）刻本。

⑤ 吴震方：《岭南杂记》上卷。

这里无疑就是天堂。悦城镇临江地带直到几十年前还有不少人以打鱼为生，或者以此为主要副业。史书记载的“水事众而陆事寡”是其真实的写照（见图1—14）。

图1—14　龙母祖庙所处悦城镇地理位置（引 Google 地图截图）

原始先民在西江流域捕捞渔猎，过着几乎与大自然融为一体的生活。随着文明的进步，自然逐渐对它们形成了意义。龙母祖庙的自然环境极引人深究，流过庙前的西江河水也要朝庙洄流七七四十九天后才离开，被称为江水回头。在流动的西江里，原始先民找到了自然意义凝固的节点，西江流域的各种自然要素在悦城龙母祖庙的基址上集聚（见图1—15），这在一段有关龙母的民间故事中得到了反映：传说中的赖布衣道法学成后，去游览名山大川，访胜寻幽。他游遍了三山五岳，寻到一条龙脉，一直追踪到粤西端溪县的悦城水口，总算把这龙穴找到了，可是这快聚宝之地已被人占先，天天坐在那里看牛，一步也不离开的正是龙母，赖布衣用种种法术想把龙母赶走，可是最后都对龙母毫无办法。（悦城镇测绘图见图1—16）

（3）用风水的观点来看，这里是风水成穴之处（见图1—17、1—18）。风术，一般认为出自晋人郭璞传古本《葬经》，谓：“气乘风则散，界水则止，古人聚之使不散，行之使有止，故谓风水，风水之法，得水为上，藏风次之。”《葬经》概括风水选择标准谓：“来积止聚，冲阳和阴，土厚水深，郁草茂林。”较早的《青鸟先生葬经》亦云：“内气萌生，外气成形，内外相和，风水自成。”明代乔项《风水辩》有云：“所谓风者，取其山势之藏纳，土色之坚厚，不冲冒四面之风与无所谓地风者也。所谓水者，取其地势之高燥，无使水近夫亲肤而已；若水势曲屈而环向之，又其第二义也。”明代徐善继，徐善述总结前人论述，在《地理人子须知》中说道：“地理家以风水二字喝其名者，即郭氏谓葬者乘生气也。而生气何以察之？曰，气之来，有水以导之；气之止，有水以界之，气之聚，无风以散之；故曰要得水，要藏风。”

图 1—15　龙母祖庙所处悦城镇的地理形势（引 Google 地图截图）

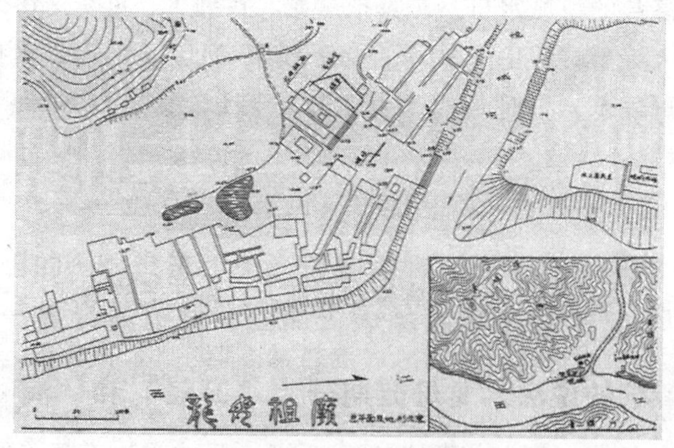

图 1—16　悦城镇总平面测绘图（引吴庆洲《建筑哲理、意匠与文化》）

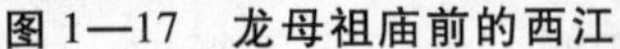

图 1—17　龙母祖庙前的西江

图 1—18　面向西江的龙母祖庙

史箴在《风水典故考略》一文中概括道：“风水之义，由其典出及上述释义，可大略窥知，盖为考察山川地理环境，包括地质水文、生态、小气候及环境景观等，然后择其吉，而营筑城郭室舍及陵墓等，实为古代的一门实用学术。”风水的效用的基础何在？就形式宗的风水学说来讲，它基于古人朴素的自然哲学观——生命的活力在于自然各元素的集聚与和谐，它和中医理论的哲学基础是一脉相传的；只不过，风水把中医对于人体医治的关怀，放大到了天、地、人三位一体的更大的时空关系的把握上。

（4）悦城龙母祖庙的风水历来受到人们的赞叹。《地理人子须知》云：“其结穴际，必然山水大会，或山大曲，水大转，而水口交固，明堂平广，左右周回，内局团聚，外阳宽敞，水朝山拱。有此形势，即可寻穴。”龙母祖庙基址即此格局。龙母祖庙坐落在西江北岸，悦城河与西江汇交的阶地上，是灵气独钟的形胜宝地。“左右山川气象雄伟，殆非人之所能卜而有是也。”龙母祖庙坐落的庙址所在，高于周围，是个小丘，称为“珠山”。庙背的后靠为五龙山，五道山梁蜿蜒起伏，伸向龙母祖庙所在的珠山，人们称之为“五龙护珠”。从山下往上看，就好像五条神龙，从龙母身边向蓝天腾飞而去。从山上往下看，却又像五条神龙正向龙母奔去，形成“五龙朝庙”之势。龙母像在张开手臂，把五龙子迎进自己的怀抱（见图 1—19）。五龙山之外有金鸡岭，当地百姓有歌唱道：“金鸡岭后啼，娘娘护国归。”金鸡岭高出诸峰之上，像一只专为龙母报晓的雄鸡。龙母为百姓办事回来，龙子回来朝拜龙母，金鸡看得最清楚，所以后人有诗道：“试上金鸡岭高望，五龙朝庙如当时。”龙母鞠育的慈恩，龙子虔敬的孝德，形势俨然，真是天造地设的景物。面向大江的龙母祖庙石牌坊正面匾额右书“旗山耸翠”，左书“灵水洄澜”，中书“龙光人观”，山门对联书：“百粤洞天开水府，五灵福地起神龙”，点明了龙母祖庙形胜之关键（见图1—20）。

龙母祖庙前眺大江，与左前方的黄旗山和右前方的青旗山隔江相望，二山似两阙拱卫着祖庙，故云“旗山耸翠”。前方远处有一峰，名为“贵人捧浩峰”，山形好似向龙母鞠躬行礼，庙前为一片浩渺烟波，悦城河、洚水、杨柳水都在附近汇入西江，江水相激，然而水不扬波，却萦回九转，似有灵性，依恋龙母，不忍离去。故有“灵水回澜”之说。[①] 每当旭日东升，龙母祖庙前万顷金波，日光、波光相映，龙母祖庙一片金碧辉煌。西江如一条巨龙，金波粼粼，故云“龙光入观”。[②]

图1—19　龙母祖庙后面五龙山

图1—20　龙母祖庙大牌坊

龙母祖庙的形胜，受到古历代学者名士的盛赞。

宋朝李纲有诗云：

五山秀峙若飞腾，下有澄潭百丈清。
不用然犀窥秘怪，从来神理恶分明。
日染波光红洒洒，风摇浪影碧粼粼。
神龙来去初无迹，多少江头求福人。

① 欧清煜主编：《古坛仅存——悦城龙母祖庙》，德庆县文联、德庆县博物馆、悦城龙母祖庙文物管理所，1992年。

② 吴庆洲：《建筑哲理、意匠与文化》，中国建筑工业出版社2005年版，第301页。

明代著名的理学家陈白沙先生有“渡灵陵水口”诗：

山作旌幢拥，江絣镜面平。
舟航乘晓发，云日入冬晴。
鼓到江心绝，槎冲石角横。
经过悦城曲，无语笑平生。

清末陈文凤有“悦城龙母庙恭记”诗：

青旗山势对黄旗，啼到金鸡岭更奇。
江水去来无骇浪，士绅题咏有新辞。
安澜四海思龙德，济世千秋想母仪。
十雨五风逢盛世，摩挲争欲认残碑。

三山环回，四水汇流。悦城龙母祖庙，山环水绕，可观可叹，可诗可画。著名书画家、诗人秦咢生 80 岁时策杖登山，兴之所至，诗如泉涌，即时咏诗数首，其中一首写道：

海浅蓬莱世几更，天南壮丽凯风生。
山回水绕钟灵处，间气龙光起悦城。

龙母祖庙的选址既有着自然风水的意义，又有着心理原型的文化意义。诗中广泛提到的“山、水、风、光”，这些要素在龙母祖庙的基址集聚。藏风聚水——山环水抱的地理形式，不但是孕育自然活力所要求，也是一个心理原型意义上的理想的文化发育摇篮，它是自然力量流变的驻足之所。克拉克先生指出，永久性的感觉是文明的先决条件。对于文化一个至关重要的事情是：在无时不在的流变中体验到稳固性和清晰性，只有稳固清晰我们才能命名各种事物，赋予它们意义。而对于稳定清晰的知觉首先来源于客体各种要素的凝聚成形。

（5）洞穴是先民在自然中找到的第一个稳固之所，远古时期，就有先民居住在西江流域的洞穴中。《易经》系辞传中写道：“上古穴居而野处，后世圣人易之于宫室，上栋下宇，以待风雨，盖取诸大壮。”先民居住在原始洞穴，这不但由文献所记载，也是世界范围的考古事实。当原始洞穴的深处出现了岩画，这些岩画并不是为了观看，而是为了某种巫术活动，那么这些洞穴的深处，由于成为了神圣之所，就具有了重要的原型意义。有如“艰难而危险的道路”组成了山间神殿中的仪式真实的一部分。只有通过这条道路，才能时常到达这些洞穴。[①] 道路和洞穴深处构成了后来庙宇建筑的一个重要原型。西江对于先民既是生命之河，也是“艰难而危险的道路”，龙母庙处在这条道路上的驻足之地，在西江人民心中是文化的理想栖息地，在这“艰难而危险的道路”上，龙母成为了西江人民的保护神。

二　龙母祖庙的建筑艺术

（一）建筑的原型心理学

老子说：“凿户牖以为室，当其无，有室之用。”建筑是一种容器，但它和一般的容器不同，建筑既有器物上的意义，更是具有心理上的意义。原型心理学已建立了容器=母亲的公式。和这一象征的原始模型联系在一起的意象是围合、庇护。使用“空”的容器须具备第一个前提条件，即需要一个围护结构，把一定的空间围护起来。第二个前提是，它又同时要对“围”进行否定，打破“围”的封闭，设置开口，以便内外的出入。“围”是具有原型意义的词汇，如“围”字的特性所示：外面是一个封闭的“囗”，表示出了它的意义。《说文》曰：“囗，回也。”内城外郭，凡从“囗”皆有围合之意。如：围、团、囿、圆、圈、园、圃、国、圜等，里面是它们的音符。“围”的性质是尽量阻隔外界对内部的影响，建立起一个伊甸园般的天堂，而这个原始天堂就是子宫。“屋者，奥也”，奥的意思为深奥，人深深地隐藏在屋内。《释名》又云：“房者，防也。”建筑是人的庇护所，这些意象同时和母亲、家庭的意象构成了象征集群。建筑的心理原型意义是人造的子宫，古印度就把神殿叫作“生主堂”（womb house）。

① ［德］埃利希·诺伊曼：《仪式的心理学意义》，《文化发展与宗教》，转引自埃利希·诺伊曼《大母神——原型分析》，李以洪译，东方出版社1998年版，第8页。

“開”是“圍”的否定，从词源上，“開”是和“門”联系在一起的。“开口”表示内外的界线、建筑的“開”就是门，与“開”相关的意象是“开始”、“开端”，在建筑中的象征形式由门来表达，并且是和进行中的仪式联系在一起。门在建筑中，作为“开口”这样一个临界点，既是进入内部获得安息的内外转换的枢纽，又是走向外面世界的开始之地。门是建筑的一个基本原型，在纪念性建筑中有着神圣的意义。《圣经·约翰福音》说：“我就是门，通过我进来的任何人将获得拯救，将进进出出，找到牧场。”由此指明要进入圣域获得拯救，就必须经过神圣之门。原始洞穴作为自然的建筑，结合了“圍”和“開”两方面，它本身是一种生命的原型，为人生活动提供循环往复的永恒动力，随着文明的发展，这一原型借助建筑获得了最充分的象征表达。

（二）深度心理学理论

纪念性建筑与仪式是观念的象征，或如罗西所说，建筑是神话、仪式中的经久元素。语言，其历史几乎与人类意识的发生发展完全一致，永远开始于一种象征的语言。这一事实再次表明了神话统觉的意义，神话象征把对立因素结合在一起，使最不同的生活领域相互关联，通过交叉与融合而把它们编织为一体的倾向。象征运用暗示、联想来激发意识投入运作。意识必须运用其全部功能去同化象征，因为仅靠概念性的同化作用完全不能胜任。象征以其表现与观念连为一体的力量作用于感情和直觉。

在原始人和现代人中，象征的作用采取了不同的方向。对于现代的西方人，它是对意识过度强调的补偿；而对于先民，它不仅增强而且积极地形成意识。通过象征，人类从无形式的远古阶段，从一种盲目的、没有意象的纯粹潜意识心理出发，达到了赋形阶段，这一阶段的意象创造，乃是意识发生和发展的基本前提。①

原型不仅是一种动力，一种如在宗教中那样的影响人类心理的直接力量，而且与一种无意识“观念”、一种内容相一致。在象征即原型意象中，它所传达的意义只能被高度发展了的意识作出概念性的理解，而且还得付出巨大的努力。因此，荣格的下述评论对于现代意识依然适用：“对于这些

---

① ［德］埃利希·诺伊曼：《意识的起源与历史》，第366页，转引自［德］埃利希·诺伊曼《大母神——原型分析》，李以洪译，东方出版社1998年版，第5页。

心理阶段，神话必然是原始的语言，而且任何地方都不曾出现接近于神话想象的丰富性和表现力的智力陈述。这些阶段与原始意象打交道，而且被比喻的语言作出了最完美最洗练的复制。”[①] “比喻的语言”是象征的语言，是意识与感性杂糅的潜意识的最初语言。这意味着，象征并不是像意识的功能那样与个人的自我意识相关，而是与包括意识和潜意识在内的整个集体心理系统相关。象征包含着意识的和潜意识的两种因素，自由意志已经从潜意识的海洋中浮现，但象征中依然包含着不能被意识完全同化的对象，它们是和生存在意志相关联的、非理性的、超出意识范围之外的因素。

在人类自由意志的自我表现的驱动中，意志行动和意识诸种范畴的进一步发展，从人类艺术发展的大的方面来说，伴随着人类艺术从主观艺术向着观念艺术、客观艺术的进化；从深度心理学来说，潜意识也以“原型本身”的纯粹神秘性所设定的一系列形式展现自身，从首次出现的、几乎不可解释的暧昧不明的意象，直到原始模型，仿佛相互排斥的各种意象在其间相继出现。与这种发展相平行，诸象征得以分化和整理。相应于原型潜在的不可见性，诸象征是原型显在的可见性。

诸象征与其原型一样，具有动力和物质成分。它们掌握着人的整体人格，唤醒它而又迷惑它，并吸引着试图去理解它们的意识。象征的物质成分使意识处于运动状态，意识受到象征的激发而把兴趣指向象征，并力求去理解它。这就是说，象征，除了其作为“能量转换者”[②] 的动力学作用之外，也是“意识塑造者”，它迫使心理去同化（吸收）象征中所包含着的一种或多种无意识内容。[③] 这种同化作用，在意识形成观点、定向和概念时达到顶峰；虽然这些观点等在象征的感性内容，并因此在集体无意识（原型即是其组成部分）之中具有其根源，但现在，它们已经独立于它们的根源，并要求确立其自身的存在与合理性。[④]

从深度心理学来说，原型和象征是自发的和不依赖于意识的，意思是，自我作为意识的中心，并不是主动和有意地参与到象征或原型的发生

① Jung, C. G, *Psychology and Alchemy*, New York and London , 1959.

② Jung, C. G, *On Psychoiogical Energy*, New York and London , 1960.

③ ［德］埃利希·诺伊曼：《意识的起源与历史》，载［德］埃利希·诺伊曼《大母神——原型分析》，李以洪译，东方出版社 1998 年版，第 367 页及其后诸页。

④ 卡西尔：《符号形式哲学》第 3 卷《知识现象学》。

和显现中去，或者换句话说，意识不能“创造”一个象征或“选择”一种原型经验。这决不排除原型或象征同人格和意识整体的联系；我们越是与集体潜意识的自发表现打交道，潜意识的聚集便越是集体的——如同在古代人类中那样，我们就越能在寻求对原型结构的理解时摈弃对于个人状况的了解。

因此，在意识的初期阶段，原型的神秘性远远超出了人的表达能力，以至起初无法赋予它以形式。而到了后来，在人的想象中，原始模型采取了形式，其表现往往是畸形的和非人的。这是怪诞造物的阶段，这些造物由不同的动物组成，或者由动物和人组成——例如格里芬斯（griffins）、斯芬克斯（sphinxes）、哈尔皮斯（harpies），以及像长着阴茎和胡须的母亲那样的怪物。只有当意识学会了从一个适当的角度观察现象，反应更加敏锐地去区分和识别，原始模型中占优势的混合象征才能分化为具有一种原型或一组相关原型之特征的象征群；简言之，即它们变成了可以认知的。在长期发展过程中，传统内部和外部的力量变得如此强大，原始意象达到了高度的形式化，以至当然能够制造出这些神圣形象来。

正如荣格多年前所发现的那样，集体无意识的各种原型表现于“神话母题”之中，这些神话母题以相同或类似的方式出现于一切时代的所有民族，而且能够仿佛是自发地——不带有任何自觉知识——在现代人的潜意识中出现。自然象征之独立于意识的另一表现，是其真实结构所表现出的潜意识性，象征正是从潜意识中产生的。我和你、主观与客观的分化是意识的特征，而潜意识的“初始状况”的特征在于象征。在象征中，不仅结合着理性和非理性、意识和潜意识的因素（这些因素既来自内在世界，也来自外在世界），一如“象征”一词所表明的那样；而且在象征中，它们表现为一种原初的自然同一体。① 通过象征，人类从无形式的远古阶段，从一种盲目的、没有意象的纯粹潜意识心理出发，达到了赋形阶段，这一阶段的意象创造，乃是意识发生和发展的基本前提。②

① 参见［德］埃利希·诺伊曼《大母神——原型分析》，李以洪译，东方出版社 1998 年版，第 16 页。

② 参见［德］埃利希·诺伊曼《意识的起源与历史》，载埃利希·诺伊曼《大母神——原型分析》，李以洪译，东方出版社 1998 年版，第 366 页。

（三）祖庙建筑分析

诺伯格·舒尔茨有关场所精神的学说，又重新阐释了几乎被现代建筑遗忘的一项原则，这就是建筑需与其自然环境联系在一起，构成一个对人类来说的整体意义。建筑，尤其是纪念性建筑，不仅仅是与自然的对立，而且是与自然的统一和一致。自然，如前文所论述，它的本质是无意识，在原型的意义生成机制中，与生存意志的潜意识相互作用产生象征意象。建筑是原型的赋形，建筑需把隐藏在自然中的意义提取彰显出来，成为自然环境中的画龙点睛之笔。龙母祖庙就是这样一种建筑。

（1）龙母祖庙卓然屹立于西江之滨，珠山之上，坐落于群山的怀抱之中。这是龙母的宝座，龙母端坐在五龙山的聚合处。这里又是西江人民深层潜意识的心理摇篮，是流变中的稳固之所，是西江人民文化生命的孕育、生长和储藏之地。

龙母祖庙主体建筑为砖木石结构，由牌楼、山门、香亭、正殿、前后两厢、妆楼、碑亭、东裕堂、西客厅等建筑物组成一个严谨的整体。这个整体，是西江人民对于龙母——这一结合自然与人文为一体的心理原型的表达，是对于源于这集体潜意识的文化观念的赋形，并在意识的形式——时间、空间等观念的组织中做到艺术性的整体和谐。

从西江登岸，拾级而上，“高山仰止”，这是进入圣地的一个初始的心理准备，也是一种普遍的原型，世界性的象征符号。来到祖庙广场的前地，首先进入眼帘的是古朴而挺秀的石牌楼。牌坊四柱三间五楼，高达10米，宽9.5米，全部用花岗岩石料榫卯嵌接而成。每根柱子均有2米高的抱鼓石，前后夹护。额枋、护柱略事雕饰，显得典雅而庄严。其外柱又和广场直棂护栏相连，形成一个围护的整体。整个牌坊左右宽达35米，显得极其舒展而稳固；外部轮廓高低起伏，主次分明，富于韵律感。两侧直棂护栏各有一门，与牌坊大门遥相呼应。这一组建筑，划出了祖庙建筑的前域，通过门的意象，强调此处是自然环境与人文环境转换的枢纽，同时对于朝圣者来说，通过此门，便进入了一个新的领域，朝拜的人们必须完成一次心理变形，从日常状态，逐渐进入仪式的状态。

石牌坊主体正面明间两柱对联云：

龙得水而神，万里飞腾，喷雾嘘云作霖雨；

母以育为德，群元妪伏，珠航琛舶祝安澜。

两侧门形制雕饰有明显的西方建筑风格，这种形制甚为罕见，但其风格并无唐突之处，比例也十分协调，是晚清牌楼成功之作。牌楼石柱不加柱础，但建筑匠师们在石柱下部加以雕琢，给人以实有柱础的感觉，平添了几分似有若无的神奇感。虽无柱础，整座牌楼却极其稳固。牌楼脊饰简朴无华，每层左右各有一只相向斜立的鳌鱼；牌楼上庄重雄浑的匾额题词，沉稳的楷书和古朴的篆书对联，更增加了牌楼的庄严和典雅（见图1—21）。石牌楼始建于何年亦无可查考，最后一次修建是在清光绪三十三年（1907）。

牌坊奉旨而建，所以高踞于牌坊最上方的是“圣旨”二字。之下为“龙母祖庙”四字。牌坊额坊正面正中为楷书“龙光入觐”，两边分别书“旗山耸翠”、“灵水回澜”，写的是龙母祖庙青旗山、黄旗山相拱卫即所谓“左青龙右白虎”及三江汇流于此的山川形势；牌坊阴面仍上书“圣旨”和“龙母祖庙”，额坊中为“四海朝宗”，左右分别是“宫墙锁钥”、“柱石屏藩”，写的是牌坊的作用和龙母祖庙的地位。牌坊正中“龙母祖庙”两边有两个镂空通透的巨大的双“喜”字。这是与其他牌坊迥异之处，表现了牌坊设计者的匠心：朝拜龙母“阿嬷”是新婚或过年般的喜庆事。①

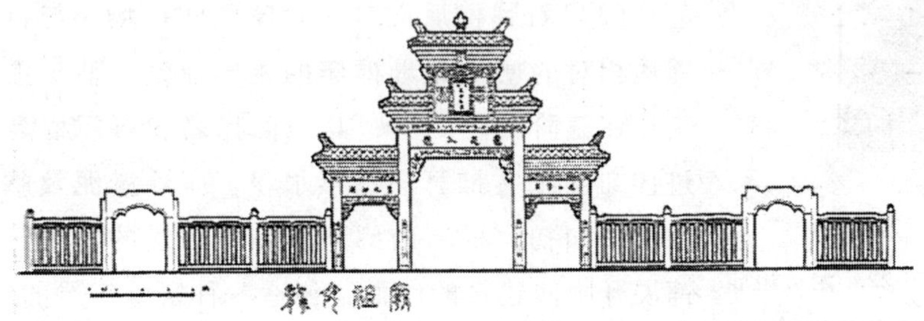

图1—21　龙母祖庙牌坊立面测绘图

（引吴庆洲《建筑哲理、意匠与文化》）

（2）就像仪式区别于日常行为，纪念性的礼仪建筑也同样区别于普

① 欧清煜：《龙母祖庙和龙母传说》，广东人民出版社2005年版，第39页。

通民居，前者要求和理性观念相应的几何性，而后者往往是自发的有机形态。勒·柯布西耶有这样一段论说：“引力定律似乎为我们解决了力量之间的冲突，并且维持宇宙的平衡；我们因此而有了垂直线。地平线给予了我们水平线，静止的超验平面的线条……直角是维持世界平衡的各种力之合力……它独特而又恒常。……人类需要恒常之物……直角是符合自然规律的，它是我们决定论的组成部分……文化是心智的直角状态。”① 关于文化与自然相对的主题，勒·柯布西耶在《今日的装饰艺术》中又进一步说道：“如同颜色一样，装饰是感觉的、基本的礼仪，适用于简朴的种族、农民和野蛮人。和谐和比例刺激思维能力，吸引的是文明人。农民喜爱装饰物并且装修他们的墙壁。文明人穿着考究的衣服，是画架画和书籍的主人。装饰是农民必不可少的消遣物和量子论，比例是文明人必不可少的消遣物和量子论。”② 勒·柯布西耶的论述，应基于一个更深刻的原因，这就是潜意识的象征和意识的构形之间的关系。同样是祭祀性质的庙宇建筑，文庙和一般的民间祭祀建筑的风格形制是不同的，前者代表国家的意识形态，它是理性的，讲究比例和布局的；后者则更多的是感性的，强调装饰甚于比例。而龙母祖庙，作为被官方赐封和认可的民间祭祀建筑，其风格正好介于这二者之间。

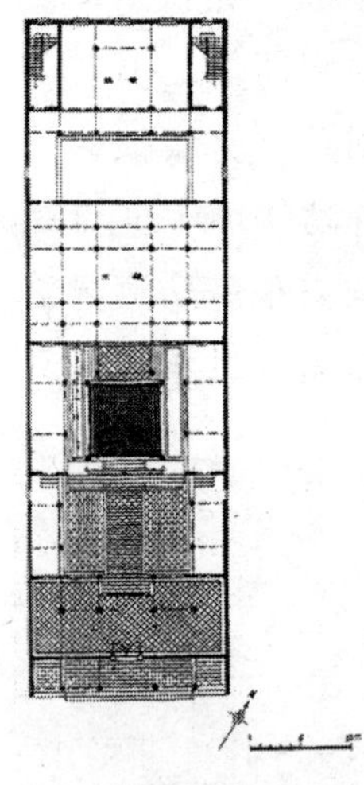

图1—22　龙母祖庙主体建筑平面测绘图（引吴庆洲《建筑哲理、意匠与文化》）

（3）石牌楼后面是一片宽阔的广场，与石牌楼遥遥相对的便是龙母祖庙的主体建筑。整个主体建筑建在三阶台阶之上，其地面标高和石门槛高度经过详细的水文推算，每年水浸，庙外淤泥及膝，庙内洁净如初。祖庙山门坐落在中轴线的正中，两边铺展开附属建筑的门面，创造一种肃穆庄严的气氛。同时这种气氛又融于朴实淡雅之中而显出其高洁。整座建筑物庄严、肃穆，寓于宽舒和畅，其风格与母仪龙德极其和谐地相融在了一起。

① Le Corbusier, *Towards a New Architecture*, Architectural Press, 1946, pp. 26 – 27, 43.

② Le Corbusier, *Towards New Architecture* (1923), Architectural Press, 1964, p. 133.

龙母祖庙最重要的主体建筑都位于一中轴线上（见图1—22、1—23），这是最主要的仪式“道路”，指引着香客朝拜龙母的行进方向。祖庙山门正门就位于这一轴线的正中，上方是清朝乙未科状元骆成骧题写的“龙母祖庙”四个大字。状元为之题书，可见龙母祖庙地位之重要。在状元书牌匾之上又有一匾额“古坛仅存”（见图1—30），字体清秀端正，遒劲有力，为柳体。右边书小字“甲子五月初一立”，左下书“龙非了”，印章为“龙庆忠印”。这是当年年近九十的古建筑学家龙庆忠先生（龙庆忠，字非了）的亲笔题词，充分肯定了龙母祖庙的价值。

图1—23　龙母祖庙主体建筑立面测绘图

（引吴庆洲《建筑哲理、意匠与文化》）

一座建筑的门面是十分重要的，龙母祖庙的山门很有艺术特色。它面阔五间，深三间，硬山顶，上覆绿琉璃瓦。中国建筑的面阔都可以看作是一堂二屋三开间这一原型的发展，这是左、中、右三段式的观念模式在建筑上的反映，而后来开间数相两边发展，由数量的多寡象征了建筑等级的高低，形成一套符号体系。山门面阔五间是仅次于皇宫大殿之门的规格，等级是相当高的（见图1—24、图1—25）。

图1—24　龙母祖庙山门

图1—25　山门

山门正脊上双龙戏珠的陶塑以及诸多人物花鸟走兽等的陶塑具有浓厚的岭南风情。山墙为“镬耳”式，为地方特色。山门为砖石木混合结构，采用抬梁式结构形式。通面阔 18.28 米，明、次、梢三间面阔之比约为 10∶7∶6。明间不施额枋，而次、梢间则施用弯枋，这是广东清代后期建筑的一大特色。大门用石门框、石过梁，门两边为石雕对联，门下施高近 0.5 米的门枕石及高 0.51 米的活动木门槛。这反映了广东晚清建筑的另一特色。山门进深第一间的梢间地平高 64 厘米，呈台状。据《尔雅·释宫》：“门侧之堂谓之塾。”这里，“堂”乃台基之意。又据《礼记·学记》：“古之教者，家有塾，党有庠。”可知，此乃周代“塾”之遗制。大门有塾，为广东清代祠堂建筑的又一特色。[①] 而山门前檐置于塾上的两根透雕盘龙石柱，生动亲切，用醒目的形象再一次点明龙母的主题。

图 1—26　西客厅大门

图 1—27　龙母墓入口

过此门就进入了祖庙内部的神圣之域。山门正门楹联云：

五灵福地起神龙

福地：发祥之地，这里是五灵之首龙的祖庙，龙母豢龙，是龙的始祖。

山门之后有一屏风门，四面雕刻梅、兰、菊、竹，象征高雅、洁净、朴素、有节，又以花瓶图案隐喻“平安”。屏风门靠内院的一面雕刻“贺诞船”（见图 1—29），描绘龙母娘娘在众仙妇女的簇拥下，乘龙舟经龙母

① 吴庆洲、谭永业：《德庆悦城龙母祖庙》，《古建园林技术》第 13 期，第 31—35 页；第 14 期，第 58—62 页；第 15 期，第 61—64 页。

图 1—28　龙母祖庙广场香客进香情景

祖庙前西江的情景，众仙姬喜气洋洋，鼓乐鸣奏，龙母娘娘含笑端坐船中，龙舟之龙头也张口欢笑，龙舟破浪前行，群鱼腾跃。龙母祖庙以牌坊、山门、大殿、妆楼、五龙山为背景。图中还有狮子、花鹿等吉祥动物。整个木雕图面构图完美，人物、龙舟、动物生动传神，庙宇云山宛如仙境。此木雕艺术浓缩了龙母的传说和祖庙在西江人民中的文化意义，进一步渲染了的祖庙的气氛。

山门后为香亭，其四根龙柱显于外，“龙母顺恩”匾额书于内；正脊两边浮塑“双龙戏珠”图案。当人们进入山门，便感到豁然开朗，似有八面来风。只见殿内高广，两庑宽阔，把前后殿连为一体。天井中又有玲珑别致的香亭，庙中有庙，使人顿生“庙大能容”、“别有天地”之感。① 香亭位于山门的正后方，以东、西侧廊相连接，两廊脊饰上的陶塑人物装饰反映神话故事、历史传说，很有岭南风韵。

香亭是岭南建筑艺术上的一个特色（见图 1—31）。香亭平面为正方形，有内、外柱各四根。面阔、进深各三间，比通常的做法省去外柱八根。明间阔（4.3 米）与次间阔（1.48 米）之比为 3∶1。香亭立于高约 0.5m 的台基之上，重檐歇山顶，盖绿琉璃瓦，造型较简洁。实际上，不

① 欧清煜：《龙母祖庙和龙母传说》，广东人民出版社 2005 年版，第 40 页。

图 1—29　屏风门雕刻“贺诞船”

但香亭的平面是正方形，而且和高度一起，内含在一个正立方体之中，是讲究比例的典雅风格。香亭省去八根柱子，正是要把剩余的柱子突出出来，香亭是祖庙建筑重要的竖直元素。对比西方中世纪的教堂升向天空，中国纪念性建筑呈现出水平性的倾向。但是，如叔本华所强调的，建筑艺术的唯一主题是表现重量和支撑之间的斗争，竖直性在任何文化中都有它的重要性。树木是表现竖直性的原型，围绕着树木的意象原型，有乾坤树、生命树，“树立”、“支柱”这样一些象征群。香亭联云：“龙德仰正中，千万年作西江砥柱；母仪宏赞育，亿兆姓荷男国幈幪”。此联就是这一意象原型的写照。

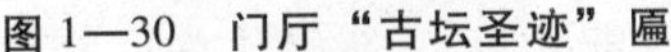
图 1—30　门厅“古坛圣迹”匾

图 1—31　香亭进香

香亭和山门都是光绪三十一年（1905）所建。香亭之后有一个与大殿相接的过轩。经由过轩和两边侧廊，便可步入祖庙的大殿。

大殿是龙母祖庙正殿，也即龙母殿，内供龙母。大殿面阔、进深均为五间，总面阔 19.28 米，总进深 14.08 米。平面呈长方形，立面为重檐歇山，绿琉璃瓦顶。大殿空间高敞，建筑具有浓厚的地方特色。首先，大殿的内部空间以黑色和红色为主调。以黑色为主调的殿堂建筑在全国各地并不多见，但珠江三角洲和西江流域则常可见到。佛山祖庙木柱也用黑漆柱，广州陈家祠也是以黑为室内装饰主调。这三座建筑都是广东珠江三角洲和西江一带最著名的祖庙祠堂建筑（见图 1—32、1—33）。

图 1—32　端坐在大殿深处的龙母

图 1—33　龙母寝宫神龛

何以如此，据吴庆洲先生研究，佛山祖庙的正殿紫霄殿中供奉的是真武大帝，为何祖庙中供奉真武帝，令人不解。据考证，夏禹之父鲧，为夏民族的首领，被奉为北方水神，后来被道教奉为真武帝。鲧的后代一支为夏族，到河南嵩山一带建立了夏朝。另一支为番禺族，南迁至越，广东番禺即为番禺族聚居留下的地名。[①] 珠江三角洲和西江流域都留下了古番禺族的足迹，受到夏族传统的影响。比如，夏人以蛇为图腾，夏人尚黑。古越人也是以蛇为图腾，也尚黑。这种古俗一直保留至今。广东三大祖庙都体现了“尚黑”的传统，珠江三角洲和西江流域的祠堂建筑都是如此。龙母祖庙大殿为黑色的柱子，深褐色的梁架，红色的斗栱，殿内龙母娘娘神位帷帐、五龙太子、五显华光的帷帐以及表旌龙母的旗幡都是红色的。[②]

（4）和形象比较起来，色彩更具质料的意味。牛顿认为，物体并没有色彩，色彩全在光中，这是片面的观点。光本身是纯粹的白，它的否定无光即纯粹的黑。纯粹的白和纯粹的黑都还没有色彩，这两个极端的居中阶段即经过物质的中介而产生色。佛教所说的色就是指物质，这是再精辟不过了。物质的感性现实就是光的否定，体现成视觉即是色。所以光本身不是色，它必须经过物质的中介（与物质一起）才显示为感性的色彩。色彩在空间中的竖向分布有其本身的意义。太空的稀薄，为冷，偏暗，表现为蓝色；物质的积聚，相互作用，为热，偏亮，表现为红色，这是地心的颜色；在这两者之间是中性的颜色黄色，这是地表土地的主要色调。黄色与太空之蓝色的中间地带表现为植被的绿色。黄色与地心之红色的中间地带表现为岩石的暖色调。地表作为界面，一方面体现出最丰富的色彩，另一方面体现出色彩的中和性。地表广泛的黄土地、黄沙和红色与蓝色直接中和的灰紫色的戈壁，基本上是依次增进无机性的世界，是依次增加的对光的对抗。白与黑中和的灰色表现出对于色彩的消极性，而实质上富有有机营养的土地正是从黄色转变成灰色，这种表面的对于光的消极性正好把光蕴含在自己里面，从它能生长出绚丽的有机世界，最集中地体现在植物的花朵和果实上面。叔本华赞叹了这种美，他说，植物因为自己没有意识，不能进行欣赏，所以才把它最美的精华高高地举起，好像是要招引人来欣赏似的。莫奈的睡莲，梵高的向日葵，自然界最深刻的色彩美的意蕴，在这些超凡的大师笔中再现出来了。

---

① 陈久金：《华夏族群的图腾崇拜与四象概念的形成》，《自然科学史研究》1992 年第 11 卷第 1 期，第 9—12 页。

② 吴庆洲：《建筑哲理、意匠与文化》，中国建筑工业出版社 2005 年版，第 316 页。

颜色的意义的客观性并不存在于感性里面。就感性本身来说，它是和客观性无关的。感性无所谓真假，从根本上说，笔者无从断定我所说的红是和你体验到的红是一样的，甚至有可能刚好是你体验到绿。颜色的真理在概念中，其客观性是在于概念所要求超于孤立感性现象的普遍联系中，在这个意义上，我们才能判定某一感性为错觉。康德说："当人称这对象为美时，他又相信他自己会获得普遍赞同并且对每个人提出同意的要求；与此相反，每一个人的感觉却只靠这位欣赏者和他的快感来决定了。"① 同样，像岭南的祠庙建筑的装饰好黑色和红色，就这种偏好来说，并不关系到美学上的命题，它们是和传统的象征意义相关联的民俗文化的偏好；但是，就红色与黑色的搭配来说，这两种原色形成一种结构性的和谐，就如一般黑白两色和三原色组合的天然和谐一样，这就关系到一个美学命题，这需要一系列有关色彩搭配的面积比例以及色相、彩度、明度方面的知识和直觉。在这方面广东祠庙建筑是成功的，并且使这种成功与民俗文化的表现融合在了一起。总的看来，祖庙大殿的装饰，有民间艺术浓郁饱和的特点，红与黑的组合，又赋予它深沉的基调。

（5）龙母像供奉在大殿的圣龛中，那是"洞穴"中的"洞穴"，秘密中的秘密，圣域中的圣域。圣龛两边为云龙柱，上饰双龙花罩，基座有赛龙舟等图案，以及各种姿态的龙饰（见图1—34）。旁边供奉五龙太子。大殿脊饰亦以"双龙"为主题。妆楼的二楼有龙母龙床，花罩为龙形，正脊为龙饰。碑亭重檐脊上有32条金龙。"龙的艺术"是龙母祖庙建筑艺术的特色。大殿重建于清光绪三十一年，但却保存了许多宋代建筑的特点。大殿是整个龙母祖庙建筑群空间序列的高潮，它是一个核心，千百年来，信奉者到这里祭拜龙母。由此，龙母祖庙在一次次仪式中，在一次次人们的默默祈祷中，不断地积蓄、增加着它的文化能量。

（6）龙母祖庙的梳妆楼为龙母及其姐妹梳妆寝息之所。梳妆楼在大殿之后，又称为后座，是整个祖庙中轴线序列空间的终结之处，用一个音乐名词来形容，它是大殿的高潮空间之后的收尾和余音。梳妆楼面阔五间，进深三间，硬山绿琉璃瓦顶，镬耳式封火山墙。楼上是龙母的龙床所在，梳妆楼也是龙母的寝宫。龙母祖庙布局采用的是"前堂后寝"的古

① ［德］康德：《判断力批判》上卷，宗白华译，商务印书馆1995年版，第53页。

图 1—34　端坐在大殿神龛中的龙母

制。梳妆楼先后于清乾隆二十一年（1756）、咸丰二年（1852）、光绪三十一年（1905）、1985 年重修。以简朴无华、稳重敦厚为其特色。

（7）龙母祖庙的其他附属建筑物尚有东裕堂（公所）、恩荫亭（即碑亭）、龙母墓、西客厅、龙母书院等。东裕堂（公所）建于清光绪元年（1875），因“水必朝东而我东粤之深沐神恩”，祈望“财如川至不已，见其绰绰焉有余裕”，所以取名“东裕堂”。初建时，“有堂有房，有廓有廊；竹苞松茂，远峰遥对”。1988 年，中国香港周景照先生出资重修，仍保持原貌。东裕堂侧门上有清朝同治年间的状元顺德人梁耀枢题写的“东裕堂”三字，字体浑厚雄健，堪称书法珍品。东裕堂大门有一副对联云：

公道在人心，无偏无党；
所凭者神力，毕敬毕恭。

东裕堂又称“龙母行宫公所”，原是接待来客和处理庙务的地方，此联以“公所”入联，仍不离对龙母崇敬赞颂之意，颇为别致。

恩荫亭（碑亭）位于龙母祖庙左侧公园内（见图1—35），建于道光元年（1821）。据碑记所载，有名冯莲者，少孤多病，其母冯陈氏卜于女巫，女巫说儿父曾祝于龙母，儿即祈求龙母之后所生。其母不胜雀跃，向龙母许愿，要敬献旗杆匾额以叩谢龙母之恩，冯竟日见康健，成家之后，偕母向龙母还愿。又觉旗杆匾额不能久远长存，于是，在龙母庙侧购地建亭，以志不忘龙母高厚之德于万一云。亭高七米多，双层八角，金色琉璃宝顶，黄色琉璃瓦盖顶，绿色琉璃瓦镶边，垂脊与角脊各置琉璃金龙，层盖形似盔顶。花岗岩石柱，大理石铺地，地台高出地面尺许，显得极其华丽。1990年稍事修葺，其容貌焕然一新。亭内有明朝洪武九年（1376）的制诏石碑一块，石碑用上等砚石制作，旁有蟠龙花岗岩护柱，极有气派。专家认为：岭南屋面为盔顶形式的古建筑甚少，全国也不多。尤以八角攒尖式盔顶更为鲜见。碑亭结构严密而巧妙，形成屋面曲线甚美，令人赞叹。碑亭比例恰宜，造型甚美。

东裕堂前是龙母墓（见图1—36），五龙子漈浪转沙而成坟，即指此。传说龙母去世于秦始皇三十七年（前210）。据庙志所载，龙母墓原无护墙，“牛羊牧竖时栖息于傍”，清朝乾隆二十一年（1756），一位姓佟的巡宰主持修墓事宜，并于墓周围“筑墙以肃内外”。后围墙毁坏，墓亦不复见。现在看见的龙母墓是1987年由周景照先生出资修复的，墓前有墓碑一块，上有“秦龙母墓”题刻，是乾隆四十七年（1782）德庆知州将如

图1—35　恩荫亭

图1—36　龙母墓

燕重修龙母墓时所竖石碑原件。龙母墓是一个喻象墓，从文化学的意义，之所以龙母墓被反复重建，并不在于是否真有现实之人葬于此地，而是象征着“牺牲—重生”这样的宗教主题。喻象墓代表着超验实体“从肉体的牺牲到灵性的复活”这样一种宗教原型。

东裕堂侧原有观音池。庙志并无观音池的记载，原观音造像在“文化大革命”期间被毁。1988 年建观音池，池内观音像用北京房山汉白玉制作。2001 年建成观音宝殿，观音像移至殿内。西客厅原建于清朝道光元年（1821），后几经兴废，1998 年由香港陈策文先生捐资 140 万港元修复。龙母书院即原程溪书院，始建于清朝光绪十年（1884），新中国成立后，悦城镇中心学校设于此。1992 年香港高杏红小姐捐资 80 万港元兴建龙母小学，中心学校搬出程溪书院。2001 年香港陈策文先生捐资 100 万港元修复书院，即今龙母书院。①

现在我们来回顾一下龙母祖庙的整个布局。祖庙体现出生命体般的自相似的形式，这种自相似又是和概念的三段式联系在一起的。我们知道，“三”是“开始、过程和终结”，它是“上、中、下”与“左、中、右”，“三”的寓意是完满，我们向神灵的祭拜要三次，向神灵的奉献包括“初献、亚献和终献”三次礼仪。“三”的意象投射到纪念性建筑的布局中，就是“门、堂、寝”的定制，它代表了“开始、过程与终结”。从整个祖庙的规划布局来看，石牌坊是祖庙建筑群的大门，它意味着从日常的状态转换到仪式状态的开始。祖庙广场，犹如风水学所说的明堂，是祖庙建筑群的厅堂，集体性的仪式过程在这里进行。祖庙建筑本身是整个建筑群的寝宫，是仪式的终结之处。而从祖庙建筑自身来看，它是仪式进程的进一步深入，本身又包含了三个部分——开始、过程与终结对应着山门、大殿与妆楼（寝宫），从整体到主体建筑犹如生命形式般呈现出自相似式的布局。如果从更加宏观的角度来看，山环水绕的自然环境完成空间的第一次围合，石牌坊之内的祖庙建筑群完成了第二次空间围合，而祖庙建筑本身的神圣之域被包围在第三次围合之中，它是西江人民秘仪之所，既是有意识规划的产物，也是集体潜意识原型产生的结果。

---

① 参见欧清煜《龙母祖庙和龙母传说》，广东人民出版社 2005 年版，第 43—47 页。

（四）龙母祖庙的装饰艺术

自卢斯提出“装饰就是罪恶”以来，这似乎成为了西方现代建筑的一项原则。从直观上，这也是现代建筑区别于传统建筑的一个明显的标志，传统建筑是充满着装饰的，而国际式的现代建筑则要摈弃与功能和结构无关的装饰。但是，自从后现代建筑宣布现代建筑已经死亡，装饰的问题又成为了建筑界一个争论的焦点之一。要深刻领会问题所在，我们需理解，“装饰”一词用在传统建筑和现代建筑上面意义有明显的不同。对古人来说，从来不存在建筑是否需要有装饰的问题，因为建筑作为一种观念艺术，装饰是它表意系统的一个组成部分，传统建筑的装饰是和社会文化生活的主题内容紧密相连的。而现代建筑上的装饰包括后现代建筑在内，它们是对与时代社会生活不相关的传统形式的模仿，由于它们脱离了对于社会文化的表意，装饰就仅仅是装饰。这就是法国著名作家雨果在《巴黎圣母院》一书中所批评的西方建筑自文艺复兴以来逐渐成为了模仿的艺术、退化的艺术之根源。

传统建筑的装饰有两个方面，象征性的主题和它的形式。对于形式美康德有这样的论述：“美是不依赖概念而作为一个普遍愉快的对象被表现出来的。”[①]“鉴赏是关联着想象力的自由的合规律性的对于对象的判定能力。”[②] 这是正确的。就装饰来看，我们需要区分清楚装饰所要表达的主题和装饰的形式本身。装饰所表达的主题，是概念性的，因而是和形式美无关的，我们并不因为不同文化的不同主题而影响到我们对于装饰的形式美的判断，表现同一主题的建筑在形式上也有好坏之分。但是，建筑中的装饰，如果脱离它的表意符号性，并不如康德所说的是纯粹使人审美愉悦的花纹边饰——其纯粹的形式有着自身存在的理由，这正是现代建筑对于仅仅是装饰的“装饰”提出的疑问，这也多少使得后现代建筑就这一点上对于现代建筑的批评显得无力。就传统建筑而言，装饰的主题和它的表现手段包括形式在内，是一个联系于社会文化生活的、关系到心理原型情感的统一体。也正是由于这两方面的脱离，使现代建筑（包括后现代建筑）的装饰理论甚至相关的建筑文化理论陷入了困境。

---

① ［德］康德：《判断力批判》上卷，宗白华译，商务印书馆 1995 年版，第 48 页。

② 同上书，第 79 页。

建筑装饰的起源可追溯到山洞岩画。山洞岩画容易让人们去构想一种理论，就是艺术以及所有形象和设计都源自最初的简单形象“模仿”。但比较晚近的研究表明：“已知的最古老的人类记号是一些直接表达着某些韵律的记号。”这些最初的符号出现在已知的最初人类居民的时代，大约是公元前5万年到公元前3万年间。而且这两种现象并不互相割裂。① 装饰延续了这两种现象的融合，一方面是模仿自然形象的感性；另一方面，作为一种人类活动结果的艺术产品，它们打上了意识形式的烙印，也就是自由意志的知解力进行表象的时间、空间观念所形成的韵律感，正是这种感觉形成了不依赖于装饰主题的形式美的基础。

从整体上看，广东建筑的装饰对比于江南建筑文人化的装饰，更加强调感性形象的直接的冲击力，往往强烈的装饰给人以似乎超出建筑总体控制的印象。其原因前文已分析过，江南建筑由于深受文人文化的影响，它是注重整体上的比例、协调和韵律的，也就是说更加倾向于纯粹审美性。而岭南（广东）建筑的装饰受着民间文化的影响，它是着重于表意的，主题胜于形式，局部本身作为一个观念意义的符号是自身完整的，因此也往往超出了建筑总体与装饰总体的控制。这只是对比于江南建筑而言的地方特点，而并不是说广东建筑的装饰就必定缺乏文雅的韵致，这一特点也体现在了相似的地理文化区域福建的建筑之中。

广东并不是一个完全封闭的孤立文化单元。装饰作为一种社会文化现象，祖庙的装饰主题既有中华民族传统文化中共同的题材，又有岭南独有的特色，更多的是与龙母主题紧密相关的题材。龙母祖庙的装饰种类也十分丰富。

1. 脊饰艺术

屋脊上的装饰艺术富于特色，使龙母祖庙建筑更富于魅力。山门、大殿、妆楼这三座中轴线上的建筑，都以“双龙戏珠”为主题，设计建造了脊饰，然而，各具特色。山门的双龙文雅平静，大殿的双龙势欲腾空飞起，而妆楼的双龙张牙舞爪，目视宝珠，有护珠不容侵犯之态。故虽同为一题材立于正脊为饰，神态各异，而无重复雷同之弊。香亭小巧玲珑，其

---

① ［美］约瑟夫·里克沃特：《城之理念》，刘东洋译，中国建筑工业出版社2006年版，第199页。

虽处中轴线上，仅以双鳌鱼相向倒立，中以莲花宝葫芦为脊刹，正脊浮塑“双龙戏珠”，与山门、大殿、妆楼又有区别。

脊饰可称为中华历史文化的大舞台，上有山川花卉、飞禽走兽，大至日月星辰，中至房屋建筑，小至人物、虫、鱼，均在其上可以见到。另外，在山门两山脊正前方，有日、月二神，分别为男、女神，反映了中国哲学上的阴阳观念。妆楼正脊正面有暗八仙图案。至于上面数以百计的建筑，从西洋到中国的建筑各呈异彩，可谓千姿百态，亭台楼阁，应有尽有。脊饰上数以千计的人物，从帝王将相、才子佳人、神佛仙道，各有风采。有历史故事，如三国演义、水浒传等，神话传说，如封神演义、八仙过海、西游记等，均为群众喜闻乐见的题材。脊饰内容包罗万象，为岭南特色。

形成“舞台式脊饰”的原因，在于岭南元明后戏曲流行，为百姓所喜爱，这些反映中华文化民风民俗的戏曲，熏陶感染着一代代工匠、画师和雕塑家，最后他们把这些戏曲人物搬上脊饰这一巨大舞台，让这些戏曲人物展现风采，也使中华优秀文化和传统千年永存，流芳百世（见图1—37）。[①]

2. 石雕艺术

龙母祖庙确是一座艺术殿堂。其石雕艺术又堪称一绝，山门、香亭的蟠龙花岗岩石柱，全部采用深雕和部分透雕工艺，盘旋而上的玉龙，鳞甲毕具，口中的龙珠，滚动自如却不能取出。专家认为，这些龙柱堪称岭南清代龙柱之上品（见图1—38）。深雕使玉龙有立体感而活灵活现；透雕使玉龙似跃然而动，腾空而去。采用深雕和透雕技法，使得整体蟠龙柱变得轻灵，使人感到那不是一根沉甸甸的石柱，而是一条有灵性的神龙。

图1—37　屋脊陶塑

图1—38　山门石雕梁架

① 参见吴庆洲《建筑哲理、意匠与文化》，中国建筑工业出版社2005年版，第328页。

3. 砖雕艺术

如今龙母祖庙仅存山门左右墙头上的两件，虽然已经破损，但仍可以看到极其精细的刀法，栩栩如生的人物，富于立体感的多层次的画面。熟谙雕砖工艺的师傅现已极难找到，所以清华大学著名古建筑学家吴良镛教授考察龙母庙这两块硕果仅存的砖雕之后说："你们要好好保护。"

4. 木雕艺术

最为出色的是山门檐口饰板，花鸟人物，无不形象逼肖，绘影绘形。香亭，人称庙中之庙，设计极为别致华美，一砖一石一木都是艺术品。香亭的木质雕花雀替，构图新颖，刻工精美。另有木雕云棋、驼峰、花板、花墩、额枋，无不精雕细刻，堪称小型雕刻艺术展览馆。

令人感到惋惜的是，原来殿脊上的陶塑因年深日久，多半已损坏。如今看到的压脊陶塑是石湾陶塑老艺人呕心沥血的作品，其题材大抵为妇孺皆知的民间传说和神话故事，人物形象亦栩栩如生。[①]

第五节 龙母祖庙与民俗

一 龙母崇拜与民俗

据神话学家袁珂（1916—2001）的研究，关于龙母的传说是秦始皇时代两个有普遍代表性的传说之一。[②] 龙母传说在广东民间人物传说中更是流传较广、影响较大的一则。整个西江流域，不管水上人家还是陆上居民，绝大部分都信奉龙母，其广泛和深入程度远远超过了天妃、玄武等水神。她不仅掌管着水患，而且主宰着整个人间祸福。民间的许多风俗习惯，如摸龙床、饮圣水、爱青蛇、吃金猪（烧猪）、放生鲤鱼等都与她的圣迹有关。这些信仰和风俗，孕育在岭南最早的开发区、古都广信（今封开、梧州、德庆）一带，并向整个西江流域辐射，东渐肇庆、广州。概而言之，龙母时期的西江民俗，在岭南文化中起了历史传承、交融辐射和典范表率的作用。龙母正诞为五月初八，润诞为八月十五。诞期前后十天半月之内，四乡善男信女纷沓而至，酬神祭祖，卖艺竞技，交换物资，

① 参见欧清煜《龙母祖庙和龙母传说》，广东人民出版社 2005 年版，第 41—42 页。

② 袁珂：《中国神话传说》（下），中国民间文艺出版社 1984 年版，第 707 页。

歌舞升平等。每届诞期，都有几十万人参加。过去，为了筹备这一盛会，主事部门两三个月前就往佛山一带采购物资，并派人到龙母家乡广西藤县礼请这位先贤的族人来为之沐浴更衣、叩拜祝诞。其波及面除西江上下游各州县之外，香港、澳门乃至湖南、江西、福建、贵州等省都有不少人前来贺诞。其热闹程度，在岭南民间盛会中首屈一指（见图1—39—1—42)。[①] 尤其来自港澳，乃至南洋一带的华人，不远万里，前来朝拜，目的是前来龙母祖庙“探阿嬷”（广东方言，即看望母亲），寻根认同、怀念祖先、表达眷恋故乡之情。即使是在平常之日，千百年来行驶在西江的船只在经过祖庙前的水域时也要“一慢、二拜、三通行”，以表达对龙母的崇敬之情。

就像生命肯定了他物，又使他物得到扬弃；自我意识也是这样的，它肯定了客体和其他主体的存在，但这种主体性的异化总要在社会活动中被扬弃。在日常生活和商品交换的活动中，经常产生一些冲突的碎片，让人类的情绪处于难以化解的紧张状态，于是人们用仪式召唤这个失去的整体。人给自己创造了一个文化的世界，人在这个世界里找到了属于他们的确定位置和相互之间的关系。龙母作为西江人民的大母神，海外赤子的大阿妈的形象，就是这样一种文化的情感扭结。中国科学院院士、工程院院士，前国际建协副主席、清华大学教授吴良镛先生为之感慨题诗曰：

> 悦城有圣地，苍山碧水间。
> 母德传永世，凝力浩无边。

这是对于龙母伟大的文化生命力和凝聚力的生动写照。

龙母崇拜作为一方的文化生命，有它的繁衍能力。德庆有很多带“龙”字的地名和自然村，这说明，德庆的先人，对以“龙”字作为一种吉祥符号来命名，情有独钟。如黄铜降水库（也称黄龙降），库区有龙熙阁；古镇有替龙、上龙村、下龙村、新龙村、旱龙江；永丰有龙湾、龙母田、小双龙、龙迳口、龙湾村；武垄有龙洞、龙村、古龙；播植有龙洞

① 叶春生、柳超球、方英：《从龙母传说看西江文化》，《西江大学学报》1998年第4期，第26页。

坑、石龙山、云龙村、龙马咀、石龙头；凤村有龙村、龙苏、龙福、双龙坑、龙坑、望龙坑；悦城有五龙山、龙母庙、龙降涌、龙降村、石龙围、鱼龙塘；九市有龙凤头、化龙、龙目坑、龙目村、龙颈凹、龙翻斗、牧龙茶亭；马圩有龙浮寺、龙珠案；官圩有龙山宫、盘龙峡；高良有贵龙巢、文龙宫、龙湾山、龙村、望天龙；沙旁有龙口塘、龙颈；回龙有长龙涌、龙角、龙胫、龙母村；象口有文龙宫；太平有金龙宫；梅花山有回龙宫。这些地名、村名显示着龙母故乡德庆的民众，对龙崇拜有加。[①]

德庆的龙姓是县内十大姓之一。据1987年的统计，龙姓人口占全县人口2.2%，约近8000人，分布于全县几乎每一个乡镇。传说龙姓的先祖是黄帝的曾孙，名叫董父，善于驯养龙，被称作豢龙氏，他的后代以此为荣，即以龙为姓，世代相传。德庆龙姓与董父有关还是与龙母、五龙子有关，他们什么时候定居于德庆？只有请民族学家去回答了。[②]

德庆，龙母的故乡，有很多有关龙母文化的民俗。

（1）德庆有舞龙的风俗，舞龙有舞彩龙和香龙两种，彩龙多在春节、元宵节和龙母诞时巡游或竞舞；舞香龙则在盂兰节和中秋节举行。农历八月十五是龙母“升仙”的日子，称为“润诞”。《德庆州志》载：“中秋前后或糊纸为龙，燃烛其中，附以金鼓镫彩，沿街夜舞，谓之舞火龙。”到了清末至民国年间，舞香龙已不限于中秋。盂兰节（七月十四）前后，民众也舞之过节。香龙则变成用新鲜榕树枝叶扎成，以一街为一龙，入夜即扎即舞，龙身遍插香火，配合八音锣鼓，沿街翻腾起舞，但见香火闪烁，别具风采。有时两龙相遇，彼此竞舞，乃至数夜不休，煞是热闹！德庆的崇龙风俗都与龙母崇拜密切相关。近年，德庆舞龙之风越来越盛，每逢喜庆节会，必有舞龙。

（2）每年立夏后第二个卯日起一连三天，德庆马圩有“跑旱龙”的习俗。乡间有专门的组织叫“龙船会”，一支由十几名青年男子组成的龙队参加竞赛，赛时先祭龙母。龙体以木片制成，用绳连之，各龙队健儿托龙头、抓龙身、举龙尾，步调一致，从慢走到快跑，越来越快，中间要跨越路障。龙队配合节奏勇往直前，围观者欢呼喝彩，呐喊助威。

① 洪大成：《龙母故乡藏飞龙》。

② 欧清煜：《龙母祖庙和龙母传说》，广东人民出版社2005年版，第54页。

（3）农历五月初八是龙母诞辰，丰富多彩的贺诞活动四月底便在四乡进行。高良、官圩、马圩三圩地区，五月初一各村装饰行祠，以三牲粽糍礼拜龙母。据《德庆州志》：“诸村刻木为龙，鳞爪毕具，沿村张旗鼓，备仪采、角黍，延道士，唱《龙船歌》赛龙母神。”清代道光以后，风俗演变为各村以彩旗八音为仪仗，舞木龙到本村行祠把龙母神像接出来，抬着沿村寨巡游，然后汇集到圩市，称为“趁龙船圩”。圩市八音齐奏，锣鼓喧天，村民空巷往观，商贩云集，热闹非凡。人们又将敬奉过龙母的粽糍相赠，称为“分龙船（糍）”。初二在高良，初三在官圩，初四在马圩，依次进行。家家门前焚香放爆竹迎送酬神龙队，以祈迎祥纳福，驱邪消灾。

（4）五月初五赛龙舟。此项活动以悦城三江水口的龙舟竞渡场面最盛，《悦城竹枝词》：“漫天浊浪涌江间，竞渡年年夺帜还。羌有木龙鳞甲长，飞流一鼓转三湾。”五月初五赛龙舟是百姓喜爱的活动。这首《悦城竹枝词》的龙船神乎其神，也与龙母有关。龙母庙左边的青旗山古来多奇树名木，如香栅、水桫、铁力等。传说其中有一棵巨大的桂树，当地的老百姓认为这是造船的好材料，便砍下来做了一条龙船。龙船下水之后，奇事发生了。从悦城水口至广州有五百多里远，坐上这条龙船，一天竟可跑个来回，真像飞一样快。老百姓倒害怕起来，便在船底装了四只脚，用来阻水，使龙船驶得慢一点。岂知龙是用脚来腾飞的，龙船装上四只脚以后，驶得更快了，只要一击鼓，龙船眨眼间便飞过三道湾、九道滩。老百姓这一次是真正害怕了，谁也不敢坐，大家便把龙船沉到水底去了。等到第二年端午节时，四乡都要赛龙舟，老百姓想起这条龙船，便又把它弄出水面，只见船身长满鳞甲，就像一条活龙一样。赛龙船开始，划船健儿坐上龙船，金鼓齐鸣，龙船像离弦的箭，穿浪而去，转眼便到了杨柳沙。忽然龙船摇首摆尾，“哗啦”一声便沉到水底去了，金鼓声却仍然响个不停，好长时间才沉寂下来。传说直到现在，有时还会听到水底传来金鼓的声音；在风起云涌、雷雨大作的时候，龙船还会浮到水面云云。每年端午节赛龙舟的时候，老百姓必定是祭祀一番，祈求取得胜利。这个传说反映了人们的良好愿望：青旗山上的树木有灵气，用这些有灵气的树木制成龙船，其快如飞。

（5）放爆竹是德庆极热闹的一项活动。古俗“正月初一，鸡鸣而起，先于庭前放爆竹以辟山臊恶鬼”。唐朝诗人刘禹锡有“照潭出老蛟，爆竹惊山鬼”之句。龙母祖庙每年农历五月初一至初八，车水马龙，庙内外水泄不通，爆竹声震天动地。龙母祖庙燃放爆竹和花炮的习俗由来已久。《庙志》记载：“粤俗娱神，辄放花炮，四方船集码头，此时鞭爆争烧，大炮齐放，但觉雷声隆隆，烟裹爆纸堕水如万片桃花。”又有竞放花炮、争夺花炮头，是一项斗财力、斗体力的活动。燃放之日，民众竞拾，多至万人。花炮炮头，据传为一个精制铁环，缠以红绳，放花炮之日，若干由壮汉组成的队伍，摩拳擦掌，严阵以待。花炮烧完，炮首飞出，各队队员即奋不顾身，拥作一团，水火不避，据说必须手持炮头，冲上一个预先准备的神座才算胜利。

（6）放水灯。放水灯也叫作放河灯，这是一项流传很广的民间活动。举办时间不一，一般在农历七月十五或八月十五晚进行，而德庆则在农历十二月十五日。河灯形状各异，装上蜡烛或煤油灯，置于木板或船形物，将其浮于龙母祖庙前的西江河面，任其随波逐流。

（7）摸龙床。龙母祖庙梳妆楼上有龙母床、龙母太子床，床上放有“利是”封包，有莲子、花生、红枣，任人摸取，以图个吉利。

（8）盖金印、开金库。正月初四、正月二十二分别是龙母开金印、开金库的日子。是日一早，来自四面八方的信众香客鱼贯而入，毕恭毕敬地在龙母像前三鞠躬，奉上“香油钱”，站在龙母像前的“送财童子”即向信众香客送上两只象征财运亨通的“利是”封，再送上一面盖了龙母金印的象征吉祥如意的小红旗，仪式便告结束。

（9）饮龙母“圣水”。龙母祖庙东裕堂内备有专门提供给朝拜者的“圣水”，这些“圣水”其实是龙母祖庙后山的一眼泉水，用自来水管引到庙内。这些“圣水”自山中流出，少受污染，清洁而凉爽。

（10）抛绣球。龙母祖庙西客厅前有一棵榕树，上面挂满红色绣球。抛球者暗暗祝愿，绣球上写着各种吉祥语以图吉利。

（11）保护青蛇。传说青蛇是龙母五个龙子的化身，这里古来便有爱护青蛇的习俗。

（12）放生。放生是行善积德的善举，这种风俗我国古已有之，大禹“下车泣罪”便是放生，成汤“网开一面”也是放生，赵简子每年元旦把人们献上的鸠鸟放归大自然，更是放生。佛教认为“众生平等”，“放生”

是通达禅理的善举。参拜龙母祖庙的香客，也有“放生”的习俗。传说鲤能变化为龙，所以旧时无论是浮家泛宅的水上人家，抑或居住陆上的善男信女，都有放生鲤鱼的习俗。

（13）戒食鲤鱼。一说鲤鱼会变化为龙，与龙子同一族，所以不吃；一说海龙王欲害龙母，派鲤鱼去见机行事。龙母吃了鲤鱼变化的食物，卡住喉咙，窒息而死。后人怀念龙母，相诫不吃鲤鱼。

（14）拜契龙母。民间有许多人把孩子拜契给龙母做干儿，以祈龙母福荫，让孩子平安长大。拜契龙母的习俗在民间相当普遍。传说龙母是农历八月十五去世的，这一天称作润诞，俗称得道诞。近年，龙母祖庙恢复了为龙母举办秋祭的活动，同时举办民间艺术节，时在八月初一至初八。这八天成了德庆崇龙风俗的大汇展。

图 1—39　龙母诞盛况

图 1—40　龙母诞香客

图 1—41　膜拜龙母

图 1—42　梳妆楼上摸龙床

在龙母润诞期间，德庆县各界群众代表、港澳台同胞、海外华侨及八方贤达信众，为缅怀龙母功德，传颂龙母文化，会聚于龙母祖庙，以三牲鲜花歌舞雅乐之仪，致祭于龙母之前。此期间龙母祖庙前锣鼓喧天，彩旗招展，八音和鸣。参加拜祭龙母的各界人士和具有浓厚地方特色的民间艺术代表队相继进入庙前广场，有舞龙队、盘鼓队、醒狮队、八音锣鼓队、唢咧民乐队、龙旗队、仪仗队，还有来自龙母娘家广西藤县的舞龙队、醒狮队、武术队。这些民间艺术表演队在初一到初八龙母润诞期间表演精彩节目，表达龙的传人自强不息、勇往直前、团结奋斗、开拓进取的精神风貌。

龙母祖庙是百姓缅怀母仪龙德、祈求国泰民安的"圣坛"，自建庙至今，不知有多少龙的传人前来瞻拜。特别是在龙母祖庙的各种节庆期间，车船辐辏，桅樯塞江，冠裳济济。20世纪90年代以后，每逢诞期，游客不下20万。这种四方云集的盛况，并非近年才有。据庙志所载，大规模庆祝庙会，大概自唐宋以来就有了。而明清以降，则愈见兴盛。沿江各地纷纷成立堂会，平时在堂会礼拜祷告，诞期则组织贺诞团到龙母祖庙参加庆典。"进香者桅头标定各堂名如合胜堂、惠和堂、龙照堂、东裕堂等，不胜枚举。花舫楼船，填江塞岸，夜间灯火烛天，水光十里。"每年贺诞团和各界朝拜百姓确切人数无法统计。朝拜者来自梧州、中山、三埠、东莞、广州和港澳，乃至贵州、湖南、江西、福建等地，不惜跋山涉水，准时于诞期到达。其间，自庙外码头到庙内各个角落，都挤满人群。特别是五月初八，更是人山人海，庙内庙外，水泄不通；爆竹声震天动地，片刻不停。①

二　龙母文化的影响

自秦代起，龙母庙在广东德庆悦城肇始，其后沿着西江流域逐渐扩展到广西梧州、藤县和之后的江西分宜等地，形成悦城—梧州—分宜的中心区域。宋代以后，龙母崇拜沿着北江向粤北地区发展，以广州为基石向粤东潮汕地区传播，沿着西江深入广西内部，并向南向高雷地区挺进，进而遍布岭南各地。明清之际，随着岭南地区与外界的经济文化交往，龙母文化进驻四川，形成以龙母为祭祀大神的会馆文化。② 龙母庙的区域扩展过程体现了龙母文化的扩张过程，同时也反映了龙母信众的扩大（见图1—43）。

---

① 参见欧清煜《龙母祖庙和龙母传说》，广东人民出版社2005年版，第54—65页。

② 陈玉霜：《岭南龙母文化地理研究》，硕士学位论文，暨南大学，2006年，第2页。

（一）昌山庙

龙母文化在南方的民间影响甚广。笔者于2007年春节期间考察了一个江西新近重修的祭祀龙母的庙宇——昌山庙，又名孝通庙，现位于江西省分宜县西南8公里袁河边。始建于唐朝，距今约1100余年，据史书记载唐太和五年（831）卢蕚任宜春县令，见袁河流经昌山峡，滩险流急，船毁人亡的事故经常发生，便在昌山峡建庙，奉祀龙母，并题名为“孝通庙”。现孝通庙门牌坊的四柱上刻有内外两联。内联是：“肇于唐封于宋圣迹朔悦城千秋声灵仰圣德，子则孝母则慈神功崇护国万民依赖沐嘉休。”外联是：“秀水可爱清光映户出山千裹犹不渴，龙德宜崇孝恩感人荐庙百世亦为常。”庙中供奉龙母金身像。因庙址在昌山，又名“昌山庙”。每年农历八月十三龙母诞，远近各州县虔诚的善男信女，过往商旅皆来庙里朝拜、奉敬，祈祷平安。

容肇祖（1897—1984）在《德庆龙母传说的演变》[①]一文中对“昌山庙”有详细的考证研究。

> 龙母传说的成立期主要在唐代的一百年间。其见诸记载的最早是唐刘恂（生卒年不详）《岭表录异》里的悦城龙母。后人在论及悦城龙母传说的最早记录版本时多持此论，如叶春生就认为：“德庆龙母的传说始见于唐代广州司马刘恂的《岭表录异》，后《宋乐史》、《太平寰宇记》加以补充，再后各朝碑记、诰敕又有发展。”[②]但蒋明智检阅有关文献，发现这并非悦城龙母传说的最早记载。[③]比《岭表录异》记载要早的在唐代就有卢肇（818 — 901）的《阅城君庙记》。卢肇，唐代袁州（今江西省宜春市）人，唐武宗会昌三年（843）中进士第一，为江西历史上第一个状元。其作《阅城君庙记》得益于其叔卢蕚（生卒年不详）的经历。卢蕚在唐元和年间（806—820）曾游仕南越代理康州（今广东德庆县）录事参军一职，常到悦城龙母庙烧香祈祷，希望能升任县令。一天夜晚，他梦见龙子对他说：“你当了此官，会报答我

① 容肇祖：《德庆龙母传说的演变》，《民俗》周刊1928年第9期，第1—2页。

② 叶春生：《龙母信仰与西江民间文化》，《中国民间文化》1990年第2期，第77—78页。

③ 蒋明智：《悦城龙母传说探源》，《世界宗教研究》2010年第5期，第157—164页。

吗？”卢萼当即许诺。第二天，他占得“见龙之贞”的吉卦。太和五年（831）卢萼如愿以偿，出任宜春县令。次年大旱，他祈祠龙母，保佑县境风调雨顺，并在水陆交通枢纽的昌山渡创建龙姥庙，亦称阅城（即悦城注）君庙。卢肇在《阅城君庙记》一文中对这一传闻有记载：元和中，故宜春县令卢府君尝游宦南越，乞灵于龙，契乎其旨，尝梦龙伯谓之曰：“君将宰邑江西，其致我焉。”许之。及太和五年，岁在壬子，府君来宜春，遂立祠于邑东昌山津右。府君讳萼，举孝廉，三迁为宜春令。始至，遇邑大饥，令豪族以陈积周赋贫民，故得不佻不病，不横不流，民从其化矣。夫神物莅乎阴，府君之美政，微龙之辅乎？予于府君为宗侄，予为儿而府君多之曰：“乃异日其闻乎！”故予始终龙姥之事，及载府君置祠之旨焉。

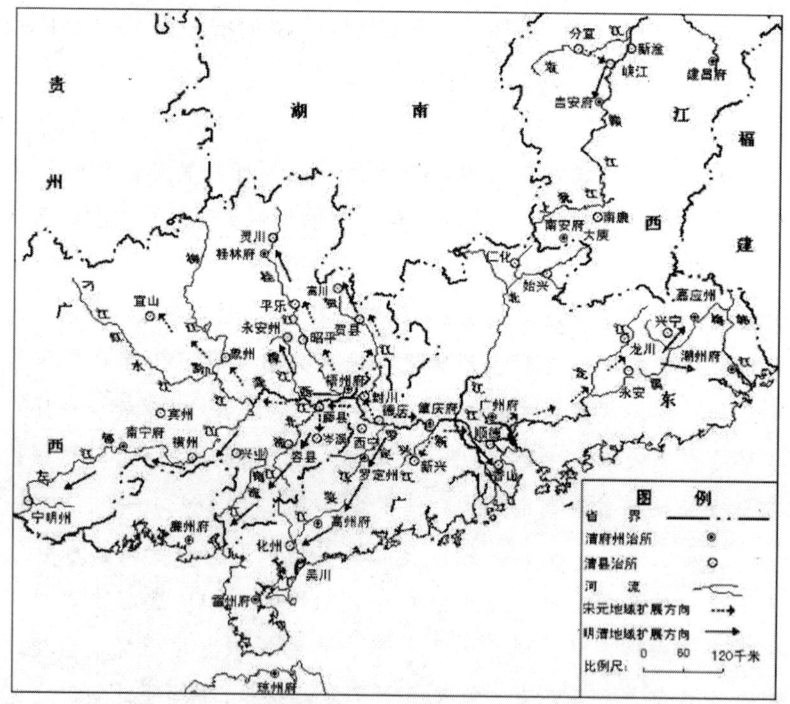

图1—43　龙母文化扩展路线①（以嘉庆二十五年即1820年政区为准）

① 王元林、陈玉霜：《论岭南龙母信仰的地域扩展》，《中国历史地理论丛》2009年第10期，第49—61页。

唐中叶，江西宜春县县令卢萼在分宜邑西昌山渡倡建龙母庙，是为江西龙母文化创建之始。此事记载于地方志：“（分宜）邑西昌山渡，相传有阌城人温姥，产龙伯，有灵异，阌城人祀之”，“予邑以宋时分自宜春得名，邑治上游二十里有昌山，山脉发自红花仰山一支，历昌田，至昌山起高，峰下有阌城君庙，唐宜春令卢公曹所建也。”[①] 卢萼，唐太和中宜春县令，曾在粤做官，亲自到悦城龙母庙考察过，返江西后兴建阌城君庙，又称为昌山庙、龙佬庙、孝通庙或圣母庙，原址在分宜县城西十余里袁河岸边。袁河水道至此，急转直下，河岸两山夹峙，河床乱石嶙峋，春夏水涨，浪涛汹涌，滩险水急，古时商旅往来，常人船翻溺，过去称这里为伤山峡（意为使人伤神），后演变为昌山峡，昌山庙祀奉龙母娘娘，过往商旅常用香火钱财奉敬娘娘，祈祷平安，习为惯例，影响极广。[②] 卢萼侄卢肇（应进士第一，官至弘文馆学士）[③] 为之作《阌城君庙记》。

> 吁天地之至赜，阴阳之元精，升降变化，因时而发者，惟圣人焉，惟神物焉。圣人理乎阳，神物理乎阴，故能灵浃乎寰区，功济乎动植，君大道而不屈，运元德于无穷者，天之为也。夫能知天之为者，必操乎，坤舆之涯必有司宰。……[④]

《阌城君庙记》的主旨是说圣贤主“阳”——人政，与龙神主“阴”——万物变化，二者相辅相成共护国泰民安。阌城君庙由于官方的提倡参与，很快形成了“岭外”龙母祭祀文化中心——江西分宜。分宜的龙母文化源自德庆悦城，其传承缘于人员的流动和官方的推动。宋元以来，江西龙母文化不断在江西地域扩展，沿着渝水（袁河）传播到赣水流域，在两水交汇处兴建了新淦龙母（孝通）庙[⑤]，在当地形成又一个中

① 林有席：《昌山龙母事状辨》，见道光《分宜县志》卷三一《艺文志》，道光二年（1822）刊本影印本。

② 参见卢肇《阌城君庙记》，见道光《分宜县志》卷三一《艺文志》，道光二年（1822）刊本影印本。

③ 雍正《江西通志》卷七二《人物志》。

④ 卢肇：《阌城君庙记》，参见道光《分宜县志》卷三一《艺文志》，道光二年（1822）刊本影印本。

⑤ 欧阳忞：《舆地广记》卷二五《江南西路》，四川大学出版社2003年版，第731页。

心。明清以来，龙母屡屡见于江西文人的诗文中，龙母崇拜的兴盛略见一斑。这时期，除了旧有龙母文化中心有所发展外，新的文化区域不断拓展。分宜（阅城君庙）、峡江（新淦龙母庙）与广东两股龙母文化潮呈上下夹攻态势，江西中南部逐形成颇具规模的龙母文化祭祀带。据有关方志记载如：

> 临江府新淦县龙母庙，
> 吉安府卢陵县孝通庙，
> 南安府南康县龙母祠，
> 南安府大庾县龙母祠等。①

（二）梧州龙母庙

龙母崇拜主要流行在西江流域，在西江流域建了无数龙母庙，最著名的为悦城龙母祖庙、梧州龙母庙和藤县龙母家庙。

梧州地处珠江流域中游，古为百越之地，汉为广信、苍梧，隋属苍梧郡，唐置梧州，宋属广南西路。《明史·地理志》记载："城西南有大江，江即黔、郁二水，合流于浔州府城东，为浔江。入府界，东经立山下，又东经此，与桂江合，谓之三江口，下流为广东之西江。"汇桂江、浔江、西江于一处的梧州，历来水运发达、商贾辐辏、游客如云，必然成为广西各地及粤、云、贵、川等地货物集散和文化传播的中心地区。优越的地理位置，近邻龙母文化的发祥地，孕育出具有地方特色的梧州龙母太庙文化。

梧州作为西江边上的重镇，梧州龙母庙有其重要地位。号称岭南龙都的梧州龙母庙位于梧州市桂林路，始建于北宋时期，明万历、清康熙、雍正年间曾重修，是一座千年古建筑。有主殿、后殿、五龙喷水壁、总府题名碑等。主殿一排三间，中为龙母殿，左为太子殿，右为傅将军殿。龙母庙原是一座建筑群体，由山门、前殿、后殿、左右廊房、角亭组成。古庙延伸至桂江边，前门壮丽，后殿崇饰。从 2004 年开始，梧州中海集团投资 6000 万元对龙母庙进行扩建，于 2007 年 2 月初竣工。2007 年 2 月 10

① 参见陈玉霜《岭南龙母文化地理研究》，硕士学位论文，暨南大学，2006 年，第 53 页。

日举行龙母庙新殿落成及龙母圣像开光仪式。扩建后的龙母庙面积由原来的5000平方米扩大到8.7万平方米。走进气势雄伟的山门，拾级而上，于浓烈的香火气息中，38米高的龙母铜像屹立眼前（见图1—44、1—45）。广西新闻网称：据考证，龙母是古代我国南方“仓吾”族首领，生于农历五月初八，民间称此日为“龙母诞”；逝世于农历八月十五，民间称此日为“升仙日”。由于龙母竭尽全力带领人民开山治水，为乡亲造福，深得百姓爱戴，因此，“龙母诞”和“升仙日”就成了龙母庙的传统纪念日。大型拜母是每年的龙母诞和农历十月初一的五龙朝母节到时，不少善男信女专门从粤港澳地区赶来焚香膜拜。近年来，梧州市博物馆自筹了30多万元资金，对龙母庙这一文物旅游景点进行了修缮，新落成了一幅“富、禄、寿”图，并请广东石湾美术陶瓷厂按图在大门正对面的石壁上特制了一幅28平方米的大型浮雕。2000年6月6日，鸳江大桥落成典礼之际，梧州市召开了第一届龙母文化节，上万名群众在龙母庙前的广场上载歌载舞，五彩缤纷的烟花照亮了整个夜空，把龙母的故乡装扮得更加绚丽多彩。①

图1—44　龙母庙牌坊

图1—45

2010年庚寅年梧州如约举行龙母水灯节，在大码头对出的河滩边，大型水上祭祀仪式和放水灯祈福活动吸引着众多市民前往。当晚8点，码头上锣鼓喧天，龙狮欢腾，人们虔诚地手捧“莲花”式样的龙母水灯，沿着阶梯慢慢走下河滩，在僧侣的祈福下，拜祭河神后，载着美好的祝福，将龙母水灯缓缓放入桂江水中。水面上的“龙母水灯”恍若朵朵

① www.gxnews.com.cn/staticpages/20060512/newgx446437dd.

“莲花”绽放在水面上随江漂去。相传，信众点放龙母水灯，既可向龙母祝福又可以将一年来各种不如意的事情写在龙母灯上，随水漂走，一去不退，祈福消灾。翌日在龙母庙举行五龙朝母节的庆典活动，活动内容有“五龙拜龙母”、“舞龙舞狮表演”、“步步高升”、“八仙拜龙母”等活动。

龙母文化已成为梧州最重要的旅游资源，梧州每年都举行一系列龙母文化旅游活动，正月廿一为龙母开金库，五月初八为龙母诞辰，八月初一为龙母得道诞，十一月初一为朝母节，吸引成千上万的粤港澳等地游客到龙母太庙旅游。[①]

（1）农历正月二十一，龙母太庙举办龙母开金库活动。龙母为了使西江两岸黎民百姓过上安居乐业、兴旺富裕的生活，向有需求的人打开金库，只要您诚心向龙母借金，龙母定会保佑您心想事成、生意兴隆。龙母开金库活动的内容一般有：①撞发财钟，击和平鼓；②龙母出巡；③向龙母祭拜，三叩首；④上香；⑤百态神龙舞太庙；⑥百万雄狮会金山，神灵金龙、威武雄狮汇集龙母太庙，为龙母开金库助威纳福；⑦百业兴旺颂龙母颂，龙母勤劳、善良、勇敢、智慧、慈爱、宽厚的美德，将随活动而传扬；⑧百灵龙母开金库；⑨百方信众接财神。

（2）农历五月初八，举办龙母诞活动。民间传说，龙母生前，每于生辰那天要乘船返回娘家。动身前夕一定要沐浴更衣，因此，广东悦城龙母祖庙和香港龙母庙在龙母诞前一天，都有沐浴更衣仪式。一直以来，德庆悦城龙母祖庙在每年龙母诞期，必派德高望重的长者来梧州的藤县，请龙母家乡青年妇女四人到悦城龙母庙为龙母淋浴更衣，四妇女要用吉祥、驱邪的木叶水淋浴、斋戒三天，然后穿上新鲜的礼服来到龙母正殿，摒去一切杂人，紧闭各方门户，禁香点烛，三跪九叩到龙母淋浴更衣时辰。用龙母“寝宫”里的精瓷面盆盛取特制浴水和丝巾为龙母淋浴更衣，淋浴更衣过程谢绝一切闲杂人员，并用龙母八音奏乐，作为祝诞，整个淋浴更衣过程严肃神秘。最后，由龙母娘家人宣布淋浴更衣仪式完成，即鸣炮致贺。在龙母诞期间，广西、广东各地群众及港、澳同胞、海外侨胞，组团来梧贺诞。有的贺诞团达1000多人，需租几艘大的轮船。每年的贺诞期间，龙母太庙张灯结彩，同过春节一样隆重、热闹。龙母太庙通宵达旦开

① 北海旅游商务网。

放，整座龙母太庙彩灯高挂，亮如白昼，游客摩肩接踵而来，人潮一浪高过一浪，人们进得庙来，有的上香，有的参拜，有的摸龙洗盆以求财源滚滚，有的用硬币投石龟，以测自己的运气。人们争着摸龙床，坐龙母妆台，照龙母镜，用龙母梳梳头，洗龙母水，喝龙母茶，请龙母像和其他祥瑞物品。

(3) 八月初一，举办龙母得道诞期活动。举行盛大的祭祀纪念活动来缅怀龙母，并向龙母祈福，保佑自己顺景如愿。

(4) 十一月初一，举办五龙朝母节活动。主要内容是弘扬龙母文化、祈福迎祥为主题的庆典活动。除原有的大型巡游表演“龙母出巡”、“五龙朝母”、“舞龙大会表演”外，还推出“龙母金船游西江”、“利泽天下龙母颂”、“五龙圣物从天降”、“旗开得胜带回家”、“开枝伞叶伴吉祥”等活动。

(三) 藤县龙母庙

据北海旅游商务网：龙母，姓温，名媪，生于周赧王二十五年（前290）农历五月初八，卒于秦始皇三十六年（前211）农历八月十五。她出生在“藤县二十一都筋竹村，或曰藤县一都水东街孝通坊”。其父温天瑞，宦游南海，娶梁氏（广东德庆悦城人）为妻，生下三女，温凤娇为老二。少年时，温媪随父母到悦城定居，以织布捕鱼为生。后来，温媪带领乡亲开辟山川，治理西江洪灾，尽心竭力为民造福，利泽天下，被拥为仓吾族首领。公元前211年农历八月十五，温媪由悦城乘船经梧州到桂林进京途中，因染病返回悦城后病逝，终年79岁。传说中她抚养五龙，又利用长大的五龙呼风唤雨，开辟山川，治理西江，利泽人民，故被称为龙母，从秦始皇起至清朝，龙母一直受到封建王朝的诰封，受到人民供奉。以悦城和梧州为中心，在西江沿岸及全国各地兴建数以百计的龙母庙。龙母在珠江流域，特别是粤港澳享有盛誉，其影响力和知名度可与妈祖媲美。各处龙母庙一串联起来就成了一条龙母文化寻根访祖旅游线路。[①]

藤县龙母庙位于广西梧州藤城镇胜西村水东街孝通坊。其规模宏大，庙内雕梁画栋、瑰丽堂皇，具有浓郁的古建筑艺术风格，其始建时间据《太平寰宇记》记述可追溯到宋代以前，藤县龙母庙历史悠久，历代修葺，

① 北海旅游商务网。

一直延续到“文化大革命”前，1993年冬经当地群众筹资重新修复。藤县龙母庙和广东德庆悦城龙母祖庙有着渊源联系，藤县是龙母根之所在，是她的祖籍和故乡，而广东悦城则是龙母生活之地，墓葬之地。据清同治版《藤县志》记载：“据传，龙母……藤县二十一都筋竹村人，豢龙潭犹存，或曰一都水东街孝通坊人，故其庙名孝通。”岑溪市糯垌镇大竹村（原藤县二十一都筋竹村）村民也捐资建了一座龙母庙。庙前有龙母盎（即豢龙潭）、龙母井、父老河等遗址。岑溪三堡镇也有一处龙母庙。[①]

近年来广西南宁大明山龙母文化受到有些学者的关注和当地政府的重视，也引发了不少争论。大明山龙母文化与德庆龙母文化的源流关系虽在学术上还可以继续讨论，但就历史影响和现实情形而言，龙母的祖庙在德庆悦城这是无疑义的。

（四）结语

德庆悦城龙母祖庙是西江人们及龙母信众的“祖社”，是遍及西江流域及岭外成百上千龙母庙的发源地，在岭南文化体系中有重要地位。龙母祖庙继承保留了岭南建筑文化传统，与佛山祖庙、广州陈家祠一道成为岭南建筑文化遗产的瑰宝。

总结前人的研究，在非物质文化遗产方面，龙母文化的演化主要体现在如下几点：（1）图腾崇拜与模仿巫术，百越先民因害怕蛟龙而断发文身模仿蛟龙以求得蛟龙的认同和保护，进而演化出龙母拾卵豢龙，龙子衔鱼敬母的故事；（2）祖先崇拜与英雄崇拜，龙母是百越族母系社会或向父系社会过渡时期的一位女首领，带领百越人民战胜各种困难，做了很多好事，被百越人民赋予了超凡的能力最后被神化；（3）水神及自然神崇拜，西江流域风物丰富，河网密布，但也水患频繁，龙具有呼风唤雨的超自然能力，被神化了的氏族祖先被冀于有这种能力，从而造就了龙母；（4）封建宗法和孝道思想助推了龙母文化的开拓发展，历代封建统治者对龙母的封表实际上维护了边远地区的安定。

这些研究的重要价值毋庸多言，其缺憾是都有游离于宗教体验本身的客位研究之嫌，未能从更深的层面来揭示龙母文化的内涵。虽然在今天参与到龙母民俗活动的人群中，不乏外来的以休闲娱乐或考察等现代方式的

① www. tvtour. com. cn.

参与者，也不能排除有一些“从众心理”支配下的被动参与的本地人，但其基本层面的还是其最广大的信众，他们仍然保留了宗教信仰最本质内在的东西，这就是神话意象（如荣格所说）是人的主体性不可或缺的一部分。龙母文化再一次验证了，大母神意象是早期人类文化的基本原型之一。

正是这种“外在”参与者的“游离”或者说不恰当的参与，对原生态文化构成了严重的威胁，这不能不引起我们的警觉。徐亚娟《近百年龙母传说研究综述》一文的结论有振聋发聩的作用，引述如下：

> 龙母传说在当代受到前所未有的关注，固然是因其传说本身的魅力所致，但是多个“龙母故乡”、“龙母发源地”在新时期对龙母超常关怀的动机并非如此简单。通过对几地“龙母情结”的实地考察，我们就会很容易地感受到隐藏在龙母文化背后的利益本性。在经济驱动下开发龙母文化，使产业文化为地方文化产业提供服务，这种做法无可厚非。地方政府能为营造龙母文化提供充足的资金保证，这看来也是龙母传说在当代最大的收益之所在。只是传说本身是由民众信仰所支撑的文化结构，如果一味地追求经济利益来发展文化产业，而忽略了龙母传说的主体身份，忽略了龙母传说本身的文化意义，势必造成龙母传说主体性的丧失，进而造成龙母文化在市场经济时代的悲剧命运。这就引出了一系列问题：市场经济的时代如何处理文化与经济的关系？为经济搭台的产业文化将向何处发展？不能为经济搭台的文化我们还需要吗？而这些问题的答案显然目前还不得而知。[①]

这篇文章虽是针对龙母文化而发，但在现时代有广泛的意义。如前一段时间所谓梁祝故里之争，诸葛亮故里之争，西施之争，曹操之争，七仙女之争等。虽然笔者还不能就徐亚娟在上文中最后提出的问题给出答案，还是相信，对于浮躁的现代人来说，不是外在的匮乏而是内在的匮乏构成了当代人的严重问题。这也是笔者研究龙母文化受到的一点启发和最后想表达的观点。

---

① 徐亚娟：《近百年龙母传说研究综述》，《广西民族研究》2007 年第 4 期（总第 90 期），第 134—137 页。

第二章　佛山祖庙

龙母祖庙所承载的龙母信仰，是一种原生态的民间文化；相比较而言，尽管佛山祖庙就其现存建筑本身来说，是要比龙母祖庙古老，但是佛山祖庙祭祀的对象以及相关的民间文化是较多受到外来文化影响，特别是中原国家文化的影响，使其呈现出一种杂糅的形态，这是和佛山特定的历史地理条件相关联的。本书在具体分析佛山及其民间文化之前，试图先从理论上来探讨城市一般的历史发展规律与形态。

第一节　社会结构与前工业社会的城市形态

近年来有关城市形态方面的问题受到一定程度的关注，有从历史考据入手，有从地方性案例的研究然后加以理论概括拓展入手，有先以某种社会理论为框架从社会过程与城市形态的联系方面入手，也有国外的城市意象、城市文化方面涉及城市形态方面的内容等。总的看来，关于城市形态深入逻辑层面较透彻完整的理论还没有出现。

本节讨论的主题是前工业社会的城市形态及其相关问题。对比于后工业社会的城市，前工业社会的城市表意性更强，城市作为一个完整的有着共同信念的社会结构更加突出。雨果在《巴黎圣母院》有一段著名论说："从原始时代直至基督纪元十五世纪，建筑艺术一向是人类的大书，是人作为力量或者为睿智，在他发展各阶段的主要表达手段。……但是，到了十五世纪，一切有了改变。印刷形式下的思想比以往任何时候更为不可毁灭，具有了扩散性，从此不可捕捉，不可摧毁……。自从发明印刷术，建筑艺术就渐渐干涸，衰微、贫乏了，……从十六世纪开始，建筑艺术的病患已经显而易见，它已经基本上不表达社会思想。”[①] 雨果认为在谷滕堡印刷术以前的建筑是表达社会观念的占支配地位的、全面的艺术，是石头的史诗，而书籍扼杀了建筑艺术！雨果敏锐地观察到了建筑这种历史性的转变。人类的巨著将不复是要建筑起来，而是要印刷出来。[②] 雨果所说的占支配地位的建筑大艺术，也就指的是中世纪及其之前的神庙教堂及其圣地。

美国建筑史学家斯皮罗·科斯托夫在《城市的形成》一书里中肯地论述道：“宗教是前工业社会的基础，所有前工业城市都有其宗教性的一面。”[③] 它们的物质组织表现出一种特意的宗教仪式和宗教观念。这些圣城中如麦加和耶路撒冷，它们本身就是宗教的发源地；有一些则集中供奉某一个主要神灵，如埃及底比斯的阿蒙（Amon），印度瓦拉纳西的湿婆神（Shiva）；而另外一些圣城，如阇耶跋七世建造的吴哥城，在城市形态中打上了复杂宇宙图形的印记。在传统城市中，即使是一般的世俗性的城市，也都以某种祭祀形式表现出其精神性质的一面，都或多或少以某位保护神作为城市聚落的整体意象。

吴庆洲先生总结认为，影响中国古代城市规划有三种思想体系：第一，以《周礼·考工记》“营国制度”为代表的体现礼制的思想；第二，以《管子》为代表的因势就利求实用的思想；第三，追求天地人和谐合一的象天法地的思想。[④] 建筑作为一种文化现象有三重文明功效，首先，建筑与城市是实用性的工具，这是其物质功效方面；其次，建筑与城市是表意性的符号，建筑是表达社会内容的，城市与建筑有重要的制度功效；最后，建筑与城市可以成为审美性的意象，这是建筑的精神功效。中国古代城市建筑除了求实用的思想外，在体现礼制的思想和象天法地的思想中是具有丰富的表意性的。

---

① 参见［法］雨果《巴黎圣母院》，管震湖译，上海译文出版社 1990 年版，第 152—165 页。

② ［法］雨果：《巴黎圣母院》，陈敬容译，贵州人民出版社 1980 年版，第 242 页。

③ ［美］斯皮罗·科斯托夫：《城市的形成》，单皓译，中国建筑工业出版社 2005 年版，第 171 页。

④ 吴庆洲：《建筑哲理、意匠与文化》，中国建筑工业出版社 2005 年版，第 343—344 页。

一 家庭·市民社会·国家与城市形态

（一）国家建立与城市起源

从何时开始，人类聚落发展成为了城市，这是理论界一直关心讨论的课题。历史学家、社会学家、城市学家关于城市的起源的研究在各自相关的领域提出各种说法。比如有关中国城市的起源：

防御说："筑城以卫君"（《吴越春秋》），中国城市的起源，尤其是城堡的产生，是统治阶级为保护其自身利益，防御敌方侵袭需要而兴建的。集市说：中国古代《易经》中"日中为市"，《国语》中"争利者于市"，城市是作为初期市场中心地而产生、兴起的，它起源于贸易和市集之地。宗教中心说：在原始社会末期，人类维系社会经济的聚合力仍然是血亲制度，部落联盟的宗法制将部落成员紧紧联系在一起。中国原始社会末期，部落联盟中心和最早期的城市建设，便是以"先王之主"的宗庙为宗教中心而起源的。地利说：有些城市的兴起是由于这里是水路交通中心或河川渡口，有些城市兴起是由于地势险要，是兵家必争之地，有些则与该地区自然资源有关。①

在中国城市学家中，也基本上形成一些有关城市起源与类型的共识，如庄林德和张京祥认为，世界各地早期城市的产生主要有两种类型，一种是依靠经济力量来积聚人口，从而形成城市；一种是以政治、军事实体为基础，以法律、宗教、行政的或暴力等强制手段来实现人口的聚集。② 赵冈认为，中国城市很早就分化为两大类型：一类是行政区划的治所，这一系统的城市政治意义很强烈，是全国性的行政网点；另一类则是州治、府治、县治以外的市镇，它们大多数不是政府主动设置的，而是基于经济因素而自然形成的。前一类称为城郡，后者为市镇，两个系统的总和，称为城市。③ 郭正忠认为，城市类型大致都可以归为两大类：即以城郭为主要特征的城市和以中心市场为主要特征的城市，这两类城市在许多国家都曾

---

① 参见顾朝林等《中国城市地理》，商务印书馆 1999 年版，第 8—9 页。

② 庄林德和张京祥：《中国城市发展与建设史》，东南大学出版社 2002 年版，第 158 页。

③ 赵冈：《从宏观的角度看中国的城市》，《历史研究》1993 年第 1 期。

长期并存。[①] 以上说法虽然都有一定的事实根据，但都还没有从理论逻辑层面解决“城市”到底是什么的问题。

美国建筑史学家《城市的形成》的作者斯皮罗·科斯托夫对西方众多城市起源的学说做了批评，认为它们常常将人们带入相似的鸡与鸡蛋的循环论证当中。到底是这样或那样的因素为城市的形成创造了必要条件，还是城市的形成导致了这些元素的出现？其中包括剩余生产力论，此说认为当乡村经济离开了单一的、自各自足的模式之后，城市便出现了。以简·雅各布斯（Jane Jacobs）的著作《城市的经济》（*The Economy of Cities*，1969）而著名的市场论，城市是作为枢纽性的集市而出现的。军事与宗教城市起源论，城市是防御和控制的媒介，或者城市是宗教圣地。这些学说中的问题在哈罗德·卡特的著作《城市历史地理导论》（*An Introduction to Urban Historical Geography*，1983）中得到了归纳，书里引用一段惠特利的文字作为总结：在复杂的社会、经济、政治变化进程中是否能分辨出导致城市形式产生的那个单一的、自律性的因素，这一点非常令人怀疑……无论经济、战争或技术引发了社会组织中的怎样的结构性变化，这些结构性变化一定要得到某种当政机器的支持才能获得制度化的持久性。正是当政机器，而非任何特殊形式的活动，才是许多城镇产生的推动力量。[②] 15世纪穆斯林历史学家伊本·卡尔顿（Ibn Khaldun）也认为：“王朝与王权是建造城市和制定城市规划的绝对需要。”[③]

美国著名的城市史学家刘易斯·芒福德在《城市发展史》一书中写道：“村落社会的淳朴根基原本是深入在土地之中的，城市却颠倒了村落社会的价值观念，将其根基送上天堂，使农民的宇宙来了个上下颠倒。”[④] 芒福德认为：政治、经济和宗教三个实体的联合是城市形成的社会基础，城市邦国的国王权力要求而且得到了超自然的承认，于是国王成了天上与

---

① 参见郭正忠《城郭·市场·中小城镇》，《关于中国城市史研究的几个问题》，《中国史研究》1989年第3期。

② ［美］斯皮罗·科斯托夫：《城市的形成》，单皓译，中国建筑工业出版社2005年版，第31—33页。

③ *The Muqaddimah*，transl. F. Rosenthal，Vol. 2（New York，1958），p. 235.

④ ［美］刘易斯·芒福德：《城市发展史》，宋俊岭、倪文彦译，中国建筑工业出版社2005年版，第40页。

人世之间的达意者。“古代庙宇的恢复和扩散决不仅仅是传统的敬神行为，它尤其是保障社区的合法延续的一种必要制度，是对圣祠同宫廷之间古老‘盟约’的重新确认。”①

上述论者都分散地谈到了各种各样的城市起源，现在引到问题的一个焦点，关于城市起源需要一个综合的理论阐释。对于城市的起源首先应该从概念出发，而不应仅从人口聚集规模等现象来说明问题，只有首先回答了什么是城市？城市什么时候开始的问题才能迎刃而解。城市作为人类社会聚落最高一级的称谓，城市文明的逻辑起点是伴随着国家的产生而产生的，从词源学上，希腊语“polis”既指城市也指政治；“匠人营国”的“国”既指筑造的城市，也指建立社会政治秩序的国家。马克思认为劳动分工是国家产生的基础，在《德意志意识形态中》说道：“分工是从物质劳动和精神劳动分离才开始成为真实的分工。……物质劳动和精神劳动的最大一次分工，就是城市和乡村的分离。城乡之间的对立是随着野蛮向文明的过渡、部落向国家的过渡、地方局限性向民族的过渡而开始的，……。”② 黑格尔《法哲学原理》中认为“国家是自觉的伦理的实体”，他把人与人之间的伦理看成是一个精神性的、活生生的、有机的生长发展过程，并把它的矛盾发展过程分为三个阶段：第一，直接的或自然的伦理精神——家庭。第二，市民社会——这是伦理精神丧失了直接的统一，进行分化，而成为相对性。市民社会表示直接或原始伦理精神的解体，靠法律来维持市民个人需要的满足、人身和财产的保障以及特殊利益和公共福利与秩序，这种“市民社会”只能算是“外部国家”。第三，伦理精神通过分化、中介而完成的统一就是国家。国家是具体自由的现实性，是伦理精神充分实现、完成并回复到它自身的辩证统一。③ 在个人—社会的二元对立关系中，国家是经过分化、充实后的，把外在性重新回到主体的内在性，比氏族、部落更高一级的统一。黑格尔说：“家神是内部

① ［美］刘易斯·芒福德：《城市发展史》，宋俊岭、倪文彦译，中国建筑工业出版社 2005 年版，第 42 页。

② 《马克思恩格斯全集》第三卷《德意志意识形态》一文，人民出版社 1960 年版，第 35、57 页。

③ 参见［德］黑格尔《法哲学原理》，范扬、张企泰译，商务印书馆 1996 年版，评述第 16—17 页。

和下级的神；民族精神（雅典娜）是认识自己和希求自己的神物。”①

黑格尔的哲学论说，从逻辑上提出的——“家庭、市民社会、国家”伦理学三个基本概念，应是理论上社会能够成立的实质所在和它的深层结构。家庭是人之间最初的伦理关系，它就建立在人的物质需要与精神需要最直接的结合点上面，因此也被黑格尔称为自然形式的伦理。在物质需要方面，家庭伦理关系是类的生存意志；家庭结合的对象，是作为延续类的存在的性的需求，也是作为最特殊的原始财产；在精神需要方面，是爱的感觉，是主体在另一主体中找到自己，主体的自我意识被否定而重新在另一主体中树立起来，因此爱又是一种矛盾。氏族是家庭关系的延续，以成员之间的血亲之爱及原始的家族财产为方式，从精神和物质两方面结合为社会实体。在家庭与氏族关系中，爱既是成员之间自然的伦理扭结，但又是独立主体自由意志充分发展的局限。在国家中就不再需要这种爱的感觉，在其中人们意识到的统一是法律，真实的法律其内容必然是合乎理性的，因此，国家就是主体自由意志的社会现实性。自我意识是自由意志的真理，它构成一个自为的主体的统一点。具体的人作为特殊的人本身就是目的，市民社会作为各种需要与任性的混合体，是处在家庭和国家之间的。市民社会作为差别的环节，它必须以国家为前提；反之，国家作为统一的环节，也必须以市民社会的差别为基础。

（二）社会伦理与城市形态

社会伦理本质概念的对象化决定人类城市聚落的空间形态，城市与国家互为表里。前文所提到的中国城市起源四说：宗教中心代表着国家“君权神授”的意识形态的萌芽，在城市中占据中心或显要位置，“家神”正在向“天神”转变，但中国强烈的“家—国”一体的意识，使对此二者的祭祀经常是融合在一起；各级城墙护卫宗教中心，同时画出城市的直接领域，此二者是国家概念在城市形态上的体现。集市是市民社会交换劳动产品的场所，市民社会的劳动分工是人类社会由氏族部落制向国家民族制转变的经济前提和必然环节。城市的地利体现于两方面，兵家必争之地的要塞，是国家的派出机构；交通便利和资源丰富是市民社会生产和交换

① 参见［德］黑格尔《法哲学原理》，范扬、张企泰译，商务印书馆 1996 年版，第 253 页。

劳动产品的必然选择。前文提到的关于城市的各种说法综合起来是和黑格尔伦理学说相一致的，也可以说是社会关系对应与城市形态理论的现象例证。前文城市学者所提出的政治城市与经济城市两类城市也必然是一种共生的关系，“城”和“市”有时合在一起，有时有所分开。

宗祠是家庭血亲伦理关系在建筑聚落空间上的直接表征。在中国国家建立之后的古代文明中，以祖先祭祀建筑为形态表征的家庭宗法制度开始只局限于贵族阶层，从宋代开始，至明清时代，出现庶民的家族或家族的平民化；特别是经明代官方的确认与鼓励，家庭的血亲伦理关系的宗法制成为中国乡村聚落空间形态上的主要体现。

概念本质上的客观性，家庭、市民社会和国家作为社会伦理关系的深层结构，是构成聚落城市表层形态多样性后面的统一的句法。“结构”一词，哲学意义上是与“功能”相对应的，指系统内各组成要素之间的相互联系、相互作用的方式。富永健一在《社会结构与社会变迁》中认为：所谓广义的社会结构，是指社会各基本活动领域，是对整体的社会体系的基本特征和本质属性的静态概括，是相对于社会变迁和社会过程而言的。狭义的社会结构是指由社会分化产生的各主要的社会地位群体之间相互联系的基本状态。[①] 这只揭示了社会结构思想的一个方面，在社会伦理关系以及与聚落城市形态相联系的宏观研究中，我们既要看到“家庭、市民社会和国家”作为社会伦理关系的深层结构体现在聚落城市形态中的静态稳定性，同时也要看到结构内部本身包含的一个动态过程，这个动态过程并非指一些偶然事件，而是指在适当条件下的地区整合，家庭关系必然向市民社会和国家关系发展。

下面结合一些具体案例进一步研究。

二 案例研究

（一）宗族古村

1. 流坑古村[②]

国家历史文化名村流坑位于江西省抚州地区乐安县西南部。全村总面

① 富永健一：《社会结构与社会变迁》，云南人民出版社 1998 年版，第 19—20 页。

② 参见周鉴书主编《千古一村——流坑历史文化的考察》，江西人民出版社 1997 年版。

积 3.61 平方公里，耕地 3572 亩，山林 53400 亩，共有 800 多户，4000 多人。水绕山拥中的流坑，纵横街巷，井然有序，宫观庙宇，沿山护村而建。据族谱记载，流坑村的近千年历史，大致为：始建于五代，兴起于宋代，衰微于元代，繁荣于明清，败落于晚清、民国之际。这个村子的董氏家族始终聚居不散，而且支系分明。流坑董氏家族，其远祖追至汉代大儒董仲舒。唐朝末年，宰相董晋的后裔董清然从安徽进入江西，南唐升元年间，其孙董合率家来到流坑。董氏一簇，历史上总共出进士 32 名，文武状元各一名，举人 100 多名，宋、明两朝尤为鼎盛。这个庞大的家族，采取以读书入科宦，以科宦扩田产，固宗族的生存方式。

明代，流坑开始建宗祠，不断修族谱，在家族的约束中增进儒家理学成分凝聚族人，以心学的弘扬给宗族注入了存理去欲，修齐治平的生机。“以德性为本”，“先立其大为宗”，“辅以血脉以禅于无穷”，家族的维系进入了封建理性的境界。南京刑部郎中董燧辞官回故里后，着手规划改建全村的整体布局，族人按房派支系分区而居，各房派建有自己的分祠，各家各户又有自己的祖龛。家庭的伦理关系，从村落的整体形态层层渗透，一直到每一个民宅当中。至明嘉靖年时，经董燧之手，将流坑历年族谱规范化，成为封建社会基层组织的一个典型。

明嘉靖年时，董燧依照唐宋时期城邑的里坊制度，从东到西开辟七条横巷，从南往北设置一条直巷，每巷首尾均有巷门望楼，以关锁防御。族人按房派支系分区分巷居住，并与各房族分祠结合在一起。在村西挖掘长湖（龙湖）将全村天然雨水与生活用水从东向西引入湖中，再将湖水与乌江相贯通，全村为水所围，既形成山环水绕的佳境，又使流坑好似一座严整的城池（见图 2—1）。

流坑发展了自成体系的民俗文化，村落遍布守护一方的庙宇和风水建筑，如始建于明，修葺于明、清的“三官殿”和清代所建的“太子庙”，“武当阁”，“观音堂”，“玉皇阁”等。儒、释、道各路神仙以及民间杂神在流坑都得到祭祀。流坑村建筑类型丰富：宗祠，观阁庙宇，牌坊墓藏，文馆书院，状元楼，大戏台，朝朝街（小市街）等一应俱有，“麻雀虽小，五脏俱全”，使得流坑成为有着诸神护佑的聚落文化综合体。

如流坑族人所说“千门万户，聚只一家”。祠堂即是此种思想的象征。流坑的大宗祠为三祠一体的建筑组群，坐落在村北陌兰洲上，建于明

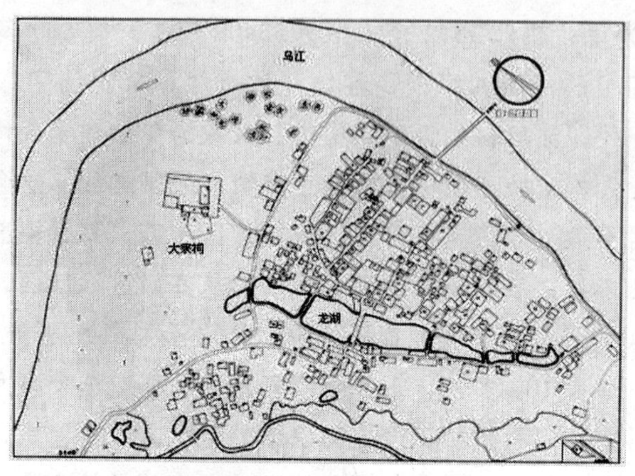

图 2—1　流坑村落

（引周銮书主编《千古流坑》）

嘉靖丙申年（1356），左为桂林祠，祀董氏十六世祖；右为桂桴祠，即文馆、祀孔子；中为大宗祠中祠堂；共占地 7000 平方米。大宗祠是全村公共事务、仪礼、民俗庆典活动的集中场所，是联系整个社区的精神中心，标志着流坑是以家庭关系为伦理核心而组织起来的典型的乡村聚落，大宗祠也成为全村最显著的首要元素。虽然流坑是个很大的古村落，也规划模仿了一些城镇的基础设施，因为家庭血亲之间不存在以商品交换为生计的独立人群，以及强调聚族而居的风水相对闭塞的地理环境，所以始终没有发展成为城镇。

2. 张谷英村①

张谷英村位于湖南省岳阳县渭洞乡。张谷英为元末明初时人，明洪武年间从江西迁来岳阳，在此聚族而居，现已发展到 27 代，7000 余人。目前居住在张谷英村的有 2000 多人。万历年间，第八代孙张思南开始在今处营建住宅，历经数代，相继建成当大门、西头岸、枫树屋、东头岸、王家塅、石大门、上新屋、下新屋、和风塅、潘家冲等数片。其中当大门、东头岸、西头岸、石大门、王家塅等片相互连接，三面围绕龙头山，长达 600 多米。现存完整的有西头岸、王家塅、上新屋等处，分别建于明、清不同的时期，但其建筑形式与风格保持一致。各片都为一“丰”字形平面布局。纵轴一

① 参见杨慎初主编《湖南传统建筑》，湖南教育出版社 1993 年版。

般由三至四进堂屋组成，多的可达五进。纵轴两边并列伸出三至四道横向的分支，每一分支又由三至四进堂屋组成。一般每一分支的一组堂屋即为家族的一支居住，而一组堂屋中的每一间堂屋及两边的厢房即为一个家庭所居。各进堂屋之间由天井和屏门隔开，堂屋两边为厢房。每片房屋和每组堂屋之间均有巷道，既为分割的界限，又是交通联系的通道（见图2—2）。

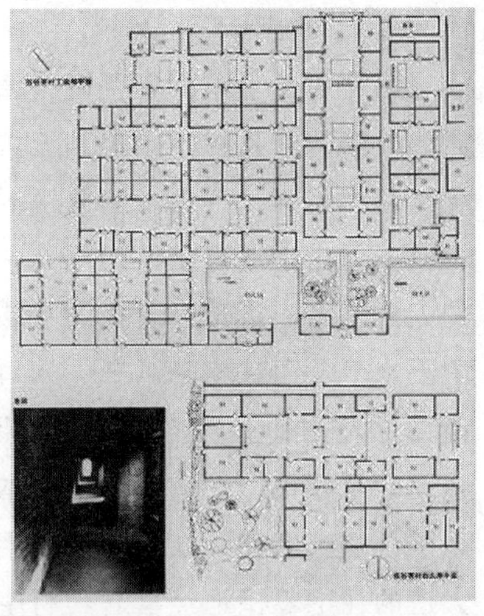

图2—2　张谷英村宗族的同一支系居住在同一个片区大屋内，大屋内又呈“丰”字形布局，分成更小的支系与家庭，各家堂屋之间，并不完全封闭。（引杨慎初主编《湖南传统建筑》）

张谷英村是一个很大的村落。和流坑相似，张谷英村按照血缘家庭的伦理关系安排居住空间，由血缘关系的亲疏远近决定相互之间居住空间的远近和通达与封闭的程度。同一支系各个家庭的堂屋与堂屋相互之间，也并不完全封闭，相应的是设立整个片屋的总的大门房。整座村坐落于四周环山的盆地之中，有几个片区散落在主聚落片区之外，但由于这些相对独立的村都是同一血缘关系，互相之间没有发生商品交换，所以张谷英村虽然人口聚居规模相当大，但也始终没有成为市镇（见图2—3）。

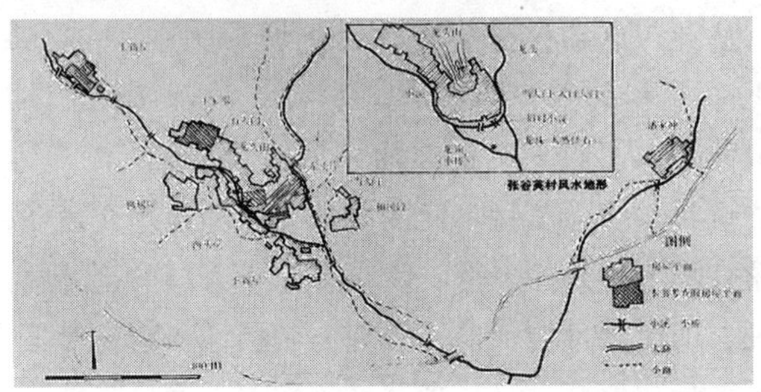

图2—3　张谷英村散布在丘陵盆地中的聚落，由于亲族的血缘关系之间不存在商品交换，始终没有发展成为市镇。（引杨慎初主编《湖南传统建筑》）

3. 诸葛古村[①]

诸葛村位于浙江省兰溪县西部，是三国蜀汉丞相诸葛亮的后裔聚族而居的村落。诸葛村开始也和流坑相似，是一个单纯的血缘社区，由大宗祠统率整个聚落，各房各支分区居住各有自己的分祠，每家每户又有自己的祖龛。但由于地理条件的不同，后来出现了一些与纯粹血缘关系不同的新的人群关系。诸葛村所在的兰溪是丘陵地区，就整个县境来说，农业处于中下水平。而从南宋以来，人口压力却逐渐增大，故土不利于生存，迫使诸葛村人在商业上求出路。兰溪占有一定的商业地利，它和皖南的徽州、赣北的景德镇、江南的苏州和本省的杭州，都相距不远。诸葛村的一些支系子孙擅长经商，在外做药材生意的较多。这些经商者后来又在村边靠近大道的住宅零星地经营起药材生意，从而又吸引不少外地商人。最后，村边大道从原来纯粹的交通线发展成了商业街，随即有农历每月初一、十五的集市，成了半径大约 5 公里范围最大的商业中心。诸葛村旧名高隆，因此人们便称它为高隆市。

高隆市开始虽有外姓人开的一些小店，但多数只是代管店或临时租用的一些闲铺面，商业一直被诸葛村的一些宗族支系把持着，并没有冲破血缘关系的牢笼，因此发展得很不充分，也没有形成单独的市民社会。太平天国之后，诸葛村的一些宗族支系再也无力控制商业区的局面，只好出卖地皮来获得一些收入。各地到这里做生意的人组织起自己的同乡团体。商业区就和传统的宗族区产生了分化，商业区的事物就由商会来管理，与诸葛村的宗祠无关，这标志着诸葛村的血缘关系在商业区解体，而开始向市民社会转化。从此，诸葛村分裂为以“上塘”为中心的“街上”和以宗祠“大公堂”、“丞相祠堂”为中心的“村上”两部分。“街上”由商会管理，宗族只能过问“村上”的事物（见图 2—4）。

由于和流坑村与张谷英村不同的自然环境和地理交通条件，诸葛村吸引了附近村落外族人的来往经商，使得有几千人口的诸葛村开始了从家庭关系向市民社会的发展过渡，但又表现出两栖性。诸葛村虽然有一定的从事商业的便利条件，但其本身地理与经济实力上的局限性，这就和下文要讨论的有“天下四大聚”之称的佛山有很大的不同；和明、清时期佛山

① 参见陈志华、楼庆西、李秋香《诸葛村》，重庆出版社 1999 年版。

发达的市民社会不一样，诸葛村的市民社会始终没有得到完整充分的发展。

（二）佛山老城

佛山是一个由乡村逐渐发展为城市的聚落，是一个自然经济地理学意义上的自发城市，保留了城市比较少见的自然村家庭聚族而居的宗法制，体现在城市形态上就是遗留有完整的分成等级体系的宗祠系统和相应的祭祀圈。而一般古代中国城市代表“国家”和“国家意识形态”居于城市显要位置的官衙、学宫则难见踪影。历代《佛山忠义乡志》中未见官方的施政记录。拒邱衍庆博士研究，明代佛山的宗族势力十分强大，到了清代，外地经商人员大量迁入，不时与当地土族宗族势力的利益发生冲突，在官府（广州府，注：佛山本地无官府）的裁决中总是以土族势力的失败而告终。对于这些事件的解释，邱衍庆博士引入了以帕克为代表的人文区位理论，帕克《城市社会学》认为：城市社区发生被侵入的情况，可以导致社区组织结构完全发生变化；城市是一种生态区位秩序，在城市发展过程中支配城市组织的基本过程是竞争和共生；侵入是一种社会群体之间在空间统治地位上相互替换的过程。[①] 邱衍庆博士结合结构功能理论提出以侵入（invasion）、接替（succession）、整合（integration）、维持（latency）的模式来分析佛山城市社会结构的动态变迁。[②] 这种描叙性质的解释并不彻底。黑格尔说，在混乱的现实背后，狡黠的理性在起作用。在佛山的社会结构的变迁中，这个狡黠的理性，就是“家庭、市民社会、国家”的伦理结构。在适当的条件下，家庭关系一定向市民社会和国家关系过渡，国家在行政职能方面代表是对市民社会的整合，而不

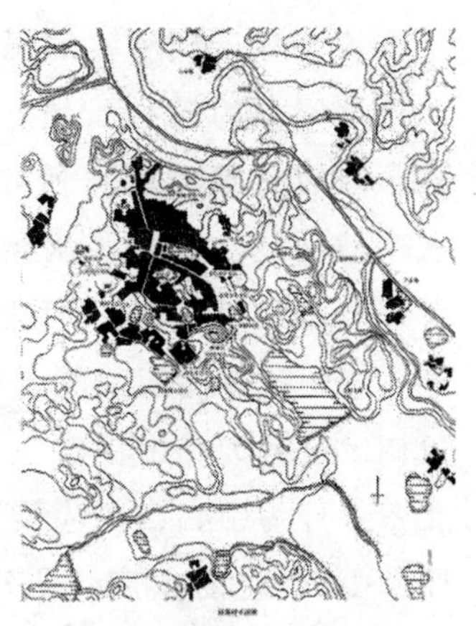

图 2—4 诸葛村的高隆市成为周围大约 5 公里范围，不同姓氏村落的商业中心。（引陈志华、楼庆西、李秋香《诸葛村》）

---

① R. E. 帕克、E. N. 伯吉斯、R. D. 麦肯奇：《城市社会学》，华夏出版社 1987 年版，第 71 页。

② 邱衍庆：《明清佛山城市发展与空间形态研究》，博士学位论文，华南理工大学，2005 年，第 42 页。

是维护家庭氏族利益的局限性。按照经济学的话来说，经济理性就是如何处理资源的最佳配置，而自由交换是使得资源得到最充分利用的方式，政府（或制度）所要处理的是自由交换的外部性问题和减少制度成本的问题。因此，从经济学视角而言，人类历史上的一切制度改良或者社会革命都与这一理性有关。

佛山没有一般治所城市意义上的“城”，没有国家设定的正式的政府机构。这就为佛山构建一套相当完整的民间宗教系统让出了空间。佛山以北帝崇拜为中心，灵应祠（北帝庙）在佛山成为整体的市镇之前，也是原佛山15村的主庙。明清佛山“以神为大父母”，灵应祠被称为祖庙，在整个佛山具有超然的地位，每年在全镇的北帝巡游说明北帝神在统摄全镇。依次是铺的中心、街区中心乃至里社的中心层层皆有祭祀。国家政府在佛山的相对缺席，造就了佛山自发的以各种神庙为载体的民间祭祀信仰系统代替了国家政府的地域整合作用，建立起超越血缘关系的地缘关系。祖庙作为佛山城市形态中的“首要元素”，凝聚了佛山独特的民俗文化与精神气质，是佛山作为一个地域文化上的整体聚落的显著标志（见图2—2）。

由于政府的缺席，佛山的管理是由市民社会自发组织起来的，地方事务由佛山几大家族的长老在祖庙议决。城市一般的社会关系是由国家政府和市民社会组成，家庭宗法制遗留在乡村，而佛山的典型特点在于其社会关系主要由遗留的家庭宗法制和市民社会组成，广州府只是起着遥控的作用，市民自发组织的祖庙大奎堂替代了地方政府的管理职能。

费孝通先生在《乡土中国》一书中认为：“在亲密的血缘关系中商业是不能存在的。”① 原始佛山在15村外设墟，把商品交易放在血缘关系居住区之外。佛山是在家庭宗法制的自然村之间的集聚，村与村之间的商品交换以及后来与外来人口的商品交换中发展起来的。墟市是明清佛山内部空间另一个显著特点，在佛山发展成为市镇的过程中有着决定性的作用。墟市沿着交通便利的汾江与南下的河汊呈“T”形分布，作为公共空间的神庙前空地也经常成为墟市。

① 费孝通：《乡土中国》，生活·读书·新知三联书店1985年版，第75页。

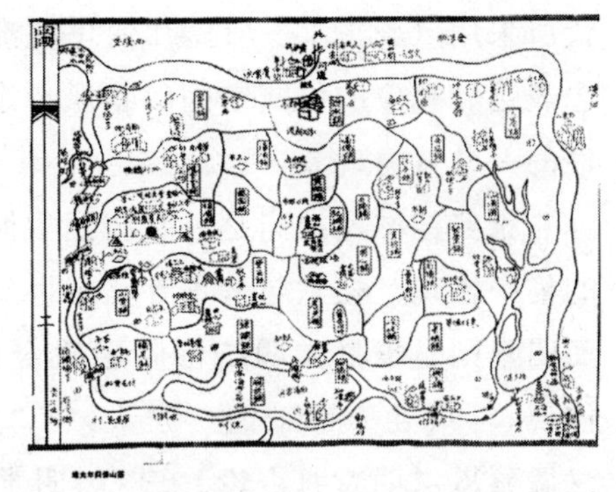

图 2—5　佛山老城地图

（引华南理工大学东方建筑文化研究所）

清末佛山的宗祠分布到滨汾江商业区南界逐渐消失，滨汾江商业区是家庭宗族居住区之外的原始商业发展地带，但这里却有大量神庙，其中不少还是北帝巡游所要经过的。这些神庙有些是行业保护神，有时又与工商行业的会馆融为一体。佛山会馆的大致分布是北部“会市”的商业会馆与祖庙铺的手工业会馆，这和佛山北部汾江沿岸是原始商业地带、祖庙附近是宗族集居区的地理分布是一致的，佛山“手工业作坊、商业店铺”各自依据成行成市的原则聚集在大致附近的地区（见图2—5）。

总之，家庭、市民社会与国家作为社会伦理关系的三要素，在佛山的城市形态中都有其独特的表现。

（三）中国古都

都城是国家概念最集中的体现，也是各国各时代最为典型的城市。都城随着早期国家的建立而诞生。战国时期成书的《周礼·考工记》：“匠人营国，方九里，旁三门，国中九经九纬，经涂九轨，左祖右社，面朝后市。”“匠人营国”的规划思想现在被归结为一种宇宙模式，即体现出象征性的宇宙图式以及相应的宗教观念。最大的阳数“九”和几何形的布局被赋予显著意义。“左祖右社”，家国一体，强调祖先崇拜的家庭宗法制对国家建立的重要性。“面朝后市”，朝和市一直是历代城市的基本要素，是国家与市民社会在城市形态中的体现，变化的是其在城市中的空间位置与形制。

《周礼·考工记》中的周王城提出了一个建立都城所应该遵循的理念原则。周以后的都城在设计时或多或少都附会《周礼·考工记》（见图2—6）。自东汉末曹操修建邺城以后，都城大多采用类似棋盘的规则平面布局，并往往有一条横穿城市的中心大街作为城市布局的中轴线。这种城市布局形式造成一种左右对揖朝向正中宫城的气势，自曹魏邺都以后被历代所采用（见图2—7）。几何化的都城城市布局理念，是对于形而上的观念表达和相应的仪式空间的物质形态诉求的应答，是古代城市文明中世界性的一种普遍现象。

雅典卫城及神庙是古希腊民主城邦国家观念（以保护神为观念中介）的集中体现，教堂与清真寺是中世纪“君权神授”国家观念的集中表达；而明堂则是华夏文明统治阶层联合“国—家”两方面内容的国家观念的体现。《周礼·考工记·匠人》：“夏后氏世室，殷人重屋，周人明堂。”汉儒蔡邕《明堂月令论》曰：“明堂者，天子太庙，所以崇礼其祖，以配上帝者也。”“天子太庙、青阳、总章、元堂、大教之宫、清庙、太室、太学、辟雍、门闱之学、东序”等名目，都是明堂的别称或代名词。[①] 明堂的本质可以说是遗留了氏族部落祖先崇拜，又形成以天神崇拜为民族扭结的国家礼制中心建筑。明堂的种种别称，是其代表此时国家的各种文化功能。作为国家意识形态的象征，明堂的历史变迁最终转化为以天坛为代表的坛庙建筑群体。

隋唐长安城的规划和兴建充分体现了我国封建社会全盛时期的意识形态，皇城中百官的衙署都以朱雀大街为轴并列对置。皇城东南角太庙，西南角社稷坛。“市”分为东市和西市。整个城市区划包括市场在内采用封闭的里坊制（见图2—6）。

从魏晋南北朝到隋唐，都城从坐北朝南发展到有南北向中轴线东西对称，宫城向北移紧靠北城垣居中，突出体现了帝王“面南背北”、“向明而治”的思想意义。到了元代，元朝统治者作为外族，特别强调继承传统，以表明其统治权的正统性，元大都又重新采用了《周礼·考工记》原则。明代的北京城，虽然又将皇城和宫城推到了城市的北部，郭和城的平面形状也发生一些变化，但基本格局和元大都还是很一致的。元大都城主要建筑物的布局，可以说是最接近于《周礼·考工记》前朝（朝廷）、后市（市场）、左祖（太庙）、右社（社稷坛）的设计要求。皇城和宫城位于城市的南部居中。（见图2—7）

① 参见张一兵《明堂制度研究》，中华书局2005年版，第30页。

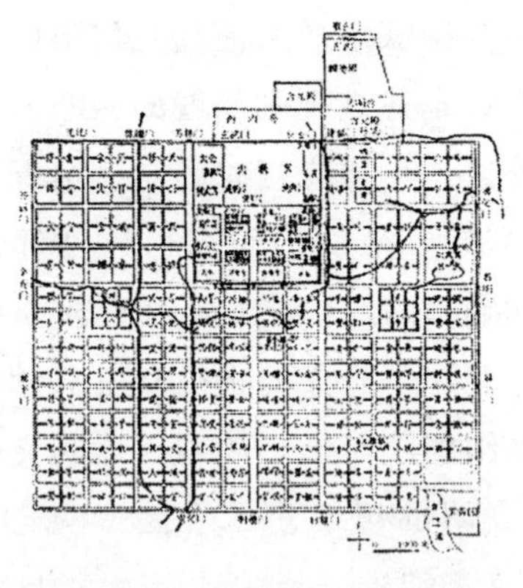

图 2—6 唐长安城平面复原

（据刘敦桢主编《中国古代建筑史》）

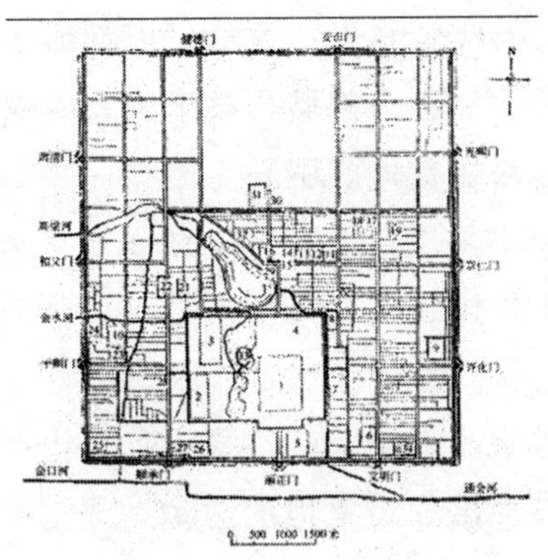

图 2—7 元大都城示意

（据《中国七大古都》）

明堂的本质可以说是遗留了氏族部落祖先崇拜，又形成以天神崇拜为民族扭结的国家礼制中心建筑，即“社”的所在。明堂的种种别称，是其代表此时国家的各种文化功能。明堂最重要的实质，是代表国家观念的形成有别于单纯氏族部落祖先崇拜的祖社。《白虎通·卷二辟雍》：“天子立明堂者，所以通神灵，感天地，正四时，出教化，宗有德，重有道，显有能，褒有行者也。”宋儒王与之《周礼订义》卷七十八：“盖明堂者，祀上帝之所，五方之帝宜各有室焉，与夏之世室，所谓五室异矣。”后代学者之所以在明堂的含义上反复辨析，而且越来越少提及祀祖，正说明国家观念不同于家庭宗法制，即便是这种宗法制有所遗留，国家观念也是和祭祀超越家神的天神相联系的。

在都城中除了祭祀天神地祇与祖先神的重要建筑以外，自汉武帝“罢黜百家，独尊儒术”以来，儒学成为国家正统意识形态，祭祀儒学创始人孔子的文庙学宫成为了都城乃至府、县城城市形态中的重要元素。都城是国家观念最典型的代表，府、县城是国家的下级机构所驻地，相应地府、县城城市形态是都城的简化版，共同代表了在一个完整的地域范围内的国家观念。

三 结语

流坑村、诸葛村与佛山是自发形成的聚落，虽然也经过一些规划，但整体形态基本上还是保持《管子》所说的因势就利的有机模式，它们是由日常生活自发形成的。而都城多采用作为国家观念象征的几何形的宇宙模式，是因为都城是整个国家的仪礼中心，是建立规则制度的中心，同时也是精神信仰的中心。但有一些都城的外郭，为适应当时的具体情况和地形，不采用方形布局。西汉长安城先造宫殿，然后再筑城，故外郭形状很不规则，状如天上的北斗，因此又被称为斗城。明太祖为了加强南京的防御，修建外郭时，因地制宜，把许多有军事意义的小山和玄武湖都囊括进来，因此南京外城平面形状也呈不规则的葫芦形。采用因地制宜的方式表现出法天象地的意象，是这些都城高明的规划艺术手法（见图2—8）。此外，隋唐洛阳城、南唐金陵府和南宋临安府皆依山傍水，自然弯曲，也不方正。但总的来说，都城特别是宫城仍以几何形的宇宙模式为主。

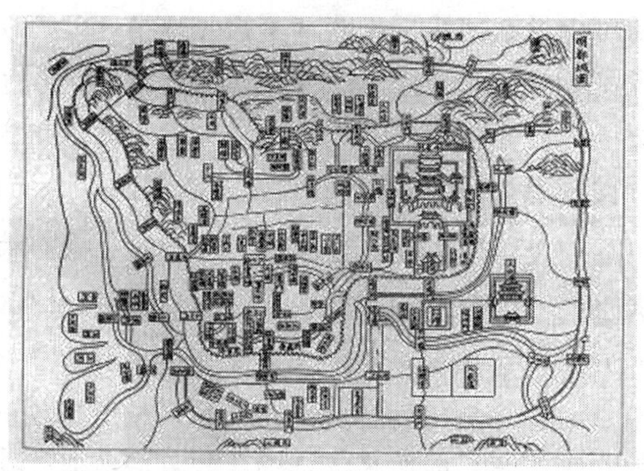

图2—8　明都城南京，处于丘陵江湖的复杂地形，宫城仍保持仪礼空间的几何性，外城则规划成因形就势的葫芦形。（引《江宁府志》）

从社会伦理关系来考察，在聚落形态上，流坑是家庭、佛山是市民社会的伦理关系所体现的典型案例。从人口规模来讲，流坑村现已4000多人，远超过一般城镇低限人口2000人，但流坑始终没有发展成为城镇，因为它不具备成为城镇的基本条件，这就是血缘关系之外的商品交换。佛山在明、清两代已成为天下四大聚，其规模远超过一些有正式建制的县城，但佛山始终主要代表市民社会的繁荣。

罗西认为：纪念物是城市的首要元素（primary element），是特有且经久的城市建筑体，本质上具有象征功能。[①] 从这个意义上来说，流坑大宗祠象征了流坑是一个以家庭宗法制为核心组织起来的乡村聚落；佛山灵应祠（祖庙）象征了佛山是以市民社会为核心组织起来的地缘市镇聚落；同样地，宫殿衙署、坛庙学宫象征了都、府、县城是以国家观念为核心组织起来的一个完整的地缘社会。流坑大宗祠、佛山灵应祠以及北京故宫天坛就成为这三种典型社会聚落的最显著的首要元素，是它们作为一个完整聚落的集中意象所在。

第二节　佛山的发展与佛山祖庙

一　佛山的自然条件与社会发展

史称："东粤之雄，莫先于穗石之岑也；南海之饶，莫过于禅山之浔也。"[②] 又云："佛山当八府之冲，西樵为群峰所萃，南邑奥区也。"[③]

大约两万年前，中国香港、海南和中国台湾都是和大陆连成一片的。两万年前珠江的出海口在现在中国南海大陆架的南沿，当时整个大陆架是一片葱绿的滨海平原，生长着茂盛的热带、亚热带落叶乔木，沼泽和低湿地区，则长满了水草和灌木丛，很多野生动物栖息其间。当时这片沃土，可能有我们远古祖先的足迹。大约六千多年前（即新石器中期偏后），今天南海县的西樵山、深圳市的大、小梅沙、台山县的蒲草山、东莞市的万福庵（下层）、增城县的金兰寺（下层）和新会县的罗山咀等地，已有原始聚落出现，这些聚落的遗志，少数在山冈，大多数是贝丘和沙丘遗址。在这些遗址中，出土了一些火候低、器壁厚的手制陶器，其中有夹砂陶、泥质陶（有绳纹、蓝纹、刻画纹和素面磨光的）、彩绘陶（少量）和双肩石器（磨制石器已比早期增多）、骨、角、蚌器等生产工具。经济生活主要是渔猎和采集。

到了五千年至三千多年前即新石器晚期，珠江三角洲的许多聚落，已出现原始农业。

---

① ［意］罗西：《城市建筑学》，黄士钧译，中国建筑工业出版社 2006 年版，第 26 页。

② 道光《佛山忠义乡志》卷十一《艺文下》。

③ 袁昶：光绪乙巳刻《广东便览》卷一，页九，广州府志。

这些聚落的遗址，大量有肩石锛、石斧、石铲出土，是当时开发山林，开辟耕地的物证，大量印纹陶炊煮器的出土，反映了定居和熟食生活；大量石制和陶制纺轮的出土，反映了纺织业在社会生活中已占有一定比重，可能已知道种麻、葛类作物；大量贝壳和鱼骨、网坠出土，又反映了渔猎仍占有一定地位。这一时期的遗址，30 多年来在珠江三角洲已发现五六十处，可见其时原始聚落已是星罗棋布。这一历史时期，有肩石器和印纹陶十分发达，这是百越先民的历史印记，足以证明百越族是开发岭南的先锋，是他们筚路蓝缕战天斗地，迎来了岭南地区的黎明。

五六千年前，佛山处在古珠江三角洲的南部滨海地区，那时离海边约一二十公里。但石湾大帽岗以东，直到南海县盐步一带，都是一片低地，近年来钻探亦发现有蚝壳，可见海浸也曾到达这一地带。那时佛山处在古三角洲的西、北江冲积扇的前沿，出海港汊很多，在两三千年前，仍是咸潮汹涌的。现在佛山则处在目前统称三角洲的中部偏北，距离西江出海口磨刀门一百多公里。

河宕的新石器贝丘遗址告诉我们，早在四五千年前，佛山的原始聚落，已进入了农业经济，有发达的制陶业和骨牙制造业，他们不仅表现了工艺美术的才华，而且开始创制文字。他们用出色的劳动和智慧，写下了佛山远古历史美好的篇章。

“昔者五岭以南皆大海耳，渐为洲岛，渐成乡井，民亦藩。”从夏、商、周到春秋，南越部落聚居于此。汉末，“鸡、田、布、老”四姓在此定居，随后“冼、梁、陈、李、霍、黄、区”等姓相继落籍。村名有“栅下、东头、石角、山紫、上村、下村、六村、弼头”等，地名一直沿用至今。东晋隆安二年（398）罽宾国僧人达毗耶舍在塔坡岗搭寮传教。公元 581 到 600 年之间，村落开始合并称为“季华乡”。唐贞观二年（628），季华乡民在塔坡岗开荒掘地，挖出小铜佛三尊及塔坡古佛石褐。相传这里是当年达毗耶舍传经处，于是乡民重修塔坡庙，改塔坡岗为“佛山”，“季华乡”亦随之易名为“佛山乡”。

唐宋以来，鸦片战争以前，西、北江三角洲这块富饶的土地，是佛山的粮、副食基地和农作物原料基地。这是佛山能长期发展工商业的重要条件。鸦片战争以前，广州、香港的人口，都少于佛山。

在近代铁路和海运业兴起以前，内河航运是自古以来交通运输的主要动脉。佛山通过西、北、东三江，以广东为出发点，以广西、贵州、四川、云南、湖南、江西、福建省区为腹地，是工商业能持续一千多年兴旺发达的一个重要条件。西江发源于云南东部沾盖县的乌蒙山区，主流是南盘江和北盘江，从云贵高原直下两广。南、北盘江会合后称红水河。西江的支流很多，红水河汇合柳江后称黔江，黔江汇合郁江后称浔江，浔江在梧州汇合桂江以后才称西江。其中郁水是西江最大的支流。西江是珠江水系的主流。据文献记载，这条水路的货运一直是畅通的。

北江的地位，仅次于西江。它的上游有两条河流，主流发源于湖南省临武县的南岭山，称武水；另一支发源于江西省南部信丰县的大庾岭山地，称贞水。武、贞两水汇合于曲江（韶关）。曲江以下称北江。北江在粤中的三水与西江汇合后，又分出很多支流，有九曲水、白泥水、芦苞涌、西南涌、佛山涌、潭州水道、沙湾水道等。还有一条支流，发源于广西贺县的绥江，在四会马房流入北江，另一支流经三水青歧注入西江。

沿北江一带出土的青铜器，无论形制和纹饰，很多和长江流域各地出土的一模一样，可见自古以来，北江与五岭以北各省关系密切。战国时岭南曾从属于楚，受楚文化的影响尤深。自汉代以来，北江一直都有通航的记载。通过大庾岭驿道到江西吉州（吉安），再沿赣江到江州（九江），顺长江到扬州。这一路线是广东通往华东、中原和华北的古道，历代商旅络绎不绝。东江与佛山的关系，比起西江和北江，虽居次要地位，但福建、赣南和粤东一带与佛山，也有原料与货物往来。宋以后，西、北江通广州的主要航道转到佛山涌，佛山成了交通孔道。这是唐、宋以后佛山发达的一个很重要的原因。

近年来，佛山附近不断发现战国至唐宋的墓葬，比周围各县古墓密集，可见佛山是珠江三角洲自古以来人口较密集的地区。大约在4世纪时，佛山已形成一个繁荣的渔村墟市。佛山是我国较早对外通商口岸之一。佛山的海南塘曾出土铁锚链。这是古代大商船沉没的遗迹。佛山的命名，就反映着它的对外关系。[①] 正是这样的地理人文条件，为后来佛山成为天下四大聚之一奠定了基础。

---

① 参见佛山地方志编纂委员会办公室编《佛山史话》，中山大学出版社1990年版，第3—19页。

在现代交通工具出现以前，内河航运对一些古城镇的盛衰，有很大关系。晋、唐期间，西北江汇流后通广州的主航道芦苞涌和西南涌，当时西、北江到广州的船只必须经官窑。因为官窑处在这两条涌的交汇点上，所以官窑在那个时期很兴旺。晋代曾在官窑河边的小金山（灵烽山）上建一座宝陀寺，为仕宦往来宾饯之所。隋、唐两代，官窑仍是岭南一都会。南汉政权特在那里设官窑，烧制御瓷。后来芦苞涌和西南涌逐渐淤浅，官窑就逐渐衰落。唐、宋以来佛山地处珠江三角洲腹地，自然环境良好，农业经济发达，加之地扼西、北两江之要冲，四通八达的水路交通便利至极，商业日渐繁盛，宋时已有专管外籍商务的“市舶务”，元时已成为南中国的冶铁基地，到了明清时代，佛山“百业同兴”，与江西景德镇、河南朱仙镇、湖北汉口镇并称“中国四大名镇”，与北京、苏州、汉口合称“四大聚”，扬名天下。

佛山在中国古代城市发展史上占有重要地位。罗一星在《明清佛山经济发展与社会变迁》一书中研究认为，佛山体现如下两点典型意义。一是佛山以工商兴城的发展模式，代表了宋以后传统都市化的主流。二是佛山的发展始终在传统社会结构制约下运行，有它自身的导向性。①这种导向性决定佛山的发展道路并不是如许多人所期待的那样进入资本主义，佛山仍在传统社会结构下运行，有着自身的发展规律。这种发展模式，佛山绝不会是唯一的，而是代表了中国城市发展的一种典型。明清时期的佛山有过三次性质不同的社会整合，第一次发生在明正统年间，由乡老领导进行，这次整合使佛山的各个宗族在地缘关系上联系起来，佛山出现了城市的雏形，这是都市化的最初成果。第二次发生在明末，由新兴的士绅集团领导进行，这次整合击败了乡族豪强势力，使佛山权力结构转移到士绅集团，这是官方正统化和都市化共同作用的结果。第三次发生在清代前期乾隆年间，由侨寓人士与全镇商民联合进行，这次整合击败了土著的宗族势力，使佛山权力结构发生重组，利益也重新分配（见图2—9）。这是商品化的结果。在每次整合之前，各有一个经济发展和社会不安的酝酿时期，每次整合之后又都出现了经济繁

① 参见罗一星《明清佛山经济发展与社会变迁》，广东人民出版社1994年版，第3—4页。

荣发展的局面。这说明经济发展既是整合的原因，又是整合的结果。这种打破均衡和恢复均衡性的力量，在社会结构中产生了一种辩证的变化模式。[①] 罗一星研究注重以经济理性来揭示佛山社会变迁的动力学。

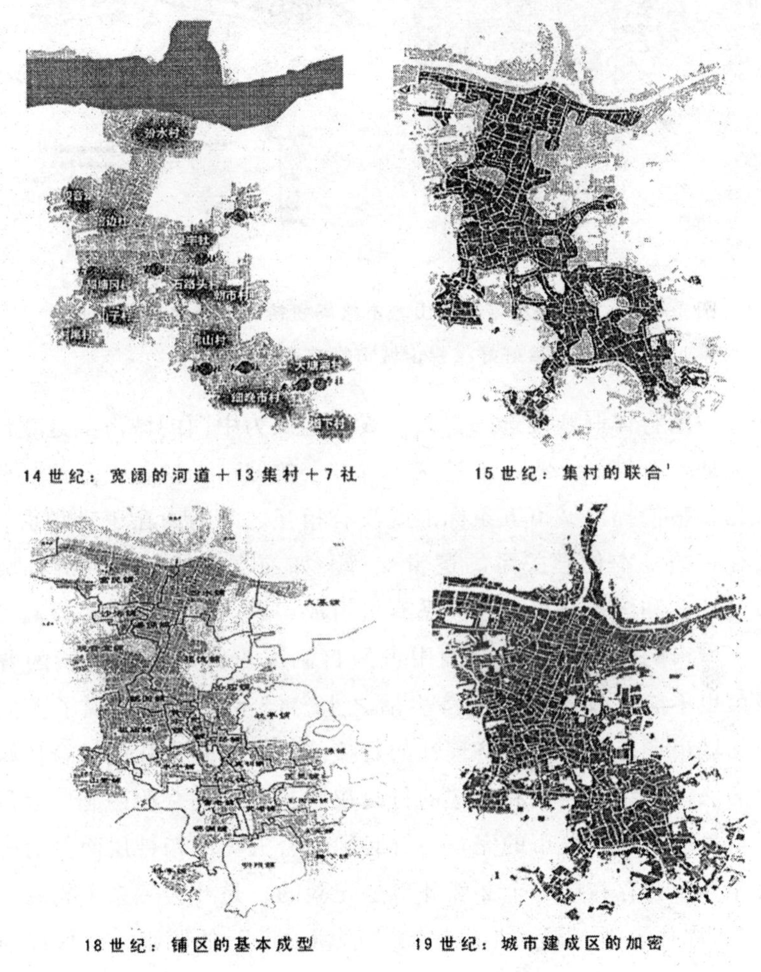

14 世纪：宽阔的河道＋13 集村＋7 社　　15 世纪：集村的联合

18 世纪：铺区的基本成型　　19 世纪：城市建成区的加密

图 2—9　佛山城市化的历史

（引徐好好《佛山城市街巷变迁研究》）

二　城市理念

德国著名社会学家韦伯提出判断城市的五条标准，即是否有要塞、市

① 罗一星：《明清佛山经济发展与社会变迁》，广东人民出版社 1994 年版，第 7 页。

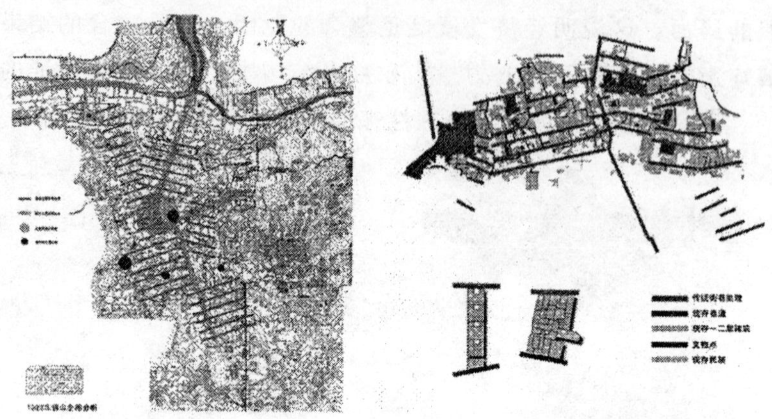

图 2—10　自然地势带来佛山城市格局扭转和地块机理的多向性
（引徐好好《佛山城市街巷变迁研究》）

场、法律、结合体制和民选的行政权威。他认为中国的城市都是政治中心和军事要地，有城而无市，不是完全意义上的城市。这是十分偏颇和武断的。首先，韦伯提出城市五条标准既没有相互之间的内在逻辑联系，也没有社会存在的基本伦理关系的逻辑支持。如前文论述，完整的社会由家庭、市民社会和国家三种伦理关系有机组成，这也是形成人类最高级别的聚落——城市的先决条件。欧洲中世纪自制城市并不具有先验的普遍意义。城市也不能仅仅落实于经济生活之上，经济决定论忽视了人的主体性，任何城市形态都不是经济理性的直接结果，而是文化的综合反映。韦伯所说的法律、结合体制和民选的行政权威只是人类文明的制度手段，而不是根本目的。对于城市的完整理解必须结合人类的精神层面。另外，市民社会作为社会存在的一个必然环节是先验的，是社会关系逻辑的必然构成要素。《周礼·考工记》早就提出“前朝后市”的原则，宋代以前的中国城市主要是政治中心与军事重镇，这只是一个方面，市场一直是中国城市的一个基本要素，区别只在于市场的开放和繁荣程度。

对于把城市看成只是生产、市场、交通及卫生之理性产物，城市是一个应对自然以及市场因素之结果，《城之理念》的作者里克沃特进行了不遗余力的批评。里克沃特将市镇视为一门由人意志控制与随机元素而造就的“艺术”，这一观点虽然被有些学者看成是“荒唐而不合时宜”，但他并不缺乏知音。[1] 城市的物质形态必须和社会过程联系起来，并且要在人的主体性之中寻找其根据。就艺术而言，里克沃特关注的是古典传统之装饰与样式背后的成因。换言之，历代都市与建筑是在什么社会背景之下产生，通过什么方法令居者对其含义达到理解并与之产生共鸣。里克沃特认为，城市的形制是通过建城仪式以及市民的参与变得不但可以理解，更为市民身体力行的一部分。这也就是里克沃特不断提醒我们注意的古代世界中的人性。[2] 这一思路，英国规划理论家盖迪斯（Geddes）可以说是先行者。

对于城市的整体理解，英国规划理论家盖迪斯（Geddes）提出富有启发性的三元组合分析法。城市地理的、历史的、精神的三方面对应于场所（place）、劳作（work）和民俗（folk）。城市是自然环境、经济生产和精神文化的综合体，城市是人类生活的最高进化所能够和应该争取的形式。盖迪斯从城市生态学的角度，解析了城市在一定的地理单元的自然起源。盖迪斯提出的自然地理单元山谷断面模型，象征性地阐明了基于自然环境条件的劳动分工原则，而劳动分工被许多经典作家视为城市起源和国家起源的先决条件。盖迪斯在理论上并没有停留于经济决定论的观点，他强调体现于民俗与宗教方面的城市精神生活的重要性。考察研究各种古文明国家被记载的伟大建筑计划（宗教的和世俗的庙宇），盖迪斯认为这不仅仅是一种生动活泼的狂热想象，而是郑重地指向城市的精神方面，是直接和城市的地理与历史方面并行在一起的。城市作为历史过程，持续不断地表现人类生活，盖迪斯对城市历史的兴趣，彰显对城市变形的探讨。所有城市都源于“ur－city”——一个和柏拉图的理念相似的抽象概念。保护性修建被理解成为城市和城市市民的回忆（柏拉图所用“回忆”一词的意义上）和重新获取城市的历史。盖迪斯甚至提出具有乌托邦色彩的建筑计划，实施一个以庙宇形式出现的形而上的城市中心，作为城市设计与重建的前提。[3] 从现代社会的角度来说，盖迪斯的某些理论可能并不切

---

① 参见［美］约瑟夫·里克沃特《城之理念》，刘东洋译，中国建筑工业出版社2006年版，中文版序第19页。

② 同上书，中文版序第18页。

③ Volker M. Welter, *Biopolis: Patrick Geddes and the City of Life*, England. London: The MIT Press, 2002.

实际，但他对于城市精神生活的关注，是富有启发性的，有益于纠正只注意城市物质功效规划思想的片面性。

三　佛山祖庙的社会作用

（一）佛山崇拜北帝的缘起

佛山对于研究城市的精神生活是一个很好的案例，佛山精神生活最主要的物化标志是佛山祖庙。佛山祖庙从罗西城市建筑学意义上来说，是最重要的城市首要元素。佛山祖庙奉祀的是真武帝。方志记载："真武帝祠之始建不可考，或云宋丰时，历元至明，皆称祖堂，又称祖堂。"[①] 在广东三大祠庙中，佛山祖庙遗留的建筑最为古老，其与中原文化渊源的联系也最为深厚。

为什么在南方的佛山一带尊北帝（真武帝）为祖呢？陈久金先生认为，据《山海经·海外北经》："北方禺强，人面乌身，珥两青蛇，践两青蛇。"郭璞注："字玄冥，水神也。庄周曰：'禺强立于北极'。一曰禺京。"据郭璞，禺强即禺京。禺京是生活在北海地区的氏族首领，以鲸鱼为图腾。鲸即《庄子·逍遥游》中所说的大鱼"鲲"。禺京被尊为水神。据考证，禺京即夏禹之父鲧，其后代的一支为夏族，到河南嵩山一带，创立了夏朝；另一支为番禺族，南迁至越，广东番禺即为番禺族活动留下的地名。[②]《山海经·海内经》："帝俊生禺号，禺号生淫梁，淫梁生番禺，是始为舟。"则直接提到了"番禺"的名字，并且是"舟"的创造者。《广东省志》说："秦始皇三十三年（前214年）置番禺县。以城中有番山和禺山为名，[③] 或谓番山之隅，故称番禺。"[④]《广东省志》并没有进一步说明或记载番山和禺山的来历。笔者认为，从词源学的角度来看，"番"有"四隅"、"传播"、"繁衍"等含义，结合神话学的阐释，"番禺"解释为向边疆迁徙的"禺"的后裔是说得通的。这说明番禺佛山一

① 冼宝干：《佛山忠义乡志》卷八《祠祀》。

② 陈久金：《华夏族群的图腾崇拜与四象概念的形成》，《自然科学史研究》1992年第1期，第9—12页。

③ 参见（南朝）沈怀远《南越记》。

④ 广东省地方史志编纂委员会编：《广东省志·地名志》，广东人民出版社1999年版，第73页。

带历来受到中原文化的影响。

清初著名学者屈大均《广东新语》卷六《神语》："吾粤多真武宫，以南海县佛山镇之祠为大，称曰祖庙。"广东多真武庙见于书籍，仅《南海县志》里记载的真武庙就有二三十座。广东较著名的有佛山祖庙、陆丰玄武山等。那么广东为什么多真武庙呢？有关学者认为除了以明成祖为首的明皇室大力提倡外，主要原因与真武是司水之神有关。①《广东新语》卷六《神语》中对此有较详细的解释：

> 粤人祀赤帝并祀黑帝（真武），盖以黑帝位居北极而司命南溟，南溟之水生于北极，北极为源而南溟为委，祀赤帝者以其治水之委，祀黑帝者以其司水之源也。吾粤固水国也，民生于咸潮，长于淡汐，所不与鼋鼍蛟蜃同变化，人知为赤帝之功不知为黑帝之德。……或曰真武亦称上帝，昔汉武伐南越，告祷于太乙，为太乙锋旗，太史奉以指所伐国。太乙即上帝也，汉武邀灵于上帝而南越平，故今越人多祀上帝。

这里提到一个很重要的原因就是"粤固水国"，而北帝是"司水之源"者。北帝的这种作用与东南沿海普遍崇拜的妈祖相同，作为水上保护神而存在。佛山祖庙兴建在古洛水（今祖庙路）岸边，似与此有关。佛山老人区瑞芝先生在《佛山祖庙灵应祠专辑》中也提到了这一情况。他说：

> 至北宋初期，佛山工商业日趋兴盛，户口倍增。但当时佛山地方的汾江河主流非常辽阔，它的内河支流（俗称溪、涌）水道也大而深，环绕于佛山南部和中部（当时尚有地方未成陆），而北部仍是泽国。当地居民外出别处，则非舟莫渡，工商业货物对于西、北江和广州的运输，也非用船艇不可。人们为免受水道风浪的危险，只有求神庇护，以保生命财物的安全。因此人们遂在中部支流洛水岸边（俗

① 肖海明：《佛山的北帝崇拜初探》，载佛山市博物馆编《佛山祖庙》，文物出版社 2005 年版，第 194 页。

称佛山涌，现祖庙路），兴建一座“地方数楹”的北方真武玄天上帝庙宇，奉祀香火，求庇护出入、往来水道平安。[①]

《后汉书·王梁传》：“玄武，水神之名。”李贤注：“玄武，北方之神，龟蛇合体。”按玄武即道家所奉之真武帝，宋时避讳，改玄为真。北帝“司北方之水，于位为坎，于五行居首，故其神最贵最灵”[②]。北帝崇拜之所以被广粤接受，原因之一是北帝为司水之神而“粤固水国”是可以肯定的。陆丰玄武山元山寺正殿石柱楹联云：

位镇天枢统御众星尊坎北；
灵昭斗极帡幪万姓庇离南

此联点出了广粤北帝玄武崇拜的缘由。历代皇帝对真武神均有赐封与祭祀，宋钦宗靖康元年（1126）加号为“佑圣助顺真武灵应真君”。元大德七年（1303），加封为“元圣仁威玄天上帝”。明永乐十二年（1414）因开国靖难，神多效灵，故建真武庙于北京。永乐十六年（1418）建成武当山宫观，为祭祀真武神之所，以铜为殿，以黄金范真武像。可谓隆祀有加，推崇备至。甚至连主祀之道士九人均封正六品官秩。[③] 可见北帝是官方认可的主要神明。这一事实，成为佛山北帝崇拜发展的重要背景。[④]又北帝被传为番禺族的祖先禺京（又名禺强）。佛山和珠江三角洲一带的越人，为番禺族的后裔，这样真武帝也就是他们的祖先，真武帝祠也理所当然称为祖堂和祖庙了[⑤]。

（二）佛山北帝崇拜所起的社会作用

（1）中国自古以来就有自然崇拜、多神信仰的传统。自汉代形成各

① 区瑞芝：《佛山祖庙灵应祠专辑》，1992 年交流赠阅本，第 1—2 页。

② 《修浚旗带水记》，载《明清佛山碑刻文献经济资料》，广东人民出版社 1987 年版，第 31 页。

③ 宗力、刘群：《中国民间诸神》，河北人民出版社 1987 年版，第 63—66 页。

④ 罗一星：《佛山祖庙与佛山传统社会》，参见佛山市博物馆编《佛山祖庙》，文物出版社 2005 年版，第 168 页。

⑤ 吴庆洲：《瑰玮独绝　独树一帜》，载佛山市博物馆编《佛山祖庙》，文物出版社 2005 年版，第 158—159 页。

种祭祀制度，包括祭祀天地、山川、五岳、四渎等，坛庙建筑随之发展。至今，在国都北京仍然遗留有天、地、日、月、社稷、先农诸坛。在各府、州、县也曾有社稷、先农以及各种神祇等坛庙，形成定制，由地方官员定期祭祀。在传统社会里，神明祭祀与社会生活密切相关。人们不断以各种风俗习惯来调整、规范社会生活，建立起某种相对稳定的社会结构；而且构造出神灵的体系与相应的祭祀仪式以达到沟通人和宇宙的关系的目的。“宗教并不是一种超自然力量与个人的随意联系，而是这种力量与所有社会成员的联系。这种力量本质上对社会是怀有善意的，是维护社会的法律和道德秩序的。”① 也就是说，它是建立社会结构的本质性力量，并且是人的精神表达的最主要的方式之一。

(2)“越人尚鬼，而佛山为甚。”佛山是一个由乡村逐渐发展为城市的居民聚居点。早在佛山还是以农耕为主业之时，佛山村民就建造了庙宇供奉北帝。明清时期，随着佛山都市化过程的进行，适应社会发展的多种需要，佛山人以祖庙北帝崇拜为中心，构建了一套相当完整的民间宗教系统。这套系统包容性强，神明达数十种；且层次丰富，庙宇和祭祀点由镇的中心、铺的中心、街区的中心，乃至里社的中心层层皆有。更为重要的是，它创造了一种含义统一的信仰模式，发挥着重要的促进社会整合的功能。成为体现清代佛山社会一体性的重要象征。② 佛山北帝崇拜的发展有两个阶段。一是龙翥祠阶段，一是灵应祠阶段。龙翥祠阶段是纯粹的民间祭祀阶段，灵应祠阶段是官府介入民间的祭祀阶段。这两个阶段在神明的塑造和居民对神明的感情上有明显的区别。③ 龙翥祠是一种民间原生态的祭祀形式，其代表的是家族血缘关系向地缘关系的过渡，并且在地缘关系中，遗留了血缘般的亲情情感；而北帝庙则体现的是佛山市民社会的成熟，并且国家的力量已经介入。

(3) 从北帝庙始建至明景泰二年（1451），是龙翥祠阶段。这一阶段的特点是民间自发的祭祀。北帝庙始建于宋元丰年间（1078—1085），元代以前关于祖庙的史迹已不可考。元代时佛山供奉北帝的庙宇称“龙翥

---

① 罗斯：《社会控制》，第 109 页。

② 罗一星：《佛山祖庙与佛山传统社会》，载佛山市博物馆编《佛山祖庙》，文物出版社 2005 年版，第 168 页。

③ 同上。

祠”，又称之为“祖堂”。“龙翥祠”的名称暗示了庙宇借用了古老的图腾，“龙”是地方保护神。“龙”和“北帝”同为水神，二者在民间祭祀中的混合，说明它们指代了相似的理念。但北帝庙的称谓更加体现了佛山作为一个地方性的地缘社会，对于来自北方的国家权势文化的敬畏，把北帝认作“祖”，有集体潜意识的社会心理的平衡作用。而“龙”则是民间原生态的对于自然力量的崇拜。无论龙翥祠还是灵应祠，都是地方社会整合的产物，并且通过“重大历史事件”强化了这种整合的作用。

据志书记载，元末有龙潭贼剽掠佛山，乡人祷于神，霎时狂风暴雨，倾覆贼船过半。人们望见云中有披发神人显现。“方知帝真救民于急难之中，驱贼于水火之际。”[①] 北帝庙在各种传说中被不断地圣化，一个群体的信仰和信念是每个个体的各种需要和普遍愿望的结果。北帝庙作为民间祭祀的场所，在其中进行的仪式活动无疑具有部分巫术的性质。巫术判断是社会舆论的一个主题，是处于压力之下的社会需要的转化，由此，这种压力下的一系列集体心理现象得到了疏解。这种普遍的需要为整个群体确立了目标。[②] 巫术是被相信的，不是被理解的。它是集体灵魂的一种状态，这种状态通过自身结果而得到确认和证实。[③] “信仰”意味着所有的人都坚持一种观念，进而坚持一种情感状态，意志活动，并同时坚持一种思维过程的表象。[④] 因此，某些看似是对于巫术效果和信仰观念的反例，最后会得到有利于巫术信仰的解释。据说后来龙潭贼贿赂“守庙僧”，用“荤秽之物窃污神像”，遂得以入境剽掠，而庙宇圣榕俱焚为灰烬，守庙僧不数日亦遭恶死。[⑤]

从志书记载：旧有“守庙僧”的存在，又忌讳“荤秽之物”。这表明与佛教信仰有关。龙翥祠（祖堂），是一个混杂的综合性的祭祀场所。明宣德四年（1429），祖庙“所奉之神不一，惟真武为最灵”[⑥]。景泰二年

---

① 《重修庆真堂记》，乾隆《佛山忠义乡志》卷十《艺文志》。

② ［法］马塞尔·莫斯、昂利·于贝尔：《巫术的一般理论》，杨渝东、梁永佳、赵丙祥译，广西师范大学出版社2007年版，第148页。

③ 同上书，第115页。

④ 同上书，第116页。

⑤ 《重修庆真堂记》，乾隆《佛山忠义乡志》卷十《艺文志》。

⑥ 唐璧：《重建祖庙碑记》，道光《佛山忠义乡志》卷十二《金石上》。

(1451）祖庙所奉之神就有“北极真武玄天上帝塑像及观音、龙树诸像”①。北帝和观音共祀一堂，似又蕴含着对父母双亲的感情寄托。②“神于天神为最尊，而在佛山则不啻亲也。乡人目灵应祠为祖堂，是直以神为大父母也。”③ 家庭是人类自然的伦理，是社会关系的起点。血缘群体对祖先灵魂的感情，也是神灵崇拜的起点。以“祖堂”、“祖庙”来称呼神庙，正是这种联系和情感的表现。因此，早先的祖堂对于佛山人，犹如祖先灵魂藏幽之所，祖先恩惠普施之地。④ 民间信仰往往出现混杂的形态，这是因为民间信仰是感性的，采取的是一种为我所用的态度，只要在神灵的威严中又不失于民间亲切情感所需，就都能被接纳。这就犹如民间传说和神话的关系，前者并不要求后者那样符合逻辑的成体系的哲理思维的背景。

所有被佛山民间祭祀的神明都能强化佛山人应付人生问题的能力，使佛山人在面对死亡、疾病、饥荒、洪水、失败等人生问题时，在遭逢悲剧、焦虑和危机时，可以得到心理的抚慰。神明给予了人们安全感和生命意义，同时也增加了公有经验和社区沟通的深度。⑤

（4）从明正统十四年（1449）到清末是灵应祠阶段。灵应祠阶段又可分为前段和后段，前段是明正统十四年到明末。这一阶段特点是官府介入民间祭祀，⑥ 抗击黄萧养起义军取得胜利的重大事件，是祖庙性质发生转变的一个契机。这一关键事件进一步强化了北帝的神圣地位。人们对北帝的感情由亲切转入敬畏，也标志着国家力量以显性的方式介入了佛山的地方社会之中。

官府介入佛山的民间祭祀，这标志着佛山从一个乡土社会开始向更广阔地域的开放，也必然促使佛山经济与文化的转型。广东官府最早对祖庙祭祀的支持，是明正统七年（1442）巡按张善批给灵应祠“往省渡船二

① 景泰二年《佛山真武祖庙灵应记》，《佛山碑刻》第 3 页。

② 罗一星：《佛山祖庙与佛山传统社会》，载佛山市博物馆编《佛山祖庙》，文物出版社 2005 年版，第 169 页。

③ 乾隆《佛山忠义乡志》卷六《乡俗志》。

④ 同上。

⑤ 罗一星：《佛山祖庙与佛山传统社会》，载佛山市博物馆编《佛山祖庙》，文物出版社 2005 年版，第 178 页。

⑥ 同上书，第 170 页。

只，量取赁租以供北帝庙香火”[①]。派官员祭祀北帝，是在明景泰二年（1451）以后。正统十四年（1449）黄萧养进攻佛山，乡人集于祖庙问神卜吉，神许则出战，战则屡胜。北帝“助战”之功详细地记述于乡志和官府文本，“其贼出战之时，常见一人青袍白马走于栅外；又见飞蚊团结成旗，排阵游于空中；贼以北方扬灰、欲伤民目，霎时则转南风吹之，贼反自击；日夜铃锣不息，民将惫倦，贼攻日甚，西北角栅城几陷，乡老奔叩于神，神卜许其勇敌，民遂迎花瓶，长五尺，诡作大铳状，出诳贼，贼疑不敢攻；又见红乌一队，飞坠于海，贼遂就擒”[②]。抗击黄萧养起义军的胜利无疑是佛山历史上史诗性的事件，因此它必须采用带有传奇色彩的超常规的叙述，使之成为佛山本土文化的内核文本之一。二十二老在祖庙弑其“怀二心者”，并每战必祷神卜吉凶，这些行动不但在当时起到了加强内部凝聚力的效果，而且作为文本成为具有悲壮感的地域文化的记忆元素。

抗击黄萧养的事件成为佛山人祖先曾与北帝神通力合作的事实和证据，进一步确立了北帝神作为保护神的神圣地位，此事件本身成为了佛山历史文化的重要积淀。民间社会与国家力量的结合，观念世界与建筑的经久元素的结合，促使了祖庙祭祀性质的转型。佛山人借“北帝助战”有功于明王朝而请求封典。在明景泰元年（1450），由耆民伦逸安上奏：伏乞圣恩，褒嘉祀典。经有司复勘，里老梁广、乡判霍佛儿、乡老冼灏通等均言“果保神功持助”。景泰元年由广东左布政使揭稽上奏，皇帝遂敕赐祖庙为灵应祠。景泰四年（1453）由礼部下祭文一道，匾额、列联各敕给祖庙，并“合行州县掌印官，每岁供祭品物，春秋离职，亲致祭祀，用酬神贶，毋致堕缺，以负朝廷褒崇之典，如有堕缺，许乡民具呈上司，坐以不恭之罪。及庙宇朽坏，务要本县措置修葺，毋致倒塌。如有不悛事体，仍许乡老申呈有司转行奏，治究不恕”[③]。民间祠庙列入官祀并受到敕封，就如同金榜题名，祖庙从此成为佛山人的荣耀。而祖庙大奎堂由此也逐渐同时具有地方自治政府的角色，成为佛山社会仲裁与民间管理的所

① 乾隆《佛山忠义乡志》卷三《乡事志》。

② 民国《佛山忠义乡志》卷八《祠祀一》。

③ 礼部424号勘合，民国《佛山忠义乡志》卷八《祠祀一》。

在地。这一时期，历代修建灵应祠的不乏其人。每一代人的修建都不同程度上扩大了灵应祠的规制。

（5）后段是清初至清末，这一阶段的特点是北帝崇拜衰而复起。由于佛山出现了大量侨居人口，商业和手工业迅猛发展，市民社会成熟，佛山祖庙作为地域认同的中心，整合着佛山各种不同的人群，佛山祖庙成为佛山复合地缘社会有机的统一点，并迅速向登峰造极、唯我独尊发展。

清初盘踞广东的平南王尚可喜崇尚佛教，在广东遍建佛寺，如庆云寺、海幢寺、大佛寺、飞来寺等均建于其手。佛山的仁寿寺、德寿寺等八间寺院亦建于此时。因此在清初时祖庙曾一度受到官府冷落。[①]“春秋谕祭，绅士罔闻。即有遣官，而上慢下暴，亵神不堪，其违神明、蔑典制者甚矣。”[②]当时祖庙的“土田铺舍，半八强侵”[③]；祖庙的器物也大量散失。撤藩以后，随着巡抚李士桢在全省范围内清除藩下兵丁盘踞利薮的行动，从康熙二十三年（1684）起，庞之兑等六君子开始整肃清复庙租、并大修祖庙，到康熙二十九年（1690），已是“庙貌之剥蚀以新”、“祭器之残缺以饬”、“田土之湮没以归”。[④]清理修葺后的灵应祠“牌坊、廊宇、株植、台池一一森布，望者肃然。而几筵榱桷，丹□一新，盖庙貌于是成大观”[⑤]。同时在灵应祠左边建圣乐宫，又改华封台为“万福台”（华封台建于顺治十五年，1658）[⑥]。但当时参加春秋谕祭的官员规格甚低。康熙四十五年（1706）佛山保甲排现年呈请广东官府委正官主祭，表现了佛山人恢复北帝崇拜的决心。

清雍正十一年（1733）设立佛山分府同知衙门以后，清乾隆四年（1739）南海县知县魏绾把祖庙控制权从里排手里交到绅士手里，历任的佛山同知就把祭祀北帝和修建祖庙作为自己责无旁贷的任务，清朝广东官府开始对佛山祖庙的真正关心和支持。清乾隆二十四年（1759）佛山同

① 罗一星：《佛山祖庙与佛山传统社会》，载佛山市博物馆编《佛山祖庙》，文物出版社2005年版，第172页。

② 庞之兑：《杂记》，民国《佛山忠义乡志》卷八《祠祀一》。

③ 《清复灵应祠杂记》，民国《佛山忠义乡志》卷八《祠祀一》。

④ 康熙二十九年李锡祚：《重修灵应祠记》，民国《佛山忠义乡志》卷八《祠祀一》。

⑤ 郎廷枢：《修灵应祠记》，《佛山碑刻》第22页。

⑥ 乾隆《佛山忠义乡志》卷三《乡事志》。

知赵廷宾倡修祖庙，镇民雀跃响应，“合赀一万二千有奇”。使祖庙焕然一新，如巍然堂寝、坚致门庭、恢拓歌舞台、筑浅廊以贮碑匾等；又并修圣乐宫及祠右之观音堂。特别需要提到的是，这次重修，商人包括侨寓人士的捐资占了重要部分，并且以提刻等方式在祖庙留下了他们永久的印记，说明祖庙所整合的佛山社会，现已从乡土家族宗法制为主的社会，发展成为了由家庭、市民社会，并且国家积极参与的更加完整有机的社会。

清嘉庆元年（1796）佛山同知杨楷捐俸倡修灵应祠及鼎建灵宫，镇人“靡不响应，佥捐工费银两共九千七百有奇”。祖庙经此重修，更加恢宏。“崇祀帝亲，各自为尊，以正伦理。”正如曾任粤秀书院山长的陈其煌所言：“微杨公之力，其奚能为此也。继自今八庙，而睹金碧之辉煌，观瞻肃矣，敬畏起矣。宫分前后，体统昭焉，伦理正焉，尊尊亲亲之义明矣。杨公之功亦伟矣哉！”[①] 同年冬天，两广总督吉庆曾到佛山谒灵应祠，现祖庙前殿木雕对联：“默祷岁时常裕顺，愿登黎庶尽纯良”，就是吉庆所题。

上述佛山同知赵廷宾和杨楷对祖庙重建的关心和依时“诣祠焚香”的行动，以及两广总督的题联，表明了清代广东官府对佛山祖庙祭祀的重新介入，表明了地方官对发挥祖庙所具有的社会功能的重新重视。佛山镇商民在地方官的支持下，则把祖庙的修建作为合镇的大事举办。营造务求恢宏，雕饰务求精美。北帝崇拜再次呈现热潮。大概在清乾隆年间，祖庙形成一个庞大的建筑群体，它由灵应祠、观音堂、流芳祠、圣乐宫、锦香池、牌坊、戏台七大部分组成（至今仍有三千多平方米）。

随着佛山的发展，祖庙和北帝地位一直都在提高。清光绪年间佛山人梁世徵说：“粤之佛山为寰中一巨镇，有灵应祠。阖镇以祀真武帝，年久而分尊，屡著灵异。共称之日祖庙，尊亲之至如天子。”[②] “尊亲之至如天子”表明北帝的地位已抬升到无以复加的地步。灵应祠三门前的对联这样写道：“廿七铺奉此为祖，亿万年惟我独尊”[③]，“庄严冠禅山群庙，灵应为福地尊神”[④]。

---

① 陈其煌：《重修灵应祠鼎建灵宫碑记》，道光《佛山忠义乡志》卷十二《金石下》。

② 《佛镇灵应祠尝业图形》。

③ 清光绪年间冼宝桢撰。

④ 清光绪年间卢宝森撰。

在一定的条件下，地域社会一定会从家庭关系走向市民社会和国家的伦理关系。清代北帝崇拜在佛山的发展，北帝神向唯我独尊发展变化的过程，充分说明了这一点。在这一变化过程中，官府重新介入祭祀，从政治上抬升了北帝的地位；而侨寓商人的认同，则不但从经济上扩大了祖庙的财源，而且从组织上扩大了祖庙的祭祀群体，推动着北帝成为佛山祭祀系统中诸神之首，也使祖庙成为合镇诸庙之冠。从而奠定了其在佛山历久不衰的最高层次的祭祀中心的地位，成为佛山社会拱廊的拱顶石，也成为珠江三角洲主神崇拜的典范。①

第三节　佛山祖庙与城市生活

纯粹的艺术总是从某种文化活动中诞生出来的。一项社会活动，开始总是密切和社会功效联系在一起的，而纯粹艺术的萌芽，就或多或少是对于直接社会功利性的超越。因此，我们逐渐可以把带有艺术性的社会活动——节庆从巫术和仪礼当中区别开来。佛山祖庙不仅是具有社会整合功效的中心场所，也进一步成为市民艺术性的抒发情感、自我表现的节日狂欢之所。每逢三月三恭遇北帝诞时，“笙歌喧闻，车马杂迟，看者骈肩累迹，里巷壅塞”②。

对应于人类活动的三个目的——实用、文化（狭义的）和艺术，我们可以把城市生活分为日常、仪礼和节庆。日常是以实用性为主导的普通市民社会的生活特征；仪礼主要体现的是国家制度文化，它具有社会规范的约束性；节庆则是在共同的宗教神话观念中，把整合的社会精神由自由的主体艺术性地表现出来。

一　城市生活的特征

（一）城市建筑礼仪空间的几何性

关于文化，结构主义创始人列维－斯特劳斯的观点是有启发性的：自

① 罗一星：《佛山祖庙与佛山传统社会》，载佛山市博物馆编《佛山祖庙》，文物出版社2005年版，第174页。

② 《重修庆真堂记》，乾隆《佛山忠义乡志》卷十《艺文志》。

然就是一切人所表现出的不依赖于社会和文化的影响的东西。另一方面，文化就与自然相反，它是那一切不是共同具有的东西，是那一切学习来的东西。也就是说文化是人为规定的东西。与自然是必然的东西和绝对的东西相对应，斯特劳斯把文化看成是任意偶然的东西。他认为，吃东西，连带一切巴甫洛夫反应是自然的，一切人都吃东西，是由本能使人吃东西，但是，用饭的方式，消费食物的方式则在一切社会中都是不同的。笔者认为，这只是问题的一个方面，文化虽然是基于自由意志的设定选择，作为特定群体的集合概念，有它的特殊性。但是，文化首先要受到文化的根本目的的制约——维护社会生存建立社会秩序。看起来有些离奇的原始部落的习俗，都有它背后的深层的社会目的。其次，文化观念的表现必然是以主体自由意志的形式为基础的，这就包括时间、空间观念和理性的诸种观念，体现在建筑形式与城市形态中，文化礼仪性建筑与城市反而是以几何化制度化的方式，以便与自发偶然的形式区别开来。仪礼是一种有社会目的的规范化行为，就像仪礼是相对区别于日常自发的行为而言，仪礼建筑也同样如此区别于普通的城市建筑（见图 2—17）。正如柯布西耶所说：文化是心智的直角状态。

都城作为国家观念象征和国家的礼仪空间，采用几何形的宇宙模式，是有一定的强制性。一个典型例子是明都城南京，自然地理环境处在江河丘陵之间，地形并不平整。明太祖为了加强南京的防御，修建外郭时，因地制宜，把许多有军事意义的小山和玄武湖都囊括进来，因此南京外城平面形状呈不规则的葫芦形，但宫城仍然采用礼仪空间所必需的几何形。凡是世界历史上重要的城市，无论它们其中有些城市的整体形状多么不规则，也必然有一个几何形的中心，或是作为行政管理的中心，或是作为精神信仰的中心，或是二者兼具。

（二）城市建筑的象征主义与神话

在中国古代城市规划中有追求天地人和谐合一的象天法地思想，其象征主义的美学成分应多于其实际效果，因世界上不按照中国“阴阳五行”观念建造的城市并不影响到他们的城市的实际功能，但许多古文化的城市都有其独特的宇宙象征主义又是共同的。从文化学角度我们可以解释为巫术观念的残留，但更应当理解为古人宏大的以宇宙象征为意图的审美意识，这种审美意识与建造神庙圣地所表现出来的品质同源。芒福德认为城市的集聚过程首先源于向圣祠聚集，但是城市颠倒了村落社会根植于土地的价值观念，将其根基送上天堂。[①] 凯文·林奇认为第一个城市是一个仪典的中心，是用来进行宗教仪式、诠释自然并控制其力量以造福人类的地方。[②] 精神分析学家荣格发现，神话是群体的集聚生活不可或缺的要素，是构成集体无意识的一种心理原型。都说出了城市所具有的神话属性一面。

斯皮罗·科斯托夫在《城市的形成》一书中认为，在前现代时期被称为“有机”形式的城市模式当中，我们看到的是一种合乎常情的、可变的秩序，它适应地形、适应土地的原有特征、适应人们在彼此靠近下的生活规律。而在网格形式中，我们赞赏的则是一种能够包容极大多样性的简单的几何思维。相比之下，带有某种刻意图形的理想城市，则是有某个对这个世界应该如何理想运作怀有坚定信念的人或机构独立构想而成的，同时也是在这个人、这个机构，或者是在一套周密原则下实现的。[③]

理想城市刻画在大地上的图形，其目标却是指向天宇（见图 2—11、2—12）。大地是人类劳作实践的领域，而天空则属于精神性的神话世界。城市连同国家的建立，空前放大了人类集聚生活中的神话属性的一面。这种宇宙图式的城市形态，在原始的崇拜场所就已经萌芽，如英格兰史前圣地巨石阵有着某种非常精确的宇宙图形，按照天体运行的模式引导人们的生活。现在的阿塞拜疆境内帕提亚古国具有巨大圆形墙的波斯教湖泊圣地塔提·苏莱曼（Takht - i Suleiman），米底人的城市埃克巴那中的七颗行星，以及萨珊王朝的城市古阿（Gur）中的十二宫图形（见图 2—16）。这种带着敬畏心情占有土地并按照神圣观念进行建造的活动逐渐扩大到更加普遍的系统。[④] 后来，作为对大地与天空之间关系的更直接的回应，人类的城市文明之初，普遍存在一种以神山的意象为形式的中心祭祀建筑，有时，某一位人类的上天代理者，代表着神灵象征性地坐在了这个金字塔的顶端，

---

① ［美］刘易斯·芒福德：《城市发展史》，宋俊岭、倪文彦译，中国建筑工业出版社 2005 年版，第 40 页。

② ［美］凯文·林奇：《城市形态》，华夏出版社 2001 年版，第 53 页。

③ ［美］斯皮罗·科斯托夫：《城市的形成》，单皓译，中国建筑工业出版社 2005 年版，第 162 页。

④ 同上书，第 164 页。

掌握着宇宙和谐的关键，操控着人类社会的秩序（见图2—14、2—15）。

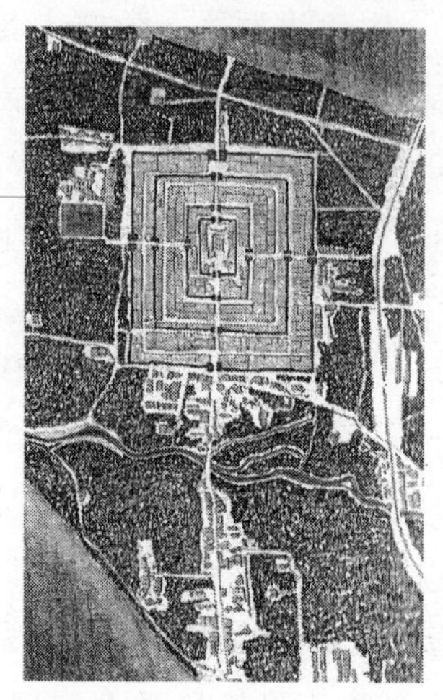

图2—11 印度南部斯里兰格姆：圣城中心平面图（引［美］斯皮罗·科斯托夫《城市的形成》）

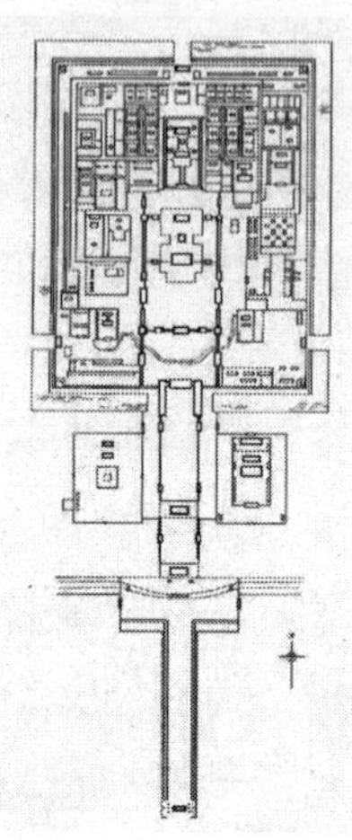

图2—12 北京故宫

“三朝五门、前朝后寝、左祖右社”的礼仪空间

图2—13 典型的伊斯兰城市：清真寺几何性空间为精神中心，周围分布着有机形态的穆斯林居民区

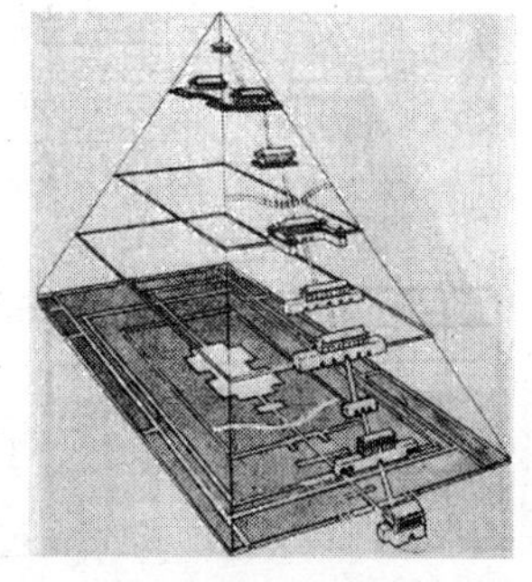

图2—14 北京紫禁城通往三大殿轴线图:金字塔意象(引凯文－林奇《城市形态》)

（三）城市的仪礼与节庆

尼采说，艺术是生命的最高使命和生命的本来的形而上活动。英国规划理论家格德斯（Geddes）在对于城市的全面性的理解中，把民俗（folk）放在他的三元组合（地理的、历史的、精神的三方面对应于场所place、劳作work和民俗folk）的最高层面。作为纪念性的城市建筑的物质实体与精神世界沟通的中介桥梁，罗西认为仪式具有集合的属性和作为

图 2—15　墨西哥城：按西班牙入侵前的形式重建起来的庆典中心(引[美]凯文 - 林奇《城市形态》)

图 2—16　萨珊王朝的首都古阿（伊朗）（引［美］斯皮罗·科斯托夫《城市的形成》）

图 3—17　柏林规划模型：纪念性仪式空间

保护神话要素的基本特征。仪式的重要性不仅是理解纪念物意义的关键，而且也是理解城市的建立以及城市思想传递意义的关键。仪式和纪念物都是保持神话的经久元素。[①] 罗西的仪式概念应含有其本人没有清晰分辨的两重意义：仪式（礼仪性的）和节日庆典。仪式是和日常活动自发性相区别的，仪式体现出规则性，这与仪式的主要目是建立社会秩序与规则相一致，仪式作为内在文化观念的表现，它是保持社会结构的一种方式，这也是其社会功能的一个重要方面。与仪式相对而言，节日庆典的精神则是审美性的。同样作为与日常生活不同的社会集合活动，节庆的目的不在于强化社会等级秩序而恰恰在于消弭这种关系，在节庆的狂欢中社会成员重新回到家庭般的融合中来。因此，节庆与仪式的落脚点大不相同。节庆和艺术一样，其目的是要消除主体的外在性，其普遍性的真理存在各个主体自由的本质当中。仪式和文化则互为表里，其真理始终在于社会的集合性，对直接的主体是某种相对外在的东

① ［意］罗西：《城市建筑学》，黄士钧译，中国建筑工业出版社 2006 年版，第 26 页。

西。从理想城市衍生出来的美学，在静态上，体现为宇宙象征主义的城市形态；在动态上，表现为民俗节庆，此时聚落保护“神”作为各种主、客体关系的统摄，降临于人间与民同乐。此二者都结合于城市作为一个社会聚落整体的神话意象。

虽然我们从理论上区分了建筑作为文化表意性的符号和作为艺术审美性的意象，但此二者在实际的城市与建筑中往往是交织在一起的，符号本身会具有一定的意象，而某种意象也需借助符号来表现。它们之间最重要的区别是：符号直接关联于传达某种社会意义，注重的是现实的文化功效；而意象则是超越性的，以丰富人类的精神生活、陶冶人类的情感为旨归。或者可以说，如果任何社会活动都必然有社会功利的话，艺术性的意象着眼更加长远的、超越当下、养育人类内在性的深层精神功效。如各种圣城与圣地，人类在此依凭于意象，在有限的存在中体现出无限性的超越。

二　北帝庙与佛山的城市生活

（一）城隍庙

一般中国古代的城市会有一个城隍庙。《明史·礼志三》载：“洪武二年，礼官言，城隍之祀，莫祥其始……仍命加以封爵。”虽然城隍得到了官方的承认，但其起源属于民间性质，所以官方文献说原始起源不可确切考证。和文庙代表的是国家的意识形态不同，城隍主要体现的是市民社会的价值观。

据有关学者研究，《礼记》“礼八腊，水庸居七”。其中的水庸神就是城隍神的原型。[①] 水庸即是原始聚落环濠的沟渠神，由于环濠对村落重要的保护作用，水庸也即村落保护神。随着城市的产生，到了春秋时期，已有祭祀城隍的记载。城隍即城墙（包括护城河）神，其引申意义也就是城市保护神。随着社会的发展，城隍逐渐浸润人文意义。汉代城隍开始从自然神（城墙、护城河）向人格神转变，地方上出的圣贤、对地方有重大贡献的人物以及名将名臣等都被奉为城隍神。唐代城隍信仰的价值受到

① 商民楼主编：《揭阳城隍庙》，张季怀撰文《浅谈城隍信仰》，揭阳城隍庙保护管理办公室编印，2002年，第12页。

官方的注意，并开始对城隍封爵。到了宋元时期，随着商品经济与市民社会的空前发展与繁荣，城隍这一代表市民阶层价值观的神灵，其信仰已遍及全国。宋代时城隍神的地位已在其他神祠之上，俨然成为了一城之主神，并且也堂而皇之地列入了国家祀典之中。

明太祖朱元璋大封天下城隍，使城隍祭祀从国家祀典的角度走向了规范化、理论化、制度化，明确规定祭奉城隍神是各地方长官的职责。洪武三年新诏书废除了城隍神人格化的属性，恢复了城隍神自然崇拜的古制。清代的城隍祭祀基本上沿袭了明代的旧制，只在细小方面做了某些修改。在明、清两代，虽然官方已经介入了城隍祭祀，表明政府与市民不可分割的社会联系，但城隍信仰始终主要体现的是市民社会的价值观。城隍信仰的内容与形式丰富多彩，明清时文人求功名、商人求发财、盗贼求偷运、赌徒求赢钱、妓女求嫖客、百姓求平安，多种多样，无奇不有。① 但城隍信仰的本意无疑是以惩恶扬善为主旨，维护市民社会百态生活的健康运行。正如南京城隍庙联所云：②

非关我铁面无私，但看你想富贵、欺君王；重妻孥、轻父母；近势力、压善良；白日作事，黑夜包羞；便教你来做神明，种种罪名难放过。

只要你回头是岸，依着我行孝悌、矢忠诚；戒淫邪、减杀业；安本分、学吃亏；一片好心，满腔春意；试看我权司阴骘，重重福报不须求。

（二）佛山的神灵体系

作为一个自发形成的城市，佛山老城没有城墙，自然也就没有城隍庙，但佛山却形成了一套自成体系的神明祭祀系统。佛山祖庙的北帝信仰代替了城隍作为城市主神的地位，并且有着更加独特丰富的民间市民文化内涵。

---

① 参见商民楼主编《揭阳城隍庙》，张季怀撰文《浅谈城隍信仰》，揭阳城隍庙保护管理办公室编印，2002 年，第 18—21 页。

② 彭妙艳编：《中国城隍庙楹联》，香港国际文化出版社 2003 年版，第 9 页。

粤谚云：南海神庙，顺德祠堂。言南海人尤重神庙，而顺德人多建祠堂。“吾佛土为大镇，合二十四铺。地广人稠，神庙之多，甲于他乡。”① 而佛山神庙之多又甲于南海。明代佛山神庙并不多，仅“境内祠庙数处”② 而已。清代佛山神庙迅速发展，乾隆十七年（1752）时有 26 座，分布在 15 铺；③ 道光十年（1830）时有 89 座，分布在 25 铺；④ 宣统年间有 154 座，分布在 26 铺和文昌沙、鹰嘴沙、鲤鱼沙等处，几乎遍及全镇各处（见表 2—2）。⑤

图表所列神庙共 170 座，所祀神明达五六十种。对一般居民来说，不同的神明具有不同的象征意义；不同的神庙满足人不同的现实需求和精神需要。佛山神庙的分布情况，有一神而数铺各建其庙者，也有一神而同铺各建其庙者。佛山诸庙及其祭祀圈不是平面地分布在佛山全镇各街区中，而是具有不同的层次，有一铺中的主庙，祭祀圈为合铺范围；有数街的公庙，祭祀圈为数街范围；还有以一街一巷为其祭祀圈的街庙。⑥ 此外，在庙宇以下，还有社坛。道光年间，佛山有社坛 68 个，⑦ 清末时有社坛 79 个。⑧

民间信仰的神祇十分庞杂，这也与市民百态相一致。在《民间信仰文化景观的时空演变及对社会文化空间的整合——以明至民国初期佛山神庙为视角》⑨ 一文中，有学者根据广东民间神祇的特点，将民间神祇归纳为圣贤型、自然型、鬼神型、乡土型、行业型、释道型和神话型七种类型（见表 2—1），但由于一些民间神祇兼有诸多特征，故它们之间的界限也不一定十分严格。按照神庙名称、供奉的主祀神进行统计，佛

① 《重修东头张真君庙记》，《南海佛山霍氏族谱》卷十一。

② 《佛山真武祖庙灵应记》，《佛山碑刻》第 3 页。

③ 乾隆《佛山忠义乡志》卷三《乡事志》。

④ 道光《佛山忠义乡志》卷二《祀典·各铺庙宇》。

⑤ 民国《佛山忠义乡志》卷八《祠祀二》。

⑥ 参见罗一星《佛山祖庙与佛山传统社会》，载佛山市博物馆编《佛山祖庙》，文物出版社 2005 年版，第 174—176 页。

⑦ 道光《佛山忠义乡志》卷一《乡城志》。

⑧ 民国《佛山忠义乡志》卷八《祠祀二》。

⑨ 李凡、司徒尚纪：《民间信仰文化景观的时空演变及对社会文化空间的整合——以明至民国初期佛山神庙为视角》，《地理研究》2009 年第 28 卷第 6 期，第 1550—1561 页。

山民间神祇总体上以“释道型神祇”（25.93%）、“圣贤型神祇”（24.87%）、“自然型神祇”（19.05%）和“神话型神祇”（15.34%）四种类型为主。若按神祇所占的比例，则分别是关帝（8.72%）、观音（8.20%）、华光（6.15%）、北帝（4.62%）、天后（3.95%）。与粤西、粤东等县相比，神祇类型的首位度并不高，说明与粤西、粤东相对的原生态祭祀文化相比，佛山的市民社会受到外来文化的影响比较大。除了受自然环境的影响造就的水神崇拜以外，在诸神崇祀中如寓意忠义守信、祈福平安和登科夺魁的关帝、观音和文昌崇拜，折射出佛山明清以来受到中原文化的交融洗礼和相当发达的商品经济。相当数量的“行业型神祇”的出现，也反映出佛山这座岭南工商业巨镇的属性。单从数字上来看，北帝庙并未占据首位，但这并未影响佛山祖庙（北帝庙）是最大也是最重要的主神庙。

表 2—1　　佛山民间信仰的主要神祇类型①

铺名	庙名（注：每栏第一位为主庙）
汾水	太上庙　关帝庙　关帝庙　南擎观音庙　圣欢宫　华光庙　华光庙　先锋庙　北帝庙　北帝庙　北帝庙
富民	洪圣庙　盘古庙　南胜观音庙　三界圣庙　鬼谷庙
大基	帅府庙　惜字学社　三界圣庙　三圣庙　真君庙　真君庙　大王庙
潘涌	先锋庙　将军庙
福德	舍人庙　关帝庙　铁佛庙　天后庙　绥靖伯庙　列圣古庙　华光庙
观音堂	南善观音庙　天后庙　三官庙　医灵庙　医灵庙　华光庙　将军庙　花王庙
沙洛	将军庙
鹤园	洪圣庙　先锋庙
岳庙	关帝庙　顺德惜字学社　南荫观音庙　洪圣庙　太尉庙　财神庙　花王庙　花王庙
祖庙	桂香宫　关帝庙　观音庙　花王庙　三圣庙　列圣古庙　斗姥庙　帅府庙　太尉庙　金花庙

① 李凡、司徒尚纪：《民间信仰文化景观的时空演变及对社会文化空间的整合——以明至民国初期佛山神庙为视角》，《地理研究》2009 年第 28 卷第 6 期，第 1550—1561 页。

续表

铺名	庙名（注：每栏第一位为主庙）
黄伞	（天后、华光）孖庙
社亭	药王庙　关帝庙　南禅观音庙　先锋庙
仙涌	关帝庙　文武庙
医灵	医灵庙　洪圣庙　医灵庙　华光庙　北帝庙　元坛庙
彩阳堂	真君苗　元坛庙
真明	三圣宫　真君庙
纪纲	花王庙　三官庙
丰宁	国公庙　字祖庙　天后庙　城隍行台　四圣庙　医灵庙　华光庙
山紫	南泉观音庙　天后庙　观音庙　圣亲庙　东岳庙　普庵庙　鹊歌庙　地藏庙　谭仙庙　二仙庙　华光庙　雷公庙　将军庙　华佗庙　痘母庙　化王庙　元坛庙
明心	太上庙　文昌庙　东岳庙　三圣庙
突岐	金花庙　龙王庙　柳氏夫人庙
耆老	东岳庙　观音庙　真君庙　华光庙　先锋庙　主师庙
锦澜	大土地庙　字祖庙　文武庙　关帝庙　天后庙　观音庙　观音庙　真君庙　金花庙　主师庙
桥亭	南济观音庙　观音描　张王爷庙　北帝庙　石公太尉庙
明照	盘古庙　文武庙　北帝庙　元坛庙
栅下	龙母庙　文昌阁　天后庙　三圣庙　吕仙庙　帅府庙（玄坛庙）　帅府庙　太尉庙　华光庙　财神庙　先锋庙　金花庙
东头	关帝庙　二帝庙　张仙庙　白马将军庙
鹰嘴沙	临海庙　关帝庙　三圣庙　华佗庙　国公庙　飞云庙　乌利庙
文昌沙	关帝庙
鲤鱼沙	华光庙
聚龙沙	伏波庙

（三）佛山祖庙的祭祀仪式

从功能主义人类学的角度来说，佛山祖庙的祭祀仪式是与社会控制和社会整合相联系的。在所有佛山各种神灵的祭祀中，清代佛山祖庙的祭祀仪式是全镇居民最大的祀典。“北帝之著灵于天下而尤著灵于粤地也久矣。如南海佛山为岭海都会之亚，而祖庙威灵，赫赫奕奕。凡其地居民童叟、四方往来羁人估客、上逮绅宦，靡不森森凛凛，洗心虔事。”① 综观佛山神庙一年中的祭祀活动，主要有四大祭祀仪式：一是北帝坐祠堂，二是烧大爆，三是乡饮酒礼，四是北帝巡游，每一种仪式都具有不同的功能和象征着不同的文化意义。②

（1）北帝坐祠堂是将北帝神像逐日安放在各宗族祠堂内，供该宗族之人拜祭的仪式。每年正月初六日，是祖庙北帝出祠之日，也是八图土著的重要日子。史称：“（元日）初六日，灵应祠北帝神出祠巡游，备仪仗、盛鼓吹，导乘舆以出游。人簇观，愚者谓以手引舆杠则获吉利，竞挤而前，至填塞不得行。”③ “正月初六日帝尊出，每甲两人，早晚福叙有饼。”④ “正月初六日帝尊到祠。八十甲每甲一位，携帖午叙，新旧监察并该图早晚福叙，俱每领饼果。”⑤ 正月初六日北帝由灵应祠出游时，八图八十甲每甲派两人，一共160位父老、士绅随行一天。至晚北帝坐落在八图祖祠（公馆），从而开始了一年的北帝祭祀活动。第二天由鼓吹仪仗送回祖庙，由另一宗族人到祖庙迎神回祠拜祭。祭后送神时，各宗族并有放炮放烟火等仪式。如此一个祠堂接一个祠堂的迎送，轮完八图八十甲为止。每一次交接都在祖庙进行，轮祭到三月三十日。

表2—2　清代佛山各铺神庙分布

（引罗一星《佛山祖庙与佛山传统社会》）

类　型	主　要　神　祇
圣贤型	孔子、关帝、天后、绥靖伯（陈公爷爷）、三界圣神（冯克利）、谭仙（谭峭）、伏波将军（马援、路博德）、杨爷（伏波将军副将杨仆）、孙真人（孙思邈）、许真君（许旌扬）、龙母、扁鹊等

① 道光《广宁县志》卷十五《北帝庙记》。

② 参见罗一星《佛山祖庙与佛山传统社会》，载佛山市博物馆编《佛山祖庙》，文物出版社2005年版，第180—189页。

③ 乾隆《佛山忠义乡志》卷三《乡事志》。

④ 《南海霍园陈氏族谱》卷四《八图现年事务日期》。

⑤ 《南海霍园陈氏族谱》卷四《杂录》，《轮图事务日期附》。

续表

类　型	主 要 神 祇
自然型	东岳、斗神（斗姥）、三官（三元 天、地、水）、火神（华光）、太岁、雷神、花神、樟柳二仙、风神、痘神、南海神（洪圣大王或广利王）、土地等
释道型	观音、地藏、太上老君、吕洞宾、华光、王母、真武大帝 北帝、齐天大圣、观音父母、康元帅、赵元帅（赵公明）、石元帅、温元帅、道里真君（康大元帅）、景祐真君（张副元帅）、三清等
神话型	盘古、炎帝（神农）、黄帝（轩辕）、太昊（伏羲）、仓颉、龙王等
行业型	鄂国公（尉迟敬德）、博望侯（张骞）、北城侯（鲁班）、华佗、石公太尉、陶冶先师、鬼谷子等
乡土型	张王爷、白马将军、乌利将军、飞云将军，惠济保民大王、普庵禅师、花蕊夫人等
鬼神型	金花神、梁舍人、柳氏夫人、十二奶娘等

资料来源：清乾隆、道光和民国初《佛山忠义乡志》。

北帝坐祠堂的仪式具有十分重要的功能。首先，把北帝从神圣的祖庙请出来，坐落在家居附近的祠堂里，这密切了北帝与八图土著居民的情感联系与精神需要，强化了土著居民的主神崇拜意识。其次，在接送北帝的仪式过程中，宗族父老和士绅的地位得到明确，也就是宗族内部形成的种种关系得到了重新确认，这对维系宗族组织无疑起到了重要作用。再次，这种对北帝坐祠堂权利的拥有，强化了土著居民的“八图”认同意识，保持了土著居民的自尊和信心，也向所有佛山人暗示：北帝这一素著灵响、无往不胜的地方保护神是土著居民创造的。而在这种重演过程中，土著群体自身的团结也得到了相应的强化，群体自身的价值观念也就得到了再次的肯定。仪式活动使土著居民个人在群体中得到思想感情的共鸣，而且通过对宗教经验的重演，把他与力量和慰藉之源沟通起来，也同时彰显土著居民较之后来侨居者与北帝祖神更紧密的亲缘和信仰关系。

三月初三的北帝诞，是一年中北帝崇拜仪式中最隆重的一日。乾隆《佛山忠义乡志》卷一《佛山赋》中说：

历朝谕祭，圣代尤崇，春秋肃祀，百尔虔恭。时维三月上巳佳辰，是真君降祥之日也，香闻满室，花散诸天，母夫人剖左胁而生焉。故乡人于是日也，香亭所过，士女拜瞻，庭燎彻晓，祝寿开筵，锦衣倭帽，争牵百子之爆车，灯厂歌棚，共演鱼龙之曼戏，莫不仰神威之显赫而报太平之乐事者也。逮所游既遍，而真君亦返辕登座，代造物以成岁功矣。

（2）从上文记载可知，北帝诞的仪式包括乡人赴庙拜祭、祝寿开筵、烧大爆、演戏、北帝巡游等。[①] 在每年三月初三北帝诞的次日举行烧大爆。所谓烧大爆，是以巨大的爆竹燃放以享神，并让众人拾抢其炮首以接福的活动。早在清初时“佛山大爆”已名震粤中。屈大均《广东新语》卷十六《器语》中详细描述了“佛山大爆”盛况：三月上巳，祖庙门前，万头攒动，萧鼓喧耳。一年一度的佛山烧大爆仪式在这里举行。放眼开去，一片辉煌，北帝神停舆的“真武行殿”，皆以小爆构结龙楼凤阁，又有小爆层层叠出的“武当山”及“紫霄金厥”，四周悉点百子灯。其一灯一盏皆以小爆贯穿而成，锦绣铺桥，花卉砌栏。人声喧处，一队队百人组成的“倭人”色队，牵引着一个高二米半、粗一米多的大纸爆香车走过来。大纸爆上饰锦绮洋绒及各色人物，药引长二丈有余。大纸爆过后，是椰爆的香车，亦以彩童推挽而来，椰爆直径也有二尺，上饰龙鸾人物，药引长六七丈。一一在庙前空地上排开，大纸爆有数十，小椰爆有数百。合镇几十万男女，竞相观睹，簪珥碍足。燃放大纸爆时，放者攀于高架之上，以庙中神火掷之，发声如雷，远近震动。放椰爆时，人立于三百步之外燃放。响声过处，观众一拥而上，争抢“爆首”。爆首是一铁制小圈，上写有炮名，如“上元正首炮”、“上元十足炮”等。各炮有等次，即俗称头炮、二炮、三炮等，拾得“爆首”有相应的奖品，如镜屏、色物等。人们相信爆首是北帝所赐之福，拾得爆首者，“则其人生理饶裕”，故人人奋力拼抢，即使人仰马翻也在所不惜。据佛山父老传闻，抢炮者皆有炮队组织，一是以宗族“××堂”为队，一是以会馆“××堂”为队，一

① 肖海明：《佛山的北帝（玄武）崇拜初探》，载佛山市博物馆编《佛山祖庙》，文物出版社 2005 年版，第 206—207 页。

是以街坊组织“××会”为队。队员之间互相配合，互相掩护。一旦拾得炮首，即过关斩将奔出重围，到“真武行殿”处由祖庙值事首肯，并领取奖品。如此几百爆放完。拾得者抬着奖品鼓吹欢喜而归。来年由其偿还所拾之炮。偿炮均按原炮价值偿还。屈大均说大纸爆价值银百两，而椰爆价值 50 两，故还爆“动破中人之产”，往往有之。

佛山史专家罗一星先生以为，这种隆盛的烧大爆仪式，似与重现北帝出生之日的情景相联系。《启圣录》言：“开皇元年三月三日玄帝产母左胁，当生之时，瑞星天花、异香宝光、充满王国，土地皆变金玉。”故而佛山人要缀以香车香花百子灯等，更要用爆竹之花撒满一地，以庆贺诞辰。以致屈大均认为是“淫荡心志之娱”。应该说，屈大均是从正统的儒家学说的立场提出这样的评论，但儒家说学过分强调“三纲五常”铁板一块的局限性也正好体现在这里。儒家学说往往被一些现代学者批评为迂腐，就是儒家重视社会秩序、社会制度有余，而重视社会活力与社会创造不足，甚至到了以礼杀人的地步，漠视人的主体地位。前文笔者分析了仪礼和节庆在社会生活中旨趣的区别。如果再从二者在社会结构中的作用来看，节庆是从仪礼中分化产生的，但在社会生活中节庆对于仪礼又是相反相成的。仪礼表征的是社会分化和与之而产生的社会等级秩序，这种差别是由人、神的差别得到确认的；而节庆的旨归是社会的融合，是消融一切社会区别、人神同娱普天同庆的狂欢。节庆与仪礼在成熟有机的社会生活中具有逆向互补的结构性功能作用。

如果说北帝坐祠堂是佛山最重要的仪礼，那么佛山烧大爆就是仪礼向节庆转化最好的例证。烧大爆的仪式集合了全镇居民，无论男女老幼，无论土著侨寓，无论富人穷人，都可以参与这一仪式，地缘的结合因素在此压倒了血缘的结合因素，阶级的分野在此也变得模糊。人们在参与中享受着社区一分子的权利，从而强化了社区的认同意识。几百个爆首当年由北帝撒向全镇居民，几百个新爆次年又由全镇居民还给北帝。接福还神，周而复始，不断循环。在这盛大的节庆仪式中，在“目乱烟花，鼻厌沉水”之中，在保护神北帝诞生之日的情感发酵之中，人与人得到了融合，人与神得到了融合。

（3）乡饮酒礼是 70 岁以上父老在春秋二祭时到祖庙祭祀后参加的饮宴。清乾隆以前，乡饮酒礼曾是八图土著才有资格参加的仪式。因侨寓的反对，乾隆四年（1739）乡饮酒礼被官府禁示，随后里排颁胙也被禁止，以后乡饮有60年没有举行。嘉庆四年（1799）两广总督批准佛山“复乡饮酒礼，颁耆胙”[①]，规定无论土著、侨寓凡70岁以上者均可参加。道光《佛山忠义乡志》卷六记载：

> 每岁十一月二十四，崇正社学举行乡饮礼，以乡中年高有德行者充正宾，其次为介宾，年登七十者是日咸与焉。

民国《佛山忠义乡志》卷十记载：

> 乡饮酒礼，岁以十一月良日举行。年在七十以上皆得与席。先期赴大魁堂报名，绅士为之介绍。是日设馔于灵应祠之后楼及崇正社学，以年最者位专席。地方官授爵，余以齿序，乐奏堂下，酬酢如仪。宴毕颁胙，礼成而退。其款由大魁堂支给，复序其爵里榜之两庑，士大夫亦以得与斯宴为荣。

这种越记越详的趋向，一定程度上也反映了土著与侨寓耆老共享乡饮、颁胙之后，乡饮仪式之影响不断扩大的趋势。回顾佛山乡饮礼行而被禁、禁而复行的发展史，一个最明显的特点就是：随着佛山社会经济的不断发展，土著独自垄断社区祭祀的权利开始为侨、土共享所取代。[②] 这表明佛山乡土家族式伦理关系逐渐解体，而向着市民社会的伦理关系发展。

（4）北帝巡游是最有象征意义的祭祀仪式。它具有明确神明控制的社区范围，重申社区领导阶层的地位，强调社区内各神明之间的统属关系，强化人们的主神认同意识，从而加强社区内凝聚力的功能。清代佛山的北帝巡游，表现了突出的统合社区的作用。

明初的北帝巡游，是在古九社的范围之内。即古洛社（祖庙铺）、宝山社（在山紫铺）、富里社（在黄伞铺）、弼头社（在岳庙铺）、六村社

① 道光《佛山忠义乡志》卷六《乡事》。

② 肖海明：《佛山的北帝（玄武）崇拜初探》，载佛山市博物馆编《佛山祖庙》，文物出版社2005年版，第205页。

（在岳庙铺）、细巷社（在突岐铺）、东头社（在东头铺）、万寿社（在东头铺）、报恩社（在锦澜铺）。[①]“每岁灵应祠神（应为龙翥祠神）巡游各社。”[②] 但当时九社的范围并不大，所涉铺区仅有后来的六铺范围。该六铺均处于佛山南部，约占清代佛山镇范围的三分之一。清代乾隆年间，北帝巡游的范围已扩大至全镇范围。“三月三日，北帝神诞，乡人士赴灵应祠肃拜。各坊结彩演剧，日重三会。鼓吹数十部，喧腾十余里。神昼夜游历，无晷刻宁，虽隘巷卑室亦攀銮以入。……四日在村尾会真堂更衣，仍列仪仗迎接回銮。”[③] “各坊结彩演剧”、“喧腾十余里”、“虽隘巷卑室亦攀銮以八”，可见北帝是在全镇巡游。当时在汾水铺设有“武当行宫”一座。[④]

《佛镇相庙玄天上帝巡游路径》记载了北帝巡游日期、所经街道及其巡游队伍的组成情况。佛山的北帝巡游，不是一铺一铺梯次进行的，而是各铺交叉进行的，用八天的时间遍游全镇街道。清乾隆年间的北帝巡游是不过汾江的。随着佛山工商业的发展，汾江以北诸沙日益城镇化。经济上的联系，加强了政治上的整合，四沙居民自然也进入了佛山文化圈。北帝“过海”的巡游活动，承认了四沙的合法地位及显示其统属关系的表示。北帝巡游活动具有强烈的明确社区范围的象征意义，具有强化社区整合结果的功能。祖庙对各铺主庙的统合关系，在北帝巡游中显现得十分清楚。在巡游路径中所列出的庙宇名有 62 个，其中有 19 个是各铺主庙。当时佛山有庙宇 170 座，而北帝巡游只有近 70 座庙宇，显然是经过挑选，并有意识地巡游到各铺主庙所在位置上，公庙和街庙就不在必游之列。

由此可见，北帝巡游还体现了其统属庙宇系统的等级关系。只有一铺之主庙，才有资格恭候北帝的驾临，一般庙宇无此洪福。而通过北帝巡游，强调了群庙之间的等级差别，明确了诸庙对祖庙的归属和依附关系，从而也重申了北帝的社区主神地位。在北帝巡游的队伍中，有资格跟在北帝后面的是“绅耆”和“衣冠者”，也就是说 70 岁以上的耆民、科举成功之士和官宦人物，他们是社区最有地位的群体。其中的一部分是佛山自

① 道光《佛山忠义乡志》卷一《乡城志》。

② 《南海佛山霍氏族谱》卷十一《重修忠义第一社记》。

③ 乾隆《佛山忠义乡志》卷六《乡俗志》。

④ 乾隆《佛山忠义乡志》卷三《乡事志》。

治组织大魁堂的成员，每一次的北帝巡游仪式，就是再一次重申他们所拥有的社会地位的机会。

北帝巡游仪式还反映了土著居民在祭祀活动中保持着古老的权威。北帝在外巡游的七夜中，曾在五个土著大宗祠驻跸，它们是莲花地黄大宗祠、郡马梁祠、澳口梁大宗祠、细巷李大宗祠、金鱼堂陈大宗祠。除了驻跸之外，巡游中各大宗祠都重复巡游了一次以上，其中陈大宗祠重复巡游四次，郡马梁祠三次，澳口梁大宗祠二次，李大宗祠和黄大宗祠各一次。加上当夜的驻跸，上述诸祠依次为五、四、三、二、二，这个数字表示了北帝曾多次与其族人相会。与诸庙和街道相比，重复三次以上者确属寥寥无几。这至少说明上述诸宗祠在北帝巡游中占有特殊的地位，既可迎北帝驻跸，又可享受多次巡游。北帝巡游仪式是“坐祠堂”仪式的继续和发展。虽然北帝巡游仪式还是暗喻着北帝神是土著居民祖先缔造的，祖庙首先与他们祖先相联系，北帝巡游及其驻跸土著大宗祠，重申了土著居民与北帝的古老联系，但北帝巡游毕竟与北帝坐祠堂的意义有所不同：北帝坐祠堂是古老的自然伦理家庭观念的延续，体现的是原始乡土社会基于血缘的地缘感情纽带；而北帝巡游之所以从坐祠堂的仪式中分化出来，并且北帝巡游路经不断地扩大祭祀的范围，明初北帝仅巡游九社范围，到清末巡游全镇27铺范围及其各沙，就表明虽然其仍维持着古老事物的威望，说明佛山从以乡土家庭伦理关系为基调的社会向着商品经济市民社会的转型。侨寓人士进入乡饮酒礼圈子也同样说明着这一不可抗拒的社会转型。

（四）佛山秋色

佛山祖庙与民间艺术之关系的一个体现就是佛山各种迎神赛会的活动。除上述一些重要的仪式节庆活动外，佛山秋色是一项极有特色和影响的节庆活动。秋色，顾名思义为秋天的景色，又被称为秋景。因以晚间游行表演为主要展示形式，故又有“秋宵”、“出秋色”、“出秋景”的称谓。又因佛山出秋色的活动均是民间自发组织，一铺发起，他铺响应，统一安排时间路线会集一起出游，所以民间又称之为“会景”。秋季是庄稼成熟之期，秋色是佛山民间庆丰收的文化娱乐活动。乾隆《佛山忠义乡志》卷六对佛山秋色有这样的描述：“灵应祠前，纪岗里口，行者如海，立者如山。”

秋色，含秋色工艺品竞展和秋色表演艺术两大类。民间有将秋色的种类按表演形式来划分，分为灯色、车色、马色、飘色、地色、水色、景色七色。以玲珑剔透的秋色灯出现于秋色赛会的，称为“灯色”；花车彩架，以男扮女装表演故事者称为“车色”；表演者以骏马代步，扮演英雄故事者称为“马色”；表演以水为意境的各种舞蹈，如舞龙、采莲船、陆地行舟、旱地扒龙船等谓之“水色”；以“飘”或“挑”的高空技艺扮演故事的谓之“飘色”（佛山出秋色时用长竹竿挑起色架游行，称为挑色）；以步行化装表演杂剧、活报剧者称为“地色”，又因本地民间习惯把一出戏称为一套戏，故石湾居民习惯把化装表演戏剧称为“地套”；以反映自然景物或社会生活的各种秋色工艺品，如蔬果、鱼类、食品、花卉树木、器皿、石山、人物等像生艺术品谓之“景色”。七色之分，颇为形象，可惜未能概括极其丰富的秋色门类。民间秋色艺人却惯用秋色艺术品的工艺特点和艺术表演形式加以区分，把秋色分为扎作、砌作、针作、裱塑、雕批、音乐、舞蹈、戏剧、杂技、化装表演十大类。佛山秋色项目丰富多彩，形式千姿百态是岭南民俗文化的奇葩。

佛山秋色的萌芽可追溯到西晋时代。佛山为南海郡辖，称季华乡，农业、手工业、商业都较发达，在丰收时节，人们用茭笋壳（一种野生可食的水生植物苇茎）扎成小龙，撑上竹竿，孩童们成群结队，口呼“咚咚”的节奏在田基耍舞。后来，成年人也用茭笋壳或稻草扎成草龙，在龙身上插上香火，在夜间耍舞，名曰舞火龙，边舞边歌。有歌道：“永嘉世，天下凶，余广州，平且丰。永嘉世，天下荒，余广州，平且康，物价皆宜，宜尔子孙，宜侯宜皇。”早期孩童舞茭笋龙庆丰收的娱乐活动，人们称之为“孩童耍乐”，成为以后历代相传“出秋色”不可缺少的项目，故民间有“无龙不算秋色”之说。孩童耍乐舞草龙庆丰收，是佛山秋色最早期、最原始的形式。

宋初，佛山由乡市成为商业市镇，乾隆《佛山忠义乡志》载：“佛山成聚，肇于汴宋。”南宋时期，佛山吸引了大批移民，也带来了先进的中原文化和生产技艺，农业、手工业、商业进一步发展。元代以来，以扮演故事为主的祖庙的神诞习俗已具相当规模。明代正统十四年（1449）“相传黄萧养寇佛山时，守者令各里杂扮故事，彻夜金鼓震天，贼疑不敢急攻，俄竞遁去，盖兵智也。后因踵之为美事，不可复禁云”（乾隆《佛山忠义乡志》）。民国《佛山忠义乡志》又载：“梁俊浩，澳口人，当黄萧养聚众围佛山，时值中秋，使谍者数十辈，间行以洞内地。俊浩察知之，乃令诸少年演扮秋景故事，以示暇豫，又制大炮，发声如雷，俾贼闻知。贼果疑惧，不敢窥……佛山秋景实由此起。”又载：“明正统间，黄萧养犯佛山。守御既备，值中秋节，乡内扮故事，名曰‘秋色’，所以疑贼安人心也。”中秋出会从此定名为“秋色”，相沿成俗。

明清时代，佛山的手工业、商业和农业都十分繁荣，是陶瓷、丝织产品出口的重要基地，还有大宗铁锅、棉布、铜（金、锡、银）箔、烟花爆竹、酱料等出口。西南各省出产的铅，也以佛山为集散地，故有“商务为天下最”、“石湾陶遍两广，石湾瓦甲天下”之美誉。清道光年间，佛山有220多行手工业、70多行商业和服务业，丝织工人17000人，棉织工人约50000人。全国18行省均在佛山设有商务会馆。外国人也设有22家洋馆。已形成专业街市，遍布全镇28铺，城内有六圩十二市，620条大小街巷，20多座桥梁，60多处渡口，商贾云集，百货充盈。被誉为全国四大聚之一，与北京、汉口、苏州齐名。经济的繁荣带来了文化艺术的繁荣。佛山秋色发展到了鼎盛时期。除了扮演故事为主要内容的“车心”、“杂剧”以及“孩童耍乐”舞草龙等传统形式外，民间手工业劳动群众以精巧的制作工艺，创造了以“像生”为特征，以反映丰收及显示各行业特点为题材的像生工艺品参加秋色盛会，如蔬菜、水果、鱼类、食品等。同时，人们还充分利用自己行业生产所用的剩余废料，别出心裁地制作精美的秋色工艺品，如利用鱼鳞、刨花、蚕茧、豆子、萝卜、薯类、稻草、通草、废纸、灯芯等做材料，制作出各种形状，粘砌成多姿多彩的灯色、罗伞、人物、花卉、器皿等，成为最具佛山独特风格的民间工艺品。

中原民间娱乐习俗中常见的车色、飘色、采莲船、纸马火龙、八音锣鼓以及多种扮饰、扮故事的项目，在佛山秋色中成为本地喜闻乐见的艺术表演形式。稍晚又兴起旱地龙船、紫洞艇、金龙、纱龙、银龙、三节木龙、狮子大头佛、十番、笑谈杂剧等。最后，佛山秋色发展成为集戏剧、音乐、舞蹈、杂技、美术工艺于一体的综合性民间游艺习俗。每出秋色，全城沸腾，参与者不计其数。四乡远近，南海、顺德、番禺、三水以及广州等地也有节目前来助兴。许多远道赶来看秋色的更是提前数天来佛山等候。“灵应祠前，纪纲里口，行者如海，立者如山，柚灯纱笼，沿途交映，直尽三鼓方罢。”（乾隆《佛山忠义乡志》）生动记载了佛山秋色的热闹场面。与佛山临近的各地民间民俗活动也相当活跃，如广州的春色、番禺的沙湾飘色、市桥的水色、顺德的大良鱼灯会等亦与佛山秋色相媲美，而秋色也得其滋润，相得益彰。“柚灯如画炻垣娥，丝竹沿街按节歌；纸马莲舟都入画，果然秋色比春多。”这是一首清代客居佛山的文人岑徵赞美佛山秋色的竹枝词，是多姿多彩的佛山民间传统秋色盛会的真实写照。①

佛山秋色折射了上古“祭社赛社”的文化传统。在古代，祭社神之日叫作“社日”。唐代诗人张演的诗句“桑柘影斜春社散，家家扶得醉人归”是描写春社情景。在古代，祭天基本上属于隆重的礼仪，而民间祭社则是人神同乐的大聚会，内涵丰富，花样很多。围绕社日，有各种活动：求丰年、治聋酒、造环饼、赐社饭、送神糕、宰社肉、杀社猪、喷社酒、饮社饯、种社瓜、卜年成、乞社语等。② 祭社赛社成为一方重大的公共事务，因而也引申出了“社会”这一词汇。

佛山秋色是佛山人在生产实践和社会生活中，经过长期的沿袭、创造、选择和积淀而成的特有的民间节令风俗，这一习俗受到了其他地区尤其是中原民间传统习俗的影响。佛山的自然地理条件，决定了佛山不可能始终保持着以家庭伦理关系为基础的乡土社会不变，佛山必然要向更为复杂的以市民伦理关系为基础的社会发展。并且佛山的市民社会是如此的发达，以致他们决心要通过民间艺术的形式来表现出他们气象万千的存在，市民社会的真理就在于劳动分工的差别所产生的社会丰富性。佛山秋色是以喜庆收获、抒发情感为旨归的民间艺术活动，在此意义上，它已超越仪礼对于主体社会性存在的外在规定，而是在这一自发的时令节庆活动中，肯定了自身作为主人翁的身份，而这种自身肯定的主体性又是在集合的活动中经由其他的主体辩证确认了的，这样，也就以一种不同于祭祀仪式的方式，铸造了城市精神的另一方面（见表2—3）。

---

① 参见余婉韶《佛山秋色艺术》，广东人民出版社2005年版，第1—8页。

② 刘晔原、郑惠坚：《中国古代的祭祀》，商务印书馆1996年版，第96—97页。

表 2—3　**清代佛山的时令节庆**

（引周毅刚《明清时期珠江三角洲的城镇发展及其形态研究》）

时间	活动	备注
春节	拜年	烧爆竹
正月初六	灵应祠神出祠巡游	各神仗盛鼓吹导神舆出游，人簇观。愚者谓以手引杠则获吉利，竞挤而前，只塞不得行
元宵节	开灯宴	普君墟为灯市。他乡皆来买灯，持灯者鱼贯于道，通济桥边，胜门溪畔弥望率灯客矣
二月初二	祀土神，烧大爆	土地诞大爆，以佛山真武庙（灵应祠）为最
二月十五	谕祭灵应祠神，游行	先一日绅耆列神仗、饰彩童迎于金鱼塘陈祠，二鼓还灵应祠，至子住房同知诣祠行礼，绅耆咸集祭毕，神复出祠
三月初三	灵应祠神诞游行	乡人士赴祠肃拜各坊，结彩演剧，日重三会，鼓吹数十部，喧腾十余里。神昼夜游行。无晷刻停。四日在村尾会真堂更衣仍列神仗迎接回舆
清明	扫墓拜山、踏青	插柳与门，月中扫墓郊行
三月二十三	天后神诞演剧	天后司水乡人事之甚，谨以居泽国也。其演剧以报，肃筵以迓者，次于事北帝
四月初八	浴佛节	以枣栗杂投汤中分遗诸佞佛者，曰佛汤，佞佛者饮之喜，捐钱米答之
五月朔日	饮菖蒲酒	以角黍菱荔荐其先人
五月初五	饮雄黄酒，观龙舟	乡之习水者少，故竞渡之风不炽，而乘舟出游者独多于他处云
五月初八	龙母诞烧香	庙当水来汇处，神甚著灵异，男女祷祀无虚日。是晨咸赴庙烧香

续表

时间	活动	备注
五月十三	乡人赴武庙祀武帝	早稼始登，夏至餐荔，乡所产荔多上品，而荔枝圃寥寥不足以供一乡之口腹也，乡争以荔来弼，栅下果栏香红堆满，肩贩百十为群，分走衢巷，家家餐饫，或互相饷焉
六月初六	普君神诞演剧	凡列肆于普君墟者以次率钱演剧，几一月乃毕
六月十九	妇女观音会	或三五家或十于家结队醵金钱，以素馨花为灯，以露头花为献，芬芳浓郁，溢户匝途，游人缓步过层层扑袭，归来犹在衣袖间也
七月六日夕	乞巧	闺人陈瓜果筵乞巧
七月初七	朝汲水	水汲于日未出时永不生沙虫，他日则否
七月十四	盂兰盆会万人缘	乡中重盂兰盆会，每醵钱建水陆道场以超度幽魂，谓之万人缘
七月十五	结缘	闺中妇女以彩丝结同心缕，缕菱藕为花鸟形，佐以龙眼青榄互相馈赠，曰结缘，婢仆络绎于道
八月十五	谕祭灵应祠神	仪如春仲
社日	出秋色	祭社，会城喜春宵，吾乡喜秋宵。种种戏法，无虑数十队，亦堪娱耳目也，灵应祠前，纪纲里口，行者如海，立者如山，柚橙纱笼，沿途交辉，直尽三鼓乃罢
九月初九	重阳登高	亦有扫墓者
九月二十八	华光神诞建火青醮	是月各访建火青醮，以答神祝，务极奢，侈互相夸。尚用绸绫结成享殿，缀以玻璃之镜，衬以翡翠之毛；曲槛雕栏，锦天绣地，瑰奇错列，龙凤交飞；召巫做法事，凡三四昼夜。醮将毕，赴各庙烧香，曰行者。购古器，罗珍果，荤备水陆之精，素善雕镂之巧，集伶人百余，分作十队，与拈草捽物者相间而行，璀璨夺目，弦管纷喧，复饰彩童数架，以随其后，金鼓震动，艳丽照人，所费盖不赀矣，而以汾流大街之肆为首

续表

时间	活动	备注
十月	庆秋收	乡请外乡人自是月至腊尽，乡人各演剧以酬。北帝万福台中鲜不歌舞之日矣
十一月冬至	祀祖、团冬	乡最重冬祭，春秋之祭简略，冬则无不举者。祀毕与家人宴于室，曰团冬

第四节　佛山祖庙与佛山城市形态

关于城市研究，有学者说：任何城市理论必须研究空间形态和作为其内在机制的社会过程之间相互关系，传统的城市研究受到社会学科的方法和地理学科的方法之间学科界线的束缚，前者的城市研究仅强调社会过程，而后者的城市研究只注重空间形态，城市研究的跨学科框架就是要在两种学科的方法之间建立“交互界面”。① 中国大百科全书说：“城市的形态是城市内在的政治、经济、社会结构、文化传统的表现，反映在城市和居民点分布的组合形式上，城市本身的平面形式和内部组织上，城市建筑和建筑群的布局特征上等。”② 也就是说，城市研究应建立在空间形态和社会过程相结合的理性基础上。③

挪威建筑理论家诺伯格·舒尔茨认为，场所由中心、领域和路径三个要素组成。中心和领域是相对的，有中心就有此中心所涉及的领域，所谓领域也必有一个给予统一性质与定名的中心。如果说这是黑格尔哲学意义上的一正一反两个命题，那么路径将这二者联结起来，就是“合”命题了。

佛山的中心无疑是祖庙，祖庙给予了佛山社会统一的性质与地域认同感，在这个意义上，祖庙可以看成是罗西城市建筑学所言的最重要的

① 参见唐子来《西方城市空间结构研究的理论和方法》，《城市规划汇刊》1997 年第 3 期。

② 《中国大百科全书——建筑、园林、城市规划》，中国大百科全书出版社 1988 年版，第 43 页。

③ 周毅刚：《明清时期珠江三角洲的城镇发展及其形态研究》，博士学位论文，华南理工大学，2004 年，第 222 页。

城市首要元素。“首要元素”在罗西的《城市建筑学》中是一个包括广泛内容的概念，先后用“人为事实”、“都市认为事实”、“独特性元素”等词句做冗涩的解释。总之，城市的“首要元素”在城市的发展过程中担当了“决定性的角色”，是城市历史、城市文化、城市记忆中的经久元素。

佛山的领域划分十分明晰，根据佛山不同神明的不同性质的祭祀圈，形成不同的宗族区、行业区以及商业区。在这些区域内，铺区与街区的神庙以及宗祠又是这些区域的中心，它们的领域由住宅和店铺构成。在各种中心和各种领域之间，再由各种不同等级与性质的道路连接起来，这就在大的结构上描绘出了佛山城市形态的构成要素。

佛山是在15个原始村落的基础上逐渐发展成为市镇的，而村落社会关系的根基是由自然的家庭伦理关系所形成的，因此，这里首先从佛山的宗祠及其分布来展开探讨佛山城市形态之中领域的一种基本构成。

一 佛山宗祠

（一）以宗祠为中心的明清珠三角宗族村落

宗祠是祭祀先祖的场所，以宗祠为中心，以家族伦理关系为纽带的村落形态，是中国封建社会晚期一道较普遍的乡土人文景观。但这并不意味着，在家庭、市民社会和国家三种伦理中家庭关系是较晚出现的。实际上毫无疑问，家庭被称为天伦，这一自然的伦理是人类伦理关系的起源。宗祠的由来在珠三角各姓族谱中常有较为详细的论述：

> 古无祠堂之名，至周末叶始有之，《诗·小雅》云：龠祠蒸尝于公先王。《毛传》：春曰祠，夏曰龠，秋曰尝，冬曰蒸……为周四时祭宗庙之名是也。……《公羊解诂》云：祠犹食也，犹继嗣也。春，物始生，孝子思亲继嗣而食之，故曰祠。……《楚辞·天问篇》云：屈原见楚王工之庙及公卿祠堂画天地山川神灵奇诡之状，目画壁而呵问之。祠堂之名士台见于止此。①

① 民国十五年《石龙周氏族谱》卷2，祠宇谱，藏广州孙中山文献馆。

以先祖祭祀为中心的宗法制在远古中国只存在于贵族阶层，经宋元时期特别是在明朝官方的鼓励下，宗法制迅速向民间扩展。宗族是一个有确认的共同祖先、统一的祭祀仪式、共同的财产，并可分族、房、支等组织系统的继嗣团体。后世的宗族都围绕宗祠、族产、族谱这三个核心基础运转。

宗祠是维系宗族的礼仪场所，也是宗族的政治中心。族产又叫祖尝、尝产、蒸尝，是维系宗族的经济基础。与古代中国农业社会相适应，多数宗族的族产以族田为主，常称“义田”或“祭田”，其他产业类型还有铺肆、码头等，明清珠三角由地方绅衿开设的墟市往往也是某些宗族的族产；族谱是维持宗族的制度文献，在记录世系表之外更重要的是记录了家训和族规。三者的关系古人有清晰论述：“祠堂者，敬宗者也。义田者，收族者也。祖宗之神依于主，主则依与祠堂，无祠则无以妥亡者。子孙之生依于食，食则给于田，无义田则无以为保生者。故祠堂与义田，原并重而不可偏废者也。”[①]“族谱之义，其大经大法之所系，审异同之归，明亲疏之派，列尊卑崇爱敬笃，亲亲之思也。”[②] 正是这三者的结合，产生了宋代以来的中国民间宗族制度。

宗族在明清珠三角的发展具有地域化的特征。明末清初屈大均说：

> 大宗祠者，始祖之庙也。庶人而有始祖之庙，追远也、收族也。追远，孝也；收族，仁也。匪谮也，匪谄也。岁冬至，矩宗行礼，主鬯者必推宗子，或支子祭告，或其祭文必云：裔某孙，谨因宗子某，敢昭告于某祖考，不敢专也。其族长于朔望读祖训于祠，养老尊贤，赏善罚恶之典。一出于祠，祭田之入有羡，则以均分，其子姓富贵，则又为祖弥增置祭田，名目蒸尝，世世相守。惟士无田不祭，未尽然也。今天下宗子之制不可复，大率有族而无宗，宗废故宜重族，族乱故宜重祠，有祠而子姓以归，一家以为根本，仁孝之道，由之而生，吾粤其庶几近古者也。[③]

① 张永铨：《先祠记》，载《皇朝经世文编》卷66，《礼政》十三《祭礼上》。

② 宋代：《南海平地黄氏家谱》卷1，序，南海平地黄氏同乡会有限公司1995年版。

③ 屈大均：《广东新语》卷17《宫语·祖祠》。

从屈大均的论述可知族产（蒸尝）和宗祠，也是明清珠三角宗族的核心基础；此外，明清广东宗族“庶几近古”，保留了一定的“古风”。明清珠三角有大型宗族聚居区的城乡聚落中都有极多宗祠。例如沙湾仅何氏宗族在镇内就曾有宗祠 87 所，[①] 碧江也曾有宗祠 100 多所，逢简等村落中的宗祠也曾数以百计。许多宗祠保存至今，在珠三角各地均可见大量的宗祠，如广州珠村曾有宗祠 40 余所，现存 20 多所。宗祠如此之多的原因有四：[②]

（1）明代中叶之前各个宗族杜撰世系表，附会官宦世家立宗祠。

宋元以前“庶人祭于寝”，[③] 又“庶人无庙，可立影堂”。[④]“祭于寝”和“立影堂”是指在住房正厅内设祖龛。明代中前期实行品官家庙制，只有品官才有资格立家庙，而追祭祖先也只有四代。明代中期之前有大量的宗族附会世宦之家立宗祠。

（2）明代中期宗族制度变革的促进。

嘉靖十五年（1536）“明世宗采大学士夏言议，许民间皆得联宗建祠。于是祠庙遍天下”，佛山和整个珠三角的宗祠“多建自此时”。[⑤] 随后不久，籍属佛山附近弼塘村的名宦庞嵩创立了小宗祠制度，“凡支子隐而有德、能周给族人，表正乡里、解讼息争者；秀才学行醇正、出而仕有德泽于民者；……能大修祠堂、振兴废坠；或广祭田、义田者”[⑥] 可以单独建宗祠永远受祀——不再受大宗祠只祭祀四代先祖，“亲尽则祧”约束，祭祀以上这些“支子”的宗祠均为小宗祠。小宗祠制度使稍有能力的人都尽量想办法让后人替自己建祠。因此在读书出仕，光耀乡里之外，大量的个人地主或者商人死后把部分甚至全部个人财产充为族产，或者生前大修祖祠、积德行善——而明清时期珠三角有这种经济实力的人不可胜数，屈大均也说“此诚简而易，淡而可久者也，吾族将举行之”。明清珠三角

① 叶显恩：《明清珠江三角洲土地制度、宗族与商业化》，香港中文大学《中国文化研究所学报》1997 年第 6 期。

② 周毅刚：《明清时期珠江三角洲的城镇发展及其形态研究》，博士学位论文，华南理工大学，2004 年，第 237—238 页。

③ 民国 15 年《石龙周氏族谱》卷 2，祠宇谱，藏广州孙中山文献馆。

④ 朱熹：《朱子家礼》正衡卷 1，通礼注。

⑤ 民国《佛山忠义乡志》卷 9《氏族祠堂》。

⑥ 屈大均：《广东新语》卷 17《宫语·祖祠》。

的宗祠多，主要就是小宗祠多。

（3）许多宗族经济实力雄厚，使大量宗祠的修建成为可能。

在商业化的进程中，许多宗族凭借多种原因（尤其是宗族成员出仕入宦，成为官商或官僚地主）相对其他宗族取得了竞争优势后着手整合宗族，修谱建祠。

（4）清代后期“私祠”的大量出现。

这类宗祠实际上是属于住宅，屋主死后为标榜自己的成就，而自立为祠堂，粤俗语称之为“私火太公”，其供奉的神主属一个和几个家庭所有，不属于整个宗族，和其他宗祠有很大的不同。

（二）佛山宗祠的分布及其领域

屈大均言“岭南之著姓右族，于广州（府）为盛，广之世，于乡最盛。其土沃而人繁，或一乡一姓，或一乡二三姓，自唐宋以来，蝉联而居。安其土，乐其谣俗，鲜有迁徙他邦者，其大小宗祖弥皆有祠，代为堂构，以壮丽相高，每千人之族，祠数十所，小姓单家，族人不满百者，亦有祠数所”。[①] 佛山为广府重地，宗祠自然不少。历代《佛山忠义乡志》对佛山的宗祠都有记载，从这些记载中可知乾隆年间佛山有宗祠 91 个，道光年间有宗祠 177 个，清末民初有宗祠 376 个。民国《佛山忠义乡志》记载的宗祠资料最为详细，不仅记录了多数宗祠所在的街巷名，并记录了近半数宗祠的修建时间。根据这些记载，可以在民国初年的佛山地图上确定 289 个各姓宗祠的位置。

从表 2—4 可见，望族大姓的宗祠数量占据了主体。据研究，明清佛山的地方自治权力前后被梁、冼、霍、李等姓氏把持，这些姓氏是佛山历来的名门望族，在佛山定居的时间也可以上溯到明代初期乃至宋代。[②] 据民国《佛山忠义乡志》的记载，有 65 个宗祠在明代或明代之前所建，几乎全部集中在这些大姓之中。[③]

宗祠是家庭伦理关系的核心表征，在聚落形态上，以宗祠为基础，就可以构成一个完整的血缘社会及其领域。这样一种社区又按照血缘关系的

---

① 屈大均：《广东新语》卷 17《宫语・祖祠》。

② 罗一星：《明清佛山经济发展与社会变迁》，广东人民出版社 1994 年版。

③ 民国《佛山忠义乡志》卷九《氏族祠堂》。

远近再次分成更小的区域，形成以大宗祠、宗祠以及家庙为等级秩序的相关空间领域。南海南庄东村是一个较典型的图例（见图2—18）。现佛山城边澜石大桥南岸乐从镇小布村还依稀可看出这种血缘社区的影子，但佛山市内除遗留的一些祠堂外，宗祠的血缘社区与明清佛山内部空间组织结构的关系已十分模糊。佛山作为交通要冲之地，乡土社会必然要向商品经济市民社会发展，这就必然要导致血缘家族关系的逐渐解体。但是，正如地方志书所记载，佛山至少在明末清初还存在大量宗祠，一些宗祠还保留至今。现在的疑问是，明末初清的佛山即使存在大量宗祠，是否还依然存在以宗祠为核心的完整的宗族社区呢？如果不是完全不存在，至少是有一部分消失了，那又是怎样开始这个过程的呢？这是和佛山城市形态的演变有着重大关系的课题。以下只做理论性的讨论，还无法深入细节。

表2—4　　清末民初佛山的宗祠

（引周毅刚《明清时期珠江三角洲的城镇发展及其形态研究》）

清末民初佛山宗祠所属姓氏	民国《佛山忠义乡志》记载的宗祠数量	可在民国佛山地图上标示的宗祠数量	以书舍、家塾等为名的宗祠
李（氏系1）	13	13	
李（氏系2）	11	7	书塾1处，别墅1处
陈（氏系1）	12	10	书塾1处
陈（氏系2）	4	4	书舍1处
陈（氏系3）	7	5	
陈（氏系4）	13	13	
陈（氏系5）	10	7	书舍3处
梁（氏系1）	10	9	书屋1处
梁（氏系2）	17	15	
梁（氏系3）	2	2	
梁（氏系4）	8	6	
梁（氏系5）	12	10	书舍1处
梁（氏系6）	9	7	

续表

清末民初佛山宗祠所属姓氏	民国《佛山忠义乡志》记载的宗祠数量	可在民国佛山地图上标示的宗祠数量	以书舍、家塾等为名的宗祠
冼（氏系 1）	12	10	有书室、书斋 4 处
冼（氏系 2）	2	2	
冼（氏系 3）	3	3	
冼（氏系 4）	6	4	
霍（氏系 1）	6	4	
霍（氏系 2）	43	33	有书舍、书屋 5 处
黄（氏系 1）	27	24	家塾 1 处
黄（氏系 2）	3	1	书舍 1 处
何	15	10	书舍 1 处
区	10	8	书屋 1 处
吴	10	6	家塾、书舍 3 处
以上各大姓总计	265	213	25
其他各姓总计	111	86	家塾、书舍等 22 处
所有总计	376	299	47

在宗祠的发展过程中，出现“私祠”这一现象，是有着重要的社会转型的含义的。费孝通先生说：“在亲密的血缘关系中商业是不能存在的。”[①] 商业是通过“物”的中介来实现的人与人的关系，而血缘是一种人与人直接的关系。血缘关系不需要外在扭结的联系，但是，血缘的关系虽然是一种天然的扭结，却又是主体自我意识充分发展的局限。据研究，佛山的血缘伦理关系在明清受到巨大的挑战。明清珠三角许多宗族内部出现了放贷与借贷，那些借贷的族人在资不抵债的时候会被开除出族。明清珠三角宗族的这种特征被视为“（宗族）向经济实体转化的趋向……温情脉脉的宗亲道义不见了，有的是不论宗亲的商业关系”[②]。从这里可以看

① 费孝通：《乡土中国》，生活·读书·新知三联书店 1985 年版，第 75 页。

② 叶显恩：《明清珠江三角洲土地制度、宗族与商业化》，香港中文大学《中国文化研究所学报》1997 年第 6 期。

出：一方面，珠三角从乡土社会向商业市民社会的转型是一个较普遍的现象，商业竞争的压力迫使宗族向经济实体转化；另一方面，在纷繁复杂的商业市民社会里，个人的主体意识开始抬头，因此有些个人为了显示自己的成就，在活着时就把自己的住宅命名为“厅”、“书房”、“香火堂”等，在其死后即成为宗祠。[①] 这类被称为“私火太公”的“私祠”的出现，表示着对于传统宗族社会价值观的否定，这些工商业的成功人士无疑率先在城市生活中实现了自身的价值，也成为家庭伦理关系向市民社会的伦理关系转化的有力推动者，但这种转化在宗族文化的影响下，又必然是不彻底的。

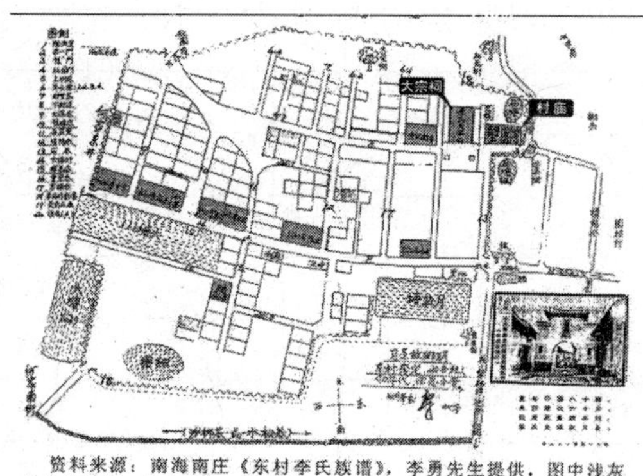

资料来源：南海南庄《东村李氏族谱》，李勇先生提供，图中浅灰色块为宗祠，右上角的深色块为村庙

图 2—18　南海南庄东村

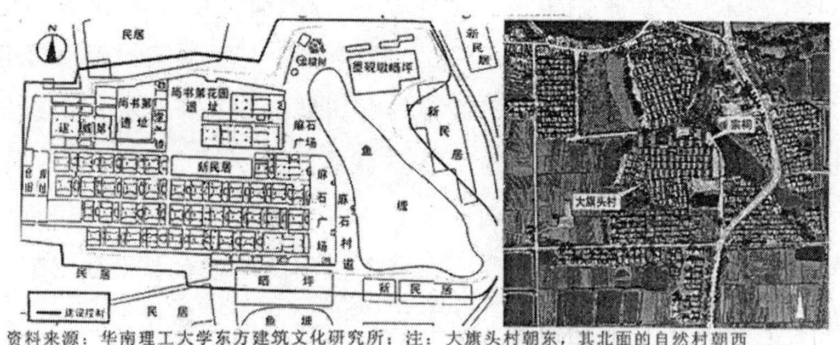

资料来源：华南理工大学东方建筑文化研究所；注：大旗头村朝东，其北面的自然村朝西

图 2—19　三水大旗头村

① 周毅刚：《明清时期珠江三角洲的城镇发展及其形态研究》，博士学位论文，华南理工大学，2004 年，第 238 页。

二 佛山的市民社会形态

（一）佛山的墟市

墟市一般是在村头或村外的某个空地与外村人的商品交换中而自发形成的。《广东新语·地语》中说，粤谓野市曰墟。市之所在，有人则满，无人则墟。满时少，虚时多，故曰墟也。明代佛山称有“三墟六市”，但实际数量多于此数。清代佛山成为天下四大聚之一，商业市场更加繁荣。18世纪佛山各墟市的功能比较接近，都是若干相邻环绕分布的铺共用位于它们中间的一个市，城市的基本领域以铺为单位；19世纪的墟市更为分化，不同的市承担不同的行业和不同的商业时段。如普君墟，以三、六、九日为墟期，以摆卖瓜菜、猪鱼肉、杂货、布摊、木屐为主；大墟，逢一、四、七为墟期，以摆卖花卉、飞禽走兽即农作物为主；普君新墟，逢三、六、九日为墟期，经营油糖、豆、面、蚕丝、鸭子、牛肉、鱼虾为主，设有讲古场。太上墟，墟期为三、六、九日，专卖鸡，故有鸡墟之称；麻钉墟，专卖麻钉铁钉。各墟四乡货物云集，自晨早至午后，起墟人群络绎不绝。市分布在镇内各铺，摆卖的货物各有特色，此外，还有以开市时间不同而定名的市场，早上开市的有早市、朝市（因此处白卖猪种，故又称猪仔市），下午开市的称为晚市。流动商贩在各个市的时间也是不固定的，往往在早市、晚市之间游走。所以他们经过的街巷，也因为受到市场的辐射，而出现了店铺化的迹象。①

据研究，明清时期“整个佛山的定期墟场、市肆、码头、铺舍等”，都“为大大小小的宗族所占据分割”。② 这些被宗族占有的墟市和码头，除部分属于宗族成员的个人财产之外，都属于族产。族产和商业市场的紧密联系使得各宗族重视工商业，产生了重商的传统，工商治家的思想还被写入族谱、家训指导规范子孙的行为。③《岭南冼氏宗谱》还提出了“四民皆本”的职业伦理，一反“士农工商”的传统职业次序，发生了职业

① 徐好好：《佛山城市街巷变迁研究》，硕士学位论文，华南理工大学，2006年，第40页。

② 陈运飘：《宗族与墟市关系的人类学研究》，《广西民族研究》2001年第1期，第29页。

③ 周毅刚：《明清时期珠江三角洲的城镇发展及其形态研究》，博士学位论文，华南理工大学，2004年，第238页。

观的变化①。从中可以看出，佛山以及珠三角一带市民社会的发展开始是依于家族伦理的，市民身份与宗族成员之间存在错综复杂的关系。佛山在市镇化发展的过程中，存在着各种伦理关系之间分化不充分的现象。宗族经济实力的增强往往促使族产用之于资助宗族子弟读书出仕，最终造成官商合一、富甲一方的宗族势力。在这里，宗族“理性”的强势使得家庭、市民社会与国家的三层伦理关系处于一种相互混淆的模糊状态，其后果就是社会有机体的效率受到一定的限制。佛山虽然号称“天下四大聚”，在清朝称得上是工商业繁荣，但由于在城市经济发展的道路上并没有完全冲出家族宗法制的窠臼，与当时世界上成熟的资本主义市场经济比较起来，就效率而言，还是一种不成熟的经济体制。这种情形也同时形成了佛山一种独特的市民社会，甚至可以说也代表了中国封建社会晚期市民社会很多类似的情形。这种城市社会结构的状况与中国传统文化有一定关系，到今天也不能说就没有其影响。由宗族把持佛山经济命脉的不合理的制度，不但在明代就引发了工匠阶层的鼓噪，② 而且是清代侨寓人士与宗族势力产生冲突的深层社会原因。

由于宗族组织在佛山逐渐成为一种经济实体，宗族组织的运作须按照经济的原则办事，这就造成在城市形态上保持宗族聚落的完整区域已或多或少失去了必要性，在保持这种完整性有可能增加商业成本或减少经济利益的情形下，宗族聚居区完整性的破坏或解体自然会成为一种合理的结果。宗族更多成为一种无形的观念上的实体参与到城市的各种经济活动中，宗祠作为这种观念的象征性的物质遗存，成为城市形态中的经久元素。如罗西所说，在城市历史发展过程中，很多东西会逐渐消失，但会遗留下有城市记忆功能的经久元素，佛山遗留的宗祠就是这样的。

（二）佛山的工商业会馆

“所谓会馆，是明代嘉靖、隆庆以后，集中在北京的各省官吏士子等按照他们的乡籍的差别而设置的休息宴集的场所，似乎北京以及各省的会馆也是模仿这种性质的……无论在北京，还是在各省，起初设立会馆的，

① 叶显恩：《明清珠江三角洲土地制度、宗族与商业化》，香港中文大学《中国文化研究所学报》1997 年第 6 期。

② 参见罗一星《明清佛山经济发展与社会变迁》，广东人民出版社 1994 年版，第 152—154 页。

大约是久住的客商，不久本地的商人也就模仿起来。”①

明代佛山有无工商业会馆不可考，清代则“佛山镇之会馆盖不知凡几矣……今诸商皆有会馆”。② 据罗一星先生研究统计，清代佛山有50个手工业行会、38个商业行会。③ 行会体现在城市形态中的物质载体就是会馆（见图2—20、2—21）。

图2—20　清末佛山的会馆分布

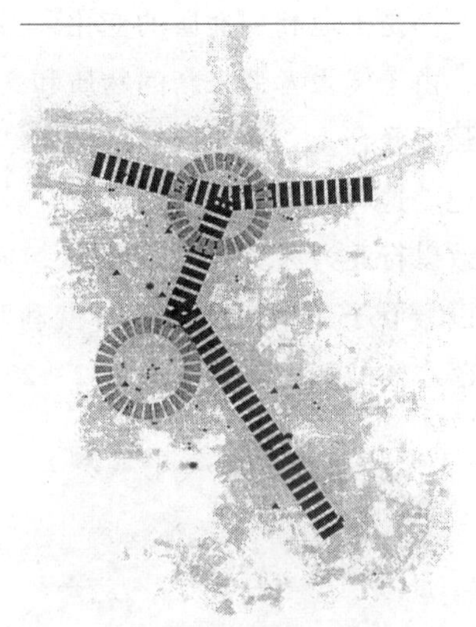

图2—21　明清佛山商业的轴线和核心

（引周毅刚《明清时期珠江三角洲的城镇发展及其形态研究》）

清代佛山从单一的冶铁业向综合性的手工业、商业发展，这是和大量侨寓人士的涌入分不开的。手工业、商业的发展，进一步扩大劳动分工的广度和深度，产生着各种各样的不同职业。这一过程必然导致社会原有的基于家庭纽带、地方情感的社会组织的崩溃或转化，以及基于这种组织之上的文化观念的日益瓦解，代之而起的是基于职业利益的行会组织。会馆是行会行使职能的场所，会馆的设置主要有神殿、厅堂和客堂。会馆又分业缘性会馆和地缘性会馆。业缘性会馆的目的是实行一定的行业垄断，加

① 加藤繁：《唐宋时代的商人组织——行》，转引自王日根《明清民间社会的秩序》，岳麓书社2003年版，第164—165页。

② 陈炎宗：《鼎建佛山炒铁行会馆碑记》，载《明清佛山碑刻经济文献资料》，广东人民出版社1987年版，第75页。

③ 罗一星：《明清佛山经济发展与社会变迁》，广东人民出版社1994年版，第339页。

强行业团体的竞争力。地缘性会馆则起着联络同乡情义、扶危济困的作用。

会馆的大量出现，是和侨寓人士在佛山经济与社会生活中日益重要的地位分不开的。侨寓人士与土著几次重大官司冲突也均以胜诉而告终，说明佛山作为天下一大聚之市民社会的理念得到了广府的承认。城市社会学理论认为，社区的侵入现象虽然多种多样，但一般引起的变化可以分为两大类：一是土地利用性质的变化，另一类是土地占有者的更迭。在这一过程中，由于侵入者带来新的物质和文化因素，会产生一段冲突与调适的时期，最后融合为一种新的经济文化结构，并且在城市形态上留下相应的物质印记。这一过程最显著的现象，就是佛山原始的血缘聚居村落消失而代之大致以行业为区分的分布区域，血缘村落的梳式布局也部分地随之瓦解，以《管子》所说的“因势就利”的有机形态更迭原始村落或填充原始村落之间的消极空间（见图2—22、2—23）。

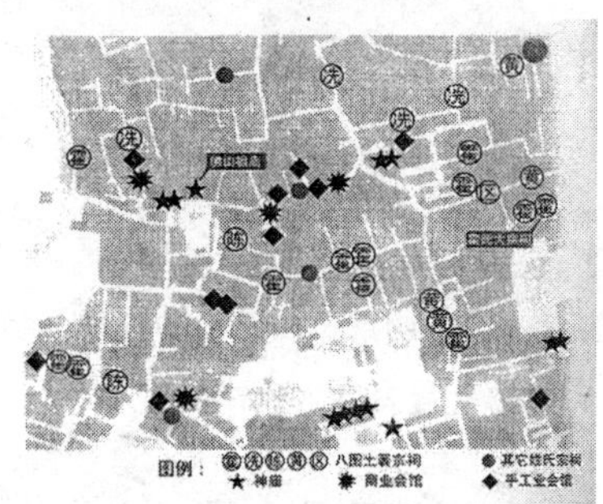

图2—22　佛山祖庙附近的宗祠、会馆和神庙（引周毅刚《明清时期珠江三角洲的城镇发展及其形态研究》）

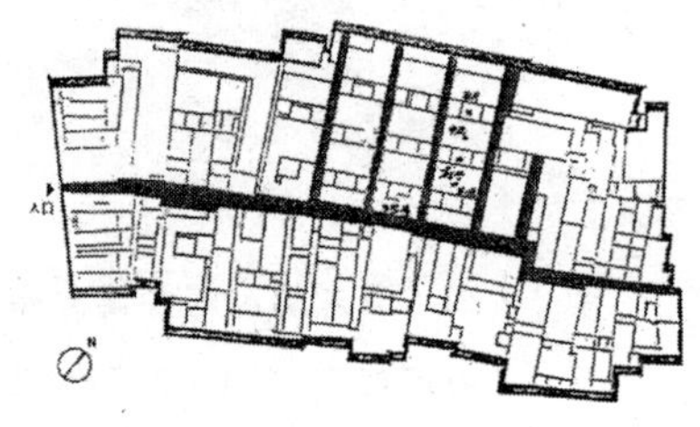

图2—23　佛山东华里不同级别的围合空间，“街巷不是大马路，而是由两侧家庭组成的社会”（引查秀萍《佛山传统民居及其保护与改建》）

随着经济关系与人群组成的变化，原有血缘宗亲的社会伦理和地缘感情受到冲击。如何整合人与人之间由“物”的商业关系所带来的外在性，是摆在无论是土著还是侨寓人士的佛山人面前的一个文化任务。面对这一问题，佛山原有的深厚民间文化底蕴发挥了重要作用。来自各地的侨寓人士，开始看似与土著的利益有冲突，但最终结果是带来了佛山的商业繁荣，促使了佛山的社会转型；但同时，他们各自带来的乡贯文化，遭遇到深厚的佛山土著文化，经过调适、融合与联姻最后实现了认同，共同塑造了佛山以各种神灵祭祀为核心的文化体系。

三　佛山祖庙与佛山的神灵体系

(1) 神庙系统与佛山社会发展密切相关，神庙文化景观的空间演变过程，反映了佛山城市社会空间的历时性过程。佛山越族土著居民最早在南部栅下大塘涌一带择地而居。东晋时，三藏法师达毗耶舍在明心铺塔坡岗上搭茅寮讲经，始建经堂——塔坡寺。晋代，佛山镇自栅下铺到明心铺一带，已经形成一定规模的以塔坡寺为信仰中心的聚落。宋代北方战乱频繁，霍、陈、李、梁等姓氏南迁至佛山南部栅下、桥亭等铺。南迁的中原士民也将他们的神祇带到这里，此时期，真武神始流传[①]。北宋元丰年间，佛山乡人在祖庙铺的旗带水旁，修建了龙翥祠（即灵应祠，祀真武、观音和龙树诸神）。龙翥祠和塔坡寺一起成为佛山乡民两个重要的祭祀中心。佛山镇南部的神灵崇祀空间已经开始形成。

《礼记・祭统》："凡治人之道，莫急于礼；礼有五经，莫重于祭。"明朝统治者很明白这一点，明初洪武礼制的颁布扩大了祭祀范围，促进了崇祀文化的发展。明代佛山镇的神庙数量增加到 8 座。其中，祖庙铺有 3 座，分别是灵应祠、忠义流芳祠和观音庙；明心铺有 2 座，分别是塔坡庙和文昌庙；栅下铺、明照铺和山紫铺各 1 座，分别是天后庙、二帝庙和鹊歌庙。明初规定，民间每里必须设立"里社"，定期祭祀五土五谷之神。明初设的"九社"是佛山最古老的里社。明初佛山堡内开八图，编八十甲，宋以来的新移民成功占籍，形成了以八图所代表的佛山新土著。里社和祠堂的分布能反映出聚落空间的变化。从图 2—24 可以看出，明代的里社、八图祖祠与明季清初的村落范围基本吻合，形成了以中南部各铺为主的明代佛山镇聚落的基本空间范围。而明代佛山神庙的分布也与此一致，并形成了以明心铺和祖庙铺及其周围地带为核心的神庙崇祀空间。[②]

清代以来，佛山镇社会经济迅速发展，促进了神庙数量的快速增长和空间扩展。从明末至清乾隆年间，神庙数量增长了 88.73%；从清乾隆至

---

① 周晓蔚：《宋元明时期真武庙的地域分布中心及其历史因素》，《中国历史地理论丛》2004 年第 19 卷第 3 期，第 47—55 页。

② 李凡、司徒尚纪：《民间信仰文化景观的时空演变及对社会文化空间的整合——以明至民国初期佛山神庙为视角》，《地理研究》2009 年第 28 卷第 6 期，第 1550—1561 页。

清道光年间，庙数量增长了 34.86%；自清道光至民国初年，神庙数量增长了 40.43%。[①] 同样，从乾隆、道光到民国初年，佛山镇的祠堂数量明显增加，原有的中南部集聚中心得到加强，神庙的密度相应地逐渐增大，并有向南北逐渐扩展趋势，明代佛山最早的北部聚居地——汾水铺的神庙数量增加明显。总体来看，清代佛山镇北部及汾江两岸各铺几以千数，逐渐发展成为佛山镇最繁华的商贸地带。各地客商云集，流动人口众多，土著氏族很少定居于此，祠堂分布较少；但结合工商会馆发展的“行业神”开始出现在北部各铺，并沿汾江两岸扩张（见图 2—24）。

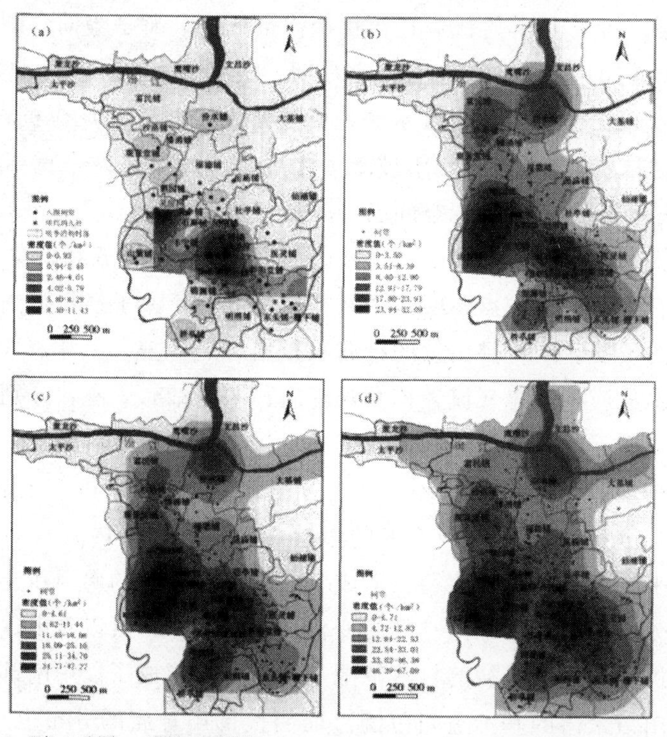

(a. 明代; b. 清乾隆; c. 清道光; d. 民国初)

图 2—24　佛山镇神庙文化景观密度和祠堂分布叠合②

佛山之所以成为一个闻名遐迩、长盛不衰的重镇，除了佛山便利的经济条件外，就是佛山很好地解决了地域文化的整合。这不但为佛山的经济

① 李凡、司徒尚纪：《民间信仰文化景观的时空演变及对社会文化空间的整合——以明至民国初期佛山神庙为视角》，《地理研究》2009 年第 28 卷第 6 期，第 1550—1561 页。

② 同上。

活动提供了社会环境的保障，而且使佛山本身成为了凝结人心的安居乐业之所。在此，佛山的一整套神灵祭祀系统可谓功绩至伟。如果拿来比较一下珠三角的城中村问题，其意义将更加凸显。城中村不能说没有实现它的“经济利益”，城中村存在一批“不工、不农、不商、不学”无所事事的中青年村民的“二世祖”现象。[①] 作为原始村民，他们依靠出租屋租金和村集体经济的分红就有丰厚的经济收益，经济上不能说不成功；但由于“神灵的遁迹”，这里已成为文化与精神的荒漠，无论是原始村民还是外来人员都处于文化的破碎与隔绝状态，道德状况恶化，犯罪活动急剧增加。建筑的意义收缩成简单的器物，社区从实质上已完全解体。这并不是个人经济理性博弈的“囚徒困境”问题，而是个人在不明力量的操控下，由一个本来是丰富的文化人而可能变成了一个简单的生物人的问题。经济学的一个假设是，人人都是经济人，即任何人（包括组织）都无一例外地追求自身利益的最大化，虽然各人对于什么是最大化的利益可以有不同的理解。仔细考察，我们会发现这是一个带有简单分析命题的同义反复：“利益”一词本身就含有是我们追求的目标的意思，所以这里的关键在于何为“利益”？其真理的根基何在？这就牵涉到一个价值观的阐释，只有确立了目的，我们的行动和操作才会有意义。本书第一篇理论部分认为人有实用、文化和艺术三个层次的需要，是这个方面的一个初步探讨。本书的宗旨之一就是试图通过实例的研究来加深对于人的需要更全面理解。

这些实例的研究提醒我们，即使是今天，传统的建筑与城市文化都有我们可供借鉴的智慧。建筑与城市始终是一个人文的领域，仅仅由经济理性来决定我们建筑设计和城市规划的出发点，往往最终导致的结果是不堪设想。在城市发展中注重文化的引领作用，以人为本，是我们建设和谐社会的一份责任。

（2）人类从采集游牧生活到定居是从指定某一地点为圣地开始的。在圣地上建立起神庙，让祖先的神灵安居于此，进而通过祖先与自然的各种神灵的沟通（因为这种沟通总是比人们的直接沟通更加有效），定居之地最终获得了诸神的认可，自然力量的外在性在深度心理上得到消解。祭

① 刘晖：《珠三角城市边缘传统聚落形态的城市化演进研究》，博士学位论文，华南理工大学，2005 年，第 69 页。

祀是人与神灵的交流，诸神也因得到祭祀，而成为聚落的保护神。岭南的移民定居史虽然年代上较之上古已经很远了，但仍然印证了这一点。

屈大均记载其始祖“择其居时，舟载候王神像顺珠江东下，至于沙亭之石头，舟止不动，因立庙以妥神，神止于斯，始祖亦止于斯，斩刈蓬藋，以树桑榆。……吾祖庙也，先公之所堂构，弗敢怠而荒也”。[①] 此段文字说明是神的指引使得屈大均的先祖在番禺沙亭开村定居。这样的定居神话见诸珠三角的许多民间记载，南海石湾开村的传说也与“神的指引”有关——南宋咸淳九年，有何、罗等姓“由南雄珠玑巷南下逃难，乘木排沿江而来，木排行使到中途，猝遭狂风吹覆，群凫水登岸，望见庙宇，求神庇护，风定后再扎木排，并接神像沿江同下，排至石湾老鼠冈脚，被石所阻，众遂登陆在此落籍，定居后，建庙于老鼠冈口，供奉神像，以报恩德”。[②] 人居环境始终是一种人文环境，而不仅仅是一种器物。神庙表征着超越性的存在，在各种层次的人文环境中常常处于中心地位。在某种意义上来说，神庙对于移民村落更是不可缺少的，各种神灵护佑他们的祖先，许诺保佑他们的后代，这是集体潜意识深度心理的需要。例如新会潮连乡某村“狮山古庙……因开村时候由地师傅成山规划左庙右社以夹辅祖祠，此庙之所由起也。……庙祀观音、医灵、财帛、奶娘诸神”。[③] 这些庙宇就是村落的原始“祖庙”，可以说是佛山祖庙的雏形。

在所有这些神庙当中，最有名的“祖庙”就是佛山祖庙。佛山人陈炎宗说：“神于天神为最尊，而在佛山则不啻亲也，乡人目灵应祠为祖堂，是直以神为大父母也。”灵应祠是整个佛山的主庙，此外佛山各铺、各街、各巷也都有主庙。明清珠三角各地都有主庙，民国《顺德县续志》载：“邑人最祈祷，每乡必有神庙，谓之乡主庙。”[④] 广州西关也大量存在街坊的主庙，清末报纸上称之为“集庙”。[⑤] 除了这些属于某一聚落内的主庙之外，还有多个聚落共有的主庙，著名的广州扶胥南海神庙就是当地

---

① 屈大均：《翁山文抄》卷2，《侯王庙碑》，民国三十五年商务印书馆广东丛书第一集，转引自《岭峤春秋——岭南文化论集》（三），广东人民出版社1996年版，第712页。

② 区瑞芝：《石湾简史》，载引自佛山市阐城区图书馆地方文献。

③ 民国《新会潮连乡志》卷2《建置略·庙宇》。

④ 民国《顺德县续志》卷1《舆地略·风俗》。

⑤ 邱捷：《清末广州居民的集庙议事》，《近代史研究》2003年第2期，第188页。

15村的主庙，[①] 三水的芦苞祖庙更是附近72村的主庙；而灵应祠在佛山成为整体的市镇之前，也是15村的主庙。这些不同层级的主庙拥有大小不同的祭祀圈，各级主庙通过各自的祭祀圈整合了不同层级的社区之间的地缘关系。[②] 灵应祠作为整体佛山的主庙意义有两层：一是超越于各宗祠之上的合镇人的“大宗祠”，北帝坐祠堂象征了这种关系；另一是凌驾于各种神庙之上的“大主神”，北帝巡游象征了这种关系。这表明：（1）佛山开始是由自然血缘村落自发形成的集镇；（2）佛山在外来人士的不断迁入中发展成了一个工商业繁荣的城市，并且形成了一个具有整体面貌的地域市民文化（见图2—24）。

神灵祭祀圈在城市生活中的意义是，它使得祭祀圈内的成员在日常生活中有很多的社会互动，彼此有相当程度的团体凝聚力，这种凝聚力是透过对同一神灵的信仰发生的，造成成员间的相互认同，感情交流的深度加强。在城市形态上留下的印记是，在一定的不同级别的领域范围内的关锁联防，根据神灵统属关系的远近，形成不同开放与封闭程度的领域体系。佛山祖庙对于全佛山的整合作用，在国家政府相对缺席的情况下，祖庙不但担当起替代政府管理职能的作用，并且也是全镇精神生活的中心，意识形态的中心。总而言之，佛山祖庙既是一座城隍庙，也是一座官署衙门，而且是佛山的文庙学宫。

四　佛山的仪典路径

城市的道路系统往往被比喻成有机体中的血脉，它不断输送和交换着城市有机体各种物质能量的需要；但同时，我们也要把它看成经脉，它使城市有机体各区域得以交换信息。如果前者体现在沿着道路的物流、人流和各种墟市店铺，而后者则体现在城市仪典的行进路径上面；前者是实用性的层面，后者进入城市的文化精神领域。柯布西耶说，文化是心智的直角状态。如唐长安的朱雀大街，位于城市的中轴线上，它是几何性的，它的主要功能是进行城市的仪典。佛山作为一个自发的城市，甚至没有城池

---

① 参见广州《越华报》1934年3月31日，《纪波罗会景：各有各作，唯一笨佬》。

② 周毅刚：《明清时期珠江三角洲的城镇发展及其形态研究》，博士学位论文，华南理工大学，2004年，第241页。

和衙署，更不可能有凯旋门和朱雀大街。但佛山有祖庙，这也是一个几何性的仪典中心。祖庙作为佛山的城市中心，位于佛山几条主要路径的交会之处。从《佛山街略》中可以看出正埠接官亭和祖庙是佛山最重要的两个空间节点。前者是对外贸易的中转站，从正埠接官亭到祖庙是佛山的一条商业发展轴，祖庙位于这一轴线和佛山涌的交会处。再以祖庙为起点往东南，城内最重要的路线通往栅下，祖庙处于佛山“T”形空间结构的拐点上。同样以祖庙为起点往西南，城外最重要的路线通向石湾。[①] 祖庙附近也集中了佛山众多的墟市。佛山的路径虽然是自发有机的，但佛山道路的仪典性通过北帝座祠堂和北帝巡游得到一种有乡土色彩的表达（见图2—25）。作为一个繁荣的工商业城市，佛山并没有特别之处，是佛山特有的文化使得佛山成为一个有着独特标志的城市。

图2—25　佛山的仪典路径（清代北帝巡游第八天路径图）[②]

① 参见徐好好《佛山城市街巷变迁研究》，硕士学位论文，华南理工大学，2006年，第76页。

② 李凡、司徒尚纪：《民间信仰文化景观的时空演变及对社会文化空间的整合——以明至民国初期佛山神庙为视角》，《地理研究》2009年第28卷第6期，第1550—1561页。

第五节　佛山祖庙的建筑艺术

明洪武五年（1372），乡老赵仲修重建庙宇。庙宇修好后于小桥浦处见有水奔涌，随即一木跃出于淤泥之中。该木洁净如新，犹如被水洗净一般。父老传言谓此木乃当初创建庙宇时用于雕塑神像之余木，当时不敢毁，日久不知所终。“今既显出，岂非神现?”于是赵仲修等“命良工雕刻圣像如故，以奉事之。祈雨阳时若，百谷丰登，保佑斯民。”祈求风调雨顺，百谷丰登，这是最基本的愿望，可见此时的北帝庙尚未超出一般香火庙的层次。木刻的神像，也可知明初时庙貌与神像尚还简陋。而现在的祖庙是一个包括灵应祠、真庆楼、锦香池、灵应牌坊、万福台以及祖庙公园所属建筑组成的宏大建筑组群（见图2—26）。

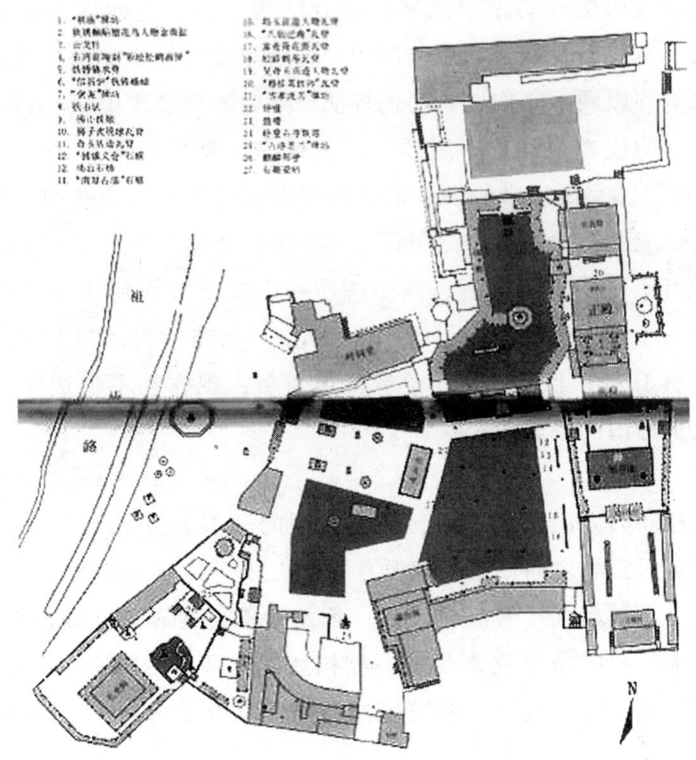

图2—26　佛山祖庙总布置及文物分布

（引佛山博物馆编《佛山祖庙》）

一 祖庙公园

原佛山祖庙路是汾江南下一道河汊（佛山涌），此河汊是佛山老城的一条交通要道。祖庙公园所在地段是河汊上岸进祖庙的前地，在佛山老城中的地理位置十分重要。现在祖庙公园成为祖庙建筑群的一部分，是进入祖庙殿堂的缓冲地带，本身又收集移建了不少文物古迹，成为现在佛山一个文化遗存的重地。

（一）祖庙牌坊

祖庙公园的大门是祖庙牌坊。“祖庙”牌坊建于明天启六年（1626），原为栅下崇庆里“参军李公祠”的建筑物，是该祠内两个建筑形式和结构完全相同的牌坊之一。李参军，即李舜儒，是佛山名人李待问之兄。因参军祠同时祀李待问，故有两个相同的牌坊。

该牌坊为四柱三间三楼式木石混合结构，为适应岭南多雨潮湿的气候，台基、抱鼓石及柱子均用灰沉积岩，所雕纹饰简练古朴；梁、枋、驼墩及斗拱等均以硬木制作，具明代特征；楼为绿琉璃庑殿顶，以三层如意斗拱承托，明代古风犹存；屋顶上还有龙珠、鳌鱼及陶塑花鸟瓦脊等装饰。“祖庙”二字是后来所书。祖庙牌坊以其古雅瑰丽的造型，成了祖庙的标志，也成了佛山的标志（见图2—27）。

1960年，李参军祠被拆，两个牌坊一个被安放在佛山中山公园秀丽湖前，另一个因祖庙开辟公园而迁建于此。“祖庙”牌坊以其古雅瑰丽的造型，吸引了成千上万的中外游客驻足留影，现在它不但成了祖庙的标志，也成了佛山的标志。①

（二）双龙壁

走进祖庙的大门，正对面是一幅大型的“双龙戏珠”陶塑：两条巨龙遨游在蓝天碧海之间，正在戏耍着一个火珠。其中一条龙穿梭于碧波荡漾的海面上，激起大片的浪花；另一条龙则腾云驾雾，盘旋在海的上空。龙、云、水三者的造型逼真传神，栩栩如生。两条龙互相呼应，顾盼生姿，活灵活现，呼之欲出。双龙壁原壁于“文化大革命”期间被毁，此

---

① 佛山博物馆编：《佛山祖庙》“建筑篇”，文物出版社2005年版，第56—57页，高天帆撰“祖庙牌坊”。

双龙壁是1981年由石湾建陶厂按原壁锻造的。[①] 从祖庙牌坊到双龙壁之间，形成了整个祖庙公园的入口空间，双龙壁形成一道屏风，增加了公园空间上的进深感（见图2—28）。

图2—27　祖庙牌坊

图2—28　双龙壁

（三）祖庙公园收集的古迹文物

在祖庙通往黄飞鸿纪念馆的通道上，有两座牌坊：一是“节孝流芳”牌坊，一是“堡宠”牌坊。“节孝流芳”牌坊（见图2—29）原在佛山顺德龙江镇，清乾隆二十五年（1760）为旌表尹廖氏节孝所建，坊额题“节孝流芳”四字。1990年迁建于现址，歇山顶四柱三间三楼式石牌坊，面宽7.96米。坊额上下左右均雕刻人物故事，工艺精巧细腻。[②]“堡宠”牌坊建于明正德十六年（1521），原为佛山涌铺大塘前郡马梁祠牌坊，1972年迁移到佛山市博物馆大院内。牌坊为四柱三门楼式，面宽28.5米。牌坊大量采用砖雕，内容有鸟兽、花卉、人物等。坊额题刻“褒宠”二字，是明正德皇帝朱厚照敕书。[③] 另祖庙内还收集了不少古建筑构件以及古建筑装饰遗存。

就整个公园的环境来说，是市民休闲和接受传统文化熏陶的好去处，但由于基本上是后来附加的建筑物，与灵应祠建筑群并没有太大的整体构思和相应的空间序列联系。（见图2—30）

① 佛山博物馆编：《佛山祖庙》“建筑篇”，文物出版社2005年版，第57—58页，曾冠军撰“双龙壁”。

② 同上书，第58页，李小青撰“节孝流芳牌坊”。

③ 同上书，第58—59页，范志红撰“堡宠牌坊”。

图 2—29　“节孝流芳”牌坊

图 2—30　从祖庙公园看正殿侧面

二　锦香池与万福台

祖庙三门前的锦香池庭院，是组织进出入灵应祠以及戏台的一个枢纽空间，同时也是祖庙建筑群最重要的室外景观空间（见图 2—31、2—32）。

图 2—31　锦香池庭院

图 2—32　灵应牌坊

（一）崇敬门与端肃门

灵应祠三门前的两侧，分别建有崇敬门与端肃门，两门楼东西相对，形式、大小一致，是进出锦香池四周与灵应祠的重要通道。

据乾隆《佛山忠义乡志》记载，崇敬门与端肃门门楼为明万历三十二年（1604）祖庙扩建时，由刚登进士（后官至户部尚书）的佛山人李待问与其兄李好问捐修。1949 年前，进入祖庙必由鹤园街、祖庙大街经东侧的崇敬门出入，每年农历正月初六的北帝出游、二月二十五的谕祭灵应祠、三月初三的北帝神诞等重要祭祀活动无不出入崇敬门。直至 1957 年平整修建了祖庙西侧空地、开辟花园后，祖庙才改由西侧的端肃门为主要出入口。

崇敬门与端肃门均呈圆拱形，门框以花岗岩石砌成，墙体为水磨青砖，整体厚实而坚固。门楣上的灰沉积岩石额分别镌刻阳文楷书“崇敬门”、“端肃门”，字体沉稳朴茂、庄重古雅。门楼上方装饰有雕饰考究的砖雕和精美华丽的灰塑。祖庙在历史上曾集神权、族权、政权于一体，地位显赫，北帝在人们的心目中灵验尊贵、至高无上。门楼所书“崇敬”、“端肃”四字，表达了人们进入灵应祠时，须怀着对北帝的尊崇、敬仰之情。①

（二）钟鼓楼

钟、鼓楼位于祖庙三门前的东西两侧，建于明崇祯二年（1629），都建在2.6米高的青砖平台上。钟鼓楼均长3.63米、宽2.84米、高4.1米，梁架式结构，四柱有青石柱础。屋顶是卷棚式结构，四角均有灰塑动物造型的吉祥图案。钟鼓楼的屋顶分别有“声韵”、“悠扬”的字样。祖庙里的钟鼓楼除起到一般庙宇“晨钟暮鼓”的作用外，还具有“峙左右之钟鼓，而壮庙貌之形胜也”、“闻鼓兴思莫不信奋忠义”的作用。②

（三）锦香池

祖庙三门前锦香池，明正德八年（1513）由霍时贵倡捐始凿。明天启三年（1623）人们曾在池的上方建起一座石拱桥，到清雍正时，又将拱桥拆去，周围用石块砌好，再绕以雕栏，锦香池才成为今天所见的样子。

锦香池长21米，宽11.2米，深2.2米。池东南、西南两角各有一个六边形石花台，分别栽有一棵九里香树，据考证树龄已有五百年；北面正中的石雕龟蛇于清雍正年间安置。池子不是方形的，而是正梯形，南边比北边宽40厘米，但池子看上去方正规整。池的四周围以石雕栏杆，栏杆虽经历次修缮，仍保存明代风韵。③ 池中石雕龟蛇一体的玄武神。

从整体布局看，以锦香池为中心，将建筑分为两部分，池南为开阔明朗的庭院，院中皇帝赐建的灵应牌坊巍峨高耸，万福戏台精美华丽；池北

---

① 佛山博物馆编：《佛山祖庙》“建筑篇”，文物出版社2005年版，第50—51页，黄虹、陈爱勤撰“崇敬门与端肃门”。

② 同上书，第51页，何冠梁、严衬霞撰“钟鼓楼”。

③ 同上书，第52页，任智斌撰“锦香池”。

为庄严肃穆的大殿和清幽宁静的庆真楼，这部分是庙宇的主体。从地形上看，全庙以锦香池为最低，向南渐上斜高出 49.5 厘米，向北渐升至庆真楼高出 191 厘米，符合排水的要求。此外，锦香池的设计可谓独具匠心，从平面布局看，它是南、北两部分的连接点，可使山门开阔，增强殿堂建筑的庄严气氛；从功能上看，既可排水，又可蓄水，常年储备足够的消防用水，而且不论是殿堂失火，还是戏台失火，皆可就近取水灭火。此特殊设计，其作用无可替代。①

（四）灵应牌坊

灵应牌坊是祖庙古建筑群中轴线之南端第二道建筑，它的功能除旌表功德之外，在祖庙建筑上又起到组织空间、点缀景观的作用（见图 3—32）。

明正统十四年（1449），广东爆发了一次声势浩大、震动明朝统治者的黄萧养起义。佛山人相信是北帝在冥冥中保佑着他们，协助他们击退了黄萧养的进攻。事平之后，明景泰二年（1451），朝廷下文，敕封祖庙为灵应祠，令地方官每年春秋二季致祭，灵应牌坊就是这时建成的。坊额正面“玄灵”二字是对北帝灵应的赞美，背面书“圣域”二字，意为神圣的地域。

牌坊自明景泰二年（1451）建成后，历经多次重修，其中史志有明正德八年（1513）和清康熙二十三年（1684）两次重修的记载。明正德八年重修时，加建了东西两侧“延秋”、“长春”翼门，牌坊整体便成了现在的样子。两翼门与原来的“玄灵圣域”牌坊连成一体，既美观，又增强了牌坊的稳固性。清康熙二十三年维修时，为避清圣祖“玄烨”之讳，把正面坊额“玄灵”改为“灵应”。牌坊上全部文字均贴金箔，朱红色的木斗拱衬托着金光熠熠的匾额，再配以绿色的琉璃瓦，使牌坊显得格外壮美辉煌。

灵应牌坊建筑形式为三开间三重檐，明间宽 5 米，次间宽 2.1 米，通高 11.4 米，东西相距 10.97 米。每边台基上有柱子六根，中间为木柱，外侧为石柱，将木柱保护起来，以适应高温多雨的岭南气候。木柱两侧倚

① 黄晓蕙：《佛山祖庙建筑艺术价值的再认识》，《岭南文史》2006 年第 1 期，第 48—52 页。

以抱鼓石，在结构上起承重作用。抱鼓石上雕刻了龙凤、福禄寿鹤、莲花等题材，雕刻刀法古拙、苍劲，增强了牌坊的装饰效果。三重檐的第一重为歇山顶，二、三重为庑殿顶，顶柱间大量使用斗拱。牌坊瓦面除装饰绿色琉璃瓦外，还有狮子、鳌鱼等石湾陶塑装饰。牌坊是单体独立建筑，柱子除承受自身重量外，还需抵御南方骤然而来的强台风，故而设计考究，通风性好，结构精密。①

由祖庙三门，钟鼓楼、灵应牌坊以及崇敬门、端肃门与围墙廊道围绕着锦香池形成一个梯形的庭院，是整个祖庙建筑群的交通空间和景观空间的枢纽。东西两侧的崇敬门与端肃门联系着祖庙建筑群的内与外。北面的三门是灵应祠的正门，通过三门就进入灵应祠的内部。穿过南面的灵应牌坊就进入佛山历史上最有名的戏台——万福台。锦香池庭院虚实相间、古树掩映、池水荡漾，是一个半室内半室外的丰富多彩的灰空间，其建筑艺术是十分成功的。

（五）万福台

万福台建于清顺治十五年（1658），原名“华封台”，是华南地区最著名的古戏台（见图 2—33）。万福台与祖庙正殿遥相呼应，据说其建造目的是上演粤剧（大戏）给对面的北帝观看，以酬谢北帝的保佑之恩。

万福台面宽四柱三间，宽 12.73 米，进深 11.78 米。分前台、后台两部分，中间用一金漆木雕的隔板分开。隔板两侧有四门，明间的“出将”、“入相”两门供演员出入；次间的“蹈和”、“履仁”两门供奏乐人员和舞台工作人员使用。前台演戏，后台化妆，演戏在明间，奏乐在次间。前台三面敞开，可供助观众三面看戏。后台东、西、南面均有墙，东、西墙上各开一窗、一门。屋顶为歇山式卷棚顶，不用斗拱，显得轻巧玲珑。戏台高 2.07 米，向前伸出，台面至檐前的高度为 6.25 米，整座戏台远远高于观众席，这样设计据说是为了使远处的北帝看得清楚。中间隔板上雕刻着降龙罗汉、伏虎罗汉、三星拱照、八仙、曹操大宴铜雀台四组六幅金漆木雕作品，使整座建筑显得金碧辉煌、精美华丽。隔板中间的金漆木雕两侧悬着一副木刻篆书对联“传来往事留金鉴，谱出高歌彻紫

---

① 佛山博物馆编：《佛山祖庙》“建筑篇”，文物出版社 2005 年版，第 52—55 页，李小青撰“灵应牌坊”。

霄”，是万福台的生动写照。①

三　灵应祠

灵应祠是整个祖庙建筑群的主体建筑，主要由三门、前殿与正殿组成，这也是按照由来已久的古制——门、殿、寝三大进来布局的。建筑中的门、殿、寝所代表的开始、过程与终结是一种世界性的建筑原型，在全世界的建筑中我们都可以找到它的各种表现形式。它的本源基于人类思想观念本身所具有的三个环节。

（一）祖庙三门

崇正社学、灵应祠、忠义流芳祠三座建筑物的正门连建在一起，称为祖庙三门（见图2—34）。三门即山门，是主体建筑群灵应祠的大门。早期寺院为避开市井尘俗而建于山林，故称山号设山门；以致后世建造于市井平地中的庙宇寺院大门亦称山门。且山门一般有三个门，故又称“三门”。

图2—33　万福台

图2—34　灵应祠山门

崇正社学是祖庙东面的附属建筑，又称文昌宫，建于明洪武八年（1375）。忠义流芳祠是祖庙西面的附属建筑，建于明正德八年（1513），因祀镇压黄萧养起义而受朝廷敕封的“忠义官”得名。灵应祠三个拱门的建造年代，地方志和碑记都没有记载，根据有关资料考证，应建于明景泰初年。把崇正社学、灵应祠、忠义流芳祠三座建筑物的正门连建在一

① 佛山博物馆编：《佛山祖庙》“建筑篇”，文物出版社2005年版，第55—56页，黄晓蕙撰“万福台”。

起，是明正德八年。

作为一座民间的地方庙宇，灵应祠的建筑规模仅为三开间，其后附建于左右的崇正社学和忠义流芳祠也同为三开间建筑，因此，把三座建筑物的正门连建在一起，祖庙三门就成为一座八柱九开间的宏伟建筑。三门通宽31.7米，除两旁尽间宽2.4米外，其余不分明、次、梢，均为3.65米。灵应祠的三座拱门的正门在明间，较左右次间两门稍大，突出了建筑群中轴线与正门的地位。

三门建于1.17米高的台基之上，正中五级台阶通宽15米，与灵应祠的三个拱门连成视觉的整体，比例协调，开阔大气。以门洞划分，三门前为双步架，三门后为三步架，前后共用石柱十六根，木柱四根。三门前双步架装饰美观，两端雀替镂雕卷草纹，以驼峰代替一般古建筑的瓜柱，并施以雕刻工艺，还有鱼龙、卧狮、戏曲人物故事等，全部工艺均以佛山著名土产金箔装饰，给人以稳定、华丽、美观之感。三门后的三步架构造简单，与前面的双步架金碧辉煌、注重于装饰形成鲜明的对比，[①] 突出了三门正面的门面价值。

祖庙三门的建筑处理有它的独特之处。古典建筑是一种表现观念的艺术，它必须符合它所象征的社会文化观念。建筑正门的开间数是一种重要的象征社会等级的语符，它的运用是有明确制度规定的。明朝规定，公门府邸“正门五间，七架”。“公侯，……门三间，五架……一品、二品，……门三间，三架。”[②] 为了使门面壮阔，又不违反明朝的宫室房屋制度，祖庙之门屋称为三门，即山门、崇正社学和忠义流芳祠三座门屋的总称。三门为硬山顶，符合明朝制度。正脊的灰塑、陶塑等为清代所加，在明代这些华丽的装饰是不允许的。[③]

当人们踏上祖庙的台阶时，展现在大家面前的，就是三门正门石柱的一副楹联：

---

① 佛山博物馆编：《佛山祖庙》“建筑篇”，文物出版社2005年版，第42—43页，李小青撰“祖庙三门”。

② 《明史》卷六十八《舆服四》。

③ 参见吴庆洲《瑰玮独绝　独树一帜》，载佛山博物馆编《佛山祖庙》，文物出版社2005年版，第162页。

溯铜瓶捍御之功鸟阵蚊旗共懔神威赫赫

膺玉册褒旌之祀霓楣云桨肃瞻庙貌峨峨

这副对联由广东布政司左参议陈贽所写，对联有景，有事，有情。上联以事入景，但不记事；下联以眼前景物为基础，但又一字不写景、不记事。[①] 上下结合既说出了北帝灵应的历史神迹，也直抒了信仰者的情怀，也可以看到当时统治者和撰联者利用神权，加强统治的良苦用心。

从建筑正立面，除了一眼就能看到的中国建筑普遍存在的门联之外，广东传统建筑的特色之一就是它醒目的脊饰和其他突出的装饰，而它们的主题相当一部分是源自戏剧故事。艺术发展的一般规律是，作为观念艺术的建筑的发展高潮在前，而作为客观艺术的戏剧在后。建筑象征的是抽象的观念，神祇是建筑艺术的主角；而戏剧则把建筑艺术作为一种舞台背景，表现的是客观现实中具体的人物故事。逆向性地把戏剧场景如此显要地运用到建筑装饰中，除广东外其他地域并不多见。三门的一个壮观景象就是有着戏剧场面的屋顶陶瓷脊饰。作为一种观念艺术，建筑装饰的主题主要是神祇和圣贤的事迹，是以观念寓意为主旨的象征性的符号。当然广东的戏剧脊饰也有这方面的相似内容和观念，但像连环画似的展现出一连串的戏剧故事场景，这些故事并不一定是表现官方正统的价值观念，而是体现着民间社会的情趣，表现出一种独特的文化现象。佛山之所以成为这样一种文化现象的发源地，笔者认为它有这样几个有利条件：其一是佛山本身是粤剧的发源地；其二，佛山的石湾陶瓷提供了实现的技术手段；其三，也是最重要的，佛山成熟的市民社会和市民文化提出了表现这种情趣的需求。神话、仪式与建筑是地域文化的三要素，建筑是其中的物质元素。如果说佛山秋色是一种节庆性的动态的民间艺术表现形式，那么，建筑陶饰的戏剧场面则是物化了的民间文化的持久记忆。

目前祖庙现存最宏伟壮观的陶瓷脊饰就是三门瓦脊，它是由石湾著名店号——文如璧店制作的双面大型陶塑人物瓦脊，全长 32.03 米、高 2.10 米，气势宏伟。其瓦脊塑有多套人物故事，形象逼真、栩栩如生，

① 梁国雄：《佛山祖庙正门石柱楹联赏析》，《佛山科学技术学院学报（社会科学版）》2011 年第 2 期，第 45—48 页。

似乎正在上演着一幕幕历史长剧。[①]

（二）前殿

前殿（见图2—35）是祖庙的主殿，建于明宣德四年（1429），殿内安放着北帝手下大将的神像。其面阔三间10.93米，进深五间11.94米，平面近乎方形，进深大于面阔。一般古建筑的面阔比进深大，这里则相反，究其缘由，与明朝营建制度相关，面阔三间，为扩大殿内面积，进深则做了五间。[②] 前殿共有20根柱子，其中木柱14根，石柱6根。柱子的排列与神像的位置关系极为密切，进庙的人都要在神像前经过，因此柱子和神像的布局十分讲究。地面由尺寸不一的长方形花岗石铺砌而成，接缝紧凑细密，相传是用铅填塞灌缝的。

屋顶为歇山顶式，清光绪年间重修时增添了陶塑人物瓦脊。殿檐下用如意斗拱，起着华丽的装饰作用。祖庙主体建筑中的山门、前殿、正殿布局相当紧凑，且前后两个香亭过渡连接，看不到屋顶，稍向上仰视，梁架上用驼峰和斗拱代替瓜柱，只见斗拱一个接着一个，层层相叠，像花篮一般，组成一个目不暇接的序列景象。[③]

佛山祖庙的一大建筑艺术成就是对于建筑结构和材料的表现。建筑的结构和材料的审美价值在于表现了物质元素的自然哲学形而上的本质，这种本质表现是不依赖于任何文化的主题的。前殿前檐的如意斗拱，明间平身科为三朵，次间为一朵，斗拱高度与柱高之比约为1∶4，保持了明代斗拱的特色。前殿的如意斗拱比真武阁底层的如意斗拱（明万历元年，1573）还早100多年。如意斗拱，目前所知的最早实例为四川江油窦圌山云岩寺飞天藏，为南宋淳熙七年（1180）所建，是小木作。佛山祖庙前殿的如意斗拱比飞天藏的如意斗拱晚249年，但作为用于大木结构的如意斗拱，祖庙前殿仍然是较早的实例。[④] 如意斗拱的建筑效果是和它表现了

---

① 王莎维：《佛山陶瓷瓦脊的特点及影响其发展的因素》，《佛山陶瓷》2009年第7期，第27—28页。

② 参见吴庆洲《瑰玮独绝　独树一帜》，载佛山博物馆编《佛山祖庙》，文物出版社2005年版，第162页。

③ 佛山博物馆编：《佛山祖庙》"建筑篇"，文物出版社2005年版，第43—44页，黄乙璇撰"前殿"。

④ 吴庆洲：《瑰玮独绝　独树一帜》，载佛山博物馆编《佛山祖庙》，文物出版社2005年版，第162页。

木材的本性分不开的，如意斗拱的装饰性就在于它没有其他装饰，而是把自身的结构美和材料美坦率地表露出来，以素酷的方式展露自身的本真的存在。这一特点也体现在了祖庙梁、柱、斗拱等众多建筑构件上面，使它们之间的关系既错综复杂、又有条不紊；祖庙把富丽堂皇的建筑装饰融入到了明晰的结构体系和空间序列当中，被称为民间建筑艺术集萃的佳作是当之无愧的。

（三）文魁阁与武安阁

在祖庙山门两侧，耸立着两座阁楼式的建筑，分别是文魁阁与武安阁。两座楼阁的形制相同，都为两层。文魁阁位于山门左侧，崇正社学正门后面，第一层是崇正社学的过厅。武安阁位于山门的右侧，忠义流芳祠正门的后面，第一层是忠义流芳祠的过厅。这种左边文魁阁、右边武安阁的布局方式，两阁按照“左文右武”的格局布局。

文魁阁与武安阁无论从形式上还是内容上都是对中轴线上的主体建筑起着烘托的作用。在立面形式上，从远处望去，文魁阁与武安阁巍然屹立在祖庙三门的两侧，与九开间的祖庙三门相互映衬，显示出垂直与水平两种线条的基本感受。同时，也形成主殿建筑屋顶轮廓线的两翼，犹如两位威武的武士守卫着祖庙，蔚为大观。① 在内容上，两阁与崇正社学、忠义流芳祠相呼应，一文一武，正是对北帝神保国卫民之神威的辅佐。

（四）香亭

亭者，停也；亭是一个供人驻足的地方。传统的亭在造型上有南北之分：南方亭的造型一般轻巧、玲珑，屋角反翘，屋面多用小青瓦；而北方的亭则多数端庄、稳重，翼角不高翘，屋面多用筒瓦。在祖庙，位于正殿与前殿、前殿与三门间的两座香亭，就是典型的南方风格，造型轻巧，结构简单，为歇山卷棚顶，以花岗石为柱础及地基。这两个建于清光绪年间的香亭主要起着过渡连接正殿与前殿、前殿与山门的作用，故又称为过亭。② 它们除了起过亭的作用外，还将前殿和正殿的屋顶遮掩，组成一个完整的室内空间，营造出祖庙威严的气氛，使正殿更加雄伟壮观。

---

① 佛山博物馆编：《佛山祖庙》“建筑篇”，文物出版社 2005 年版，第 44—45 页，沈新辉撰“文魁阁与武安阁”。

② 同上书，第 45—46 页，万涛撰“香亭”。

（五）正殿

正殿是祖庙建筑群中年代最早、最重要的建筑物（见图2—36、2—37）。

图2—35　前香厅及前殿

图2—36　后香厅及正殿

图2—37　正殿金漆木雕供桌、锡五供、斗拱、金漆木雕彩门

佛山祖庙相传建于北宋元丰年间（1078—1085），而元朝末年毁于兵燹。据明宣德四年（1429）唐璧撰《重建祖庙碑记》云：“元末龙潭贼寇本乡，舣舟汾水之岸，众祷于神，即烈风雷电，覆溺贼舟者过半。俄，贼用妖术贿庙僧，以秽物污庙，遂入境剽掠，焚毁庙宇，以泄凶忿。不数日，僧遭恶死，贼亦败亡，至是复修，乡人称之为祖庙。”又据明正统三年（1438）《重修庆真堂记》载，明洪武五年（1372）“乡人赵仲修复建北帝庙”，“不过数楹”。“明宣德四年重修北帝庙”。① 殿内供奉着明景泰年间制作的大型北帝铜像。

① 吴庆洲：《瑰玮独绝　独树一帜》，载佛山博物馆编《佛山祖庙》，文物出版社2005年版，第162—163页。

正殿依宋代营造法式建造，外观为单檐歇山顶。面宽 14.34 米，进深 15.87 米（非结构尺寸），面宽与进深之比为 1:1.1，近似正方形。进深和面宽皆为三开间，明间与次间的比例是 1.5:1。屋顶高 8.5 米，屋顶高与屋身高比例为 2:1，为七步架前后廊式结构。屋坡曲线按宋代法式营造，举高为 1/1 5、1/30、1/60 逐次递减，共折三次，用驼峰斗拱承托檩条，并用叉手托脚雀替，使结构更为稳定。除脊檩圆形外，其余檩条均为方形，截面比分别为 1:2、1:3、1:3.5 三种。正殿建筑结构中最具特色的是前檐“八铺作三下昂偷心造真昂”斗拱。斗拱为前用三下昂、后用三撑杆的结构。这种结构使得前檐向外大幅度延伸，避免柱子被雨水侵袭，并且形体固实，外观雄伟，是我国目前仅存的宋式八铺作三下昂真昂斗拱实例。正殿柱子共 16 根，其中前檐四根为方石柱，余为圆木柱。柱升起二分，柱上有收分，下有卷杀。柱径与柱高比分别是：前檐柱 1:15，金柱 1:16，后檐柱 1:14.8。柱子配以花岗岩多层式石柱础。殿周三面围墙，南面敞开，这种封闭式的建筑有意使光线微弱，从而增强庙宇的神秘感。殿前左右两侧有廊与前殿相连，中间有天井，使正殿建筑结构精巧牢固，庄严大气。①

从碑记所载，可知元末佛山祖庙遭兵火之灾。但是否所有建筑均被烧毁，却难以了解详情。对现存结构和斗拱进行考察、分析、研究是了解当时情况的途径。正殿面阔三间（阔 12.37 米），进深三间（深 12.62 米），平面是正方形，进深稍大于面阔。这是宋式小殿常见的平面。其明间阔 5.43 米，约合宋尺（一宋尺约为 0.316 米）一丈七尺；次间 3.47 米，约合宋尺一丈一尺。进深第一间为 3.48 米，合宋尺一丈一尺；进深第二间 5.55 米，合宋尺一丈七尺五寸；第三间 3.59 米，合宋尺一丈一尺。正殿平面大体保留了宋代平面。正殿的结构方式也十分独特，前后檐用四椽袱，仅前檐用双抄三下昂八铺做斗拱，后檐则仅用后檐柱的二跳插拱承托撩檐枋。进深第二间用六椽袱，从结构的特色看，前檐是宋代的结构形式，进深第二、三间则是明代建筑结构形式。正殿前檐的宋式斗拱分为柱头铺作、补间铺作和转角铺作三种。正殿斗拱一材一栔平均 27.5 厘米，

① 佛山博物馆编：《佛山祖庙》“建筑篇”，文物出版社 2005 年版，第 46—47 页，刘艳芳撰“正殿”。

材高 20 厘米、宽 10 厘米，材料断面高宽比为 2 : 1。这与宋肇庆梅庵大殿相同，为广东特色，与《法式》3 : 2 不同。佛山祖庙正殿斗拱高 2.285 米，檐柱高 4.38 米，斗拱与柱高之比 52 : 100，斗拱的高度超过柱高之半。祖庙斗拱之雄大，可与唐、辽、宋、金时代的建筑相比：宋至道二年（996）梅庵大殿斗拱与檐柱之比为 40 : 100，唐佛光寺大殿 49.9 : 100，辽独乐寺山门 40 : 100、观音阁下层 56.6 : 100、观音阁上层 52 : 100，五代镇国寺大殿 54 : 100，五代华林寺大殿 55.4 : 100。①

这一系列数据表明，佛山祖庙保持了中国古代较早时期的建筑结构特色。建筑界都知道，中国古代建筑木结构最显著的断代特征就是唐宋的斗拱比例硕大，有着重要的大木结构功能，而明清建筑斗拱的比例小，有装饰化的趋向。佛山祖庙继承了唐宋的建筑艺术精神，整个建筑都体现出对于建筑材料美和结构美的表现，正殿是祖庙最重要的建筑，更加不会例外，堪称这一艺术精神的典型。

（六）紫霄宫

“庭院深深深几许?”这是欧阳修的著名词句，经常被用来形容中国传统建筑“庭院深深”的意境。如果把这一词句用来描写佛山祖庙，也是尤其恰当的。对比于祖庙的面宽，祖庙的进深是如此的深邃，人、神的距离是如此地得到张显。门、殿、寝是传统建筑进深方向一般的布置格局，中国传统建筑的平面也一般面阔大于进深；而祖庙的前殿和正殿平面都近乎方形，加上山门与前殿之间和前殿与正殿之间间隔了两座香亭，那是一条幽深的朝圣之路。敬奉者必须穿过由柱子和斗拱组成的茂密森林，来到至圣之所。雅斯贝斯说，上帝存在于有限的主体所达不到的两个统摄之中，一是客体各要素分隔之间的统摄，一是主、客体之间分隔的统摄。对神灵的崇拜必须从承认人自身的有限性开始。在时间上，有限主体承认生命的短暂；在空间上，承认人、神之间的距离。在空间的三个维度中，人的现实生活属于水平线的大地；神灵则不但高高在上，而且还隐藏在极隐秘的深处，人在日常生活中不能直接靠近他的宝座，而是应该在斋戒静思中，在肃穆的仪式中，也就是说必须经过一场心理变形，才能进入神灵

① 参见吴庆洲《瑰玮独绝　独树一帜》，载佛山博物馆编《佛山祖庙》，文物出版社 2005 年版，第 163—164 页。

之域。在信奉者的心目中神灵的秘宫是一个强烈的心理精神场源，越靠近它其所辐射的精神能量就越强烈。就像一位女神为一睹宙斯的真容而被宙斯的雷电劈死，祭拜主神是存在一个最小极限距离的，人们不能越雷池一步。祖庙的进深空间的安排，就是为了艺术地营造出这样一个圣域的氛围，向深度空间的进发，也就是深度心理的展开。

道教称北帝居所为“紫霄宫”。祖庙正殿中央的神龛上部，有一块红漆金字“紫霄宫”的木刻牌匾，是明崇祯十四年（1641）灵应祠大修时，由官至户部尚书的佛山人李待问捐资题写的，匾额下款的文字，记录了紫霄宫曾历经清康熙、乾隆、咸丰、光绪等朝重修。

在一组由中轴线串联起来的祖庙古建筑群中，灵应祠处于主体位置，而灵应祠正殿中的紫霄宫则是核心中的核心，是这一朝圣之路的目的地（见图2—38）。紫霄宫内供奉的北帝，从明景泰初年祖庙被皇帝敕封为灵应祠以后，在佛山人心目中就更加有了无比尊崇的地位。明崇祯十四年（1641）灵应祠大修时，佛山的乡绅父老以及平民百姓无不隆重其事，把灵应祠内“紫霄宫”修缮得美轮美奂、金碧辉煌。紫霄宫的底座是高1.58米、宽6.19米、深4.12米的花岗岩石平台，四根石础木柱支承着整个神龛。神龛的正面和左右两侧，有金碧辉煌的木刻装饰，正面的木雕工艺尤为精致。从花岗岩石平台的边沿往里，最外一层由大小不等的二十一块图案式木雕镶嵌组成，左右上角以活灵活现的游龙雕刻做撑角，往里一层的雕刻以上方的蝙蝠为中心，这些富丽堂皇的装饰，无一不是祥瑞的象征。紫霄宫花岗岩石平台前，还有一座红砂岩高浮雕神案，上面摆放着“灵应祠”的铜香炉。红砂岩神案旁，两座精致考究的金木雕架座承放着北帝的令旗和印玺，是北方真武玄天上帝威严与权力的象征。两旁侍立的漆朴神像，是传说中北帝的部下雷部电母朱佩娘和月孛元君朱孛娘。①

德国哲学家谢林这样论述雕塑艺术：雕塑艺术的理想是无限者凭借有限的感性形式得以完满呈现，绝对壮伟者，自在无限者，为有限者所包容，而且一目了然；雕塑以事物的形态表现其对象，而这些对象则被置于

① 佛山博物馆编：《佛山祖庙》“建筑篇”，文物出版社2005年版，第47—48页，李小青撰“紫霄宫”。

现实者与理念者之绝对的相互渗透中。[①] 北帝神像作为整个祖庙的终结与核心，必须具有这样的意义。祖庙正殿供奉的北帝铜像，铸于明景泰年间，重约两吨半，高九尺五寸（3.04 米），取“九五之尊”之意。铜像造型为北帝端坐于高背龙头大椅上，头顶圆光，面带微笑，和蔼慈祥，身着文官彩袍，双手摆放在两膝上。这种手势与明永乐皇帝的画像极其相似，令人不禁想起“真武神，永乐像”的传说。[②]

正如紫霄宫两旁柱子上长对联所表达的那样：“北极照临南土东渐西被忠义赫奕乎四方海国长资保障，大明崇报玄功春秋褅尝灵应馨传于万祀佛山普拜凭依。”肃穆辉煌的紫霄宫是佛山人心目中的圣地。多少年来，每当新年的钟声敲响，佛山四乡的居民都会不约而同地来到灵应祠内紫霄宫前，参拜灵应赐福的北帝公，许下自己来年的愿望。[③]

（七）庆真楼

庆真楼（见图 2—39）位于正殿之后，建于清嘉庆元年（1796），是祖庙建筑群中年代最晚的一座建筑。楼高二层，为砖木结构，镬耳式封火山墙。面宽进深各三间，房屋三面封闭，一面敞开。前有天井与正殿相隔，从侧门进入。庆真楼正脊上面的双面瓦脊，是清光绪二十五年（1899）祖庙大修时添造的，全长 14.5 米、高 1.4 米。正面中段陶塑人物有 33 个，所塑故事为“瑶池祝寿”，说的是八仙向王母祝寿的故事（见图 2—40）。正面东段故事为“削壁题诗”，西段故事是“竹林七贤”。瓦脊的背面塑有牡丹花、仙桃组成的花开富贵图案。

庆真楼瓦脊主题是和庆真楼的建筑意义相对应的。庆真楼正门石柱刻有一副对联：“德耀元天帝心还有欲报之德，尊居北极众志尤当敬其所尊。”这副对联说明即使是位居北极至尊之神的北帝，也需报答父母的恩德。从此副对联说明庆真楼是供奉北帝父母的神殿。[④] 庆真楼是灵应祠建筑群空间序列的一个余音。庆真楼之所以是灵应祠建筑群中年代最晚的一

① ［德］谢林：《艺术哲学》，魏庆征译，中国社会出版社 1997 年版，第 287、288、290 页。

② 佛山博物馆编：《佛山祖庙》“文物篇”，文物出版社 2005 年版，第 2 页，肖海明、陈亮喜撰“北帝铜像”。

③ 同上书，第 48 页，李小青撰“紫霄宫”。

④ 同上书，第 49 页，代先翠撰“庆真楼”。

座建筑，但又不得不加建，除了供奉北帝父母这样一个理由之外，更重要的是中国传统建筑的格局要求有这样一座奠后的建筑。门、殿、寝之制是世界性的纪念性建筑的原型，在这一建筑格局的原型中，殿是建筑的主体部分，是主要的仪式祭祀场所，寝宫摆放神像或圣龛，其主要特征是一个非进行仪式活动的静态的终结空间。而祖庙的正殿则放在了第三进，使正殿与寝宫合而为一，前殿变成了一个承接过渡的殿宇，这类似于寺庙建筑群大雄宝殿之前弥勒殿的空间铺垫。一首乐曲的高潮过后总要有收尾，建筑空间序列也是这样，在轴线序列上大雄宝殿之后要有藏经楼，而祖庙正殿之后的结束就是庆真楼了。

图 2—38 正殿紫霄宫

图 2—39 庆真楼

图 2—40 巧夺天工的陶塑

图 2—41 精美的灰塑

佛山祖庙在民间宗教信仰方面的文化意义如今已淡化，而朝着向博物馆式的建筑群的方向发展，这几乎成为今天许多文物建筑的共同命运。但佛山祖庙并没有完全结束它作为现实的文化生命力，笔者 2007 年春节除夕夜重游佛山祖庙，体验到了这座纪念性建筑所具有的持久的文化活力

（见图2—42、2—43）。

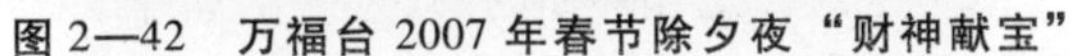

图2—42　万福台2007年春节除夕夜“财神献宝”

图2—43　祖庙公园除夕夜舞狮

佛山祖庙全面修缮工程于2008年年初在佛山市政府的领导下展开，并组织国家级、省级古建筑专家把关，斥资3000多万元，历时三年，2010年10月圆满竣工。2010年11月29日，佛山祖庙修缮竣工仪式及秋祭、乡饮酒礼民俗文化活动在佛山祖庙成功举行。佛山祖庙进入了一个新的历史阶段。

四　其他北帝庙

（一）芦苞祖庙

不像龙母崇拜这样一种原生态的民间信仰，北帝崇拜是受到中原文化影响的。从明永乐皇帝时期始，北帝的地位空前提高，在全国各地都受到朝拜。北帝本是水神，而广府地区又属于水乡，加之番禺原住民为北帝后裔的传说，北帝更是被推上了至高无上的地位。在众多的北帝庙中，除最著名的佛山祖庙之外，芦苞胥江祖庙和陆丰玄武庙是其中的代表。

芦苞胥江祖庙位于佛山三水芦苞镇，是附近72村的主庙[①]（见图2—44）。现为广东省重点文物保护单位。始建于南宋嘉定年间（1208—1224），距今约800年历史，历经元、明、清各代多次修葺，特别是清嘉庆十三年（1808年）和光绪十四年（1888年）的重修，更使这座庙宇瑰丽多姿，成为一座艺术殿堂。

---

① 周毅刚：《明清时期珠江三角洲的城镇发展及其形态研究》，博士学位论文，华南理工大学，2004年，第241页。

图 2—44　芦苞胥江祖庙

祖庙背依龙坡山，面临北江，是一座儒、释、道三教合一的庙宇。三庙以北帝庙为主居中，左有文昌宫，右有观音庙，均有前后殿。虽历经沧桑，但累毁累复。现在庙内，不论陶塑、木雕、砖雕、灰塑、石刻、壁画等，无不瑰丽精巧，栩栩如生。尤其北帝殿屋脊的“双龙戏珠”陶塑造型优美，光彩照人，龙珠旁的“神仙树”历经百年不长不枯，堪称一奇。北帝庙的阶级旁有一古井，称“金沙圣井”。相传金沙圣井水为金龙龙涎所化，井水冬暖夏凉，久存不腐。

芦苞祖庙整个基址以水和山为阴阳，呈八卦阴阳鱼的图像。祖庙集天地之灵气，朝者甚众，在胥江人民心中有崇高的地位。而且，在 2002 年 6 月 18 日，经专家学者鉴定，胥江祖庙为中国“南武当”主体建筑，并在同年 7 月 14 日，武当山道教协会授予祖庙“南武当”匾牌。

（二）陆丰碣石玄武山元山寺

玄武山位于陆丰市碣石镇（见图 2—45），元山寺建在玄武山南麓，占地 15 公顷，是佛道两教合一的宗教活动场所；也是粤东地区一处历史悠久、驰名海内外尤其是东南亚的名胜古迹，并且是闽南语系百姓的佛教信仰中心。寺内保存有大量寺藏历史文物，现已列为国家重点文物保护单位。元山寺原名玄山庙，始建于南宋建炎元年（1127）。该庙供奉“北极真武玄天上帝”（见图 2—46），与湖北武当山祖庭、佛山祖庙一脉相传。公元 1389 年碣石建卫，碣石卫总兵侯建高主持规划扩建，设计成了一座具有典型的明代建筑风格和艺术特点的宫殿群体。建筑格局为多组四合院对称式，坐北朝南，卧岗面海，依山递建，其建筑布局合理，结构严谨。主体建筑计有山门、前殿、中殿、正殿、配殿、厅堂、院落，在右庑廊、方丈厅和僧房等建筑 99 间，始称玄山寺，后因避清代康熙玄烨的帝讳，改为元山寺。且加供奉释迦牟尼、观音菩萨、弥勒大佛、达摩祖师等佛像，故庙迹广为传扬。[①] 自明代开始，寺僧衣钵相传 26 代。

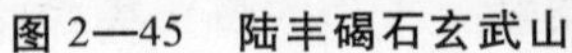
图 2—45　陆丰碣石玄武山

图 2—46　元山寺大殿

元山寺与古代碣石卫的历史息息相关。明清两代以后，大量珍贵寺藏文物记载着中华民族，特别是广东沿海人民抗击外来侵略、保家卫国的史实。朝廷钦差、官员和名人达士到这里防务聚会、游览观光、朝山瞻奉，留下许多摩崖石刻和题匾。现保存有南宋北极真武铜像、明代释迦牟尼、达摩、弥勒等木雕像和宣德铜炉，还有大批楹联壁画、石刻、传统书画艺术，以及 40 多面历代名人题赠匾额。其中有三面匾额被确定为中华文化名匾。清同治穆宗帝钦赐“微宣岭表”匾，乃慈禧太后亲笔所题；另外两匾是林则徐所题“水德灵长”和黑棋军首领刘永福所题“灵声满道”。

玄武山有元山寺、福星垒塔、古戏台、三台保障、太平石、麒麟石、起龙岩、龙门石、四美亭等多处胜迹，是粤东地区一处历史悠久的景仰中心。元山寺内的福星塔为八角形三层楼阁式石塔，由 5340 块花岗岩石叠嵌而成。元山寺前古戏台始建于明万历年间，清乾隆十五年重建，戏台高 1.5 米、宽 22 米，造型古朴，艺术精湛，台正中悬挂“台阁文章”牌匾乃清光绪乙未年探花李文田所题。该古戏台是广东历史最久，规模最大的庙寺戏台。

元山古寺历经风风雨雨，几度修葺，至清光绪二十二年起例定每十年一度进行维修重光。由于定期维修，保护完好，至今元山寺还保留着重斗

① www. 51766. com.

叠拱，雕梁画栋，多种木雕、石雕、嵌瓷、花鸟虫鱼，千姿百态，巧夺天工，宫殿庙顶，高脊飞瓴，寺内的各式铜铸、玉雕、陶瓷、泥塑无不形神兼备，工艺精湛。是陆丰市规模最大，文物保护最完整并富有历史、科研和艺术价值的名胜古迹。

玄武山元山寺开放以来，欧美及东南亚20多个国家和地区的华侨、港澳台同胞前来观光游览者络绎不绝，每年接待游客百万人次以上，成为粤东旅游胜地之一。元山寺在清光绪二十二年（1896）举办首届重光庆典，而后定例相沿，每十年举办一次，至2006年已届12次110周年。每逢庆典，修缮庙宇、重光佛像，举行开光仪式、水陆法会盛大佛事活动和布置彩街、演戏、燃放花灯烟火、组织舞狮、舞鱼灯、踩高跷、扛大旗等民俗文艺活动，一连数天。家家户户张灯结彩，人山人海，场面壮观，热闹非凡，整个碣石城沉醉在欢乐祥和的节日气氛之中。寺前的明代建筑大戏台，自明、清以来，每年农历三月初三和九月初九连续多天上演地方剧种剧目，是粤东地区一处最大的庙宇戏台，也是一个历史悠久的非物质文化遗产的载体。①

（三）黄埔村北帝庙

2007年4月19日是传统的三月三“北帝诞”，广州海珠区黄埔村玉虚宫（北帝庙，建于北宋年间，见图2—47、2—48）修缮完毕，这年起恢复每年“北帝诞”办庙会、演大戏。这天艳阳高照，飘色小朋友扮成不同角色，撑着伞到处巡游（见图2—49）。黄埔村村口锣鼓喧天，舞龙、飘色、爆竹，大人小孩齐出动，追随舞龙飘色队围着村内连绕两圈，数千村民到北帝庙祈福，这是北帝庙去年重修后恢复的首次庙会，热闹的气氛不亚于过年。村民们回忆，上一次庙会已经是60年前的事了。据了解，今后黄埔村北帝庙每年都将在“北帝诞”办庙会、演大戏。②

黄埔村“北帝诞”恢复了很多民俗活动，内容十分丰富。“蟠桃献寿”、“仙女散花”、“包公执法”——飘色小朋友扮成不同角色巡游，不时向路人挥手，不少“粉丝”拍照留念。飘色组来自表亲村——番禺潭山，一些老年妇女抢摸龙头。一位阿婆高兴地说：“摸下龙头，一年都能

---

① Baike. baidu. com.

② 2007年4月20日南方都市报（http：//www. sina. com. cn）。

行好运！”北帝庙外，老人结伴挨坐在石板凳上听“花田错会”选段粤曲，入迷又开心。一些工作人员忙碌地准备佳肴，每年三月初三，村里凡41岁以上的男人，逢10年聚一起一齐过生日，意为“同年哥”贺生日，并齐立一个牌匾挂在北帝庙留作纪念，村里人称之为“上匾”，这是村里历年来的传统。到了晚上，村里还将宴开55席，将有600多名村民及邻村同乡好友齐享盛宴。

图 2—47　黄埔村玉虚宫

图 2—48　玉虚宫北帝神龛

图 2—49　艳阳高照，飘色小朋友扮成不同角色（引《南方都市报》）

第三章 广州陈家祠

对比于龙母祖庙与佛山祖庙，广州陈家祠没有那样隆重的（民间）宗教祭祀意义，广州陈家祠不是一个地域的精神中心，它是广州与广东省封建晚期和近代社会文化发展的一个特殊产物。虽然与龙母祖庙、佛山祖庙一样，同处于广府文化圈，但它们的性质有所不同。龙母祖庙代表的是一种基于西江自然条件的原生态的乡土祭祀文化，佛山祖庙代表的是一种受到国家文化影响下自发性的市民祭祀文化，而陈家祠则是在广东省省府所在地，在封建晚期和近代广东复杂的社会条件下，同时兼有宗祠、书院和会馆三种性质的合族祠。下文就从广州城开始讨论陈家祠产生的原因和文化意义。

第一节 广州的城市发展与文化

广州称为“羊城”，源于“五羊衔谷，萃于楚庭”的美丽传说。这个传说是这样的：大概在周朝时，广州曾一度出现连年灾荒，田野荒芜，农业失收，人民不得温饱。一天，南海的天空忽然传来一阵悠扬的音乐，并出现五朵彩色祥云，上有五位仙人，身穿五色彩衣，分别骑着不同毛色的仙羊，羊口衔一茎六出的优良稻穗，降临楚庭。仙人把稻穗赠给了广州人，并祝愿这一地区永无饥荒。祝罢仙人腾空飞逝，五只仙羊化为石羊留在广州山坡。从此，广州便成了岭南最富庶的地方。这就是广州有“五羊城”、“羊城”、“穗城”名称的由来。①

---

① 参见（明）朝黄佐编撰《广东通志》卷216，同治年间重修《广州府志》卷八十八中《五仙观》条目；屈大均：《广东新语》。

五羊仙人传说的文献记载见于《羊城古钞》中引《寰宇记》[①]。此传说一个显著的特别之处是“五羊”的“五”和“羊”。“五”在中华文化中是一个完满的数字，最具代表性的意义是“五行”。“羊”是丰饶的象征，“善”、“美”、“義”、“羲”、“祥”等吉祥的字词都以“羊”为词根。“五羊”合起来就是自然元素聚集的富饶吉祥之地。此则传说虽然不能像世界上某些有重大历史意义的都城奠基神话那样，被赋予一种宇宙论的背景，但至少指出了此基地是一个具有特殊意义的地方，它是通过神媒的启示和许诺被发现与确认的，预示着广州将会成为“万国衣冠，络绎不绝”的繁荣城市。

一　从先秦到南越国

早在先秦的时候，岭南地区就是越族聚居之地。当时，岭南还未形成国家，只有各种部落和部落联盟的酋长。居住在广西的越族称为“西瓯”[②]，广州地区则是南越人。秦统一岭南以前，这里由各个部落联盟的君长统治。据考古发掘的材料来看，先秦时期南越族尚处于原始社会末期。部分地区开始过渡到奴隶制社会阶段。[③]

秦始皇平定岭南后，在原七国之地建立三十六郡的基础上，又在岭南地区设置了南海郡（近广东大部分地区）、桂林郡（今广西大部分地区）、象郡（今越南北部和广西一部分）三郡。任嚣率军平定整个岭南地区后，被任命为南海尉。任嚣选中了白云山和珠江之间的平地番禺作为南海郡郡治，可见番禺在秦以前就是古越族人的聚居地。任嚣在这里建城郭——番禺城，后人称之为“任嚣”城。这一举措为番禺成为南越国的都城奠下了基础。

秦在中国历史上的统治时期非常短暂。从陈胜、吴广起义到秦朝灭亡的期间以及之后，楚汉相争，中原动乱，封建割据划地为王代替了中央集权的统一。此时“东南一尉”的任嚣采取隔岸观火“待诸侯变”[④]的策略。任嚣在临终之际把自己割据南越的构想托付给了一同南下的将领龙川

① 叶春生、施爱东主编：《广东民俗大典》，广东高等教育出版社2005年版，第158页。

② 刘安：《淮南子·人间训》。

③ 杨万秀、钟卓安主编：《广州简史》，广东人民出版社1996年版，第15页。

④ 司马迁：《史记·南越列传》。

令赵佗："南海僻远，吾恐盗兵侵地至此，吾欲兴兵绝新道，自备，待诸侯变，会病甚。且番禺负山险，阻南海，东西数千里，颇有中国人相辅，此亦一州之主也，可以立国。"① 任嚣死后，赵佗接任南海尉，立即将这套计划付诸行动。绝新道聚兵自守，派兵封锁了几个秦关，断绝岭南岭北的交通。赵佗首先牢牢控制了南海郡，静观中原之变，并阻止了战火向岭南蔓延。秦王朝灭亡后，赵佗立即用武力兼并了桂林郡和象郡，并派亲信取代了原秦王朝任命的郡内各级官吏。公元前 204 年，赵佗乘中原楚汉相争之机，在岭南建立了南越国，定都番禺，自称为南越武王（前 204—前 137）。②

南越国由中原人建立和统治，建立了岭南第一个封建王国。南越国的历史总共才 93 年，赵佗统治 67 年，占了三分之二强。历史学家认为，南越国时期是岭南历史上第一个发展期，而赵佗统治时期，又是国力最强大时期，也是南越国奠基期。赵佗是在击并桂林、象郡后建南越国的，因此南越国创立时的疆域与秦平岭南置三郡时辖地相当。汉武帝平南越后，即以其地设置了南海、苍梧、郁林、合浦、九真、交趾、日南等七郡，南越国的后期疆域又与此七郡相当。因此"南越国"的范围包括了现今广东、广西和越南北部，大部分属于西江流域，此地理单元后来形成了所谓的"广府文化"。

赵佗的南越国，是在秦的郡县基础上建立的，其政治制度继承了秦制。汉高祖十一年（前 196），刘邦"遣陆贾因立佗为南越王，与剖符通使"，使南越国成了西汉王朝名义上的一个诸侯国，史称"赵佗归汉"。赵佗在南越国推行郡县制，其官僚制度，从历史文献及出土文物反映的官职来看，基本上与秦汉中央朝廷相同。迄今为止所知的有：丞相、内史、中尉、御史、太傅、郎、私府、私官、食官、厨官、长秋居室、大厨、厨丞、常御、景巷令等，军队和地方官制有：将、校尉、守、令、假守令、啬夫等。南越国是岭南地区自主的地方政权，其王位也是世袭的，直至汉元鼎六年，南越国亡。近 40 多年来，考古工作者在两广地区发掘了南越国时期的遗址多处，还发掘了一大批南越国的墓葬，主要集中在广州、乐

① 司马迁：《史记・南越列传》。

② 杨万秀、钟卓安主编：《广州简史》，广东人民出版社 1996 年版，第 23 页。

昌、贵县、平乐等地。1983 年，在广州解放北路的象岗发现了第二代南越王陵墓，出土大批珍贵文物。[①]

在人类历史上，铁器的使用有着划时代的意义。“铁使大面积的农田耕作，开垦广阔的森林地区，成为可能；它给手工业工人提供了一种坚固锐利非石头或当时所知道其他的金属所能抵挡的工具。”[②] 从考古发现材料来看，岭南使用铁器时间较晚。秦统一岭南后，徙中原人民“与越杂处”，带来了先进的铁工具和生产技术。早在先秦时期，岭南已出现青铜冶铸业，但冶铸的青铜器，多是比较粗糙和小型的。赵佗建立南越国后，社会相对安定，赵佗又采取一系列有利于发展生产的措施，使中原地区先进的生产技术在岭南迅速传播。据分析，南越王墓出土了 500 余件青铜器[③]和贵县罗泊湾 1 号墓出土 200 多件青铜器[④]中，除少数青铜器可能来自中原外，绝大多数应是南越国自行铸造的。不少青铜器具有明显的地方特色，有的还刻有“蕃禺”的铭文和“文帝九年乐府工造”[⑤] 等。证明是南越国自铸的。

赵佗十分重视发展南越国的经济，积极与汉朝关市贸易，充分利用秦军开辟的“新道”，大量引进金铁田器马牛羊，极大地促进了南越国的发展。南越国的农业以种植水稻为主，贵县罗泊湾 1 号墓发现有稻、粟、大麻籽等。[⑥] 南越国的农业除了水稻等粮食外，还要杂种一些辅助作物。人工培植的各种蔬菜、瓜果已普遍出现。渔猎经济也很发达。南越国都番禺和南越郡县所在地以及西江两岸和河网交错的平原地区，得到较快的开发，人烟稠密，经济繁荣。到西汉末年，番禺已成为中国 19 个著名的都会之一，是海上贸易商品的集散地。[⑦]

秦统一岭南前，由于五岭的隔绝，岭南与中原地区在经济和文化上有一定联系，但影响不大。秦统一岭南和南越国建立后，中原文化在岭南迅

---

① 《广州发现西汉南越王墓》，《人民日报》1983 年 11 月 11 日。

② 恩格斯：《家庭、私有制和国家的起源》，载《马克思恩格斯选集》第 4 卷，人民出版社 1995 年版。

③ 广州市文物管理委员会等：《西汉南越王墓》，文物出版社 1991 年版。

④ 广西壮族自治区博物馆：《广西贵县罗泊湾汉墓》，文物出版社 1988 年版。

⑤ 广州市文物志编委会：《广州文物志》。

⑥ 广西壮族自治区博物馆：《广西贵县罗泊湾汉墓》，文物出版社 1988 年版。

⑦ 杨万秀、钟卓安主编：《广州简史》，广东人民出版社 1996 年版，第 29 页。

速传播。文化艺术除了保留南越色彩外，又融进了中原文化和楚文化的因素，使南越国的文化艺术，具有一种多元素的风貌。

1. 语言和文字

岭南越族居民，由于五岭所阻，在“负山带海”的地理环境中，创造了自己的语言，与中原地区语言有很大的不同，所以历史上记载有“重译乃通”的说法。赵佗立国后推行中原地区先进文化，其中就包括中原的语言，与当地土语融合逐步形成了今天以珠江三角洲为主的粤语方言区。南越族自己无文字。先秦时期，中原汉字可能已在岭南出现，到秦统一岭南后才广泛使用秦篆，汉字已成为南越国的官方文字。在南越国墓葬、遗址及南越王墓中，发现不少汉文字材料。

2. 音乐

南越国的音乐，融会了中原汉人风格和越族风格。广州南越王墓出土不少乐器大多数属中原汉乐系统，如一套14件铜甬钟，一套5件铜钮钟和两套石编磬，还有琴、瑟、铎等。墓中还出土一套8件的青铜句鑃，上有“文帝九年乐府工造”，及“第一”至“第八”铭刻，句鑃是典型的越族乐器。在广西罗泊湾汉墓中，出土3件羊角铜钟，亦为典型的越乐。[①] 还出土有铜鼓。罗泊湾还出土了汉乐风格的竹笛、瑟和蒙皮的木鼓。上述这些乐器都是出土文物，反映出其音乐是融汉越文化于一体的。

3. 舞蹈

在南越国时期墓葬中，出土了不少器物，上有舞蹈纹饰，使我们对南越舞蹈有一定的了解。南越国舞蹈为两大类，一是中原地区的舞蹈，另一类是越式舞蹈。中原舞蹈舞姿优雅，主要流行于南越国上层。在南越国民间，主要流行越族舞蹈，其特点表现出一种原始的高昂的情调。[②]

4. 美术

南越国的美术，主要发现于出土的陶器、铜器和漆器的装饰图案上。陶器的纹饰主要为几何印纹陶，这是一种象征性图案，包括绳纹、绚纹、方格纹、云纹、锯齿纹、三角纹、水波纹、涡纹等。这类纹饰带有强烈的南越地方特色。铜器上有铸印和彩绘两种图案。常见纹饰有云雷纹、勾连

---

① 广西壮族自治区博物馆：《广西贵县罗泊湾汉墓》，文物出版社1988年版。

② 覃圣敏、覃彩銮：《广西花山崖画年代新证》，《民族研究》1985年第5期。

圆圈纹、栉纹、弦纹、翔鹭、羽人舞蹈、三角纹、龙凤纹、船纹、太阳纹等。南越铜器上的纹饰一部分和中原相同，如铜镜上的云雷纹、龙凤纹、夔纹等，而翔鹭纹、船纹、羽人舞蹈等则带有明显的地方特色。

南越墓葬中出土漆器不少，其中以罗泊湾汉墓出土漆器最多，保存最好，南越漆器图案主要以龙凤、云、鸟、花草、虫纹等为主，还有犀牛纹和蝉形，其纹饰细腻流畅。花纹除平涂外，还使用线条勾勒，并大量用金色来描画漆器图案。这种漆器画面金光灿烂夺目，显得高贵华丽，这是中原和长沙地区很少见的漆器，是南越国漆器的一大特色，也反映出南越漆器艺术达到较高水平。①

二　两汉、六朝与隋唐时期广州的发展

汉武帝建元四年（前 137），做了 67 年南越王的赵佗病死，其孙赵胡即位。② 南越国自赵佗死后，国势日渐衰微。元鼎六年（前 111）汉军攻陷番禺。南越王苦心经营的江山历经 93 年之后，被汉武帝所灭。③ 汉武帝平南越后，将南越故地划为南海、郁林、苍梧、合浦、交趾、九真、日南七郡，后又增珠崖、儋耳二郡。平南越后，由于割据的消除，中原和岭南的经济文化交流得以畅通无阻，从此，岭南的经济文化发展进入一个新的阶段。

（一）海上丝绸之路

“丝绸之路”，指的是古代中国西北与中亚、西亚、南亚、欧洲等地之间的陆上贸易通道，最早出自 19 世纪末德国地质学家李希霍芬所著的《中国——亲身旅行和据此所作研究的成果》一书。后来，人们把中西海上商路喻称为“海上丝绸之路”。海上丝绸之路主要是指从中国南方沿海地区出发，经过南海、马六甲海峡、印度洋、波斯湾、红海等海域，抵达东南亚、南亚、西亚、欧洲、非洲等地的海上贸易交通线。它开始于秦汉时期。④

岭南地区与中原有五岭阻隔，境内濒临南海、海岸线长，大小岛屿星

---

① 杨万秀、钟卓安主编：《广州简史》，广东人民出版社 1996 年版，第 29—32 页。

② 司马迁：《史记·南越列传》。

③ 同上。

④ 杨万秀、钟卓安主编：《广州简史》，广东人民出版社 1996 年版，第 42—43 页。

罗棋布，沿海有不少良港。早在四五千年前的新石器时代晚期，居住在南海之滨的南越人祖先，已经掌握了舟楫，在东南沿海巡游并已涉足太平洋群岛，从事季节性的生产活动。西汉时淮南王刘安说："胡人便于马，越人便于舟。"由于粤地自古以来就"水事多而陆事少"，形成了粤地多水神的独特文化景观，如龙母、天后、北帝和洪圣等。而从近年发现的考古材料来看，古越人也是开发海上航线的先驱。

秦汉时期，是开发海上交通贸易并将航海向远洋发展的重要时期，岭南的造船业在这一时期得到飞跃的发展。汉武帝平南越后，即派使者沿着民间开辟的航路，带领船队出使东南亚和南亚诸国。从班固《汉书·地理志》的详细记载来看，此时已与越南、马来半岛、缅甸、印度半岛、新加坡、斯里兰卡的锡兰岛等地从事大规模的官方对外贸易，标志着海上丝绸之路的初步形成。自汉以后，海上丝绸之路上的东西方贸易不断发展，历两千余年长盛不衰，贸易区域不断扩大，至遍布世界各地。海上丝绸之路在世界文明史上占有重要的地位。

汉使所开拓的"海上丝绸之路"，应该是当时民间和番禺地方官早已经开辟和掌握的路线。《汉书》记载，番禺"处近海，多犀、象、玳瑁、珠玑、银、铜、果布之凑，中国往商贾者多取富焉。番禺其一都会也"。[1]番禺是西汉时期的南海海上丝绸之路的起点，番禺成了中国对外贸易的港口和集散地，中原地区来此做生意的人比比皆是。汉武帝派使者下南洋之后，番禺的商品经济得到进一步发展，中外商人云集，各国物品荟萃，成为世界闻名的商业大都会。

（二）六朝时期的社会经济的发展

六朝时期，江左政权为了同北方政权对抗，大力经营南方，发展经济，长江以南形成巴蜀、荆楚、吴越和岭南四大经济区，开始了全国经济重心的南移。广州是岭南的经济中心和国内最重要的外贸港口，在南方经济中占有显要地位。

汉末三国初，黄河、长江流域战火连绵，政局动荡，岭南远离政治中心，政局相对稳定，大批中原人士举族由陆路和海路进入岭南。西晋末年至东晋，特别是"永嘉之乱"，中原、江左人士南迁再掀高潮。梁"侯景

---

① 班固：《汉书·地理志》。

之乱”后，长江中下游遭受空前浩劫，江左人士又一次掀起南迁高潮。北人南迁给广州等地增加了大批人口和劳动力，促进了广州经济的大规模开发。南迁北人与本地土著居民杂居，加速了汉越民族的融合，大大改变了广州地区社会文化面貌。

六朝时期政府很重视农业，安辑流民，轻徭薄赋。20世纪50年代，广州市郊出土的晋墓砖铭文载：“永嘉世，天下荒，余广州，皆平康。”[①]是晋代广州人民安居乐业、经济繁荣的社会状况的写照。随着人口的增长、郡县的增置，广州农耕区不断向山地和河谷平原拓展，珠江三角洲已经向深度开发。这一时期农业、蚕桑、纺织、采矿、陶瓷、造船、海盐等行业都有很大发展。

行业的发展和广州独特的地理优势，促使了广州商业贸易的兴旺。东汉建安中，交州刺史步骘将州治迁至番禺，筑立城郭，广州的岭南政治中心地位被重新确定。此后，随着六朝政府定都建邺，广州以其地理、经济优势取代交州成为岭南政治、经济、文化中心，商业经济日趋活跃。《隋书·食货志》称广州为六朝一大都会，“所处近海，多犀、象、玳瑁、珠玑，奇异珍玮，故商贾至者，多取富焉”。《晋书·吴隐之传》云：“广州包山带海，珍异所出，一箧之宝，可资数世。”《南齐书·东南夷传》更谓：“四方珍怪，莫此为先，藏山隐海，瓌宝溢目，商舶远届，委输南州，故交广富实，初积王府。”至梁陈之际，广州“工贾竞臻，鬻米商盐，盈衢满肆，……市有千金之租，田多万箱之咏”[②]。

六朝广州对外贸易也相当兴旺。刘宋时期“舟舶继路，商使交属”。[③]萧梁时“海舶每岁数至，外国贾人以通货易”。[④]中国海商远贾南海、印度洋、波斯湾诸国，把国产丝织品、陶瓷器输往海外；外国商客则把金、银、琉璃、珠玑、沉香、象牙、犀角、吉贝、郁金、苏合、兜鍪等输入中国。当时通过广州来中国朝贡通商的国家大为增加，可考的有大秦、天竺（今印度）、狮子（今斯里兰卡）、罽宾（今克什米尔）、占婆（今越南中

① 广东省博物馆等：《广东出土晋至唐文物》，香港中文大学文物馆1985年版，第17、65页。

② 严可均：《全陈文》卷11。

③ 沈约：《宋书》卷97《蛮夷传》。

④ 姚思廉：《梁书》卷33《王僧孺传》。

南部）等15个。由于对外贸易持续不断，外国海商“久停广州，往来求利”[1]，部分定居广州，成为早期侨民。

六朝广州海外贸易分为朝贡贸易和市舶贸易两种形式，前者为中国政府与海外诸国官方的贡赐关系，由朝廷处置，广州只负责部分过境接送任务；后者是中外商贾间的商业交换关系，由广州当局管理。至迟在梁代，政府已创立专卖制度，对进口货物按比例作价收购，再高价抛售，获取高额的垄断利润。

岭南地方势力强大，沿海豪强地主长期参与海外贸易，分流了一部分对外通商。南朝特别是梁陈时期，广州等地豪强凭恃军事与经济实力，崛起岭南，左右地方政局，不少进入江左政权最高统治阶层，改变了两晋以来广州等地名人寥寥的局面，这是秦汉以来广州人才状况的一大突破。

（三）两汉六朝广州的文化

广州地区封建文化发育较中原晚，但到了两汉，南海诸郡“风序泱泱，衣簪斯盛”[2]，儒家文化积淀日趋深厚。西晋以后，玄学与佛学兴起，与儒学相互渗透，经学出现玄学化与佛学化。

道教是中国土生土长的宗教，在广州流传甚早。周秦时期，番禺和罗浮山已有安期生等“神仙”踪迹。两汉术士朱灵芝、华子期、王远、阴长生等都在南海活动过。东晋太安以后，道教大师葛洪居留南海和罗浮山，总结阐发神仙理论，为帝王贵族所欢迎，在岭南和中国道教史上都具有划时代意义。葛洪之后，单道开、梁卢、王佐、任敦、陆静修等道士慕名而来，隐居修炼，罗浮山成为中国道教活动的中心之一。

广州是佛教在中国最早的传播地之一。中国佛教史上第一个佛经翻译家安世高于东汉建和元年（147）来中国，就是由海路到广州，后北上江淮。[3] 东吴以后，外国僧人由海路来广州络绎不绝，从事传教和译经。建衡间，外国沙门强梁娄至（真喜）到广州，翻译《十二游经》。晋武帝太康二年（281），西天竺僧迦摩罗来广州，建三归、王仁两寺，传播佛教。其后天竺僧耆域泛海至交、广，后抵洛阳。晋安帝隆安五年（401），罽

① 慧皎：《高僧传》。

② 严可均：《全梁文》卷61，王僧孺：《至南海求士启》。

③ 梁启超：《佛教之初输入》，载《饮冰室专集》第52卷，第9页。

宾国僧昙摩耶舍至广州，在虞翻故居建王园寺，又在白沙寺讲法，译《差摩经》一卷，门徒85人。南朝时期广州佛教兴盛，名僧荟萃，寺院林立，开始出现一些有名望的高僧。

南朝海外贸易兴盛不衰，外国僧人搭附商舶来广州尤盛于前，影响较大的有求那罗跋陀、求那跋摩（功德铠）、求那跋陀罗（功德贤）、昙摩伽耶舍、僧伽跋陀罗、达摩菩提、智药三藏、波罗末陀（真谛）等。真谛于梁武帝中大同元年（546）至南海，曾经北上建业、豫章、始兴等地，两次居广州光孝寺达12年之久，译经49部，与鸠摩罗什、玄奘、义净合称中国佛教史上四大佛经翻译家；译讲《摄大乘论》《俱舍论》等，开创了摄论学派，影响遍及大江南北，对佛教义学影响也很大。陈宣帝太建元年（569），真谛在广州逝世。光孝寺成为广州一大文化景观，广州也成为中华对外文化交流的一个据点。

（四）隋唐国际贸易城市

隋统一全国后，推行州、县二级地方政制，以州统县。开皇九年至十一年，在广东境内共置16个州，广州为其中之一。仁寿元年（601），为避太子杨广讳，改广州为番州。大业三年（607），省并州县，罢州置郡。长官称太守；广州改为南海郡，领南海、曲江、始兴、翁源、增城、宝安、乐昌、四会、化蒙、清远、含涯、政宾、怀集、新会、义宁15县。此外，广州亦置总管府，原治曲江县，开皇末移治南海。

唐沿隋制，在边境及襟带之地置总管府，以统军戎。广州仍设总管府，不久改为都督府。贞观元年（627），分天下为十道，岭南为其中之一。永徽以后，在边疆设置节度使，以都督充任；至开元间，共置八节度使，岭南为其中之一，由广州都督充任，兼统桂、容、邕、安南四府经略使。开元二十二年（734）分天下为十五道，各置采访处置使，道成为地方一级行政机构，岭南采访使治广州。天宝初，又于边疆置十节度使；岭南为五府经略使，仍由广州都督兼任，统领其余四管。天宝以后，岭南五府经略使成为南方大镇。咸通三年（862）五月，改岭南节度使为岭南东道节度使，仍治广州。唐朝对岭南的统治相当重视。高宗以后，在广州设置市舶、监军、盐铁等使，加强监控，地方政局稳定，促使广州的海路交通和贸易的进一步发展。

广州作为隋唐帝国交通体系的一个重要枢纽，交通设施与管理制度相当完善，在水陆交通要道上，一般都设有水驿或陆驿。广州对外交通北可至长安、洛阳，东可通闽、浙、淮海，西可达岭西、川、黔，南可直航海外诸国，形成四通八达的交通网络，无远弗届。

北路交通：韶州—大庾岭路。西路交通：桂州—灵渠路，西路交通以水路为主干，往西南可至邕、容、交、剑南、南诏及天竺诸国，是一条国际性边贸交通线。南路交通：主要线路有两条。一从广州出发，沿西江经端州下新江至新州，通南道各州，至雷州可渡海往海南、安南。另一条从广州出发，沿新会沿海至恩州，登陆上新州，至南道诸州。东路交通：从广州出发，出珠江口溯东江，经循州雷乡县，越丞相岭过兴宁，下韩江至潮州。由此东可至闽南，北可到赣南、闽西。

沿海交通：分东西两线。东线出珠江口，沿循州海岸至潮州，可直航闽、台、浙及日本。西线亦出珠江口至恩州，走南道海岸可至海南、安南。唐代东南沿海海运活跃，广州与东南各港商业联系更为紧密。

远洋交通：随着造船技术、航海技术的提高与海外贸易的高度发展，特别是唐中后期，东西方交通重心从西北陆路转向东南海路，广州远洋交通空前频繁，并成为东西方海上交通中心。广州商业具有超区域的辐射力与吸引力，其中心职能超越了地区体系的范围，成为国内举足轻重的商业中心之一。

天宝初，广州已形成“州城三重”的格局，包括南城、子城和官城三大部分。与此同时，在城区四周，兴起了大片居民区和商业区，对城区形成包围之势，特别是西部市区，为中外商贾聚居之地，蕃坊一带，“任蕃商列肆而市”，是广州最繁华的商业区。

城区原有的坊市制度已不适应城市发展的需要，旧有的坊市结构被打破，今中山路和北京路已成为东西和南北走向的主要街道，店肆行铺林立。一些传统的市场管理制度如市由官设、限制交易时间、规定交易地点、官府派市官加以管制、坐商有专门市籍等不断受到冲击，代之以更自由的市场制度，夜市已经出现。

广州海外贸易高潮迭起，通商区域也比前代扩大。中、阿海商左右了当时的东西方海上贸易，形成以广州、西拉夫、苏哈尔诸港为中心，连接中国、日本、诃陵、室利佛逝、印度、狮子国、波斯、大食等100多个国家和地区的东西方海洋贸易圈。唐代广州海外贸易最大成就是创设市舶使，总管海路邦交外贸，确立起一套全新的市舶管理制度与经营方式，并为后世所沿用，在中国外贸史上具有划时代意义。

广州是唐代唯一设置市舶使的城市，为整个帝国履行中心性的双重管理职能，在唐代对外关系上具有特殊重要的地位，除长安外，其他城市无能出其右者；在海外亦享有盛誉，当时外国人称长安为摩诃支那（梵文 Mahacina），意即大中国，而称广州为支那（梵文 cina），意即中国。[①]

（五）隋唐广州的文化与宗教

隋唐时期，随着九品官人法的废除与科举制度的兴起，广州文化教育进步巨大。州有州学，各县、乡也设学校，番禺、南海为上县，招收生徒较其余各县为多。唐代广州登进士第的有 8 人。

唐代广州文艺界出现一批有名气的高手。南海人区册，自幼好学，尤善辞章，为时人推重；“自郡守以下，皆重其文采”[②]。贞元（785—805）末，韩愈被贬为阳山县令，区册慕名师从，深得韩愈赞誉，称其“文章卓然”。咸通进士杨环，文学造诣甚高，曾任宏文馆校书郎。见时政日非，辞官南归，在朝汉台以酒琴自娱，声名远扬。与隐士韦某、黄某结成莫逆之交，时称“南滨三隐”。

唐代广州绘画艺术有很大突破，出现了一些全国知名的画家。南海人张询，曾参加科举，后居长安，潜心练画，精于小笔。僧徽是另一位有名气的广州籍画家。唐后期岭南藩帅曾设立类似画院的机构。

隋唐时期，佛教臻于鼎盛，广州是重要的传播中心。据不完全统计，唐代广州的寺院有 23 所。其中法性寺、宝庆寺、西来庵、广庆寺等历史悠久，规模宏大，名僧往来频繁，颇负盛名。佛教禅宗、律宗、密宗都在广州流行。龙朔（661—663）以后，禅宗五世弘忍的传人慧能隐遁于四会、怀集乡间，潜研禅法。仪凤元年（676）正月，到广州法性寺剃发受戒，开示衣钵，广州乃成为禅宗南派的发祥地。稍后，慧能北返韶州，大树南宗禅系，并与以神秀为代表的北宗禅系相对抗。开元初，印度密宗大师金刚智由海路来到广州，建大曼拏罗灌顶场，宣扬密藏。开元末，密宗高僧不空奉旨前往狮子国，途经南海，在法性寺建立道场，“相次度人百

---

① 义净：《大唐西域求法高僧传》上卷。

② 黄佐：《广州人物传》卷 3。

千万众”[①] 盛况空前。

咸亨、长寿间，律宗高僧义净西行求法，往来广州，受到广泛的支持。天宝七年（748），律宗高僧鉴真和尚第5次东渡日本，遇飓风飘至海南，后至广州，广府都督卢奂亲率僧众迎入大云寺，“四方供奉，登坛受戒”，扩大律宗的影响。居留一年，鉴真返回扬州，广州市民“倾城相送”。咸亨（670—674）以后，中国僧人由海路前往印度取经的越来越多，作为全国海外贸易中心的广州同时成为中外佛教交流的桥梁与窗口，大多数求法僧人都是从广州出发的。

伊斯兰教在贞观初传入广州。由于阿拉伯人在广州人数较多，伊斯兰教在外侨宗教生活中居主导地位。当时所建的怀圣寺是我国现存最古老的伊斯兰建筑，寺内的光塔是旧广州的制高点。景教是唐人对基督教聂斯脱利派的称呼，贞观九年传入长安。开元初，景教大德及烈活动于长安与广州之间。会昌五年（845），武宗灭佛，波及景教，但对广州似乎影响不大，直至黄巢起义军攻占岭南，清洗广州侨民，景教始销声匿迹。摩尼教又称明教，3世纪由波斯人摩尼创立，7世纪末传入中国。据唐人李肇《国史补》下卷记载，摩尼教在江岭、西京均有活动，可以肯定广州也有流传。在黄巢起义军攻占广州的事件中，阿拉伯学者都指出广州外国侨民大多不能幸免于战乱，包括伊斯兰教徒、犹太教徒和拜火教徒。可见犹太教、琐罗亚斯德教（即袄教）也在广州流传。[②]

三 南汉政权与兴王府

唐天祐四年（907），朱温篡唐，建立后梁，此后，中国境内出现了十多个割据政权，史称五代十国。南汉是当时建立在岭南的封建政权。贞明元年（915），刘岩表求加四邻都统，封南越王，梁末帝拒绝。刘岩叹曰：“今中国纷纷，孰为天子？安能梯航万里，远事伪庭乎！”自是贡使遂绝，并自立为南越王。三年（917）十一月一日，刘岩在广州称帝，建元乾亨，国号大越。[③] 翌年（918），改国号为汉，史称南汉，以别于中原

① 赞宁：《宋高僧传》卷1《不空传》。

② 参见杨万秀、钟卓安主编《广州简史》，广东人民出版社1996年版，第74—87页。

③ 司马光：《资治通鉴》卷269；何松：《梁吴存锷墓志铭》，参见程存洁《新发现的后梁吴存锷墓专考释》，《文物》1994年第8期。

的后汉。

（一）南汉的社会经济

南汉逐步建立起一套比较完善的国家机器与国家政制。在官制上，宰相为百官之首，总领朝廷大政。南汉初建，即仿唐制建立宰相制度。南汉境内有多种民族，除汉族外，还有蛮僚。在少数民族聚居区，朝廷推行羁縻政策，设置羁縻州县，以少数民族豪酋为刺史、县令。

南汉东邻闽国，北接楚国，东北与吴（南唐）接壤，西连南诏，南濒大海，是五代疆域较广的大国。高祖时，南汉版图包括今广东、海南2省全部、广西东部及贵州、云南一部，共2府29州159县。中宗朝北伐楚国，尽取桂管之地，拓疆至岭北，版图包括今广东、广西、海南3省区全部及湖南、贵州、云南一部分，共2府64州（都、监）218县。兴王府辖境在南汉初与唐代一样，领常康、成宁、番禺、增城、四会、化蒙、怀集、海水、浈阳、东莞、清远、洊涯、新会、义宁14个县。乾亨四年(920)，析浈阳县置英州，兴王府辖境略为缩小。

五代各国分为两大系统：以后梁、后唐、后晋、后汉、后周及其附庸楚、南平、闽、吴越等国结成的中原系统，以吴、南唐、南汉、前蜀、后蜀、北汉等政权构成的非中原系统。南汉疆域较大，雄踞岭海，这就决定了它在对外关系上始终以强国姿态推行独立自主的外交政策。

南汉对中原五国长期采取对抗态度。贞明末，刘岩视后梁为“伪庭”。后唐建立后，刘岩更为轻视，呼后唐皇帝为洛州刺史。中宗继位后，南汉继续与中原对抗，周世宗曾遣使通好，南汉“馆接者遗茉莉，文其名曰：‘小南强’”①。后周殿前都检点赵匡胤代周建宋，南方各国“悉珠宝以奉中国”，南汉却“未尝遣一介之使，驰咫尺之书”②。大宝十三年（970），宋太祖授意南唐后主李煜遣使游说南汉归宋，南汉刘钱态度强硬，坚不相从，并囚禁来使，驿书痛斥李煜。

南汉政权的开创者“坐拥百粤，闭关自擅，而不毒民”，使国家出现“府库充实，政事清明，辑睦四邻，边烽无警”的大治景象，成为堪与

① 陶谷：《清异录》卷上。

② 《南汉书》卷15《邵廷埆传》。

吴、南唐、前后蜀相颉颃的南方强国。[①] 南汉从刘隐算起，传五帝 67 年，立国时间之长在五代十国中居第二位，仅次于吴越。971 年为宋朝所灭。

唐末以来，岭南社会经济在相对稳定的环境下保持持续增长的势头，综合经济实力大增。南汉号称“富强”，与诸国争雄，正是建立在这个基础上。作为岭南经济中心与一国首都，兴王府经济也有较大进展。

中和（881—885）以后，一度受黄巢起义打击而萧条的广州商贸很快恢复，“雄藩夷之宝货，冠吴越之繁华”[②]，是国内商业最繁盛的城市之一。入梁，江淮为杨行密割据，中原与东南地区交通只能取道湖、湘、桂、广，再转至闽、浙，广州成为南北交通的枢纽。唐末，刘隐逐渐掌握了广州的对外贸易。南汉建立后，“结连淮海（吴国），阻塞梯航”[③]，最大限度把东南海路外贸控制在南汉手中。商业贸易成为兴王府经济最有活力、最具特色的一个部门。

（二）兴王府

南汉以兴王府为首都，仿唐代长安兴建了大批宫殿苑囿。兴王府有内城与外郭。内城包括宫城与皇城两大部分，为南汉的政治中枢。宫城位于今中山路以北、省财政厅、儿童公园一带高地，[④] 坐北朝南，居高临下。建有昭阳殿、乾和殿、文德殿、万政殿等。按照唐制，宫城之南为皇城，范围相当于唐代南城，大体上以今中山路以南、西湖路以北的北京路为中轴。皇城之南为郭城，即唐新南城，大体上以今西湖路以南、文明路—大南路以北的北京路为中轴，坊市布列大街左右，称“左街”和“右街”，是人烟稠密的商业居住区。

西部市区。以今华宁里以西、光复南路杨仁里以北、文昌南路宝华直街以东地区为主体，居民密集，商业旺盛，蕃坊一带万商云集，宝货充盈，最为繁剧。区内有水域相通，风景优美，刘氏辟为宫苑，形成园林化特色，著名的有南宫、昌华苑、玉液池、芳华苑、华林园等。城西富豪云集，亦多占田营宅，修建了不少私家园林，著名的有苏氏园等。

---

① 王夫之：《宋论》卷 1《太宗》。

② 陆心源：《唐文拾遗》卷 47，于德辰：《陈九事奏》。

③ 钱俨：《吴越备史》卷 2《武肃王》。

④ 兴王府城区范围及城内建筑今址参见曾昭璇《广州历史地理》，广东人民出版社 1991 年版，第 258—274 页。

东城与北部郊区。秦汉时期所建的任嚣城，据北宋初郑熊《番禺杂记》说，“后呼东城，今为盐仓，即旧番禺县也”[①]。南汉时为宫城屏障，为官僚、贵族居住区。

东城以北有不少风景名胜。今小北路及以北唐代有溪水流经，为踏青避暑胜地。南汉辟为御苑，建甘泉宫；中有泛杯池、濯足渠、避暑亭。南连甘溪，夹溪二三里皆植木棉、刺桐，两岸为平坦大道。

越秀山古迹甚多，高祖时更筑“呼鸾道”，直通越王台，道旁遍栽金菊、芙蓉；南汉君臣常游宴于山上，越王台改名游台。

河南岗阜连绵，土地肥沃，汉代已成为农耕区。南汉在这里修建了不少殿堂坛庙，成为都城的组成部分。在隔山乡乌龙岗一带高地，乾亨初仿长安大明宫含元殿形制修建郊坛，朝廷祭祀南郊，就在这里举行。今南武中学一带，建有刘王殿、梳妆楼。今前进路万松园一带，东晋时卢循建有城池，南汉修建为仓廪，后人称刘王廪。

（三）南汉的文化

兴王府不仅是一国政治、经济中心，而且人才荟萃，文风蓋然。朝廷以文治国，奖掖文士，延揽人才，包括内地知识分子在内的社会精英竞相入彀，跻进统治集团。高祖朝的赵光裔、倪曙、王定保、李纾、王宏、王诩、张瀛、黄损，中宗朝的简文会、钟允章，后主朝的古成之、钟有章、雷岳、陈守中等都是文坛一流高手，名重于时，为南汉文化增添了绚丽的光彩。

国家建立，乃有礼乐。在音乐、史学与天文历算方面，南汉仿照唐制，定吉凶礼法，置太常寺“掌礼乐、郊庙、社稷之事”。内宫还设有东西教坊，负责乐舞、百戏、杂技等事务。殇帝时，教坊伶官超过千人。兴王府乐舞戏曲丰富多彩，盛况空前。南汉灭亡后，宋朝择其内臣数十人于教坊习乐，名“箫韶部”，又改名“云韶”，“赐宴则用之”。[②] 这说明南汉宫廷音乐水平很高。

南汉私人修史颇有建树。大有末宰相王定保博闻强识，好咨询朝廷典故，尤乐闻“科举之美”，晚年著《唐摭言》，全书15卷，记述唐代科举

① 方信孺：《南海百咏》“任嚣城”条引。

② 王辟之：《渑水燕谈录》卷9、卷10。

制度、文士风习及文人墨客的遗闻逸事。《四库全书总目提要》称该书于“贡举之制特详，多史志所未及”。在唐五代杂史、笔记中属上乘之作。后主朝中书舍人知制诰胡宾王见朝政腐败，辞官隐居故乡曲江，访问耆旧，搜求遗文，著《南汉国史》12卷。

南汉建立了自己的历法体系，与中原各国历法不同。中宗乾和十六年（958）即周世宗显德五年，这一年有一闰月，薛居正《旧五代史》及《资治通鉴》所记为七月，而梧州光孝寺《感报寺铜钟款》则记为六月，两者相差一个月，可见南汉“不奉正朔”，有自己的历法。

唐开元以后，禅宗南派取得正统地位，至唐后期和五代，臻于鼎盛，成为全国最流行的佛教宗派；禅宗内部不断繁衍，诸家竞起，形成曹洞、法眼、云门、临济、沩仰五大宗派，合称五家。云门宗创于文偃，盛行于岭南。

南汉“崇重西教”，供养僧侣、增修佛刹。据不完全统计，南汉时期广东修建寺院45所，其中兴王府最多，著名的“东七寺”、“西七寺”、“南七寺”、“北七寺”就是这时所建。①

四　宋、明、清时期的广州

（一）宋代广州

宋开宝三年（970）九月，宋军讨伐南汉。次年二月，南汉国灭。宋军进入广州，宋朝取得了对岭南的统治权。宋代地方行政体制分路州县三级。广州上属广南东路，下辖南海、番禺、增城、清远、怀集、东莞、新会、信安、香山九县。广南东路是地方最高行政和监察机关，由帅、漕、宪、仓四个官司组成。除宪司外，各官司一般都在广州设署办公。路一级官司之间各自独立，互不统属而又互相监督。

宋朝吸取唐末五代武夫专权、分裂战乱的教训，把权力交给文官，让他们掌握政权，遏制武将。在用文官遏制武将之后，统治者又用权力分割、互相制约的方式控制文官。在广州，宋朝出于防止地方割据等原因，

① 方信孺：《南海百咏》“东七寺”为：慈度、觉华、梵王、普度、化乐、兴圣、觉性；“西七寺”为：千佛、真乘、水月、定林、昭瑞、集福、咸池；“南七寺”为：宝光、千秋、古胜、延祥、地藏，另二寺南宋时失名；“北七寺”为：国清、尊胜、证果、报恩、地藏、报国、悟性。

只部署少量兵员，同时又把最高统兵官的兵权分解得支离破碎，其结果是这一带军队连规模不大的少数民族暴动和兵变都无力应付。宋朝权力分割、互相制约的政策既成功地防止了地方割据，也付出了军队缺乏战斗力的沉重代价。

宋代广州的经济主要得助于海外贸易的发展和珠江三角洲的进一步开发，具体表现为手工业和商业的繁荣。宋代广州最重要的城市手工业有陶瓷业、香料加工业、造船业和制糖业。另外，建筑业和纺织业也有较大发展。这里主要介绍陶瓷、香料和造船业。

在宋代，广州是中国最大的港口城市，大批舶货由此运往全国各地。广州的舶货中除了政府直接北运的部分外，其余全部在广州贸易，形成广州的舶货市场。广州也拥有与之相适应的出口商品市场。进出口商品市场仍旧集中于广州城西部的“蕃市”中，交易方式多种多样，既有用金银铜钱交易的，也有以物易物的，还有赊买赊卖的。广州因商贾云集、消费人口众多、交通便利等条件，对岭南各地出产物有着巨大的吸引力，从而成为岭南地区土特产的最大集散地。

在广州古代城市建设史上，宋代是一个辉煌的时期：延续至明清的城墙基本格局是在北宋奠定的；民国时仍广为人知的城市供水、排水系统“六脉渠”，也是在宋代才出现的名称。北宋初广州城墙唯有残垣断壁，毫无防御能力。宋初几十年间朝廷对广州城的修筑并不热心。仁宗统治时期（1023—1063），岭南战事连绵，由于没有强有力的军队和坚固的城池，宋朝对岭南的统治遇到了严重的威胁[①]。景祐四年（1037）广东地方官员任中师等向朝廷报告广州“城壁摧塌，乞差人夫添修”。朝廷同意派当地兵士对城墙的重要部位进行修整。庆历五年（1045），魏瓘知广州，“遂城之，环五里”，“雉堞三百”。[②] 广州子城以南汉旧城为其基础，位置约在今天的吉祥路、中山路、小北路、越华路的范围内。

魏瑾筑子城只是北宋广州大规模筑城的序幕，高潮出现在熙宁年间（1068—1077）。皇祐元年（1049），依智高率众在广西广源州起事。他连

① 参见张方平《乐全集》卷39《韩亿墓志铭》；蔡襄：《端明集》卷21《论军贼王伦》；《长编》卷148，庆历四年四月。

② 《长编》卷155，庆历五年五月；江少虞：《宋朝事实类苑》卷22。

破九郡，进围广州57日。广州子城以西繁华的商业区被洗劫一空，但子城内却完好如初。此事证明城墙拱卫城市的重要作用。神宗（1068—1085年在位）登基前后，广州大规模筑城的条件成熟了。熙宁时期广州城市建设的第一幕是在子城以东建“东城”。子城范围较小，“仅容府署仓库而已”①。熙宁元年（1068），曾任知广州的吕居简建议在子城东面、南越赵佗城故基上加建城墙。朝廷令广南东路经抚司“疾速计度功料，如法修筑”。该城由王靖等人主持修筑，称“东城”，“环七里，赋功五十万”②。东城位置约在今德政路以西及子城以东的范围内。

东城是因地制宜的产物，更需要城墙护卫的是城西蕃汉杂居、宝货汇聚的商业区。熙宁四年（1071），知广州程师孟筑西城，西城比子城、东城的总和还大，环13里，历10月而筑成，位置约在今北城根、人民路、大德路及子城以西的范围内。建好三城，北宋广州城墙的基本格局就确定了。

由于商业贸易的发展，三城在南宋中期已包容不下日益增长的城市人口，商民便在三城以南濒临珠江的地带拓展居住及贸易场地。嘉定三年（1210），知广州陈岘创筑东西雁翅城。两雁翅城皆以三城南面城墙为其北部顶点，向江边修筑，从而形成北有三城，东西有雁翅城，南临珠江的新城区。③

（二）明、清时期的广州

明仍以广州为广东省城。洪武十二年（1379），朱元璋遂以朱亮祖出镇广东，驻广州。次年，朱亮祖认为已经将宋朝三城（中城、西城、东城）连为一体的广州旧城仍旧过于“低隘”，因而“辟东北山麓以广之”，并“拓北城八百余丈建立五层楼，为会城壮观”，④ 广州城规模大为扩展。此后，又经成化三年（1467）、弘治十六年（1503）、嘉靖十三年（1534）、嘉靖四十二年（1563）、万历二十七年（1599）多次修葺或扩建，广州城便扩展到后倚越秀山，南临珠江。明清时期广州城的规模基本奠定。

---

① 江少虞：《宋朝事实类苑》卷76。

② 《宋会要稿·方域》九之二七；《宋史》卷333《张田传》。

③ 参见陈大震等《南海志》卷8。

④ 光绪《广州府志》卷78，“前事略”四。

清接替明后，在广州设置两广总督，并设专管广东一省事务的广东巡抚，亦驻广州。清制，广州除督、抚外，又设广州知府，广州知府统领广州府。广州府辖南海、番禺、顺德、东莞、从化、龙门、增城、新会、香山、三水、新宁、清远、新安、花县14县。康熙二十年（1681），清政府撤藩，广州始成清政权有效控制区域。

（三）一口通商与十三行贸易

康熙二十四年（1685），清政府宣布“开海贸易”，[①] 并设立粤海关、闽海关、浙海关、江海关，管理对外贸易和征收关税事务。乾隆二十年（1755）左右，洋船到宁波的很多，宁波有成为又一个澳门的可能。这种情况引起清政府的不安，清政府认为，江浙是华夏文物礼教之乡，而且物产富庶，如果让外国势力打进去，会对其统治十分不利。加之粤海关的海防也比浙海关坚固，有利于防范外商和保证税收。在乾隆二十二年（1757）十一月，清政府宣布封闭闽、浙、江三海关，仅保留粤海关对外通商。[②] 从此，粤海关便成为全国通商的唯一口岸，全国的进出口商品交易，都由广州一口经营，直至1842年《南京条约》的签订结束了广州一口通商的历史。

“十三行”是在粤海关设立的第二年即康熙二十五年（1686）开始建立的。[③] 其行址分布在今广州文化公园后至海珠南路一带。它是在清政府为防止外商与中国人接触，规定外国商人来华贸易时，都要找行商代理这样的背景下出现的。

十三行专门负责对外贸易的业务，所以又称洋行，行商也叫洋商。此外在十三行街一带，又建有十三商馆，当时称为“十三夷馆”，夷馆是由十三行商人修建，租给外国商人住宿、办理商务和堆放货物的。

（四）西学东渐的要冲

明清时期由于航海事业的发达，外国人来中国都弃陆路而取水道。广州由于地理位置的优越，以及在对外贸易上的特殊地位，得风气之先，成为西学东渐的要冲，中西文化交流的重要基地。自16世纪中叶以来，随

---

① 《清圣祖实录》卷120。

② 《清高祖实录》卷550。

③ 彭泽益：《清代广东洋行制度起源》，《历史研究》1957年第1期。

着以广州为起点的中西贸易的发展，西方国家的耶稣会传教士纷纷随着商船而来广州进行传教活动。但是他们大多是有知识之人，特别是耶稣会士利玛窦、汤若望、南怀仁等人，以传播科学知识为布道手段，把西方国家先进的科学文化知识传到中国，从而促进中国科学文化向近代化发展。

传教士传来西方文化，给广州带来了新的文化影响，如在教育方面，一些官、绅、商人士，在鸦片战争前的二三十年间，逐步改革康熙至道光年间在广州地区办起来的30间书院。道光六年（1826）创办的学海堂书院，打破了中国封建社会传统书院的教育制度和教学方法，除了开设文学、音韵、训诂等传统课程外，还仿照西方国家的学校增设了数学、天文、地理、历法等新的自然科学科目。广东近代许多主张革新的思想家，都是在这些经过改革的书院里学习而成才的。例如先后肄业于羊城书院和越华书院的朱次琦，就主张经世致用，不空谈阔论。后来他又以新学来教育他的学生康有为。康有为成为近代的维新派人物，与他在广州受新学的熏陶不无关系。无疑，在近代中国，广州是西学东渐的桥梁。[①]

邓炳权《名城广州的历史文化特点》[②] 一文中的标题概括了广州的历史文化特点：（1）云山珠海早有先民生息繁衍；（2）持续发展两千多年的城市历史；（3）南越、南汉、南明三朝古都；（4）历久不衰的海上丝绸之路东方发祥地；（5）中国民主革命策源地；（6）情系海外赤子的侨城；（7）岭南文化中心。总之，由于广州所处的特殊地理位置，从先秦到近代，广州最突出的文化特质就是受到百越土著、中原和海外三方面文化的影响，是一个各种文化的杂糅之地，这为产生“陈家祠”这样的混杂的文化现象和纪念性建筑提供了土壤。但行文至此还不能看出出现“陈家祠”的直接社会原因，这需要进一步分析广州的近代文化以及传统的祠堂文化，找出它们在各种社会文化关系中的结合点。

第二节 近代广州与陈家祠

陈家祠是一座祠堂，但又不完全是一座祠堂。为了更深入地理解陈家

① 杨万秀、钟卓安主编：《广州简史》，广东人民出版社1996年版，第196—199页。

② 广州博物馆编：《广州历史文化图册》，广东人民出版社1994年版，第295—302页。

祠的意义，我们必须先了解一般传统意义上的祠堂是一个怎样的事物。

一　宗族与祠堂

建筑作为一种观念艺术，其形式是一定的社会观念的反映。祠堂建筑离不开宗族观念。宗族是一个有确认的共同祖先、统一的祭祀仪式、共同的财产，并可分族、房、支等组织系统的继嗣团体。确认的血统、统一的仪式、共同的财产和族、房、支的组织系统，是宗族与其他形式的血缘组织区别开来的重要因素。① 在家庭、市民社会、国家三层社会伦理关系中，家庭是最基本的。但是，据有关学者研究，具有共有地产、地方宗祠、族谱的庶民化的宗族村落不是中国的远古传统，而是后来才产生出来的社会组织形式。更严格地说，祖先崇拜、家族继嗣、家族公田在明代之后才成为民间社会的组织模式。② 如 1917 年王国维发表《殷周制度论》认为殷商时期没有宗法制与嫡庶制③。而有学者认为殷商时期已经有宗法制的萌芽，如徐扬杰在《中国家换制度史》一书中认为：从原始末期产生到 20 世纪 50 年代初，中国的家族制度共经历了原始社会末期的父权家族、殷周时期的宗法式家族、魏晋至唐代的世家大族式家族、宋以后的近代封建家族四种形式。家庭关系能否后于国家关系？显然，这里说的“这种特殊的庶民化宗族形态不是中国的远古传统”指的是庶民的宗族观念没有仪式化、制度化的表现形式，是处于贵族和国家政权的压制状态。但是，中国远古贵族分封国家，本身就是建立在家庭伦理关系的基础之上的。因此，关于这一问题的学术争论，实质是对宗法制的界定问题，因而涉及宗法制的观念渊源和系统化制度创立之间的时间差问题。

宗族组织的元素包括祖先信仰与仪式、继嗣观念与制度、家族公产等。商周时期贵族早已开始祭祀祖先。实际上，祖先祭祀的原始形式还应先于国家的产生。周代，父系继嗣的原则作为意识形态在国家上层建筑中占有重要的地位，《周礼·考工记》树立了王城“左祖右社”的原则。对于分封的贵族来说，家族公田至汉代以后已十分流行。在宋以前，宗族的

---

① Jams Watson：《中国宗族再研究：历史研究中的人类学观点》，陈春生译，《中国季刊》1982 年第 92 期，第 18—19 页。

② 王铭铭：《宗族、社会与国家——对弗里德曼理论的再思考》，中国农村研究网。

③ 《王国维学术经典集》（上），江西人民出版社 1997 年版，第 128—143 页。

制度性元素只分布在贵族阶级，在民间并不广泛存在。也就是说，只有贵族才被朝廷允许举行四代以上祖先信仰仪式，按照继嗣观念与制度来规范族人的行为，并且拥有大量的宗族财产。

徐扬杰所著的《中国家族制度史》一书指出，聚族而居的家庭组织在宋以后出现，并在非法移民区的个别存在逐步成为整个中国农村村落居住的主要形式，其分布并不限于东南区。郑振满、陈支平、叶显恩等在福建和广东地区的社会史调查也证实，宗族组织直至明清时期才在该地出现。此外，安徽、江西、山西的研究也得出类似的结论。对于宋以后宗族制度在庶民中间的逐步扩散、明以后宗族制度的地缘化和制度化出自何种原因，目前学术界还没有明确的论断。有学者认为，宗族现象与宋以后官方意识形态的转变和明清时期的社会变迁有着十分密切的关系。①

对于中国宗族的研究，引起中外人类学家、社会学家的浓厚兴趣。日本汉学家和中国社会人文学家对中国宗族的研究开始于20世纪初期。第二次世界大战之前，日本汉学家研究中国宗族的目的在于揭示中国社会结构的特质，以迎合侵略、“改造”中国的目的；同一时期中国学者的研究，比较起日本学者，他们追求的是社会的改革。虽然研究的目的不同，但两国的学者都认为，中国宗族是古代氏族社会的延续，是传统国家用以维持其合法性的工具，因此必须被消灭。50年代以来，中国学者继续以政治历史观批评宗族的“阶级本性”，而日本学者转向比较中立的分析。在几十年的研究中，后者逐步发现宗族并不是远古社会的延续，而与中华帝国的封建时代社会精英分子的家族扩大有关、与皇权和绅权的糅合有关。诚然，东亚汉学界对宗族的研究所采用的方法和视角具有相当大的多样性。但是，在学术传统上，学者们形成一种相当稳定的共识。这个共识的特点在于强调政权、绅权与族权的巧妙契合（articulation）。虽然东亚学者比西方人类学家更能贴近中国社会，但是他们的研究仍然局限在把宗族看成是没有人为干预的历史发展结果，因此没能解释宗族在何种年代、用何种方式被推广成政权、绅权与族权的糅合工具。②

据有关学者研究，明清两代的统治者不仅准许庶民设庙敬祖，而且把

① 王铭铭：《宗族、社会与国家——对弗里德曼理论的再思考》，中国农村研究网。

② 同上。

这种原来被视为与王道有明显矛盾的做法当成稳定基层社会的手段。在明以前，帝国与基层社会之间的空间距离比较大，地方社会控制在县以上的官员手中。中央政府对县以下的社会生活干预很少。从明初开始，政府实行一种较为基层化的社会控制政策，强调对家户的登记。但是，统治者所掌握的行政力量并没有直接渗透到家户；为了节省社会控制的财政与人力开支，明政府规定家户的人口、职业、经济等状况的登记必须严格以原有的家户材料为依据，同时鼓励家户累世聚居。这种政策后来被清朝政府所沿用，从而在长期的实践中造成聚族而居的现象。由此可见，明清时期宗族存在的前提是意识形态的突破以及政权结构的转型：如果没有宋明理学庶民化宗法论的提出与明清时期社会统治形式的变更，那么中国宗族的普遍性存在便不可能。①

科大卫认为，宗族的发展实践是宋明理学家利用文字表达改变国家礼仪、在地方上推行教化和建立起正统性的国家秩序的过程和结果。② 有些学者甚至认为宗族村落和聚落完全是官方的政治发明；也有学者认为意识形态的突破以及政权结构的转型是民间宗族存在的前提；或者认为宗族是明清社会变迁过程的一种文化创造③，这是不对的。很明显，以上的研究采用的是功能论的研究路线，并没有把宗族现象纳入人类本身基本伦理需要的观念上来考察，把国家伦理与家庭伦理对立起来成为一种利用关系，而忽视了它们共同对于社会有机存在的整体性的作用。家庭作为“天伦”毫无疑问是最基本的自然的伦理关系，它不需要以其他任何政权或者意识形态作为前提；相反，家庭伦理关系才是一切其他社会伦理关系的前提和基础，因此，民间缺少的不是宗族观念，而是这种观念在贵族与国家政权的抑制下，缺乏仪式化、制度化的表达形式。

虽然在伦理学本体论的意义上，宗族村落和聚落不能认为是官方的政治发明，但来自上层意识形态的改变起到了助推宗族村落发展的作用。其中有两个里程碑意义的事件：其一是南宋朱熹著述《朱子家礼》；其二是明嘉靖年间的“大礼仪”以及随后颁布的“推恩令”。这两件事对岭南宗

① 王铭铭：《宗族、社会与国家——对弗里德曼理论的再思考》，中国农村研究网。

② 科大卫：《国家与礼仪：宋至清中叶珠江三角洲地方社会的国家认同》，《中山大学学报（社会科学版）》1995 年第 5 期。

③ 同上。

族村落的发展都有直接重大的影响，在“大礼仪”中拥护嘉靖皇帝的数位粤籍官员和学者后来对广州府沙田开发、宗祠制度以及宗祠建设产生了十分重要的影响，而其中粤籍学者黄佐是推行乡村教化的观念传播者和积极实践者，他于嘉靖九年所制定的《泰泉乡礼》主要内容效仿《朱子家礼》，成为后来地方推行乡约保甲制的重要范本。①

有学者研究指出，在中国历史学界，向来存在片面强调宗族对于封建统治者的政权稳固的作用，忽视这种社会组织一旦被允许存在便可以转变为与其原型不同的东西。实际上，宗族在民间（尤其是农村地区）的广泛发展，不仅是由于政府社会控制政策造成的，而且还与长期以来民间对贵族式的宗法制的景慕与模仿、地方权力的网络建构、地方社会的公共领域的发展有密切的关系。明以前的政府之所以不断强调只有天子与贵族才可以立庙祭祖，是因为不属于此类型的社会阶层（如商人与大庄园地主）常有立庙祭祖的野心。一旦政府开放此禁，民间社会阶层便如鱼得水、纷纷立庙、聚族而居，以扩大自身的势力，使属于自己的宗族成为基本上自治化的社区。作为一种小型的自治组织，宗族必须拥有一定份额的公有财产，以便适应地方公共事业的开支，族田的制度才因此发展起来。②

从现在的实际遗存来看，宗族村落有从中原向东南沿海同心圆扩散依次增强的趋势。中原一带，遗留的宗族村落较少见；到浙江、皖南、江西、湖南一带，宗族村落已较多见；再到东南沿海的福建、广东则十分盛行，同时这两地的民间杂神和民间信仰也十分盛行，这绝非偶然现象。弗里德曼研究认为：华南社会结构是以宗族和地方社会的结合为基础组织起来的，他把宗族看成华南社会的基层组织单位，将中国划分为国家、秘密社团、宗族三个层级，他认识到了宗族与宗族、宗族与国家之间的微妙关系，以及士绅、富人对宗族的实际控制。对比于黑格尔《法哲学原理》中的三个伦理环节：“国家、市民社会和家庭”，弗里德曼的“秘密社团”置换了黑格尔的“市民社会”。显然，黑格尔伦理学的三环节是具有内在逻辑的关联，是普世性的；而“秘密社团”，按照弗里德曼的提法，代表

① 参见冯江《祖先之翼——明清广州府的开垦、聚族而居与宗教祠堂的衍变》，中国建筑工业出版社2010年版。

② 王铭铭：《宗族、社会与国家——对弗里德曼理论的再思考》，中国农村研究网。

一种中国所特有的，混杂着民间宗教、行会组织和地缘组织的社会帮派组织形态，且时常是国家政权危险的对立因素。弗里德曼还发现广东、福建的宗族现象最发达，他将原因归结到了东南地区的三大特点：边陲状态、水利和稻作经济的发达。[①] 中原历来是国家政权的中心地带，其地域直接受到国家政权的伦理形式的辐射，家庭式的宗族伦理观念被强势的国家伦理关系所抑制，特别体现在了弱化其物质化的表现形式方面；而随着远离国家权力的中心，家庭式的宗族伦理有着更加丰厚的生存和发展的土壤。

清初著名诗人、主持过南海神庙的王士祯在《池北偶谈》中就说："粤东人才最盛，正以僻处岭海，不为江左习气熏染，故尚存古风耳。"雍正年间任广东按察使的直隶人张渠在《粤东闻见录》中也感叹说："粤多聚族而居，宗祠、祭田家家有之。如大族则祠凡数十所，小姓亦有数所……大族祭田数百亩，小姓亦数十亩……吾乡乃邦畿之地，以卿大夫而有宗祠者尚寥寥无几，其尊祖睦族之道，反不如瘴海蛮乡，是可慨也。"[②] 明清珠三角的宗族发展是极其繁盛的。据冯江对明清广州府乡土聚落与宗族祠堂衍变的研究认为，虽然近代以来中国汉族传统社会的宗法族制已趋于衰微，但在广东，以聚族而居、建庙祭祖、创立公产为特征的宗族组织，却在岭南区域开发史中发挥了重要作用，虽然在明清鼎革、迁界禁海与沿海乡村重建中经历了一段沉浮的历史，但始终是社会结构中的稳定要素。[③]

宗族在明清珠三角的发展具有一些特征。明末清初屈大均说：

> 大宗祠者，始祖之庙也。庶人而有始祖之庙，追远也、收族也。追远，孝也；收族，仁也。匪谮也，匪谄也。岁冬至，矩宗行礼，主鬯者必推宗子，或支子祭告，或其祭文必云：裔某孙，谨因宗子某，敢昭告于某祖考，不敢专也。其族长于朔望读祖训于祠，养老尊贤，赏善罚恶之典。一出于祠，祭田之入有羡，则以均分，其子姓富贵，

① 王铭铭：《宗族、社会与国家——对弗里德曼理论的再思考》，载《社会人类学与中国研究》，广西师范大学出版社 2005 年版。

② 张渠：《粤东闻见录》，广东高等教育出版社 1990 年版。

③ 参见冯江《祖先之翼——明清广州府的开垦、聚族而居与宗族祠堂的衍变》，中国建筑工业出版社 2010 年版，第 29、77 页。

> 则又为祖弥增置祭田，名目蒸尝，世世相守。惟士无田不祭，未尽然也。今天下宗子之制不可复，大率有族而无宗，宗废故宜重族，族乱故宜重祠，有祠而子姓以归，一家以为根本，仁孝之道，由之而生，吾粤其庶几近古者也。①

从屈大均的论述可知族产（蒸尝）和宗祠，也是明清珠三角宗族的核心基础；其主要特征还有“累世同居”、“合田而耕”、“家财共使”和极端重视祭祖，少数宗族还有“居同屋”、“食同灶”这样的“义门”现象。学术界探讨最多，最为有名的“义门”是创立于唐代（890 年）的江州义门陈氏，宋仁宗曾赞曰“萃居三千口人间第一，合聚四百年天下无双”。类似或接近“义门”的宗族在明代的珠三角各城乡聚落中得到大发展，在整个明清时期一直大量存在——今天珠三角的古村落中的宗族在新中国成立前常常接近于“义门”。

冯江在《祖先之翼——明清广州府的开垦、聚族而居与宗族祠堂的衍变》一书中对于珠三角宗族古村落的历史发展过程和原因进行了梳理与阐述，主要为：（1）岭南河谷地带和民田区的耕耘与宗族的初兴；（2）沙田拓殖与造族运动；（3）明代广州府籍士大夫对祠堂制度的影响；（4）明清鼎革、迁界禁海与复界之后沿海乡村重建。文中的论述全面概括了岭南聚族而居在经济基础和意识形态两方面原因，并对重大历史事件和历史转折时期对岭南聚族而居造成的影响进行了条分缕析的说明。

正因为这样的历史文化背景，岭南的宗族文化具有自身的文化特质。刘志伟认为，大宗族控制着广袤的沙田、墟市和庙宇、炫耀祖先的光荣甚至攀附历史上的同姓名人，并通过科举、捐题等方式来提高社会地位，“演示一些被认为是中国文化认同的正统命题以及身份标志，创造了一套最后为官方和地方权势共同使用的排他的语言”②，借此获得经济上的强势地位和文化上的优越感。冯江认为，“宗祠成为一种象征，和那些关于显赫祖先以及名门望族的想象和传说一起，在‘埋面’和‘开面’之间

① 屈大均：《广东新语》卷 17《宫语·祖祠》。

② 刘志伟：《地域空间中的国家秩序——珠江三角洲“沙田—民田”格局的形成》，《清史研究》1999 年第 2 期。

树立了一堵难以逾越的墙，内外之别实际上是地方社会政治格局中地位的区分”[①]。这些论述都中肯地说出了岭南宗族文化的基本面貌。

《左传》：“国之大事，在祀与戎。”中国人在文化和情感上有“对外防御性和对内开放性”的双重特点。[②]“祀”是团结内部，“戎”是抵御外敌。家国一体，宗族大事也与国之大事相似，本质上是处理人与人之间的“内外”关系。上文之所以反复引述相关研究成果与材料，是想从这一看似朴素视角来揭示岭南宗族文化的实质，为理解陈家祠这样的现象铺垫相应的历史文化背景。

二　陈家祠的性质

（一）陈家祠的社会学意义

陈家祠是在省城建立的陈氏合族祠。在清代尤其是清中后期的广州城内，陆续出现了一些“书院”、“书舍”、“书室”、“试馆”等为名的祠堂建筑，以原贡院附近的大马站、小马站、流水井、仙湖街、北京街、越华路、广卫路等处分布最为集中，其中兼有宗祠和书院之名的有羊城庐江书院（何家祠）、考亭书院（朱家祠）、平所书院（赵家祠）、关氏书院、余氏见大书院、冯氏始平书院、陈氏太邱书院、黄氏浩然书院、劳氏桂阳书院、黄氏千顷书院、马氏冠英家塾等，甚至还有三益书院（江、何、黎三姓合族祠）这样的异姓合族祠。据统计，直至20世纪90年代，广州城内尚存祠堂式建筑100余座[③]。这些合族祠大多占地广大、架构雄伟，成为一方的标志，有些甚至远远超出了明代中叶的品官家庙。其中以位于西关连元大街的陈氏书院（陈家祠）为最，占地20余亩，主体建筑80米见方6400平方米，形制五路三进九堂两厢抄。陈氏书院现是广州最具代表性的文化景观之一。

由于合族祠性质的复杂性，在发展过程中经历了一段曲折的历史。早

---

① 冯江：《祖先之翼——明清广州府的开垦、聚族而居与宗教祠堂的衍变》，中国建筑工业出版社2010年版，第61页。

② 陈蔚、张兴国：《“联谊于均益，祀神于合乐”——明清会馆建筑文化内涵与形态嬗变研究》，《新建筑》2011年第3期，第126—129页。

③ 参见黄佩贤《清代广州的合族祠》，载《岭南考古研究论文集》，中山大学出版社2001年版。

在清代乾隆年间，广东官府就因为合族祠“把持讼事，挟众抗官”而上奏朝廷将合族祠一律禁毁。到咸丰和光绪年间，广东官府有两次较大规模的取缔广州城中合族祠的行动。[①] 据《清代广东档案》记载，当时的广东官府认为：

……民间建立宗祠，本为祀先睦族而设，自应在于本籍乡里，就近建立……宗支亦便于联属。岂宜舍本乡本土，远涉省垣，纠集同姓创建。且省会地方，人烟稠密，以阛匮栉比之所，而杂以祠堂逼处其间，不特有碍于居民，抑亦街邻所共恶。况城乡远隔，尝祭固不得及时，宗族亦虽期毕集，殊失立祠之本意。乃粤东恶习，每喜在省会建立公祠，争相慕效，几于随处皆有。揆厥所由，无非一二好事者，借端敛赀，希图渔利。凡属同姓不宗，皆得送资与祠，即可得牌片移设祠内。其出费者虽平生素昧，可联为一家；不出赀者则近代亲友亦置诸膜外……

官府很清楚知道，这些合族祠“虽有书院、义学等项，皆祠堂之别名，均此一律严令禁止”。[②] 但是，即使在这样的背景下，广州陈氏书院依然强势建立，自有其缘由。

据《嘉应州志》记载：广州陈氏书院是广东地区规模最大的宗祠建筑。俗谚云“广东陈，天下李”。陈家祠的一楹联云：

溯妫油渊源逮胡公而命氏懒川派衍喀海支分历四千余年苗裔滋蕃总是神明一脉，

发宛丘光耀始敬仲之辞乡诗礼孔闻春秋左立合七十二县宗盟共守不外仁义两言。

清代广东陈氏宗族为全省之望族，其远祖为舜帝，始祖为胡公满，至

① 黄海妍：《从〈陈氏宗谱〉看清末广州陈氏书院的兴修》，载黄淼章主编《广东民间工艺博物馆文集》，海风出版社2004年版，第41页。

② 李扬芳纂修：《李氏宗谱》，《祠宇谱》，民国16年（1927）广州香港李太白印书馆刊。

今已有四千多年的历史。周朝，武王封舜的后裔胡公满于陈国，于是该氏族就以国号“陈”为姓，并在河南颍川不断生息发展。陈氏的分支传至广东，并不断繁衍壮大开枝散叶，发展成为广东最大的姓氏。为光宗耀祖，拜祭祖先，更为加强各地族人的联谊和方便陈姓子弟赴省城读书应考、诉讼、议事等事务提供临时居所，清光绪十四年（1888）四月，陈伯陶、陈兰彬、陈昌朝、陈宗询等48位德高望重的广东陈姓乡绅名流倡建陈氏书院，联名向各地陈姓宗族发出《广东省各县建造陈氏书院》、《议建陈氏书院章程》等信函，邀请各地陈姓族人派员到省城商议建造宗祠，并以认购入主牌位的方式筹集款项兴建祠堂。凡陈姓族人只要缴纳一定款项，可将自己的长生位或祖先牌位设在陈氏书院神龛内供奉，此举得到各地陈姓宗亲的积极响应和支持，筹集到巨额资金，准备在广州城西门外建造合族宗祠。[①]清光绪十四年（1888）七月开始，以陈颍川堂和陈世昌堂的名誉购买了广州西门口外的连元街、荔枝湾福水塘、恩龙里口等总面积大约36600多平方米的房地产，作为兴建陈氏书院的建筑用地及出租田地提取租息，应备每年春秋二祭及培育人才的经费。至光绪二十年（1894）陈氏书院落成，历时七年。[②]

这座全省规模最大的陈姓合族宗祠取名为“陈氏书院”，而民间却称之为“陈家祠”。同一座建筑两种称谓，是因为当时的广东官府担心各地宗族势力强大，利用合族祠聚众闹事与官府抗衡，于是严禁在广州城内建造祠堂。为避开官府的禁令，于是各姓氏的祠堂皆改称书院或书室，而陈氏书院实际上是一座名为书院的合族宗祠。[③]

在筹建陈氏书院的时候，其建筑设置除了具有祠堂应有的功能之外，还有另外一种功能：“书院宜名实相顾也。议落成后，倘有余款，则多置产业，为作育人才经费款。每年应备春秋二祭要款外，提出租息若干，延品学优长老师在本书院讲学课文。凡我祠子孙果系聪明敏捷、材学有成、无力求师者，准入书院课读，由书院酌助膏火。另每月设文会一次，酌给

① 广东新会景棠图书馆藏：《陈氏宗谱・广东省各县建造陈氏书院》，转引自崔惠华《早期的广州陈氏书院（1888年至1958年）》，载黄淼章主编《广东民间工艺博物馆文集》第二辑，广东旅游出版社2005年版，第36页。

② 《陈氏书院契据簿》。

③ 黄佛颐：《广州方城志》卷一。

奖赏以士气。仍增设内试寓，以便各房赴考。”[①] 因此，陈氏书院的东边和西边均设了两列厢房，作为陈氏弟子的临时居所。但由于兴建陈氏书院耗资巨大，在经费不足的情况下，陈氏书院办学之事被搁之，但陈氏书院每年举行隆重的春秋两季祭祖仪式从未间断。

1905年科举制废除后，陈氏书院改办陈氏实业学堂。1915年，私立英文商业学校“广东公学”迁入陈氏书院，租借陈氏书院房舍招生办学。1915—1918年期间，由于水灾以及社会动乱等干扰，学校多次长时间停课，此间陈氏书院还被征用驻扎国民党军队。1928年，广州市一班志同道合者倡议筹办一间专门培养体育人才的专科学校，在陈氏书院值理陈笃初先生的极力帮助下，借助陈氏宗亲在军政界的地位，说服了驻军让出部分房舍租借给学校，并于1928年11月11日正式创办了私立“广东体育专门学校”。1940年陈氏书院办“文范中学”，抗战胜利后又办“聚贤中学”。虽然陈氏书院长期作为学校使用，但每年的祭祀活动一直没有间断。[②]

梁正君在《试论陈氏书院的教育功能》[③] 一文中认为，陈氏书院在100多年的历史中，其使用功能几经变化，除作为当时广东全省陈姓合族祠外，还曾是各种学校的场所。从历史上看，陈氏书院在使用功能上虽然几经更改，但自始至终和教育有着密切的联系，只是教育的目的、内容、方法等随着时代的变革而发生了变化。立足于陈氏书院的历史沿革，梁正君探讨陈氏书院与教育的关系，揭示社会发展对陈氏书院教育功能的影响。

书院与祠堂的统一：书院是我国古代教育中的一种教育组织形式。从孔子之学到书院制度，经历了漫长的历史时期。它是以私人创办为主，积聚大量图书，教学活动与学术研究相结合的一种教育机构。书院的名称始见于唐代，有官方创办的和私人创办的两种。不过，当时的书院或为校刊、收藏经籍的场所，或为文人读书治学的书房。真正具有聚徒讲学性质

---

① 《陈氏宗谱·议建陈氏书院章程》。

② 参见黄淼章主编《广东民间工艺博物馆文集》第二辑，广东旅游出版社2005年版，第38—40页，崔惠华：《早期的广州陈氏书院（1888年至1958年）》一文。

③ 黄淼章主编：《广东民间工艺博物馆文集》第二辑，广东旅游出版社2005年版，第50—63页。

的书院，起源于五代的庐山国学，即著名的白鹿洞书院的前身。自宋代以后，书院迅速发展起来，并逐渐与我国古代教育中的官学与私学呈三足鼎立之势，深刻影响着宋代之后直至清代末年的文化教育与社会发展。①

中国传统的学校教育自古有官学与私学两大体系。书院是我国古代后期的一种重要教育机构，它既非官学（不属于官府体制之内），也不同于一般私塾、义学等私学，而是在继承、改造传统教育经验的基础上，开创的一种社会办学的独特体系制度。书院自唐代出现，历经宋、元、明、清各代发展，遍及全国，曾先后开办7000多所，数量远超官学。② 书院为文士聚居讲习之地，有其的自主的精神内涵，它力求满足文士藏修息游、修身养性、礼乐相成的精神要求。但书院由于历史的局限、理学的束缚，特别是明代以后，书院作为介乎官学与私学两者之间的一种民办官助的教育组织机构③，越来越受政府的干预和控制，被引向官学化道路，受到科举制度的制约，甚至成为科举制度的附庸，最终被近代学堂、学校所取代。

中国书院有三大文化功能，即讲学、祭祀、藏书。祭祀是书院规制中一个极为重要的部分，有尊师、重道、崇贤、尚礼的含义。书院多有专为举行祭祀的殿堂。书院祭祀始于北宋，此时书院的教育功能强化，故借用庙学之制，始行祭祀。随着书院的学术发展与地方文化的结合，南宋、明清时期书院祭祀进一步受到重视加强，立祠设祭的范围不断扩大，最终，祭祀和藏书、讲学一起，成为书院独特的文化景观。

早期的书院，其主要内容之一是崇祀先贤，比较大的书院，都建有文庙，设立有孔子及孟子、颜渊、曾参、子思“四圣”的塑像或木主。宋元书院都把程朱学派的儒家道统中人物加以祭祀。明代书院，属于姚江学派的都祀王守仁，属于甘泉学派的都祀朱熹、陈献章、湛若水。清代书院属于乾嘉学派的，都特别祭祀郑玄、许慎等汉学代表。祭祀对象最为繁多的，要算是清代的岳麓书院，嘉庆后祠宇从5处增加到29处之多，受祀者将近百人。还有些书院，特别突出祭祀那些与本书院有关系的先儒，用

① 梁正君：《试论陈氏书院的教育功能》，载黄淼章主编《广东民间工艺博物馆文集》第二辑，广东旅游出版社2005年版，第50页。

② 杨慎初：《中国书院文化与建筑》，湖北教育出版社2002年版，序言。

③ 陈大远：《书院、家祠与祭祀文化》，《岭南文史》2001年第4期，第19—21页。

以纪念和表彰他们对书院的贡献。后来很多书院将创建书院的乡贤牌位请进书院祭祀，到清末，大量家族式书院出现，祖先牌位成为了主要祭祀对象。

广东各地具有教育功能的民办公助式书院大量出现于清乾嘉以后。如广州著名的有越华书院、羊城书院、应元书院、粤秀书院等。广东各地还有肇庆端溪、南雄道南、南海三湖、高州高文、龙川三台、番禺禺山、赤溪、顺德凤山、增城鸣皋、英德文澜、德庆青云等，这些书院都记录在当地地方志中。民国罗定县志就记载有文昌书院、罗阳书院、珑水书院、罗西书院。这些书院都是以学田为中心的经济体制提供教育与祭祀经费。最主要有膏火田（又叫食田）和祭田等。这些田产大部分为捐赠，也有部分为政府拨给。这些田产相当大部分作为书院的祭祀费用。书院内的祭祀活动，开始是学着宫观庙宇的样子，将“先圣”、“先贤”塑成神像供奉。后来家族式书院因为大量的祖先牌位以长生禄位入座，因为地方条件限制、思想观念的变化和工艺技术水平等各种原因，木主便因地制宜而制作。①

陈氏书院，又名陈家祠，作为清代末年建成的书院，既与传统的书院有联系，又与传统的书院有着区别。据《白云、粤秀二山合志》记载：“广州自耿尚屠城以后，城中鲜五世萃居者，故无宗祠，有则合族祠耳。乾隆间有合族祠之禁，多易其名为书院、为试馆。”另据冼氏《曲江侯书院图记》记载：“乾隆三十七年，巡抚张彭祖以城内合族祠类多把持讼事，挟众抗官，奏请一律禁毁。我祠之以书院名由于此，故祠制也。”黄海妍在《从“陈氏宗谱”看清末广州陈氏书院的兴修》一文中指出，清代广州城中曾存在的大量以姓氏冠名的书院、书室、试馆、书舍实际上是合族祠，只是由于官府的禁毁，才将其名改称为“书院”。陈氏书院也是如此，名为“书院”，实质上是广东陈氏的合族祠。二为方便来自各地村镇的有份出资建造合族祠的同姓族人到广州城中应考科举、打官司和缴纳赋税以及办理其他事务时落脚居住之所。

城市区别于乡村的最大特点就是它是行政和商业中心，也就是说，它是“朝”和“市”的所在地。上文提到了“应考科举、打官司”，而所

① 陈大远：《书院、家祠与祭祀文化》，《岭南文史》2001年第4期，第19—21页。

说的“其他事物”很大程度上应该指商业生意上的事物，陈家祠是具有会馆性质的。会馆是行会观念和行会组织的物质空间载体，行会是市民社会一种自发性的制度安排。据格雷夫等人对西方中世纪商业革命的行会的研究表明，行会起源于具有共同知识的协调、诚信和契约的强制。通过检验中世纪欧洲部分城市的行会兴起，行会之所以成为一个制度存在于许多城市，是因为国家困境的存在——作为强制契约和权力并提供公共品制度的国家也具有权力抑制、保护或强制征收私人财富，并削弱市场经济基础。行会因为具有文化信仰的依托，所以能够广泛地在不同的商人集团之间建立信誉机制，并对行会成员产生诚信和道德强制。① 这样看来，在国家未能提供有效的制度供给的情况下，血缘关系这种古老的伦理联系在提供公共品方面有着潜在的、巨大的比较优势，这正是资本主义之前封建社会普遍存在的产权特征，它与国家特权始终保持一种必要的张力。我们从此可以看出，祠堂与会馆的联姻存在着内在的原因。日本学者牧野巽在 20 世纪 40 年代就曾经指出：如陈家祠这类合族祠带来了与近代行会非常相似性质的组织。②

祠堂是祭祀有着明确的共同先祖的仪礼场所，陈家祠作为一个合族祠就不是那么正式祠堂建筑，从其祭祀的入主牌位并不按照血缘伦理的关系安排，而是按照捐款的多少安排就可以看出来，陈家祠代表着一定的市民社会的商业伦理关系，是具有一定的会馆性质的。“会馆”作为中国封建社会中晚期基层民间社会组织形式之一，产生于明初，发展于嘉靖万历时期，清代康乾至咸同年间达到顶峰，分布遍及全国。鼎盛时期各城镇会馆数量惊人。据考约有各类型会馆累计 2152 所。③ 据陈蔚、张兴国研究，会馆有以下主要文化内涵：（1）神灵文化；（2）封建宗族文化和寻根文化；（3）儒商文化。④ 会馆是否具有封建宗族文化的性质是有待商榷的，而称之为“家乡文化”可能更确切；一般而言，会馆和宗族祠堂的性质是有显著区别的。陈家祠和一般的会馆有一些共同的地方，但也有显然不

---

① 卢现祥主编：《新制度经济学》，武汉大学出版社 2004 年版，第 223 页。

② 《羊城古钞》卷三。

③ 陈蔚、张兴国：《“联谊于均益，祀神于合乐”——明清会馆建筑文化内涵与形态嬗变研究》，《新建筑》2011 年第 3 期，第 126—129 页。

④ 同上。

一样的地方。陈家祠无论作为书院还是会馆，其服务的对象仅限于广东陈氏家族子弟，这和一般的会馆和书院有所不同，是紧紧与宗族观念联系在一起和以祠堂的性质为根本的，从每年坚持的春秋两祭中可以看出陈家祠在各种历史变革和功能转换中，始终保持了祠堂的本性。

黄海妍先生认为，“至于使陈氏书院名副其实，具有传统书院读书课试的功能，只是倡建者们的愿望又或者所做出的一种姿态而已”[①]。一座本是祭祀祖先的家族祠堂冠冕堂皇挂上“书院”的牌匾原来是为了掩官府耳目，俨然有些“挂羊头卖狗肉”的味道，从而认为陈氏书院不具备教育功能。梁正君先生认为，这种看法是对鲍炜一文的错误理解，作者只是说陈氏书院不具有传统书院读书课试的功能，但并没有否认它的教育功能。实际上，如前文所述，《陈氏宗谱》中收录的《陈氏书院章程》明言：“书院宜名实相顾也。议落成后，倘有余款，则多置产业，为作育人才经费款。每年应备春秋二祭要款外，提出租息若干，延品学优长老师在本书院讲学课文。凡我祠子孙果系聪明敏捷、材学有成、无力求师者，准入书院课读，由书院酌助膏火。另每月设文会一次，酌给奖赏以士气。仍增设内试寓，以便各房赴考。”

从各种文献资料和学者们的研究可以总结出：陈家祠是祠堂、书院和会馆三位一体的建筑。陈家祠称作“祠堂”和“书院”而不称为“会馆”，甚至“会馆”名称从未被人提及，而且“会馆”的性质也始终处于一种隐性的状态，是因为传统上的家族书院经常附属于祠堂，而“会馆”作为一种市民社会伦理关系的体现，它是和家庭的伦理关系相抵牾的。正如费孝通指出，家庭关系是不存在商业交换关系的，而市民社会的基础就是商业交换。这里就带来一个问题，为何这两种伦理上相抵牾的关系在陈家祠得到某种程度的融合。

陈氏书院是一座合族祠堂，是靠七十二县陈姓族人捐资兴建的家族祠堂。如何筹得巨款？仅说为祭祀陈氏祖先，为祖先或自己谋得在陈氏书院神龛中的入主牌位是远远不够的，而一旦说为建造书院，培育人才，方便科举应试，无疑增加陈氏族人“投资”的热情。中国古人谁不望子成龙？

---

① 黄海妍：《从〈陈氏宗谱〉看清末广州陈氏书院的兴修》，载黄淼章主编《广东民间工艺博物馆文集》，海风出版社2004年版，第40页。

谁不渴望子孙考取功名？由此看来，筹建者极力渲染书院的美好蓝图，除避官府禁令外，还利用了族人望子成龙的心理吸引族人捐款。至于因“立膏火、置书籍，经费甚巨”，书院作为读书课试的功能设想因科举考试的很快废除虽然始终没有实现，但我们不能完全否认它作为“书院”的美好设想，更不能否认它的教育功能。因为教育的含义从狭义上说仅限于学校教育，即有一定数量的学生和教师，有课堂、教材等，但从广义上来说，指的是家庭教育、学校教育、社会教育。所以，陈氏书院初建时期，虽然没有做过真正意义上的“书院”，但应是家族教育、封建文化教育的延伸，反映出中国古代社会的独特文化特点和我国封建社会教育的局限性。①

陈氏书院的功能主要有三方面：一是供奉祖先，祭祀祖先。通过共同的始祖关系把各地的陈姓族人联系起来，扩大宗族势力。二是聚会议事。联宗后，为本族寡弱者代理诉讼，以免受欺凌。三是方便各地陈姓族人在广州城中应试备考或办理各种事务提供寓所和联络点。由此可见，陈氏书院在建造之初，虽然没有做过正式的学堂，但为封建社会教育服务的功能不可否认。而来此应科举考试住宿者自然限于陈姓后人。这种教育的排他性是我国家族书院的特点之一，反映出我国封建社会的宗族思想及其势力的影响。②

综合上述，修建陈家祠的愿望是建成一个集祠堂、书院、会馆三种性质于一体的建筑。为何这三种性质的东西会会合在一起呢？分析后，我们会发现，这里隐藏了一个社会伦理的深层结构，这就是“家庭、市民社会和国家”三层伦理关系。祠堂的本原就是家庭宗族观念在建筑形式中的表现；书院是学习传承国家意识形态的场所，对于家庭和个人来说，它是取得在国家伦理关系中高等地位的晋身之阶，所谓“唯有读书高”就是此意；会馆是市民社会维护行业利益、联系同乡情谊的产物，具有区别于国家政权统一管理而进行行业自治管理的功能。此三种性质的事物合在一起在省城大量出现，是和广州近代复杂的社会现实分不开的。首先，从

---

① 梁正君：《试论陈氏书院的教育功能》，载黄淼章主编《广东民间工艺博物馆文集》第二辑，广东旅游出版社2005年版，第51页。

② 同上书，第52页。

大的范围来看，历史上岭南远离中原政权，广州所在的珠三角地区本身就有聚族而居，修建祠堂的传统。其次，近代广州的各种割据政权、革命政权频繁更替以及外国势力的介入，使得广州的政治状况极不稳定，长期有效的国家伦理关系没有充分地建立起来，因此，人们只有依赖于家庭血缘的自然伦理关系来维护自身的社会生存和社会利益，这样一来，在省城建立起的合族祠，虽然集合祠堂、书院、会馆为一体，体现着家庭、国家和市民社会三层伦理关系，但其落脚之处却始终是借助于家庭伦理关系的宗族观念。换言之，陈家祠这样的合族祠在省城的大量出现，一方面表现出此时广州的国家政权伦理关系是一个不稳定的结构，同时也表现出伴随这一结果，就是在近代广州“家庭、市民社会和国家”的三层伦理关系有机分化不充分。陈家祠这类事物的大量出现正好折射出了这种局势的混乱。

对于祠堂大量出现在省城，或更进一步来说，对于宗祠在近代社会的继续存在这种似乎不合理的现象，受到了来自各方面的限制和各种新文化的批评，但这些批评还不能说完全切中了这一现象的根源与实质。近代以来和广州有密切关系的对宗族观念与文化的冲击首先来自外国传教活动，进而来自国内社会的某些阶层和运动。在18、19世纪，外国传教士把中国宗族活动看成是“异教文化”的产物，把其所包含的祖先崇拜行为视为中国传教的障碍，他们通过部分中国教徒影响民间生活方式，力图用基督教、天主教社区取代宗族社区。这种图谋虽然没有实现，但是影响了中国近代社会运动。例如，太平天国运动便试图通过消灭民间信仰与宗族关系建立“天国”。辛亥革命前的早期民主运动推崇民主共和国思想，把宗族当成这种新思想的敌人加以批判，主张“祖宗革命”。从清王朝覆灭和民国建立以来，中国的政治与社会历程，可以说是在所谓“现代民族—国家”理念的指引下展开的。①

在中国社会变革的场合下，宗族作为一种与旧政权体制密切相关的地方社会组织形态，很难幸免于现代政府及其话语建设者的攻击。在指导中国国民革命的孙中山理论中，宗族（家族）被当成“国族”、“民族”的对立物批判，成为中国社会“一盘散沙”的根源，但后来孙中山又把宗

---

① 王铭铭：《宗族、社会与国家——对弗里德曼理论的再思考》，中国农村研究网。

族视作民权的基础。20世纪二三十年代的左派理论家，更把宗族视为“万恶之源”，或当作阻碍中国社会进步的“恶势力”批判。受严复所译《社会通诠》的影响，宗族长期以来基本上被看作是落后的、消极的现象，而封建社会亦被等同于宗法社会。陈独秀和毛泽东都曾经在文章中批评宗法社会，宗法遗制还被李达等人看成是造成中国社会发展迟滞的原因。[①] 当时，对宗族的批判不仅是为了建构新社会的理念，而且与特定历史条件下新的行政制度与教育制度的建设有关。在民国建立后，中产阶层社会建立，有了新的保甲制度，这种新的制度的设计为的是通过打破宗族村落的界线达到社会“国族化”的目的；同时，新的公学制度被引进中国，用以取代宗族社区的面对面式的“礼教”。[②] 显然，出于建立起全新社会伦理关系的要求，各种新政权的建立者都抛出了各自不同的国家理论，但一点是共同的，这就是对家庭宗族观念的批评。

但为何宗族以及合族祠在广州地区具有特别的生命力？对于宗族弗里德曼提出两个相互关联的问题：宗族如何适应中国社会的现实并如何在中国社会的构造过程中扮演角色？中国宗族的结构与功能是什么？弗里德曼区分了可被转让、出租、交易和分割的私产和一旦建立便不可被分割的祖产，认为宗族成立的根本原因正是在于共同祖先的认定和祖产的建立。弗里德曼概括了宗族在意识形态和经济基础两方面的基本原因，他还注意到了同一个汉人宗族内部的社会分层现象、宗族裂变的不平衡以及平均主义外表下地方领导权事实上的不平等。[③] 无须赘言，任何社会组织构成的先决条件都必须建立在事实上的不平等的基础上，问题是这种不平等是在何种观念支配下和在何种程度上被认为是合理的。

如我们所看到，在近代中国特别是广州珠三角地区混乱的时局中，人们发现宗族的自然血缘联系，才是民间可资依赖的可靠力量。在中国近代社会，民间革命力量、军阀甚至党派政治本身也从未完全走出地域集团观念的桎梏，而这种地域集团观念恰恰是和宗族观念有着内在相似性的，都同样是排他性的。因此，我们说，陈家祠这类现象是在这一特定时期、特

① 冯江：《祖先之翼——明清广州府的开垦、聚族而居与宗教祠堂的衍变》，中国建筑工业出版社2010年版，第23—24页。

② 王铭铭：《宗族、社会与国家——对弗里德曼理论的再思考》，中国农村研究网。

③ 同上。

定地域人们应对自身社会生存和自身社会发展的产物。

（二）陈家祠的文化特点

祠堂本原是一种宗庙，即祖先神庙。宗庙在古代中国的社会生活中一直有很大的影响，它实际上是连接社会生活和公共事务的一个纽带，同时也是礼仪进行的重要场所。《礼记·祭义》云：“建国之神位，右社稷而左家庙。”在以宗族为认同基础的社会组织中，宗族的公共活动场所通常就是宗庙。陈家祠既是祠堂又称为陈氏书院。在千余年的发展中，中国书院的类型有多种。若按服务对象分，可分为家族书院、皇族书院、乡村书院等。家族书院为同一血亲组织创建，供其子弟接受教育的书院，一切经费均由家族提供。陈氏书院就属于家族书院。在古代中国读书与祭祖、书院与祠堂同处一地并不矛盾，相反却是中国封建文化与教育相契合的有力表现。

在陈氏书院木刻楹联中有一句：“……诗礼孔闻，春秋左立，合七十二县宗盟共守，不外仁义两言。”明言广东七十二县陈氏宗族盟共守的思想基础是儒家文化的“仁”、“义”。在全祠的各部分装饰题材中，也充满宣扬孝、悌、忠、信、义、礼等封建伦理道德思想。如宣扬“仁”、“义”的有石雕“桃园三结义”、“古城会”等，宣扬“忠”的有石雕、木雕装饰“苏武牧羊”、“赵子龙截江救阿斗”等，宣扬“信”的有石雕“曾子杀猪图”等。在这种教育思想的支配下，陈氏子弟读书的目的自然是通过参加科举考试求取功名。书院建筑装饰中宣扬科举功名的灰塑、陶塑、木雕等随处可见，如“独占鳌头”、“爵禄封侯”、“状元及第”、“壶里乾坤爵禄成”、“二甲传庐”、“荣归故里”等，这些内容题材的装饰，明显地表达出筹建者对族中子弟考取功名的期盼与厚望。①

陈氏书院有祠堂、书院和会馆三种性质，其根本还是祠堂。作为一个大型的合族祠，陈氏书院的祭祀仪式十分隆重。每年春秋二祭，全省的陈姓知名人士、七十二县各房陈姓的代表都来到陈氏书院参加祭祀活动。正是在这种祭祀活动中，加强了同族人之间的情谊和联系，借以维持宗族的强大和团结。也正是在这种社会关系需要和价值取向影响下，在宗庙设置

① 梁正君：《试论陈氏书院的教育功能》，载黄淼章主编《广东民间工艺博物馆文集》第二辑，广东旅游出版社2005年版，第55页。

读书之所成为必然。广东“双桂书院”详细揭示了陈氏书院与宗庙相结合的妙处：“闻之礼，尊祖故敬宗，敬宗故收族。君子将营宫室，宗庙为先，而宗庙之外，复设家塾以教育其子弟，使之讲明宗亲之道、仁义之理，家修廷献而移孝作忠焉。若夫合宗庙家塾而一之，则莫如省垣之各姓书院，诚以既联宗族兼联师儒，一举而两善备也。”① 认为书院与宗庙设在一处，既能起到尊祖敬宗、维护宗族团结，又能起到教育家族子弟讲“仁义”，敬“孝忠”，是一举两得的事情。② 这就使得宗族观念和封建国家的意识形态有机地结合起来。

因此，陈氏书院概括起来有如下一些特点：（1）由于复杂的近代广东以及广州历史，陈氏书院具有祠堂、书院和会馆三位一体的性质；（2）由于源远流长的独特岭南文化，陈氏书院具有南粤、中原和海外三种文化杂糅的现象，尤其体现了以中原儒家思想为根基；（3）由于陈氏书院其根本是一种封建晚期和近代广东独创性的合族祠，其社会现实的功用性重于其祭祖的传统精神内涵；（4）由于陈氏书院上述的种种特征，所以其艺术格调的“外在炫耀性”强于其“内在的审美性”。

（三）陈家祠的变迁

陈家祠（陈氏书院）建成的时间距今并不太长，当时中国在帝国主义的洋枪洋炮的轰击下已处于岌岌可危的时期，中国逐渐沦为半殖民地半封建的国家。虽然国家已处于内外交困的局面，但这并没有影响到陈氏宗族大兴土木，修建华丽的祠堂与书院，维护其宗族势力，用封建伦理道德思想教化子孙后代。

随着洋务运动、维新变法以及辛亥革命把中国推向一个新的历史发展阶段，中国的教育在这些社会变革的影响下也随之发生了变革。从 19 世纪末开始，一大批近代教育家都提出了改革传统教育，兴办新式教育的主张。康有为、梁启超提出了培养“新民”教育目的，蔡元培提出要培养个性全面和谐发展的新人。这一时期展开了学校与科举、新学与旧学、西学与中学之争。“废科举、兴学校、授西学”，成为当时人们共同的呼声。

① 《双桂书院志》卷一《碑序》。

② 梁正君：《试论陈氏书院的教育功能》，载黄淼章主编《广东民间工艺博物馆文集》第二辑，广东旅游出版社 2005 年版，第 54 页。

作为广州最大祠堂的陈氏书院，在不断的社会变革中先后成为几所学校的教学场所，表现出社会发展对陈氏书院的影响。随着时局的进展，陈氏宗族所设想的融合祠堂、书院和会馆于一体的陈家祠成为如某些学者所说的只是倡导者的一个美好的愿望和摆出的一种姿态，它必然是随着时局的变化，发生一些筹建者所不能完全料想到的变迁。

1. 陈氏实业学堂

1905 年，科举制度废除后，陈氏书院就改办为“陈氏实业学堂”。主要创办人有当时的海军司令陈策以及司徒尤、关崇志、区声白、温仲良和陈本等，陈策任校长。招收对象是陈氏子弟。将旧式书院改办为新式学堂，出于康有为的提议。康有为为培养维新人才，曾于 1893 年在广州创办“万木草堂”。而“万木草堂”就是以广州的一个旧式书院为校址的。康有为提倡变法维新，废除科举，要求改革旧的教育制度，建立新式学校。鉴于当时学校校舍的缺乏，提议将书院和祠庙改为学校，把庙产变为办学经费，并鼓励乡绅捐款办学。

2. 广东公学

广东公学最早于 1913 年年初由米尔顿 · L. 里昂（Milton L. Leon）和本 · Y. 李（Ben Y. Lee）创设，校址原在广州西郊昌华街，1915 年，迁入陈家祠。广东公学是一所私立商业专科学校。19 世纪末到 20 世纪 20 年代，广州西关富商云集，一般中小商人亦多聚于此，又兼地邻沙面租界，在此创办商业学校势所必然。广东公学移址陈氏书院，以书院为校舍而骄傲。它们的创办者们在书院进行的西方教育给满载中国传统文化的陈氏书院增添了新的历史内容。

3. 广东体育专科学校

辛亥革命以后，蔡元培提出把“军国民教育”作为新的五项教育内容之一。强调这种教育方针的目的在于使全民皆兵，用以外抗强邻、内抑军阀。由此，体育运动和体育教育兴起。陈氏书院偶然地成为体育专科学校，也正是这种现象的反映。广东体育专科学校，又名广东体育学校，正式创办于 1928 年 11 月 11 日，创办人为关崇志、司徒尤、陈剑生、陈本、区声白、陈策等人。陈策任校长。1929 年，区声白任副校长，学生来自华南 5 省各县，既招收男生，也招收女生，成为广东第一所男女同校的体育专科学校。

4. 文范学校和聚贤中学

广东体育专科学校由于当时政局的变动，1937 年停办。此后陈氏书院又开办“文范学校”，校长为翰林陈启辉。这所学校一直开办到日本侵略华南、广州沦陷时结束。抗战胜利后 1946 年又办“聚贤中学”，陈济棠为董事长，陈本为校长。这所学校一直开办到 1951 年结束。

5. 广州行政干部学校

新中国成立后，党和政府就着手进行教育工作改革，实行了国家对学校的领导，废除了原来的反动政治教育，建立和加强革命的教育。陈氏书院在这种情况下成为广州行政干部学校的校址。这所学校办至 1957 年结束，为新中国成立初期广州市各条战线培养了大批急需的干部。

6. 广东民间工艺博物馆

1957 年，根据社会上各方面的专家、学者和知名人士的提议，根据陈氏书院的建筑价值和广州市文物博物事业发展和工艺美术事业发展的需要，陈氏书院被作为市文物保护单位加以重点保护。此后又经过全面维修复原和管理，1958 年辟为广东民间工艺馆，1962 年经广东省人民政府公布为文物保护单位。1966 年“文化大革命”开始，广东民间工艺馆停办。该馆于 1980 年又重新恢复。1988 年国务院公布为全国重点文物保护单位，并更名为广东民间工艺博物馆。2002 年 7 月，陈氏书院又以“古祠留芳”为名入选“新世纪羊城八景”之一。①

第三节　陈家祠的建筑艺术

祠堂是宗族观念仪式化、制度化的物质表达形式。祠堂作为纪念性建筑与宗法观念、祭祖仪式一道构成了宗族文化的统一体。在《中国古代建筑大系》丛书中，祠堂被归入礼制建筑一类。书中说：“‘礼’在中国古代社会是作为治国的主要思想而产生的。儒家在东周春秋时代提倡的礼制思想，更凸显以礼治国的礼制观点。中国的礼制建筑就是在中国古代社会于礼制主义观念下所产生的一种建筑类型，因此与儒家思想具有一定的

① 梁正君：《试论陈氏书院的教育功能》，载黄淼章主编《广东民间工艺博物馆文集》第二辑，广东旅游出版社 2005 年版，第 57—60 页。

关联。”[①] 以此可以看出，虽然祠堂是宗族观念的一种物化的表现形式，但宗族观念并不必然体现为祠堂这样的建筑表达形式。中国少数民族就没有祠堂，他们是以图腾的形式来表达他们的氏族部落的观念。因此可以说，祠堂是宗族观念结合儒家礼制思想的建筑产物。

《左传·隐公十一年》：“礼，经国家、定社稷、序民人，利后嗣者也。”“礼”在这里是作为治理国家、安定社会、理顺阶级次序的一种统治思想而出现的，它产生于3000年前的中国古代社会。《史记·礼书》：“天地者，生之本也；先祖者，类之本也；君师者，治之本也。无天地恶生？无先祖恶出？无君师恶制？三者偏亡，则无安人。故礼，上事天，下事地，尊先祖而隆君师，是礼之三本也。”这里提出了从自然到家庭再到国家的这样一个伦理发展的根本和过程。在这种思想观念的影响下，形成了中国古代的“坛、庙、祠”等礼制建筑。

血缘关系是自然的伦理起源。古代氏族血缘社会十分重视对祖先的崇拜，形成一套“慎终追远”、“敬天法祖”的观念，这种观念被儒家纳入礼制的范畴中，因此宗庙建筑成为重要的纪念性建筑类型。《礼记·曲礼》：“君子将营宫室、宗庙为先，厩库次之，居室为后。”也就是说，作为一个社区的精神性的中心，必须最先建立起来，其次才是社会集体的物质供给，最后才是居住功能的居室。在此，强调了宗庙作为精神中心整合社会的重大作用。

在中国古代封建社会里，祖先的功绩对于一切社会财产的继承、血统的繁衍与氏族兴衰有着直接的关联，因此子孙后代对先祖的贡献极为尊重，建筑庙堂与偶像以为追念，这就是家祠，也称家庙和影堂，简称祠堂。在礼制的制度中，朝廷对祠堂的营建有严格的规定。一般位于宅东，称“左庙右寝”。《周礼》规定：“天子至于士皆有庙，天子七庙，诸侯五，大夫三，士二。”规模形制则受官吏本身品位等级的制约。在城镇内的祠堂，大部分是以士族、官宦为主体的族祠，成为家族权力和荣耀的象征。在中国乡村，往往围绕着祠堂，以其为血缘和精神的纽带，形成村落社区。祠堂虽然是祭祀祖先的场所，同时又是宗族成员社会交往的中心。

---

① 孙大章：《中国古代建筑大系》第九册《礼制建筑·坛庙祭祀》，中国建筑工业出版社1993年版，第117页。

节日婚丧聚会、酬神唱戏、族内议事等皆在祠堂内举行。有的祠堂还附设义学、义仓等社会保障机构。

一　陈家祠的选址与风水

《陈氏书院契据登记簿》抄录了清光绪十四年至十八年（1888—1892）期间，以陈颖川堂和陈世昌堂的名誉购买广州西门口外的田地、鱼塘、山冈、房屋等十六张契据的详细内容，当时共购得房地产总面积为四千零五十八市方丈七十二市方尺二十市方寸，折合现时尺寸大约是三万六千六百多平方米，相当于陈氏书院现有总面积的两倍多。购地筹建陈氏书院主要由陈颖川堂负责。[①] 陈家祠的用地规模远远超过普通的合族祠。陈家祠的土地购买自陈聚人堂、南海县金利司恩洲堡十四图九甲排众、南海县金利司恩洲堡周奕思四房子孙、顺德县高崇德堂、南海县恩洲堡十五图四甲潘荣桂堂、南海县恩洲堡十六图三甲周广堂周辉、陈谦吉堂、城西十四图江朝议、西门外恩龙约街潘伯等众绅耆、南海县五斗司忠义乡黄南朗四房子孙、南海县朱仁发堂七大房子孙、朱镇光、南海县人吴贻燕堂、冼存、南海县恩洲堡十八图三甲周仲。[②] 反映出陈家祠所在地带的地产分属于来自多个县的不同家族，可见附近地区的家族在省城置业是较为普遍的现象，而且当时土地买卖是比较活跃的。这也说明它和建在祖居之地的一般祠堂性质有所不同，陈家祠这类合族祠是和市民社会的商业活动紧紧关联在一起的。

（一）交通便利、德邻广雅

陈氏族人非常重视祠堂的选址位置，所购得的田地多属风水宝地，连地名也带有吉祥如意的含义。如：连元街、石龙塘、福水塘、龙头岗、恩龙里（陈氏书院现在的地址是恩龙里）等。由于陈氏族人认为祠堂位置的选择合适与否，是关系到子孙后代及整个宗族的兴衰，所以，经济实力雄厚、人多势众的陈姓宗族不惜花巨款购置风水宝地建造

---

① 崔惠华：《陈氏书院始建年代考》，载黄森章主编《广东民间工艺博物馆文集》，海风出版社2004年版，第46页。

② 民国23年（1934）五月手抄本《陈氏书院契据登记簿》。

祠堂。[①]

陈氏书院的地理位置在《广东省城全图（陈氏书院地图）》（见图3—1）中有更直观的表现，此图纵38厘米，横34厘米，石印本。它印制于清光绪十四年（1888）戊子孟秋，作者是（陈）照南、（陈）柴熙。地图以陈氏书院为中心，绘制出省城（广州）及周边地区，并用形象画法描绘出省城北面之上及城内主要建筑物。此外，图中还插有《大清国十八省全图》《近省城分图》，在插图中分别记述有“由北京都城至各省城路程里数”、“自广东省城起程往各府县里数及所需时限”。[②]

这样一张地图，它当年的实际用途是什么呢？汪喜先生研究认为，现在在地图上所看到的陈氏书院的位置，在那时应该还依然是一片“五菱”水田。那为什么绘制者却要迫不及待地把它绘制出来呢？他认为这张地图应该是一张早期的向族人筹集资金的广告宣传地图。因此在地图中，作者把整个书院的建设计划、筹建意图极力地表露出来。并从陈氏书院的地理位置、环境、交通乃至路程的远近、花费时间的多少都描述得尽善尽美，详细周密，于是我们就可以看到这张地图上一共列出了五条前往陈氏书院的路径，而且标注得极其详尽。其中的三条路径，是指引陈姓族人由外地来广州后如何找到陈氏书院的，皆为水路：[③]

“往陈氏书院，路程由轮船渡头起，过沙面，入澳口南岸、荔枝湾，直泊书院。”

“自沙面起，入西炮台、柳波蒲、彭园、观音桥登岸，入五福里，入连元通津直到书院。”

“由轮船渡头起，入兴隆街、十八甫、十六甫、十五甫、观音桥、五福太街、连元通津到书院。”

另外两条陆路。一条是从城中（城郭之内）如何前往陈氏书院的路：“自西门，出积金巷、聚龙里、黄家祠到书院。”另一条则是指导陈氏子弟来往科举考试地点——贡院与陈氏书院之间的路径：“由贡院起，出文

① 崔惠华：《陈氏书院始建年代考》，载黄淼章主编《广东民间工艺博物馆文集》，海风出版社2004年版，第47页。

② 汪喜：《观〈光绪戊子年版陈氏书院地图〉之我见》，载黄淼章主编《广东民间工艺博物馆文集》，海风出版社2004年版，第51页。

③ 同上书，第52—53页。

明门、万寿宫、仰忠街、高第街、大新街，由状元坊出太平门、打铜街、第八甫、第六甫，入锦云里、青紫坊、芦排巷、龙津桥，入连元同津，过奎光字院、黄家祠到陈氏书院。”其用心良苦可见一斑。目的就是用这些极具诱惑力的内容来吸引全省陈姓族人的游散资金，性质就有点像现在楼市买卖中的“卖楼花”，吸引建设的起始资金。而且这种地图广告的吸引力、说服力比起那些直白的语言广告来说，绝对好上百倍。[①] 虽然如此，也可见陈氏书院交通便利、毗邻港口市肆的优越地理位置。

在地图上，地图作者还似乎有意地把陈氏书院与广雅书院联系在一起。综观整幅地图，在地图上被绘制得最大、最明显的有两个建筑——陈氏书院与广雅书院，而把偌大的一个广州城郭却绘在了地图的右边。广雅书院，位于广州市西郊西场，建于清光绪十四年（1888）六月，是由时任两广总督的张之洞所一手创建的一所高等学府。虽然从地理上看，这两者都处在广州的城西，但实际上相距并不是那么接近。[②] 一张陈氏书院地图，为何要把这广雅书院标示得如此明显与突出呢？就陈氏书院而言，他们不仅找到陈伯陶和陈兰彬等广东著名绅士作为“倡建陈氏书院绅耆”之一，还别出心裁，在陈氏书院的选址邻近当时广东官办最高学府广雅书院上面大做文章。在陈氏书院首进大厅格扇档中两侧柱子上悬挂有这样一副对联：“道缵太邱星聚一堂昌后世，德邻广雅风培百粤振斯文。”意为陈氏书院与广雅书院为邻，可以借广雅之德、广雅之风以培育百粤之陈姓子弟。[③] 当时的两广总督张之洞创办的广雅书院，罗致“品学优长之士”，“造福岭南”。而陈氏族人得以在邻近广雅书院处建造别业，并取名“陈氏书院”，就是“取其与广雅咫尺也”，这样陈氏子弟尽管不能入读广雅书院，但与广雅为邻，也就是“与德为邻”，陈氏子弟也因此“不啻置身广厦矣”。[④]

因此可见，大肆宣扬“德邻广雅”的背后，说明陈氏书院不是一般

---

① 汪喜：《观〈光绪戊子年版陈氏书院地图〉之我见》，载黄淼章主编《广东民间工艺博物馆文集》，海风出版社 2004 年版，第 52—53 页。

② 同上书，第 53 页。

③ 黄海妍：《从〈陈氏宗谱〉看清末广州陈氏书院的兴修》，载黄淼章主编《广东民间工艺博物馆文集》，海风出版社 2004 年版，第 42 页。

④ 同上书，第 43 页。

的乡土宗祠，而是在省城宣扬自身的宗族势力、社会地位并且希望通过科举入士来扩大这种势力地位的陈氏堂庙。

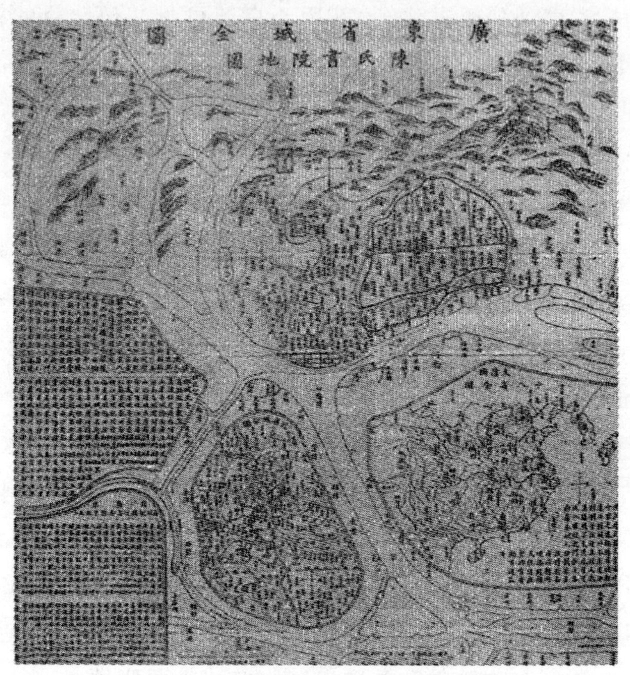

图 3—1 广东省城全图（陈氏书院地图）

（二）风水布局

《宅经》，又名《皇帝宅经》，是唐代托名于黄帝的一本风水术书，第一句话就说："夫宅者，乃是阴阳之枢纽，人伦之轨模。"《宅经》引述《宅书》一段话："室以形势为身体，以泉水为血脉，以土地为皮肉，以草木为发，以舍屋为衣服，以门户为冠带，若得如斯，是事严雅，乃为上吉。"就是说：一个好的住宅应该是水源环境，地质环境，植被环境，人文环境等相互协调、合理关联的结果。

通过对天文、地理、气候、水文、生态、景观等各建筑环境因素的综合评判，来确定建筑的选址、方位朝向和布局，以求得"天人感应"、"天人合一"的吉利，就是人们常说的风水。风水的自然哲学基础就是使居住环境"得山川之灵气、受日月之精华"。风水后来又和礼制等意识形态结合在一起成为政治文化的一种表达因素，被看作是治邦安国的大事。

《礼记》："惟王建国，辨正方位，体国经野，设官分职，以为民极。"

建筑方位端正了，国家才能有次序，达到以礼治国，人民安居乐业，天下太平的目的。因此“圣人南面而听天下”，南面意味着权力和尊严，所以古代天子、诸侯、卿大夫及州府官员等升堂听政都是坐北朝南，都城、宫殿、官府衙署也取正南向。这种价值取向是由中国地处北半球中纬度和低纬度地区这种自然地理环境所决定。

陈氏书院位于明清广州城以西，其中轴线稍偏向西南数度，因为陈氏书院毕竟属于民间建筑，而非官署，若取一城正脉为址，反不能当其负荷。《阳宅会心集》云：阳基“喜地势宽平，局面阔大，前不破碎，坐得方正，枕山襟水，或左山右水”。陈氏书院偏向西南数度，左边正当白云山、越秀山余脉，右边珠江在此转弯，形成白鹅深潭，因此陈氏书院虽然不能正向南北“枕山襟水”而建，却也构成“左山右水”的形势，同时珠江水源源而来，更意味着子孙昌盛，财源绵延不绝。这一偏向，反而使陈氏书院占尽地利。陈氏书院在建筑朝向上的偏离正南，也是封建社会等级制度、礼制观念在建筑上的反映。在礼制制度下，东南西北四正方向只有德行较高、功德无量的圣人或神祇才能享用，一般人不得僭越。[①]

二　陈家祠的建筑

陈氏书院是岭南地区迄今保存得最完整的一座特点鲜明，具有较高艺术和科学价值的宗祠建筑。它具有中国古代建筑的传统风格；又有南方建筑的鲜明特色，集岭南地区民间建筑装饰艺术之大成，规模宏大，气势雄伟。早在20世纪20、30年代，它就引起世界各国建筑专家的注意，在德国柏林大学建筑系主任破士敏教授（Boerschmann）的《世界建筑艺术》，日本森清太郎的《岭南纪胜》和英国的《中国古代建筑》等专著中，就赞美它是中国南方典型建筑精作。60年代初，罗马尼亚一个专家代表团赞叹陈氏书院比欧洲文艺复兴时期的建筑杰作，有过之而无不及。[②] 1959年，郭沫若写诗赞曰：“天工人可代，人工天不如；果然造世界，胜读十年书。”

---

① 胡继芳：《从陈氏书院的建筑格局看封建礼制》，载黄淼章主编《广东民间工艺博物馆文集》，海风出版社2004年版，第64页。

② 罗雨林：《广州陈氏书院建筑艺术》，《华中建筑》2001年第3期，第99—100页。

陈氏书院产业是“于前清光绪十四年先后用二万一千六百九十一元三毫八仙正”买得“坐落在西门外连元大街西北便及土名龙塘水月台，区岗脚区岗西便龙头岗脚，冠箱五株松西头尾水月台前三步荔枝塘、枸杞涌等大小田塘十四段，面积共三千二百二十四井二十七尺”，[①] 当年陈家祠所在地段，除北面邻近龙源北街，东南面有“江夏黄家祠”[②] 外，其余地段均为空地和菜田[③]。从现有建筑的陶塑瓦脊上所署的年款看，后堂建得最早，建于光绪十六年（1890），其余建筑的建筑年代依次为：门厅光绪辛卯年（1891），后进东西次轴两厅堂是光绪壬辰年（1892），聚贤堂光绪十八年；头进东西两侧厅堂光绪癸巳年（1893），第二进的厅堂光绪甲午年（1894）[④]。陈氏书院经历了100多年的沧桑岁月，人为与自然的影响，使建筑本身受到不同程度的影响和损坏，广东民间工艺博物馆在收回东、后院后，着手对东、后院进行了复原修缮。

在2010年国庆节前夕，作为广州市荔湾区迎亚运工程，历时半年的陈家祠广场扩建一期工程全面竣工，扩建后的新广场比原有的绿化广场面积增加近两万平方米，拆除了原来位于陈家祠南面的32中旧校舍，陈家祠面向马路的“南大门”前广场得以重新敞开，过去隐藏在32中后面的陈家祠终于走出深闺，古朴风雅的古祠堂出现在中山七路的路面。陈家祠周边景观按照“一园一轴”的理念而建。扩建工程分前区和后区。前区为绿化广场，在中山七路边正对陈家祠大门的轴线上新建了“古祠流芳”牌坊，见证了科举制度的两对20米旗杆斗在陈家祠重新复位。在后区陈家祠二、三期的扩建中，将在陈家祠后面建起岭南艺术博物馆作为博物馆功能的延续，而陈家祠将作为古建筑艺术品腾出更多空间让游客驻足观赏游览。为解决游客车辆停放问题，陈家祠广场南面新建大型地下停车场及配套交通设施，停车场占地面积10570平方米，新增近600个公共停车位，将有助改善康王路周边以及荔湾区政府大楼的停车状况（见图3—2）。

---

① 广州市档案馆藏：《广州市政府土地局不动产确定登记确定证》。

② 见民国22年《广州经界图》。

③ 黄佩贤：《陈氏书院测量简报》，载黄淼章主编《广东民间工艺博物馆文集》，海风出版社2004年版，第56页。

④ 同上。

图 3—2　陈家祠航拍（引 Google 地图截图）

原有的陈氏书院主体建筑坐北向南，建筑布局规整对称，在中轴线上的主体建筑有头门、聚贤堂和后寝祖堂，主体建筑两侧以青云巷相隔的东西次轴为厅堂，建筑之间以天井、连廊将建筑相连，两旁以偏间、厢房围合。和一般的纪念性建筑一样，中轴线上的主体建筑也是由“门、堂、寝”三部分构成。陈氏书院虽然形式上完全是按照传统建筑的样式建造的，但它却是由一位受到过近代建筑学教育的建筑师设计的，陈家祠延请了当时著名的建筑师黎巨川和他的瑞昌店进行设计和施工，这造成了陈家祠与民间自发建筑的祠堂有所区别。其一，我们从整个建筑的平面来看，它是一个长和宽各 80 米的方形，并且明显地呈现出九宫图形，这在一般民间祠堂建筑中是几乎见不到的，显然是建筑师有意为之。其二，虽然陈氏书院呈现出广东民间纪念性建筑琳琅满目的装饰风格，但在这背后却隐藏着建筑各单体和建筑各部分之间讲究的比例，这也显然受到建筑师的学院风格的影响。但随之，陈氏书院方形平面所带来的进深感的不足，宽敞明亮的室内外空间所造成的神秘感不足，祭祀氛围不可避免地被弱化。这一点和龙母祖庙与佛山祖庙比较起来是明显的，反映出陈氏书院与龙母祖庙、佛山祖庙的性质十分不同。

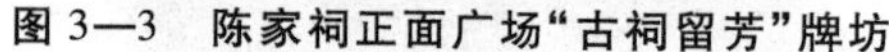

图 3—3 陈家祠正面广场“古祠留芳”牌坊

图 3—4 陈家祠正面入口侧视

图 3—5 陈家祠 20 世纪初的老照片（引广东民间工艺馆编《陈氏书院》）

现在参观陈氏书院首先映入眼帘的是陈氏书院琳琅满目的门面。陈氏书院作为广东 72 县在省城的合族祠，其“炫耀”的性质是十分突出的。比照而言，与之相反躲藏在深山里的客家围屋，虽然累世居住体量庞大，但却十分朴素，因为都是自家人，它没有所需“炫耀”的受众对象。由此，我们可以把炫耀和审美进行一定的区分，前者是外在的，而后者是内在的。陈氏书院的建筑做出了很多好的艺术处理，但其“炫耀”性也是很明显的。

（一）门厅

陈氏书院首进头门正中开 3.76 米宽的大门、四周外墙开有高 4.48 米、宽 1.58 米出入便门 16 个。南面 4 个出入门为青云巷口，分别镶嵌有“德表”、“蔚颖”、“昌妫”和“庆基”的花岗石匾。在祠堂的南面两侧原分别各立有两座旗杆夹，旗杆夹是为“科甲出身以仕未仕”的同宗族人陈伯陶而建立的纪念性标志，“文化大革命”期间被毁坏。2004 年 6 月，在对广州陈家祠的围墙进行维修重建时，由建筑工人发现在半米深的地层中，有一块造型考究的长方形麻石。经过文物专家鉴定，这就是已经丢失多年的陈家祠旗杆夹。[①] 现尚存刻有“光绪壬辰科贡士殿试一甲：名进士及第翰林编修臣陈伯陶立”字样的残石若干块。[②] 旗杆夹是封建社会科举制度的产物，也是宗族文化繁盛的标志。

主体建筑头门，又叫门厅，面宽五间、进深三间。立面分为三段，上段为屋面，硬山顶，铺灰绿筒瓦，绿琉璃瓦剪边，人字封火山墙。明间、次间檩高 10.09 米，尽间檩高 9.69 米，形成高低错落两个屋面。尽间脊檩向两侧升起，正脊为人物、花鸟灰塑和陶塑瓦脊，灰塑高约 1.2 米，陶塑瓦脊为石湾文如壁店烧制，有的高 1.65 米、有的高 1.8 米，鳌鱼高 1.5 米；垂脊上塑有狮子和吉祥图等灰塑纹饰。[③] 陶塑脊饰源于佛山石湾，又称“花脊”，是用陶泥雕塑后经煅烧而成的集人物、动物、花卉及亭台楼阁于一体的艺术组塑，专门装饰于庙宇、祠堂、会馆、富宅等大型建筑物的屋顶之上的特殊工艺。这种装饰手法起源于明末清初，盛于晚清，主要流行于岭南地区，它体现了南粤浓郁的民间建筑装饰风格。[④]

中段是屋身，进深一间为凹入的门廊，大门居中，两边砌砖墙，大门两边各竖一高 2.52 米、直径 1.40 米的抱鼓石（见图 3—7），乃是因为建造期间陈伯陶（发起建造陈家祠的绅耆之一）在殿试中高中探花，得朝

① 王发志：《广州陈家祠旗杆夹的文化价值》，《广东省社会主义学院学报》2010 年第 1 期，第 109—112 页。

② 黄佩贤：《陈氏书院测量简报》，载黄淼章主编《广东民间工艺博物馆文集》，海风出版社 2004 年版，第 57 页。

③ 同上。

④ 何慕华：《永不落幕的高空戏台——石湾陶塑脊饰艺术》，载黄淼章主编《广东民间工艺博物馆文集》，海风出版社 2004 年版，第 66 页。

廷许可在祠前立石鼓。两扇漆黑的大门高5.47米、宽2.055米，是广东保存完好的最大的清代木门。大门上端悬挂一刻有“陈氏书院”的横匾。实木大门上分别彩绘有一对广东古代最高大的门神，门上红脸的是秦琼，通高4.05米、宽1.69米，黑脸的是尉迟恭，通高4.05米、宽1.61米。两人身穿盔甲，手执玉斧瓜锤，胸束护心镜，腰间悬挂弓箭，威武雄壮，怒目圆睁，英气逼人（见图3—6）。经过一百多年的沧桑变化，今天仍然色彩艳丽，气宇轩昂，给古老的书院增添了庄严肃穆的气氛。[①]

门神是中国民间信仰中把守门户、祛除不祥的神祇，又是我国民间最受欢迎的神祇之一，在民间诸神中地位很突出。古人穴居野处，后世圣人移之于宫室，门也随之产生。门是内外空间转换的枢纽，它既是物质性，也同时是精神性的，门意味着一个异域空间的“開始”，对门的崇拜在全世界都源远流长。门的神圣性由守门神来看护。据考古学家考证，中国门神的崇拜最早可以追溯到先秦时期。河南安阳殷墟遗址曾经出土有犀牛的头骨，据丁山先生考证，是宫门的装饰物，它的作用就是辟邪，可以看作是门神的起源。

门神种类繁多。据《礼记·祭法》记载，古代的祀典中有五祀之说，即祭祀门、户、井、灶、土地五神。“五祀”是周天子及各诸侯的祭祀大典，祀门是在九月举行。农历九月正是收获的季节，官员和百姓都会参加这一祭祀活动。秋天，收获的五谷入仓，一年的劳动成果需要请门神来守护。

《山海经》记载：“沧海之中，有度朔之山，上有大桃木，其屈蟠三千里，其枝间东北曰鬼门，万鬼所出入也。门上有二神人，一曰神荼，一曰郁垒，主阅领万鬼，恶害之鬼，执以苇索而以食虎。于是黄帝乃作礼，以时驱之，立大桃人，门户画神荼、郁垒与虎，悬苇索以御，凶魅有形，故执以食虎。”两位“桃人”——“神荼”和“郁垒”就是见诸记载的门神。在汉代的画像砖中，门神的形象极为狰狞，似乎不如此无以治鬼辟邪。在广州汉墓中，曾出土一件曲尺形陶屋，屋的正面有两扇门，呈半掩状，每扇门上画一动物图像，据考古人员考证，它就是目前岭南地区发现

---

① 黄淼章：《陈家祠门神小考》，载黄淼章主编《广东民间工艺博物馆文集》，海风出版社2004年版，第32页。

最早的门神。[①] 宋代王安石的《元旦》诗中有“千门万户曈曈日，总把新桃换旧符”，指的就是元旦的时候，人们用新桃符来换旧桃符以驱除鬼魅的习俗。

图 3—6　大门门神

（引广东民间工艺馆编《陈氏书院》）

图 3—7　大门抱鼓石

（引广东民间工艺馆编《陈氏书院》）

后来，民间传说中又出现了一位大鬼吃小鬼的门神，这就是大名鼎鼎的钟馗。吴道子将钟馗的样子画了出来，竟和唐明皇梦中的钟馗一模一样。从此，钟馗打鬼的故事传为佳话，鬼魅见其望影而逃，明人据此创作了鬼怪小说《钟馗斩鬼记》，更使钟馗名扬四海，家喻户晓，于是人们便在除夕张贴钟馗画像作门神以代替神荼与郁垒。

继钟馗之后，又出现了两位著名的武将门神，这就是秦琼和尉迟恭。《西游记》中一段：“他本是英雄豪杰旧勋臣，只落得千年称户尉，万古作门神。”由唐太宗搞的伎俩，把秦琼和尉迟恭二将的画像贴在门上作为大门的守护神，很快由宫中传到民间，久而久之，便成为一种民间风俗。秦琼和尉迟恭也由人转化为可御鬼辟邪的门神了。门神有左右之分，左为丞右为尉。称之为门丞秦叔宝，户尉尉迟恭。两门神的眼光交织在一起，紧紧地盯住大门，使鬼魅无隙可进。可谓：金鞭银锏，驱堂中不正之鬼

---

① 黄森章：《陈家祠门神小考》，载黄森章主编《广东民间工艺博物馆文集》，海风出版社 2004 年版，第 34 页。

神；义胆忠心，荫宅内老幼之男女（见图 3—6）。①

门屋后金柱间施四扇高 4.55 米、宽 1.30 米的木雕屏风（见图 3—9）。室内地面比前、后廊地面低 0.01 米。据黄佩贤先生《陈氏书院测量简报》，大门两侧为青砖砌筑的山墙，墙内墙花岗岩石墙群高 0.86 米，墙外墙岩石墙裙高 2.27 米，次间和尽间的檐柱上端施花岗石制的额枋（俗称虾公梁），梁上施石狮承托檐檩，柱头梁枋出头均施石制装饰构件，山墙墀头镶嵌砖雕，雕工精致细腻。前廊尽间建高 0.83 米的“塾”。下段为花岗石台基，高 0.42 米，前后设石阶级、垂带上雕有蟾蜍、石狮和石鼓等。进深与面宽的台明边缘的尺寸分别为 12660、27720 毫米，比例为 1∶2.18；进深与面宽的角柱中心的尺寸分别为 12010、27300 毫米；比例为 1∶2.27；明间进深与面宽的尺寸分别为 5930、6160 毫米，比例为 1∶1.04。柱位排列规整，前后檐柱均为石柱，柱的尺寸为 35 厘米 ×35 厘米，金柱为木柱，直径 45.5 厘米，柱向上有收分；21 檩三柱加前廊墙，前廊以四步梁结构，每层步梁及梁底和驼峰均雕刻有纹饰，叉手和托脚构件做成鳌鱼状。横向的第一层斗拱为“飞天”模样，其余的斗拱也雕有纹饰，进深三间采用金柱穿十一架梁，上承托驼峰斗拱，层叠向上承托桁檩。后廊梁架采用三步梁结构，同样以驼峰斗拱层叠承托桁檩（见图 3—8）。在各梁架的梁头、步梁、驼峰、斗拱和梁底部上分别雕纹饰；在明间后金米，地墁 47 厘米 ×47 厘米白泥阶砖，按 45 度角铺砌。②

图 3—8　门厅梁架

图 3—9　门厅屏风

① 黄淼章：《陈家祠门神小考》，载黄淼章主编《广东民间工艺博物馆文集》，海风出版社 2004 年版，第 34—35 页。

② 黄佩贤：《陈氏书院测量简报》，载黄淼章主编《广东民间工艺博物馆文集》，海风出版社 2004 年版，第 57 页。

以上陈氏书院测量的数据有很多细小的尾数，这应是施工偏差和岁月流逝所产生的毁坏、结构变形以及测量的基点的不一致所形成的，不应是建筑师的意图和设计尺寸。以下的测量数据也是同样的情况。

（二）聚贤堂

二进建筑为聚贤堂，也就是整个祠堂建筑的大殿，只是民间建筑一般不许用“殿”这一称呼（见图3—10—3—12）。聚贤堂是宗族和族人活动的地方，宗族里大事的议决、颁胙和宴席等均在中堂举行。中堂正檩高10.48米，其建筑规模、深度和高度都比头门大和高，形成了层层深入、步步升高的空间层次。面宽五间、进深五间，硬山瓦顶，正脊上的陶塑瓦脊是1981年修缮时按原来风格、纹饰重塑烧制，长26.95米，鳌鱼高1.53米，陶塑花脊最高达1.84米，灰塑脊高1.47米，塑有西方柱式和传统图案。进深与面宽台明的边缘尺寸分别为17440、27366毫米，比例为1∶1.57，进深与面宽的两檐柱中心的尺寸分别为16635、26600毫米，比例为1∶1.5。明间与进深尺寸分别为6335、6150毫米，比例为1∶1.03。21檩用六柱，柱排列整齐，前后为方形石柱，柱径35厘米×35厘米，金柱为直径45厘米的圆木柱，柱向上有收分，堂前不设隔扇，在后

图3—10　中进聚贤堂正面

（引广东民间工艺馆编《陈氏书院》）

图3—11　聚贤堂前庭院

（引广东民间工艺馆编《陈氏书院》）

图3—12　聚贤堂室内

（引广东民间工艺馆编《陈氏书院》）

内檐柱明间和次间处设置 12 扇木雕屏风。

明间木雕屏风高 4.4 米、宽 11.32 米；次间木雕屏风高 4.4 米、宽 1.08 米。在尽间设置木雕花罩，各梁与柱下的交角处均施雀替。堂内高悬“聚贤堂”木匾，前面设置一宽与建筑同宽 8.657 米、深 7.8 米、高 0.58 米的花岗石月台。月台三向分别设石级，以石狮、菠萝、阳桃、橘子、佛手和荔枝等做望柱头的装饰，形式别具一格。栏板镶嵌佛山浇铸铁画，尺寸有 200 厘米 ×53 厘米、149 厘米 ×53 厘米等。铁画又称铁花，是以低碳钢为材料打制或浇铸而成，多用作栏杆、窗花和挂画等，以佛山制的铁画独树一帜。陈氏书院月台栏杆铁画是佛山铁画作品之一。地面铺砌形式、室内与前后廊的地面标高尺度做法与头门一样。①

（三）祖堂

后堂，又叫祖堂，是供奉祖宗神位和拜祭的地方，也就是我们通常所说的寝宫（见图 3—13、3—14）。祖堂面宽五间进深五间，硬山顶，人字形封火山墙，正脊灰塑、陶塑式样比前两进稍差。柱网列整齐，前廊不设隔扇，21 檩用五柱后墙承重，前为四檩卷棚廊，后为三步梁，脊檩高 11.134 米，梁架用瓜柱穿步梁迭承托桁檩，在步梁、跨空枋、前廊梁的底部分别雕有花纹。进深与面宽的台明尺寸分别为 16712、27826 毫米，比例为 1∶1.67；进深与面宽的柱中尺寸分别为 16435、27416 毫米，比例亦为 1∶1.67；明间的宽、深分别为 6172、5979 毫米，比例为 1∶103；5 个开间分别施有 5 个镂空木雕神龛，台基高 0.95 米外，镂空木雕神龛高 7.6 米，设置 21 级石级供奉祖宗神位、牌位，为广东祠堂建筑中神龛的佼佼者，在“文化大革命”期间其牌位、神位及木制梯级也遭到破坏。在祖堂的墙上和柱上分别悬挂着南海、顺德、台山等陈氏房系子孙所送的楹联。②

陈氏书院后进设置神龛，上置一万多个大大小小的神主牌位。这些牌位均是用作供奉陈氏自太始祖舜帝重华开始，到得姓始祖胡公满田敬仲陈完、颍川派太邱太祖陈实等列祖列宗。此外，还有摆放当时在世的名人的

① 黄佩贤：《陈氏书院测量简报》，载黄淼章主编《广东民间工艺博物馆文集》，海风出版社 2004 年版，第 58 页。

② 同上。

牌位，叫“长生禄位”。神主牌位有昭穆之别。神龛前放置的大神台上有石湾烧制的“五供”祭器等。每年春秋二祭，上面放满三牲礼品、礼果、礼酒等祭具、祭品。①

陈氏书院在平面布局上，强调中轴对称，方正庄重，规则协调。中轴线上纵深三进厅堂——门厅、聚贤堂和祖堂的台基步步高升，建筑轩敞高大，沿中轴线由一派生为二为三，既是一般的概念三环节的形象体现，也符合民间求步步高深、富裕发达的文化心理。《礼记》规定：“天子之堂九尺，诸侯七尺，大夫五尺，士三尺。”陈氏书院在台基的高度上是很控制和保守的，前、中、后三进建筑台基都不高，不过是低浅的四五步台阶上下。②

图 3—13　祖堂前庭院

（引广东民间工艺馆编《陈氏书院》）

图 3—14　祖堂室内

（引广东民间工艺馆编《陈氏书院》）

（四）其他建筑

首进东西次轴的厅堂，其建筑风格、式样和中轴线的建筑风格基本一致，建筑规模、尺寸都比主体建筑小，头进次轴厅堂面宽三间 12945 毫米、进深三间 1210 毫米，台明宽 14275 毫米、进深 12634 毫米，正檩高 9.29 米，梁架用瓜柱穿步梁叠承托桁檩，装饰简洁，明间后金柱间施有木雕花罩。东西次轴两厅的南墙分别各施有 3 幅大型砖雕，其中两幅尺寸为高 3.6 米、宽 1.75 米，其余 4 幅为宽 3.4 米、高 1.65 米，屋檐下镶嵌

① 梁正君：《试论陈氏书院的教育功能》，载黄淼章主编《广东民间工艺博物馆文集》第二辑，广东旅游出版社 2005 年版，第 54 页。

② 胡继芳：《从陈氏书院的建筑格局看封建礼制》，载黄淼章主编《广东民间工艺博物馆文集》，海风出版社 2004 年版，第 63 页。

有宽 83 厘米的砖雕饰线。

中进东西次轴厅堂面宽三间（柱中尺寸）14490 毫米、进深三间 12950 毫米，台明宽 15170 毫米、深 14300 毫米。正檩高 10.10 米，21 檩用四柱，前后施三步梁。后檐柱明间设 4 扇木雕屏风，各高 415.5 厘米、宽 79.5 厘米和 74 厘米的隔扇，南面三间分别设置隔扇 12 扇；梁架装饰比头进厅堂的要多而繁，驼峰、斗拱刻有纹饰。

后进厅堂同样面宽三间（柱中尺寸）16060 毫米、进深三间 13370 毫米，台明宽 16470 毫米、深 13780 毫米，正檩高 10.70 米，21 檩用四柱，后为三步梁，前为四檩卷棚廊。两厅各开间也分别设有神龛。台基高 0.93 米，神龛高 7.29 米。

主体建筑与厅堂的相隔为青云巷和连廊（见图 3—15—3—17），“德表”和“庆基”的巷宽为 2610 毫米，“蔚颖”和“昌妫”的巷宽为 2690 毫米。前连廊长 20000 毫米、宽 2210 毫米，后连廊长 12650 毫米、宽 2210 毫米，廊柱为铁制的金属柱，直径 130 毫米，高 3.36 米，施四檩卷棚顶，沿瓦面两侧分别施灰塑纹装饰。此外四周的厢房、斋室的规模、高度与深度比东西厅堂的规模要小，窗上砌有窗置。东西厢房、廊庑的梁架采用瓜柱承托步梁和桁檩，结构简洁。门、窗户是 1958 年重修时复原的，窗户

图 3—15　连廊与青云巷

图 3—16　砖雕斗拱

图 3—17　虚实穿透富有层次感的空间

镶嵌有彩色蚀花玻璃，这种玻璃也是受外来影响的产物。二进廊庑的柱式与连廊的式样一致。①

陈氏书院正南外立面上，布列着正厅、东西厅、东西斋五座单体建筑，以正门为中轴左右排开。正厅面阔五间，东西厅面阔三间，东西斋为单间，在高度上正厅最高，东西厅次之，东西斋最低，左右平衡布置，在开间尺度、间数和进深上加以变化。整个建筑群九个厅堂既独立成章，又与青云巷连为一体，形成虚实穿透富有层次感的空间体系。辅助建筑不得超过主体建筑，以中进中堂的聚贤堂最为高大，形成中间宽大两侧渐小左拥右护之势，尊卑判然，主次分明。② 在建筑结构材料与装饰风格上，砖石土木虚实相间，建筑群的下面部分稳重庄严，上部则华丽繁缛，取得了很好的互补与对比的效果。

① 黄佩贤：《陈氏书院测量简报》，载黄淼章主编《广东民间工艺博物馆文集》，海风出版社 2004 年版，第 58—59 页。

② 胡继芳：《从陈氏书院的建筑格局看封建礼制》，载黄淼章主编《广东民间工艺博物馆文集》，海风出版社 2004 年版，第 63 页。

第四节　陈家祠的建筑形制与美学问题

一　陈家祠的布局与形制

陈家祠占地 1.5 万平方米，主体建筑 6400 平方米，采用“三进三路九堂两厢”的布局。建筑的布局与形制是直接受到观念的影响的，而这些意识中的观念又是受到潜意识原型的影响。要深入理解建筑的布局与形制，有必要先探究原型。原型是荣格深层心理学的核心概念，原型是集体无意识，是人对于情感行为和精神行为都有共同的、继承得来的模式。[①]

（一）建筑中的“门、殿、寝”原型

西安半坡村仰韶文化遗址，凭借柱洞及其他遗存，考古学绘出了建筑复原图。[②] 一些方形或圆形房子，房内下凹于地面，其出入口修一段门道。门道设有雨篷，既起到遮风避雨的器物作用，又有掩蔽居寝的心理作用。门从简单的建筑内外分割界面的豁口，逐渐分化为建筑空间的组成部分。半坡建筑已显示出“门、殿、寝”分化的雏形。“门、殿（堂）、寝（室）”（象征着开始、过程与终结三个环节）的建筑组合形制，是世界性的建筑原型，在任何重要的古代文明体系中都可见到，如在古埃及、西亚洲、希腊、中国等文化区域的纪念性建筑甚至一般性的住屋之中（见图 3—18）。北京故宫就体现了这一典型的布局（见图 2—12）。

与现代居住建筑的自由平面比较，古代大多数重要的建筑和有一定地位的住宅都表现出特定礼仪所要求的某种模式化的布局。显然，这并不是从某种日常生活的舒适性出发，而是体现了建筑原型背后的某种观念体系。我们可以从附图中看出典型的纪念性建筑的布置格局的渊源与发展脉络及其背后的原型。图 3—19 是湖北黄陂盘龙城商方国宫殿遗址复原总平面图[③]，较之河南偃师二里头夏墟宫殿，其门、殿、寝的平面布置格局已趋成熟。图 3—20 是岐山早期宗庙平面布局示意图。图中各部位名称，是根据《尔雅》及经籍旧注而拟标的。上篇图 3—11 是《尔雅音图》所附《释宫》

---

① ［瑞］荣格：《人及其象征》，史济才等译，河北人民出版社 1989 年版，第 339 页。

② 同上书，第 45—47 页。

③ 《杨鸿勋建筑考古学论文集》，清华大学出版社 2008 年版，第 129 页。

图。《尔雅音图》原题郭璞撰，其中附图盖宋元人所绘，反映唐宋时代的建筑布置。[①] 图2—12显示了北京故宫“三朝五门、前朝后寝”的布置格局。不难看出，这几幅图所反映的宫室建筑，它们的基本格局是一致的，这种基本格局贯穿了“门、殿（朝、堂）、寝（室）”这样一个基本序列的原型观念。这一基本原型不仅保存在了宫殿庙宇建筑中，也保留在了大量的民宅和祠堂等建筑之中（见图3—21、3—22），陈家祠当然也不例外。

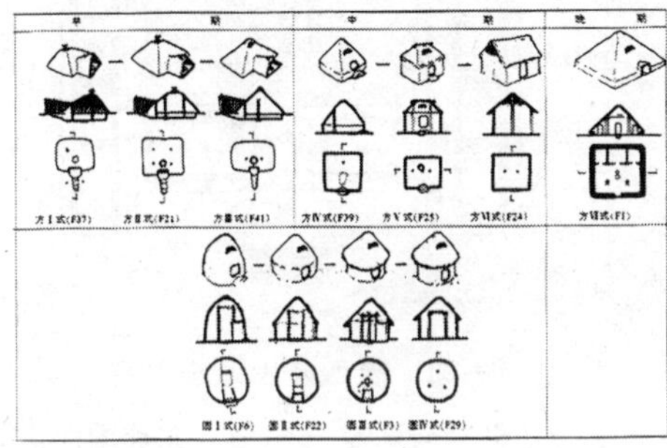

半坡建筑“门、殿、寝”分化的雏形
（引《杨鸿勋建筑考古学论文集》）

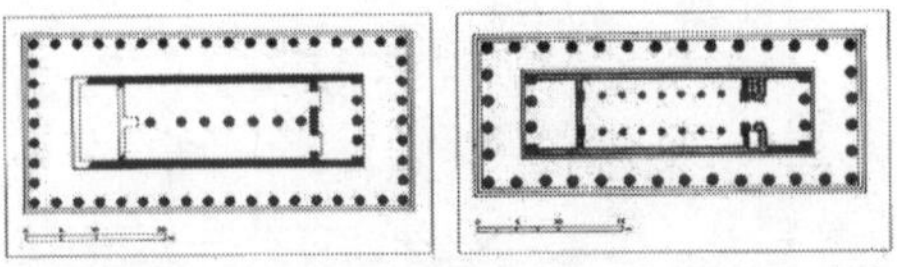

古希腊第一座赫拉神庙到第二座赫拉神庙平面“门、殿、寝”空间组合的进一步完善
（引[挪]诺伯格·舒尔茨《西方建筑的意义》）

古埃及拉美西斯三世陵墓综合体巨大的门道与“门、殿、寝”的组合
（引[挪]诺伯格·舒尔茨《西方建筑的意义》）

图3—18　门、殿、寝原型

（二）陈家祠与一般祠堂建筑中的“门、殿、寝”原型的比较

陈家祠的扩建工程自称也是按照北京故宫一轴一园的布局，虽有广告词的意味，但也是想借助这一原型来强调陈家祠的纪念建筑的性质。在《中国古代建筑大系》丛书中，祠堂被归入礼制建筑一类。在中国历史上，宗族的制度化和仪式化层面存在一个逐渐庶民化的过程，祠堂制度也

① 徐莉莉、詹鄞鑫：《尔雅：文词的渊海》，上海古籍出版社1997年版，第92页。

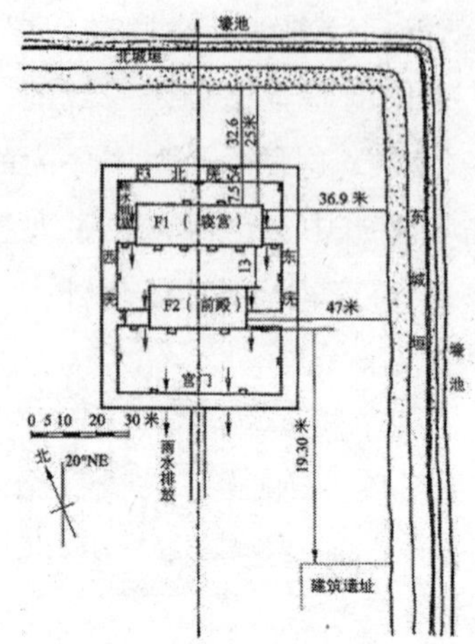

图 3—19　盘龙城宫殿遗址平面
（引《杨鸿勋建筑考古学论文集》）

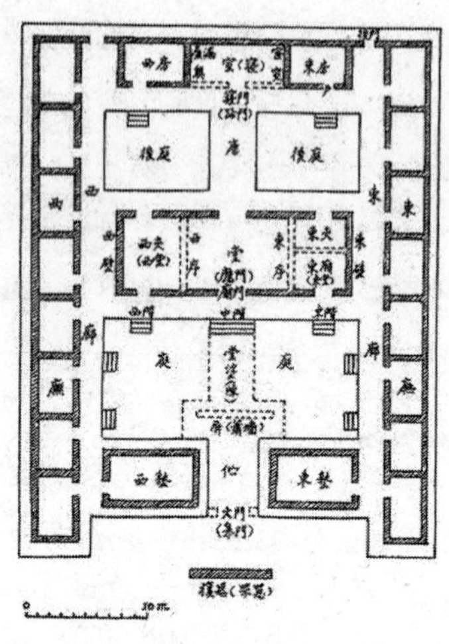

图 3—20　陕西岐山凤雏殷商晚期建筑
（引徐莉莉等《尔雅：文词的渊海》）

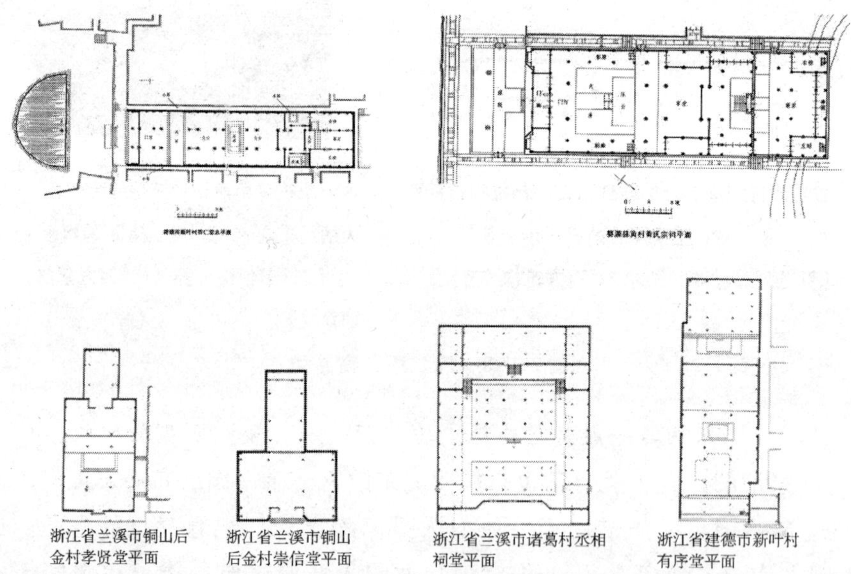

浙江省兰溪市铜山后金村孝贤堂平面

浙江省兰溪市铜山后金村崇信堂平面

浙江省兰溪市诸葛村丞相祠堂平面

浙江省建德市新叶村有序堂平面

图 3—21　浙江祠堂平面格局案例：门、殿、寝原型的发展演变（引陈志华《宗祠》）

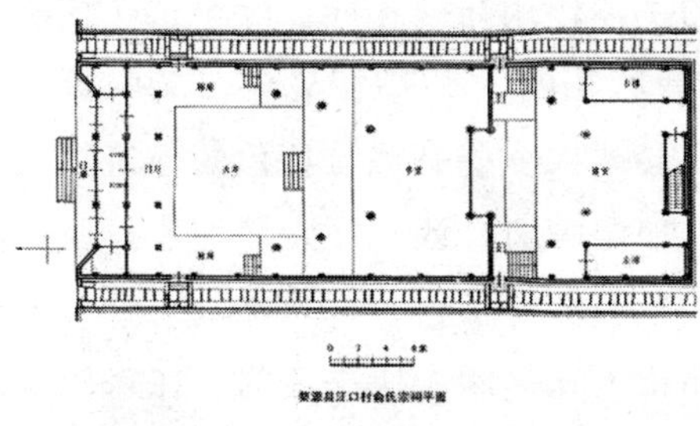
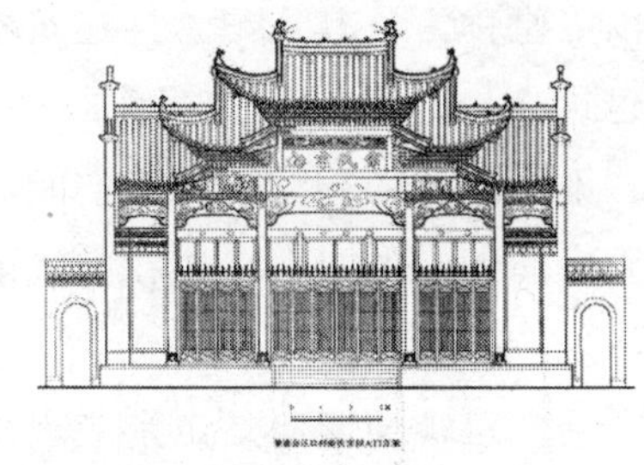

图 3—22　江西婺源汪口俞氏宗祠平面与立面（引陈志华《宗祠》）

相应地存在一个从贵族宗庙到平民家祠的庶民化的过程。庶民宗族祠堂许多礼制规定参照于贵族的宗庙制度。祠堂的本质是一种宗庙，在广州府的诸多族谱中，宗族的祠堂常被称为“宗庙”。对于贵族宗庙制度，三礼即《周礼》《礼记》《仪礼》中有详细的记录，历朝历代均极为重视宗庙制度，将其视为立国之本。北宋是庶民祭祖发生观念与制度转变的重要时期，而对庶民宗族祠堂形制产生巨大实质性影响要首推南宋以朱熹之名编撰的《朱文公家礼》，又简称为《朱子家礼》。在书中朱熹提出了庶民可祭祀四代祖先的设想，以儒家正统思想的姿态改变了“礼不下庶人”的传统观念。

宗族制度庶民化的结果，使宗祠在血缘村落里成为一个结构性因素，它对村落的结构布局起着重要的、某些方面甚至决定性的作用。[①] 作为这样一种性质的建筑，宗祠本身保持着由于功能而程式化的主要空间格局。光绪《合肥刑氏家谱》道：“家庙者，祖宗之宫室也，制度即隘，亦少不得三进两庑，前门户，中厅事，后寝室。”四川《云阳涂氏族谱·祠堂碑记》则说：“上建龛堂，所以安神主而序昭穆也；中树厅事，所以齐子孙而肃跪拜也；前列回楼，所以接宾朋而讲圣旨也；左右两庑，所以进子弟而习诗书也。”[②] 作为纪念性建筑，祠堂也不例外，其理想的布局也是趋于“门、殿、寝”原型，位于中轴线上的主要单体建筑构成祠堂形制的主要层次，这就是头门、祭堂和寝堂。《说文》：“堂，殿也。”《释名》云：“堂，犹堂堂高显貌也，殿，殿鄂也。”由于民间建筑不能称为殿，

① 陈志华：《宗祠》，生活·读书·新知三联书店 2006 年版，第 38 页。

② 转引自陈志华《宗祠》，生活·读书·新知三联书店 2006 年版，第 38 页。

所以以堂称之，其在纪念性建筑中的主体作用与殿相同。除了这个核心主体建筑之外，附属于宗祠建筑的常有后花园、义塾、义仓、义厝等。另外，不同地方的祠堂中轴线空间序列会插入一些有地方特色的建筑物，如门屋后面倒座的戏台，或在门屋前后加建牌坊，或在厅堂前加建拜厅、卷轩等。

祠堂建筑的形制是由宗族观念和相关礼仪制度所决定的。在宗族观念的影响和支配下，宗法制度、祭祀仪式、奉祀世代、昭穆制度、迁祧制度、门塾制度、宾主之序等之物化形态，产生了相应的建筑空间形制。《朱子家礼》论述了庶民祠堂的形制：

> 君子将营宫室，先立祠堂于正寝之东。
>
> 祠堂之制，三间外为中门，中门外为两阶，皆三级，东曰祚阶，西曰西阶。阶下随地广狭以屋覆之，令可容家众叙立。又为遗书衣物祭器库及神厨于其东缭。以周垣别为外门，常加扃闭。若家贫地狭则止为一间，不立厨库，而东西壁狭置立两柜，西藏遗书衣物，东藏祭器亦可。正寝，谓前堂也，地狭则于厅事之东亦可。凡祠堂所在之宅，宗子世受之，不得分析。……
>
> 为四龛以奉先世神主。
>
> 祠堂之内，以近北一架为四龛，每龛内置一桌。大宗及继高祖之小宗，则高祖居西，曾祖次之，祖次之，父次之。继曾祖之小宗，则不敢祭高祖，而虚其西龛一。继祖之小宗，则不敢祭曾祖，而虚其西龛二。继祢之小宗，则不敢祭祖，而虚其西龛三。若大宗世数未满，则亦虚其西龛如小宗之制。神主皆藏于椟中，置于桌上，南向。龛外各垂小帘，帘外设香桌于堂中，置香炉、香合于其上。两阶之间又设香桌，亦如之。……①

虽然《朱子家礼》关于祠堂形制的设想在理论上应对后世庶民祠堂的基本格局产生重要影响，但是，《朱子家礼》并没有对祠堂建筑做出具体的规定。《朱子家礼》中配有“家庙之图”、“祠堂之图”、“正寝时祭

① 《朱子家礼·祠堂》。

之图”、“每位设馔之图”等。“家庙之图”对建筑的描绘和现实的祠堂并不吻合。按照《朱子家礼》的设想，祠堂有围墙限定了明确的边界，围墙之外正对着门屋的地方有一座正中有台阶的建筑，其左右植树。围墙之内中轴线上共有三座建筑，但结合书中描述和图示来看，这三座建筑并非按照一般的“门、殿、寝”原型来安排。书中将第二座建筑称为“正寝”，是一座设东西阶的三开间建筑，高、曾、祖、考的牌位从左至右依次列于正寝之中，祭祖时，族人依序列于庭。书中明确说道：“正寝、谓前堂也。”这和后世普遍以正厅为前堂，而将祖先牌位放置在后寝（也称后堂、下堂）颇为不同。而书中也未言明最后一座建筑的功用，只提到厨库设于东缭。① 推究其中缘由，与历史上王公贵族的宗庙、家庙不同，庶民祠堂在《朱子家礼》中被放在开篇的“通礼”中。书中言及“古之庙制不见于经”，这里的“古之庙制”是指庶民祠堂的制度，因此《朱子家礼》中的祠堂的形制可以推测参照了当时的“俗礼”，即现实中庶民祠堂的实际情形。庶民祠堂在《朱子家礼》中设想的形制不符合一般纪念性建筑“门、殿、寝”原型的通则，是否为了与正统的宗庙建筑以示区别，按照礼制的要求在形制上降低庶民祠堂的等级，因而是作者有意为之；还是参照庶民之家的实际情形，寻求一种庶民普遍能承受的简化的形制不得而知。这个问题就如《朱子家礼》的作者是否是朱熹一样，终究是有历史疑云的。但这一问题对我们比较分析现存的祠堂建筑形制还是颇有启发。

祠堂建筑一直在寻求官式建筑和民居建筑的结合，既保留了一些官式建筑的做法以表示建筑形制等级相对较高，同时又受品级、材料、气候和建造习惯等因素的影响，显示出地方性色彩。② 柯布西耶精练地说出“文化是心智的直角状态”。所谓官式建筑是指按照一套正统的文化观念，遵照严格的原型形制而建造的具有纪念性的建筑，布置格局具有明显几何化特征。从各地的祠堂平面图可以看出，祠堂建筑显然也遵循了礼制建筑中轴对称的“门、殿、寝”原型空间序列的一般原则，但在现实条件的约

① 参见冯江《祖先之翼——明清广州府的开垦、聚族而居与宗教祠堂的衍变》，中国建筑工业出版社 2010 年版，第 176 页。

② 同上书，第 167 页。

束下，出现了只有头门和寝堂的简化形制，也是可以理解的（见图3—21—3—25）。对于这一点，可以从数理原型中进行相关解释。一个有机体的存在首先是在统一体中分化为对立的两极，然后才是这两极的联系。有关数理原型黑格尔引用毕达哥拉斯学派的论述：①

> （甲）第一个单纯的概念是统一……一是整个的普遍本质，每一个事物都是一，事物由于分有了一而成为这个一。一个事物的最后本质，或对一个事物的“自为之有”的考察，就是一。
>
> （乙）其次是对立。一是同一，普遍性；第二个是二元，分别，特殊。由原始的单元产生一，由单元和不确定的二元产生二。二作为对立的进一步的规定……它表示出范畴的一个不完满的开始。对立之被认作“绝对”的主要的一环。
>
> （丙）于是三元特别成了一个很重要的数。在三元这个数中，单元达到了实在与圆满。单元通过二元向前进展，更在统一中与这个不确定的多相结合，就成为三元。一切的一切都是由三元决定的，这就是说，它有绝对的形式。三被认为是第一个圆满者……我们称二为“变”而不为“全”；说到三我们才说全。三代表的是起点、过程与终结，三所规定的是全体。

这是一段对“数”之理念的经典论述，理念在某种意义上是原型的原型，它一般具有超文化的意义。从这段论述我们可以看出，礼制建筑中“门、殿、寝”原型空间序列的必然性，同时也可以找寻出在不完备的形制中只存在“门”和“寝”的理论依据。在《朱子家礼》的描述中，虽然提到祠堂中轴线上的主体建筑有三座，而只描述了一、二座的门和寝，第三座建筑的功用语焉不详。朱子也提到，一般是三开间的正寝在贫穷人家可为单开间。因此，无论是考虑到庶民之家的实际情形或者是礼制上对庶民祠堂降低等级的有意为之，《朱子家礼》中描述的祠堂都不是一种完备的形制，也可看出作者摇摆在二座和三座主体建筑之间的矛盾，但这却

① 参见黑格尔《哲学史讲演录》第一卷，贺麟、王太庆译，商务印书馆1995年版，第223—236页。

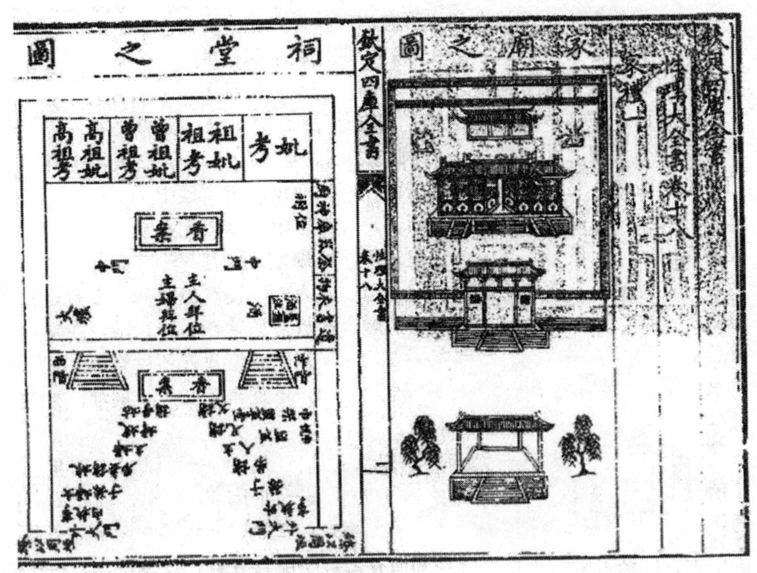

图 3—23　《钦定四库全书》中收录的家礼祠堂

中轴线上“门、殿、寝”形制与寝堂四祖神位的摆放次序

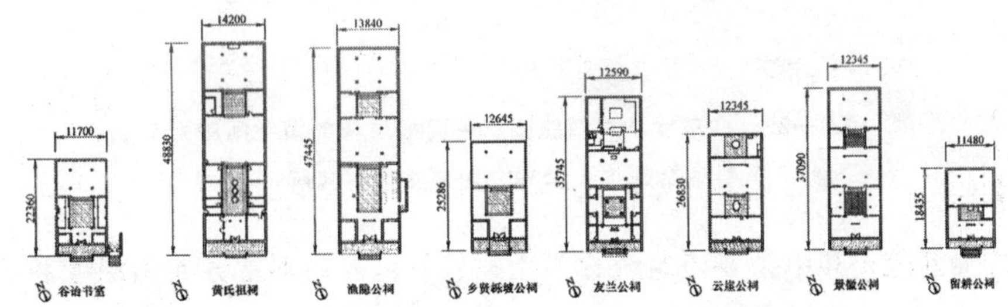

图 3—24　广东祠堂平面图比较：门、殿、寝原型的发展演变

（引华南理工大学东方建筑文化研究所）

恰恰从整体上反映了庶民祠堂的现实情形。

庶民祠堂有大量的二进建筑，但一般是规格不高的分房以下的祠堂。庶民祠堂最普遍的是三进，特别是大宗祠一般严格要求三进，超过三进的祠堂建筑或者只是三进祠堂的变体，或者多出三进的主体建筑功用语焉不详充满变化不属于正统形制的范畴。以珠三角祠堂建筑为例，据冯江研究，通常而言，广州府的祠堂是由被屋顶覆盖的单体建筑和室外要素共同构成的；单体建筑有头门、拜亭、正厅、寝堂、后座、衬祠、厨房、侧

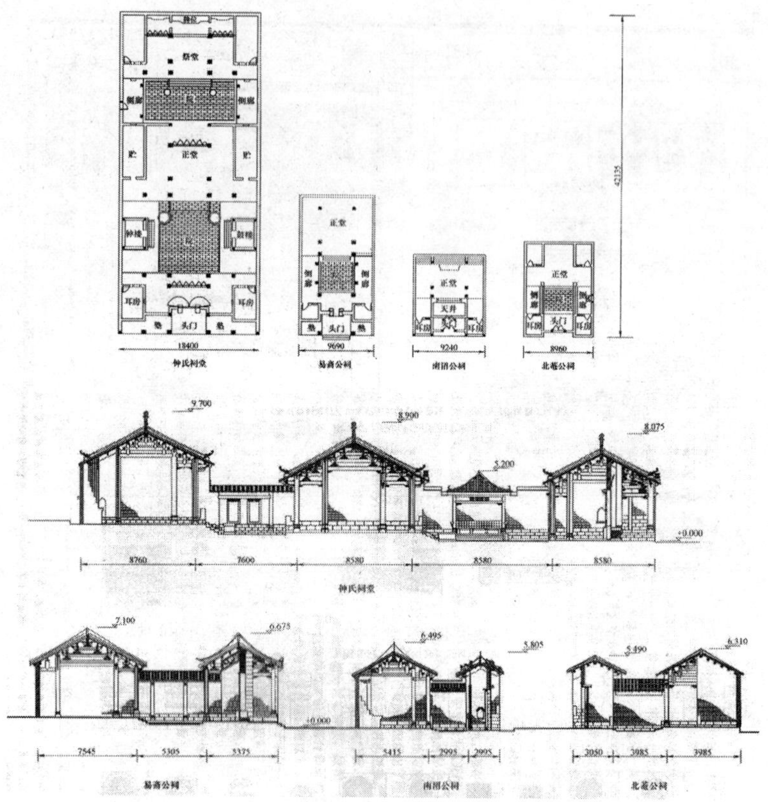

图 3—25　广东横坑村四座祠堂平面格局与剖面空间序列

（引华南理工大学东方建筑文化研究所）

廊、侧堂等，其中主要建筑统称为堂；另外，有些祠堂会使用照壁和牌坊。照壁、戏台和钟鼓楼在广州府的宗族祠堂中并不多见。在祠堂最重要的中路一般分布着：头门，也称头座、下堂，是祠堂门面性建筑和仪式性如口；中堂，也称中厅、祭堂、享堂、拜殿，是祠堂的正厅，是举行祭祖仪式和宗族议事的主要处所，空间最为高敞，陈设最为讲究；寝堂，也称上堂、祖堂，是安放祖先牌位的地方，在空间序列中是最后一座，有时亦称后堂、后座；此外，祠堂中路还有可能出现其他堂、楼，如拜亭、藏书楼、议事厅等①。如佛山澜石霍渭崖祠（明嘉靖礼部尚书的祠堂）一共有

① 参见冯江《祖先之翼——明清广州府的开垦、聚族而居与宗教祠堂的衍变》，中国建筑工业出版社 2010 年版，第 144—145 页。

七进之深，当地称“七叠祠”。罗定素龙镇悆祝村的黄氏大宗祠亦为七进，一进为头门，二进位祭堂，三进为供奉祖先神位的寝堂，四进为厅，五进为客堂，六、七进已毁。[①] 超过三进的祠堂，一般是在寝堂之后的中路上还建有其他建筑，这些建筑空间具有其他实用功能，一般不是仪式性的空间。

据冯江研究，以路和进为线索对祠堂总体格局进行描述，按照广州府的实际遗存和相关文献来看，祠堂有一路、三路和五路三种路数，进数有两进、三进、四进、五进、七进5种，理论上存在16种可能的组合，但实际上目前所知存在的组合形式只有9种：（1）一路两进，常用三间两廊，天井庭院，采用此种形制的祠堂多为支祠、以家塾或书室为名的私伙厅、生祠等。（2）一路三进，这是最吻合《朱子家礼》和《大明会典》的祠堂形制，在广州府分布最为广泛，采用此种形制的祠堂主要为祖祠、房祠和支祠。（3）一路四进，不多见，多用牌楼，是有一定代表性的祠堂格局，可视为一路三进的变体。（4）一路五进，如江门陈白沙祠，目前已知实例很少。（5）一路七进，目前仅知佛山澜石霍韬“七叠祠”一例。（6）三路两进，如番禺小谷围北亭村元始梁公祠，这类祠堂亦不多见。（7）三路三进，广州府非常普遍的祠堂形制，比一路三进的祠堂更有气势，多为大宗祠、宗祠和富有房份的祠堂。（8）三路四进，如实例有佛山兆祥黄公祠、沙湾何氏大宗祠（留耕堂）等，前者在寝堂之后建有2层的后座，而后者在头门与祭堂之间建有仪门，均可视为三路三进祠堂的变体。（9）五路三进，广州府已知实例只有广州陈家祠，陈家祠的形制被称作“五路三进九堂两厢抄”，其中九堂指中央三路每路由三座堂，另外两路被称为两侧的边厢。[②]

总之，一路两进、一路三进和三路三进是最基本的形制，其他形制都可视为这三种形制的变体，这也完全符合上文关于“门、殿、寝”原型分析的理论。但是，作为五路三进孤例的广州陈家祠有其明显的特殊性。首先，通面阔五路80米，无疑在整个祠堂的正立面就给人以壮观的效果。

① 据广东文物局网站 http：//www.gdww.gov.cn 公布的数据，该祠宽13米，前五进深120米，而当地文献记载七进共约150米。

② 参见冯江《祖先之翼——明清广州府的开垦、聚族而居与宗教祠堂的衍变》，中国建筑工业出版社2010年版，第158—159页。

其次，正方形的总体建筑平面图亦异于一般祠堂建筑进深大于面阔的布局，因而内部阔达的空间适合于合族祠众多人员的聚会，但也不可避免地削弱了内部空间的纪念性精神，倾向于追求外在的宏大祭祀场面，而弱化了内在的精神交流和情感沟通的氛围，这也是由陈家祠的性质所决定。再次，一般祠堂都是由民间自发建造的，秉承传统形制和民间工艺，而陈家祠是由一位受过正规建筑教育的近代建筑师主持设计的，正方形的总体建筑平面图无疑出自建筑师刻意为之，所谓“九堂”的布局相当大的程度上受到传统官方“九宫”思想的影响，进深上三进房屋加上两进庭院总体上和面阔一样亦是五路，这种“九五”布置的正方形构图可以相当肯定地推断是建筑师深思熟虑的设计结果，虽然目前没有发现相关文献记载，但可以根据以下三点做出这一推断：（1）陈家祠的平面格局明显异于普通自发建造的民间祠堂；（2）从建造陈家祠的主观愿望和官绅背景要求陈家祠具有官方的理念，甚至其具有的炫耀性隐蔽地僭越了礼制；（3）受过正规教育的主持建筑师具有这样一种设计知识和能力。从这样一些方面我们可以理解陈家祠布置格局的独特性和其艺术特征的基本方向：这就是官方风格与民间风格的结合；仪式性和炫耀性的结合；科班专业设计与民间传统工艺的结合。

陈家祠虽被称为陈氏书院，但从平面布置可以看出其明显有别于传统书院的布置。传统书院有其讲学、藏书、祭祀的基本规制，是文士学习、生活、游息的场所。讲堂是书院教学和学术活动的主要场所，一般处于书院建筑群的中轴线上的中心位置，相当于“门、殿、寝”原型组合的殿（堂）的位置，其前置山门，其后置藏书楼或文昌阁等祭祀建筑。在中轴线主体建筑的左右布置居学的斋舍。有些书院设礼殿（大成殿）祭祀孔子，多处于讲堂前后或另成侧院。少数书院还专设孔庙，自成院落，形同官学。书院历来重视环境的选择。早期书院，多择山林胜地，以利隐居读书，潜心修学。后书院发展普及，多由地方官员和乡绅筹资兴建，选址多就城镇边缘或郊区环境幽静、风景优美之处，有些书院还附有园林（见图3—26、3—27）。从这些传统书院的建筑和选址特征看来，与陈家祠（陈氏书院）有明显的区别。因此，陈家祠的建筑本身也说明，陈家祠（陈氏书院）的基本面还是一座祠堂。陈氏书院这类联宗书院一般不设山长，也没有考课、讲授的制度和上课的设备，只由各房推举监察（或称值事）处理院内日常事务。联宗书院对子弟的培养，主要集中在鼓励科举上面。其鼓励措施便是为来广州应试科举的子弟提供住宿，由书院向应试的本姓子孙支付试卷金和滞京费；另外，本姓子弟科举及第，书院须赠送红花。① 从这些制度方面来看，联宗书院与传统书院也是有明显区别的。

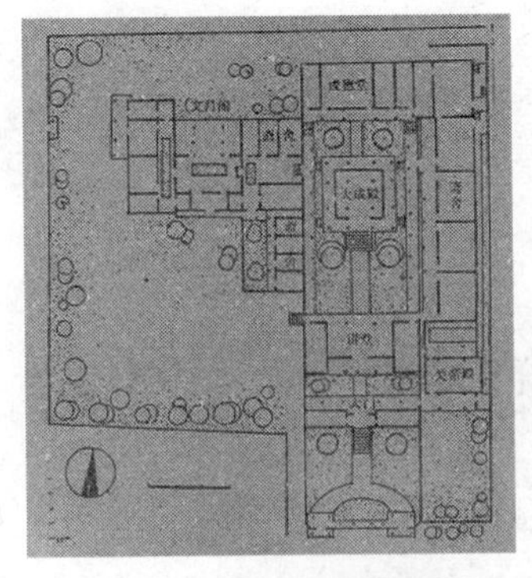

图 3—26　文华书院（位于湖南浏阳）实测（引《湖南传统建筑》）

图 3—27　梯云书院（位于广东顺德）（引清咸丰版《顺德县志》）

从陈家祠的平面图可以看出，陈家祠的设计受到一些特别的传统哲学和官方观念的影响，这些影响是很难在一般民间建筑中见到的，其平面布置格局不但明显异于一般书院，也有异于一般的祠堂建筑的地方。但从陈家祠的平面图中央深灰色的部分可以看出，它包含了一个祠堂建筑最一般的在中轴线上“门、殿、寝”的原型形制，而且从立面上来看，这中央的一路又像是三路，三路无疑是对一路的规格提高，左中右三路在高规格的纪念性建筑中是完满的数字。进一步分析表明，如果把中央深灰色区域看作中路，两边浅灰色区域看作两厢，这是一个完整的广州府三路三进祠堂平面布置图，陈家祠的特殊性在于在这个基础上添加了两侧路，两侧对称地重叠布置了“门、殿、寝”三堂，从而形成陈家祠最独特的“九堂”祠堂布局，并且在正立面形成五门并置的效果，可以说陈家祠隐蔽地采用了只有皇家才能使用的象征语言（见图 3—28、3—29）。尽管在当时封建社会典籍如《大清会典》中，对祠堂的营建颁有定规制度，其规模和形

① 王建军：《论清代广州联宗书院的教育功能》，《江西教育学院学报（社会科学版）》2013 年第 1 期，第 169—174 页。

制也受约于官吏的等级；但实际上，在封建社会的末叶，这种定规禁令已不可避免地开始松弛。从这一特殊建筑可以看出晚清封建制度渐渐走向崩溃的社会现实，表明这一时期广州地方势力的野心和雄心以及混杂着的对权势的炫耀心。在陈家祠的倡建者中共有昌朝、宗询、福谦等48人，其中包括光绪十八年（1892）考中探花、曾任翰林院编修和国史馆总纂等职的东莞陈伯陶和曾任总理各国事务大臣的吴川陈兰彬等。可以说，陈家祠确实堪称反映广州甚至中国近代复杂社会现象的活化石。

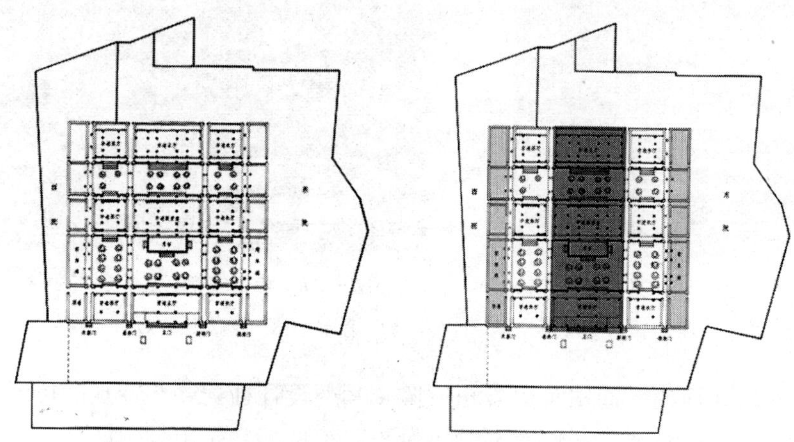

图 3—28　陈家祠平面（引广东民间工艺馆编《陈氏书院》）

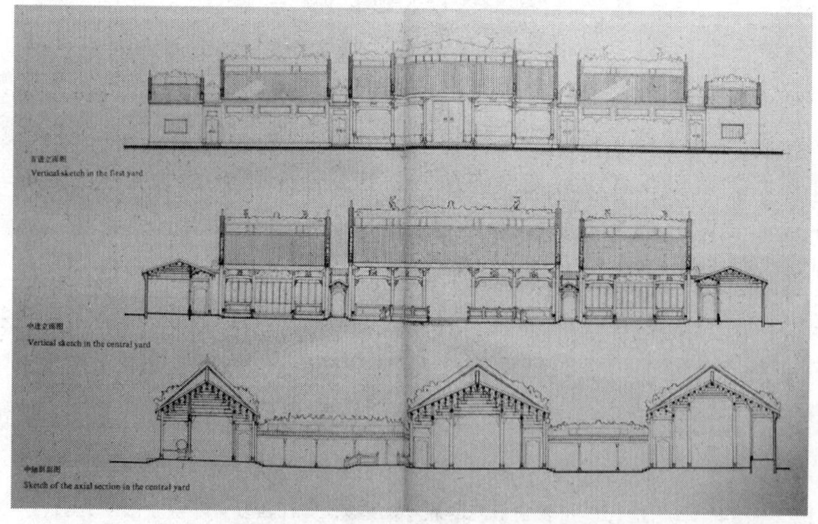

图 3—29　陈家祠立面、剖面（引广东民间工艺馆编《陈氏书院》）

二　陈家祠的装饰艺术

（一）装饰主题的一般理论

装饰主题是一种象征。象征包括两个要素：一是形象，二是所要表达的意义。从形象来说，象征和纯粹符号有所不同。按照黑格尔的说法，纯粹符号和其所要表达的意义的联系是任意的，而象征所采用的形象和其所要象征的意义有所关联，这就使得象征所采用的形象本身具有体现某种概念的性质。从象征所要表达的意义上来说，它是借助个别形象来对普遍观念进行表达，其象征的意义蕴含在形象中，而不像纯粹符号那样与其表达的意义之间可以相互脱离。比如，完全同一的概念在不同的语言中采用了不同的符号形式；因此，纯粹符号所表达的意义是不依赖于符号的形象的。由于形象是一种感性，对于不同的主体呈现出一定的多义性和模糊性，虽然象征符号和其所表达的意义有其自身的关联，但在一定的社会文化中，在某种程度上也具有符号的共性，依赖于文化的约定俗成。（见图 3—30 至 3—33）

怎样的形象能成为象征形象？也就是说怎样的形象能成为我们的装饰主题？相应地会具有哪些性质？《城之理念》的作者美国人约瑟夫·里克沃特的一段话有抛砖引玉的作用："在讨论原始社会中可以被当作'图腾'的诸多动物或植物的'用途'时，列维－斯特劳斯指出，这些动物或植物被拣选出来'不是因为它们好吃，而是因为它们可以被思想'。"①

首先来看几何纹样和连绵的花纹。几何纹样是纯粹时间、空间观念的表现，并不和具体的概念相联系，其装饰的作用在于由时间、空间观念所引起的节奏、韵律等审美感受。连绵的花纹和几何纹样在某种程度上相似。康德说："花，自由的素描，无任何意图地相互缠绕着的、被人称作簇叶饰的纹线，它们并不意味着什么，并不依据任何一定的概念，但却令人愉快满意。"② 在建筑装饰中，我们能普遍看到这两种纹样，它们和象征并没有太大的关联。

---

① ［美］约瑟夫·里克沃特：《城之理念——有关罗马、意大利及古代世界的城市形态人类学》，刘东洋译，中国建筑工业出版社 2006 年版，第 75 页。

② 康德：《判断力批判》上卷，宗白华译，商务印书馆 1995 年版，第 44 页。

图 3—30　铁花

图 3—31　灰塑

图 3—32　石雕蝴蝶隔架

图 3—33　陶塑屋脊

抽象的时间、空间观念向具体性的发展，作为普遍的“光”与“物质”相互作用的产物——自然元素——“地、水、风、火”是抽象到个别具体性的中介环节。“水”和“火”是上古自然崇拜的对象，在祭祀仪式中历来发挥着重要作用；“地”和“风”也是建筑基址所要考虑的重要因素，并且它们会发出神秘的征候，使某些基址具有神圣的意义。但是，单独的自然元素“地、水、风、火”之一却不能成为一个具体的描绘对象，只有它们的组合，即风景才能成为这样的对象，形成一定的具体的主题。而由自然元素聚集所形成的有机生命，才在自身的个体形象中实现了具体的概念。黑格尔说：“生命是整个对立面的结合……只要内在的东西和外在的东西、原因和结果、目的和手段、主观性和客观性等等是同一个东西，就会有生命。生命的真正规定是：在概念和实在统一的情况下，这种实在不会再是以直接的方式，以独立性的方式，作为许多现实存在着的、互相分开的属性而存在，反之，概念完全会是这种不相干的持续存在具有的观念性。”[①] 概念是对立面的统一，生命就是相互对立着的自然元素的统一，具体的生命形象本身蕴含着具体概念。象征是形象和意义的关联体，而生命本身又是个别形象与概念的统一，因此，具有象征意义的装饰主题一般也就采用有机生命的形式了。

象征的形象虽然也具有审美因素，但它首先是结合着概念的一种表意方式。康德论证说，审美判断是不依赖于概念的一种判断力，是鉴赏对象采取无目的的合目的性的态度。从这样的观点看来，我们要把纯粹的风景画和象征形象区别开来，前者是不涉及功效的、自由的和审美的，而后者是有目的的、表意的、图解性的。这是纯粹美术作品和象征装饰的一般区别。

（二）陈氏书院的装饰主题

《鲁班经·鲁班仙师源流》：“令中华文物焕而一新。”这里所谓“文物”就是昭示中华礼仪文明的器具或包括建筑在内的人工造物。陈氏书院集祠堂与书院功能于一体，其一重要目的就在于“敦教化，助人伦”。陈氏书院在梁枋、步梁、斗拱、驼峰、梁枕、雀替、神龛、封檐板、屋脊、垂脊、栏板、望柱、屏风、檐下、墀头、墙面和梁柱出头等处，凡是让人看得到的地方几乎都以木雕、砖雕、石雕、陶塑和灰塑等艺术手段塑造和堆砌出大量花纹和图案。在陈氏书院风格各异的建筑装饰中，除生动活泼的神话传说、民间故事、祈福图案外，以三纲五常为主题的教化装饰内容也十分丰富。用大量的历史故事场景和书法楹联诗词，褒扬孝悌观、礼义廉耻思想，叫人触景生情，达到敬祖启后、尊老爱幼、修身齐家等道德教化之目的，潜移默化儒家的礼制仁爱思想。[②] 对于陈氏书院这方面的象征内容和手法，胡继芳在《从陈氏书院的建筑格局看封建礼制》一文中有较详细的总结，如：表达子孙繁盛、家族传衍方面的主题：在陈氏书院的建筑装饰中，鸡、鼠、鹿、鱼、石榴、荔枝、莲子、桂圆、连绵瓜瓞、缠糙花纹等图案造型表示多子实、子孙绵延的意蕴。外墙大型砖雕“五伦全图”是宣扬儒家礼制仁爱思想的典型代表，五伦即五常，即君

---

① ［德］黑格尔：《自然哲学》，梁志学、薛华、钱广华、沈真译，商务印书馆 1997 年版，第 377 页。

② 胡继芳：《从陈氏书院的建筑格局看封建礼制》，载黄淼章主编《广东民间工艺博物馆文集》，海风出版社 2004 年版，第 64 页。

臣、父子、夫妇、长幼、朋友的关系，在民间美术中常用凤凰、仙鹤、鸳鸯、鹡鸰、莺这五种禽鸟分别代表。凤为鸟之首，凤飞则群鸟从，凤出则政通人和，天下太平。鹤鸣时，其子和之。鸳鸯生死相随，形影不离。鹡鸰能为其兄弟解难。莺鸣叫时是为了寻找朋友。用这五种鸟代表五伦，表现封建社会人与人之间的伦理道德关系。石柱头雕饰“曾子杀猪”教育人要讲诚信，取材于韩非子《外储说左·上》。东西厢房是当年陈氏学子们读书的地方，室内壁画，前东厢绘“滕王阁图”，描绘才气过人的王勃，意气风发地吟诵《滕王阁序》的场面。前西厢绘“夜宴桃李园”，描绘桃花盛开时节，李白和诸学友在桃李园中夜宴的情景。用文人雅士为题材的壁画，正与厢房的使用功能相配合（见图 3—34）。其他装饰如木雕“高山流水”、“踏雪寻梅”、“竹林七贤”，灰塑“香山九老”则表现文人们品行高洁，清逸淡远的生活情趣。[①] 所有这些图画造型，都不应看作是为了纯粹审美的艺术作品，也不完全是附庸风雅，而是带着一定的表意和激励的目的。

首进正厅屏门裙板雕刻“博古”图，用酒壶、爵、宝鼎、铜钱和凤凰组成博古图案，有“壶里乾坤乎爵禄成”的题句，这里就更为露骨地表露出读书的目的在于求取功名，加官晋爵，光耀门楣。梁架柁墩雕饰“宝鸭穿莲”，莲鸭谐音为连甲，穿是中之意，鸭子穿行莲中比喻士子在殿试中连登榜首。同题材的还有“白菜莲鸭”、“二甲传庐”等。石栏板雕饰“太狮少狮”，狮与师同音，大狮小狮喻太师少师。另外还有用历史故事“渭水访贤”、“六国大封相”，民间通俗造型“状元及第”、“独占鳌头”点化子弟等。[②]

民间装饰艺术不同于纯粹艺术品的一个特点，就是其内容离不开功利性。从题材上看，陈氏书院的建筑装饰多以吉利祥瑞、趋利避害为主题，通过带有吉祥寓意的动植物图案，以及民间传说、历史故事来表达一定的祈求和愿望。自然界的客观事物因其性格、气质、色彩、形态特征而被赋予独特的内涵，日益与人类的思想观念和心理情感相联系，经过漫长的文

---

① 胡继芳：《从陈氏书院的建筑格局看封建礼制》，载黄淼章主编《广东民间工艺博物馆文集》，海风出版社 2004 年版，第 65 页。

② 同上。

化传承逐渐稳定下来，成为特定观念的象征，如喜鹊象征着喜庆、牡丹代表着富贵、石榴意思是多子、桃子意味着长寿等。同时，人们也运用谐音寓意的手法来沟通客观事物与人类情感。比如“蝙蝠”谐音“福”，在陈氏书院的装饰题材中，蝙蝠的塑造到处可见，如画五只蝙蝠围绕一个寿字，意为“五福捧寿”、用蝙蝠和菊花或者寿字组成图案，寓意“福寿双全”；又如“鹿”谐音“禄”、“雀”谐音“爵”、“蜂”谐音“封”、“猴”谐音“侯”，所以把这几种动物组合在一起，寓意“爵禄封侯”了；把石榴树和雀鸟组合，便是“榴开雀聚”，表达了人们希望子孙发达、家庭兴旺的心理（见图3—35）。[①]

图3—34　前西厢壁画“夜宴桃李园”
（引广东民间工艺馆编《陈氏书院》）

图3—35　裙板雕刻“创大业，儿孙永发”
（引广东民间工艺馆编《陈氏书院》）

随着历史文化的积淀，民间传说和历史故事也成为人们寄托情感、表达期望的载体。如和合二仙是爱情美满的象征，关公是忠君重义的代表，门神是门户安康的保护神等。在陈氏书院的建筑装饰中，此类题材也占了相当大的比重，民间广泛流传的八仙、和合二仙、福禄寿三星、竹林七贤、刘海等人物形象，在陈氏书院装饰中也是重要的主题。在这些装饰题材中，有用于祈求爱情幸福家族兴旺的，如《和合二仙》《牛郎织女鹊桥会》《龙凤呈祥》《天姬送子》《求寿图》《吹箫引凤》等；也有希冀升官发财大富大贵的，如《加官晋爵》《状元及第》《刘海戏金蟾》等；也有

① 黄艳：《试论广州陈氏书院的建筑装饰文化》，载黄淼章主编《广东民间工艺博物馆文集》，海风出版社2004年版，第87页。

宣扬忠君爱国的，如《刘庆伏狼驹》《苏武牧羊》《赵云截江救阿斗》《薛丁山受封》《虬髯公与李靖》；还有惩恶扬善的，如《李白退番书》等。①

中国古建筑均喜用对联、诗词、书法等文字艺术来起到直接点明主题和装饰的作用，陈氏书院也不例外。如对联“衍绪溯胡公历周秦汉晋以迄于今代有伟人门闾大启；敬宗详载记统远近亲疏而系之姓谊关一本畛域何分”，“道瓒太邱，星聚一堂昌后世；德邻广雅，风培百粤振斯文”。南面墙上砖雕范仲淹、王文治、翁方纲、陈白沙等名家诗句（见图3—36），以及随处可见李白、孟浩然、辛弃疾、汤显祖等诗词文章，彰显出陈氏书院书卷味浓厚，有很高的文化品位。

图3—36　砖雕　摘范仲淹《岳阳楼记》名句

（引广东民间工艺馆编《陈氏书院》）

从装饰的题材来看，陈氏书院除了这些中国民间艺术所共有的文化因素外，还善于运用有地方特色的题材。如岭南佳果阳桃、荔枝、芭蕉、菠

① 黄艳：《试论广州陈氏书院的建筑装饰文化》，载黄淼章主编《广东民间工艺博物馆文集》，海风出版社2004年版，第87—88页。

萝、木瓜、佛手、石榴等；岭南山川名胜，如清代羊城八景；以及反映岭南生活的题材，如《渔舟唱晚》，就刻画出岭南水乡渔民的生活。在一些装饰题材中，还可以看出与岭南民情风俗的密切联系。比如屋顶装饰中最为突出的独角兽和鳌鱼，两者都是岭南建筑常用的装饰题材。独角兽与当地民间传说有关，相传广东佛山曾经出现过一头怪兽，给村民带来严重的灾难，村民就制作出这么一头独角的怪兽来“以怪制怪”，果然达到驱邪的效果，以后这头怪兽就在广东民间广为流传，成为避邪消灾的精神寄托。鳌鱼为传说中的海中大龟，形似龙，好吞火，能顺风雨，将之立于屋脊，取其镇邪避火灾和独占鳌头之喻义。鳌鱼虽然为一般的民间建筑装饰常见的主题，但处在水乡泽国的岭南，厌火之神的鳌鱼在屋脊上得到了尤其特别的强调。又如，岭南建筑的山墙边装饰，常常是以黑色为底，上绘白色、红色或黄色的水草、草龙图案，这是因为黑在五行中代表水，水草、草龙也与灭火有关，岭南还有俗语谓：“扫乌烟，画草尾”，这些都反映了岭南炎热多雨的气候特征对岭南民情习俗的影响。另外，粤剧是广东的地方戏，在建筑装饰中用粤剧戏曲场面做题材也非常地广泛。诸如此类，都与岭南的民情习俗有着极大的关系，反映出建筑装饰明显的地方特色。①

（三）陈氏书院的屋脊装饰

屋脊是中国古代建筑最突出的地方，因此也往往成为建筑装饰的重点，但在中国任何区域，都没有像广东屋脊装饰那样精巧显耀，以至于到了夸张的地步。陈氏书院的建筑脊饰又是其中的一个代表。陈氏书院脊饰题材各异，有的以一组戏曲人物为主题，配以其他内容；有的用十多组内容组合。将传统戏曲中有代表性的场面以夸张概括的表现手法，用连景形式接成连环画般的连续故事，且构图富有节奏感。

民间屋脊装饰艺术作为民俗文化表现的一部分，它把民俗观念以民间艺术的方式外化与具体化了。黄少琴在《广州陈氏书院建筑屋脊装饰的民俗意蕴》一文中认为陈氏书院巧夺天工的屋脊装饰吉祥图案，能体现

① 黄艳：《试论广州陈氏书院的建筑装饰文化》，载黄淼章主编《广东民间工艺博物馆文集》，海风出版社2004年版，第86—87页。

人们的生命、幸福、道德、审美、信仰等民俗观念：①

（1）生命观念。陈氏书院屋脊装饰中有大量反映生存与繁衍的图案："群仙祝寿图"、"麒麟送子"、"榴开百子"、"松鹤延年"、"百子千孙图"、"群仙祝寿图"、"佛手生子"、"瓜瓞连绵"、"五福拜寿"及诗句"梅开五福多瑞气，烟霭缭绕长寿花"等。这些装饰图案，通过艺术表现的外壳，表现了民俗心态中对生命的炽热追求。

（2）幸福观念。积极向上与乐观开朗是陈氏书院屋脊装饰吉祥图案的基本精神。在我国古往今来的民间艺术中，我们极少发现"冷冷清清、凄凄惨惨戚戚"气氛的作品。陈氏书院围绕着这些主题的屋脊装饰吉祥图案有"群仙祝寿图"、"福禄寿图"、"吉祥如意"、"松鹤延年"、"功名富贵图"、"九鱼图"、"双喜"、"招财进宝"、"花鸟图"、"福寿如意"、"祝春图"、"花魁独占图"等。这些图案纹样，体现了我国广大劳动人民的愿望和祈盼。

（3）道德观念。屋脊装饰吉祥图案充分体现了人们的道德观念。如三纲五常、四端、四德等，都对民间艺术产生了深重的影响。道德观在陈氏书院屋脊吉祥图案里，多是通过戏曲、传说、小说等方面的人物塑造而展示出来的。这些图案只是取其典型片段造型，以此将原来由戏曲、故事所铺张的道德观念集聚到造型艺术的主题形象上来。如"太白退番书"、"刘庆伏狼驹"、"赵美容打飞熊"、"古城会"、"虬髯客与李靖"、"雅士图"等故事人物的造像，间接或曲折地展示了我国民俗的夫妻、父子、长幼、君臣等主要社会关系方面的道德意向，留下了"善"、"良"、"孝心"、"贞忠"、"爱民"等一类道德规范的轨迹。

（4）信仰观念。陈氏书院屋脊吉祥图案作为民俗文化的一种，与民间信仰紧密地联系在一起。有祖先崇拜、天地自然神崇拜、宗教神灵崇拜、圣贤忠烈崇拜等。例如"福禄寿图"、"群仙图"及龙、凤、麒麟、鳌鱼、蝙蝠等动植物神，它们大量地作为主题形象进入了屋脊装饰吉祥图案中，体现了民俗的信仰观念。

（5）审美观念。陈氏书院建筑屋脊装饰吉祥图案不仅呈现出神秘、

① 黄少琴：《广州陈氏书院建筑屋脊装饰的民俗意蕴》，载黄森章主编《广东民间工艺博物馆文集》，海风出版社2004年版，第82—84页。

粗犷、质朴、夸张、强烈、简洁、诙谐；同时也表现出成熟、细腻、直白、写实、恬淡、繁复、庄重。在一系列吉祥图案中，集中体现了人们对生命、繁衍、幸福等善良祝愿，陈氏书院屋脊吉祥图案围绕着这些主题，积淀形成了一系列谐音成语，寓意纹样，意象图式等，如“双喜”、“福禄寿”、“团花”、“如意”、“生生不息”等纹样，无不体现着中国人民坚定乐观积极向上的审美理想。

（四）陈氏书院装饰受到海外文化影响

在陈氏书院众多精湛的建筑装饰艺术作品中，有一幅镶嵌在前东厅的山墙上的砖雕作品格外引人注目。它采用了粤剧中经典的故事场面作为装饰的主要题材，边框配上吉祥的图案饰，例如花卉、瑞鸟、如意等，有意思的是最下方的装饰图案居然有两个类似西方天使的造型。这对“天使”是呈“八”字分别列于一个铃铛的两旁，造型生动有趣，可爱俏皮，有点中西结合的味道。“天使”头上扎着中国小孩传统的小丫髻发式，穿着小裤衩，背上扇着一对翅膀，飞翔的姿势和教堂绘画里天使飞翔的样子一模一样，唯一不同的是外国的小天使没有头发或只有短短的卷毛，光着屁股。[①] 珠江三角洲是近代中西文化交汇的要冲，在中国传统的民间祠堂里出现中西结合的天使图案形象，正是这一历史事实的一个独特反映。

三 陈家祠的民间工艺

陈家祠运用了精美的石雕、木雕、砖雕、陶塑、灰塑、铜铁铸和彩绘七大类建筑装饰艺术，是岭南地区清代建筑艺术的杰出代表，被誉为“岭南建筑艺术的一颗璀璨的明珠”。陈家祠的用材十分讲究，且延聘了省内的诸多著名店号和工匠。木材均从东南亚、海南岛等地购进，所用124根木柱高达7—8米甚至10余米，均为坤甸木等贵重木材。陶瓦脊饰由佛山石湾名店文如璧造；灰塑由番禺“灰批状元”靳耀生等制作；砖雕由久负盛名的番禺艺人黄南山等完成；铁铸交付佛山名工负责；壁画委托佛山著名书画艺人杨瑞石负责。由于陈家祠的砖雕、石雕、木雕、陶塑、壁画、彩绘和铁艺装饰极为精美被并称为“七绝”。1959年，郭沫若

① 胡桂蓉：《陈家祠砖雕艺术“天使”形象的一点思考》，载黄淼章主编《广东民间工艺博物馆文集》第二辑，广东旅游出版社2005年版，第119页。

先生到陈家祠参观时留下“天工人可代，人工天不如。果然造世界，胜读十年书”的诗句。陈家祠现为广东民间工艺博物馆，从这里也体现出，陈家祠是广东民间艺术集大成者。

研究民间艺术从广义上来说，属于民俗学的一个课题。从大的范围来讲，民俗学是一门关于传统文化的学问。对民俗学研究范围的清晰界定虽还没有定论，但民俗学家一致认为：民俗学研究的内容是书面传统文化之外的文化，以口头、风俗或物质的形式存在，以民间传承（或者是口传、或者是模仿，或者是表演）的方式传播。[①] 钟敬文先生在他主编的《民俗学概论》中，为民俗具体事象共设立 12 章 42 节。其中第 8 章至第 13 章的 6 章，全部冠以“民间”二字，借以区别于官方。其余 6 章，虽未标明民间，但基本内容都是民间文化。[②] 也就是说，民俗文化是以一个与官方文化相对的概念而提出的。民俗是非正式和非官方的形式创造和传播的文化现象，是一种约定俗成的东西，它不是什么人为宣扬和倡导的内容，也不是人们自我标榜的东西，而是人们在日常生活中自觉和无意地遵循和维护的一种行为规范、道德伦理、认知方式和思维模式。[③] 民间工艺无疑表现的是民俗，民间工艺所表现的内容，如上所述，区别于官方文化所要表现的内容，而且也是和文人或者说精英艺术相区别的。

对于民间艺术的特征，王增永先生在《民间艺术的原生性特征》一文中总结说：

（一）民间艺术形态的原生性

（1）艺术形态基本风格的近似。（2）艺术表现手法大致相似。具体来说，用象征来做艺术表现手法，艺术形态富有生机和张力，讲究夸张，崇尚繁复。

（二）民间艺术中文化观念的原生性

（1）民间艺术中的巫术观念。（2）民间艺术中的生殖崇拜观念。（3）民间艺术中的图腾崇拜文化。

（三）民间艺术原生性的文化根源

（1）民间生活的原生性。（2）民众意识的原生性。（3）人的本能意

---

① 王娟编著：《民俗学概论》，北京大学出版社 2002 年版，第 13 页。

② 王增永：《华夏文化源流考》，中国社会科学出版社 2005 年版，第 361 页。

③ 王娟编著：《民俗学概论》，北京大学出版社 2002 年版，第 11 页。

识对民间艺术的影响。（4）艺术思维的原生性。（5）审美观念的原生性。（6）对原始文化的继承。

概括地讲，民间艺术原生性的主要内涵是：（1）继承了原始文化的初始精神，体现出人类原生文化的神秘意识和独特情感。（2）具有类似原始艺术的物质意象，创作风格近似于原始艺术，富有人类初始艺术的神奇魅力。（3）作品的整体内容是集体创作，充分显示出集体无意识的文化倾向和艺术内涵。（4）基本的艺术形态是稚拙。（5）展现出浓重的历史感，丰富的文化内涵和独特的艺术表象几千年传承不息，它不是初始阶段的艺术，但却是永远洋溢着人类童真气息的艺术。①

从王增永先生的概括中，也同样能看到民间文化艺术与宫廷文化、文人艺术的区别。对于这种文化差异和情趣品位的不同，古人亦有精辟的论述。作为文人艺术家品位的代言人，明末清初苏州文人文震亨在《长物志》中云："室庐有制，贵其爽而清，古而洁；花木、水石、禽鱼有雅，贵其秀而远，宜而趣也；书画有目，贵其奇而逸，隽而永也；几榻有设，器具有式，位置有定，贵其精而便，简而裁，巧而自然也；衣饰有王、谢之风，舟车有武陵蜀道之想，蔬果有仙家瓜枣之味，香茗有荀令、玉川之癖，贵其幽而暗，淡而可思也。"② 在"室庐"一章中，文震亨讨论了园林建筑的营造原则。其风格要做到"宁古无时，宁朴无巧，宁俭无俗"，反对不问青红皂白地"侈土木，尚丹垩"，要求"亭台具旷士之怀，斋阁有幽人之致"。③ 清初李渔《一家言》中主张居室"新"而"雅"，反对过分的雕镂刻画。他说："土木之事，最忌奢靡，匪特庶民之家，当从俭朴。即王公大人，亦当以此为尚。盖居室之制，贵精不贵丽，贵新奇大雅，不贵纤巧烂熳。凡人止好富丽者，非好富丽，因其不能创异标新，舍富丽无所见长，只得以此塞责。"④

西方现代建筑大家勒·柯布西耶在《今日的装饰艺术》中这样说道："如同颜色一样，装饰是感觉的、基本的礼仪，适用于简朴的种族、农民和野蛮人。和谐和比例刺激思维能力，吸引的是文明人。农民喜爱装饰物

① 王增永：《华夏文化源流考》，中国社会科学出版社 2005 年版，第 335—353 页。

② 沈春译：《长物志·序》。

③ 王鲁民：《中国古代建筑史纲》，湖北教育出版社 2002 年版，第 95—96 页。

④ 李渔：《一家言·居室部》。

并且装修他们的墙壁。文明人穿着考究的衣服，是画架画和书籍的主人。装饰是农民必不可少的消遣物和量子论，比例是文明人必不可少的消遣物和量子论。”① 在此，勒·柯布西耶也提出了学院式建筑和民间建筑的情趣品位的不同。

现在的问题是，我们把以各种口头、风俗或物质的形式存在的文化现象都称作民俗的概念统一点在哪里？或者说形成民俗文化与宫廷文化、文人艺术的情趣品位的差别的根源在哪里？其根源在于：民间艺术是以与生存意志紧密相连的知性为基础的；宫廷艺术是以国家意识形态的理性为基础的；而文人艺术是以超越功利的审美感悟为旨归的。

计成在《园冶》中说“七分主人，三分匠人”，建筑本身的性质以及业主的要求和品位是决定性的。一位近代建筑师参加了陈家祠的建筑设计，陈家祠在总体上十分讲究比例，特别是对方形比例的运用，从总平面到厅堂平面以及厅堂开间的立面，许多地方都采用了方形构图。笔者发现，方形也是岭南纪念性建筑比较普遍的一种构图手法，在龙母祖庙和佛山祖庙中也有广泛的运用。陈家祠另外一个显著运用了比例的地方是屋脊陶塑鳌鱼的摆放。屋脊上高耸的陶塑鳌鱼是岭南建筑的一个显著标志，陈家祠除了把陶塑鳌鱼放在了屋脊的等分比上——鳌鱼到屋脊尽端和到屋脊中点等距，另外就是放在黄金分割比数列的位置上，鳌鱼到屋脊尽端和鳌鱼到屋脊中点的距离是5：8（以门厅屋脊陶塑组件数计算）或者8：13（以聚贤堂屋脊陶塑组件数计算）。

陈家祠是封建社会末期的一个祭祀建筑，不可避免地受到封建礼制文化的影响和限制；但从陈家祠的创建者的角度来说，对于这种国家文化的接受只是其部分内容，甚至是被动的。陈家祠真正要表达的东西特别是陈家祠民间工艺要表达的或者说已经表达出来的东西，是一种十分典型的民俗文化。

四　陈家祠的民间审美观念

民间文化不同于宫廷文化、文人文化等上层文化，它较多地继承和保持了原始文化其贴近生活的原发性特征。在民间审美创造中，往往比

① Le Corbusier, *Towards New Architecture* (1923), Architectural Press, 1964, p. 133.

较注重现实人生，崇尚实用价值，追求物质或精神性功利目的，表现为一种功利性的审美价值观念。它明显地呈现出两个主要的特征，一是重视实用与审美的结合；二是强调美与善的统一。[①] 人们在精神上、观念上的趋吉避凶的功利性实用追求主要是通过感性的、象征的形式表达出来，比如人们相信门神能够辟邪，花灯能驱魔，大红大绿是吉利的色彩等。吉利祥瑞、驱邪禳灾、祈子延寿、升官发财、门第显贵，这些对人生有益的事或物往往被人们概括为“善”，并成为民间艺术的主题。同时，“善”所承载的社会伦理道德也成为审美的一个重要原则，影响到民间艺术创造。陈氏书院属于民间祠堂建筑，虽然它的建筑格局采用了传统的祠堂建筑结构，体现了宗祠规矩而严肃的基本文化品格。然而，在它的建筑装饰中却洋溢着强烈的民间文化气息，从中我们可以清晰地感受到民间的审美趣味。[②]

（1）从题材上来说，陈氏书院的建筑工艺装饰多以吉利祥瑞、趋利避害为主题，通过带有吉祥寓意的动植物图案，以及民间传说、历史故事来表达一定的祈求和愿望。有机形式的动植物形象是天然的象征符号；除此之外，随着历史文化的积淀，民间传说和历史故事也成为人们寄托情感、表达期望的载体。与动植物一样，它们也具有一定的象征比附意义。如和合二仙是爱情美满的象征，关公是忠君重义的代表，门神是门户安康的保护神等。在陈氏书院的建筑装饰中，此类题材也占了相当大的比重，民间广泛流传的八仙、和合二仙、福禄寿三星、竹林七贤、刘海等人物形象，在陈氏书院装饰中出现的频率特别高，并且在多种装饰艺术中都有表现。比如陶塑脊饰上的八仙人物笑容可掬，多数青春年少，刻画细腻；石雕基座上的八仙神态多数年长历练，造型粗犷。在这些装饰题材中，有用于祈求爱情幸福家族兴旺的，如《和合二仙》《牛郎织女鹊桥会》《龙凤呈祥》《天姬送子》《求寿图》《吹箫引凤》等；也有希冀升官发财大富大贵的，如《加官晋爵》《状元及第》《刘海戏金蟾》等；也有宣扬忠君爱国的，如《刘庆伏狼驹》《苏武牧羊》《赵云截江救阿斗》《薛丁山受

① 黄艳：《试论广州陈氏书院的建筑装饰文化》，载黄淼章主编《广东民间工艺博物馆文集》，海风出版社 2004 年版，第 87 页。

② 同上。

封》《虬髯公与李靖》；还有惩恶扬善的，如《李白退番书》等。民间传说和历史故事因其具有曲折的情节，故事性强，更能引起民间的喜爱。它所携带的善恶观念也随之在民间潜移默化，对民间审美价值观念起着非常明显的作用。①

（2）从造型和色彩上来看，陈氏书院的建筑装饰也体现出非常明显的民间审美趣味。比如，它比较讲究构图的完整饱满，喜欢运用鲜艳爽朗的色彩对比，善于突出造型的象征意义等。红火热烈的气氛、欢快乐观的基调是民间艺术所极力渲染的，在民间传统的审美心理中，红火热闹是吉祥如意的象征，完整饱满代表着富足安康，色彩、造型的吉祥象征意义成为审美创造的基本原则。比如在陈氏书院的屋脊装饰中，正脊的两面都塑造着不同的人物故事场景，如《群仙祝寿》《加官晋爵》《八仙贺寿》《和合二仙》《麻姑献寿》《虬髯公与李靖》等，楼台亭阁、动物花草相间其中，变化多端，既紧凑又和谐；色彩则以宝石蓝、翠绿、黄、白、紫、酱黑为主，强调对比鲜明；人物形象不求精雕细刻，手足和脸部多不施釉，保持着泥土的原质，脸部往往有眼无珠，或者有眼无眉，线条轮廓非常简练明朗，但仍可从神态及装扮中分辨出不同的人物性格特征，文将武夫、奸臣良相、神仙凡人、老者少年、平民贵族一目了然，而且人物和动物形象都向前倾斜以求得整体的大效果。下层的灰塑装饰一般是现场制作，一气呵成，所以更为随意大胆，色彩多运用大红大绿，加上黄蓝衬托，极为绚丽多彩，造型设计也更为夸张传神，气氛颇是热闹。② 每个山墙垂脊上的灰塑怪兽，全身火红、突眼大口，气势汹汹，这种凶神恶煞的形象却是祥瑞的保护神，具有辟邪消灾的作用。陈家祠的装饰，糅合了象征符号和审美形象，无论是造型的选择构思，还是色彩的运用，都不必按照现实的真实，而是表达着内心的心理真实。按照内心对事物的感受，赋予其强烈的情感特征和象征意义，刻意地突出要强调的部分，缩小简化次要的部分，以求更典型地表现出形象所要表达的观念。因此人物、动物与树木花草的比例结构不一定要真确协调，瑞兽可以由几种动物形象特征拼

① 黄艳：《试论广州陈氏书院的建筑装饰文化》，载黄淼章主编《广东民间工艺博物馆文集》，海风出版社 2004 年版，第 87 页。

② 同上书，第 88 页。

接而成，装饰纹样可以按其寓意随意组合安插，这就和我们写文章一样，可以在一定的规则中自由地安排字词。

(3) 陈家祠是祠堂、书院和会馆三位一体的建筑，这就使得陈家祠成为一个开放、兼容的民间艺术博物馆。民间艺术传承了原始艺术的精神，在历史的发展中与民间艺术相对立，主要有宫廷艺术、文人艺术和宗教艺术等类别，它们的区别在于要表现的精神旨趣的不同，但它们又共同组成了一个审美的文化体系，不可避免地相互影响。这些艺术从民间艺术中汲取养分；与此同时，民间艺术也不断地受到非民间艺术的影响，它们之间进行着不断的对流、整合，从来就没有泾渭分明的界线。虽然不同的艺术有着不同的审美旨趣和风格面貌，但它们却并非是排斥性的，这种艺术的开放性和兼容性，在陈氏书院这座民间建筑艺苑中得到很好的体现。[①]

作为合族祭祀的宗祠，显示门第的显贵和宗族的强大自然是非常重要的。宫廷艺术用来标榜权势、财富和社会地位的象征手法，在陈氏书院中也得到了恰当的运用。而“门塾”之制在广州府祠庙建筑的运用更是独树一帜。据吴庆洲先生研究，根据《礼记·学记》记载，门塾制度起于周代，依据《尔雅·释宫》“门侧之堂谓之塾”，《毛传》“基，门塾之基也”，《白虎通》“所以必有塾何？欲以饰门”，将塾解读为大门的基台是可以考证的。吴庆洲先生并且认为岭南祠堂中头门的次间、梢间高出心间地面的台就是周代“塾”的遗制，在中原一带门塾制度在宋以后就已失传。[②] 陈氏书院的门塾和高大威猛的石狮、雕刻精致的大石鼓、高达四米的彩绘门神、头门梁架上的繁缛雕琢，构成富丽堂皇的门面装饰，将陈氏家族门第的尊贵和族权的威严显露无遗。[③] 在祭祀建筑的宗教氛围的处理上，整个聚贤堂的月台庄严肃穆、厅堂壮丽巍峨，身处其中，对祖先的虔诚拜祭之心油然而生。

文人艺术与民间艺术有着不同艺术格调。虽然文人士大夫阶层有向往功名利禄的一面，另一面又标榜清高、孤傲，但文人艺术却是真正自觉地

① 黄艳：《试论广州陈氏书院的建筑装饰文化》，载黄淼章主编《广东民间工艺博物馆文集》，海风出版社 2004 年版，第 89 页。

② 吴庆洲：《番禺沙湾留耕堂》，载《广州建筑》，第 88—89 页；《陈氏书院的建筑及装饰艺术》，载《广州建筑》，第 222—223 页。

③ 同上。

意识到了艺术的本体在于超越性的意志自由当中。艺术旨趣上注重格调高雅、超凡脱俗，与民间艺术通俗直观的艺术风格有着明显的区别。但两者在发展的过程中也相互融合和渗透，民间艺术往往能够按照自身的审美趣味能动地吸收文人艺术中的审美样式。在陈氏祠的建筑装饰艺术中，借鉴文人艺术的形式技艺和题材内容的范例也并不少见。在装饰题材中，不乏疏简写意的山水花鸟画，也有一些反映文人士大夫生活及志向追求的题材，比如《竹林七贤》《采菊图》《刘伶醉酒》《孟浩然踏雪寻梅》《携琴访友》《知音》《李白醉酒》等；在形式技艺上，也借鉴文人艺术融书画于一体的做法，如正门的照壁砖雕中，采用了大量文人墨客的诗文，配上精雕细琢的《松雀图》《百鸟图》等，尽显文人风尚。[①] 我们不能完全把它看作是附庸风雅的行为，“天下李，广东陈”的俗语说出了陈氏家族的在广东的社会影响和地位，也说明在广东的陈氏家族中绝不乏高雅之士。

五 古祠流芳与城市美学

陈家祠以它特有的文化价值被选入广州城的“羊城新八景”，这八景是“五环晨曦”、“天河漂绢”、“古祠留芳”、“黄花皓月”、“云山叠翠”、“珠水夜韵”、“越秀新晖”和“莲峰观海”。在中国的风景名胜地中，“八景”、“十景”的称谓屡见不鲜。如燕京八景、西湖十景等闻名遐迩。[②] 这种景观集称文化对数字的兴趣可溯源到《周易》：“易有太极，是生两仪，两仪生四象，四象生八卦。”[③] 又云：“天一，地二；天三，地四；天五，地六；天七，地八；天九，地十。”[④] 在这里，“八”和“十”是一个完满的数字，能概括天地间的所有事物。

（一）景观集称文化源远

景观集称文化源远流长，若以自然山水景观集称而论，则唐代柳宗元的“永州八记”，应为其滥觞，是“八景”称谓的先声。后蜀画家黄筌有

---

① 吴庆洲：《番禺沙湾留耕堂》，载《广州建筑》，第88—89页；《陈氏书院的建筑及装饰艺术》，载《广州建筑》，第222—223页。

② 对景观集称文化的论述，参见吴庆洲《建筑哲理、意匠与文化》，中国建筑工业出版社2005年版，第64—73页。

③ 《易·系辞上》。

④ 同上。

《潇湘八景》图传世。[①] 潇湘八景应是历史上目前所知最早的自然山水景观集称之一。景观集称之风盛行于宋代。据《梦溪笔谈》："度支员外郎宋迪工画，尤善为平远山水，其得意者有平诊雁落、远浦帆归、山市晴凯、江天暮雪、洞庭秋月、潇湘夜雨、烟寺晚鳢、渔村落照，谓之八景。好事者多传之。"[②] 南宋"宋迪作八境绝妙，人谓之无声句"[③]，即称其为无声之诗。于是，诗人们纷纷作有声画或诗歌以助兴，八景诗亦风靡诗坛。[④] 潇湘八景出现于五代，至宋时成为名噪一时的景观集称。

虔州八境是第一个城市名胜景观集称。赣州在北宋称为虔州，古为南康郡治。八境即八景。虔州太守孔宗翰作《南康八境图》，请苏轼为之题诗。八境为虔州的石楼、章贡台、白鹊楼、皂盖楼、马祖崖、孤塔、郁孤台、崆峒山八处名胜。八境图及苏轼题诗为熙宁十年（1077）所作。虔州八境为我国第一个城市名胜景观集称。

宋代广州已有羊城八景。[⑤] 羊城八景出现在1151年之后。燕京八景最早见于金《明昌遗事》一书，[⑥] 即出现于金明昌年间（1190—1196）。羊城八景和燕京八景是除虔州八境之外的我国最早的城市八景，其他城市的八景多出现在明代或清代。

西湖十景出现在南宋，是第一个园林名胜景观集称。宋本《方舆胜览》（刻于1239年）[⑦] 云："西湖，在州西，周回三十里，其涧出诸涧泉，山川秀发，四时画舫遨游，歌鼓之声不绝。好事者尝命十题，有曰：平湖秋月、苏堤春晓、断桥残雪、雷峰夕照、南屏晚钟、曲院风荷、花港观鱼、柳浪闻莺、三潭印月、双峰插云。"[⑧]

广州历来是中国南方重要的城市，景观集称十分盛行。宋元明清时期，随着城市的变化发展，广州的羊城八景也随之变化发展。宋代的羊城

---

① 《图画见闻志》卷二。

② 《梦溪笔谈》卷十七《书画》。

③ 南宋《方舆胜览》，引《湘山野录》。

④ 陈高华编：《宋辽金画家史料》，文物出版社1984年版，第324—329、733—734页。

⑤ 《羊城古钞》卷首。

⑥ 赵肖华：《北海景物述议》，载《建筑历史与理论》第二辑，江苏人民出版社1982年版，第126页。

⑦ 谭其骧：宋本《方舆胜览》前言，上海古籍出版社1991年版，第12页。

⑧ 浙西路：《临安府》，宋本《方舆胜览》卷一。

八景为：扶胥浴日、石门返照、海山晓霁、珠江秋色、菊湖云影、蒲涧濂泉、光孝菩提、大通烟雨。元代因海山楼已毁，菊湖已淤，光孝寺受破坏，珠江景色受影响，故元代八景中取消了宋代的海山晓霁、菊湖云影、光孝菩提、珠江秋色四景，代之粤台秋色、白云远望、景泰僧归、灵洲鳌负四景。明代广州城市扩展，面目一新，八景取城内及近郊之景：粤秀松涛、穗石洞天、番山云气、药洲春晓、琪林苏井、珠江晴澜、象山樵歌、荔湾渔唱。清代八景取景范围大为扩展，有：粤秀连峰、琶洲砥柱、五仙霞洞、孤兀番山、镇海层楼、浮丘丹井、西樵云瀑、东海鱼珠。新中国成立以来，广州市民曾两次评选羊城八景。1962 年评的八景为：红陵旭日、珠海丹心、白云松涛、双桥烟雨、鹅潭夜月、越秀晚眺、东湖春晓、萝岗香雪。1986 年又评出新羊城八景：云山锦绣、珠水晴波、红陵旭日、黄花浩气、流花玉宇、越秀层楼、黄埔云樯、龙洞琪琳。[①] 这新的八景表达了羊城在中国近代革命史上的重要地位（红陵旭日、黄花浩气），又说出了改革开放以来的羊城得风气之先的时代感（云山锦绣、流花玉宇、黄埔云樯）。

（二）景观集称文化的美学内涵

景观集称采用“八”和“十”或者其他表示完满的数字，其理想就不应该是简单的罗列，而应是各景观形成一个在差别中互补的整体结构。如前文论述的四象和五行那样，它们之间既相互对立，又相互联系在一起，它们的总体能概括宇宙的全貌。景观集称文化的理想也应如此。在景观的差别性、典型性的基础上，景观集称的总体应能概括一城一园的自然与人文的精粹和全貌。自然景观是阴阳、五行的组合，人文景观是在自然景观的基础上人类构思与劳作的结果。以乾隆年间的燕京八景为例：琼岛春阴、居庸叠翠、太液秋风、西山晴雪、卢沟晓月、金台夕照、玉泉趵突、蓟门烟树。这八景在空间上概括了燕京东、南、西、北四境的美景。在时间上概括了春、夏、秋、冬四季和朝、夕的景致。在自然元素上，概括了金（金台）、木（春阴、叠翠、烟树）、水（太液、玉泉）、火（烟）、土（岛、山、台）五行。从景观的典型性来看，有着对立与互补的自然美景（晓月—夕照）、（春阴—晴雪）和人文美景（卢沟桥—金

① 吴庆洲：《建筑哲理、意匠与文化》，中国建筑工业出版社 2005 年版，第 71—72 页。

台）等。八景体现出了丰富的色彩美、形态美、风韵美。[①]

南宋西湖十景：苏堤春晓、平湖秋月、曲院荷风、断桥残雪、雷峰夕照、南屏晚钟、花港观鱼、柳浪闻莺、三潭印月、双峰插云。这十景的景目两两相对：苏堤春晓对平湖秋月，曲院荷风对断桥残雪，雷峰夕照对南屏晚钟，花港观鱼对柳浪闻莺，三潭印月对双峰插云；空间上八方美景；时序上春、夏、秋、冬和朝、夕景致；自然美“秋月、残雪、荷风、夕照”等和人文美“苏堤、断桥”；静态美“平湖、秋月”和动态美“荷风、观鱼”；声音美“晚钟、闻莺”；动物美“鱼、莺”和植物美“花、柳、荷”等，以及金（钟）、木（花、柳、荷）、土（堤、峰）、水（湖、港、潭）、火（照）五行。[②] 在这种种对立互补中，西湖十景组成了一个严整的景观结构，杭州由此赢得“人间天堂”的美誉。

最近评出的羊城新八景是：“五环晨曦”、“天河漂绢”、“古祠留芳”、“黄花皓月”、“云山叠翠”、“珠水夜韵”、“越秀新晖”和“莲峰观海”。用结构的理论来分析，前四个是人文景观，后四个是自然景观。从四个自然景观来看，广州市内两山（越秀、白云）一水（珠江）与广州近郊的出海门户（莲花山）都包括在内，从总体上概括了广州城的地理形式。从人文景观来看，“天河漂绢”、“五环晨曦”代表了改革开放以来现代广州的建设成就，“天河漂绢”在新的城市中心，“五环晨曦”则在城郊，二者都是现代广州城市形象的代表。“黄花皓月”与“古祠留芳”二者是历史纪念地和历史遗迹。“黄花皓月”代表了广州光荣的近代革命史，黄花岗本身也是优秀的纪念性建筑，列入八景之一当之无愧。“古祠留芳”是人文景观中唯一的传统建筑式样，陈家祠是岭南宗祠文化的继承和在新的历史情况下的发展，代表了广州近代一种独特的文化现象。陈家祠也是全国现存最大的民间祠堂建筑。因此，“古祠留芳”在羊城新八景中的典型性、独特性是毋庸置疑的。

（三）“古祠留芳”与城市意象

每一个城市景观都要取一个诗意的名字，“古祠留芳”不直白地说成“陈氏书院”或“陈家祠堂”，是因为审美是精神活动。建筑具有实用、

① 吴庆洲：《建筑哲理、意匠与文化》，中国建筑工业出版社 2005 年版，第 72 页。

② 同上。

文化和艺术三种性质，建筑同时是使用的器物、表意的符号和审美的意象。审美意象是从事物中抽离出来的精神性的东西，它依存于人的自由意志的形式——时间、空间观念当中。个别现实的事物，当它不再是主体的对象时，它就消失了；只有其在主体时间、空间观念中成为可自由表象的意象才变成了某种永恒的东西。

黑格尔说："一切事物并不是在时间中产生和消逝的，反之，时间本身就是这种变易，即产生和消逝，就是现实存在着的抽象，就是产生一切并摧毁自己的产物的克洛诺斯。……时间并不像一个容器，它犹如流逝的江河，一切东西都被置于时间中，席卷而去。时间仅仅是这种毁灭活动的抽象。事物之所以存在于时间中，是因为它们是有限的；它们之所以消逝，并不是因为它们在时间中；反之，事物本事就是时间性的东西，这样的存在就是它们的客观规定性。……现时的东西有一个惊人的权利：它作为单个的现实的东西，就是子虚乌有；但这种自命排斥一切的东西在我加以言说时，却瓦解了，消逝了，变成了灰尘。持久的东西是这个和那个现时东西包含的普遍性，是不持久的事物的这种过程的被扬弃状态。"① 黑格尔这里说的普遍性就是指概念。

意象，如我们所分析，是感性与概念结合的升华。比如，被称为西湖美景的"南屏晚钟"，结合了多种感性意象，却并无具体景象可言。"三潭印月"、"断桥残雪"也并不指某一具体的景象，但又涵盖着许多具体景色。审美意象的独特魅力就在于：诗意地结合着概念与感性，使普遍与特殊在主体中自由交融。如康德所说，审美不是一种概念判断活动，概念判断离不开它的实际目的，因此也就离不开它的明确性；而意象性的审美活动则相反，它是无现实具体的目的的，这就构成了它朦胧的丰富性、内在的无限性。正如席勒所认为，艺术的目的是：重新获得世界，使我们不去如实地看世界，而是把世界看作是根植于人类自由的东西。审美活动是把外在对象重新转化为内在的、基于主体自由意志的精神性的意象。现实景象稍纵即逝，精神意象则可永存。

"古祠留芳"概括的就是这样一种审美意象。

---

① ［德］黑格尔：《自然哲学》，梁志学、薛华、钱广华、沈真译，商务印书馆 1997 年版，第 48—49 页。

结　论

（1）里克沃特认为，亚当盖房子“不是为了抵御天气，而是他能用自己身体的语言进行表达的一部书，是天堂规划的呈示，而他自己就是其中的核心”。[①] 也就是说，亚当的房子充当了他本体和周围环境的媒介。这所房子不仅被看作是亚当本体的象征，而且也是天堂的象征。[②] 黑格尔把建筑的起源归结为人类寻求精神家园的结果，他认为，建筑的任务就是在人和神之间建起一座桥梁，为个人和社会提供一个统一的核心。建筑主要是一种象征，表明它隐约感觉到掌管自然和人类命运的神的力量。[③]

在整个艺术的分类中，笔者把史诗、建筑与雕塑划为观念艺术的大类，它们是属于中世纪的艺术。此时期的人类开始有能力形成社会整体的观念，并且以神灵的体系象征了它的超越性。史诗是以艺术化的手段，通过英雄形象和关键事件的象喻性来表达民族社会的共同信念；建筑与雕塑则是对这种超验观念的物化。史诗中的观念和情感还在流动当中，民族成员还在寻找着个人愿望与社会价值的契合点；而通过圣地的建设，通过竖立共同的神灵，则成功奠定了社会稳固的基础。

法国著名社会学家涂尔干认为，全部宗教现象可归结为两个基本范畴，即信念和礼仪。信念是意识的状态，由表象构成；礼仪则是一定的行

---

① Rykert, *On Adam's House in Paradise*: *The Idea of the Primitive Hut in Architectural History*, New York: Museum Art, 1972, p. 190.

② 王娟编著：《民俗学概论》，北京大学出版社 2002 年版，第 254 页，转引自［美］卡斯腾·哈里斯《建筑的伦理功能》，华夏出版社 2001 年版，第 137 页。

③ Georg Wihelm Friedrich Hegel, Vorlesungen uber die Aesthtik, in Jubilaumsausgabe, ed. Hermann Glockner, Stuttgart: Fromann, 1937, 13: 276. 另参见［美］卡斯腾·哈里斯《建筑的伦理功能》，华夏出版社 2001 年版，第 138 页。

为方式。[①] 台湾著名人类学家李亦园也认为，人类的宗教领域常常包括两个重要的范畴，一方面是对超自然存在以至于宇宙存在的信念的假设部分，那就是信念；另一方面则是表达甚而实践这些信念的行动，那就是仪式，信仰和仪式是宗教的一事两面的表现。[②] 笔者认为把宗教仅仅归为这两大范畴是不够的。宗教观念与信念是通过神话的形式来表达，神灵始终是属于天空的、高不可及的灵幻世界；而大地是人类世俗社会的根基，是人类劳作实践的现实领域。在大地上树立起来的纪念性建筑，作为人类集体劳作的果实，却并不是为了直接现实的利益，而是指向天空中的神灵世界。神话是一种理念，是充满光感的，空灵和自由的；建筑是一种物质实体，它与神话相反，是根植于大地上的，实在和持久的元素。把这二者联系起来，则是仪式。仪式以神话观念为行动意义的指南，又以纪念性建筑作为行动的坐标，仪式完成了人类社会天、地、人的三元结合，仪式的中介使三者形成一个统一的文化实体。

陈忠烈先生言，岭南民间信仰“并没有发展起信仰系统，完全没有一般宗教所应具备的哲学基础和最基本的理论架构”[③]。民间信仰与宗教的关系有如民间传说与神话的关系，前者没有后者那般宏大的哲理的诉求。民间信仰与巫术有某种亲缘关系，相对于理论建构和理性的解释，它是实践性的；作为一种集体传承的社会心理的集合，它必然又是有着社会现实效果的。以科学方法操纵物质力量并把民间信仰与巫术这类实践活动视之为迷信，这和我们这里讨论的主题没有多大关系；就像我们把鬼火解释为磷的某种氧化反应，但我们这时已经忘记了，这种磷火所引起的强烈心理反应，本身就是一种事实，一种现象学意义上的存在。也就是说，在这里，客体现象对于主体所产生的意义，才是最主要的。从某方面而言，心理实在比所谓理性解释的客观事实更加重要，因为它涉及了主体灵魂的价值领域。事实上，通过对这类信念和程式及其对这些活动中使用符号的仔细考察，可以揭示出也许是无意识的传播的复杂社会意义。[④] 这是人文

① 吕大吉：《宗教学通论》，中国社会科学出版社 1999 年版，第 299 页。

② 李亦园：《人类的视野》，上海文艺出版社 1996 年版，第 305 页。

③ 广东炎黄文化研究会：《岭峤春秋——岭南文化论集》，广东人民出版社 1996 年版，第 722 页。

④ 罗一星：《明清佛山经济发展与社会变迁》，广东人民出版社 1994 年版，第 75 页。

科学研究的一个必要的角度，也是笔者讨论神话、仪式与建筑三元文化关系的一个出发点。

（2）从文化景观的角度，广东三祖庙都可归为岭南广府文化圈的建筑文化现象；但是，广东三祖庙既有共同的民系地域文化的渊源，又有着各自不同的祭祀文化含义和不同的建筑格局特色。

西江的龙母祖庙是西江人民的圣殿，是西江人民一种原生态的祭祀文化现象。宗教是前工业社会的基础，祭祀是世界性的文化现象。本书在龙母祖庙的章节里着重讨论了“祭祀”的含义及其相关的建筑文化。分析了“龙”文化及其意义，龙是水神，由此也是统摄自然力量的象征。结合荣格集体无意识原型理论，分析了西江龙母既是与龙文化相关的水神，也是一种大母神心理原型。龙母祖庙是西江人民原生态文化生命的载体。

相比较而言，尽管佛山祖庙就其现存建筑本身来说要比龙母祖庙古老，但是，佛山祖庙祭祀的对象以及相关的民间文化是较多受到外来文化影响，特别是中原国家文化的影响，使其文化呈现出一种杂糅的形态。城市发展、城市形态与社会过程密切联系，城市形态与社会伦理互为表里，城市是伴随着国家的产生而产生的。佛山祖庙在佛山的城市发展和城市生活中发挥着重要作用，佛山祖庙作为城市的首要元素控制着佛山的城市形态，同时也凝结着佛山的城市精神。作为经久元素，佛山祖庙持续着佛山神话，使神话观念与仪式相互联系，作为文化整体完成人类社会“天、地、人”三元的结合。

对比于龙母祖庙与佛山祖庙，广州陈家祠不是一个地域的精神中心，它是广州与广东省封建晚期和近代文化发展的一个特殊产物。陈家祠是同时兼有宗祠、书院和会馆三种性质的合族祠。结合广州地理历史的角度，可以寻找出产生陈家祠这样杂糅建筑文化的社会根源。陈家祠是折射广州以及广东近代复杂社会状况的活化石，陈家祠的祠堂文化和建筑艺术又是广东民俗文化和民间工艺美术的集大成者。

广东三祖庙——从龙母祖庙、佛山祖庙到广州陈家祠，在整体上呈现出广府地区文化发展演变的脉络。但有意味的是，代表岭南远古原生态文化的龙母祖庙至今仍然在延续它的文化生命力；代表广东封建市民社会文化的佛山祖庙已经发生了文化功能的退化，或者更温和地说，发生了文化功能的变异；而代表广东近现代文化转型复杂局面的广州陈家祠在具体文化的意义上已经死亡，只留下一个化石般的物质躯壳。更引人深思的是，广州陈家祠虽然只留下一个化石般的物质躯壳，而其折射出的文化基因却不能说在现代中国就已经失去了它强大的生命力。

（3）本书一个特点就是具体案例的研究与阐发相关文化和艺术理论的普遍命题相结合。符号、意象和原型是研究文化艺术的几个关键词。

意象是一个艺术术语，象思维是人类最古老的思维方式，其心理机制在于人有“知的直觉”。与西方哲学注重“直觉”与“理性”的二元划分不同，中国哲学着重于“知的直觉”与“智的直觉”的融通。道教的“道法自然”，佛教要求由“知解”而达“悟解”，都注重“寻象以观意”，象里面直接包含了主体要追寻的真理。南朝宗炳在《画山水诀》中言：“含道应物，澄怀味象。”观象、味真与审美融通一体。

西方的哲学传统注重意识领域的意义探究，陷于“感性”与“理性”对立的困局，而自弗洛伊德创立精神分析学以来，独辟蹊径开始潜意识领域的探讨，在哲学方面可溯源到叔本华开创性的工作——提出“意志”作为本体。在叔本华看来，意志是第一性的，是不可究诘的，而理性只是意志的工具，是派生性的东西。弗洛伊德的“潜意识”和胡塞尔的“意向”都可以在叔本华的“意志”中找到理论渊源。荣格作为弗洛伊德“潜意识”理论的继承者，与弗洛伊德关注个人无意识不同，荣格转向了“集体无意识”的研究，并提出与集体无意识相应的“原型”概念，从针对个人的精神——心理学研究转向了集体原型的文化研究。

胡塞尔现象学理论与荣格原型理论是现代建筑学理论两大重要渊源。海德格尔是胡塞尔之后重要的现象学理论家，在《建筑·居住·思想》一文中，海德格尔对建筑的思考并非把建筑只看作一种建造技术，而是把建筑追溯到万物所是而归属的领域。居住是什么？建筑如何属于居住？海德格尔说，居住是短暂者在大地上的一种方式。海德格尔以一座桥梁作为思考的例证，桥梁以一种属于此物所聚集的本性的东西为它提供场所的方式聚集了大地和天空、神圣者和短暂者四元，桥就决不只是一个桥。[①] 海德格尔探问的是一种建筑原型的深层意义。原型是意义的凝聚，

① 参见［德］M. 海德格尔《诗·语言·思》，彭富春译，文化艺术出版社 1991 年版，第131—145 页。

使事物聚集“成形”，作为意象来考虑，它使某种“看不见”的东西呈现出来。

建筑是和人类存在的本真属性联系在一起的，现象学哲学家做出了关于世界、居住和建筑之间关系的论述，使建筑理论家们深受启发。诺伯格·舒尔茨提出了场所精神的理论，探讨了人们对场所的心理和经历联系，主要表现为自身的定位和空间环境特征与气氛的确认。由现象学引发的对建筑本质意义的再思考一时成为建筑理论的兴趣焦点。意义问题是当代建筑理论探讨的主题。查尔斯·詹克斯在《建筑中的意义》一书中，提出了“物为何”的问题。在《后现代建筑语言》中，他对于建筑意义的信码进行了分析。而在《标记，符号和建筑》一书中，他进一步以符号学的理论来探讨意义的问题。① 隐喻主义认为建筑是具体的物，也是抽象的记号。人们可以从非语言的直觉来理解它，也可以从语言符号化的有历史文化因素的方面来理解它。② 隐喻与典故——建筑学上运用了写诗的艺术，一时成为后现代建筑的时尚手法。

建筑从历史文化因素继承而来的符号化语义，是应建立在对原型的原始直觉的基础上的。原型是意义的存储器，符号是存入、输出意义的编码，在历时性的意义传承或交换中，内容被不断添加和交叉。这种符号语义，在历史的多重转换中可能遭遇篡改、删节最后变得语焉不详。

对于原型和符号之间主位与客位的区分，黑格尔做出的象征符号和纯粹符号的划分具有启发性；③ 纯粹符号是依靠约定俗成的，符号与所指的意义的联系是任意的，这种任意性为符号埋下了不可释读的隐患。一般而言，符号的作用在于指示一不在场的事物，作为替代物把缺席事物带入描述性的虚拟现场。而象征符号区别在于：其形象与所指示的意义相关联，象征符号不只是一种替代物，而是一种对原型激活的直接在场。建筑作为一种符号表达，是那种本来的意义上的象征。雨果批评自文艺复兴以来建

① 《建筑师》编辑部编：《从现代向后现代的路上（I）》，中国建筑工业出版社 2007 年版，第 283 页。

② 刘先觉主编：《现代建筑理论》，中国建筑工业出版社 1999 年版，第 62 页。

③ 参见［德］黑格尔《美学》第二卷，朱光潜译，商务印书馆 1995 年版，第 11 页。

筑艺术是模仿的艺术、衰退的艺术，[①] 是出于自文艺复兴以来建筑的符号语义表达，逐渐丧失了原真性，沦为一种缺乏文化“意义”根基的浮浅装饰。

雨果所批评的问题，在今天看来也同样切题。符号学是后现代主义建筑热衷的话题。后现代主义有着罗马护卫门神一样的两副面孔。背面，它试图找出能够产生有意义的形式语言的根源；正面，按照形式仅仅是诱人的幻影这一理论来看，它什么都不存在。[②] 后现代的作品常常有一些显得肤浅而拙劣，往往是因为其符号学缺失与人类内在情感原型的直接沟通和联系。后现代主义建筑理论家查尔斯·詹克斯本人，也预见到了一种快餐式的后现代符号学情景：“我们可望看到下一代建筑师充满自信地使用那种新的混合语言。……其范围广阔的隐喻、其写作符号的粗俗性、其象征符号和陈词滥调。……”[③] 针对现代建筑忽视“意义”这一面，后现代建筑又能否摆脱自身“形式”昙花一现的幻影？后现代时期建筑符号学也不乏深沉的作品：此举一例，比如像罗西的摩德纳墓地，类型学探索的杰作，展现了建筑师对于符号与原型关系的深刻把握。其他优秀的后现代建筑作品也同样说明，只有那些围绕着原型的建筑象征表达，才会有深刻的内涵和感染力。真正的事物是指那些能够具体化和揭示人们在世界中生活状况和意义的东西。[④] 它们是能够把意志、意向、原型、情感、体验、意义贯穿一体的东西。

原型，借助于建筑语言，作为意象而开始工作凝聚想象力，揭开真理的领域。它证实并重建了事物的固有体系，在我们周围遍布的混乱中创造了“意义的岛国”。[⑤] 因此，符号的真实作用和意象的真正面貌，是表达了自然与人的共鸣和在天地之间我们的存在意义。无论从广东三祖庙还是普遍的建筑研究中，我们可以得出这样的结论：在人类的产品中，没有什

① 参见［法］雨果《巴黎圣母院》，管震湖译，上海译文出版社 1990 年版，第 152—165 页。

② 《建筑师》编辑部编：《从现代向后现代的路上》（Ⅱ），中国建筑工业出版社 2007 年版，第 94 页。

③ 同上书，第 45—46 页。

④ 刘先觉主编：《现代建筑理论》，中国建筑工业出版社 1999 年版，第 111 页。

⑤ 《建筑师》编辑部编：《从现代向后现代的路上》（Ⅱ），中国建筑工业出版社 2007 年版，第 103 页。

么能比建筑，更能体现出人类本真存在的原型，更能体现出“器物、符号与意象”三个文化层面的整体性的恢宏画卷。

（4）研究历史的价值永远应着眼于当代。诚如后现代历史学家所言，没有纯粹的历史，也没有纯粹的历史问题，历史研究永远是在当代反思的和建构的；辩证地看来，没有历史也就同样没有当代。对于历史，罗兰·巴特曾有这样一段叙述：“在论述的客观性水平或者对于叙述者本就没有任何提示的情况下，这一切原来只是特殊形式的小说而已，尽管历史学家试图给人塑造一种好像所指对象在自己张口说话的印象。”① 在这里，我们看到语言和文字理论更多的是如何使我们在讲述历史故事时能够检验出各种各样的叙事结构。历史是否为“仅供参考的幻觉”，成为一部神话或者一个自称为现实，其实是纯意识形态的东西。诚然，现实本身离不开意识的“构造”，但重要的是，这种构造受到观念结构的制约，即先天形式和意义的可能性，是它们联系着根本的价值观。

此项研究对当代建筑理论的发展和建筑实践，特别是对于建筑美学及建筑符号学的相关重大课题是有着重要意义的。迄今为止，无论在东西方文明里，建筑学仍然是最具代表性的文化符号之一。对于意义和表达形式之间关系的研究是符号学的核心课题。意义问题既是一个语言学课题，也是一个哲学课题。本书对意义的研究追根溯源，对时空观念、自然元素等作了本体性的逻辑阐释。在现象学的意义，自然元素作为直接被给予的对自然现象的分类它们是意义的原型，也是人类文化系统中最基本的符号。建筑美学及建筑符号学的本质就在于建筑艺术必然是对作为人类本真存在之诸种原型的物质和符号化呈现。

建筑符号学一直是自现代主义之后以来的热门话题。对于现代主义确立的抽象美学的反拨，后现代主义那种拼贴式、符号化的图像隐喻式建筑在20世纪六七十年代成为时尚，但这种招牌式，甚至广告化、以传统的姿态向现代人打招呼的方式很快就被大多数专业学者批评为肤浅的、表面的。在中国建筑学界对建筑符号学的争议和困惑，更是在上海世博会建筑中达到实践和相关讨论的沸点。“中而新建筑”究竟该如何做始终是困扰

① 罗兰·巴特：《Le discours de I histoir》，翻译为“历史话语”在 M Lane（ed.）里的结构主义：《一个读者》，伦敦，1970年版，第149—154页。

中国当代建筑师的问题。在中国最西化的城市——上海，在以“开放、交流”为主旨的2010年世博会上推出的中国馆，却异常鲜明地采取了符号化传统象征的形式与色彩。对这类现象，有来自专业领域各种反思和批评。

批评指出要创造“有中国风格”的建筑，仅仅停留在“样式”或者是中国式都市奇观（spectacle）的层面是不够的。符号在当代建筑实践领域的必要性似乎是和所谓建筑的“中国性”联系在一起的。“中国性”（chineseness）是最近出现在建筑舆论界和理论界的新提法，但与“中国属性”、“中国精神”、“中国风格”等与建筑的“中国性”相关的问题已经纠结了建筑师和国人一个世纪，这个问题直到现在还是没有得到回答。如果说“中国性”是一种表达，那么表达什么内容和用怎样的语言和方式表达也就成为问题。甚至有的学者认为上海世博会中国馆的设计体现出一定的“媚俗”性。“媚俗”，按照马泰·卡林内斯库在《现代性的五副面孔》一书中的说法：艺术是原创的，而媚俗艺术则通过模仿和剽窃原创艺术，并将自身限制在惯性的思维过程里。媚俗排除了所有难以理解的观点，提供了一个没有任何疑问，只有答案的通俗易懂的世界观。[①] 对于中国建筑“样式”思维所引发的媚俗现象引起了中国学者的警觉。那种在建筑创作中提取传统符号、图像，放弃对内容和意义的追问，直截了当地提供不需劳神费事就能“理解”和欣赏的外观的做法，被李晓东称为“中国式媚俗”。[②] 鉴于上述重大建筑学领域的议题，本课题研究有重要实际应用价值。

对于上述问题，王颖在《“式样”与“中国风格”的创造》一文中总结道：“‘式样’在近代历史中的变迁与中国人近代对建筑的理解变化直接相关，它既不同于古代的‘式’、‘样’，也不同于当代的‘风格’，更不同于西方的‘style’，而是结合了传统‘式样’外观内涵与近代中国建筑师们从留学的西方带回来的‘风格和民族性’等密切相联的内涵丰富的独特概念”，“从1950年代到1980年代，无论是借鉴官式建筑的

① 马泰·卡林内斯库：《现代性的五副面孔》，顾爱彬、李瑞华译，商务印书馆2002年版。

② 李晓东：《媚俗与文化——对当代中国文化景观的反思》，载《建筑理论历史文库》第1辑，中国建筑工业出版社2010年版。

'民族形式'、借鉴民居的现代形式还是借鉴后现代主义的中国符号，都可以从中看到'式样'观念的作用。甚至直到今天，我们从2010世博会中国馆的设计中，我们看到了口号化压倒学术性、符号化取代物质性、图案化替代结构逻辑等特征，从中分明可见'式样'的思维方式仍然遗留了强烈的影响"。[①] 无论是"样式"主义、"符号"手法，还是"媚俗"、"贴标签和标注"，在评论者的眼里都或多或少有负面的色彩。今天所有对于建筑媚俗的批评都聚焦在样式的模仿和符号上面，因为它们都脱离了建筑本体逻辑的表达，而把它们所传达的意义指向一个外在的他者。[②] 建筑本体是否与样式、符号相冲突？其实，正如雨果所说，建筑语言远比文字古老。语言学也告诉我们，具体形象的隐喻意义是所有抽象意义的基础和来源，所有的语言都具有隐喻性，正如我们所熟悉的"在台上、下台了"、"入门"、"登堂入室"、"什么什么殿堂"等隐喻，只是一些语言的隐喻性在历史过程中褪色和渐渐消失在了它们的抽象意义中。[③] 建筑艺术的形象是那种本来的象征隐喻，因此，不是形象本身缺乏意义，而是我们对形象的意义的"遗忘"。歌德曾经论断"万物皆符号"，一切事物都指示出其他事物，不存在不能表明某种含义的事物。建筑形式发展的历史表明，某种程度上换喻（metonymy）、隐喻（metaphor）和类型学（typology）的过程一直持续至今，这是一个依赖于形式的通俗性和典型性，依赖于一组通过社会使用而被固定的意义的过程。但是，在西方这个系统自文艺复兴之后（18世纪之后更趋明显）渐渐趋于衰败，原先与这些序列和类型联系在一起的意义不是变模糊就是变弱了，潜藏的思想系统分解成松散的记忆。如果思想仍然本能地借助于这些固定的古典形象或借喻表达的话，这些形象元素的准确角色和它们在世界观中的意义就不能确定了。[④] 这场自文艺复兴以来建筑的意义系统呈现衰退的形式危机，由于发现与建筑原始经验相联系的"原型"（archetype）理论而有所缓解。无论是利克

---

① 王颖：《"式样"与"中国风格"的创造》，《建筑师》2011年第3期，第89—94页。

② 张陆峰：《建筑的"中国性"：解读2010年上海世博会中国馆》，《时代建筑》2011年第1期，第30—33页。

③ John I. Saeed, *Semantics*, Blackwell Publishers Ltd., 1997.

④ ［英］艾伦·考奎恩：《形式与形象》，单皓译，载《建筑师》编辑部编《从现代走向后现代的路上（Ⅱ）》，中国建筑工业出版社2007年版。

沃特的原始住屋、亚历山大的行为和模式语言理论，还是罗西的类型学①都可以溯源到荣格的原型理论。

原型如荣格所说是领悟（apprehension）的典型模式。原型是集体无意识，是人对于情感行为和精神行为都有共同的、继承得来的模式。原型是不能人为创造的。原型本身不可见，它必须通过人与人和人与诸事物的"神秘互渗"而得到象征表达。在荣格看来，一般都把艺术品当作艺术家的个人创造。事实证明，那些经得起时间检验的伟大艺术作品，正是抛开了"个人性"而深入人类集体无意识的海洋深处。我们可从如下比喻中看待这一事实：个体的意识部分只是露出海洋的岛屿，而更广阔的无意识领域隐藏在海平面的底下，个人孤立的意识岛屿在深藏的集体无意识海床上连为一体。那些"肤浅"的作品看似很有个性却只表达了孤立岛屿的浅水之域，而伟大作品的能量却引起了整个海床的震动。所以，在艺术作品中的诗意（poetic image）和隐藏于无意识深处的原型发生了联系，这种联系不是由因及果式地被动回应过去的心理情结；而是相反，通过意象的光辉，遥远的过去在共鸣中得到回应，难于知晓这将产生怎样深远的心灵回荡和余音绕梁的消逝时间。因为"创造和行动"，诗意有其自在的实体和动力，它指向一个直接的本体世界。

因此，原型的总体性是一种诗学意象。普通影像（image）终止的不是"习惯"而是"诗意"（poetic image）。笔者深感于当代很多建筑设计往往是"为构思而构思"，构思缺乏依据和深度。如中文"伪"所示：伪者，人为也。在当代建筑设计实践中，无论是建筑符号学还是所谓的建筑立意，往往显得自说自话、做作和外在，缺乏形式与意义的深层关联，缺失与人的本真存在的深刻观照。建筑原型的研究无疑能深化我们对建筑本体的理解，为建筑设计提供基础牢固的理论依据和方法论。

---

① Gaston Bachelard, *The Poetics of Space*, Boston: Beacon Press, 1969.

参考文献

1. 司徒尚纪：《广东文化地理》，广东人民出版社 1993 年版。

2. ［德］黑格尔：《自然哲学》，梁志学、薛华、钱广华、沈真译，商务印书馆 1997 年版。

3. 《斯大林全集》，人民出版社 1979 年版。

4. 司徒尚纪：《岭南历史人文地理》，中山大学出版社 2001 年版。

5. 《徐松石民族研究著作五种》，广东人民出版社 1995 年版。

6. 黄玘璠、黄增庆：《壮族通史》，广西民族出版社 1988 年版。

7. 乾隆《佛山忠义乡志》。

8. 道光《广东通志》。

9. 广东社会科学院等编：《明清佛山碑刻文献经济资料》，广东人民出版社 1987 年版。

10. 《重修灵应祠记》崇祯十四年。

11. 彭泽益编：《中国近代手工业史料》，生活·读书·新知三联书店 1957 年版。

12. 道光《佛山忠义乡志》。

13. ［英］A. R. 拉德克利夫－布朗：《原始社会的结构与功能》，潘蛟、王贤海、刘文远、知寒译，中央民族大学出版社 1999 年版。

14. 王铭铭：《西方人类学十讲》，广西师范大学出版社 2005 年版。

15. 波亚士论文，载 George Stocking ed.，1974，The Shaping of American Anthropology，1883—1911：A Franz Boas Reader，New York。

16. 《吴文藻人类学社会学论文集》，民族出版社 1990 年版。

17. 夏基松：《现代西方哲学教程》，上海人民出版社 1995 年版。

18. 文一峰：《艺术理念与建筑美》，人民日报出版社 2006 年版。

19. ［德］康德：《纯粹理性批判》，蓝公武译，商务印书馆 1960 年版。

20. ［德］康德：《判断力批判》上卷，宗白华译，商务印书馆 1995 年版。

21. ［德］黑格尔：《美学》第一卷，朱光潜译，商务印书馆 1995 年版。

22. ［法］米·杜夫海纳：《审美经验现象学》，韩树站译，文化出版社 1996 年版。

23. ［德］黑格尔：《美学》第三卷，朱光潜译，商务印书馆 1996 年版。

24. ［德］谢林：《艺术哲学》，魏庆征译，中国社会科学出版社 1997 年版。

25. ［德］叔本华：《作为意志和表象的世界》，石冲白译，商务印书馆 1982 年版。

26. 陶秀璈：《黑格尔认识论研究》，中国人民大学出版社 1999 年版。

27. ［英］罗素：《数理哲学导论》，晏成书译，商务印书馆 2005 年版。

28. ［英］罗杰·彭罗斯：《皇帝新脑》，许明贤、吴忠超译，湖南科学技术出版社 1996 年版。

29. ［德］康德：《判断力批判》下卷，韦卓民译，商务印书馆 1995 年版。

30. ［德］埃利希·诺伊曼：《大母神——原型分析》，李以洪译，东方出版社 1998 年版。

31. ［德］黑格尔：《逻辑学》上卷，杨一之译，商务印书馆 1996 年版。

32. ［法］艾黎·福尔：《世界艺术史》，张泽乾、张延风译，长江文艺出版社 1995 年版。

33. ［法］热尔曼·巴赞：《艺术史》，刘明毅译，上海人民美术出版社 1989 年版。

34. 《世界 100 文明奇迹》，吉林出版集团有限责任公司 2007 年版。

35. 朱伯雄编著：《世界美术名作鉴赏辞典》，浙江文艺出版社 1991

年版。

36. 吕微：《昆仑语义释源》，载马昌仪编《中国神话学文论选萃》，中国广播电视出版社 1994 年版。

37. D' A. W. Thompson, *On Growth and Form*, abridge edn, Cambridge University Press, 1961.

38. W. R. Lethaby, *Architecture, Mysticism and Myth*, Architectural Press, 1974.

39. ［古希腊］亚里士多德：《形而上学》，吴寿彭译，商务印书馆 1996 年版。

40. 黑格尔：《哲学史讲演录》第一卷，贺麟、王太庆译，商务印书馆 1995 年版。

41. Le Corbusier, *Towards a New Architecture*, Architectural Press, 1946.

42. 理查德·帕多万：《比例——科学·哲学·建筑》，周玉鹏、刘耀辉译，中国建筑工业出版社 2005 年版。

43. ［挪］诺伯格·舒尔茨：《西方建筑的意义》，李路珂、欧阳恬之译，中国建筑工业出版社 2005 年版。

44. 《汉书·五行志》。

45. 《书·洪范》。

46. 柳诒徵编著：《中国文化史》，东方出版中心 1988 年版。

47. 吴庆洲：《建筑哲理、意匠与文化》，中国建筑工业出版社 2005 年版。

48. ［美］拉·莫阿长宁：《荣格心理学与西藏佛教》，江亦丽、罗照辉译，商务印书馆 1996 年版。

49. Augustine, *The City of God*, Penguin Books, 1972.

50. O. von Simson, *The Gothic Cathedral*, Harper & Row, 1964.

51. 彭怒、支文军、戴春主编：《现象学与建筑的对话》，同济大学出版社 2009 年版。

52. ［英］戴安娜·弗格森：《人类的传说》，喻满意、许哲娜、沈沛晶译，希望出版社 2005 年版。

53. 茅盾：《茅盾说神话》，上海古籍出版社 1997 年版。

54. ［美］约瑟夫·里克沃特：《城之理念——有关罗马、意大利及古代世界的城市形态人类学》，刘东洋译，中国建筑工业出版社 2006 年版。

55. 王增永：《华夏文化源流考》，中国社会科学出版社 2005 年版。

56. ［德］M. 海德格尔：《诗·语言·思》，彭富春译，文化艺术出版社 1991 年版。

57. 袁忠：《中国古典建筑意象化生存》，湖北教育出版社 2005 年版。

58. Arnold, *Culture and Anarchy and other Writings*，中国政法大学出版社 2003 年版。

59. 李军主编：《世界文化与自然遗产》，北方妇女儿童出版社 2002 年版。

60. ［美］温蒂·朵妮吉·奥弗莱厄蒂：《印度梦幻世界》，吴康译，陕西人民出版社 1992 年版。

61. ［俄］E. T. 雅科伏列夫：《艺术与世界宗教》，任光宣、李冬晗译，文化艺术出版社 1989 年版。

62. 佛山地方志编纂委员会办公室编：《佛山史话》，中山大学出版社 1990 年版。

63. 欧清煜：《龙母祖庙和龙母传说》，广东人民出版社 2005 年版。

64. 广东省地方志编纂委员会编：《广东省志·地名志》，广东人民出版社 1999 年版。

65. 叶春生：《龙母信仰与西江民间文化》（油印稿）。

66. 梁伯超、廖燎：《解放前的悦城龙母祖庙》，德庆县文化局油印资料。

67. 王振复：《中国美学史教程》，复旦大学出版社 2004 年版。

68. 《甲骨文字研究》，大东书局 1931 年版。

69. 胡厚宣：《卜辞地名与古人丘居说》，载《甲骨学商史论丛初集》，商务印书馆 1952 年版。

70. 《马克思恩格斯全集》，人民出版社 1960 年版。

78. ［德］黑格尔：《法哲学原理》，范扬、张企泰译，商务印书馆 1996 年版。

79. 张一兵：《明堂制度研究》，中华书局 2005 年版。

80. 《永乐大典》卷六百六十二，《周辟雍图》，中华书局 1986 年影印本。

81. [德] 黑格尔：《宗教哲学》，魏庆征译，中国社会科学出版社 1999 年版。

82. 杨志刚：《中国礼仪制度研究》，华东师范大学出版社 2001 年版。

83. [日] 安田喜宪主编：《神话 祭祀与长江文明》，文物出版社 2002 年版。

84. 李泽厚：《美学三书》，安徽文艺出版社 1999 年版。

85. [德] 谢林：《论世界灵魂》，载《谢林全集》第 1 卷，施特劳版 1978 年版。

86. 刻斯：《古埃及的神灵信仰》。

87. 王鲁民：《中国古代建筑史纲》，湖北教育出版社 2002 年版。

88. [法] 克洛德·列维－斯特劳斯：《结构人类学》，张祖建译，中国人民大学出版社 2006 年版。

89. Glads A. Richard, "Roman Jakobson and Elizabeth Werth, Language and Synesthsia", *Word*, Vol. 5, No. 2, 1949.

90. D. I. Mason, "Synesthesia and Sound Spectra", *Word*, Vol. 5, No. 1, 1952.

91. 吴建新：《广东疍民历史源流初析》，《岭南文史》1985 年第 1 期。

92. Gaston Bachelard, *The Poetics of Space*, Boston: Beacon Press, 1969.

93. C. G. Jung, "The Archetypes and the Collective Unconscious, *Coll*", *Works*, Vol. 9, New York and and London, 1959.

94. [美] 克里斯托弗·亚历山大等：《建筑模式语言：城镇·建筑·构造》，王听度、周序鸿译，中国建筑工业出版社 1989 年版。

95. 范文兵：《第三条路——2010 年上海世博会建筑中隐喻的运用带来的思考》，《时代建筑》2011 年第 1 期。

96. 张陆峰：《建筑的"中国性"：解读 2010 年上海世博会中国馆》，《时代建筑》2011 年第 1 期。

97. 茹雷：《地标与口号：当下都市空间意义塑造中的建筑与文本角色》，《时代建筑》2011 年第 3 期。

98. 卜兵：《中国城市的图像速生》，《时代建筑》2011 年第 3 期。

99. 欧清煜主编：《古坛仅存——悦城龙母祖庙》，德庆县文联、德庆县博物馆、悦城龙母祖庙文物管理所，1992 年。

100. Cohen，A. P.，*The Symbolic construction of Community*，Chichester：Horwood，1985.

101. Cohen，A. P.，*The Management of Myths*，Manchester：Manchester University Press，1975.

102. ［法］马塞尔·莫斯、昂利·于贝尔：《巫术的一般理论：献祭的性质与功能》，杨渝东、梁永佳、赵丙祥译，广西师范大学出版社 2007 年版。

103. 杨慎初：《中国书院文化与建筑》，湖北教育出版社 2002 年版。

104. ［德］卡西尔：《人文科学的逻辑》，关之尹译，上海译文出版社 2004 年版。

105. 杨鸿勋：《杨鸿勋建筑考古学论文集》，清华大学出版社 2008 年版。

106. 周霞：《广州城市形态演进研究》，博士学位论文，华南理工大学，1999 年。

107. 吴庆洲、谭永业：《德庆悦城龙母祖庙》，《古建园林技术》第 13、14、15 期。

108. 陈久金：《华夏族群的图腾崇拜与四象概念的形成》，《自然科学史研究》1992 年第 1 期。

109. 洪大成：《龙母故乡藏飞龙》。

110. ［法］雨果：《巴黎圣母院》，管震湖译，上海译文出版社 1990 年版。

111. ［法］雨果：《巴黎圣母院》，陈敬容译，贵州人民出版社 1980 年版。

112. ［美］斯皮罗·科斯托夫：《城市的形成》，单皓译，中国建筑工业出版社 2005 年版。

113. 顾朝林等：《中国城市地理》，商务印书馆 1999 年版。

114. 庄林德、张京祥：《中国城市发展与建设史》，东南大学出版社 2002 年版。

115. 赵冈：《从宏观的角度看中国的城市》，《历史研究》1993 年。

116. 郭正忠：《城郭·市场·中小城镇》，《关于中国城市史研究的几个问题》，《中国史研究》1989 年第 1 期。

117. *The Muqaddimah*, transl. F. Rosenthal, Vol. 2 (New York, 1958).

118. ［美］刘易斯·芒福德：《城市发展史》，宋俊岭、倪文彦译，中国建筑工业出版社 2005 年版。

119. 富永健一：《社会结构与社会变迁》，云南人民出版社 1998 年版。

120. 周鉴书主编：《千古一村——流坑历史文化的考察》，江西人民出版社 1997 年版。

121. 杨慎初主编：《湖南传统建筑》，湖南教育出版社 1993 年版。

122. 陈志华、楼庆西、李秋香：《诸葛村》，重庆出版社 1999 年版。

123. R. E. 帕克、E. N. 伯吉斯、R. D. 麦肯奇：《城市社会学》，华夏出版社 1987 年版。

124. 邱衍庆：《明清佛山城市发展与空间形态研究》，博士学位论文，华南理工大学，2005 年。

125. 费孝通：《乡土中国》，生活·读书·新知三联书店 1985 年版。

126. ［意］罗西：《城市建筑学》，黄士钧译，中国建筑工业出版社 2006 年版。

127. 赵肖华：《北海景物述议》，载《建筑历史与理论》第二辑，江苏人民出版社 1982 年版。

128. 袁昶：光绪乙巳刻《广东便览》卷一，广州府志。

129. 佛山地方志编纂委员会办公室编：《佛山史话》，中山大学出版社 1990 年版。

130. 罗一星：《明清佛山经济发展与社会变迁》，广东人民出版社 1994 年版。

131. Volker M. Welter, *Biopolis: Patrick Geddes and the city of life*, England, London, The MIT Press, 2002.

132. 冼宝干：《佛山忠义乡志》卷八《祠祀》。

133. （南朝）沈怀远：《南越记》。

134. 佛山博物馆编：《佛山祖庙》，文物出版社 2005 年版。

135. 区瑞芝：《佛山祖庙灵应祠专辑》，1992 年交流赠阅本。

136. 高明编：《古文字类编》，中华书局 1980 年版。

137. 陶洁：《堂而皇之——中国建筑·厅堂》，辽宁人民出版社 2006 年版。

138. 王建军：《论清代广州联宗书院的教育功能》，《江西教育学院学报（社会科学版）》2013 年第 1 期。

139. 《重修庆真堂记》，乾隆《佛山忠义乡志》卷十《艺文志》。

140. 唐璧：《重建祖庙碑记》，道光《佛山忠义乡志》卷十二《金石上》。

141. 景泰二年《佛山真武祖庙灵应记》，《佛山碑刻》。

142. 民国《佛山忠义乡志》卷八《祠祀一》。

143. 郎廷枢：《修灵应祠记》，《佛山碑刻》。

144. 陈其煌：《重修灵应祠鼎建灵宫碑记》，道光《佛山忠义乡志》卷十二，《金石下》。

145. 雷蒙·威廉斯：《关键词：文化与社会的词汇》，刘建基译，生活·读书·新知三联书店 2005 年版。

146. ［美］凯文·林奇：《城市形态》，华夏出版社 2001 年版。

147. 商民楼主编：《揭阳城隍庙》，揭阳城隍庙保护管理办公室编印，2002 年。

148. 彭妙艳编：《中国城隍庙楹联》，香港国际文化出版社 2003 年版。

149. 《重修东头张真君庙记》，《南海佛山霍氏族谱》卷十一。

150. 道光《广宁县志》卷十五《北帝庙记》。

151. 《南海霍园陈氏族谱》。

152. 余婉韶：《佛山秋色艺术》，广东人民出版社 2005 年版。

153. 唐子来：《西方城市空间结构研究的理论和方法》，《城市规划汇刊》1997 年第 3 期。

154. 《中国大百科全书——建筑、园林、城市规划》，中国大百科全书出版社 1988 年版。

155. 周毅刚：《明清时期珠江三角洲的城镇发展及其形态研究》，博士学位论文，华南理工大学，2004 年。

156. 民国十五年《石龙周氏族谱》卷 2 祠宇谱，藏广州孙中山文献馆。

157. 张永铨：《先祠记》，《皇朝经世文编》卷66，《礼政》十三，祭礼上。

158. 宋代《南海平地黄氏家谱》，南海平地黄氏同乡会有限公司1995年版。

159. 屈大均：《广东新语》。

160. 叶显恩：《明清珠江三角洲土地制度、宗族与商业化》，香港中文大学《中国文化研究所学报》1997年第6期。

161. 朱熹：《朱子家礼》，正衡卷1，通礼注。

162. 徐好好：《佛山城市街巷变迁研究》，硕士学位论文，华南理工大学，2006年。

163. 陈运飘：《宗族与墟市关系的人类学研究》，《广西民族研究》2001年第1期。

164. 王日根：《明清民间社会的秩序》，岳麓书社2003年版。

165. 陈炎宗：《鼎建佛山炒铁行会馆碑记》，参见《明清佛山碑刻经济文献资料》，广东人民出版社1987年版。

166. 刘晖：《珠三角城市边缘传统聚落形态的城市化演进研究》，博士学位论文，华南理工大学，2005年。

167. 屈大均：《翁山文抄》卷2，《侯王庙碑》，民国35年商务印书馆广东丛书第一集。

168. 区瑞芝：《石湾简史》，佛山市阐城区图书馆地方文献。

169. 民国《新会潮连乡志》卷2《建置略·庙宇》。

170. 民国《顺德县续志》卷1《舆地略·风俗》。

171. 邱捷：《清末广州居民的集庙议事》，《近代史研究》2003年第2期。

172. 《明史》卷六十八《舆服四》。

173. Rykert, *On Adam's House in Paradise: The Idea of the Primitive Hut in Architectural History*, New York: Museum Art, 1972.

174. 王娟编：《民俗学概论》，北京大学出版社2002年版。

175. Georg Wihelm Friedrich Hegel, "Vorlesungen uber die Aesthtik", in Jubilaumsausgabe, ed. *Hermann Glockner*, Stuttgart: Fromann, 1937, 13.

176. ［美］卡斯腾·哈里斯：《建筑的伦理功能》，华夏出版社 2001 年版。

177. 吕大吉：《宗教学通论》，中国社会科学出版社 1999 年版。

178. 李亦园：《人类的视野》，上海文艺出版社 1996 年版。

179. 广东炎黄文化研究会：《岭峤春秋——岭南文化论集》，广东人民出版社 1996 年版。

180. （明）黄佐编撰：《广东通志》。

181. 叶春生、施爱东主编：《广东民俗大典》，广东高等教育出版社 2005 年版。

182. 刘安：《淮南子·人间训》。

183. 杨万秀、钟卓安主编：《广州简史》，广东人民出版社 1996 年版。

184. 司马迁：《史记·南越列传》。

185. 恩格斯：《家庭、私有制和国家的起源》。

186. 广州市文物管理委员会等：《西汉南越王墓》，文物出版社 1991 年版。

187. 广西壮族自治区博物馆：《广西贵县罗泊湾汉墓》，文物出版社 1988 年版。

188. 广州市文物志编委会：《广州文物志》。

189. 覃圣敏、覃彩銮：《广西花山崖画年代新证》，《民族研究》1985 年第 5 期。

190. 班固：《汉书·地理志》。

191. 广东省博物馆等：《广东出土晋至唐文物》，香港中文大学文物馆 1985 年版。

192. 严可均：《全陈文》卷 11。

193. 沈约：《宋书》卷 97《蛮夷传》。

194. 姚思廉：《梁书》卷 33《王僧孺传》。

195. 梁启超：《佛教之初输入》，《饮冰室专集》第 52 卷。

196. 黄佐：《广州人物传》卷 3。

197. 司马光：《资治通鉴》。

198. 陶谷：《清异录》卷上。

199. 《南汉书》卷 15《邵廷埸传》。

200. 钱俨:《吴越备史》卷 2《武肃王》。

201. 曾昭璇:《广州历史地理》,广东人民出版社 1991 年版。

202. 方信孺:《南海百咏》“任嚣城”条引。

203. 王辟之:《渑水燕谈录》卷 9、卷 10。

204. 陈大震等:《南海志》卷 8。

205. 光绪《广州府志》卷 78,“前事略”四。

206. 《清圣祖实录》。

207. 彭泽益:《清代广东洋行制度起源》,《历史研究》1957 年第 1 期。

208. Jams Watson:《中国宗族再研究:历史研究中的人类学观点》,陈春生译,《中国季刊》1982 年第 92 期。

209. 王铭铭:《宗族、社会与国家——对弗里德曼理论的再思考》,中国农村研究网。

210. 黄淼章主编:《广东民间工艺博物馆文集》,海风出版社 2004 年版。

211. 李扬芳纂修:《李氏宗谱》,《祠宇谱》,民国 16 年(1927)广州香港李太白印书馆刊。

212. 广东新会景棠图书馆藏:《陈氏宗谱·广东省各县建造陈氏书院》。

213. 黄淼章主编:《广东民间工艺博物馆文集》第二辑,广东旅游出版社 2005 年版。

214. 《陈氏书院契据簿》。

215. 黄佛颐:《广州方城志》卷一。

216. 《陈氏宗谱·仪建陈氏书院章程》。

217. 《双桂书院志》卷之一·碑序。

218. 孙大章:《中国古代建筑大系》第九册《礼制建筑·坛庙祭祀》,中国建筑工业出版社 1993 年版。

219. 民国二十二年《广州经界图》。

220. 刘志伟:《地域空间中的国家秩序——珠江三角洲“沙田—民田”格局的形成》,《清史研究》1999 年第 2 期。

221. 沈春译:《长物志·序》。

222.《羊城古钞》。

223. 李渔:《一家言·居室部》。

224.《梦溪笔谈》卷十七《书画》。

225. 南宋《方舆胜览》。

226. 陈高华编:《宋辽金画家史料》, 文物出版社 1984 年版。

227. 冯江:《祖先之翼——明清广州府的开垦、聚族而居与宗族祠堂的衍变》, 中国建筑工业出版社 2010 年版。

228. 张渠:《粤东闻见录》, 广东高等教育出版社 1990 年版。

229. 科大卫:《国家与礼仪: 宋至清中叶珠江三角洲地方社会的国家认同》,《中山大学学报(社会科学版)》1995 年第 5 期。

230. 刘和林:《城市文化空间解读与利用——构建文化城市的新路径》, 东南大学出版社 2010 年版。

231. 黄佩贤:《清代广州的合族祠》,《岭南考古研究论文集》, 中山大学出版社 2001 年版。

232. 陈蔚、张兴国:《"联谊于均益, 祀神于合乐"——明清会馆建筑文化内涵与形态嬗变研究》,《新建筑》2011 年第 3 期。

233. 陈志华:《宗祠》, 生活·读书·新知三联书店 2006 年版。

234.《朱子家礼·祠堂》。

235. 吴庆洲:《番禺沙湾留耕堂》,《广州建筑》;《陈氏书院的建筑及装饰艺术》,《广州建筑》。

236. 单霁翔:《城市文化遗产保护与文化城市建设》,《城市规划》2007 年第 5 期。

237. 邹德慈、张锦秋:《快速城市化浪潮下的文化复兴》,《城市规划》2007 年第 12 期。

238. 仇保兴:《城市文化复兴与规划变革》,《城市规划》2007 年第 8 期。

239. 吴良镛:《文化遗产保护与文化环境创造》,《城市规划》2007 年第 8 期。

240. B. Russell, *Introduction to Mathematic philosophy*, 11 New Fetter Lane, London EC4P 4EE, 1919.

241. H. Poincare, *mathematics and science: last essays*, Dover Publication, Inc. New York, 1963.

242. Roger Penrose, *The Emperor's New Mind: Concerning Computers, Minds, and The laws of Physics*, Oxford University Press, Oxford, 1989.

243. H. Haken, *Synergetics: Cooperative Phenomena in Multi – componet Systems*, edtied by H. Haken, Teubner, Stutgart, 1973.

244. Leach, Edmund, *Culture and Communication*, cambridge university Press, cambridge, 1976.

245. Paul. N. Balchin, David Issc and Jean Chen, *Urban Economics: A Global Perspective*, Balgrave Publishers Ltd. , 2001.

246. Coase R. , "The new Institutional Economics", *Journal of American economic review*, Vol. 2, 1998.

247. Anthony Giddens, *the Constitution of Society*, Polity Press, Cambridge, 1984.

248. Hagerstrand, *Space, time and human conditon*, edtied by Karlqvist, in: *Dynamic Allocation of Urban Space* Saxon House, Farbborrough, 1975.

249. Arthur O'Sullivan, *Urban Economics*, Simplified Chinese translation edition jointly published by McGraw – Hill Education (Asia) Co. and Peking University Press, Beijing 2008. in Chinese.

250. Bloch, Maurice, "Internal and external memory: Differet ways of being in society", *Journal of Iin Suomen Anthropology*, Vol. 1, 1992.

251. Geerts and Clifford, *The Interpretation of Cultures*, Basic Books, New York, 1973.

252. Fujita M. , Krugman P. and Venable A. J. , *The Spatial Economy: Cites, Region, and International Trade*, MIT Press, Massachusetts, 1999.

253. I. Kant, *Critique of pure reason*, Macmillan and Co. Limited, London 1929.

254. 左大康主编:《现代地理学辞典》, 商务印书馆 1990 年版。

255. 谢觉民主编:《人文地理学的演变和发展趋势》, 科学出版社 1999 年版。

256. [俄] B. M. 梅茹耶夫:《文化哲学何以可能》, 《求是学刊》

2011 年第 6 期。

257. 郭艳君：《意识形态研究的文化哲学视角》，《学术研究》2011 年第 2 期。

258. 霍桂桓：《文化软实力的哲学反思》，《学术研究》2011 年第 3 期。

259. 卢现祥主编：《新制度经济学》，武汉大学出版社 2004 年版。

260. ［德］安德烈亚斯·切萨纳（Andreas Cesana）：《哲学思维的跨文化转变——卡尔·雅斯贝尔斯与跨文化哲学的挑战》，《求是学刊》2011 年第 3 期。

261. ［美］杰里·D. 抹额、穆尔：《人类学家的文化见解》，欧阳敏、邹乔、王晶晶译，商务印书馆 2009 年版。

262. ［美］罗伯特·F. 墨菲：《文化与社会人类学引论》，王卓君译，商务印书馆 2009 年版。

263. 崇祯《肇庆府志》卷八《地理志》，日本藏中国罕见地方志丛刊续编影印崇祯六年（1633）刻本。

264. 李贤：《明一统志》卷八一《肇庆府》，四库全书本。

265. 祝穆：《方舆胜览》卷三四《肇庆府》引《元和志》，中华书局 2003 年版。

266. 吴震方：《岭南杂记》上卷。

267. 陈玉霜：《岭南龙母文化地理研究》，硕士学位论文，暨南大学，2006 年。

268. 容祖肇：《德庆龙母传说的演变》，《民俗》周刊 1928 年第 9 期。

269. 叶春生：《龙母信仰与西江民间文化》，《中国民间文化》1990 年第 2 期。

270. 蒋明智：《悦城龙母传说探源》，《世界宗教研究》2010 年第 5 期。

271. 林有席：《昌山龙母事状辨》，见道光《分宜县志》卷三一《艺文志》，道光二年（1822）刊本影印本。

272. 卢肇：《阅城君庙记》，见道光《分宜县志》卷三一《艺文志》，道光二年（1822）刊本影印本。

273. 雍正《江西通志》卷七二《人物志》。

274. 欧阳忞:《舆地广记》卷二五,《江南西路》,四川大学出版社2003年版。

275. 徐亚娟:《近百年龙母传说研究综述》,《广西民族研究》2007年第4期(总第90期)。

276. 王元林、陈玉霜:《论岭南龙母信仰的地域扩展》,《中国历史地理论丛》2009年第10期。

277. 梁国雄:《佛山祖庙正门石柱楹联赏析》,《佛山科学技术学院学报(社会科学版)》2011年第2期。

278. 王莎维:《佛山陶瓷瓦脊的特点及影响其发展的因素》,《佛山陶瓷》2009年第7期。

279. 黄晓蕙:《佛山祖庙建筑艺术价值的再认识》,《岭南文史》2006年第1期。

280. 李凡、司徒尚纪:《民间信仰文化景观的时空演变及对社会文化空间的整合——以明至民国初期佛山神庙为视角》,《地理研究》2009年第28卷第6期。

281. 周晓蔚:《宋元明时期真武庙的地域分布中心及其历史因素》,《中国历史地理论丛》2004年第19卷第3期。

282. 王发志:《广州陈家祠旗杆夹的文化价值》,《广东省社会主义学院学报》2010年第1期。

283. 罗雨林:《广州陈氏书院建筑艺术》,《华中建筑》2001年第3期。

284. 霍桂桓:《文化哲学论要》,北京出版社2006年版。

285. 胡塞尔:《逻辑研究》第二卷,倪梁康译,上海译文出版社1999年版。

286. 罗兰·巴特:《Le discours de I histoir》,翻译为“历史话语”在M Lane(ed)里的结构主义:《一个读者》,伦敦,1970年版。

287. 宋红娟:《“文化”概念的发生学研究》,《云南师范大学学报(哲学社会科学版)》2012年第1期。

288. Langer Susanne K., *Philosophy in a new key: a study in a symbolism of reason, rite and art*, New York: New American Library, 1951.

289. Thiis – Evensen Thomas., *Archetypes in Architecture*, Oslo: Scandi-

navian University Press, 1987.

290. Jung, C. G. , *Instinctand the Unconscious*, New York and London, 1960.

291. Jung, C. G. , *Psychological Types*, London and Princeton, 1971.

292. Jung, C. G. , *On the Nature of the Psyche*, New York and London, 1960.

293. Jung, C. G. , *Psychology and Alchemy*, New York and London, 1959.

294. Jung, C. G. , *Spirit and Life*, New York and London, 1960.

295. Jung, C. G. , *On Psychoiogical Energy*, New York and London, 1960.

296. 马泰·卡林内斯库：《现代性的五副面孔》，顾爱彬、李瑞华译，商务印书馆 2002 年版。

297. 王颖：《“式样”与“中国风格”的创造》，《建筑师》2011 年第 3 期。

298. 李晓东：《媚俗与文化——对当代中国文化景观的反思》，《建筑理论历史文库》第 1 辑，中国建筑工业出版社 2010 年版。

299. 吕大吉：《宗教学通论新编》，中国社会科学出版社 1998 年版。

300. 卓新平：《宗教理解》，社会科学文献出版社 1999 年版。

301. 徐善述、徐善继：《地理人子须知》，华龄出版社 2012 年版。

302. 丁山：《中国古代宗教与神话考》，上海书店出版社 2005 年版。

303. 陈江风：《观念与中国文化传统》，广西师范大学出版社 2006 年版。

304. 王钟陵：《中国前期文化——心理研究》，上海古籍出版社 2006 年版。

305. 刘曙光、李武装：《文化哲学及其研究棱镜》，《探索》2012 年第 1 期。

306. 徐莉莉、詹鄞鑫：《尔雅：文词的渊海》，上海古籍出版社 1997 年版。

307. 刘晔原、郑惠坚：《中国古代的祭祀》，商务印书馆 1996 年版。

308. 陈建初：《“释名”考论》，湖南师范大学出版社 2007 年版。